AF801800

DERECHO Y RAZONAMIENTO PRÁCTICO EN CARLOS S. NINO

Colección: *El Derecho y la Justicia*
Directores: Elías Díaz y Francisco J. Laporta

VICTORIA ROCA

DERECHO Y RAZONAMIENTO PRÁCTICO EN CARLOS S. NINO

Prólogo de
JUAN RUIZ MANERO

CENTRO DE ESTUDIOS POLÍTICOS Y CONSTITUCIONALES
Madrid, 2005

© Victoria Roca
© Centro de Estudios Políticos y Constitucionales
NIPO: 005-05-055-6
ISBN: 84-259-1315-2
Depósito legal: M-52173-2005

Realización: D. G. Gallego y Asociados

Para mis padres y mis hermanos

ÍNDICE

CAPÍTULO IV. NORMAS JURÍDICAS Y RAZONES PARA LA ACCIÓN

CAPÍTULO V.
EL RAZONAMIENTO JURÍDICO JUSTIFICATIVO

PRÓLOGO

«Las posibilidades del arte de combinar no son infinitas, pero suelen ser espantosas». Esta frase de Borges me vino a la mente la primera vez que charlé con Victoria Roca, hace ya algunos años. Había venido a vernos, a Manolo Atienza y a mí, y después de explicarnos algo atropelladamente la pasión que sentía por la filosofía del Derecho y su deseo de hacer una tesis, nos dijo que ella quería ser como nosotros. Yo pensé que tanto Manolo como yo podíamos ser personas tolerables, cada uno por separado, pero que un ser que reuniera los atributos de ambos se caracterizaría necesariamente, en algunos respectos, por la presencia y la ausencia simultáneas de una misma propiedad, lo que haría de él una especie de oxímoron semoviente; algo, pues, bastante más horroroso que los ejemplos que suscitaron el comentario de Borges: la quimera —«monstruo con cabeza de león, con cabeza de dragón, con cabeza de cabra»—, la Trinidad —«en la que inextricablemente se articulan el Padre, el Hijo y el Espíritu»— o, en fin, el maligno artificio llamado doblaje, que «propone monstruos que combinan las ilustres facciones de Greta Garbo con la voz de Aldonza Lorenzo».

Un tiempo después, estando trabajando ya Victoria con nosotros, la noté extrañamente conmovida en el transcurso de una conversación conmigo sobre la característica de superveniencia que, según la jerga al uso, es predicable de las propiedades valorativas. Que las propiedades valorativas sean supervenientes quiere decir, básicamente, que dos objetos cualesquiera no pueden diferenciarse únicamente en sus propiedades valorativas, sino que esta divergencia ha de obedecer a otra referida a propiedades descriptivas de los mismos: dos relojes no pueden diferenciarse entre sí únicamente en que uno de ellos sea un buen reloj y el otro no, siendo iguales en todos los demás respectos, sino que esta diferencia en cuanto a su bondad como relojes ha de obedecer a alguna otra diferencia entre ambos referida a sus propiedades descriptivas: que uno sea puntual y el otro no, por ejemplo. Explico esto para que se entienda mi estupor cuando, al preguntarle a Victoria si le pasaba algo, me contestó que, en efecto, estaba algo alterada porque, en relación con estas cuestiones filosóficas, ella sentía una fuerte implicación emocional.

Supongo que no sorprenderé a nadie si digo que para mí es un completo misterio cómo es posible que la superveniencia pueda provocar en alguien algún tipo de emoción. Pero si he contado las dos anécdotas anteriores es para que se perciba hasta qué punto Victoria Roca inició su trayectoria en filosofía del Derecho poseída de un entusiasmo nada común —más bien en estado de exaltación— tanto en relación con la materia como respecto al grupo humano en el que se integraba.

Debo reconocer que las burlas (siempre cariñosas, creo) hacia estas cosas fueron, durante mucho tiempo, parte esencial de mi relación con Victoria. Me parecía que una idealización semejante de la filosofía del Derecho y de sus practicantes sólo podía desembocar, en cuanto se le abrieran los ojos, en una decepción un tanto brutal. De manera que me dediqué al papel del espíritu burlón y descreído, convencido de que tal terapia preventiva era lo mejor que podía hacer (además de resultarme, en general, una tarea más bien divertida).

He oído por ahí que el envejecimiento se empieza a manifestar, entre otras cosas diversas, en una cierta incapacidad para percibir los cambios en el mundo circundante. Gentes aún menos benévolas opinan que esta incapacidad no es una manifestación de envejecimiento, sino de mera estupidez. El caso es que mientras yo seguía con mis bromas, que parecían dar por supuesto que Victoria permanecía igual a sí misma, ella iba madurando tanto personal como intelectualmente, sin que yo me diera cuenta de nada hasta que el proceso había llegado a un punto en que la transformación era evidente hasta para el más lerdo. En lo personal, aun conservando quizás algún resto de sus viejos mitos, en general superó la, para mí, fuertemente incómoda idealización con la que nos veía a sus compañeros; continuó, eso sí, apreciándonos posiblemente más de lo que nos merecemos (sobre todo algunos); pero esto último dista, desde luego, de ser desagradable. En lo intelectual, el cambio (o sus manifestaciones externas) fue por completo repentino: a partir de un buen día, Victoria, hasta entonces más bien silenciosa en estos ámbitos, empezó a intervenir muy competentemente —y así sigue hasta hoy— en las discusiones del seminario que tenemos los jueves por la mañana los miembros del área; y, sobre todo, empezó a redactar y a darnos a leer los capítulos de lo que acabaría siendo su tesis, la cual, una vez reelaborada, daría lugar al presente libro sobre la teoría jurídica de Carlos S. Nino (1943-1993).

Este libro se centra en la teoría o filosofía del Derecho de Nino. La obra de éste se extiende, sin embargo, por todos los ámbitos de la filosofía práctica y constituye una respuesta internamente trabada a los problemas probablemente más centrales no sólo de la teoría del Derecho, sino también de la metaética y de la ética normativa pública. En metaética, Nino sostuvo una posición distintiva a la que bautizó como *constructivismo epistemológico. Constructivismo*, por el papel asignado al discurso o discusión en condiciones ideales en relación con la verdad moral. *Epistemológico*, pues el discurso moral —sus resultados— no *constituye* lo moralmente debido, sino que es simplemente el camino más confiable para alcanzar juicios verdaderos acerca de ello. Constituyen la moralidad los principios últimos de conducta que aceptaría alguien que fuera completamente racional, que conociera todos los hechos relevantes y que fuera plenamente imparcial. El discurso o discusión moral es la discusión acerca de qué principios últimos de conducta aceptaría un observador ideal semejante.

Las aportaciones de Nino a la ética normativa pública están constituidas principalmente por una teoría de los derechos humanos y una teoría de la democracia. Por lo que hace a los derechos humanos, estos son vistos como derivaciones a partir de tres principios básicos: los de autonomía, inviolabilidad y dignidad de la persona. Estos principios, a su vez, se justifican a la luz de las reglas implícitas en el discurso moral, en el sentido de que negar cualquiera de estos principios en el interior del discurso moral daría lugar a una inconsistencia pragmática o contradicción performativa. En el caso del principio de autonomía, de acuerdo con el cual valoramos positivamente el que la gente elija y materialice sus propios planes de vida, tal principio está involucrado en la que Nino denomina «regla básica del discurso moral», que viene a ser el acuerdo mínimo que suscribimos cuando participamos seriamente en tal discurso. De acuerdo con esta regla básica es deseable, *prima facie*, que la gente determine su conducta sólo por la adopción de los principios morales que, luego de suficiente reflexión y deliberación, juzgue válidos. De ahí la imposibilidad de defender, en el contexto del discurso moral, un principio que niegue el valor de la autonomía. Por lo que se refiere al principio de inviolabilidad de la persona, éste prohibe imponer a los seres humanos, contra su voluntad, sacrificios y privaciones que no resulten en su propio beneficio. Tal principio viene a coincidir básicamente, como es fácil advertir, con la segunda formulación del imperativo categórico kantiano, que prohíbe tratar a los seres humanos como meros medios. Pues bien, del principio de inviolabilidad, así entendido, podemos afirmar que está ínsito en la estructura del discurso moral si entendemos que la participación seria en tal discurso lleva aparejada el ponerse en la situación de *cada uno* de los interesados. El principio de dignidad de la persona, por su parte, prescribe que los seres humanos deben ser tratados según sus decisiones, intenciones o manifestaciones de consentimiento. O, dicho de otra manera, que la voluntad de las personas debe ser tomada en serio. Este principio está en la base de instituciones jurídicas tan importantes como la autonomía privada o la pena (en relación con la cual Nino elaboró una original teoría justificativa de naturaleza consensual). Y también este principio está inserto en las reglas que implícitamente aceptamos cuando nos embarcamos en el discurso moral, pues, estando dirigido tal discurso a la aceptación voluntaria de ciertos principios de conducta, habría una inconsistencia práctica en proponer para su aceptación voluntaria un principio que prescribiera no tomar en serio la voluntad de la gente.

Estos tres principios —autonomía, inviolabilidad y dignidad— constituyen la base de la que se deriva un conjunto amplio de derechos que viene a coincidir, *grosso modo*, con aquellos que se encuentran usualmente recogidos en las constituciones liberal-democráticas como derechos fundamentales o derechos básicos. El principio de autonomía determina los bienes que son el contenido de tales derechos básicos: con arreglo a tal principio, deben incluirse aquí aquellos bienes que son condiciones necesarias para la elección y materialización de planes de vida. El principio de inviolabilidad, por su parte, determina la función de tales derechos: la de proteger los intereses individuales a que se refieren los derechos frente a demandas originadas en intereses de otras personas o en objetivos colectivos. El principio de dignidad, finalmente, posibilita, a través de la relevancia otorgada al consentimiento, la dinámica de los derechos, esto es, que los individuos puedan alterar su propia situación normativa como medio para la persecución de sus distintos fines.

Involucrados en las reglas que aceptamos cuando nos embarcamos en la discusión moral se hallan, por tanto, principios con potencia suficiente como para generar el cuadro entero de los derechos básicos. Y el reconocimiento y protección de esos derechos básicos constituye el primer criterio de legitimidad moral del poder político. Esto parece generar el problema al que se refiere Nino como el de la aparente irrelevancia moral de la forma de gobierno: si el poder político se justifica por su reconocimiento y protección de los derechos básicos ¿qué importancia tiene que ese poder sea ejercido por un usurpador con tal de que éste lo use para proteger tales derechos? Ocurre, sin embargo, que la protección de los derechos básicos no agota, obviamente, el ámbito de aquello que debe ser objeto de decisión colectiva. En todo lo no cubierto por los derechos básicos es preciso articular un procedimiento de decisión colectiva que preserve tanto como sea posible las características del discurso moral. pero que supere sus déficits operativos, aquellos déficits que hacen al discurso moral insuficiente como método de adopción de decisiones: estos déficits aparecen vinculados a la carencia de límites temporales, al carácter siempre revisable de las decisiones adoptadas y a la exigencia de unanimidad para su adopción. La democracia —estableciendo límites temporales para la adopción de decisiones obligatorias y sustituyendo la exigencia de unanimidad por la de mayoría— aparece como el *sucedáneo regimentado* del discurso moral capaz de superar las limitaciones operativas de éste.

La teoría del Derecho de Nino aparece estrechamente imbricada con estos desarrollos de filosofía moral y política. De ahí que en ella se sometan a revisión todos los conceptos centrales de la disciplina tal como habían venido siendo tratados en una tradición —la de matriz kelseniana— basada en la pretensión de insularidad de la teoría del Derecho, o, si se prefiere, de autonomía de la misma frente a la ética y a la política.

Este libro de Victoria Roca constituye una presentación y un análisis excelentes de la manera como en Nino se abordan los conceptos de la teoría del Derecho más vinculados a la teoría del razonamiento práctico: el propio concepto (o conceptos, como defiende Nino) de Derecho, la validez jurídica, las normas jurídicas como razones para actuar, el razonamiento jurídico justificativo. Victoria presenta la teoría del Derecho de Nino poniéndola en relación con su trasfondo de filosofía moral y política y con las discusiones contemporáneas más relevantes de la propia teoría del Derecho. De ahí que el libro pueda leerse, si se quiere, como una muy competente introducción a la teoría del Derecho de las últimas décadas, vista desde un prisma, el de la contribución de Nino, que constituye una de las aportaciones esenciales a la misma. Y de ahí también el interés del libro, no sólo ni preferentemente para los teóricos del Derecho, sino, más ampliamente, para los cultivadores de cualquier rama de la filosofía práctica o de las ciencias sociales: pocos libros resultan más capaces de tender puentes entre todos ellos, mostrando cómo los problemas de los que se ocupan los teóricos del Derecho son problemas de interés común.

Victoria Roca nos ofrece, pues, un libro excelente. Se comprenderá mi satisfacción por tener ahora la oportunidad de prologarlo y mi agradecimiento a Victoria por haberme involucrado en su momento en la tesis doctoral que fue su base.

JUAN RUIZ MANERO
Alicante, 19 de octubre de 2004

PRESENTACIÓN

La filosofía del Derecho de Carlos Santiago Nino es sin lugar a duda una de las más originales y elaboradas que podemos hallar en el panorama iusfilosófico actual y en él ocupa un lugar preeminente. La constante preocupación de Nino por el fundamento, reconocimiento y protección de los derechos humanos (una preocupación no sólo teórica sino también práctica) le llevó a explorar el papel que en relación con ellos podían jugar la democracia y el Derecho y a profundizar a partir de ahí en temas y problemas pertenecientes al ámbito de la filosofía política y moral hasta lograr una fértil y enriquecedora contextualización filosófica de los problemas teórico-jurídicos más fundamentales.

Para un lector que pretenda adentrarse en los problemas iusfilosóficos, en efecto, la obra de Nino, y en concreto su Teoría del Derecho, ofrece un enorme interés en la medida en que en ella se articulan las tesis más sustantivas sobre las que actualmente versa la discusión en nuestro campo y, en especial, aquellas que giran en torno a la espinosa cuestión de las relaciones del Derecho con la Moral, cuestión que no es otra que la del fundamento último de la racionalidad jurídica. En este sentido, la tesis central de la obra de Nino es precisamente la tesis de la conexión justificativa entre Derecho y Moral. El discurso jurídico justificativo es un caso especial del discurso moral general. Por decirlo de una forma sencilla y que creo sugerente: los deberes jurídicos sólo son deberes genuinos —y no mero disfraz ideológico del recurso a la fuerza— si pueden ser reconstruidos, en una articulación más o menos compleja, como deberes morales. De acuerdo con la obra de Nino, una comprensión de la pretensión que las normas jurídicas exhiben de justificar determinados cursos de acción sólo es posible cuando la práctica jurídica se articula como práctica inmersa en nuestras prácticas morales. Como trataré de poner de manifiesto a lo largo de este libro, entender en toda su complejidad esta idea central de la teoría del Derecho de Nino pasa por una comprensión de varias de su tesis complementarias y, en particular, de las dos siguientes: la conexión entre Moral y Política y la conexión entre Derecho y Política. La primera de ellas se desdobla a su vez en dos subtesis: la politización de la moral —la moral es una praxis deliberativa intersubjetiva— y la moralización de la política —la democracia es un sucedáneo del debate moral general—. Por su parte, la tesis de la conexión del Derecho con la Política se expresa en la obra de Nino mediante una sugestiva metáfora: en su dimensión de práctica colectiva, el fenómeno jurídico puede compararse a uno de esos proyectos de naturaleza supraindividual e intergeneracional como pueda ser la construcción de una catedral (metáfora que recuerda a la imagen dworkiniana de la obra literaria encadenada). El Derecho —la *praxis* jurídica— sería una empresa colectiva institucionalizada —esto es, regimentada— en la que cada uno de los participes ha de tener en cuenta las aportaciones de todos los otros y llevar a cabo su contribución teniendo en cuenta el marco de reglas que conforman la institución que en su conjunto consideran valiosa con el objetivo de no minar su eficacia en el cumplimiento de los fines para los que ha sido socialmente diseñada, fines que serían en ultima instancia de naturaleza moral.

Un atractivo adicional de la obra de Nino, tras introducirnos en un debate capital de la filosofía del Derecho contemporánea como es el mencionado, estriba en que la combinación de las tesis acerca del Derecho, la Moral y la Política que conforman el nudo central de su teoría jurídica viene a desbordar de alguna forma el paradigma clásico de las posiciones del pensamiento iusfilosófico, abocándonos a una revisión a fondo de la dicotomía iusnaturalismo/iuspositivismo como criterio clasificatorio adecuado de las distintas concepciones posibles en torno a las relaciones entre el Derecho y la Moral. Más aún, en esta dirección la obra de Nino abre —en mi opinión— algunas posibles líneas de investigación de interés para todas aquellas orientaciones que, dentro de la tradición de la corriente iuspositivista —me estoy refiriendo aquí en concreto al llamado «positivismo jurídico incluyente»— no dejen fuera de la agenda iusfilosófica la reflexión sobre las vinculaciones Derecho-moral. Me detendré en estos dos últimos puntos.

En el presente trabajo intento mostrar cómo, frente al conjunto de doctrinas que vienen denominándose «positivismo jurídico», Nino considera un asunto central de la Teoría del Derecho la discusión en torno a la normatividad del Derecho —esto es, en torno a la pretensión reclamada por el Derecho para justificar cursos de acción—, pronunciándose al respecto en el sentido de que tal pretensión no puede ser reconstruida de forma autónoma e independiente de consideraciones y fundamentos morales.

Seguramente quienes se muestran partidarios de la corriente denominada «iusnaturalismo» tenderán a ver aquí razones para incorporar la obra de Nino a sus filas: es cierto que —aun a riesgo de simplificaciones excesivas— frente a las teorías positivistas, un acierto fundamental de dicha corriente fue revelar como un problema filosófico sustantivo el de la validez o la fuerza justificativa del Derecho y la consiguiente aproximación de las justificaciones jurídicas a las fundamentaciones morales. Sin embargo, el estudio de la obra de Nino que aquí se presenta me parece que invita a considerar, en efecto, como excesivamente simplista un cuadro de las posiciones relevantes sobre esta cuestión, y en general sobre la reconstrucción del fenómeno jurídico, que se limite a agruparlas, como tradicionalmente viene haciéndose, bajo tal dicotomía iusnaturalismo/iuspositivismo. Es cierto que se trata de una obra que se aparta de ese tipo de iuspositivismo caracterizado por contemplar la práctica jurídica como una práctica que pretende legitimar de forma autónoma el uso de la fuerza. Para este iuspositivismo, las razones jurídicas como razones para actuar se constituyen al margen de las prácticas morales y éstas son sólo una instancia crítica que posibilita un juicio, al fin, último acerca de la corrección de nuestras acciones. Derecho y moral se relacionan sólo en términos de armonía o conflicto de deberes. Pero la teoría de Nino —como podrá verse— también se aparta de una comprensión del fenómeno jurídico en los términos que son típicos de los enfoques iusnaturalistas. Y ello porque, junto a la reivindicación que sí comparte con esta corriente —la conexión justificativa del Derecho con la moral—, las reflexiones de filosofía moral y política a las que Nino dedica algunos de sus más importantes trabajos constituyen un intento por reconstruir las prácticas morales y de gobierno a la manera positivista, esto es, desprendiendo de tintes metafísicos la reflexión filosófica sobre la estructura de las prácticas normativas reales y efectivas características de la modernidad. En este sentido, Nino reivindica que no hay orden moral alguno independiente de cualquier práctica discursiva moral *existente*, de la que una parte importante se proyecta —nos dice— en la constitución, reconocimiento y ejercicio del gobierno.

Como intento poner de manifiesto en mi estudio sobre la filosofía de Nino, la racionalidad que este autor trata de reconstruir es la racionalidad que se ejercita en las prácticas históricamente efectivas. Del proyecto kantiano toma elementos que en su reelaboración, sin embargo —y en la línea habermasiana—, se configuran en términos dialógicos. Pese a que Nino se reivindicará kantiano y en algunos de sus trabajos perfila su postura en este sentido apartándose de Habermas, lo cierto es que al igual que éste último —al menos el Habermas que profundiza en la eticidad y en las condiciones ideales de diálogo como presupuestos de corrección de la acción comunicativa— abandona el trascendentalismo kantiano para anclar las condiciones de posibilidad del enjuiciamiento crítico de las acciones en los presupuestos de nuestras prácticas discursivas dialógicas y, específicamente, en aquellas que han venido desarrollándose para la resolución de conflictos. Siendo como es el Derecho una de esas prácticas más eminentes, entiendo —aunque esta sugerencia excede estrictamente del objetivo planteado en este trabajo— que puede resultar sugerente, a partir de la lectura aquí propuesta de Nino, una reconsideración de las relaciones entre Derecho y Moral atendiendo justamente al desenvolvimiento histórico de las prácticas morales y jurídicas —y de la reflexión teórica acerca de ellas— como producto de una relación dialéctica entre ambas en el marco de la eticidad o [la] de lo que se ha llamado «razón pública». Si, además, como subraya Nino, una parte importante de la práctica moral real se proyecta en la constitución, reconocimiento y ejercicio del gobierno, aquí encontrarían también buenas razones los filósofos de la moral para aproximarse a las instituciones jurídicas cuando tratan de comprender el fenómeno moral.

Por lo que se refiere a la dicotomía iuspositivismo excluyente/incluyente la obra de Nino se revela especialmente iluminadora. Si bien apunta a la defensa de una conexión interpretativa entre Derecho y Moral, apartándose del primero y aproximándose al segundo, también considera que el tipo de nexo al que apela el positivismo incluyente resulta en exceso simplificador y débil en la medida en que sólo da cuenta de una de las dimensiones de la relación entre ambos sistemas normativos. El interés de los trabajos de Nino viene dado precisamente porque dicho nexo aparece fundamentado en un plano mucho más abstracto que el mero reenvío, más o menos directo, de las normas jurídicas a principios morales. Trato de poner de manifiesto en mi exposición que defender la tesis del «caso especial» —el discurso jurídico como ejemplar del discurso moral general— implica sostener que las prácticas jurídicas se anudan a la moral en su dimensión justificativa y no sólo en su dimensión interpretativa. La reflexión teórica de Nino arrojaría, pues, criterios para mostrar que la complejidad de la conexión Derecho/Moral es mayor que la que es reivindicada por el positivismo incluyente; dotando con ello a quienes se mueven dentro del paradigma de esta corriente de un instrumental conceptual que puede resultar útil para una comprensión del problema que vaya más allá de la idea de que el recurso a consideraciones morales es una característica de las prácticas interpretativas jurídicas puesta especialmente de manifiesto en el modelo jurídico propio de los Estados constitucionales de Derecho.

Por otra parte, el planteamiento de Nino pone de relieve que la polémica entre inclusivismo y exclusivismo no permite clasificar ni discriminar adecuadamente las posturas existentes en torno a la conexión entre Derecho y moral en relación con la dimensión justificativa del fenómeno jurídico. En este punto, autores que —como Raz— defienden el positivismo excluyente por entender que si el Derecho se abriera a consideraciones morales vería destruida con ello su pretensión de autoridad (esto es, de exclusión de las demás razones) consideran, sin embargo, que la fuerza justificativa del Derecho —y por lo tanto, la forma de entender la autoridad que reclama— debe ser interpretada en términos morales: las normas jurídicas son razones *autónomas* para la acción porque (y éste, como se verá en su momento, es un aspecto de la obra de Raz no percibido por Nino) está precisamente atendiendo a las normas jurídicas que son *moralmente válidas*.

En definitiva, a partir de las contribuciones de Nino, la adecuación de la dicotomía iusnaturalismo/iuspositivismo ha de ser seriamente cuestionada por cuanto se muestra incapaz de recoger los matices de teorías como la de este autor. Por ejemplo, cuando, al sostener en el plano justificativo la tesis del caso especial, se las clasifica bajo el rótulo de «iusnaturalismo»: hacerlo es tanto como distorsionar su comprensión de la práctica jurídica. Lo que queda oscurecido por esa antítesis tradicional nos lleva muchas veces a pensar estérilmente en círculo en torno a cuestiones mal planteadas impidiéndonos trazar las polémicas en el nivel conceptual adecuado y discernir los problemas reales sobre los que se discute cuando este o aquel autor insisten en mantener una u otra reconstrucción de las normas jurídicas y de su papel en el razonamiento práctico.

Una vez desechada la dicotomía en cuestión y su rigidez clasificatoria, se comprueba, en primer lugar, que ella, como toda conceptualización de lo jurídico, descansa necesariamente, en una teoría filosófica omniabarcante que incluye una visión normativa de las relaciones entre lo social y lo individual. En segundo lugar, que los desacuerdos que subyacen a las innumerables polémicas a que asistimos en torno al Derecho y sus fundamentos justificativos tienen su raíz última en alguna posición previa, más o menos reflexivamente alcanzada, en materia de filosofía moral y política. Es ésta precisamente una de las contribuciones metodológicas más importantes de la obra de Nino: identificar claramente y reformular cuidadosamente esas posiciones, tarea a la que —como podrá comprobarse— dedica buena parte de sus diversos trabajos. Hacer justicia a un proyecto intelectual como éste entraña cuando menos afrontar el reto de «reciclar» los esquemas heredados de conceptualización de las distintas líneas de pensamiento acerca de lo jurídico —huyendo de todo etiquetado fácil y, por ello mismo, equívoco—, para a continuación hacer uso del instrumental teórico por él aportado —como de hecho están haciendo ya muchos autores especialmente interesados en el análisis del Derecho como praxis argumentativa para la solución de conflictos— a fin de profundizar en esa línea de apertura de nuestra comprensión de fenómenos sociales como el Derecho a una reflexión política y moral despojada de elementos metafísicos.

En las páginas que siguen el lector podrá comprobar que, al margen de algunas precisiones, he asumido el paradigma de democracia deliberativa defendido por Nino como un modelo adecuado de fundamentación de la democracia política y del Derecho democrático. Aunque el riesgo ideologizante de una teoría que ensalza la fuerza epistémica del voto mayoritario en relación con lo moralmente correcto queda al menos parcialmente conjurado por elementos que aparecen en la propia obra del filósofo argentino —y que irán siendo recogidos en los capítulos finales del trabajo—, quisiera reconocer aquí que no se me escapan los problemas de un modelo que, por su perspectiva exclusivamente normativa en la reconstrucción de la política democrática, puede tender a velar los elementos de conflicto y, en definitiva, las relaciones asimétricas de poder que en ella operan. El potencial de cambio social de una teoría normativa —podrá pensar un lector conflictualista— queda disminuido y ésta corre el riesgo de convertirse en doctrina o ideología en el sentido negativo de la expresión si sirve para ocultar realidades prosaicas de la vida política (como, por ejemplo, el intento por hacer valer los intereses espurios de una mayoría coyuntural). Creo, sin embargo, que esto no elimina, con todo, dicho potencial y que una teoría semejante que incida en la condiciones ideales o normativas de la política democrática no resulta en absoluto incompatible (sino más bien críticamente complementaria) con una visión dinámica del cambio social y de las relaciones de dominación o conflicto.

Cabe apuntar, por lo demás, que el estudio de la teoría del Derecho de Nino que aquí se aborda pretende ser, más bien que un simple análisis de una parte de su obra, un prisma a través del cual poder observar el conjunto de sus aportaciones en otras áreas de la filosofía. En efecto, si bien es posible —con matices— concebir una exposición de la filosofía moral de Nino sin entrar a dar cuenta de su teoría del Derecho y también es relativamente posible hacer lo propio al exponer su filosofía política y su concepción de la democracia, sin embargo cuando abordamos de lleno la teoría del Derecho del autor argentino, comprobamos que necesariamente ha de entenderse como una proyección o punto de confluencia de su filosofía moral y de su filosofía política. Mirar a través de un determinado prisma o adoptar una determinada perspectiva supondrá —soy muy consciente de ello— dejar selectivamente de lado importantes problemas de filosofía política y de filosofía moral de los que Nino se ocupó con amplitud y profundidad en sus escritos, y que pueden resultar de especial relevancia para el lector interesado en otro tipo de enfoques. La referencia que a esos problemas y enfoques se hace en este trabajo no excluye, sin embargo, profundizaciones posteriores que vayan más allá de su papel de tesis (intermedias) precisas para la armazón del aparato conceptual específicamente teórico-jurídico. Las propias peculiaridades de la filosofía del Derecho de Nino, que entra en contacto con los grandes temas discutidos dentro de la tradición analítica en la teoría jurídica, y su interés por la dimensión argumentativa del Derecho y la unidad del razonamiento práctico invitan a ello.

Con el objeto de ofrecer un estudio sistemático de los vericuetos de la teoría del Derecho de Nino, he organizado mi trabajo con arreglo al siguiente esquema:

El Capítulo I («Un contexto histórico para un modelo de teoría del Derecho») tiene una finalidad introductoria. Después de situar las aportaciones iusfilosóficas de Nino en la historia de la filosofía del Derecho, hago un recorrido por los principales momentos de la historia de Argentina que a Nino le tocó vivir, al tiempo que doy cuenta de los principales hitos de su vida académica y política. Al interés puramente bio-bibliográfico de esas páginas se suma, a mi juicio, la luz que arroja entender el contexto práctico explicativo —y justificativo— de la propia orientación adoptada por Nino en su obra teórica.

En el Capítulo II («¿Qué es el Derecho? La necesidad de una pluralidad de conceptos de Derecho») se presenta la incursión que Nino hace en el debate acerca de las relaciones del Derecho con la Moral. En la polémica tradicional entre iusnaturalismo y iuspositivismo —en su último episodio contemporáneo, entre Hart y Dworkin—, Nino detecta cómo los contendientes parecían no ser conscientes de una cuestión analíticamente fundamental: el hecho de que distintos puntos de vista posibles sobre el fenómeno jurídico determinan la necesidad de un concepto normativo o de uno descriptivo de Derecho. Comprender en toda su profundidad esta polémica, y la propia interpretación de Nino ante la misma, requiere situar su origen más inmediato: la respuesta de Hart frente a las impugnaciones que iusfilósofos como Fuller y Radbruch, entre otros, hicieron a la tesis de la separación entre Derecho y moral. Es necesario asimismo pronunciarse acerca de en qué medida tal polémica era fruto únicamente, como parece extraerse del análisis crítico de Nino, de una confusión de naturaleza conceptual.

Al margen de lo acertado o no de su valoración de las causas del debate histórico referido, la tesis de Nino acerca de la pluralidad de Derechos resulta, en mi opinión, muy acertada desde el punto de vista de la dilucidación conceptual. Esta tesis, apuntada desde las primeras páginas del capítulo II, permite clarificar muchos de los enredos y discrepancias surgidas en el debate entre Dworkin y Hart. Por otra parte, elementos importantes tomados por Nino de ambas concepciones, hartiana y dworkiniana, le permiten desarrollar la distinción entre un concepto descriptivo y uno normativo de Derecho, distinción que resultará de utilidad en distintos planos de la aproximación a lo jurídico y, en especial, en el ámbito normativo del razonamiento jurídico justificativo. El capítulo se cierra con el examen de dos objeciones de distinto signo que consideran insatisfactoria la superación nineana de la polémica iusnaturalismo/iuspositivismo: una (la de Carrió) por no hacer justicia al concepto positivista de Derecho y la otra (la de Ruiz Miguel) por inclinarse más hacia un concepto no positivista *à la Dworkin*. Estas objeciones ponen de relieve cómo, en efecto, el núcleo de esta querella doctrinal difícilmente se deja reducir a una cuestión meramente conceptual.

De una pluralidad de conceptos de Derecho pasamos en el capítulo III, titulado «La validez del Derecho», a una pluralidad de conceptos de validez jurídica. La acepción relevante de la noción de «validez» para una teoría del Derecho centrada en la dimensión argumentativa es —en la concepción de Nino— una acepción normativa: el concepto de validez operaría como un concepto-puente entre el Derecho y la Moral. Es preciso mantener la distinción conceptual entre un sentido descriptivo de validez (como pertenencia) y otro normativo (como fuerza obligatoria). El análisis del primer sentido conduce a Nino hacia Hart y a la discusión de determinados problemas que, como el de la circularidad en la identificación de las normas jurídicas últimas, salen al paso en relación con un concepto descriptivo de Derecho. El análisis del segundo sentido, normativo, de validez, lleva a Nino esta vez hacia Kelsen. Sólo una acepción normativa de la noción de validez en el Derecho permite en efecto afrontar los retos que una teoría como la kelseniana plantea, así como resolver las confusiones en las que de otro modo se enredaría irremediablemente. Sin embargo, el concepto de validez de Kelsen se detiene demasiado pronto —en la «norma fundamental»— y es incapaz de explicar de dónde proviene esa fuerza vinculante en virtud de la cual se sienta que se debe obedecer lo que el Derecho, la Constitución, establezca. A partir de esto, Nino delinea uno de los puntos centrales para la comprensión de su filosofía del Derecho: la validez es un concepto normativo que conecta internamente Derecho y Moral. Son varios los argumentos que llevan a Nino a sostener esta posición, todos ellos relacionados con la imposibilidad de ofrecer una respuesta plausible a los problemas con que se enfrentan los juristas que operan desde el contexto justificativo —es decir, que recurren al Derecho con la pretensión de justificar acciones y decisiones prácticas— sin para ello tener que superar o sobrepasar el marco jurídico mismo. En este capítulo se analiza, en este orden de cosas, la discusión de Nino en torno a problemas tales como la competencia del constituyente originario y la individualización del ordenamiento jurídico en el tiempo, la validez de las normas *de facto* y la justificación del control judicial de constitucionalidad. La conclusión de Nino es que todos estos problemas ponen de manifiesto la remisión que necesariamente se hace desde el punto de vista interno jurídico a consideraciones valorativas morales. Nos encontramos entonces con su tesis medular acerca de la conexión justificativa entre el Derecho y la moral. Ésta, a su vez, exige introducir un contexto esencial para la comprensión de la filosofía jurídica, política y moral de Nino: su concepción sobre el discurso moral y la deliberación democrática.

En el capítulo IV, «Las normas jurídicas y su papel en el razonamiento práctico», expongo el debate sobre la normatividad del Derecho haciendo referencia, muy sumariamente, a las líneas de desarrollo de la corriente iusfilosófica que con más profundidad se ha aproximado a esta problemática y que también Nino considera de mayor pertinencia: las teoría de las normas jurídicas como razones para la acción. Antes de entrar en ello es preciso, sin embargo, dar cuenta —siguiendo la misma propuesta de análisis conceptual de los capítulos anteriores— de la pluralidad de conceptos de norma jurídica y, con ella, de los distintos sentidos en que, según Nino, cabe hablar de normas en el Derecho. El análisis de las normas jurídicas en términos de razones para la acción va unido en Nino a una serie de presupuestos y consideraciones filosóficas acerca de la estructura de la praxis humana —formulados especialmente en *Introducción a la filosofía de la acción humana* y *El constructivismo ético*— que profundizan en el aspecto interno de las acciones individuales y de prácticas colectivas tales como el Derecho y la moral. Ello permite avanzar un paso más en el estudio del concepto de razón para la acción como un *ítem* distinto de los motivos o razones explicativas. En Nino, por otra parte, las razones para la acción son razones sustantivas objetivas. Para el análisis de todos estos aspectos me he valido de las importantes aportaciones de J. C. Bayón en su libro *La normatividad del Derecho. Deber jurídico y razones para la acción*, así como también de algunas distinciones conceptuales que Cristina Redondo establece en *La noción de razón para la acción en el análisis jurídico*. Dentro de este marco conceptual se discuten a continuación los distintos conceptos de norma jurídica, su identidad (en el caso de los «juicios de adhesión normativa») o diferencia con los juicios de valor o principios morales, así como el problema de si las normas expresan o no razones operativas autónomas, cuestiones todas ellas en la que Nino dialoga con el pensamiento de autores como Raz o Hare.

Finalmente, para concluir con este capítulo sobre el papel de las normas en el razonamiento jurídico, me ocupo de una tesis central de Nino en la que una vez más se hace patente esa convergencia de planteamientos jurídicos y político-morales que recorre toda su teoría. Me refiero a la concepción de las normas jurídicas como razones para creer que existen razones para actuar. La interpretación que propongo de la tesis del valor epistémico de las normas jurídicas democráticas pretende salvar algunas de las objeciones que le han sido planteadas (en especial por Ángeles Ródenas en su trabajo *Sobre la justificación de la autoridad*). De este modo, los términos en los cuales podemos decir, con Nino, que las normas son razones para la acción nos habrán reconducido de nuevo a su tesis acerca de la conexión justificativa entre el Derecho y la moral, que, como también ocurría con el anterior, constituye la conclusión fundamental de este capítulo.

El capítulo V y último («El razonamiento jurídico justificativo. La tesis de la unidad del razonamiento práctico») arranca precisamente de algunos problemas que, en apariencia, se derivarían de la tesis de la conexión justificativa del Derecho con la moral. Comienza así este capítulo examinando en detalle la paradoja de la superfluidad del gobierno y del Derecho (y la Constitución) y la paradoja de la indeterminación radical del Derecho. A continuación me ocupo de la solución que a las mismas ofrece Nino, consistente en mostrarlas como paradojas aparentes. Ello da paso para introducir —profundizando líneas ya abiertas en el capítulo III— sus ideas sobre la moral como práctica colectiva (el societarismo epistémico o la politización de la moral), sobre la política democrática como discurso moral regimentado (concepción que le lleva a rechazar otras concepciones alternativas de la democracia), y finalmente su concepción del Derecho como práctica colectiva en la que se ponen de manifiesto determinadas características institucionales que ayudan a comprender la distancia entre el razonamiento moral puro y el razonamiento jurídico justificativo.

Tal articulación de la práctica moral, la política democrática y el Derecho constituye el esquema desarrollado por Nino para salvar las paradojas antes mencionadas, esquema que se orienta a mostrar la relevancia del Derecho en el razonamiento práctico. Éste será el objeto de estudio de un subapartado de este capítulo final en el que se expone la estructura del razonamiento jurídico como razonamiento escalonado en dos niveles y se analizan sus diferencias con el modelo de la «articulación consistente» de Dworkin. Retomando también hilos del Capítulo IV, ello es ocasión también para volver a insistir en la impregnación moral que, de acuerdo con Nino, define a todas las fases del razonamiento jurídico justificativo. Un apartado posterior está dedicado a contestar algunas críticas (como las de J. J. Moreso, P. E. Navarro y C. Redondo) dirigidas a la tesis de la conexión tal y como es formulada por Nino. Se trata aquí de ver cuál es la fuente más profunda de los desacuerdos sobre este aspecto central del razonamiento jurídico y de avanzar alguna respuesta que pudiera ser argüida por quienes defienden la unidad del razonamiento práctico desde el punto de vista justificativo. El capítulo se cierra con una propuesta de reconstrucción de tal tesis apoyada en los punto de vista de Nino. Tesis que, en definitiva, entiendo como la más plausible reconstrucción de un razonamiento que, incluyendo al Derecho como práctica colectiva moralmente relevante, pretenda justificar acciones y decisiones que afectan a terceros.

Este libro es una reelaboración de lo que inicialmente constituyó un trabajo de tesis doctoral redactado bajo la dirección de los profesores Manuel Atienza y Juan Ruiz Manero y defendido en noviembre de 2001 ante un Tribunal integrado por los profesores Ernesto Garzón Valdés, Francisco Laporta San Miguel, José Juan Moreso Mateos, Josep Aguiló Regla y Juan Antonio Pérez Lledó. A todos ellos quisiera agradecer aquí los numerosos y estimulantes comentarios críticos que en aquella ocasión amablemente me dirigieron. De sus observaciones de entonces —en la medida en que yo haya sido capaz de integrarlas con la misma claridad con que fueron formuladas— se ha beneficiado directamente la redacción final de este libro.

También deseo expresar mi agradecimiento a las diferentes instituciones y personas sin cuyo apoyo no hubiera sido posible la culminación de este trabajo. He contado con el apoyo financiero necesario gracias a una Beca de la Consellería de Educación y Ciencia de la Comunidad Valenciana, una ayuda de la Fundación Caja Madrid y una Beca *Fulbright* que me permitió realizar una estancia como investigadora predoctoral en la *Yale Law School* (New Haven, EEUU) durante dos años (1999-2001). Durante dicha estancia tuve la oportunidad de asistir a numerosos debates y discusiones, tanto en las aulas como en los seminarios de profesores de esa Universidad, que contribuyeron no poco a mi enriquecimiento intelectual. De entre ellos, tengo una especial deuda con el profesor Owen Fiss por el apoyo académico que, además, me prestó en aquel entonces.

La docencia que en los últimos años vengo impartiendo en la Universidad de Alicante me ha ofrecido también la oportunidad de encontrar algunos muy buenos estudiantes. Su interés —especialmente recordado en otras ocasiones en las que faltaba— me infundió muchas veces el ánimo necesario para continuar mi investigación en los momentos en los que acechaba el desaliento. Quiero por ello mostrar mi reconocimiento de lo que ellos me aportaron.

Pero llegar a escribir este trabajo hubiera sido sin duda imposible si no hubiera estado rodeada por mis compañeros del Área de Filosofía del Derecho de la Universidad de Alicante. Las innumerables discusiones que en el marco de nuestros seminarios hemos mantenido han llegado a conformar de modo determinante lo que hoy soy intelectualmente hablando.

Mis conversaciones con ellos me ayudaron a ver problemas, a madurar muchas ideas y a corregir otras. Por todo ello estoy profundamente agradecida a Josep Aguiló, a Juan Antonio Pérez Lledó, a Daniel González Lagier, a Ángeles Ródenas, a Isabel Lifante, a Pablo Larrañaga y a Macario Alemany; a quienes estuvieron entre nosotros durante un tiempo: Juan Antonio Cruz Parcero y Roberto Lara, y también a quienes en estos últimos años se han incorporado a nuestro grupo de trabajo: Hugo Ortiz, Kira Ciófalo y Leopoldo Gama.

Daniel González Lagier, Isabel Lifante y Pablo Larrañaga me acogieron con especial calidez en el grupo. A Daniel le debo un apoyo constante durante muchísimos años. A Isabel, entre tantas otras cosas, el haber estado siempre pendiente de que yo no fuera en exceso víctima de mi propio temperamento. Ellos leyeron con gran paciencia diversas versiones de mi tesis y gracias a sus comentarios y a sus consejos pude mejorarla, además de llevarla a buen término. Las conversaciones con Josep Aguiló me ayudaron a ver con ojo más crítico la obra de Nino y mis propias intuiciones sobre los temas que iba abordando conforme avanzaba en la investigación; su consejos más personales —que entonces sentía como un «jarro de agua fría»— hoy los recuerdo como acertadas dosis de serenidad y sensatez. Ángeles Ródenas, que conocía bien la obra de Nino, me consideró desde siempre su interlocutora, animándome y dándome de esta forma confianza en mi propio estudio. Interlocutora fui también durante todos estos años de Macario Alemany. Con él tuve ocasión de conversar sobre muchos temas además de vivir prácticamente a la par las ansiedades derivadas de nuestros respectivos trabajos. Juan Antonio Pérez Lledó hizo buenas y pertinentes objeciones a mi trabajo doctoral y sé que se hubiera volcado para ayudarme aún más a mejorar mi trabajo en vistas a su publicación de habérselo yo pedido. Mis conversaciones con mis dos compañeros más jóvenes, Kira Ciófalo y Polo Gama, me han ayudado, además de a elevar muchas veces el ánimo con el apoyo que brinda la complicidad, a reformular de forma más clara mis planteamientos.

Pero mi deuda más fuerte fue contraída durante estos años con quienes fueron mis dos directores de tesis: Manuel Atienza y Juan Ruiz Manero. La personalidad de Manuel Atienza y su entrega a la docencia y a la investigación me hicieron ver en él —desde que tuve la suerte de ser alumna suya en el primer año de mis estudios de Derecho— la figura del maestro. Fue un privilegio iniciar mis estudios universitarios con él como profesor y una satisfacción muy grande ser recibida en su grupo de trabajo. Siento un profundo agradecimiento por sus inteligentes comentarios, por su paciente dedicación a mi formación y a la dirección de mi trabajo, por muchos de sus consejos académicos y por la cercana simpatía paternal que siempre sentí que proyectaba hacia mí. Pero, por encima de todo, y muy profundamente, valoro —al igual que seguramente les sucede al resto de mis compañeros— su ejemplo. Mi deuda de gratitud adquiere matices especialmente intensos en el caso de Juan Ruiz Manero. Durante mi último año de trabajo predoctoral, Ruiz Manero asumió el día a día —y esto es prácticamente literal— de la tarea de dirección de mi tesis. Suscribimos un «pacto de Ulises» que él mismo con gran jovialidad —y responsabilidad— me ofreció y asumió. El fruto final de aquel pacto —y de nuestras conversaciones sobre las ideas de Nino, de sus dosis de aguda crítica a mi trabajo y de sus muestras de simpatía y dedicación durante ese largo año— fue mi tesis doctoral, que fue el núcleo del libro que ahora presento.

Por último, quiero darles las gracias a aquellas personas que me han brindado cariño y grandes muestras de respeto y paciencia a lo largo de muchos años: a mis amigas y muy especial y profundamente a mis padres y a mis hermanos. Y a Jesús Vega, por todo.

Capítulo I

El contexto histórico para un modelo de Teoría del Derecho

1. El complejo y delicado proceso de (re)construcción y consolidación de una democracia constitucional en países que viven una transición tras una cruenta dictadura o Estado totalitario ha de contar con la necesidad de dar algún tipo de respuesta a las masivas violaciones de derechos humanos cometidas por gran número de sujetos contra el resto de sus conciudadanos. Sólo atendiendo esta necesidad será posible consolidar unas bases más sólidas para la democracia.

La historia más reciente nos proporciona muchos ejemplos de actos atroces cometidos bien sea bajo el amparo de leyes previamente dictadas por quienes detentan el poder político, bien, cuando no existen inicialmente tales leyes, bajo aquellas que son dictadas con posterioridad a la comisión de los actos —ante el inevitable advenimiento de un régimen distinto— por el régimen saliente y con las que se pretende muchas veces, apelando al mantenimiento del orden estatal y a la lucha contra la subversión, ya justificar masivas violaciones de los derechos humanos, ya procurar la inmunidad de sus artífices. Me refiero, en este último caso, a las conocidas como «leyes de autoamnistía».

La importancia en la práctica ético-política y jurídica de la obra intelectual de Carlos S. Nino —que abarca los campos de la Filosofía Moral, de la Filosofía Política y de la Filosofía del Derecho— puede apreciarse con mayor riqueza de detalles e intensidad si vemos sus trabajos, su evolución intelectual, tal como él mismo la vivió; esto es, como un compromiso intelectual y político por resolver los problemas morales, políticos y jurídicos relacionados con la reconstrucción de la democracia en Argentina tras la cruenta dictadura militar de 1976-1983.

Este es el motivo que me lleva a trazar esta introducción a mi trabajo sobre la filosofía del Derecho de Carlos S. Nino presentando no sólo el contexto intelectual sino también el político (en el sentido de estado de la *polis*) en el que ha de situarse y articularse su obra. El compromiso político de Nino fue tan fuerte que, como apuntaba, determinó en gran medida el curso de sus proyectos intelectuales. Algunas preguntas que ilustran la complejidad de cuestiones implicadas por uno de los problemas prácticos a los que ofreció respuesta en su extensa obra intelectual pueden sintetizarse de la siguiente manera: ¿Cómo construimos una democracia sólida, estable y moralmente legítima en un país formado por un gran número de individuos que o bien han participado de una u otra forma en las violaciones de derechos humanos planificadas por la Junta militar que gobernaba el régimen dictatorial o bien simpatizan con el sector militar, policial y ciudadano que perpetró tales violaciones? Los juicios en contra de las violaciones de derechos humanos cometidas al amparo de leyes dictadas por un régimen dictatorial ¿ayudan o perjudican a la consolidación de la democracia y al futuro desarrollo y respeto de los derechos humanos?

Cuando uno formula estas preguntas y es —de forma más o menos intuitiva— consciente de las complejidades del mundo de la filosofía práctica, se da cuenta de que, para intentar dar una solución moralmente plausible y trasladable como respuesta a los problemas reales de nuestras sociedades, es preciso, por un lado, profundizar en muy diversos temas de filosofía moral, filosofía política y filosofía del Derecho y, por otro, tener un amplio conocimiento de cuáles son las dinámicas reales en la sociedad en cuestión. Y así fue: aunque el idealismo de Nino le llevó a no ser siempre bien consciente de los obstáculos de la realidad, creo que la mejor aproximación a sus trabajos y a su evolución intelectual parte de entenderla retrospectivamente como una especie de equilibrio reflexivo entre sus desarrollos teóricos (su concepción acerca de la moral y del valor de los presupuestos y del resultado del discurso moral como deliberación colectiva, su sugerente concepción acerca de la democracia como sucedáneo del discurso moral, su concepción acerca del Derecho democrático y los principios morales, y su concepción acerca del papel del Derecho, con especial atención a la Constitución, en la configuración de una sociedad respetuosa con los derechos humanos) y su experiencia político-práctica; ésta última le llevó a ver las características y distintos tipos de límites con los que se encuentran las sociedades reales (incluso aquellas integradas por individuos del más elevado civismo) a la hora de tratar de organizarse conforme a las exigencias de la justicia. Es entonces a la luz de este equilibrio reflexivo como surgió su filosofía del Derecho y es, creo, bajo esta luz, como mejor puede entenderse en su complejidad y riqueza.

Sin embargo, antes de que Nino (junto con otros de sus compañeros intelectuales del círculo de filosofía de Buenos Aires) se sumergiera en la vida política de Argentina, podemos ver, ya en sus primeros trabajos, la semilla del proyecto que luego tanto enriquecería: en efecto, en el joven iusfilósofo Carlos S. Nino se unían ya dos elementos (luego podremos ver los matices): junto a su formación analítica —y a diferencia de otros miembros de su grupo del Instituto de Filosofía de Buenos Aires— creía en el objetivismo moral y en la validez del proyecto kantiano acerca de la verdad moral. Estas coordenadas: formación analítica, creencia en la validez del proyecto universalista kantiano (articulando, en su caso, la construcción y conocimiento de la verdad moral como una —con algún matiz— práctica dialógica), y preocupación teórica y práctica por la política concebida como empresa colectiva para construir una sociedad respetuosa con los derechos humanos, permitirán pues situar e iluminar también, como veremos, su filosofía del Derecho.

2. Hablar de violaciones masivas de derechos humanos y de responsabilidades por esas violaciones evoca el espíritu de los juicios de Nüremberg tras la II Guerra Mundial. Entonces se puso de manifiesto la especial —por lo terrible— peculiaridad de los actos contra los derechos humanos cometidos mediante la utilización del aparato estatal.

El reflejo de aquellos juicios en el mundo de la filosofía del Derecho fue, precisamente, una búsqueda también de responsabilidades —en este caso intelectuales— con el fin de ver qué tipo de concepción del Derecho había, de alguna forma, otorgado esa apariencia de legitimidad a una serie de actos aberrantes y qué concepción del Derecho era preciso sostener para, por un lado, seguir defendiendo la conquista de la Ilustración, esto es, «el imperio de la ley» y, por otro, evitar que se cometieran impunemente actos abominables contra los derechos humanos; es decir, evitar que no hubiera ningún factor disuasorio —como la amenaza de una sanción— para aquellos individuos poco o nada respetuosos con ellos.

Dejando al margen profundizar en la polémica acerca de qué postura intelectual favorece la comisión de tales conductas atroces durante un sistema dictatorial[1] (si bien las acusaciones más directas fueron lanzadas contra el positivismo, que identificaba como Derecho a cualquier sistema normativo establecido por quienes tenían el monopolio estatal del uso de la fuerza, la experiencia nos demuestra que una identificación del Derecho con la moral al modo iusnaturalista ha sido el elemento recurrente de muchas dictaduras para pretender legitimar —acaso con convicción, presentando entonces un problema moral añadido— determinadas actuaciones en contra de los derechos más fundamentales[2]), lo cierto es que los hechos que tuvie-

[1] Sobre esta cuestión, cfr. Garzón Valdés, E., «Derecho Natural e ideología» [1968], «Algo más acerca de la relación entre Derecho y moral» [1992], en Garzón Valdés, E., *Derecho, Ética y Política*, ed. Centro de Estudios Constitucionales, Madrid, 1993.

[2] Escribe Garzón Valdés en *El velo de la ilusión*, que «fueron positivistas como Kelsen, Radbruch o Bobbio quienes más claramente criticaron el nacionalsocialismo y el fascismo pa-

ron como causa los juicios de Nüremberg, y los términos del debate, supusieron un impacto en el mundo de la filosofía del Derecho e introdujeron en él toda una serie de consideraciones que debían ser analizadas a la hora de tratar de dilucidar en qué consistía la normatividad del Derecho, es decir, cuál era el fundamento del poder del Derecho para crear deberes y sancionar el incumplimiento de tales deberes mediante, incluso, la privación de libertad; cuál es, en fin, el fundamento de la validez del Derecho.

Recordemos pues. Hans Kelsen, en su *Teoría pura del Derecho*[3], introdujo unas coordenadas doctrinales que han podido ser muy cuestionadas pero que, sin duda, sentaron por ello mismo la base para toda la discusión ulterior. ¿Cuáles eran tales coordenadas? Hablar de la normatividad del Derecho —de su vinculatoriedad— nos lleva a la noción de «norma básica fundamental» [*Grundnorm*]. La interpretación del concepto de validez del Derecho en Kelsen ha suscitado múltiples controversias. Pero en lo que parece no haber dudas es en que Kelsen, y debido seguramente a su escepticismo en materia ética (la Justicia en sentido absoluto era para él un ideal irracional y consideraba, además, la idea de razón práctica como una contradicción en los propios términos) y a su interés por la cuestión del Derecho como objeto de conocimiento, no reconstruyó la normatividad del Derecho o su validez en términos de juicios de deber ser pertenecientes a una instancia extrajurídica más allá de la presupuesta norma fundamental que establecería la hipotética obligatoriedad de un determinado Derecho dictado por la autoridad competente. En *El concepto de Derecho*[4], H. L. A. Hart,

gando el precio del exilio o de la expulsión de sus universidades, mientras iusnaturalistas como Karl Larenz o Hans–Helmut Dietze glosaban al Führer y ensalzaban su voluntad jurídica. En el caso de la Argentina, fueron también iusnaturalistas quienes justificaron la aplicación de los tormentos y asesinatos», en *El velo de la ilusión. Apuntes sobre una vida argentina y su realidad política*, ed. Sudamericana, Buenos Aires, 2000, pág. 184. Creo, sin embargo, que la causa del desprecio a los derechos humanos no es consecuencia tanto de la concepción iusnaturalista acerca del Derecho cuanto de la forma de entender la moral defendida por algunas corrientes iusnaturalistas. A menudo distintos regímenes terriblemente poco respetuosos con los seres humanos han contado con el apoyo de los ideólogos de cierto tipo de iusnaturalismo. Como veremos, una de las líneas centrales del presente trabajo consiste en rescatar una tesis importante acerca del Derecho y su relación con la moral que ha sido tradicionalmente defendida por la mencionada corriente, articulándola ahora —y de ahí, en mi opinión, la relevante diferencia— dentro de un mapa muy diferente al de la tradición iusnaturalista. Ésta es, en mi opinión, una de las grandes aportaciones de la Filosofía del Derecho de Nino. Pero todavía quedan por delante muchas páginas que permitirán al lector formar su juicio respecto de este punto.

[3] Kelsen, H., *Teoría pura del Derecho* [1960], trad. esp. de R. J. Vernengo, ed. Porrúa, México, 1993.

[4] Hart, H. L. A., *El concepto de Derecho* [1961], trad. esp. de G. Carrió, ed. Abeledo-Perrot, Buenos Aires, 1963, 2ª ed. reimpresión 1992.

preocupado por ofrecer las claves de la normatividad del Derecho dio, sin duda, uno de los pasos más importantes para la posterior resolución de muchas dudas acerca de las relaciones entre el Derecho y la moral. En efecto, Hart distinguió los diferentes puntos de vista o perspectivas acerca del Derecho e individualizó, entre ellas, la perspectiva interna frente a la externa (distinción que coincide, aproximadamente, con la diferencia entre la perspectiva del participante y la del observador). Hart, sin embargo, aunque no partía de una postura metaética escéptica (Hart no era, por cierto, escéptico acerca de la posibilidad de fundamentación de los juicios morales), no entendió que el punto de vista interno hubiera de estar necesariamente unido a consideraciones morales acerca del Derecho. Defendía la normatividad del Derecho, es decir, su capacidad de crear deberes denominados deberes jurídicos, pero, sin embargo, no explicó cuál era el fundamento de ese poder de creación de deberes. De esta forma, Hart se limita a establecer que la existencia de un sistema jurídico se produce por la existencia de algún tipo de práctica social que determina lo que para una comunidad son los criterios de validez jurídica de las normas (su conocida «regla de reconocimiento» [*rule of recognition*], que ofrecería al sistema normativo jurídico un anclaje en la sociedad). Pero, y he aquí el centro del problema, la tesis hartiana de la separación no venía articulada únicamente desde el punto de vista del observador, esto es, desde el punto de vista cognoscitivo o de identificación del Derecho. En su trabajo «El positivismo y la separación entre el Derecho y la moral»[5] (1957) consideraba necesario separar el Derecho de la moral al modo en que lo habían hecho otros autores anglosajones como Austin y Bentham, juzgando que la única forma de mantener despierto el espíritu crítico en relación con el Derecho era, precisamente, separando su identificación como Derecho válido de consideraciones morales; y criticaba la solución adoptada por los tribunales alemanes en relación con la declaración como Derecho no válido de algunas de las leyes dictadas durante el gobierno de Hitler. En efecto, Hart parecía sostener una tesis fuerte acerca de la separación entre el Derecho y la moral cuando se opuso en una famosa polémica con Fuller (en «El positivismo jurídico y la separación entre el Derecho y la moral» (1957)) a la conexión conceptual o necesaria entre Derecho y moral y, con ello, a la tesis de Fuller de la «moralidad interna del Derecho»[6] y a la tesis de Radbruch según la cual una norma no es jurídica, pese a haber sido dictada por la autoridad competente en un determinado

[5] Hart, H. L. A., «El positivismo y la separación entre el Derecho y la moral» [1958], en Hart, H. L. A., *Derecho y moral. Contribuciones a su análisis*, trad. esp. de G. Carrió, ed. Depalma, Buenos Aires, 1962, págs. 1-64.

[6] Fuller, L., *La moral del Derecho* [1964], trad. de F. Navarro, ed. Trillas, México, 1967.

sistema, cuando la injusticia de tal norma es insoportable[7]. La tesis de Hart, ahora lo veremos, va, en efecto, más allá de sostener la no conexión entre Derecho y moral desde el punto de vista externo —o, aproximadamente, desde la perspectiva de un observador—; su tesis se refiere, también, a la postura que ha de adoptar un participante. Detengámonos aquí: Hart, en su crítica a una concepción como la sostenida por Radbruch tras la II Guerra Mundial, señala que tal posición fue, además, erróneamente llevada a la práctica por los tribunales alemanes en ciertos casos en los que fueron condenados criminales de guerra locales, espías y delatores bajo el régimen nazi y que esto les llevo a la criticable opción de considerar como inválidas, por ser contrarias a principios fundamentales de la moral, las leyes que autorizaban determinados actos durante dicho régimen. En opinión de Hart, los jueces y juristas tendrían que haber reconocido el valor jurídico de tales leyes pese a su injusticia y no haber procedido enmascarando, como —en su opinión— hicieron, la gravedad de la situación y de los métodos utilizados: «Por odiosas que sean las leyes y las sanciones penales retroactivas, haberlas aplicado abiertamente en este caso habría tenido al menos los méritos de la sinceridad. Habría puesto en claro que [...] era menester optar entre dos males, el de absolver o el de sacrificar un principio moral muy precioso [la irretroactividad] incorporado a la mayor parte de los sistemas jurídicos. [...] Podríamos castigar de acuerdo con la nueva ley retroactiva y declarar abiertamente que estamos haciendo algo inconsistente con nuestros principios como mal menor entre dos males»[8]. En un trabajo de 1965 —«Philosophy, Morality and the Law. Observations prompted by Professor Fuller´s novel claim»[9]—, Dworkin aceptaba las condiciones necesarias apuntadas por Fuller (generalidad, promulgación, irretroactividad, claridad, coherencia normativa, etc.), pero consideraba que éstas eran sólo necesarias para crear Derecho pues, al no tener tales principios una dimensión ética[10], no permitían sostener la tesis de la conexión entre Derecho y moral. Tal conexión, en opinión de Dworkin, y tal como la presenta en dos trabajos posteriores —*Los derechos*

[7] Radbruch, G., *Arbitrariedad legal y Derecho supralegal* [1946], trad. de María Isabel Azareto de Vázquez, ed. Abeledo-Perrot, Buenos Aires, 1962, e *Introducción a la Filosofía del Derecho* [1948], trad. de Wenceslao Roces, México, Fondo de Cultura Económica, 1951.

[8] Hart, H. L. A., «El positivismo jurídico y la separación entre el Derecho y la moral», cit., pág. 47-48.

[9] Dworkin, R., «Philosophy, Morality and the Law-Observations prompted by Professor Fuller's novel claim», *University of Pennsilvania Law Review*, (1965), en versión electrónica, puede encontrarse en la base bibliográfica de Westlaw.

[10] Quizá en el caso de la irretroactividad sea más cuestionable negar su dimensión ética. La irretroactividad tiene que ver con la seguridad jurídica y ésta, especialmente, con la seguridad como valor moral y, en última instancia, con el principio moral de autonomía.

en serio (1977) y *El imperio de la justicia* (1986)—, vendría dada no por lo apuntado por Fuller, sino por el hecho de que los jueces, a la hora de fundamentar sus decisiones, han de llevar a cabo, necesariamente, juicios normativos, ya que el hecho de que un estándar sea de hecho institucionalmente reconocido no puede constituir ninguna razón autónoma para fundamentar el deber moral de tales jueces de reconocerlo e imponerlo. Dworkin, que hace una teoría del Derecho desde la perspectiva interna, entiende por Derecho aquellos estándares que los poderes públicos deben reconocer e imponer, de tal forma que, en su concepción, afirmar que un estándar es jurídico implica en última instancia enunciar un juicio de valor que supone el deber moral de los jueces de reconocerlo y aplicarlo como Derecho[11].

Los trabajos posteriores en torno a estas posiciones han clarificado algunos puntos importantes utilizando, precisamente, parte del instrumental que aparecía ya en Hart: el punto de vista o perspectiva adoptada en relación con el Derecho determinará las conclusiones que extraigamos acerca de si existe o no una conexión conceptual entre Derecho y moral. Los autores que se han interesado por la dimensión argumentativa del Derecho, esto es, por una aproximación al Derecho como forma de justificar determinados cursos de acción, han apreciado que, desde esta dimensión del Derecho, la tesis hartiana de la separación no se presenta como una tesis plausible y de que, en definitiva, el punto de vista del participante viene caracterizado —frente a lo que parecía creer Hart— por esgrimir la denominada tesis de la pretensión de corrección[12]. Desde esta perspectiva, la filosofía del Derecho se sumerge en la filosofía política y en la filosofía moral.

3. Así, es en este contexto de debates donde hay que situar la filosofía del Derecho de Carlos S. Nino. El proyecto intelectual de Nino es un claro ejemplo de las grandes y complejas dimensiones que puede llegar a tener un proyecto intelectual orientado a tratar de reconstruir en toda su riqueza el fenómeno jurídico en su dimensión argumentativa; es decir, un proyecto que persigue profundizar en la comprensión del papel del Derecho en el razonamiento práctico.

---

[11] Aquí, al dar cuenta de la postura de Dworkin, estoy reconstruyendo ésta a la luz de las consideraciones de aquellos autores que, posteriormente, han tratado de desentrañar su debate con Hart y que muestran en qué medida las teorías del Derecho de uno y otro no son incompatibles. Cfr. Ruiz Manero, *Jurisdicción y normas,* ed. Centro de Estudios Constitucionales, Madrid, 1990.

[12] Cfr. Alexy, R., *El concepto y la validez del Derecho* [1992], trad. esp. de J. Malem, ed. Gedisa, Barcelona, 1997. El esgrimir esa pretensión de corrección es precisamente lo que permite caracterizar al Derecho frente a un sistema de pura dominación.

Como señalaba al principio de estas páginas, la vida intelectual de Nino se vio profundamente determinada —especialmente tras volver a Argentina en 1977 después de realizar su doctorado en Oxford— por su compromiso político en favor del restablecimiento y consolidación de la democracia, primero en su país, pero también en muchos otros; de hecho, allá donde fue llamado. Si una empresa intelectual cuyo fin es la reconstrucción adecuada de un mapa del universo práctico adquiere ya colosales e inextricables dimensiones, uno puede imaginar las dosis constantes de energía, entusiasmo, inteligencia, sensibilidad y equilibrio entre paciencia y urgencia necesarios para, en un ejercicio de ponderación entre la acción y la reflexión y en un impecable ejemplo de fuerza pragmática, tratar de combinar los elementos del mundo y construir la realidad social conforme con el ideal de sus teorías sobre la Moral, la Política y el Derecho. Así, entre la acción y la reflexión, sus teorías llevaron a Nino al activismo político y éste le condujo a la reformulación de determinados aspectos de dichas teorías.

En las páginas que siguen me propongo trazar las líneas principales de la vida académica —tanto investigadora como docente— y de la vida política de Nino. Esto me permitirá presentar después los contenidos temáticos de su filosofía Moral, Política y del Derecho, así como dejar apuntados los problemas prácticos relacionados con la reconstrucción y consolidación de la democracia que se encuentran en el trasfondo de los desarrollos de este autor en el campo de la filosofía del Derecho, objeto central de estudio en este trabajo. En cualquier caso, como se verá, no solamente es imposible sino que implicaría romper el valioso proyecto de Nino en relación con la unidad del razonamiento práctico (del que el Derecho y con él la Filosofía del Derecho es una parte) no dejar apuntadas, al menos en sus líneas fundamentales para así comprender con detalle su comprensión de la articulación del Derecho con el razonamiento práctico (su Filosofía del Derecho), la concepción global de este autor acerca de la moral y de la política.

C. S. Nino provenía de una tradición analítica. Era uno de los miembros más jóvenes (nacido en Buenos Aires en 1943, se graduó como abogado con Diploma de honor en el año 1967 en la Universidad de esta ciudad) del grupo de profesores del Instituto de Filosofía del Derecho de la Universidad de Buenos Aires dirigido por A. Gioja. Gioja fue, junto con el penalista Jiménez de Asúa y, después, Carrió, su maestro. La personalidad de Gioja y su preocupación pedagógica (tuvo una preocupación primordial por la claridad de pensamiento y por las formas de su transmisión[13]) influyeron

[13] Ambrosio Gioja fue uno de los primeros profesores que se dedicaron exclusivamente a las tareas universitarias en la Argentina de aquel momento (una Argentina, por cierto,

en aquel grupo formado por Alchourrón, Bulygin, Garzón Valdés, Rabossi, Carrió, Vernengo y Nino, y dedicado a analizar el Derecho desde la perspectiva de la filosofía analítica. Autores de una gran relevancia internacional como Ross, Von Wright, Perelman, Strawson, entre otros, visitaron en los años de Gioja el Instituto de Filosofía e impartieron allí cursos[14]. Estos autores, y entre ellos, especialmente Carrió[15], ejercieron, entonces, una notable influencia sobre el Nino más joven cuyos trabajos aparecen claramente enmarcados dentro de esta tradición. A aquella primera época corresponden sus artículos «Efectos del ilícito civil»[16], «Lesiones y retórica»[17], «La definición de "delito"»[18], «La pequeña historia del dolo y el tipo»[19] y sus libros *El concurso en el Derecho Penal*[20] (1972), cuatro pequeños volúmenes publicados entre 1973 y 1975 bajo el título *Notas de introducción al*

en la que la carrera universitaria —especialmente en las universidades públicas— estaba escasamente remunerada, si bien gozaba de prestigio social) y constituye un importante referente en la iusfilosofía argentina por su magisterio y su vocación universitaria. Fue decano de la UBA y destacó por su actividad docente y por su contribución a la renovación de las técnicas pedagógicas de enseñanza en dicha universidad a partir de una metodología basada en el trabajo en pequeños grupos, lo que requería una gran cantidad de profesores. Esto tuvo como consecuencia la necesidad de fomentar las vocaciones académicas entre sus alumnos. Gioja se esforzó por inculcar a sus discípulos la correlación entre conocimiento y diálogo. En sus clases utilizaba el método socrático. Bajo su dirección, el Instituto de Filosofía del Derecho adquirió una gran pujanza. En esos años el Instituto, además, llegó a editar su propia revista, *Notas de filosofía del Derecho*. Nino insuflaría años después a sus propios discípulos esas mismas ideas. Véase Atienza, M., *La filosofía del Derecho argentina actual*, ed. Depalma, Buenos Aires, 1984; Blanco Miguélez, S., *Positivismo metodológico y racionalidad práctica. Una interpretación de la teoría jurídica de Carlos S. Nino*, ed. Comares, Granada, 2002, pág. 266.

[14] Atienza, M., *La filosofía del Derecho argentina actual*, ed. dePalma, Buenos Aires, 1984.

[15] Carrió fue, de entre los miembros del grupo de Buenos Aires, y tras la muerte de Gioja en 1971, el maestro de Nino. Su influencia se extiende más allá de los trabajos iniciales de éste y, como veremos, aunque uno y otro ofrecen respuestas distintas a algunos problemas de los que ambos se ocuparon, Nino bebe del pensamiento de Carrió, y en sus trabajos podemos ver reflejados tanto el método para abordar los problemas iusfilosóficos como los problemas que atrajeron también el interés intelectual de su maestro.

[16] Nino, C. S., «Efectos del ilícito civil», *Lecciones y Ensayos*, nº 32, Buenos Aires, (1966).

[17] Nino, C. S. y Backqué, J.A, «Lesiones y retórica», *Revista Jurídica Argentina, La Ley*, nº 126, (1967), págs. 966-975.

[18] Nino, C. S., «La definición del "delito"», *Notas de Filosofía del Derecho*, nº 45, (1969), págs. 47-65.

[19] Nino, C. S., «La pequeña historia del dolo y el tipo», *La Ley*, nº 148, (1972), págs. 1063-1076.

[20] Nino, C. S., *El concurso en el Derecho penal*, ed. Astrea, Buenos Aires, 1972.

Derecho[21] y *Consideraciones sobre la dogmática jurídica*[22] (1974). En estos últimos, especialmente, podemos apreciar ya los primeros trazos de los intereses intelectuales de Nino desarrollados en trabajos posteriores (apuntaba ya, p. ej., en sus *Consideraciones sobre la dogmática jurídica*, la conexión entre la actividad interpretativa del Derecho y las implicaciones valorativas morales, y, de alguna manera, denunciaba ya entonces que tal actividad valorativa se presentara como meramente descriptiva —o de descubrimiento— de las denominadas, por los dogmáticos del Derecho, «naturalezas jurídicas»).

Pero la filosofía del Derecho argentina se vio afectada decisivamente por la política. Eran los años de Onganía, quien, apoyado por sectores del sindicalismo peronista, había dado un golpe de Estado derrocando al gobierno constitucional de Illía[23]. Este régimen dio lugar a un Estado represivo, burocrático y autocrático[24], marcado por el desarrollo de lo que se denominó «doctrina de la seguridad nacional»[25]. Y así, con los militares en el poder, y Perón exiliado en España aunque infiltrado en el movimiento sindical y en la guerrilla izquierdista, la violencia comenzó a aumentar. Los militares intervinieron directamente en la Universidad durante esos años (1969 y siguientes)[26], y el Instituto de Filosofía del Derecho se encontró en una situación de seria dificultad. En 1969 dejó de publicarse la revista fundada por Gioja,

---

[21] Nino, C. S., *Notas de introducción al análisis del Derecho*, ed. Astrea, Buenos Aires, 1973-1975, 4 vols., *Introducción al análisis del Derecho*, ed. Astrea, Buenos Aires, 1980.

[22] Nino, C. S., *Consideraciones sobre la dogmática jurídica*, ed. Instituto de Investigaciones jurídicas, México, 1974.

[23] Los dos gobiernos civiles (el de Frondizi y el de Illía) que precedieron al golpe militar de Onganía (1966) estuvieron caracterizados, desgraciadamente, por una manifiesta inestabilidad que fue resultado en parte a juicio de Garzón Valdés de la discrepancia entre los valores democráticos retóricamente proclamados y la práctica deficitaria de los mismos. Para una interesante reflexión acerca de la regla de reconocimiento de tales sistemas puede verse Garzón Valdés, E., *El velo de la ilusión*, cit., pág. 283-287.

[24] O'Donell, G., *El Estado burocrático autoritario*, Belgrano, Buenos Aires, 1982, pág. 65.

[25] La doctrina de la seguridad nacional consistió en un primer momento en la represión de los grupos terroristas de izquierda y después, también, de personas o grupos de tendencia peronista o izquierdista a través de agrupaciones más o menos clandestinas de extrema derecha vinculadas a la policía. Estos grupos que decían actuar en defensa de la seguridad nacional emplearon masivamente como es sabido la tortura y la «desaparición» de personas como mecanismos de lucha contra la subversión a fin de garantizar la «paz social» y la «democracia verdadera». Véase Palacio, E., *Historia de la Argentina. 1515-1983*, ed. Perrot, 15ª ed., 1988 y Rock, D., *Argentina 1516-1987. Desde la colonización española hasta Raúl Alfonsín*, trad. esp. Néstor Miguez, ed. Alianza, Madrid, 1988. Tomo las referencias de Blanco Miguélez, S., *Positivismo metodológico y racionalidad práctica*, cit.

[26] Relata Garzón Valdés que en aquellos años nació la preocupación por lo que luego, durante décadas, sería llamada la «ciencia nacional». Se trataba de concentrar los esfuerzos en la

Notas de filosofía del Derecho, que era uno de los principales órganos de difusión del Instituto y, además, Gioja empezó a tener graves problemas para mantener la posición de director del Instituto.

En 1971 muere Gioja.

Pese a hallarse en un escenario político ciertamente delicado —en medio de graves convulsiones sociales y políticas[27] en las que los miembros del grupo de Gioja estaban de una u otra forma involucrados— tanto Nino como E. Garzón Valdés[28], N. Spolansky y M. E. Urquijo pudieron reunirse periódicamente (una o dos veces por semana) durante un tiempo

---

creación de una cultura nacional y popular. Toda tendencia a la universalidad, fuera intelectual o artística, había de volverse sospechosa. Revistas como *Sur* y escritores como Jorge Luis Borges fueron objeto de ataques permanentes. En su primer mensaje, las Fuerzas Armadas prometieron incorporar al país «los modernos elementos de la cultura, la ciencia y la técnica, ya que la modernización del país es impostergable y constituye un desafío a la imaginación, la energía y el orgullo de los argentinos». El 29 de Julio de 1966, pocas semanas después de que se produjera la llamada «Revolución Argentina» se intervenían todas las universidades y en «la noche de los bastones largos», el general Mario Fonseca, jefe de la Policía Federal, realizaba la «operación escarmiento» en las Facultades de Ciencias Exactas y Naturales de Buenos Aires. Véase Garzón Valdés, E., *El velo de la ilusión*, cit., págs. 109-110, 275-283.

[27] Nino, C. S., «Palabras Iniciales», en *Introducción a la filosofía de la acción humana*, ed. Eudeba, 1987. Garzón Valdés relata la realidad política de aquellos años: el gobierno de Onganía acabó por hacerse terriblemente insoportable. El 17 de Noviembre de 1972, Perón vuelve a Buenos Aires desde Roma y antes de salir de nuevo del país designa a Héctor Cámpora su candidato oficial. Éste triunfó amplia y limpiamente asumiendo así la presidencia el 25 de mayo de 1973. Aunque el éxito electoral de Cámpora fue saludado por una buena parte del pueblo argentino como una vía aceptable de democratización y de reconciliación nacional, la presencia en el gabinete de Cámpora, entre otros, del ex cabo de policía con inclinaciones místicas López Rega alumbró los peores presagios. Y así fue. López Rega fue el creador de la Alianza Anticomunista Argentina (AAA). A partir de Julio de 1973, la acción de la triple A organizada desde el ministerio de López Rega degradaba al Estado al mismo nivel de los métodos de la guerrilla e iniciaba una persecución de dimensiones hasta entonces desconocidas en Argentina. La Universidad sufrió, de nuevo, severas represiones. En Agosto de 1973, Rodolfo Puiggrós, recién designado rector de la Universidad Nacional y popular de Buenos Aires, declaraba que «lo fundamental es que toda universidad, ya sea estatal o privada, refleje en su enseñanza la doctrina nacional e impida la infiltración del liberalismo, del positivismo, del historicismo, del utilitarismo [...]». En la Facultad de Derecho de la Universidad de Buenos Aires, el ataque contra el «cientificismo» se centró en la lógica deóntica, sospechosa de «universalismo» y de falta de «contenido nacional». Las autoridades de la Facultad encargadas de la reestructuración de los Planes de Estudio se pusieron manos a la obra para adecuarlo a las exigencias de la «doctrina nacional». En septiembre de 1973, Perón, gravemente enfermo, fue elegido presidente con el 61,85% de los votos. Murió el 1 de Julio de 1974 dejando a su esposa Isabel el gobierno del país y a López Rega ascendido a la más alta jerarquía policial (comandante general). Véase Garzón Valdés, E., *El velo de la ilusión*, cit., págs. 124-132.

[28] Garzón Valdés evoca también la calidad de la experiencia intelectual que supusieron las reuniones en aquel foro de discusión, Garzón Valdés, E., *El velo de la ilusión*, cit., pág. 118.

en torno a lo que denominaron el «seminario de la acción». En una atmósfera intelectual impregnada de filosofía analítica, discutían allí temas de teoría de la acción unidos por un interés común hacia la conceptualización de la conducta humana. En el año 1974 se interrumpieron aquellos seminarios debido al traslado de Garzón Valdés a un destino diplomático y al viaje de Nino a Oxford. Años más tarde, en 1987, y fruto en parte de las reflexiones llevadas a cabo junto con sus compañeros de seminario, Nino publicó su *Introducción a la filosofía de la acción humana*[29], trabajo sobre el que volveré más adelante.

En 1974, Nino obtuvo una beca del Consejo Británico de Relaciones Culturales para realizar el doctorado en la Universidad de Oxford. La estancia de Nino en esta universidad tenía como objetivo el estudio de una serie de materias independientes: la función de las teorías jurídicas y su relevancia para la aplicación judicial del Derecho, la estructura de la teoría del delito continental, la justificación de la pena, la relación entre inmoralidad y delito (análisis de la polémica Devlin-Hart), los principios penales del Derecho penal inglés, entre otras. Posteriormente, Nino consideró que la mejor forma de profundizar en cada uno de estos temas y poder así tomar partido al respecto era, precisamente, integrándolos en un trabajo unitario que viniera a constituir su tesis doctoral (*Towards a General Strategy for Criminal Law Adjudication*)[30]. Este trabajo fue publicado ulteriormente bajo el título *Los límites de la responsabilidad penal. Una teoría liberal del delito*[31] (1980), con algunas revisiones llevadas a cabo, ya de vuelta en Buenos Aires, durante el año 1977 y pensando entonces en el distinto *background* de sus nuevos posibles lectores en español.

---

[29] Nino, C. S., *Introducción a la filosofía de la acción humana*, Eudeba, Buenos Aires, 1987.

[30] Durante su estancia en Oxford, Nino no podía dejar de preocuparse por la situación argentina. La instauración en 1976 de la dictadura militar agudizó esta inquietud. Ello le provocó una enorme impaciencia por defender su tesis doctoral y regresar a su país, lo cual, a su vez, parece que motivó algunos roces entre él y Hart, quien deseaba que Nino prolongara su estancia para profundizar diferentes temas y cuestiones. Nino nunca ocultó estas diferencias con Hart y admitía ante sus amigos que éste era reacio a aprobar la tesis si no se introducían ciertas modificaciones, así como que la intervención de Mackie fue decisiva para llegar a un acuerdo que permitiera a Nino la lectura final de su trabajo (con ciertas correcciones) y su retorno inmediato a Argentina. Véase Blanco Miguélez, S., *Positivismo Metodológico y racionalidad práctica*, cit., capítulo IV, «Entre la vida académica y el compromiso político», pág. 277. La autora reconstruye en el capítulo referido una biografía de Nino enriquecida por la oportunidad que tuvo de conversar con Susana Bergsztein, esposa de Nino, así como con amigos y compañeros muy próximos al filósofo argentino.

[31] Nino, C. S., *Los límites de la responsabilidad penal*, trad. esp. de G. R. Navarro, ed. Astrea, Buenos Aires, 1980.

Los intereses intelectuales de Nino en este trabajo de doctorado —con un análisis que nos remite al pensamiento (sea para acogerlo o rechazarlo) de todos aquellos autores con quienes tuvo oportunidad de discutirlo: H. L. A. Hart, J. M. Finnis, A. M Honoré, J. Raz, J. L. Mackie entre otros[32]—, delimitan ya con claridad la constante de todos sus trabajos posteriores, en los que profundizará y enriquecerá las direcciones teóricas en él apuntadas. En la introducción a la versión española de su tesis doctoral escribía:

«Hay otra dimensión de problemas que la teoría jurídica contemporánea generalmente pasa por alto. Los jueces, como todos nosotros, son moralmente responsables por sus actos y decisiones. El fundar sus decisiones en el sistema jurídico vigente en su ámbito no los exime de esa responsabilidad. La vigencia de unas normas jurídicas y no de otras constituye un hecho y los hechos no configuran razones suficientes u operativas para justificar una acción o decisión. Un razonamiento práctico es necesariamente inconcluyente si sólo se funda en premisas fácticas, sin contener, también, premisas que expresen deseos o intereses o invoquen valoraciones. [...] ¿Es posible excluir a cierto grupo de gente, en este caso los jueces, del plano de la deliberación en materia moral, sometiéndolos a las conclusiones de las deliberaciones de otras personas? (si la idea de autonomía como característica formal de cualquier sistema moral tiene algún sentido, ello implicará que la pretensión es imposible). Si hay razones axiológicas (vinculadas con la seguridad y certeza del Derecho y la separación de poderes) para que los jueces apliquen ciertas normas positivas a pesar de que ellos las consideren injustas, ¿no se exige con ello que los jueces, lejos de abstenerse de formular estimaciones valorativas, tomen precisamente en cuenta esas razones axiológicas en sus decisiones de aplicar o no una norma positiva? Si esto es así ¿se podrá evitar que los jueces contrapongan tales consideraciones axiológicas a otras de la misma índole, como, por ejemplo, la injusticia general del sistema positivo o la grave iniquidad de una norma particular de él? Obviamente, ni una norma jurídica ni un principio moral pueden impedir que los jueces tomen en cuenta todas las consideraciones morales que estimen relevantes en su decisión de aplicar o no una norma de Derecho positivo. Esto no implica necesariamente que jueces moralmente responsables vayan a reemplazar en cada caso la solución prescrita por una norma

[32] En relación con este trabajo y antes de su publicación en el año 1980, Nino celebró seminarios en las Universidades de La Plata, la Autónoma de México, Carabobo, en el Centro Internacional de Ciencias Penales, en la Sociedad Argentina de Análisis Filosófico y en la Universidad de Cornell. Cito a partir de Nino, C. S., «Advertencias, excusas y agradecimientos» en *Los límites de la responsabilidad penal*, cit., págs. IX-XIV.

general por la que ellos habrían considerado justa si hubieran sido los llamados a legislar sobre la materia: si el sistema es, en general, justo y los órganos encargados de emitir normas generales son legítimos, seguramente la decisión moralmente correcta será preferir que se mantenga la vigencia general del sistema, promoviendo la obediencia a las normas generales y la previsibilidad de las decisiones judiciales, que dejar de aplicar una norma moderadamente injusta»[33].

Consciente de esto, y empezando ya a tomar una posición acerca de temas de metaética[34], tras su lectura y reflexión de las obras de Rawls, Richards, Nozick, Baier, Warnock, Nagel, Hospers, Frankena, Searle, entre otros, se sitúa Nino en una posición doctrinal de orientación objetivista, presentando argumentos en contra del relativismo y del escepticismo en ética. Consciente también de las insuficiencias de los modelos de «ciencia» del Derecho proyectados por Kelsen, Ross, y Alchourrón y Bulygin, así como de las funciones normativas y constructivas que debía cumplir una actividad teórica en relación con el Derecho que pretendiera ser útil para los juristas prácticos —tal como se desprende de su trabajo *Algunos modelos metodológicos de "ciencia" jurídica*[35] (1979)—, Nino desarrolla una teoría liberal del delito[36] capaz de ofrecer además —inspirándose

[33] Nino, C. S., *Los límites de la responsabilidad penal*, «Introducción. Ideales e ilusiones detrás de la formulación de una teoría jurídica», cit., págs. 7-8.

[34] Nino, C. S., *Los límites de la responsabilidad penal*, «Introducción. Ideales e ilusiones detrás de la formulación de una teoría jurídica», cit., pág. 19.

[35] Nino, C. S., *Algunos modelos metodológicos de «ciencia» jurídica*, Universidad de Carabobo, Venezuela 1979, [también ed. Fontamara, México, 1993].

[36] Dos de los aspectos centrales de su teoría son el ofrecer para el debate —siguiendo las teorías de Honoré sobre consentimiento y pena— una teoría consensual del delito y el que denominó (siguiendo una sugerencia del profesor Honoré a partir del griego *enantíos* o contra y *telos*, finalidad, objetivo o propósito) principio de enantiotelidad —según el cual una acción es punible solamente cuando causa el daño o peligro que la ley está destinada a prevenir (esto es, cuando la acción va contra la política o propósito central de la ley respectiva); en su formulación más genérica nos permite aplicarlo incluso cuando la legislación trate de disuadir acciones que no perjudiquen a terceros. El reemplazo del principio de antijuridicidad por el de enantiotelidad viene dado porque Nino considera que el término antijuridicidad no expresa unívocamente la idea de oposición al propósito o política de las normas penales. De esta forma escribe que «aunque la noción de antijuridicidad no es enteramente ajena a la consideración de los objetivos de las leyes penales, casi nunca se la expone en estos simples términos; se le asocia, en cambio, con la lesión a "bienes jurídicamente protegidos" definidos en forma metafísica y abstracta, o con la violación de etéreas normas, tan imprecisamente caracterizadas, que es casi imposible decidir si una acción típica es o no antijurídica, salvo en los casos en que no está protegida por una causa de justificación admitida por el sistema jurídico. El requisito de antijuridicidad es en la actualidad casi totalmente vacuo; una acción típica se convierte automáticamente en antijurídica si no

para ello en el modelo de teoría del Derecho dworkiniano de la «articulación consistente»[37], no sin apartarse de él, sin embargo, en puntos importantes, como podremos ver— una teoría penal útil para los juristas y a la altura de las demandas planteadas por los problemas del Derecho penal. Años después (en 1982), y en el marco de la teoría penal trazada en *Los límites de la responsabilidad penal*, Nino publica *La legítima defensa. Fundamentación y régimen jurídico*[38], donde examina más de cerca algunos aspectos de este tópico de la dogmática penalista, analizando la aplicabilidad de los principios generales de responsabilidad penal en el marco de una teoría liberal del delito, tal y como fue expuesta en su tesis doctoral, y tratando de ver en qué medida la práctica jurisprudencial argentina resultaba plausiblemente explicada a la luz de tal teoría.

De esta misma época (1980) es su trabajo *Introducción al análisis del Derecho*[39], en el que recoge sus *Notas de Introducción al Derecho* con bastantes cambios y adiciones. Nino, consciente de las deficiencias que en el mundo iusfilosófico continental europeo presentaba el análisis de los problemas jurídicos, trata de atenuar esas carencias reorientando la filosofía del Derecho hacia consideraciones de filosofía moral y política. En este trabajo aborda Nino asimismo temas sustantivos —tales como la validez del Derecho, el papel de los jueces en una democracia, la valoración del Derecho— en los que profundizará en obras posteriores.

Hasta 1983, Nino desarrolló principalmente una actividad investigadora y docente. Además de su docencia en la Universidad de Buenos Aires, en la Sociedad Argentina de Filosofía del Derecho y como miembro

---

entra en la nómina reconocida de las causas de justificación; "antijuridicidad" se ha convertido en sinónimo de falta de justificaciones legalmente admitidas. [...] La adopción del principio de enantiotelidad implica que la inocuidad de la acción es la causa de justificación fundamental de las que la legítima defensa, el estado de necesidad (siempre que el daño impedido sea mayor que el causado) y el consentimiento válido de la víctima no son más que extensiones del caso central en que un acto —que de otra forma sería antijurídico— resulta inocuo». Y que eso sea así, además, le lleva a sostener que «si el sistema jurídico reconoce como casos de justificación el estado de necesidad y la legítima defensa, los tribunales están autorizados a inferir que el caso central en que la acción es inocua tampoco puede ser punible, puesto que las demás causas de justificación no son más que meras derivaciones, más complejas de ese caso central». Nino, C. S., *Los límites de la responsabilidad penal*, cit., págs. 324 y ss.

[37] Dworkin, R., «Hard Cases», *Harvard Law Review*, vol. 88, nº 6, (Abril 1975), págs. 1057-1109.

[38] Nino, C. S., *La legítima defensa. Fundamentación y régimen jurídico*, ed. Astrea, Buenos Aires, 1982.

[39] Nino, C. S., *Introducción al análisis del Derecho*, ed. Astrea, Buenos Aires, 1980, [también ed. Ariel, Barcelona, 1983].

del Consejo Nacional de Investigaciones Científicas y Técnicas, fue investigador visitante en las Universidades de Harvard (1977) y Freiburg, Alemania (1982)[40]. Sin embargo, a finales del año 1982, su profunda preocupación por los acontecimientos políticos —la terrible represión parecía estar dando paso a un absurdo régimen que además de violar los derechos humanos de sus ciudadanos trató de ganar el apoyo popular iniciando una guerra casi surrealista en sus métodos y llena de mentiras desde el poder para recuperar la soberanía sobre las Islas Malvinas, guerra que finalizó con una rendición de Argentina y 1000 jóvenes muertos[41]— y la conciencia de responsabilidad por el futuro del país llevaron a Nino, junto con otros compañeros de la Facultad de Derecho de Buenos Aires y de la Sociedad Argentina de Filosofía Analítica (G. R. Carrió, E. Bulygin, E. Rabossi, J. Malamud Goti, M. D. Farrel, R. Guibourg), a reunirse de nuevo, esta vez para buscar la forma de facilitar el proceso de democratización de Argentina. Con este fin, decidieron entrar en contacto con los líderes del Partido Radical, por ser éste el que había estado más unido tradicionalmente con la defensa de los derechos.

Antes de entrar a relatar la actividad política que Nino desarrolló en este período de su vida —y que se entrelazaría íntimamente, ya hasta su muerte en 1993, con su actividad investigadora y docente— vale la pena echar una rápida mirada a lo que estaba sucediendo con el gobierno de Argentina[42], especialmente desde 1974 (el año del viaje de Nino a Oxford) y tras la muerte de Perón. Esto me permitirá articular, posteriormente, los problemas que debió afrontar la sociedad argentina cuando en 1983 trataba de reconstruirse una vez superada la cruenta dictadura[43].

---

[40] Tomo referencia de Malem Seña, J.F., «Carlos Santiago Nino. Apuntes bio-bibliográficos», *Derechos y libertades*, nº 3 1994). También publicado en inglés bajo el título «Carlos Santiago Nino: A bio-bibliographical sketch», en *University of Miami Inter-american Law Review,* vol. 27, nº 1, (1995).

[41] Tomo esta información de Rabossi, E., «Discurso homenaje a C. S. Nino» en *Deliberative Democracy: A Conference in Remembrance of Carlos Santiago Nino*, Yale Law School, Septiembre 23-24, (1994).

[42] Cfr. Nino, C. S., *Radical Evil on Trial*, Yale University Press, 1996. La publicación póstuma del manuscrito de este trabajo de Nino fue preparada, junto con un grupo de colaboradores, por el profesor Owen Fiss, de la Universidad de Yale, con quien Nino mantuvo una estrecha relación no sólo académica, sino también de amistad.

[43] Sobre esta cuestión puede verse además de Nino, C. S., *Radical Evil on Trial, cit.*, Nino, C. S., «La política de los derechos humanos en la 1ª mitad del periodo del gobierno democrático» en Garzón Valdés, E. y otros (comps.), *La nueva democracia argentina (1983-1986)*, ed. Sudamérica, Buenos Aires, 1988, págs. 201-212, Mignone, E.F., Estlund, C.L. e Issacharoff, S., «Dictatorship on Trial: Prosecution of Human Rights Violations in Argentina», en *Yale Journal of International Law*, Vol. 11,1, (1984), págs. 118 y ss.

El año 1974 fue el año de la muerte de Perón, tras su regreso a Argentina del exilio. Isabel de Perón asumió los deberes de la presidencia, ganada meses antes de su muerte por Perón, tras obligar al peronista Cámpora a renunciar a la victoria obtenida en las elecciones presidenciales de 1973 y a convocar nuevas elecciones. Entre sus ministros, ocupando la cartera de asuntos sociales, estaba López Rega, un antiguo policía con inclinaciones místicas que —como ya he tenido ocasión de apuntar— creó un grupo terrorista de derechas para combatir las actividades de la guerrilla izquierdista[44]. Bajo el gobierno de María Estela, Isabelita, Martínez de Perón, se dictó el decreto 2772 (6 de Octubre de 1975), cuyo artículo 1 decía: «Las Fuerzas Armadas bajo el comando superior del Presidente de la Nación, que será ejercido a través del Consejo de Defensa, procederán a ejecutar las operaciones militares y de seguridad que sean necesarias a los efectos de aniquilar el accionar de los elementos subversivos en todo el territorio del país»[45]. Aquel grupo fue denominado la Alianza Anticomunista Argentina (AAA). En medio de una crisis económica general y una violencia en aumento constante —*Amnistía Internacional* estimó en 1500 las muertes causadas por la violencia de extrema derecha en un período de 18 meses—, los militares derrocaron a Isabel de Perón en el año 1976 e institucionalizaron el que ha sido calificado como el régimen autoritario más represivo de la historia de Argentina. La Junta Militar inicial estaba formada por Videla, Massera y Agosti. Videla era el presidente de la Nación. La Junta recortó las libertades civiles: se suspendió la libertad de salir del país que el artículo 25 de la Constitución otorgaba a aquellos arrestados durante un estado de sitio, se prohibieron las actividades políticas y sindicales y el *habeas corpus* también fue restringido. La separación de poderes pasó a ser una especie de pantomima una vez que la Junta Militar, tras el golpe de Estado, disolvió el congreso y sustituyó todo el poder judicial por sujetos afines al nuevo régimen. Como era de temer, las violaciones masivas de derechos humanos organizadas desde el aparato estatal y llevadas a cabo por los distintos rangos del cuerpo militar superaron las cifras de la época de Isabel de Perón y López Rega.

En el año 1977, cuando Nino regresaba a Argentina tras su estancia en Oxford, emergió, en pleno gobierno de la Junta Militar, la protesta silenciosa de las Madres de la Plaza de Mayo, que, junto con la Liga Ar-

[44] Remito al lector a la nota a pie de página nº 27. Sobre la violencia armada de 1973 a 1976 puede verse, Marín, J. C., *Los hechos armados. Argentina 1973-1976. La acumulación primitiva del genocidio*, Buenos Aires: La Rosa Blindada, 1996). Tomo referencia de Garzón Valdés, E., *El velo de la ilusión*, cit., en «La Argentina expelente II», nota 36.

[45] Garzón Valdés, E., *El velo de la ilusión*, cit., pág. 143.

gentina por los Derechos del Hombre, la Asamblea Permanente por los Derechos Humanos —en una ocasión copresidida por Raul Alfonsín—, el Servicio de Paz y Justicia creado por A. Pérez Esquivel (premio Nobel de la paz tras permanecer detenido durante dos años) y, posteriormente, el Centro de Estudios Legales y Sociales (fundado por E. Mignone y A. Comte en 1980) constituyeron los principales grupos de protesta contra las masivas violaciones de derechos humanos cometidas bajo el mandato de la Junta Militar.

En la primera etapa del Proceso, los militares dirigieron directamente la Universidad, normalmente como interventores pero llegando incluso a ser rectores. Más adelante, el control se hizo más sutil mediante personas afines a las que atribuyeron cargos de responsabilidad, a la vez que se sucedían las expulsiones de disidentes. Durante los años del Proceso, los miembros del «grupo Gioja», lejos de caer en el desánimo o en la apatía se refugiaron en la denominada Sociedad Argentina de Análisis Filosófico (SADAF), que había sido fundada ya por iniciativa de Eduardo Rabossi en los tiempos de Onganía en previsión de etapas políticas peores. Sus miembros eran G. R. Carrió (el primer presidente de la Corte Suprema de Justicia postdictatorial[46]), C. Alchourrón, E. Bulygin, C. S. Nino, M. Farrell, T. Moro Simpson y un grupo de intelectuales más jóvenes, discípulos de Nino[47]. El SADAF pretendía seguir el estilo de las *Philosophical Societies* y de los círculos y reuniones tutoriales típicas del sistema educativo oxoniense que tanto habían atraído a los miembros del grupo que se habían «exiliado» en Oxford. La sociedad no sólo estaba dedicada a la filosofía analítica: «era una sociedad para el análisis filosófico; es decir, estaba abierta a cualquier tendencia. Las reuniones, que se celebraban un sábado de cada mes, atraían básicamente a tres tipos de intelectuales: gentes de ciencias, de las Facultades de Ciencias exactas, de Física, Matemáticas, Filosofía de la ciencia, etc.; gentes de Filosofía; y gentes de Filosofía del Derecho. Consecuentemente, los temas abordados eran de lo más variado, abarcando desde lógica a metafísica, pasando por la filosofía de la ciencia y la teoría del conocimiento, la filosofía del lenguaje, la ética aplicada, la filosofía política [...] El SADAF simplemente quería ser un foro

[46] Pueden encontrarse algunas referencias sobre la labor de defensa llevada a cabo por Carrió del periodista Jacobo Timerman, detenido el 15 de Abril de 1977 por un grupo de personas vestidas de civil que alegaron pertenecer al ejército, en Garzón Valdés, E., *El velo de la ilusión,*cit., págs. 182-183.

[47] A estos jóvenes se les conocía por el simpático nombre de los «Nino's girls and boys», en alusión a las becas que C. S. Nino les había conseguido en la Universidad de Yale gracias a la buena ayuda del profesor de la *Law School* de esta Universidad Owen Fiss. Garzón Valdés, E., *El velo de la ilusión*, cit., pág. 182.

de debate filosófico, un lugar donde mantener viva y en contacto con la realidad internacional una tradición filosófica argentina que, especialmente en el ámbito iusfilosófico, se había mostrado prometedora durante los años 40 y 50»[48]. Nino se incorporó a las reuniones del SADAF desde el principio y fue uno de sus miembros más asiduos y activos. El SADAF fue poco a poco consiguiendo financiación y logrando más estabilidad. Se organizaron seminarios y conferencias y se publicó una revista, *Análisis filosófico*, de cuyo consejo asesor Nino fue miembro. Figuras internacionales como Von Wright, Davidson, Nagel, Dworkin, Fiss y Ackerman, entre otros, fueron invitados a este foro[49].

En 1978, la Comisión Interamericana de Derechos Humanos consiguió entrar en Argentina y tras llevar a cabo una investigación durante 1979, publicó un informe que arrojaba una seria acusación de violación de los derechos humanos contra el gobierno. La presión internacional fue notablemente efectiva a la hora de disminuir la represión militar. A partir de 1980, el régimen empezó a debilitarse e incluso empezó a aflorar algo de crítica en los medios periodísticos. Pero el régimen permanecía. Viola ocupó la presidencia en 1981, tras expirar el plazo de cinco años de Videla. Nueve meses después, y debido a la fuerte crisis socioeconómica, la Junta sustituyó a Viola por Galtieri en la presidencia de la Nación. Ahora bien, en aquella época, la opinión pública estaba ya manifestándose con gran fuerza en contra del régimen[50]. La manifestación de Abril de 1982 reunió

[48] Entrevista personal de S. Blanco Miguélez con Eduardo Rabossi. Blanco Miguélez, S., *Positivismo metodológico y racionalidad práctica*, cit., pág. 274.

[49] *Análisis filosófico*, vol. 1-13, sección noticias, (1980-92). Obtengo la referencia de Blanco Miguélez, S., *Positivismo metodológico y racionalidad práctica*, cit., nota 102, pág. 275.

[50] Inicialmente el régimen represivo de la Junta Militar había logrado tener una cierta aceptación entre muchos ciudadanos argentinos, quienes consideraban las medidas tomadas por la Junta como una respuesta necesaria ante el terrorismo subversivo de izquierdas. Había en aquel «algo habrán hecho» emitido por algunos sectores respecto de los detenidos y secuestrados, una especie de complicidad con el régimen. Sobre el intento de los ciudadanos por «convivir con el terror buscando causas que puedan justificar determinados cursos de acción por parte del gobierno», véase Malamud Goti, J., *Game Without End. State of Terror and the Politics of Justice*, University of Oklahoma Press, 1996. Haciendo referencia también a ese «por algo será» escribía Garzón Valdés que en Argentina a la pregunta recurrente de las víctimas del terrorismo —«¿por qué?»—, los apologistas del régimen tenían una respuesta que, aunque vacía de todo contenido, estimulaba la imaginación de quienes la formulaban al ofrecerles la posibilidad de darle el contenido que quisieran: «por algo será». «En el campo de la justificación política o ética —nos dice Garzón Valdés— esta respuesta jugaba el mismo papel que en la investigación científica la fórmula «todo evento tiene su causa»: un enunciado que carece de toda posibilidad de falsación». Sobre este argumento irrefutable del «por algo será» puede verse, Garzón Valdés, E., «Seguridad

a 10.000 personas en la Plaza de Mayo para oponerse a la dictadura. Galtieri, entonces, a fin de ganarse de nuevo el apoyo popular, decidió (dos días después de la manifestación) invadir las islas Malvinas. La derrota en Junio de 1982 supuso el comienzo del fin del régimen militar. El general Bignone asumió la presidencia el 22 de Junio de 1982 y, al mismo tiempo, los líderes de varios partidos políticos, formando la «Multipartidaria», acordaron solicitar el fin del estado de sitio, la legalización de la actividad política y la convocatoria de elecciones. El régimen militar confiaba en negociar los términos de la democratización, pero los partidos políticos no tenían ningún deseo de negociar con un régimen que estaba derrumbándose y lo que hicieron fue proponer la convocatoria de elecciones generales para Octubre de 1983. La respuesta de la Junta fue establecer cinco condiciones entre las que se incluía la de la no revisabilidad de la guerra sucia contra la subversión, la no revisabilidad de los actos de corrupción y la continuidad del sistema judicial. Los partidos políticos rechazaron esas condiciones al tiempo que continuaban con una campaña electoral que fue intensificándose con el dolor y la indignación ante las tumbas multitudinarias halladas tras las excavaciones y ante los informes de prensa alarmantes, todo ello bajo un clamor extendido pidiendo justicia retroactiva.

Como he señalado antes, fue en esta época cuando Nino[51] y otros compañeros de la Facultad de Derecho de Buenos Aires y de la Sociedad Ar-

---

jurídica y equidad» [1992] en Garzón Valdés, E., *Derecho, Ética y Política*, ed. Centro de Estudios Constitucionales, 1993, pág. 314, y Garzón Valdés, E., *El velo de la ilusión*, cit., pág. 147. En este último trabajo, el autor ofrece al lector también la posibilidad de conocer la posición de la Iglesia Católica en relación con las actuaciones de la Junta a partir de las palabras pronunciadas por algunos de los miembros de la Jerarquía durante aquellos años, *op.cit.*, págs. 147-148.

[51] Nuestro autor realizó diversas estancias en el extranjero entre 1977 y 1978. En concreto, pasó tres meses en la Universidad de Harvard, un mes en el Seminario de la Oficina Latinoamericana de Investigaciones Jurídicas y Sociales de la Universidad de Carabobo, en Venezuela y otro mes en la Facultad de Derecho de la Universidad Autónomo de México. De esta última universidad recibió la oferta de un puesto docente, pero —según relato de su esposa en conversaciones con Blanco Miguélez— Nino decidió regresar a Argentina con el afán de «poner su grano de arena para cambiar la situación del país». La guerra de las Malvinas actuó como detonante final. La dictadura estaba enfrentando una grave crisis socioeconómica en medio de un clima de creciente oposición al régimen y aquella guerra fue vivida por muchos como una especie de delirio. Rabossi describe el estado de ánimo que prevalecía en el «grupo Gioja»: «allí se vio que Argentina estaba en manos de locos. Se veía que era una guerra delirante, que sumada a las muertes efectuadas tanto por los militares como por el terrorismo, se vivía como una situación de "contra la espada y la pared". Comentando estas impresiones con Carrió, Bulygin y Nino, éste también manifestaba la idea de que, de algún modo, se había alcanzado el colmo de la irracionalidad», Blanco Miguélez, S., *Positivismo metodológico y racionalidad práctica*, cit., pág. 279-280.

gentina de Análisis Filosófico decidieron entrar en contacto con los líderes del Partido Radical y fue así como conocieron a Raúl Alfonsín. Cuenta Nino cómo quedaron gratamente impresionados con el compromiso hacia los principios, la disposición para la discusión de ideas y la calidez de personalidad de Alfonsín[52].

En Abril de 1983, la Junta emitió el «Documento Final de la Junta Militar acerca de la Guerra contra la Subversión y el Terrorismo». La Junta asumía responsabilidad histórica por la guerra, pero amparaba sus acciones en los decretos dictados durante la presidencia de Isabel de Perón, en los que se otorgaba libertad al estamento militar para acabar con las guerrillas izquierdistas. Nos relata el propio Nino en su trabajo *Radical Evil on Trial* cómo la Junta admitió algunos errores cometidos en el «calor del combate», incluyendo las violaciones de derechos humanos, si bien considerando que no correspondía a los hombres sino a Dios el juzgarlos[53]. Para mantener la competencia de la jurisdicción militar y preparar además el camino para que entrara en juego la denominada «defensa de obediencia debida», el *Documento Final* de la Junta también establecía que todas las acciones ejecutadas fueron conformes con planes aprobados por los mandos superiores. El mismo día en que este Documento salió a la luz, la Junta ratificó un acto institucional en el que se declaraba que «todas las operaciones contra la subversión y el terrorismo llevadas a cabo por las fuerzas de seguridad, la policía y los guardias de prisiones bajo operaciones de control, en cumplimiento de varios decretos dictados en 1975, habían sido ejecutados en conformidad con planes aprobados y supervisados por los mandos superiores de las fuerzas armadas y por la Junta militar desde que ésta se constituyó»[54].

---

[52] Cfr. Nino, C. S., *Radical Evil on Trial*, cit., pág. 61. Una opinión algo menos entusiasta en relación con Alfonsín, especialmente a propósito de algunas de sus posiciones tras ser elegido Presidente, puede leerse en Garzón Valdés, E., *El velo de la ilusión*, cit., pág. 179. Algo que resultó especialmente desacertado a juicio de Garzón fue el afán del nuevo Presidente por articular una especie de perdón recíproco nacido de que «todos los argentinos habían sido de algún modo culpables de la reciente tragedia nacional». Pero esta generalización totalizante era de alguna forma notoriamente injusta, pues «muchísimos argentinos no tenían por qué sentirse culpables del desarrollo de acontecimientos de los que habían sido excluidos en su hora por la prepotencia estatal» en *op.cit.*, pág. 179. Resulta de especial interés el análisis del concepto de reconciliación llevado a cabo por el autor en las págs. 312-314 del citado trabajo.

[53] Cfr. Nino, C. S., *Radical Evil on Trial*, cit., pág. 62. En relación con el reconocimiento de la criminalidad de las acciones implicado en la propia ley de autoamnistía, véase Garzón Valdés, E., *El velo de la ilusión*, cit., pág. 313.

[54] Tomo la cita de Nino, C. S., *Radical Evil on Trial*, cit., pág. 62.

Este documento suscitó la respuesta incluso por parte de sectores que, como la Iglesia Católica, habían permanecido en silencio durante los años de la represión. Raúl Alfonsín, entonces ya candidato del Partido Radical a las elecciones presidenciales, elaboró una declaración documental, que tituló «No es la última palabra», donde prometía emplear el sistema de justicia ordinario, es decir civil y no militar, para el enjuiciamiento de todos aquellos que hubieran cometido actos ilegales durante los años de la dictadura. Además, hacía constar que la violación del derecho a la vida y a la integridad personal de los individuos no combatientes eran funciones ilegítimas de las fuerzas armadas y que, por ello, correspondía a los jueces civiles y no a los miembros de las fuerzas armadas implicadas decidir qué tipo de defensas —obediencia debida, error, coerción— podían ser esgrimidas. Nino, Malamud y Farrell comenzaron a colaborar intensamente con Alfonsín con el objeto de diseñar estrategias jurídicas de respuesta a las violaciones de derechos humanos cometidas durante el régimen militar.

La concepción de la pena sostenida por Nino dentro del marco de su teoría liberal del delito no era de signo retribucionista[55]. La justificación del castigo estaba basada, para él, en la consecución de un objetivo colectivo: la protección de los derechos humanos en el futuro. Este fin circunscribía el alcance de la práctica punitiva del Estado. A ello se unía su teoría consensual acerca de a qué sujetos es legítimo castigar: del principio moral de autonomía y del de inviolabilidad de las personas[56] se deriva en el campo del Derecho penal el principio de asunción de la pena, según el cual la aplicación de una pena a un individuo está justificada si él ha consentido asumir la correspondiente responsabilidad penal mediante un acto voluntario realizado con conocimiento de que esa responsabilidad es su consecuencia normativa inmediata[57]. Ambas ideas permiten entender el sentido de la propuesta de Nino y Malamud en relación con la política de protec-

---

[55] Cfr., entre otros trabajos de Nino, *Los límites de la responsabilidad penal*, ed. Astrea, 1980, «The limits of the Enforcement of Morality through the criminal Law», *Philosophical Analysis in Latin America*, nº 93, (1984), págs. 93-114, «La derivación de los principios de responsabilidad penal de los fundamentos de los derechos humanos», *Doctrina Penal*, XII, (1989), págs. 29-48.

[56] Según la concepción metaética de Nino, los principios morales válidos (principio de autonomía, principio de inviolabilidad y principio de dignidad; que, por cierto, deslegitiman moralmente tres concepciones totalitarias de la sociedad: la perfeccionista, la holista y el determinismo normativo) derivan de la estructura formal del discurso moral. Cfr. Nino, C. S., *Ética y derechos humanos*, ed. Ariel, Barcelona, 1989.

[57] Nino, C. S., *Los límites de la responsabilidad penal*, «La derivación de los principios de responsabilidad penal de los fundamentos de los derechos humanos», *Doctrina penal,* nº 45, (1979), págs. 29-48.

ción de los derechos humanos y los juicios por las violaciones de estos durante la dictadura de la Junta militar.

Alfonsín identificó tres categorías de ejecutantes de tales violaciones de los derechos humanos: a) aquellos que trazaron los planes de la represión y dieron las correspondientes órdenes; b) aquellos que actuaron más allá del alcance de las órdenes que habían recibido, llevados por crueldad, perversidad o ambición, y c) aquellos que se limitaron a cumplir estrictamente con las órdenes recibidas. Mientras que quienes se encontraban en las dos primeras categorías debían ser castigados, los pertenecientes a la tercera categoría debían tener la oportunidad de reincorporarse al proceso democrático. Alfonsín dio a conocer su decisión públicamente en una conferencia en la Federación Argentina de Asociaciones de Abogados en Agosto de 1983. Su posición —ambigua— fue, en principio, bien recibida por los distintos sectores. Alfonsín quería juzgar a los comandantes y a los oficiales de los rangos superiores, pero veía con cierto escepticismo juzgar a demasiados oficiales de rangos inferiores, temiendo una reacción peligrosa en las fuerzas armadas. La tarea que encomendó a Nino, Farrell y Malamud fue la de trazar el mecanismo legal que facilitara tales propósitos. La tarea —relata el propio Nino[58]— era difícil. Nino, junto con los otros dos juristas, trazaron su proyecto teniendo en cuenta la capacidad deliberativa, grado y mando del primer grupo señalado por Alfonsín, y discriminando el segundo y tercer grupos a partir de un minucioso análisis de la defensa de obediencia debida. Consideraron que ésta debía poder ser esgrimida incluso en caso de torturas porque entendían que, en el particular contexto histórico de una atmósfera permisiva y legitimadora de las violaciones de derechos humanos, era preciso hacer una excepción a la no excusabilidad de las torturas en otras circunstancias, amparando éstas en la obediencia debida. Por otra parte, consideraron que la distinción entre aquellos que excedían los límites de las órdenes de los superiores y aquellos que cumplieron estrictamente con las órdenes superiores debía ser decidida por los propios militares en una audiencia dirigida por oficiales retirados antes de 1973. Como puede observarse, era éste un intento por integrar a todos los sectores de la sociedad en la reconstrucción legítima de la misma. Según este punto del programa, los autores de las violaciones de los derechos humanos no podían ser penados a menos que tal órgano determinara que el oficial en cuestión había actuado más allá de las órdenes recibidas, fuera por ambición o por algún motivo personal. Así, aunque todos los actos

[58] Nino, C. S., *Radical Evil on Trial*, cit., págs. 62.

eran ilegales, el órgano en cuestión determinaría la conveniencia del castigo. Consideraciones prudenciales determinaban limitar el castigo sólo a algunos de los que habían participado en las violaciones.

Pero en aquellas fechas surgió un nuevo obstáculo legal que hubo de enfrentar el gobierno de Alfonsín cuando se dispuso a juzgar las violaciones de derechos humanos: el 23 de septiembre de 1983, sólo cinco semanas antes de las elecciones y tras una multitudinaria manifestación con más de 40.000 asistentes que clamaban «No hubo errores, no hubo excesos. Todos los participantes del proceso eran simplemente asesinos», Bignone dictó la «ley de autoamnistía». En la solución que se dio a este nuevo problema, podemos entrever el minucioso análisis llevado a cabo por Nino en relación con la articulación de las relaciones entre Moral, Política y Derecho en el razonamiento práctico (algo que, como señalé, se prefiguraba ya en sus primeros trabajos) y, también, el tema central de su filosofía del Derecho de la que me ocupo en el presente trabajo.

Frente a la postura de distintos políticos (entre ellos Luder, un distinguido constitucionalista) que, aun oponiéndose a la mencionada ley, consideraban que ésta, por una parte, no podía ser simplemente derogada pues ello no impediría su aplicación en virtud del Código Penal, que establecía que los acusados pueden beneficiarse de la ley más favorable existente desde el tiempo que va de la comisión del delito al de la sentencia, y que, por otra, además, no era posible la derogación sin violar el artículo 18 de la Constitución que proscribía la legislación penal retroactiva, la posición de Nino, Carrió, Malamud, Rabossi y Bacqué —publicada en una carta al periódico *La Nación*— fue de signo distinto. Como antes apuntaba, fueron, precisamente, una serie de consideraciones en el ámbito de la filosofía del Derecho y el intento por dar respuesta a preguntas tales como la cuestión acerca de la validez del Derecho las que les llevaron a sostener que la validez es un concepto normativo que está conectado con la moral: según esto, la ley de autoamnistía dictada por un gobierno no democrático no podía ser automáticamente considerada válida —es decir, vinculante, obligatoria y con ello pasar a poder ser incorporada como una razón justificativa de la acción en nuestro razonamiento práctico—, sino que precisaba ser sometida al test de su moralidad. Los mencionados autores cuestionaron así la ley a partir de dos argumentos: a) un argumento constitucional, desarrollado por Carrió, a partir de la Constitución, cuyo artículo 29 establecía la prohibición de otorgar al poder ejecutivo poderes extraordinarios. Como la ley de autoamnistía prohibía al poder judicial investigar las decisiones de un ejecutivo que había pasado a ejercer funciones legislativas, consideraron que tal ley de autoamnistía violaba la mencionado previsión constitucional; b) un segundo argumento que Nino presentó en su artículo «Hacia una nueva estrategia para el tratamiento de las normas de *facto*» publicado en el diario jurídico *La Ley* y que después aparecerá en su trabajo *La validez del Derecho* (1980). Es el argumento que le llevó a la tesis acerca de la conexión justificativa entre Derecho y moral, tal y como aparece después y de forma recurrente en varias de sus obras. Lo que sostuvo Nino es que era preciso abandonar la doctrina de las normas *de facto* porque se apoyaba en una falacia —la conocida como «falacia naturalista»— tan característica del positivismo ideológico. Una vez reconocido —como he apuntado más arriba— el carácter normativo de la noción de validez jurídica, de ello se deriva que sólo las normas dictadas por las autoridades legítimas (el carácter epistémico[59] del proceso democrático otorga una legitimidad de origen a las leyes democráticas) disfrutan de una presunción de legitimidad moral[60], mientras que el contenido de las directivas procedentes de autoridades no democráticas ha de ser sometido al test de corrección moral sobre su contenido.

Alfonsín ganó las presidenciales de 1983 y se dispuso a institucionalizar cambios jurídicos para evitar más infracciones de los derechos humanos en el futuro. Nino y Malamud trabajaron durante ese período en colaboración con miembros del Partido Radical que ocupaban cargos ministeriales en la tarea de diseñar los detalles del programa de protección de los derechos humanos. Algunos de tales ministros consideraban que había que optar por una forma limitada de justicia retroactiva, que implicaba que sólo los miembros de la Junta debían ser juzgados, pero Nino y Malamud consideraban que los juicios debían tener un alcance más amplio. Este grupo de trabajo preparó un proyecto de ley que Alfonsín aprobó inicialmente, diseñado para limitar la responsabilidad basándose en la capacidad deliberativa del sujeto en cuestión y en una reinterpretación de la cláusula de la debida obediencia del Código militar. También pensaron en la conveniencia de crear una comisión para investigar lo sucedido con las personas desaparecidas (la futura CONADEP, creada por decreto el 15 de Diciembre de 1983). Otro de los puntos de discusión fue el relativo a qué tribunales debían conocer de las causas. Nino y Malamud sostenían que o bien habían de ser los tribunales civiles, o bien, de ser los tribunales militares, que estos tuvieran jurisdicción sólo sobre las audiencias previas, no sobre los juicios por completo, como proponían algunos ministros.

Si bien Alfonsín, en un principio, se pronunció en favor de la fórmula de tribunales civiles únicos, al escuchar las respuestas habidas por la filtración de la noticia, optó por el uso de los tribunales militares como pri-

[59] Sobre el valor epistémico del procedimiento democrático volveré más adelante en este trabajo. Vid. Cap. III, apartado 5.2.2.2.

[60] Nino, C. S., *Radical Evil on Trial*, cit., pág. 66 y ss.

mera instancia, con un amplio recurso de apelación ante tribunales civiles. Nino y Malamud consideraron que ésta era una buena solución y continuaron con el proyecto.

El día previo a la toma de poder, Alfonsín designó a Nino y a Malamud como sus asesores en el Programa de protección de los derechos humanos y de justicia retroactiva. Nino recuerda estar «trabajando frenéticamente en el proyecto legislativo y en los decretos necesarios para iniciar las causas» durante las ceremonias del 10 de Diciembre de 1983[61].

En la ceremonia de investidura, Alfonsín dio a conocer sus objetivos de restablecimiento del imperio de la ley y de lucha contra la comisión futura de nuevas violaciones de los derechos humanos. Mientras la investigación de la verdad fuera irrestricta, el castigo sería limitado, basado en consideraciones de prevención y no retribucionistas y teniendo en cuenta la necesidad de incorporar a todos los sectores en el proceso democrático. Vemos aquí, de un lado, la influencia de las teorías de Nino pero, también, la experiencia que llevó a Nino, como intelectual comprometido con la política, a evolucionar en sus planteamientos teóricos pasando a tener muy en cuenta cuáles son los rasgos de la sociedad real que se intenta reconstruir con arreglo a las exigencias de la justicia, especialmente a la hora de escoger los medios para el cumplimiento de tales pretensiones.

El paquete de medidas adoptadas por Alfonsín, además de los obstáculos legales antes apuntados (en relación con la ley de autoamnistia, jurisdicción e interpretación de la defensa de obediencia debida, tal y como aparecen en el Código penal y en el Código militar), tenía que establecer también el modo de limitar la duración y el alcance de los juicios. Para lo primero Alfonsín recurrió como orientación al procedimiento sumarial del Código militar; el período para la presentación de recursos también se limitó. Por lo que se refiere al alcance de la responsabilidad, Alfonsín consideró que: (1) podía confiar en que los tribunales militares podrían conocer adecuadamente de las responsabilidades de un pequeño grupo de personas que cometieron los actos más crueles a fin de que el estamento militar lavara la institución y al tiempo recuperara credibilidad social; (2) la reinterpretación de la norma que establecía la debida obediencia permitiría la persecución de aquellos que tuvieran capacidad de decidir (incluyendo a todos los miembros de las Juntas y a aquellos que tuvieran al mando unidades de operaciones) así como de aquellos subordinados que, habiendo cumplido con las órdenes, lo hubieran hecho ejecutando acciones tan crueles y perversas que ninguna persona razonable podría haber

[61] Nino, C. S., *Radical Evil on Trial*, cit., pág. 68.

pensado que tales órdenes pudieran ser, de ninguna manera, legítimas; estos casos, por la naturaleza del acto, legitimarían que el juez estableciera una presunción de que «no hubo error acerca de la legitimidad» de las órdenes recibidas[62].

Según narra Nino, la estrategia política de concentrar la culpabilidad en un pequeño grupo de personas, que eran las que habían promovido y dirigido el terrorismo de Estado, así como en quienes habían ejecutado los actos más crueles y perversos, fue el punto central de la oposición y desconfianza de las organizaciones de derechos humanos y de los grupos políticos de izquierdas. Pensaban que, al final, sólo se iba a considerar responsables a los miembros de la Junta. Por su parte, el estamento militar también estaba descontento, pues consideró que cientos de sus miembros serían objeto de persecución penal por su participación en la represión y que la integridad del estamento militar se vería comprometida. Nino estaba convencido de que «si tanto la izquierda como la derecha se hubieran reunido y discutido sus preocupaciones y el gobierno hubiera explicado que su intención era juzgar a docenas y no a un puñado o a cientos, el proceso subsiguiente hubiera sido mucho menos conflictivo»[63].

Alfonsín reconstruyó los tribunales más directamente relacionados con los juicios contra las violaciones de derechos humanos; especialmente la Corte Suprema y la Corte Federal de Apelaciones de Buenos Aires. Tras reformar la judicatura, se concentró en las propuestas para crear una comisión que investigara las desapariciones. Nino jugó un papel activo en la asignación de miembros de la CONADEP, creada por decreto el 15 de Diciembre de 1983. En su opinión, las organizaciones de derechos humanos tenían que tener representación, pero éstas se mostraron inicialmente escépticas acerca de la comisión y rechazaron su participación. Posteriormente, sin embargo, al comprobar la seriedad de la comisión, se decidieron a cooperar activamente con ella.

Una de las primeras decisiones del Congreso fue la de anular la ley de autoamnistía. Las reformas más controvertidas entre los miembros de la legislatura fueron las referidas a la jurisdicción y a la obediencia debida. En el Congreso se aprobó la posibilidad de aplicar la presunción de error, pero esto, unido al rol de los tribunales militares, fue considerado en el Senado como una amnistía encubierta, de tal modo que su aprobación se hizo depender de dos condiciones: (1) que la legislación estableciera la

[62] Sobre este tema puede verse igualmente Garzón Valdés, E., «La democracia argentina actual: problemas ético-políticos de la transición», cit., especialmente, págs. 881-886.

[63] Nino, C. S., *Radical Evil on Trial*, cit., pág. 71.

competencia de la Corte Federal de Apelaciones en caso de demora indebida o negligencia del tribunal militar; (2) que la víctima o los familiares tuvieran derecho a la apelación y que la ley, explícitamente, reconociera que en aquellos casos en los que se hubieran cometido actos atroces y abominables quedaba anulada la presunción de error acerca de la legitimidad de las órdenes. Esto último fue contra la estrategia de Alfonsín puesto que la excepción implícita se convirtió en una regla clara para anular la presunción. Así fue como de todos lados se oyeron voces de que cualquier crimen podía ser considerado atroz y abominable. Los militares que iban sin duda a ser juzgados como responsables se acogieron también a esto persiguiendo la solidaridad de todo el estamento militar a la hora de responder por las violaciones a los derechos humanos. Nino consideró que esta ampliación de los posibles inculpados iba a dar lugar a un desastre, pero el presidente Alfonsín antes de tomar una decisión distinta prefirió esperar a ver qué curso tomaban los acontecimientos.

La batalla por la justicia retroactiva fue también librada en la Comisión Suprema de las Fuerzas Armadas (la más alta corte militar de justicia en Argentina), pero la ineficacia de ésta hizo que al final los casos contra los miembros de la Junta fueran reclamados por la Corte Federal de Apelaciones. La Comisión suprema fracasó —quizá, apunta Nino, por presiones que le hicieron faltar a sus promesas— en su función de adjudicar responsabilidades dentro del estamento militar y con ello el restablecimiento de su imagen social[64].

Por su parte, la CONADEP sí cumplió un importante papel, atendiendo a las necesidades de las víctimas y ofreciendo respuestas a los grupos de defensa de los derechos humanos, así como de mediadora (algo muy necesario por las tensiones entre los distintos sectores envueltos). Haciendo referencia precisamente a estas tensiones, relata Nino cómo en 1984, con ocasión de «una reunión con los líderes de las Madres de la Plaza de Mayo, Alfonsín, Malamud —y él mismo— trataban de explicar la política general del gobierno, pero los líderes señalaban que todos los desaparecidos tenían que ser traídos vivos y todos los culpables castigados. Hebe de Bonafini fue particularmente hostil cuando Malamud trató de explicarle algunas detalles jurídicos y Alfonsín se enojó diciendo que los estaban confundiendo con los anteriores gobiernos militares»[65].

En 1985, Alfonsín solicitó a Nino y a Malamud un diseño legislativo que permitiera reparar los daños causados por algunas de las medidas del

[64] Nino, C. S., *Radical Evil on Trial*, cit., pág. 78.
[65] Nino, C. S., *Radical Evil on Trial*, cit., pág. 79.

Congreso referidas a los juicios. El deseo del presidente era limitar la extensión de los juicios y definir mejor la noción de «actos atroces y abominables» e identificar a aquellos que habían tenido «capacidad de decisión» en los mismos. Por lo que se refiere al primer fin, Nino y Malamud consideraron que la comisión debería dar audiencia en grupo y limitar los juicios a un período de 3 a 6 meses. Por lo que se refiere a la cuestión de la capacidad de decisión, propusieron leyes que establecieran que tenían capacidad de decidir únicamente aquellos con rango de general o coronel o el equivalente en las fuerzas armadas o aquellos que tuvieron control directo sobre los centros de detención clandestina. Los «actos atroces y abominables» —que, como hemos visto, excluían a quienes los hubieran cometido de la posibilidad de invocar error en relación con la legitimidad de las órdenes— debían ser definidos como crímenes de comisión (en oposición a los crímenes de omisión) de asesinato, violación, tortura, violencia y robo grave, pero excluyendo las abducciones en sí mismas. Finalmente, recomendaron también que, cuando la competencia del juez civil fuera cuestionada en la apelación, y cuando el fiscal estuviera de acuerdo con ésta, el juez civil no debería imponer prisión preventiva.

Alfonsín, sin embargo, decidió no enviar estas propuestas al Congreso, considerando que los beneficios que podían producir mitigando la tensión entre los militares no justificaban su coste político.

La primera audiencia pública del «gran juicio» tuvo lugar en Abril de 1985. En aquellas fechas, un grupo de reconocidos filósofos del Derecho y de la Moral (R. Dworkin, O. Fiss, T. Nagel, T. Scanlon, B. Williams) asistieron a algunas de las audiencias. En relación con esto, recuerda Nino que «en un clima bastante ateniense [los filósofos] discutieron los problemas filosóficos y jurídicos asociados con la justicia retroactiva»[66]. Además, este grupo tuvo ocasión de impartir conferencias sobre cuestiones filosóficas de ámbito más abstracto y general tanto en la Universidad de Buenos Aires como en la Sociedad Argentina de Análisis Filosófico.

Fue, como se ve, una época de muchísima tensión. Una vez más, Alfonsín solicitó a Nino y a Malamud que se reunieran con los miembros de la Corte Federal para discutir el problema de la obediencia debida. Reunidos en casa de Nino —según relata el propio autor[67]—, los jueces sugirieron el establecimiento de un término de 6 meses al final del cual todos aquellos que no hubieran sido identificados deberían quedar exentos de persecución penal. Alfonsín no estaba, sin embargo, convencido de que

[66] Nino, C. S., *Radical Evil on Trial,* cit., pág. 84.
[67] Nino, C. S., *Radical Evil on Trial*, cit., pág. 87.

tales medidas fueran suficientes para limitar el juicio y de ahí que pidiera a los jueces que fueran ellos, en lo posible, quienes definieran la obediencia debida para conseguir el mencionado propósito. Sin embargo, esto era difícil. Los jueces estaban ya juzgando a aquellos que habían dado órdenes y el haber redefinido ellos mismos la denominada cláusula de «obediencia debida» hubiera implicado —tal y como se pronunciaron los jueces ante Alfonsín en aquella reunión en casa de Nino— el dictado por su parte de disposiciones generales. Algo vedado a la judicatura.

El gran juicio contra Videla, Massera, Agosti, Viola, Lambruchini concluyó con la condena a penas de prisión y con su descalificación permanente para ocupar cargos públicos. «A pesar de las tensiones y presión de distintos sectores y de los riesgos obvios —escribe Nino—, la Corte Federal de Apelaciones conoció de los casos de una forma extremamente digna y, con su decisión (entre otros argumentos invocaron el de que el sistema para luchar contra la subversión se había apartado del imperio de la ley —incluso de las leyes de excepción designadas para momentos de emergencia—, como se refleja no sólo en la violencia que caracteriza a las operaciones, sino, también, en las medidas que eran tomadas con el propósito de ocultar los arrestos y el destino de los detenidos, sometiéndolos a condiciones inaceptables de cautividad), sentó tanto los principios importantes para el restablecimiento del imperio de la ley, como los principios éticos elementales. La conciencia moral de la sociedad argentina fue profundamente afectada por estos juicios y aunque los juicios no fueron televisados, el conocimiento de las atrocidades tuvo un fuerte impacto en las mentes de todos los ciudadanos»[68].

Durante el período de 1986 a 1990, la reacción pública empezó a poner en peligro la estrategia original de Alfonsín, forzando medidas para contener el proceso punitivo. En esta época, la implicación de Nino con los acontecimientos relacionados con la justicia retroactiva fue menos intensa puesto que estaba ocupando, desde la Nochebuena de 1985, el cargo de coordinador del Consejo para la Consolidación de la Democracia, un órgano interdisciplinario y bipartidista de asesoramiento encargado dc rectificar algunas de las tendencias endémicas de la democracia argentina[69].

[68] Nino, C. S., *Radical Evil on Trial*, cit., pág. 90.

[69] Un trabajo de Nino muy ilustrativo acerca de la necesidad de tener presentes los condicionamientos de la sociedad real a la hora de articular los medios institucionales necesarios para conseguir la reestructuración política de un país y su organización conforme a los ideales de justicia es Nino, C. S., *Un país al margen de la ley. Un estudio de la anomia como componente del subdesarrollo argentino*, Emecé editores, Buenos Aires, 1992. También pueden leerse en tal sentido, por ejemplo, sus objeciones al traslado imitativo del modelo presidencialista a una sociedad como la argentina caracterizada por un elevado nivel

La idea de detener los juicios estaba entonces implantándose crecientemente. El Secretario de Justicia decretó que el Ministro de Defensa debía ordenar a los fiscales militares que aceleraran las causas en las que los oficiales con capacidad de decidir estaban siendo acusados ante la Comisión Suprema; y que los otros acusados fueran absueltos. El Presidente aprobó la propuesta el 24 de Abril de 1986. Sin embargo, las instrucciones a los jueces provocaron críticas en la prensa y entre los grupos de defensa de los derechos humanos. Esto llevó al presidente a rectificar tales medidas en su discurso ante el Congreso en Mayo y a anunciar que daría nuevas instrucciones para que aquellos que hubieran tenido capacidad de decidir o hubieran cometido actos atroces y abominables no pudieran ampararse en la defensa de obediencia debida. En Junio, el Presidente clarificó en rueda de prensa sus instrucciones diciendo que las absoluciones nunca alcanzarían a aquellos que hubieran cometido actos abominables y atroces.

Distintos tribunales respondieron a esto asumiendo el conocimiento de más y más causas. Alfonsín trató de impedir este cariz que iban tomando los acontecimientos, pero los jueces se mantuvieron firmes en su resolución. Finalmente, el intento por contener los juicios se volvió en contra de tal objetivo. Y sucedió precisamente lo que se quería evitar: los juicios contra oficiales militares y cargos importantes de la policía y sus posteriores condenas dieron lugar a una importante crisis militar. Ante esto, de nuevo, distintos sectores del gobierno empezaron a solicitar la contención de los juicios. El 5 de Diciembre de 1986, Alfonsín, tras conversaciones con sus ministros, mandó la «Ley del punto final» al Congreso, en la que, salvo en los casos de abducción de menores, se limitaba a 60 días el plazo de los tribunales para conocer de todas las demandas basadas en actividad criminal y también se señalaba que pasado tal plazo las demandas se extinguirían, siendo innecesaria la prisión preventiva si el superior se responsabilizaba de la presencia del subordinado ante el Tribunal. Nino consideraba que aquello iba a ser políticamente contraproducente y, según nos cuenta, algo más tarde hizo entrega a Alfonsín de una carta en donde mostraba con claridad sus objeciones, al tiempo que le solicitaba permiso para ir a impartir clases a la *Yale Law School*. Alfonsín —recuerda Nino— puso la carta en su bolsillo y le abrazó al tiempo que le decía «déjame intentarlo», y le deseaba suerte durante su estancia en Yale[70].

de corporativismo, en «Presidencialismo *vs*. Parlamentarismo», en Nino, C. S., *Presidencialismo vs. parlamentarismo* 115 (1988), págs. 115-124 y en Nino, C. S., *Fundamentos de Derecho Constitucional,* ed. Astrea, Buenos Aires, 1992.

[70] Nino, C. S., *Radical Evil on Trial,* cit., pág. 93.

La reacción del público a la Ley del punto final (aprobada el 23 de Diciembre de 1986) llevó a Alfonsín a solicitar mediante decreto que el abogado general diera instrucciones a los fiscales para que encausaran a todos aquellos que aparecían como responsables bajo la ley 23, 049 (aprobada en el paquete de medidas de 1983 para la protección de los derechos humanos —medidas de justicia retroactiva y futura—), pero, rememora Nino, dada la poca información ofrecida por el gobierno, ello fue visto como un paso más en el intento por evitar la confrontación con el pasado[71].

Por otra parte, cuando la ley del punto final entró en vigor, los tribunales de todos los lugares del país, incluso de regiones del interior, dieron comienzo a una intensa actividad, saltándose las habituales vacaciones de verano en Enero.

En esas fechas, Nino estaba ya impartiendo clases en Yale. Fue por entonces cuando el *New York Times* publicó un editorial titulado «Justicia diluida en Argentina», en el que se criticaba la ley del punto final por considerarla una concesión a los militares. La lectura de aquel editorial provocó una reacción por escrito de Nino: su artículo «¿Juicios rápidos para los militares en Argentina?» en el que se pronunciaba en favor de la ley en tanto en cuanto ésta coadyuvaba a acelerar los juicios, algo que consideraba imprescindible dado el hecho de que el número de casos abiertos en los tribunales argentinos se había triplicado. Al retornar a Argentina a mitad de Marzo se dio cuenta de que, por añadidura, había infravalorado el efecto de la ley, pues había calculado que serían 150 los casos en juicio cuando en realidad eran 400. Como los tribunales consideraban que la ley del punto final les daba un límite temporal escaso para cumplir con la responsabilidad histórica de sancionar todos los crímenes, habían acelerado su actividad recibiendo toda clase de pruebas procedentes de las víctimas y de los grupos en defensa de los derechos humanos. Así, la ley del punto final había tenido un efecto boomerang.

La situación, de todas formas, parecía haberse tranquilizado bastante. Ante semejante activismo judicial, los militares parecían estar retirados. Los titulares de los periódicos de aquellos días ofrecían un esperanzador porvenir para Argentina. Aquella calma era, sin embargo, sólo una apariencia. En Abril de 1987, cuando el Mayor E. Barreiro fue citado para responder a las acusaciones de tortura, comunicó a su superior que no se presentaría ante el Tribunal. Esto desencadenó un conflicto dentro del estamento militar. Hubo una rebelión. Los rebeldes acusaron a Ríos Ereñu —jefe del personal militar— de haber abortado las negociaciones con las fuerzas armadas y solicitaron además la amnistía. La respuesta de Alfonsín

[71] Nino, C. S., *Radical Evil on Trial*, cit., pág. 94.

no se hizo esperar. En una reunión con legisladores, líderes políticos, sindicatos y asociaciones profesionales y empresariales declaró que la democracia en Argentina no sería negociada y que la extorsión era inaceptable.

La situación empezó a adquirir tintes tan preocupantes que Nino pensó en enviar a su familia a Uruguay.

Alfonsín se dirigió a la multitud concentrada en la Plaza de Mayo y les advirtió de que lo que en aquellos momentos estaba en juego no era sólo un golpe de estado, sino el futuro para sus hijos. Después, pidió que le esperaran en la plaza mientras él se dirigía a hablar con los rebeldes. Horas después volvió y comunicó a la multitud reunida que los rebeldes habían sido disueltos y que todos podían marchar tranquilos a sus casas. El titular de aquella fecha en *La Razón* decía así: «Los rebeldes se rindieron a Alfonsín. El pueblo defiende la Democracia».

Al parecer, lo sucedido es que uno de los cargos militares que había luchado en las Malvinas (Teniente Coronel Rico) quería evitar que los oficiales que habían luchado en aquella guerra fueran sometidos a juicio por su comportamiento durante la dictadura militar. Lo que Alfonsín manifestó haber dicho en aquella conversación con los rebeldes es que él no podía interferir con la independencia de los tribunales, pero que esperaba que la Corte Suprema pudiera fijar los distintos niveles de responsabilidad para mitigar la responsabilidad de tales oficiales. Alfonsín aceptó que fuera la jurisdicción militar la que conociera de la rebelión. Tras esto pidió que se rindieran y lo aceptaron.

Fuera cual fuera el acuerdo al que llegó Alfonsín con aquellos militares, los rebeldes fueron detenidos y sometidos a juicio ante un tribunal de la jurisdicción militar pese a lo establecido por la legislación contra las violaciones de derechos humanos. Además, algo después de esto, durante aquella primavera, fue enviada al Congreso una ley que alteraba la presunción en el caso de obediencia debida (pasó a presumirse que había habido error en relación con la legitimidad de la orden, y a exigirse que la acusación que negara que éste se hubiera producido —y que por lo tanto sostuviera que el sujeto acusado no era excusable— tenía que probar que el individuo en cuestión no había incurrido en él) y que, con ello, contenía la proliferación de juicios.

Pero tras el levantamiento, la posición del gobierno empezó a deteriorarse. Había descontento por ambos lados: los militares pensaban que Alfonsín había traicionado el pacto, pues veían que los juicios continuaban, y, por su parte, la izquierda no cesaba de repetir en tono irónico las palabras de calma y de situación de estabilidad lanzadas por el Presidente tras su conversación con los rebeldes, ya de vuelta en la Plaza de Mayo. Además, la creciente crisis económica y la campaña para las elecciones de Septiembre llevaron a la oposición a distanciarse del gobierno.

Los peronistas hablaban de articular una serie de perdones presidenciales ya que querían que todos los costes políticos fueran asumidos por Alfonsín, pero éste consideró que no había forma de fundamentar constitucionalmente los perdones presidenciales en favor de gente que estaba siendo juzgada (esto es, todavía sin condenar). Alfonsín estimaba que la única vía alternativa era la ley de obediencia debida.

La propuesta de Nino era, sin embargo, diferente. Juzgaba que el camino a seguir debía ser la reforma del Código penal a través de una comisión del Ministerio de Justicia. Las reformas debían centrarse en su opinión en la adopción de un sistema de discrecionalidad en la acusación, permitiendo a la acusación pública la no continuación de determinadas casos por una variedad de razones, al modo de los sistemas americanos y alemanes. Esto permitiría al abogado general, siguiendo o no instrucciones del presidente, perseguir sólo los crímenes más abominables. Alfonsín se mostró entusiasmado ante esta solución, pero debido a la posterior resistencia del abogado general (Gauna), entre otros, por considerar que la solución parecía excesivamente *ad hoc*, terminó por abandonar la idea.

Finalmente, el presidente mandó al Congreso un borrador de ley de obediencia debida, creando una presunción prácticamente irrefutable para los oficiales de rango medio y bajo. En una comparecencia en televisión enfatizó que no estaba satisfecho con la medida, pero que ésta era necesaria para la consolidación de la democracia. Nino estaba disgustado, no porque considerara que hubiera que atender a exigencias retribucionistas, sino porque entendía que la nueva medida iba a tener consecuencias negativas en la sociedad, en tanto pudiera ser vista como una concesión que traería consigo nuevas demandas de los militares. Más tarde consideró, sin embargo, que había errado en su juicio[72].

La aprobación de la ley en cuestión fue recibida con grandes críticas y enorme indignación por diferentes sectores de la sociedad argentina y también por la comunidad internacional. Se consideraba que el gobierno de Alfonsín estaba traicionando su posición inicial. En opinión de Nino, sin embargo, la ley era una forma de establecer de forma concreta y bien delimitada los límites implícitos en el proyecto original de 1983, que no había sido cumplido por acción o inacción de otros partidos[73].

[72] Nino, C. S., *Radical Evil on Trial*, cit., pág. 101. Sobre el esfuerzo del gobierno constitucional argentino por encauzar a las Fuerzas Armadas hacia una efectiva participación democrática y sobre las tensiones provocadas por las aspiraciones de este estamento puede verse Garzón Valdés, E., «La democracia argentina actual: problemas ético-políticos de la transición» [1988], en Garzón Valdés, E., *Derecho, ética y política*, cit., págs. 873-981.

[73] Nino, C. S., *Radical Evil on Trial,* cit., pág. 101.

Aunque en Junio de 1987 la Corte Suprema declaró la constitucionalidad de la nueva ley de obediencia debida[74], en el terreno político la suerte del gobierno fue menor. La nueva ley, junto con los problemas socioeconómicos arrastrados, determinó la pérdida de las elecciones por el Partido Radical en Septiembre de 1987. Los comicios al Congreso y al Senado fueron ganados por los peronistas. Y, pese a que el gobierno supo responder adecuadamente a nuevas intentonas de rebelión militar, esto no supuso una mejora en la posición de Alfonsín. El deterioro de la imagen del gobierno junto con la hiperinflación económica apuntaban ya el advenimiento del cambio que iba a producirse. Carlos Menem, el candidato peronista a las presidenciales, ganó en Mayo de 1989. La renuncia de Alfonsín en Julio de 1989 —antes de que llegara el fin de su mandato— llevó a Menem a ocupar la presidencia y, en Octubre de 1989, dictó tres decretos por los cuales (y pese a la prohibición constitucional de interposición del Presidente ante procesos en curso) se perdonaba a personas que estaban siendo enjuiciadas. En diciembre de 1990, Menem concedió otros perdones: esta vez para individuos condenados por violación de derechos humanos, incluyendo a Videla, Massera, Agosti, Viola, Lambruschini, Camps y Galtieri.

Aunque los perdones fueron aceptados por la ciudadanía, que ya habían perdido el interés en más juicios, y a pesar de las declaraciones de la Corte Suprema (llena de partidarios de Menem), Nino sostuvo que algunos de ellos eran dudosamente constitucionales, puesto que liberaban a personas que no habían sido condenadas, mientras que otros, aun siendo constitucionales, eran políticamente innecesarios —con lo cual dañaban el imperio de la ley sin poder justificarse en consideraciones políticas—, pues apenas había presión social por liberar a los principales responsables por los abusos contra los derechos humanos[75].

En cualquier caso, la conciencia moral de la sociedad argentina fue construyéndose en el imperfecto intento de aplicar justicia retroactiva por la

---

[74] El ministro de la Corte Suprema, Jorge Antonio Bacqué, votó, sin embargo, en disidencia. Garzón Valdés reproduce y aplaude una parte central del voto disidente de Bacqué: «En fin, quede claro que la obediencia ciega y nuestro orden constitucional se excluyen mutuamente [...] la Corte Suprema [...] no podrá ser ajena ni a los principios republicanos y democráticos, ni a la tradición jurídica milenaria que también en esta materia delicada postula ante todo el reconocimiento en el subordinado de su calidad de ser razonable [...] no excusándolo con pretextos que denigran la calidad de ciudadanos que necesariamente poseen en una República quienes deben dedicarse a la honrosa profesión de las armas», citado a partir de Miller, J. M. y otros, *Constitución y derechos humanos*, ed. Astrea, Buenos Aires, 1991, Tomo I, pág. 67. Referencia tomada de Garzón Valdés, E., *El velo de la ilusión*, cit., pág. 188.

[75] Nino, C. S., *Radical Evil on Trial*, cit., pág. 103.

CONADEP y en el «gran juicio». Sucedió así en ocasiones que, tras los perdones, quienes habían cometido los grandes abusos contra los derechos humanos pretendieron actuar como si la historia hubiera sido olvidada, ocurriendo que los argentinos espontáneamente los repudiaron y condenaron[76].

Si retomamos, entonces, las preguntas que antes formulé acerca de los elementos que han de ser considerados a la hora de reconstruir una democracia y tratamos de responderlas a la luz del caso de Argentina, vemos que aquí las dificultades procedían de la combinación de los siguientes factores[77]: a) las medidas legislativas tomadas por el gobierno militar tras el golpe de Estado —muchas de ellas tratando de amparar acciones que suponían violaciones de los derechos humanos— y la ley de autoamnistía de 23 de Septiembre de 1983; b) la eximente de obediencia debida del Código penal militar argentino; c) la fuerte cohesión corporativa en el estamento militar, que ejercía una enorme presión sobre el gobierno de Alfonsín, posibilitando muchas veces el incumplimiento fáctico de los mandatos judiciales, y que llevó a varias intentonas de golpe de Estado; d) el hecho de que los sectores de izquierda y los movimientos sociales como el de las Madres de la Plaza de Mayo sostuvieran posiciones maximalistas; e) la profunda crisis económica.

La participación activa de Nino en el diseño de políticas de reconstrucción de la democracia en Argentina supuso, como apunté, un material y una fuente muy importante de reflexión para este autor. Podemos, a partir de esto, vislumbrar los problemas que, de forma más general, vienen implicados en la reconstrucción de una democracia:

(1) Si al tiempo que rechazamos el positivismo ideológico (según el cual el Derecho debe ser obedecido por el hecho de haber sido establecido por la autoridad que en ese momento detenta el monopolio de la fuerza) defendemos una concepción normativa de la validez del Derecho (según la cual éste sólo puede constituir una razón válida para la acción si es moralmente legítimo[78]), entonces removemos el (aparente) obstáculo para

[76] Garzón Valdés da cuenta de algunos de los nombres que integraron la lista de más de 170 indultados y relata algunas de las reacciones de los ciudadanos argentinos contra los extorturadores perdonados por Menem. Un ejemplo bastante ilustrativo: Videla vio frustrado el intento por reiniciar sus actividades más ordinarias, tales como salir a hacer *jogging* por las calles. Cfr. Garzón Valdés, *El velo de la ilusión*, *cit.*, págs. 190-191 y 215-217, respectivamente.

[77] Cfr. Malem Seña, J., «Carlos Santiago Nino. Apuntes bio-bibliográficos», cit., págs. 20-21.

[78] Esta tesis es, sin duda, mucho más compleja de lo que esta frase refleja. De su articulación me ocuparé detalladamente en diversos apartados de los capítulos III y V de este libro.

la aplicación de justicia (aparentemente retroactiva) planteado por las leyes dictadas por regímenes autoritarios que autorizan violaciones de derechos humanos o sancionan amnistías. La decisión de abrazar ciertas normas para justificar decisiones más específicas debe basarse en ciertos valores y principios morales que, cuando hablamos de un «mal radical»[79],

[79] El concepto de «mal radical» fue originariamente acuñado por Kant [véase Kant. E., *La religión en los límites de la razón* [1793], trad. esp. de F. Martínez Marzoa, ed. Alianza, Madrid, 2001]. Hannah Arendt se refiere a esta noción en su trabajo *The Human Condition*, reconceptualizándola en términos que de alguna forma se apartan de la idea original kantiana. Sin entrar aquí en el alcance de esta redefinición, menciono tan sólo las palabras que, expresivas de un profundo sentimiento de impotencia, escribe la citada autora en *The Human Condition:* «Los seres humanos no pueden olvidar aquello que no pueden castigar y son incapaces de castigar aquello que se presenta como imperdonable. Este es el rasgo distintivo de las ofensas que, desde Kant, han recibido el nombre de "mal radical" [...]. Todo lo que sabemos es que no podemos ni castigar ni perdonar tales ofensas y que, en consecuencia, trascienden el ámbito de los asuntos humanos y las posibilidades del poder humano», Arendt, H., *The Human Condition,* University of Chicago Press, 1958, pág. 241. Por su parte, Nino advierte, al escribir en relación con las posibilidades del castigo en estos casos, que, quizá, lo que se halla bajo esta imposibilidad sentida por H. Arendt de perdonar y castigar al mismo tiempo el mal radical es la relación que existe entre castigo, retribución y culpa. La autora, dice Nino, siente la necesidad de culpar, pero al tiempo encuentra imposible culpar y, por lo tanto, castigar a quienes han llevado a cabo los crímenes más terribles contra la humanidad. Y ello es así, prosigue, porque los sentimientos reactivos tales como culpar a alguien presuponen un marco de interrelaciones e intercambios entre seres humanos y es difícil imaginar que quienes cometieron tales violaciones y consideraban a sus víctimas como objetos por debajo de lo humano, pudieran realmente identificarse con tal marco. Es imposible imaginar cualquier tipo de diálogo real o hipotético entre las víctimas y los perpetradores puesto que para ello sería necesario contar con sujetos aptos para el diálogo. En tal sentido, quizá la respuesta adecuada ante los perpetradores de los crímenes más horrendos haya de ser suspender las actitudes reactivas, de forma similar a como hacemos en el caso de las personas con trastornos mentales; en el caso de los primeros, sin embargo, —matiza Nino—, no porque los consideremos dementes, sino porque han ido más allá de la frontera de la humanidad al rechazar el marco de interacciones que está siendo presupuesto por la noción de culpa. A lo anterior añade Nino que quizá también las dudas que Arendt muestra acerca de la viabilidad del castigo y del perdón del mal radical provienen del hecho de que bajo una concepción retributiva del castigo, la culpa y el castigo han de ser proporcionales a la magnitud del daño perpetrado. Pero nuestro vocabulario para calificar la culpa moral se queda corto cuando se trata de condenar a aquellos que llevaron a cabo el genocidio de 6 millones de personas o la tortura de niños. Decir que tales actos fueron incorrectos, según Nino, suena como si estuviéramos ironizando al respecto. Por otro lado, ¿cómo puede el castigo de estos actos ser distinguido del castigo de homicidios ordinarios? No parece que la respuesta estribe en hacer excepciones al trato humano de este tipo de prisioneros, imitando, precisamente, lo que tanto condenamos de ellos. Véase Nino, C. S., *Radical Evil on Trial*, cit., págs. 141-142. Puede verse también un sobrecogedor trabajo de H. Arendt, *Eichmann in Jerusalem* [1963], donde la autora trazó su —no siempre bien comprendida— tesis de la banalidad del mal. En este trabajo la autora trata de valorar la personalidad de un sujeto como Eichmann que durante el régimen de Hitler contribuyó a urdir muchos de

pesan claramente en contra de la validez de tales normas. Y es ésta, precisamente, la razón por la cual la ley de amnistía dictada por los militares en Argentina no fue, simplemente, derogada (lo que no hubiera impedido aplicarla a los generales bajo el principio que requiere la aplicación de la ley más favorable), sino que fue declarada nula. Así, cuando tales leyes que pretenden amparar violaciones de derechos humanos son declaradas nulas *ab initio* por carecer de toda legitimidad como Derecho, nos damos cuenta de que las atrocidades eran claramente crímenes bajo el anterior conjunto de leyes válidas. Según Nino, la legitimidad de las medidas adoptadas por Alfonsín derivaba, precisamente, no del apoyo popular del que entonces disfrutaba, sino del hecho de que hubiera cumplido con la Constitución de 1853.

(2) Por lo que se refiere a la judicialización de la transición: los procesos jurisdiccionales, si bien pueden implicar determinados riesgos coyunturales, pueden al mismo tiempo presentarse como una excelente ocasión para provocar la deliberación social y el examen colectivo de los valores morales sobre los que descansan las instituciones públicas. Para que en una sociedad se superen las tendencias autoritarias es preciso —nos dice Nino— algo más, mucho más, que simplemente el hecho de que sea del interés de unas personas en un determinado momento el establecimiento de una democracia. Hacen falta grandes deliberaciones públicas que lleven a la sociedad a una convergencia en torno a valores básicos para crear lo que

los mecanismos técnicos, organizativos, burocráticos, etc. necesarios para llevar a efecto las muertes masivas de seres humanos. Arendt descubre cómo un tal sujeto no sentía un odio especial por sus víctimas, sino que, movido por el deseo de hacer carrera dentro del régimen, respetuoso con el orden establecido y con las leyes y regulaciones respaldadas por el poder coactivo, conocedor del imperativo categórico kantiano y de que su vida profesional venía trazada por la transgresión de tal imperativo, se dedicaba simplemente a llevar a cabo todas aquellas actividades que significaran el desarrollo y promoción de su carrera. Tal era su objetivo, y causar daño a los seres humanos era para él, más que un medio, una consecuencia necesaria de lo primero. Este hecho es el que llevó a Arendt a considerar que tal actitud ilustra «la banalidad del mal». Véase Arendt, H., *Eichmann in Jerusalem. A Report on the Banality of Evil*, Penguin Books, 1994. También Nino se refiere a este aspecto del mal radical ejemplificado por Eichmann y tan bien tratado por H. Arendt en el trabajo mencionado y se pregunta si, al margen de que el mal banal sigue siendo mal, estaría justificado culpar a un sujeto que se nos presenta como banal y no lleno de odio, crueldad e inclinaciones sádicas. Véase Nino, C. S., *Radical Evil on Trial*, cit., pág. 144. Al margen de todas estas consideraciones, como he tenido ya ocasión de apuntar en esta Introducción, una respuesta plausible a las violaciones masivas de derechos humanos deberá estar trazada, según Nino, en términos de prevención y de consentimiento. Es decir, combinando una teoría preventiva acerca del fin del castigo con una teoría retributiva acerca de a quiénes es necesario castigar siempre y cuando tal castigo permita conseguir el fin justificativo de la prevención.

Dworkin denomina una «comunidad de principios». Los juicios por los abusos producidos en el pasado contra los derechos humanos en Argentina cumplieron en opinión de Nino esa función[80].

(3) Pero, junto a lo anterior, es necesario tener en cuenta también el contexto de hecho. Ser ajenos a las tensiones entre los distintos sectores y estamentos sociales, así como a la situación económica, puede frustrar el intento de un gobierno de promover las persecuciones de personas responsables de las violaciones de derechos humanos, con riesgo de generar más violencia y el retorno a una situación antidemocrática.

(4) Además, la persecución de violaciones masivas de derechos humanos no puede ampararse en una comprensión retributiva del castigo, sino que más bien su justificación se encontrará en la reconstrucción de un sistema democrático, como sistema que permite llegar a conocer y a garantizar en mejores condiciones las políticas adecuadas para proteger e implementar los derechos humanos de los ciudadanos. El fin condiciona desde el inicio los medios adecuados en el proceso de búsqueda y establecimiento de responsabilidades por violaciones de derechos humanos. Para lograr el fin de reconstruir la sociedad conforme a lo apuntado, el aparato legal, el Derecho, deberá, de un lado, tener su origen en una autoridad democrática y, de otro, implantar y articular, entre otras medidas, el entramado procesal de acciones, plazos, requisitos, etc. para la verificación de las acusaciones y defensas, así como la distribución de competencias (legislativas, judiciales, etc.) adecuada para la consecución de tal fin.

Como tendré ocasión de desarrollar en este trabajo, todas estas reflexiones y preocupaciones fueron llevadas por Nino a un plano más abstracto, o más profundo, si se quiere. En efecto, podemos ver aquí presentes —fruto de la apuntada interacción mutuamente enriquecedora entre su pensamiento y su actividad política— las tesis centrales de la filosofía del Derecho de Nino:

(1) La conexión, desde el punto de vista interno, entre Moral, Política democrática y Derecho.

(2) La comprensión del Derecho como una práctica colectiva institucional.

La actividad intelectual de Nino desde que comenzó a colaborar en la restauración de la democracia como asesor presidencial de R. Alfonsín quedó reflejada en trabajos que salieron a la luz ya desde las más tempranas fechas de ese período. Sus reflexiones sobre aspectos relevantes de la

[80] Una visión distinta —y en un tono menos optimista— sobre este aspecto de la sociedad argentina puede verse en el trabajo citado de Malamud Goti, J., *Game Without End. State Terror and the Politics of Justice*, ed. University of Oklahoma Press, 1996.

moral o del Derecho, que reflejaban las preocupaciones político-intelectuales de aquellos años, aparecen expuestas en diversas revistas argentinas de ciencias sociales, en revistas españolas y en revistas jurídicas de prestigio de los EEUU[81], así como en un gran número de conferencias dictadas en distintos países de Europa y América. Pero, sin duda alguna, la magnitud de su proyecto intelectual se aprecia sobre todo en sus grandes obras, producto de la reflexión de aquellos agitados años y de la posterior actividad investigadora y docente, especialmente como profesor visitante en la *Yale Law School* (1987-1993) y en la Universidad Pompeu Fabra de Barcelona (1992): me refiero especialmente a sus trabajos *Ética y derechos humanos* (1984, 1989, 1991), con diversas ediciones —introductoras de cambios importantes en algunas cuestiones y de un tratamiento más profundo en otras—, *La validez del Derecho* (1985), en donde articula algunas de las más importantes líneas de su filosofía jurídica, *Introducción a la Filosofía de la acción humana* (1987), *El constructivismo ético* (1989), *Fundamentos de Derecho Constitucional* (1992), *Un País al margen de la ley* (1992), así como las publicaciones póstumas *Derecho, Moral y Política* (1994), *The Constitution of Deliberative Democracy* (1996) y *Radical Evil on Trial* (1996).

Relegada a un segundo plano su actividad política, Nino se volcó en la vida académica como Profesor Titular de Filosofía del Derecho de la Universidad de Buenos Aires[82]. Por otra parte, a fin de tratar de recuperar

[81] Entre otros pueden citarse: Nino, C. S., «Una Nueva Estrategia para el Tratamiento de las Normas "de facto"», *La Ley*, (1983), págs. 935-944, «Legal Norms and Reasons for Action», *Rechstheorie*, nº 15, (1984), págs. 489-502, «The Human Rights Policy of the Argentine Constitutional Government: A Reply», *Yale Journal of International Law*, nº 11, (1985), págs. 217-230, «Las limitaciones de la teoría Hart sobre las normas jurídicas», *Anuario de Filosofía Jurídica y Social*, nº 5, (1985), págs. 75-93, «Constructivismo Epistemológico: entre Rawls y Habermas», *Doxa. Cuadernos de Filosofía del Derecho*, nº 5, (1988), págs. 87-105, «Transition to Democracy, Corporativism, and Constitutional Reform in Latin America», *Miami Law Review*, nº 44, (1989), págs. 129-164, «Consolidating Democracy», *Yalc Law Report* nº 12, (Spring 1989). «Moral discourse and Liberal rights», en *Enlightenment, Rights and Revolutions*, ed N. MacCormick y Z. Bankowski, 1989, págs. 155-174, «Democracy and Criminal Law», *Aktualle Probleme der Demokratie*, ed O. Weinwerger, 1989, págs. 54-76, «A Philosophical Reconstruction of Judicial Review», *Cardozo Law Review*, Vol. 14: 799, (1993), págs. 799-846, «Positivism and Communitarianism: Between Human Rights and Democracy», *Ratio Juris*, nº 7, (1994), págs. 14-39.

[82] Nino ocupó este cargo desde el año 1985. Blanco Miguélez recoge en una nota de su trabajo *Positivismo metodológico y racionalidad práctica* el programa de clases de Nino del año 1993. Este programa es, sin duda, muy indicativo de los intereses del autor. Está dividido en dos partes tituladas, respectivamente, analítica y valorativa. En la parte «analítica» se abordan los conceptos de Derecho, norma y sistemas jurídicos, otros conceptos jurídicos básicos, el tema de la interpretación jurídica y la concepción de la ciencia jurídi-

el dinamismo que en otro tiempo tuvo la Facultad de Derecho (perdido desde que muchos de sus antiguos profesores se dedicaban, como había sucedido con el propio Nino, a otras ocupaciones además de las académicas), creó un centro de estudios de filosofía jurídica y política: el Centro de Estudios Constitucionales. Con la fundación de esta institución, que surgió en 1989 como centro desvinculado de la Universidad, y gracias a la obtención de un Proyecto Ford, Nino se proponía alcanzar dos fines: de un lado, pretendía facilitar la dedicación exclusiva a la investigación de jóvenes aptos y con vocación, objetivo imposible de cumplir en el sistema universitario público argentino, dada la baja remuneración de los docentes y la inexistencia de instituciones formativas a estos efectos; de otro lado, Nino, quien entonces ya tenía estrechos nexos con la *Yale Law School*, deseaba importar a Argentina ciertos métodos de enseñanza allí practicados. El Centro promovió investigaciones centradas en tres temas: los valores fundamentales que sustentan el régimen democrático, el análisis y desarrollo de las técnicas jurídicas, políticas y sociales que más favorezcan la estabilidad democrática, y la determinación de los factores sociopolíticos y económicos que obstaculizan la viabilidad de las instituciones democráticas argentinas, con vistas a proponer políticas tendentes a modificarlos[83]. Aunque el Centro de Estudios Constitucionales dio lugar a un gran número de actividades, dificultades económicas de financiación motivaron finalmente su desaparición a finales del año 1993[84].

Carlos S. Nino no vio sin embargo el final de su magno proyecto, pues murió inesperadamente a finales de Agosto de 1993, a la temprana edad de 49 años. Se hallaba en la ciudad de La Paz, Bolivia, adonde había viajado para debatir con los nuevos diputados el contenido del proyecto de

ca. La parte «valorativa» está dedicada al examen de diversas propuestas metaéticas y teorías de la justicia. El programa concluye con una valoración de ciertas instituciones (la democracia y la judicatura) y con la exposición de la polémica entre liberalismo y perfeccionismo a partir del examen de supuestos tales como el consumo de drogas, la eutanasia, la pena de muerte y el aborto. Como apunta Blanco Miguélez, la bibliografía también resulta muy significativa. El profesor Nino recomienda las obras de Kant, Austin, Kelsen, Hart, Ross, von Wright, Bobbio, Carrió, Alchourrón, Bulygin, Farrell, Rawls, Raz, Dworkin, Hare, Lyons, Moore y Mackie. Cfr. Blanco Miguélez, S., *Positivismo metodológico y racionalidad práctica*, cit., pág. 293, n. 143.

[83] Folleto informativo de las actividades del Centro, Buenos Aires, 1990. Tomo información de Blanco Miguélez, S., *Positivismo metodológico y racionalidad práctica*, cit., pág. 294-295.

[84] La *Yale Law School*, que colaboró desde el comienzo en este proyecto enviando profesores y alumnos sigue, sin embargo, manteniendo especiales vínculos con la Universidad argentina. Estudiantes de la Facultad norteamericana acuden cada año en intercambio en el marco de un proyecto que sigue en pie gracias al impulso del Profesor Owen Fiss.

nueva Constitución para la República de Bolivia, en cuya redacción había colaborado. El hecho de padecer una enfermedad respiratoria crónica le había hecho temer que las alturas bolivianas afectaran a su salud impidiéndole trabajar adecuadamente con los diputados de ese país. Sus compañeros y amigos[85] saben bien que si Nino hizo finalmente aquel viaje desafiando los riesgos que amenazaban su salud fue porque su forma de entender el deber ciudadano y moral que le había llevado a comprometerse activamente con la reconstrucción de la democracia en Argentina, hacía necesaria también su presencia en cualquier otro lugar del mundo en donde sus ideas fueran reclamadas.

4. Nos ha quedado su proyecto intelectual como una suerte de *work-in-progress*. Sus tesis desarrolladas en distintos campos temáticos, especialmente su concepción de la democracia deliberativa, han sido y son discutidas en diversos foros académicos, iluminando así debates de actualidad y alumbrando nuevas consideraciones y concepciones. Por lo que se refiere a su filosofía del Derecho, Nino dio un paso más, utilizando parte del aparato conceptual hartiano, en el intento por entender las relaciones entre Derecho y moral en toda su complejidad. Aunque erró en su comprensión del tradicional debate iusnaturalismo *versus* iuspositivismo al considerarlo una polémica espuria que nacía de un mero enredo conceptual apoyado en una suerte de esencialismo acerca de los conceptos, la profundidad de su comprensión del fenómeno jurídico y de sus relaciones con el fenómeno moral arroja luz suficiente para entender muchas más cosas en torno al sentido de aquel debate[86]. Los autores que se interesan

---

[85] Cfr. Fiss, O., «The Death of a Public Intellectual», en H. Hongju Koh/R. C. Slye (eds.), *Deliberative Democracy and Human Rights*, Yale University Press, New Haven, 1999, págs. 21-30.

[86] También S. Blanco pone de manifiesto el error en el que incurre Nino al considerar esa controversia tradicional como una discusión espuria. Cfr. Blanco Miguélez, S. *Positivismo metodológico y racionalidad práctica.*, cit., especialmente Capítulo I: «La disolución de la controversia entre iusnaturalismo y positivismo jurídico», págs. 9-78. La autora, conocedora de la tradición iusnaturalista, reivindica que los problemas de la filosofía del Derecho que preocuparon a Nino fueron precisamente temas centrales de esa corriente milenaria. A lo largo de esta Introducción, he hecho ya repetidas menciones de esta obra, y probablemente sea éste el momento de decir que cuando revisaba para su publicación las páginas de la que había sido mi tesis doctoral, pude conocer del trabajo entonces recién publicado de Susana Blanco Miguélez. Su objeto de estudio es, al menos centralmente, el mismo que el de mi propio trabajo: la filosofía del Derecho de C. S. Nino. Creo necesario decir que considero de gran interés algunos de los puntos hacia los cuales orienta su análisis crítico la autora; puntos que, si bien no coinciden con los míos —por la distinta perspectiva y tradición desde la que ambas estudiamos la obra del autor argentino— estimo que de todos modos encajan formando un cuadro global, en mi opinión, bastante ajustado, y justo, de la aportación intelectual de Nino. En el capítulo I y el capítulo IV del trabajo de

por la dimensión argumentativa del Derecho discuten también a partir de las ideas de Nino sobre el tema, y su tesis acerca de la pluralidad de conceptos de Derecho, que determinan respuestas distintas a la pregunta acerca de la conexión conceptual entre el Derecho y la moral, introduce considerables dosis de claridad en muchas de las discusiones habituales que tienen lugar en filosofía del Derecho.

Concluiré estas páginas dando cuenta de los temas centrales de los trabajos del filósofo argentino. Esto me permitirá, por un lado, situar el objeto central de mi estudio, la filosofía del Derecho de Nino, en el conjunto de su pensamiento y, por otro, hacer ver al lector el enriquecimiento del debate que supone el comprender y, después, el discutir las ideas de Nino (que, entre otras cosas, nos hacen ver la necesidad de tomar posición en cuestiones de filosofía moral, si queremos tener discusiones fructíferas en relación con determinados problemas de filosofía política y filosofía del Derecho) tanto en los distintos ámbitos académicos como también, de nuevo, en los foros en los que se trate de dilucidar —y decidir— cuál ha de ser la articulación más adecuada del organigrama de instituciones de una comunidad política.

Veamos, pues, tales bloques temáticos en la obra de Carlos S. Nino, aunque sólo sea para establecer un punto inicial a partir del cual, después, empezar a desarrollar los marcos y contextos de relaciones tal y como fueron apuntadas en las páginas de la presentación de este libro.

(a) *Filosofía moral.* En sus diversas versiones de *Ética y derechos humanos*, así como en su trabajo *El constructivismo ético* y en determinados capítulos de *Fundamentos de Derecho Constitucional*, Nino nos ofrece su concepción metaética (constructivismo epistémico) y su teoría ética normativa (liberalismo igualitario), su concepción de los derechos humanos, y el reflejo de su pensamiento en la interpretación de los derechos fundamentales reconocidos en las Constituciones y en la solución de problemas de ética práctica (aborto, eutanasia, política en relación con las drogas, justificación del castigo, derechos de los animales, etc.). En mi opinión, *Ética y derechos humanos* es, en sus diversas versiones, uno de

Blanco Miguélez puede encontrar el lector una perspectiva más personal de la autora. Ahí se desarrolla: (1) una defensa de los elementos de la tradición iusnaturalista presentes en la obra de Nino —a pesar, nos dice, del iuspositivista que reivindicaba ser— (capítulo I); (2) una explicación —que en su conjunto me parece acertada— de qué fue lo que llevó a Nino a rechazar una comprensión de sus propios trabajos dentro del paradigma iusnaturalista (capítulo IV), y (3) un intento por rescatar la concepción iusnaturalista de la moral. Por lo que se refiere a este último punto, me siento incapaz de pronunciarme al respecto, seguramente, entre otras muchas razones, por cuanto reconozco que creo padecer de momento idénticas carencias (y adivino que los mismos prejuicios) que la autora dice percibir en Nino.

los mejores trabajos de Nino. Preocupado por las constantes y graves violaciones de los derechos humanos, ensaya ahí un ejercicio de fundamentación de tales derechos y de reflexión acerca de sus implicaciones en el modelo de instituciones del Estado. Creo que un aspecto central del trabajo de Nino en este sentido es haber sacado el fundamento de los derechos humanos fuera del ámbito de la tradición iusnaturalista y haberlo reconducido dentro del proyecto o paradigma moral kantiano. Nino, pues, pertrechado con el instrumental analítico, se propuso contribuir a la vigencia de los derechos del hombre a través de la discusión teórica contra las ideas que les son adversas y con tal fin ensayó una explicación de la naturaleza de la moral que le llevó a descalificar las posiciones que estuvieran en contra de la fundamentación racional de los principios morales. La moral, el discurso moral, es, según Nino, una construcción humana pero no por ello arbitraria. En efecto, la práctica discursiva moral está condicionada por sus funciones sociales distintivas y por los presupuestos conceptuales (tales como los conceptos de razones últimas para la acción e imparcialidad) a través de los cuales la venimos identificando frente a otro tipo de discursos (como el discurso estratégico). Esta reconstrucción metaética de la moral a la que Nino denomina «constructivismo epistémico» (una vez abandonando el constructivismo ontológico en su segunda versión de *Ética y derechos humanos*) permite derivar —a partir de los presupuestos formales del discurso— los principios morales sustantivos (autonomía, inviolabilidad y dignidad) de los cuales se derivan a su vez tanto los derechos humanos básicos como el alcance de los mismos (es decir, los sujetos beneficiarios y la forma de valorar las acciones y omisiones que afectan a tales derechos).

(b) *Filosofía política.* De los presupuestos y reglas que rigen el discurso moral se derivan también, en la teoría de Nino, las instituciones de gobierno moralmente legítimas, así como su adecuada articulación en un organigrama. Por otra parte, las funciones de la moral y su carácter societario implicarán una serie de consecuencias en el diseño institucional. La democracia, el debate democrático, aparece en sus trabajos como un sucedáneo del discurso moral. El valor de la deliberación y del resultado del discurso democrático evolucionará, como lo hizo su concepción acerca del discurso moral, desde una concepción denominada constructivismo ontológico sostenida en su primera edición de *Ética y derechos humanos* (1984) al «constructivismo epistémico». En ambos casos, Nino sostiene que la relación del discurso moral y de la democracia con los principios morales de los que derivan derechos humanos no es meramente instrumental. Aunque se ha cuestionado que Nino, pese a que tal fue su propósito, tuviera éxito en la articulación de una justificación no instrumental de la democracia (las dudas surgen a partir del giro que lleva a cabo Nino en su segunda versión de *Ética y derechos humanos* desde una tesis acerca del valor ontológico de la democracia hacia una tesis acerca de su valor epistémico), creo que la idea vislumbrada por Nino sigue manteniéndose también en esta fundamentación ya no constitutiva sino sólo epistémica de la democracia. Y creo que es así porque, en esta segunda versión, los presupuestos o aspectos formales del discurso moral —o de su modelo regimentado—, siguen constituyendo igualmente la verdad moral. Tales aspectos formales vienen implicados por los criterios de validación utilizados en la propia práctica social discursiva. Y la deliberación en el seno de las instituciones democráticas reproduce ese tipo de discurso, con sus mismos criterios de validación, pero de forma regimentada. En este sentido, la intuición de Nino acerca de la democracia, frente a concepciones consecuencialistas como la de Nelson[87], puede —en mi opinión— seguir manteniendo su vigor por cuanto el sistema democrático (en su dimensión de sistema deliberativo regimentado para llegar al reconocimiento de los derechos humanos derivados de los principios morales) recogería, aunque sea de una forma imperfecta, los criterios de validación del discurso moral. Los aspectos formales implicados por esos criterios de validación son los que, como acabo de apuntar, constituirían la verdad moral.

Por otra parte, su concepción ética lleva a Nino a defender el liberalismo político por lo que se refiere a las relaciones entre individuo y sociedad, y, concretamente, entre individuo y Estado. Nino rechaza el perfeccionismo y el holismo y esto queda reflejado en su concepción acerca del Derecho Penal y, más específicamente, en su postura acerca de qué pautas morales pueden ser impuestas por medio del Derecho. También la concepción ética le conduce a defender, por otro lado, un liberalismo igualitario en lo tocante al tratamiento de las necesidades básicas y a la intervención de Estado en la implementación de los derechos básicos. Se opone así a un liberalismo conservador y sostiene —como antes he apuntado— que el acceso a bienes no sólo ha de estar libre de obstáculos, sino que ha de ser facilitado mediante actuaciones positivas[88].

Otro grupo de problemas abarcados por Nino en esta esfera de la filosofía práctica serían los de la construcción nacional y el constitucionalismo. En la concepción del autor argentino, el constitucionalismo se integra por tres elementos: los derechos humanos, la democracia como sistema de gobierno y la práctica constitucional vigente en un determinado país.

[87] Cfr. Nelson, W., *On Justifying Democracy*, London, 1980.

[88] Cfr., entre otros, Nino, C. S., *Los límites de la responsabilidad penal*, ed. Astrea, Buenos Aires, 1980 y *Ética y derechos humanos*, ed. Ariel, Barcelona, 1989.

Su concepción de la moral como práctica dialógica y el entendimiento de la democracia y el debate en las instituciones como un sucedáneo —por estar regimentado— de la deliberación moral influyen también en su concepción acerca del sistema institucional adecuado para garantizar los derechos constitucionales de las minorías[89].

(c) *Filosofía del Derecho*. Bajo este rótulo podemos situar tanto la teoría de la ciencia del Derecho desarrollada por Nino como su teoría del Derecho. Como apunté en la presentación de mi trabajo es la filosofía del Derecho de Nino, y más exactamente lo que aquí denomino su teoría del Derecho, el objeto central de mi estudio. Las peculiaridades de la concepción de Nino acerca del Derecho (su teoría del Derecho) —que se proyectan también en su modelo de actividad teórica (su propuesta de «ciencia» normativa) en relación con el Derecho— exigen, al abordar este grupo de problemas, una indagación en temas que encajarían más bien en otros ámbitos (los ya señalados de filosofía moral, política y, también, como veremos, de la filosofía de la acción). Debido a tales peculiaridades, el lector encontrará a lo largo de los capítulos que siguen y aunque siempre teniendo como hilo conductor los problemas de la teoría del Derecho, análisis de cuestiones propias de la filosofía moral, política e incluso de la filosofía de la acción.

[89] Cfr. Nino, C. S., *Fundamentos de Derecho Constitucional*, ed. Astrea, Buenos Aires, 1992; Nino, C. S., *The Constitution of a Deliberative Democracy*, Yale University Press, New Haven, 1996.

Capítulo II

Una pluralidad de conceptos de Derecho

1. INTRODUCCIÓN

Qué es el Derecho y, más exactamente, qué es Derecho válido constituye la pregunta inaugural de uno de los debates clásicos en la Filosofía del Derecho: el debate entre el iusnaturalismo y el positivismo jurídico. Como veremos a lo largo de las páginas siguientes, los términos en los que se ha desarrollado la polémica nos remiten en última instancia al problema acerca de si existe o no una conexión conceptual entre Derecho y moral.

En nuestros días, la polémica acerca de si existe o no dicha conexión conceptual viene a ser el paradigma de discusión entre las teorías del Derecho elaboradas desde el punto de vista «del observador» y las teorías del Derecho elaboradas desde el punto de vista «del participante»[1]. Y, también, entre quienes reivindican la capacidad del Derecho para crear autónomamente deberes, y quienes sostienen que esto sólo es posible cuando entendemos el Derecho como un sistema normativo conceptualmente unido a la moralidad.

---

[1] Esta distinción nos remite, como es sabido, a la conocida diferenciación que Hart establece entre «aspecto interno» y «aspecto externo» en relación con el Derecho. Hart, H. L. A., *El concepto de Derecho, op.cit.*, págs. 10-14. Una reelaboración de esta dicotomía conduciría a distinguir entre *participant theory*, ligada a las condiciones de verdad de las proposiciones jurídicas, y *observer theory*, ligada a las condiciones de verdad de descripción del Derecho. Cfr. Postema, G. J., «The Normativity of Law», en Gavison, R. (ed.), *Issues in Contemporary Legal Philosophy. The Influence of H. L. A. Hart*, Oxford, Clarendon Press, 1987, págs. 81-104, págs. 85 y ss. Podemos referirnos a «teorías del observador» al margen de que sean o no de orientación hartiana. Estas últimas sí sostienen que una teoría del Derecho tiene que incluir una descripción de las pretensiones normativas formuladas por quienes aceptan o aplican el sistema jurídico. Sin embargo, el problema de Hart fue —como apuntan Nino y Garzón Valdés— que su intento de explicar la normatividad jurídica fracasó al no recurrir a la pretensión de autoridad, legitimidad o corrección de la parte oficial del sistema, y al limitarse a consideraciones simplemente prudenciales, de apatía o hábito no reflexionado. Cfr. Nino, C. S., *La validez del Derecho*, ed. Astrea, 1985, Garzón Valdés, E., «Algo más acerca de la relación entre Derecho y Moral», en *Doxa. Cuadernos de Filosofía del Derecho*, nº 8, (1990), págs. 11-129.

Algo que parecen compartir las teorías construidas desde el punto de vista del participante es que todas ellas reivindican la prioridad ontológica y la prioridad epistémica (o prioridad en la identificación del «Derecho válido»)[2] que merecería tal punto de vista y, concretamente, de una versión fuerte del concepto de «participante» (aquel que asume el punto de vista moral). Además, dichas teorías, y precisamente por lo anterior, considerarán que en los análisis de Teoría del Derecho es necesario establecer puentes con la filosofía moral y con la filosofía política. En efecto: para estos enfoques la pregunta acerca de qué es Derecho válido no puede separarse de la cuestión acerca de por qué se debe obedecer el Derecho y, en última instancia, de la pregunta acerca de «por qué debo actuar» de una determinada forma. Entre estas teorías del participante se encontrarían las de Dworkin y Greenawalt[3], y también la de Nino. Citar a Nino entre las teorías del Derecho del participante —como hacen también Calsamiglia o

[2] Contra la prioridad del punto de vista del participante en la identificación del Derecho puede verse Laporta, F., «Derecho y Moral: vindicación del observador crítico y aporía del iusnaturalista», *Doxa. Cuadernos de Filosofía del Derecho*, nº 8 (1990), págs. 131-147. Laporta sostiene la identidad epistémica de ambos puntos de vista: el del participante y el del observador crítico. En tal sentido escribe: «Me parece que sobre la *verdad* del enunciado "la norma A es derecho válido en el sistema X", tiene que haber coincidencia entre el punto de vista de un observador mínimamente informado y el del identificado con el sistema, porque su posición ante ese sistema es irrelevante a *efectos cognitivos.* Otra cosa, claro está, es que esa posición tenga otras implicaciones», *op.cit.*, pág. 109. En mi opinión, el argumento de Laporta podría ser contestado alegando que, en todo caso, sigue siendo cierto que el punto de vista del observador mínimamente informado u observador crítico es parasitario del punto de vista del participante, si lo que se está tratando de identificar es una norma válida como razón justificativa de las acciones a realizar en una determinada sociedad en la que está vigente un determinado sistema jurídico. Es decir, el observador crítico o bien informado tendría, en mi opinión, y con arreglo a la tesis de la conexión justificativa entre Derecho válido y moral, que reconstruir el sistema de valores y el sistema de autoridades de dicha comunidad y en función de eso pasar a identificar el Derecho válido. Para un análisis de la tesis de «la identificación objetiva del Derecho» véase Bayón, J. C., «Partecipanti, osservatori e identificazione del diritto» en *Struttura e dinamica dei sistemi giuridici*, P. Commanduci e R. Guastini, G. Giappichelli eds., Torino, 1996, págs. 47-63. Bayón sostiene que si esta tesis es entendida como «tesis de la igualdad de posibilidades epistémicas» de los sujetos con actitudes prácticas distintas, entonces sería correcta. Esto es, «la identificación de cuál sea la norma de reconocimiento socialmente existente arroja el mismo resultado al margen de las actitudes prácticas del sujeto que la identifica, pero no lo es si lo que está diciéndose es que la regla *desde el punto de vista del observador* coincide con la regla desde el punto de vista *de cada uno de los aceptantes*». Bayón, J. C., «Partecipanti, osservatori e identificazione del diritto», cit., págs. 60, cursivas mías.

[3] Cf. Greenawalt, K., «Too Thin and Too Rich», en R. George (ed.), *The Autonomy of Law*, Oxford University Press, 1996. Tomo la referencia de Ruiz Miguel, A, «Derecho y punto de vista moral», *Anuario de Filosofía del Derecho* XIV, (1997), págs. 571-597.

Ruiz Miguel[4]— podría considerarse como una denuncia de que dicho autor, pese a haber pretendido defender la tesis de que la pluralidad de puntos de vista o perspectivas en relación con el Derecho impide dar una respuesta *a priori* acerca de si es plausible o no defender la conexión conceptual entre Derecho y moral, acaba, sin embargo, por inclinarse hacia una teoría normativa del Derecho. En qué medida puede imputarse a Nino un deslizamiento de este tipo es algo a lo que más adelante daré una respuesta tentativa. Antes daré cuenta del intento de Nino por introducir cierta luz en la mencionada polémica tradicional entre iusnaturalismo y iuspositivismo —o, por decirlo con más exactitud, entre los partidarios de un concepto normativo y los partidarios de un concepto descriptivo de Derecho[5]—, así como de su tesis acerca de la pluralidad de conceptos de Derecho.

Como tendremos ocasión de ver a lo largo de las páginas que siguen, el empeño de Nino por resolver la controversia heredada iusnaturalismo/positivismo jurídico comienza con la denuncia de que ambas posiciones parten de lo que en su opinión sería un falso presupuesto: la existencia de un único y verdadero concepto de Derecho. Como acabo de señalar, frente a tal asunción Nino reivindica la necesidad de acuñar distintos conceptos de Derecho que den cuenta de cómo esta expresión es empleada bajo los muy diversos puntos de vista que pueden asumirse en relación con el fenómeno jurídico (súbditos, jueces, legisladores, abogados, sociólogos y teóricos del Derecho). De esta tesis sobre la pluralidad de conceptos de Derecho se deriva que en función de cuál sea el tipo de discurso ante el que nos encontremos precisaremos uno u otro concepto de Derecho. Y, además, la plausibilidad de la tesis de la conexión conceptual entre Derecho y moral dependerá del concepto de Derecho y de moral que tengamos presente en ese momento[6].

---

[4] Cfr. Calsamiglia, A., «Teoría del participante *versus* teoría general del Derecho: una aproximación», *Anuario de Filosofía del Derecho* XIV, (1997), págs. 485-507, Ruiz Miguel, A., «Derecho y punto de vista moral», cit., pág. 584.

[5] No todas las teorías que reivindican un concepto normativo de Derecho pueden ser calificadas de «iusnaturalistas» si entendemos por tal el modelo teórico que, en sus muy diferentes versiones históricas, ha sostenido la existencia de un Derecho Natural como orden inmanente en la Naturaleza o que provendría de Dios y al cual los postulados de los ordenamientos positivos deben conformarse para ser verdadero Derecho. Por otra parte, el rótulo de «positivismo jurídico» ha devenido, hoy en día, especialmente ambiguo. En relación con esto último puede verse Moreso, J. J., «En defensa del positivismo jurídico inclusivo» y Bayón, J. C., «Derecho, convencionalismo y controversia», ambos trabajos compilados por Navarro, P. E. y Redondo, M. C. en *La relevancia del Derecho. Ensayos de filosofía jurídica, moral y política*, ed. Gedisa, Barcelona, 2002, págs. 93-116 y 57-92, respectivamente.

[6] Que a la cuestión acerca de la conexión conceptual entre Derecho y moral no es posi-

En las páginas que siguen me ocuparé, pues, de reconstruir el análisis que Nino hace de este sustantivo debate en torno al concepto de Derecho, así como también de su tesis de la pluralidad de conceptos de Derecho, tal y como es presentada, principalmente, en sus trabajos *Introducción al análisis del Derecho* (1980), *La validez del Derecho* (1985) y *Derecho, Moral y Política* (1994)[7].

Para ello, me ajustaré al siguiente esquema:

Comenzaré presentando el contexto inmediatamente anterior a la intervención de Nino en el debate. Después daré cuenta de la reconstrucción que, desde una perspectiva casi exclusivamente analítica, hace Nino de la tradicional polémica iusnaturalismo *vs.* iuspositivismo. Cuando, sobre los años 70, toma contacto Nino con este asunto, lo hace en un contexto en el que la discusión de sus contemporáneos estaba centrada en el debate entre Hart y Dworkin y de ello resulta que su análisis del problema acerca del (de los) concepto(s) de Derecho se centre, precisamente, en la denominada ofensiva «antipositivista» de Dworkin. Del análisis que de este aspecto del pensamiento del autor norteamericano hace Nino me ocuparé en un tercer apartado del presente capítulo. Posteriormente, podremos ver cómo, según Nino, el trasfondo del debate iuspositivismo-iusnaturalismo no es sino la opción entre un concepto descriptivo o un concepto normativo de Derecho. Presentaré los ejemplos que Nino estudia de teorías que mantienen una y otra posiciones y de los argumentos que a su juicio se han propuesto en favor de cada una de ellas. El cuarto apartado lo dedicaré a su análisis de las consecuencias derivadas de la opción por uno u otro concepto para después exponer su tesis de la pluralidad de conceptos de Derecho. Como ya he apuntado, con esta tesis Nino pretende «poner fin —o al menos, mostrar su sinsentido— a la controversia entre iusnaturalismo y positivismo jurídico» e introducir de este modo algo más de claridad en el debate acerca de la conexión conceptual entre Derecho y moral. Cerraré este capítulo con algunas críticas que han sido dirigidas a la ten-

---

ble dar una respuesta plausible sin, previamente, desengranar qué sentido de Derecho y qué sentido de moral —p. ej.: moral positiva o moral crítica— estamos manejando es un argumento destacado también, entre otros, por Laporta, F.,«Vindicación del observador crítico y aporía del iusnaturalista», *Doxa. Cuadernos de Filosofía del Derecho*, nº 8, (1990), págs. 131-147 y Garzón Valdés, E. «Algo más acerca de la relación entre Derecho y Moral», *Doxa. Cuadernos de Filosofía del Derecho*, nº 8, (1990), págs. 111-129.

[7] Nino, C. S., *Introducción al análisis del Derecho*, ed. Ariel, Barcelona, 1983; *La validez del Derecho*, ed. Astrea, Buenos Aires, 1985; *Derecho, Moral y Política*, ed. Ariel, Barcelona, 1994. Previamente, aunque recogidos en los trabajos citados, Nino, C. S., *Notas de Introducción al Derecho*, 4 vol., ed. Astrea, Buenos Aires, 1973; Nino, C. S. «Los conceptos de Derecho», *Crítica*, México, 1981.

tativa de Nino por dirimir la mencionada controversia y me pronunciaré acerca de si el problema puede ser simplemente disuelto como «pseudo-problema» por reducirse, en realidad, —tal y como parece derivarse de su análisis— a una mera confusión de palabras.

2. LOS ORÍGENES DE LA POLÉMICA ENTRE EL IUSNATURALISMO Y EL IUSPOSITIVISMO

Dar cuenta en toda su complejidad de la evolución histórica del concepto de Derecho y de lo múltiples y diversos contextos de relaciones que, a lo largo de la historia, han podido establecerse entre el Derecho Natural —la «ley natural»— y el Derecho positivo —la «ley humana»— es una labor que excede los límites de este trabajo[8]. Me limitaré aquí a sentar (con plena conciencia de los riesgos que supone asumir una simplificación como ésta) que la milenaria corriente (o conjunto de ellas) englobables bajo el rótulo de «iusnaturalismo» puede ser contemplada, aparatos conceptuales y filiaciones ideológicas aparte, como una doctrina que ha reivindicado la existencia de una conexión interna entre el Derecho y la moral; especialmente a los efectos de entender el Derecho como una normatividad vinculante[9]. Cuando a principios de la Edad Moderna, entrado el siglo XVII, el positivismo

[8] Cfr., como referencias generales, Welzel, H. *Introducción a la Filosofía del Derecho*, Biblioteca Jurídica Aguilar, 1979; González Vicén, F., *De Kant a Marx (Estudios de Historia de las ideas)*, ed. Fernando Torres, 1984.

[9] En tal sentido pueden ser citados clásicamente San Agustín y Santo Tomás. San Agustín retoma del estoicismo la división fundamental del Derecho en ley eterna, ley natural y ley temporal. La *lex temporalis*, es decir, la ley positiva y mudable, adaptada a las circunstancias del momento, sólo es Derecho y sólo posee fuerza vinculatoria en tanto en cuanto deriva del Derecho eterno e inmutable. Una «ley» que no es justa no es ley, y no posee fuerza de obligar. Cfr. San Agustín, *De Libero arbitrio*, I,5,11; I,6,14, *Epodos*, 105,2,7 (tomo la referencia de Welzel, *Introducción a la Filosofía del Derecho,* cit., pág. 52). Por su parte, Santo Tomás, siguiendo la tradición estoico-agustiniana, distingue –además de la *lex divina*, que conocemos por la revelación y nos señala nuestro fin sobrenatural- tres leyes del orden natural universal: la *lex aeterna,* la *lex naturalis* y la *lex humana seu positiva*. Según el esquema tomista, sólo en la medida en que la ley positiva es deducida de la ley natural tiene fuerza de ley, *ratio legis*, y obliga en conciencia a los súbditos. Una ley, en cambio, que se aparta del Derecho natural no es verdadera ley, *lex legalis*, sino sólo una corrupción de su propio sentido, una *legis corruptio*; entonces no obliga en conciencia, por más que pueda resultar obedecida, «para evitar escándalo y perturbación». Sólo en el caso de que vulnere la misma *lex divina* estaría prohibido obedecerla en absoluto. Cfr. Santo Tomás, *Summa Theologica*, II,1, qu. 96, 3, (tomo la referencia de Welzel, *Introducción a la Filosofía del Derecho*, cit., pág. 57).

jurídico dio sus primeros pasos de la mano de Hobbes[10], se inicia una polémica que, con matices diferentes ha venido a perpetuarse hasta nuestros días. A diferencia de los debates producidos en el propio seno de la corriente iusnaturalista precedente, en los que la discusión giraba en torno a la procedencia y fundamentación del Derecho natural, desde los primeros momentos del iuspositivismo el marco de la discusión experimenta un cambio: nos hallamos ahora con la polémica entre quienes consideran que las normas dictadas por la autoridad que detenta el poder político son, sin más, «Derecho», y quienes sostienen que tales normas, para ser calificadas como tal «Derecho», han de ser conformes con pautas superiores de justicia. La discusión ya no gira en torno al Derecho Natural en sí mismo, sino en torno a las relaciones entre Derecho positivo y Derecho Natural. En última instancia, nos encontramos a partir de ahora con el debate acerca del problema de la fuerza vinculante de los ordenamientos jurídicos positivos. Un debate que renacerá con toda su virulencia después de la II Guerra Mundial, cuando los iuspositivistas fueron considerados por los iusnaturalistas como legitimadores, en el terreno de las ideas, de regímenes tan atroces como el del nacionalsocialismo alemán.

A fin de ubicar adecuadamente mi análisis de la obra de Nino, nos detendremos con algo de detalle en este contexto histórico para profundizar en el especial significado, ya enfatizado en la Introducción de este trabajo, que para la historia de la Filosofía contemporánea del Derecho tuvieron los años posteriores a la II Guerra Mundial. Será el giro doctrinal que en buena parte del pensamiento iusfilosófico occidental se produjo por aquellas fechas el que me permitirá situar el punto de partida de la filosofía jurídica de Nino, en la polémica que tuvo lugar entre Hart y Fuller.

Durante los años que van de 1933 a 1945 se produjo una profunda cisura en la teoría jurídica. Dos manifestaciones de Radbruch, una de 1932 y otra de 1947, son elocuentemente expresivas de la misma[11]. Un año antes de la llegada al poder del partido nacionalsocialista, Radbruch había consagrado filosóficamente, por así decirlo, el «concepto estricto» de Derecho acuñado por el positivismo: «Quien es capaz de imponer el Derecho, prueba con ello que está llamado a crear Derecho»[12]. De su convic-

---

[10] Cfr. González Vincén, F., *De Kant a Marx*, cit., pág. 207. En el mismo sentido, pero trazando la trayectoria del iusnaturalismo, Welzel señala a Hobbes como el pensador en quien da comienzo el positivismo, bajo la influencia del pensamiento nominalista. En Hobbes, de forma paralela al mandato divino, aparece el mandato estatal como causa de justificación. Cfr. Welzel, H., *Introducción a la filosofía del Derecho*, cit., págs. 116-126.

[11] Cfr. Welzel, H. *Introducción a la filosofía del Derecho*, cit., pág. 230.

[12] Radbruch, G., *Rechtsphilosophie*, Leipzig, 1932, pág. 81.

ción de la «incognoscibilidad del Derecho Justo», que le había conducido al «relativismo», Radbruch dedujo tanto la imposibilidad de un Derecho Natural, como la validez ilimitada del Derecho positivo. Sin embargo, dos años después del derrumbamiento del nacionalsocialismo, el mismo autor escribía acerca de la necesidad de que la ciencia del Derecho meditara sobre un Derecho superior a la Ley, un Derecho Natural[13].

Escribe Guido Fassó que no sin razón el fenómeno del renacimiento del iusnaturalismo (en unos términos muy diferentes al tradicional) se verificó precisamente en Alemania. La experiencia del régimen nazi, de las iniquidades por él perpetradas y de la catástrofe en la que el país se había visto envuelto, llevó a muchos juristas, tanto teóricos como prácticos, a recabar valores que no sólo no dependieran de la voluntad del Estado, sino que pudieran en rigor imponerse a tal voluntad, sometiéndola a límite y control. En efecto, los mismos tribunales de la Alemania Federal, al menos en los dos primeros decenios de la posguerra, se recondujeron con frecuencia al Derecho Natural o, de diversas formas, a principios superiores al dictamen de la ley positiva[14]. En este mismo sentido recoge Garzón Valdés[15] cómo numerosos autores reaccionaron contra el positivismo jurídico representado por la obra de Kelsen, y sobre todo su *Teoría Pura del Derecho* (1934), a la que prácticamente se hacía responsable de legitimar el nacionalsocialismo.

Como digo, la conversión al iusnaturalismo de G. Radbruch (1879-1949), al final de la guerra, es ilustrativa del cambio general de orientación. Si antes apelaba a una postura relativista, declarando la imposibilidad del conocimiento de lo justo y sosteniendo que «está llamado a establecer el Derecho el que se encuentra en situación de imponerlo»[16], el mismo año del derrumbe del régimen nacionalsocialista pasa a proclamar la idea de una validez del Derecho Natural en su obra *Vorschule der Rechsphilosophie* (1948), donde escribía que «tras un siglo de positivismo jurídico ha resurgido potentemente la idea de un Derecho supralegal con el que conmensuradas las leyes positivas también pueden ser éstas representadas como un "injusto legal"»[17]. La nueva exigencia en pro de

---

[13] Cfr. Radbruch, G., «Die Erneuerung des Rechts», en *Die Wandlung. Eine Monatsschrift*, 2, (1947), págs. 9 y ss.

[14] Fassó, G., *Historia de la Filosofía del Derecho*, T. 3, ed. Pirámide, 1985, pág. 270.

[15] Garzón Valdés, E., «Problemas abiertos en la Filosofía del Derecho», *Doxa. Cuadernos de Filosofía del Derecho*, nº 1, (1984), pág. 95.

[16] Radbruch, G., *Rechtsphilosophie*, cit., [Versión en español, *Filosofía del Derecho*, trad. de Medina Echevarría, Revista de Derecho Internacional Privado, Madrid, 1959].

[17] Radbruch, G., *Introducción a la filosofía del Derecho* [1948], trad. esp. de Wenceslao

limitar el poder jurídico positivo es reformulada por Radbruch mediante la categoría doctrinal de la «naturaleza de las cosas»[18]. Con ella trata más bien de dar cuenta de la existencia de cauces exigidos por la misma realidad de las cosas con las que tiene que ver el Derecho por su manera de ser, por su legalidad intrínseca, que de imponer o asignar ideales o aspiraciones derivados de la razón interior o de una inspiración superior[19]. El tópico «naturaleza de las cosas» (*Natur der Sache*) será aceptado por no pocos juristas alemanes convirtiéndose en la nueva clave del «renacimiento del Derecho natural»[20].

A juicio de Garzón Valdés, la trascendencia que se atribuyó al concepto de la «naturaleza de las cosas» resulta paradójica si consideramos que ya Kant estableció la separación entre el ámbito del ser y el del deber ser, Hume denunció la «falacia naturalista» y Kelsen consagró la dualidad fundamental entre el *Sein* y el *Sollen*. Según el autor citado, y pese a las restricciones que introducen en el manejo de la expresión autores como Radbruch y Welzel[21], la doctrina de la «naturaleza de las cosas» resulta,

---

Roces, Breviarios, Fondo de Cultura Económica, México, 4ª ed. 1974, pág. 178-180. Es especialmente ilustrativo del vuelco dado por Radbruch en este sentido su *Arbitrariedad legal y Derecho supralegal*, trad. esp. de María Isabel Azareto de Vásquez, ed. Abeledo-Perrot, Buenos Aires, 1962.

[18] Introducida por este autor en su trabajo «Die Natur der Sache als juristiche Denkform» en *Festschrift für Rudolf Laun,* Hamburgo, 1948 [Citado por Fasso, G., *Historia de la Filosofía del Derecho*, cit., pág. 272].

[19] Rodríguez Paniagua, J. M., *Historia del pensamiento jurídico,* ed. Universidad Complutense, Madrid, 1984, pág. 485.

[20] Para un estudio de la génesis doctrinal de esta categoría y de las funciones que cumplió en el pensamiento jurídico alemán, así como de los distintos sentidos que recibió por parte de los diversos autores alemanes de la posguerra, véase Garzón Valdés, E., «Derecho y "naturaleza de las cosas"» [1970], en *Derecho, Moral y Política*, ed. Centro de Estudios Constitucionales, Madrid, 1993, págs. 35-72. El trabajo fue publicado por primera vez por la ed. Universidad Nacional de Córdoba (Argentina) en 1970.

[21] Radbruch consideraba que los «hechos naturales» sólo tienen relevancia para el Derecho en la medida en que resulten objeto de valoración y de significado por éste o por la costumbre social. El sentido de una cosa, su naturaleza, no se encuentra en la cosa, ni en las estructuras de la realidad, sino que depende del «tipo ideal» de la «institución jurídica», cuyo origen artificial queda reflejado por el procedimiento mismo que se utiliza para la creación de la institución: la construcción jurídica. No es posible, pues, obtener otros valores o sentidos de las cosas que los que el hombre ha colocado previamente en ellas. Por lo demás, Radbruch consideraba que la función de la «naturaleza de las cosas» en el ámbito del Derecho es sumamente restringida y no puede ser interpretada como fuente del Derecho. Por su parte, Welzel acuñó la expresión «estructuras lógico-objetivas», utilizada de una forma muy similar a la de «naturaleza de las cosas». Escribe Garzón Valdés que este autor, aunque sostiene la imposibilidad de derivar el ser del deber ser, considera que el legislador ve limitado su poder para conformar la realidad por determinadas estructuras objetivas pre-

en su conjunto, bastante menos aceptable, precisamente por incurrir en la «falacia naturalista», que otras versiones del Derecho natural inatacables desde el punto de vista lógico al derivar sus normas de la voluntad de un legislador divino o de proposiciones de deber ser[22].

En el ámbito anglosajón, y dentro de la tradición de la «jurisprudencia analítica», se registra la primera reacción importante frente a este nuevo enfoque: el trabajo de H. L. A. Hart de 1957 sobre «El positivismo y la separación entre el Derecho y la moral»[23]. En su obra clásica posterior, *El concepto de Derecho* (1961), Hart tratará de dar cuenta de la normatividad del Derecho recuperando nuevamente el paradigma positivista, y haciendo uso de la distinción entre el punto de vista interno o del aceptante y el punto de vista externo o del observador. El pensamiento hartiano traza el marco exacto del debate en torno al concepto de Derecho en el que, dos décadas más tarde, intervendrá Nino.

En el trabajo citado sobre la separación del Derecho y la moral, Hart trata de responder a las acusaciones dirigidas contra los positivistas jurídicos en el sentido de haber oscurecido los puntos de intersección entre el Derecho y la moral. Para ello intenta ver qué significa la tesis de la conexión entre Derecho y moral, cuáles son las versiones de esta tesis que los positivistas rechazan y si están o no equivocados al hacerlo. Hart se

sentes en ésta. Tales estructuras son dadas de antemano al legislador y éste ha de tenerlas en cuenta si no quiere dictar una legislación incompleta, con lagunas, o, en algunos casos, una legislación de imposible cumplimiento. Autores como Maihofer van más allá y sostienen que inferir a partir de la «naturaleza de las cosas» es inferir a partir de «cosas», esto es, situaciones que están dadas en el mundo, situaciones vitales constituidas por acontecimientos complejos que suceden en la vida del hombre y que configuran la relación entre la subjetividad del hombre y la objetividad del mundo. Se trata de un «Derecho natural concreto» (no de normas pertenecientes a un Derecho natural abstracto) que puede servir para llenar lagunas dentro del marco permitido por la ley. Cfr. Garzón Valdés, E., «La naturaleza de la cosa» [1970], incluido en Garzón Valdés, E., *Derecho, Moral y Política*, cit.

[22] Por lo que (en otro orden de cosas) se refiere al papel ideológico jugado en la justificación de determinado tipo de regímenes, Garzón Valdés abandonó su tesis inicial de la «peligrosidad» del iusnaturalismo —sostenida inicialmente en sus trabajos «Derecho e ideología» [1968] y «La naturaleza de la cosa» [1970] [recogido, como todos los anteriores trabajos en Garzón Valdés, E. *Derecho, Moral y Política*, cit.] en respuesta a quienes acusaban al positivismo jurídico de Kelsen de haber sido de algún modo fuente de legitimación de regímenes como el de Hitler— para sostener la tesis más neutral de la falta de conexión causal entre iusnaturalismo o iuspositivismo y comportamiento ciudadano (Cfr. su trabajo «Algo más acerca de la relación entre Derecho y moral», en *Doxa. Cuadernos de Filosofía del Derecho*, nº 8, (1990).

[23] Dictado por Hart como conferencia en Harvard en 1957 y publicado en 1958, este trabajo aparece recogido en *Derecho y Moral. Contribuciones a un análisis*, trad. esp. y nota preliminar de G. R. Carrió, ed. Depalma, Buenos Aires, 1962.

centra concretamente en la distinción Derecho-moral tal y como fue trazada por Bentham y Austin, así como en la críticas que en Estados Unidos y en Inglaterra fueron dirigidas en los años que siguieron a la II Guerra Mundial a dicha separación.

Tanto Bentham como Austin tenían interés en subrayar que, en ausencia de una prescripción legal o constitucional expresa, del mero hecho de que una regla viole pautas morales no se infiere que ella no sea una regla válida de Derecho[24]; así como, inversamente, del mero hecho de que una regla sea moralmente deseable no se infiere que sea una regla de Derecho[25].

Para Hart, esta separación, lejos de ser una fuente de confusión, lo es más bien de claridad para los juristas y, más allá de las críticas contra aspectos particulares defendidos por el utilitarismo, permite abordar la pretensión de que surge una conexión esencial entre el Derecho y la moral cuando examinamos cómo son interpretadas y aplicadas en los casos concretos aquellas leyes cuyo significado es discutible, así como la conexión que también se pretende que surge cuando vamos más allá y nos preguntamos, no ya si una regla particular de Derecho debe satisfacer un mínimo moral para ser una norma jurídica, sino si un sistema de reglas que no llegue a alcanzar ese mínimo puede ser considerado un sistema de Derecho.

Hart asume que a partir del carácter vago del lenguaje —en el cual se apoya la crítica americana contra la tesis de la separación entre Derecho y moral (en la forma positivista de separación entre el Derecho que es y el Derecho que debería ser)— y su consecuencia inmediata de que nuestras palabras poseen un núcleo claro de significado y una zona de penumbra, no se puede concluir sin más la conexión necesaria entre Derecho y moral. Veamos esto con detenimiento. La crítica norteamericana contra el formalismo consistía en el rechazo de que el razonamiento deductivo pudiera servir como modelo del razonamiento judicial. La razón fundamen-

---

[24] Como veremos, la posición de Radbruch y después de Nino y Alexy no consiste en negar esto frontalmente, sino en defender una tesis quc niega la validez jurídica de una determinada disposición jurídica cuando constituye un caso de extrema injusticia.

[25] Según resume Hart, con esta posición Austin y Bentham pretendían evitar principalmente dos peligros: que el Derecho y su autoridad pudieran disolverse en la concepción que tiene el hombre del Derecho que debe ser y que el Derecho vigente pueda reemplazar a la moral como criterio final de conducta y escapar así a la crítica. Pero lo que, según Hart, nunca negaron ni Bentham ni Austin fue que, como hecho histórico, el desarrollo de los sistemas jurídicos ha estado poderosamente influido por la moral; que, en virtud de prescripciones jurídicas expresas, principios morales pueden ser incorporados en diversos puntos a un sistema jurídico y formar parte de sus reglas; o que los tribunales pueden hallarse jurídicamente obligados a decidir de acuerdo con lo que consideren lo más justo o lo mejor. Cfr. Hart, H. L. A. «El positivismo y la separación entre el Derecho y la moral», *Derecho y Moral. Contribuciones a su análisis*, cit., pág. 10.

tal estriba en que se consideraba imposible la argumentación deductiva en aquellos supuestos singulares que cayeran bajo el área de penumbra o de indeterminación que circunda a las reglas jurídicas. Según estos autores, si las controversias y decisiones jurídicas acerca de cuestiones que caen en la zona de penumbra han de ser racionales, su racionalidad tiene que sustentarse en algo distinto de una relación lógica con las premisas[26], y el criterio que hace que una decisión sea fundada en tales casos es algún concepto relativo a lo que el Derecho debe ser. Ello les lleva a afirmar que dicho criterio ha de consistir en un juicio moral acerca de lo que el Derecho debe ser.

Pues bien, Hart se adhiere a la crítica contra el formalismo —el relevante aquí es el de los jueces[27]—, si bien en su opinión la médula del error de un juez formalista consiste en atribuir a los términos generales una interpretación ciega a los valores sociales y a las consecuencias que de ellos se deriven. En efecto, constata Hart, los jueces formalistas, apelando a la lógica, en lugar de hacer su elección a la luz de los objetivos sociales fijan el significado de un modo diferente: recabando el sentido ordinario, el sentido en algún contexto jurídico, considerado que es un caso típico y, después, de forma arbitraria destacando determinados perfiles o significados en él. Tratando estas tres notas como condiciones siempre necesarias y suficientes, no se preocupan así por las consecuencias sociales que resultan de asignarle esta interpretación. Sin embargo, y aquí estaría según Hart[28] el error del formalismo, en este recurso a las consecuencias no hay ni más ni menos lógica que en el caso en que la interpretación dada a un término general y la consiguiente aplicación de alguna regla general a un caso particular esté controlada conscientemente por algún objetivo social reconocido.

[26] Creo que la crítica al formalismo resultaría más plausible si, más bien que considerar que la existencia de la «zona de penumbra» excluye la argumentación lógica deductiva —o la relación lógica entre premisas y conclusión—, se apuntara al hecho de que la presencia de esa zona de incertidumbre exige en efecto ir más allá de la argumentación meramente deductiva, pero no abandonarla o excluirla por completo.

[27] Por lo demás, Austín p. ej. no incurrió en el error de ver la decisión judicial como una deducción a partir de las premisas en la que las elecciones prácticas de los jueces o sus decisiones no desempeñen papel alguno. Austin conocía muy bien el carácter del lenguaje, su vaguedad o naturaleza abierta y pensaba que en las situaciones de penumbra los jueces están forzados a legislar, y recrimina a los jueces del *common law* por legislar tímidamente y sin vigor y por apoyarse de forma ciega en analogías reales o supuestas con los casos del pasado, en lugar de adaptar sus decisiones a las crecientes necesidades de la sociedad, tal y como se revelan por el patrón moral de utilidad. Hart, H. L. A., «El positivismo y la separación entre Derecho y moral», cit., pág. 34.

[28] Cfr. Hart, H. L. A., «El positivismo y la separación entre Derecho y moral», cit., pág. 32-33.

Ahora bien, Hart se aparta sin embargo de la crítica norteamericana al formalismo en el siguiente punto: la afirmación de que es equivocado decidir casos en forma mecánica y automática y de que es correcto decidirlos por referencia a propósitos sociales no puede en su opinión inferirse, sin más, que la insistencia de los utilitaristas en mantener la distinción entre el Derecho que es y el Derecho que debe ser sea errónea o desencaminada. Afirma Hart que esto implicaría suponer que los objetivos, los criterios de conveniencia y los propósitos a los cuales deben recurrir los jueces, si sus decisiones han de ser racionales, deben ser considerados en sí como partes integrantes del Derecho en algún sentido más esclarecedor que el que le asignan los utilitaristas[29]. El punto central del debate es argumentado por Hart de la siguiente manera: si es verdad que la decisión inteligente de los supuestos situados en la zona de penumbra no se hace en forma mecánica, sino a la luz de propósitos, objetivos y criterios de conveniencia, aunque no necesariamente a la luz de algo que deba ser llamado principio moral, ¿es sensato expresar este importante hecho diciendo que debemos abandonar la firme distinción de los utilitaristas entre el Derecho que es y el Derecho que debe ser? Quizá la pretensión de que es sensato hacerlo no puede ser teóricamente refutada, porque ella es, en efecto, una invitación a revisar nuestro concepto de lo que es una regla jurídica. Se nos invita aquí a incluir en la «regla» los criterios de conveniencia y finalidades a la luz de los cuales se deciden casos situados en su zona de incertidumbre, y ello porque, debido a su importancia, estas finalidades tienen tan justo título para ser llamadas «Derecho» como el núcleo de reglas jurídicas de significado establecido[30].

Hart, sin embargo, arguye dos razones en virtud de las cuales esta nueva definición no le parece adecuada:

1) Hay una forma menos misteriosa de expresar lo que sucede en el proceso judicial: las leyes padecen de una inevitable insuficiencia y tenemos que decidir racionalmente los casos de la zona de penumbra teniendo presentes finalidades sociales.

2) La insistencia en la distinción de los utilitaristas implica subrayar que el núcleo fijo de significado establecido es Derecho en un sentido a fin de cuentas central o sustantivamente importante y que, si bien hay fronteras, no todo es zona de fronteras.

---

[29] Como veremos, esta es la postura precisamente defendida por Dworkin para quien, según la caracterización que hace Hart de la crítica norteamericana, «los jueces se limitan a "extraer" de la regla lo que, si se la entiende adecuadamente, está latente en ella», Hart, H. L. A., «El positivismo jurídico y la separación entre Derecho y Moral», cit., pág. 35.

[30] Hart, H. L. A., «El positivismo y la separación entre el Derecho y la moral», cit., pág. 38.

Por otra parte, Hart considera que Radbruch se equivocaba al inferir de la facilidad con la que el régimen nacionalsocialista se aprovechó de la obediencia al mero Derecho y de la actitud pasiva de los alemanes frente a las iniquidades que se les exigía que perpetraran en el nombre del Derecho, la conclusión de que el positivismo jurídico (que ponía el énfasis en la separación entre el Derecho que es y el Derecho que debe ser) hubiera contribuido poderosamente a esos horrores. Como hemos dicho, fueron consideraciones de este tipo las que condujeron a Radbruch a abrazar la doctrina de que los principios fundamentales de la moral humanitaria son parte del concepto de Derecho o legalidad, y a sostener que ninguna norma positiva, por clara que sea su formulación y por manifiesta que aparezca su conformidad con el criterio formal de validez de un sistema jurídico dado, puede ser válida (es decir, legitimadora del uso —en última instancia— de la fuerza) si contraviene principios morales básicos. Hart valora como errónea la cláusula de Radbruch —que establecía que el Derecho contiene en sí un principio moral humanitario[31]— así como su puesta en práctica en diversas ocasiones por los tribunales alemanes que, tras la guerra, juzgaron casos concretos en los que fueron condenados criminales de guerra locales, espías y delatores bajo el régimen nazi.

Esta línea de razonamiento, que llevó a declarar que las leyes establecidas desde 1934 en Alemania carecían de fuerza de ley y que, como he apuntado, fue seguida en numerosos casos incluso décadas después[32], celebrada como un triunfo de la doctrina del Derecho natural y como una señal del derrocamiento del positivismo[33], es para Hart severamente criticable al margen, claro está, de los buenos propósitos que ella pueda perseguir. Hart, en efecto, considera que el camino conceptual e ideológicamente correcto hubiera sido hablar abiertamente de la aplicación de normas retroactivas. Esto habría clarificado que se trata de casos en los que hay

[31] Según Hart, la postura de Radbruch presuponer una desmesurada sobrevaloración del hecho desnudo en virtud del cual pueda decirse de una regla que es una regla válida de Derecho, como si la constatación de este hecho suministrara ya una respuesta concluyente a la pregunta moral decisiva «¿debo obedecer esta regla de Derecho?»; cuando, dice Hart, una respuesta verdaderamente liberal a cualquier uso siniestro del slogan «el Derecho es el Derecho» o de la distinción entre Derecho y moral, sería la siguiente: «Muy bien, pero esto no pone fin a la cuestión. El Derecho no es la moral; no permitamos que la reemplace», Hart, H. L. A., «El positivismo y la separación entre el Derecho y la moral», cit., pág. 44.

[32] Sobre la aplicación de la cláusula radbruchiana en un momento histórico posterior, tras la caída del muro de Berlín, con ocasión de los «procesos contra los centinelas del muro», véase Alexy, R., «Derecho injusto, retroactividad y principio de legalidad penal», *Doxa. Cuadernos de Filosofía del Derecho*, nº 23, (2000), págs. 197-230.

[33] Hart, H. L. A., *El positivismo y la separación entre el Derecho y la moral*, cit., pág. 47.

que optar entre dos males (y hacerlo de modo abierto es moralmente más plausible). En su opinión, el defecto de este uso del principio de que, en ciertos puntos límites, lo que es totalmente inmoral no puede ser Derecho es que oculta la verdadera naturaleza del problema, favoreciendo la creencia errónea de que todos nuestros valores terminarán por ensamblarse en un sistema único, sin que ninguno de ellos tenga que ser sacrificado o comprometido para dar cabida a otros[34].

Y así, contra quienes ven en la postura iusnaturalista una forma de defender la exigencia de no aceptar como valores últimos los que vienen impuestos mediante la fuerza por el poder establecido[35], Hart sostiene que si adoptamos el punto de vista de Radbruch y, con él (y con los tribunales alemanes) formulamos nuestra protesta contra determinadas leyes aberrantes diciendo que éstas no pueden ser Derecho por su iniquidad moral, entonces oscurecemos una de las formas más poderosas de crítica moral. Si en cambio hablamos con claridad, como hacen los utilitaristas, entonces habremos de decir simplemente que las leyes pueden ser Derecho aunque sean demasiado malas para ser obedecidas. Lo contrario —formular nuestras objeciones diciendo que esas normas atroces no son Derecho: esto es, afirmar que tal o cual ley era nula *ab initio*— será una afirmación que muchos no creerán o que, aunque se le otorgue crédito, parecerá suscitar una multitud de disputas filosóficas antes de poder ser aceptada[36].

Hart admite, desde luego, la existencia de un punto de conexión entre Derecho y moral. En su concepción, sin embargo, tal nexo no es necesa-

[34] Hart, H. L. A., «El positivismo y la separación entre el Derecho y la moral», cit., pág. 46-48.

[35] Por lo que se refiere al papel que históricamente ha jugado el Derecho natural reivindicando «la exigencia de no aceptar como valores últimos los que vienen impuestos por la fuerza de la clase política dominante», «asegurando en unos casos la validez del orden jurídico establecido o minando sus bases», o como instancia a la que se acudirá «siempre que se produzca una insensibilización del Derecho, siempre que se trate de expresar una protesta de carácter moral», —así como para algunas otras opiniones menos optimistas acerca del papel ideológico-político que el Derecho Natural y el iusnaturalismo han jugado tradicionalmente— pueden leerse los trabajos de Kelsen, Perelman, Passerin D'Entreves, De Jouvenel y Bobbio publicados en el volumen *Crítica del Derecho Natural*, trad. esp. e introducción de E. Díaz, ed. Taurus, 1966.

En contra del iusnaturalismo como postura que sostiene la existencia de una conexión necesaria o conceptual entre Derecho y moral crítica por considerarla una postura que, al menos, en términos de generar crítica moral contra el sistema jurídico vigente, sería negativa, cfr. Laporta, F., «Vindicación del observador crítico y aporía del iusnaturalista», *Doxa. Cuadernos de Filosofía del Derecho*, nº 8, (1990), págs. 131-147.

[36] Hart, H. L. A., «El positivismo y la separación entre el Derecho y la moral», cit., pág. 49.

rio sino contingente: entre el Derecho y la moral existe una amplia zona de coincidencia que se explica por la existencia de cierto grupo de reglas de conducta que toda organización social ha de contener para ser viable (y asegurar así una base de consenso) y que Hart denomina «contenido mínimo de Derecho natural»[37]. Cuando, en la concepción hartiana, se afirma que una determinada norma —situada en la zona de intersección entre Derecho y moral— tiene carácter jurídico, tal calificación no descansa en razones morales, sino que es el propio ordenamiento jurídico (o, para ser más precisos, la regla de reconocimiento) el que autónomamente le otorga validez jurídica. Así, la cláusula hartiana de «contenido mínimo de Derecho natural» sería —en la terminología de Alexy— una cláusula cualificante y no clasificante[38].

En mi opinión, sin embargo, la obra de Hart permite arribar a conclusiones bastante más rotundas que las extraídas por el propio autor. Pues si la necesidad de que un Derecho respete ese «contenido mínimo de Derecho natural» viene dada por ser ésta la forma de asegurar la viabilidad misma del sistema jurídico, esto es, su estabilidad sobre la base de un consenso de la sociedad, uno puede plausiblemente deducir que para que ello suceda es preciso una aceptación generalizada en sentido fuerte por parte de aquellos que adoptan un punto de vista interno en relación con el sistema jurídico, es decir, es preciso que éste satisfaga —desde la perspectiva interna— la pretensión de corrección. Así, creo que es plausible defender que la necesidad de consenso que Hart presupone como necesaria para la viabilidad del Derecho implica consigo, más allá de la pura dominación ejercida a través del aparato estatal por el grupo que detenta el poder, la creencia seria (sostenible) y profunda por parte de sus participantes en la justificación moral del sistema[39].

[37] Cfr. Hart, H. L. A., «El positivismo y la separación entre el Derecho y la moral», cit., págs. 52-56.

[38] Cfr. Alexy, R., *El concepto y la validez del Derecho*, cit., págs. 32.

[39] Por otra parte, la experiencia histórica demuestra que la ideología de desprecio hacia los derechos humanos que parecía reinar en las conciencias de muchísimos ciudadanos de regímenes totalitarios —regímenes que utilizaron el aparato estatal para cometer y amparar masivas violaciones de tales derechos básicos— obedecía en realidad en el mayor número de casos a la fuerza carismática de un líder y al aparato de dominación por él liderado. Tales regímenes se mantenían, pues, en el poder no tanto por la aceptación de un gran número de sus participantes, sino gracias a la fuerza del aparato de dominación; resultando, en consecuencia, meramente eficaces. En el propio Hart, sin embargo, aparece ya conceptualizada la idea de que las pretensiones del Derecho y, concretamente, del poder político, son esencialmente diferentes de las pretensiones del asaltante. La orden de un asaltante está meramente apoyada en amenazas mientras que el poder político que prescribe «mandatos» no precisa para sostener su pretensión de mandar que haya una amenaza latente de daño para el supues-

Entre los iusnaturalistas contemporáneos de Hart destaca L. Fuller[40], cuyas posiciones tienden a debilitar la distinción clara en el Derecho que es y el Derecho que debe ser, entre Derecho y moral[41].

Como explica el mismo Hart, Fuller da cuenta del hecho de que en ningún sistema jurídico el alcance de las reglas está restringido al conjun-

to de desobediencia. La autoridad del Derecho vendría dada más bien por la creencia en su legitimidad. «Mandar —dice Hart— es característicamente ejercer autoridad sobre hombres, no el poder de causar daño, y aunque puede ir combinado con amenazas de daños, un mandato no es primariamente una apelación al miedo, sino al respeto a la autoridad», Hart, H. L. A., *El concepto de Derecho* [1961], ed. Abeledo-Perrot, 1992, pág. 25. Así pues, hablar de poder político implica referirse no tanto (o no sólo) al hecho de la dominación, sino también a la legitimación, articulada, desde el punto de vista del poder, como pretensión de legitimidad. Creo que no sería forzar el pensamiento de Hart (sino más bien extraer de él todas sus consecuencias) decir que ese elemento de autoridad que diferencia a la orden del asaltante del Derecho —y que, por cierto, como el propio Hart dice, constituye un obstáculo para cualquier definición «fácil» de Derecho— se traduce en la idea de la pretensión por parte de la autoridad de un especial tipo de aceptación a cargo de los destinatarios del sistema jurídico en cuestión. Tal aceptación generalizada implicaría la legitimación del sistema y su estabilidad; y con ello su diferenciación de un régimen de pura dominación. En otro momento de su trabajo, además, Hart señala que la vulnerabilidad humana, la igualdad aproximada, el altruismo limitado, los recursos escasos y la comprensión y fuerza de voluntad insuficientes que caracterizan a los hombres y a las sociedades humanas «y su conexión con el Derecho y la moral [...] suministran una *razón* para que, dada la supervivencia como objetivo, el Derecho y la moral deban incluir un contenido específico. La forma general del argumento es, simplemente, que sin tal contenido las normas jurídicas y la moral no podrían llevar a cabo el propósito mínimo de supervivencia que los hombres tienen al asociarse entre sí. En ausencia de ese contenido, los hombres, tal como son, no tendrían razón alguna para obedecer voluntariamente ninguna regla y, sin un mínimo de cooperación voluntariamente prestada por quienes advierten que va en su interés someterse a las reglas y conservarlas, sería imposible coaccionar a quienes no las acatan voluntariamente. Es importante subrayar la conexión distintivamente racional que hay en este enfoque entre los hechos naturales y el contenido de las reglas morales y jurídicas, porque es a la vez posible e importante investigar formas totalmente distintas de conexión entre los hechos naturales y las reglas morales o jurídicas», Hart, H. L. A., *El concepto de Derecho*, cit., pág. 239. Sobre las relaciones entre legitimación y estabilidad, así como sobre las diferencias y relaciones entre legitimidad y legitimación, Cfr. Garzón Valdés, E., «El concepto de estabilidad de los sistemas políticos» [1987] en Garzón Valdés, E., *Derecho, Ética y política*, ed. Centro de Estudios Constitucionales, Madrid, 1993, págs. 573-609.

[40] Véase Fuller, L., «Human Purpose and Natural Law», en *Journal of Philosophy*, nº 53, (1956), págs. 697-705.

[41] En concreto, Fuller construye sus argumentos a partir del rechazo de posturas no cognoscitivistas en ética, posturas con las que, por cierto, había venido asociándose la separación entre lo que es Derecho y lo que debe ser Derecho. Hart, sin embargo, considera que la negación de las tesis no cognoscitivistas no nos llevaría, sin más, a negar la tesis de la separación. Véase, Hart, H. L. A., «El positivismo y la separación entre el Derecho y la moral», cit., págs. 56-64.

to de los elementos concretos que estaban presentes en la mente de los legisladores que las establecieron. Ésta sería una de las diferencias de fondo que existen entre una regla jurídica y una orden. Según Fuller, cuando con conciencia de ello las reglas se aplican a ejemplos que van más allá de lo que los legisladores consideraron o pudieron haber considerado, su extensión a casos nuevos se nos presenta a menudo no como una elección deliberada o un *fiat* de aquellos que así interpretan la regla. No aparece como una decisión de dar a la regla un significado nuevo o extendido, ni como una conjetura de lo que los legisladores hubieran dicho de estar vivos —como parece derivarse de la postura del positivismo jurídico—, sino que más bien sucede que la inclusión del nuevo caso bajo la regla tiene lugar como una elaboración natural de ésta[42], como algo que complementa un «propósito» que parece natural atribuir (en algún sentido) a la regla misma más bien que a cualquier persona viva o muerta. En este sentido —explica Fuller— la descripción de los utilitaristas, que hablaban de «legislación judicial» para referirse a esa extensión interpretativa de las viejas reglas a los casos nuevos, no hace justicia a este fenómeno, puesto que no da cuenta de las diferencias existentes entre un deliberado *fiat* o decisión de tratar el nuevo caso de la misma manera que los casos pasados, y un reconocimiento de que la inclusión del caso nuevo bajo la regla, implementará o articulará un propósito idéntico y continuo hasta aquí menos específicamente aprehendido.

En definitiva, lo que sostiene Fuller es que al interpretar las reglas jurídicas existirán siempre algunos casos que, tras la reflexión, se nos presentan como una elaboración o articulación tan natural de la regla que concebirlos o referirnos a ellos como «legislación», «creación de Derecho» o *fiat* de nuestra parte sería equívoco. Así, según este argumento, sería equívoco distinguir en tales casos entre lo que la regla es y lo que debe ser, por lo menos en algún sentido de deber ser. Pensamos que debe incluir el caso nuevo y llegamos a ver, después de reflexionar, que realmente es así.

Ante este argumento, Hart formula dos observaciones o, como él dice, prevenciones:

(1) El «deber ser» en este caso no tiene por qué estar forzosamente relacionado con la moral. Es excepcional el sentimiento de que una manera de decidir los casos se nos impone como la única elaboración natural o racional de cualquier regla. Según Hart, no hay duda de que para la mayor parte de los casos de interpretación, hablar de elección entre alternati-

[42] Esta es una reivindicación de una comprensión del Derecho —o quizá sería mejor decir de los derechos— como límite. Es la idea del Derecho contra la política.

vas, de «legislación judicial» o aun de *fiat* (aunque no de *fiat* arbitrario) es hacerse cargo mejor de la realidad de la situación.

(2) Emplear en la descripción del proceso de interpretación de las normas jurídicas la terminología sugerida de una supuesta fusión o inseparabilidad de lo que es y lo que debe ser Derecho sólo servirá (al igual que sucede con las afirmaciones de que los jueces sólo declaran y nunca crean el Derecho) para ocultar que estamos rodeados de incertidumbres entre las que tenemos que elegir, y para ocultar que el Derecho existente sólo impone límites a nuestra elección, pero no la elección misma. En oposición a esto, atenuar la distinción entre el Derecho que es y el Derecho que debe ser comporta sugerir que *todas* las cuestiones jurídicas son fundamentalmente semejantes a aquellas situadas en la zona de penumbra[43].

A su vez, contra esta posición sostenida por Hart —y en general contra su positivismo jurídico tal como es presentado en *El concepto de Derecho*—, reaccionó R. Dworkin en diversos trabajos luego recogidos en *Taking Rights Seriously*[44]. De la polémica entre ambos se ocupa con detalle Nino en su trabajo *La validez del Derecho*[45]. Antes de entrar a exponer este punto quisiera detenerme en dar cuenta de la caracterización del iusnaturalismo y del positivismo jurídico de la que parte Nino y de la presentación que hace de la polémica tradicional entre una y otra posición. Desde un principio, Nino se propone desenredar algunas confusiones comunes que han oscurecido el planteamiento del debate —en los términos en los que ha tenido lugar en el s. XX— entre ambas. Creo que su objetivo clarificador de la controversia y de las tesis que en ella se enfrentaban en relación con los problemas de las relaciones Derecho-moral, permite comprender bien lo que, visto de otra forma, podría ser entendido como una simplificación excesiva de ambas posturas encontradas y, acaso, como una cierta falta de reconocimiento suficiente por parte de Nino de las complejidades y de la función histórica de la apelación al «Derecho Natural». Resulta claro que los elementos de la tradicional polémica que están más allá del núcleo identificado por Nino hacen que esta polémica —lejos de ser o, al menos, de ser solamente, el reflejo de un equívoco imputable a un erróneo presupuesto conceptual, el esencialismo denunciado por Nino— tenga implicaciones ideológicas en la historia de calado demasiado importante como para ser obviadas

[43] Cfr. Hart, H. L. A., «El positivismo y la separación entre el Derecho y la moral», cit., pág. 63-64.

[44] Cfr. Dworkin, R., *Los derechos en serio* [1977], trad. esp. de M. Guastavino con estudio preliminar de A. Calsamiglia, ed. Ariel, Barcelona, 1984.

[45] Nino, C. S., *La validez del Derecho*, ed. Astrea, Buenos Aires, 1985.

por la vía de reducirla, desde una perspectiva puramente analítica, a un «sinsentido» o «enredo conceptual»[46].

3. EL CONCEPTO DE DERECHO Y LA POLÉMICA IUSNATURALISMO *VS.* POSITIVISMO JURÍDICO

3.1. El iusnaturalismo y el concepto de Derecho

En *Introducción al análisis del Derecho*, parte Nino de que la tesis de que el Derecho y la moral tienen una relación esencial puede ser entendida de diversas maneras: (1) puede considerarse que tal relación es de índole fáctica; (2) puede verse como una conexión de tipo valorativo o normativo (el Derecho debería incorporar la moral crítica); y (3) también es interpretable el nexo entre Derecho y moral como de índole conceptual[47].

A juicio del autor argentino, la corriente iusnaturalista se situaría dentro del grupo que sostiene que la conexión entre Derecho y moral es conceptual, y ello porque, en líneas generales, el iusnaturalismo se caracteriza por defender de manera conjunta las dos tesis siguientes:

a) Una tesis de filosofía ética que sostiene que hay principios morales y de justicia universalmente válidos y asequibles a la razón humana: los denominados «principios del Derecho natural». Entre los iusnaturalistas habría, sin embargo, discrepancias: por un lado, acerca del origen o fundamento de los principios morales que conforman el llamado Derecho natural y, por otro, acerca de cuáles son tales principios[48].

---

[46] En su trabajo *Derecho, Moral y Política*, Nino apunta a otros planos del debate entre iuspositivismo y iusnaturalismo, si bien, como tendré ocasión de detallar, sigue considerando que el núcleo de la polémica se debe a que ambas posturas asumen, erróneamente, un esencialismo conceptual. Cfr. Nino, C. S., *Derecho, Moral y Política*, ed. Ariel, Barcelona, 1994, págs. 23-34. Acerca del carácter ideológico de la controversia iusnaturalismo/positivismo jurídico y para una reivindicación del papel positivo que en la historia de las ideas y del Derecho ha jugado el iusnaturalismo pueden verse, entre otros, Welzel, H., *Introducción a la Filosofía del Derecho*, Biblioteca Jurídica Aguilar, 1979, págs. 248-267, De Jouvenel, B., «La idea del Derecho Natural», Passerin D'Entreves, A., «El Derecho Natural», ambos en Kelsen, H., Bobbio, N. y otros, *Crítica del Derecho Natural*, cit. Una valoración de signo contrario acerca del papel cumplido por el iusnaturalismo en la historia jurídica en Kelsen, H., «Justicia y Derecho Natural», Bobbio, N. «Algunos argumentos contra el Derecho Natural», *Crítica del Derecho Natural*, *op.cit.*, págs. 219-237. Una valoración crítica de la caracterización que Nino hace del debate iusnaturalismo-iuspositivismo puede verse en Blanco Miguélez, S., *Positivismo metodológico y racionalidad práctica*, cit., Capítulo I: «La disolución de la controversia entre iusnaturalismo y positivismo jurídico», págs. 9-78.

[47] Nino, C. S., *Introducción al análisis del Derecho,* ed. Ariel, Barcelona, (1983), pág. 17.

[48] Nino menciona, entre otras corrientes, el iusnaturalismo teológico, el iusnaturalismo

b) Una tesis acerca de la definición del concepto de Derecho según la cual un sistema normativo positivo, o una norma concreta en él integrada, no pueden ser propiamente calificados de «jurídicos» si contradicen los principios morales que conforman el Derecho natural[49]. Esta segunda te-

racionalista y otros géneros de iusnaturalismo, de tipo encubierto, tales como la concepción historicista y la corriente que se funda en «la naturaleza de las cosas». Cfr. Nino, C. S., *Introducción al análisis del Derecho*, cit., págs. 28 y ss. Para un análisis pormenorizado de la evolución del iusnaturalismo, véase Welzel, H., *Introducción a la Filosofía del Derecho*, cit.

[49] Nino elabora, en forma de diálogo, una ilustrativa construcción de las consecuencias prácticas que significativamente implicaría la adopción de la postura iusnaturalista de ser sostenida por un juez durante los procesos de Nüremberg (en los que se juzgaron los crímenes de guerra y contra la humanidad cometidos durante el régimen de Hitler). Es interesante contrastar, en la dramatización idealizada que Nino nos hace del momento en que el citado tribunal dicta sentencia, la argumentación puesta en boca de un juez iusnaturalista, de un juez iuspositivista ideológico y de un juez iuspositivista metodológico. El núcleo de la cuestión discutida es si procede o no aplicar la normativa en vigor tras la II Guerra Mundial y penar a los procesados por actos perpetrados durante el régimen nazi. En esta reconstrucción, el juez Sempronio ejemplifica la posición iusnaturalista de quien rechaza toda concepción del Derecho que diga que un sistema jurídico existe meramente siempre que un grupo humano logra imponer cierto conjunto de normas en una determinada sociedad y cuenta con la fuerza suficiente para hacerlas cumplir, cualquiera que sea el valor moral de tales normas, y sostiene que por encima de las normas dictadas por los hombres existe un conjunto de principios morales universalmente válidos e inmutables que establecen criterios de justicia y derechos fundamentales ínsitos a la naturaleza humana, frente a los cuales las normas positivas dictadas por los hombres sólo constituyen Derecho en la medida en que los respeten o no los contradigan. A partir de estos presupuestos, el juez Sempronio califica de absurda la pretensión de la defensa de que condenar a los imputados implicaría violar el principio «no hay pena sin ley previa que prohíba el acto», ya que «no siendo las regulaciones del régimen nazi verdaderas normas jurídicas, ellas son inoperantes para legitimar los actos ejecutados de conformidad con las mismas» y, además, «hay una ley eterna que prohíbe tales actos y ésta es la ley que aplicaremos si sometemos a los procesados a su justo castigo». Por su parte, el juez Cayo, que representaría la voz del positivismo ideológico, tras constatar la imposibilidad de demostrar la validez e invalidez de los juicios morales mediante procedimientos objetivos, señala que «cada vez que nos encontramos frente a un conjunto de normas que establecen instituciones distintivas, como tribunales de justicia, y que son dictadas y hechas efectivas por un grupo humano que tiene el monopolio de la fuerza en un territorio definido, estamos ante un sistema jurídico, que puede ser efectivamente identificado como tal cualesquiera que sean nuestros juicios morales acerca del valor de sus disposiciones. [...] Si la mafia lograra asumir el control efectivo y estable sobre una porción definida de territorio y población, las normas que dictara constituirían un ordenamiento jurídico». Sobre la base de esto, el juez Cayo asume que «el sistema normativo vigente en la Alemania nazi y en los países ocupados por sus tropas era un sistema jurídico, por más que el contenido de sus disposiciones nos parezca aborrecible». Concluye así que «la existencia de normas jurídicas implica la obligatoriedad de la conducta que ellas prescriben y la legitimidad de los actos realizados de conformidad con ellas [...]»; y que, en consecuencia, «debemos aceptar la tesis de la defensa de que estos actos moral-

sis es la que interesa a nuestro autor por ser, en su opinión, la tesis nuclear del enfrentamiento con la doctrina iuspositivista.

mente horrendos fueron jurídicamente legítimos y no pueden ser penados». Por último, Nino da la palabra al juez Ticio, que ilustraría la postura del positivismo metodológico o conceptual. Este juez pone en entredicho frente a Sempronio (el juez iusnaturalista) la existencia de principios de Derecho natural y, en particular, el modo como tendría lugar la inferencia de principios normativos a partir de ciertos presuntos datos inmutables de la condición humana. Ticio arroja claridad sobre los términos del debate: «La cuestión que se presenta en este proceso es si, como jueces, podemos hacer valer tales convicciones morales para decidir este caso, o si debemos atenernos exclusivamente a la aplicación de principios y normas jurídicas». Los dos jueces iuspositivistas coinciden en que para identificar un sistema normativo como Derecho no es preciso comprobar si satisface o no mínimas exigencias de justicia: el Derecho debe ser identificado sobre la base de rasgos fácticos y empíricos, y ha de procederse así para evitar mezclar Derecho y moral, algo que nos llevaría a mezclar indiscriminadamente el contenido de ambos (así, cuando acudimos a una sociedad desconocida y queremos saber de qué sistema jurídico disponen, es absurdo que contestemos a los miembros de esa comunidad teniendo en cuenta si el sistema en cuestión respeta o no nuestros principios morales). De este modo, los dos jueces positivistas (Cayo y Ticio) están de acuerdo en que podemos hablar de la existencia del Derecho incluso ante sistemas normativos aberrantes como el del III Reich. Pero sus coincidencias acaban aquí. Puesto que, según la postura de Ticio, sostener que las normas jurídicas estatuyen la obligación de realizar determinados actos no implica que debamos realmente (en el sentido de deber moral) realizar tales actos. La obligación de obedecer las normas jurídicas surge de las normas morales, que son intrínsecamente obligatorias. De esta forma, según Ticio, cuando el juez Cayo sostiene que las normas jurídicas son obligatorias está presuponiendo una norma o principio moral que prescribe obedecer las disposiciones de todo sistema jurídico. En definitiva, no está siendo consecuente con su tesis de que se debe juzgar teniendo en cuenta sólo normas jurídicas, y no nuestras convicciones morales, porque introduce encubiertamente sus convicciones morales al postular que toda norma jurídica es obligatoria y debe ser reconocida por los jueces. La cuestión aquí —prosigue Ticio— no es que Cayo (positivista ideológico) introduzca sus convicciones morales, ya que toda decisión con relevancia moral (y ésta, obviamente, lo es) implica adoptar una determinada posición moral (y lo deseable es que esto se haga de forma expresa y no encubierta), sino si las convicciones morales del juez Cayo son o no aceptables. Sucede que junto con el principio moral que ampara la postura del juez Cayo —el principio de que deben obedecerse y aplicarse las normas jurídicas vigentes, vinculado a valores tales como la seguridad, el orden, la coordinación de actividades sociales, etc.— también existen obviamente otros principios como los que consagran el derecho a la vida, a la integridad física, a la libertad, etc.; y, en circunstancias excepcionales como las que se dieron durante el régimen nazi, la violación de estos principios en que se incurriría si se observaran las reglas jurídicas sería tan radical y grosera que justificaría apartarse del principio moral que prescribe atenerse al Derecho vigente (el proceder de un juez que en el momento de la comisión de las acciones hubiera ignorado el sistema jurídico vigente para, en su lugar, defender la dignidad humana y la inviolabilidad de la persona, no sería condenado sino aplaudido por nosotros). En definitiva, «ningún valor moral por importante que sea (y lo son los principios de efectividad del Derecho internacional o el principio *nulla poena sine lege praevia*) es absoluto y prevalece sobre todos los demás valores. El tribunal entonces tiene que ratificar contundentemente el valor de la vida, el de la integridad física, el de la intrínseca igualdad de todos los seres

En suma, lo que según Nino, en esta primera aproximación a la polémica, caracteriza distintivamente a los iusnaturalistas frente a los iuspositivistas es la defensa que hacen de un *concepto valorativo o normativo de Derecho*, de acuerdo con el cuál para identificar el Derecho es preciso determinar bajo qué condiciones las prescripciones sobre el empleo de la coacción estatal están moralmente justificadas y deben ser obedecidas[50].

3.2. El iuspositivismo y el concepto de Derecho

En *La validez del Derecho*[51], Nino da cuenta de las diversas tesis que han sido atribuidas al positivismo, en su opinión de forma no siempre acertada.

En efecto: el escepticismo en cuanto a la posibilidad de demostrar racionalmente la validez de reglas e ideales morales, la consideración de que la eficacia o vigencia de un sistema jurídico en una determinada comunidad implica el deber moral de esa comunidad y de los funcionarios de obedecerlo (positivismo ideológico), la atribución al sistema jurídico de los rasgos de plenitud y coherencia, la idea de que el Derecho incluye estándares que son reconocidos por los jueces y otros funcionarios solamente en virtud del hecho de haberse originado en cierta fuente fáctica con independencia de su contenido, son tesis que, según Nino, pese a haber sido atribuidas a la corriente iuspositivista, no han sido defendidas por todos los autores que se consideran incluidos dentro de ella[52]. Así, si bien autores como Kelsen, Ross, Alchourrón y Bulygin pueden ser calificados como escépticos en materia ética, sin embargo, no pueden recibir el mismo cali-

humanos. Esto implica dejar de lado principios jurídicos normalmente valiosos, pero esto ha de asumirse como un mal menor. La postura del juez Sempronio (iusnaturalista) no elude tal consecuencia, sino que la implica en forma encubierta y esto —concluye Ticio— es sumamente peligroso, pues si no se reconoce abiertamente que se está violando un principio valioso (como es el principio *nulla poena sine lege*), no se deja sentado con claridad en qué circunstancias extremas tal violación es permisible, y se abre las puertas a otras violaciones encubiertas menos justificables», Nino, C. S., *Introducción al análisis del Derecho*, cit., págs. 19-27 y Nino, C. S., *Radical Evil on Trial,* ed. Yale University Press, New Haven, 1996, pág. 150-154. Nótese que la postura defendida por Ticio coincide con la asumida por Hart. Como veremos más adelante, Nino delinea su propia tesis a partir de una reconsideración de la postura hartiana, aproximándose con ello a la tesis de la conexión justificativa (qué requisitos ha de cumplir un sistema normativo para ser Derecho válido) entre Derecho y moral que —con matices importantes que luego veremos— le aproxima al iusnaturalismo que adscribe al juez Sempronio.

[50] Nino, C. S., *Derecho, Moral y Política*, ed. Ariel, Barcelona, 1994, pág. 26.

[51] Cfr. Nino, C. S., *La validez del Derecho,* ed. Astrea, Buenos Aires, 1985, págs. 145 y ss.

[52] Nino, C. S., *La validez del Derecho*, cit., pág. 146 y ss.

ficativo otros autores positivistas como Hart, Bobbio, Carrió o Raz[53]. Igualmente la atribución al positivismo de la tesis de la legitimación moral de cualquier sistema normativo carece por entero de justificación. Esta tesis, una de las que con mayor frecuencia han sido imputadas a esta corriente, envuelve una posición ideológica o moral puesto que, apunta Nino, combina una definición de Derecho en términos puramente fácticos con la idea de que toda norma jurídica tiene fuerza obligatoria moral. Pero ni Bentham, ni Austin, ni Hart, ni Ross ni Bobbio, representantes eminentes del positivismo jurídico, la han sostenido[54].

La única tesis verdaderamente central al positivismo jurídico, según Nino, es la que sostiene que «el Derecho es un fenómeno social que puede ser identificado y descrito por un observador externo sin recurrir a consideraciones acerca de su justificación o valor moral o acerca del deber moral de obedecerlo y aplicarlo»[55]. Ésta sería una tesis conceptual acerca de la definición de Derecho distintiva del iuspositivismo. Mientras que, como hemos visto, lo característico del iusnaturalismo es la suposición de que la identificación de un orden jurídico o de una norma jurídica presupone juicios valorativos acerca de la adecuación de ese orden a ciertos principios morales o de justicia, lo característico del positivismo jurídico es precisamente la negación de esa suposición.

3.3. El desafío de Dworkin

Las críticas dirigidas por Dworkin al positivismo, y concretamente a su versión hartiana, han servido, como apunta Coleman, de estímulo para el desarrollo teórico del positivismo a lo largo de las últimas décadas. De hecho, señala este mismo autor, las divisiones más importantes dentro de la corriente positivista pueden ser vistas como resultados de respuestas alternativas a las críticas de Dworkin. Lo cual, a su vez, ha supuesto un renovado impulso de la polémica tradicional positivismo *versus* iusnaturalismo.

La importancia y repercusión del ataque antipositivista de Dworkin llevó a Nino a ocuparse de fijar y dilucidar los términos de la discusión. En las páginas siguientes me ocuparé de exponer el análisis y reconstrucción que en *La validez del Derecho* hace Nino de las objeciones interpuestas por Dworkin al positivismo de Hart (fundamentalmente en *Taking Rights Seriously*, de 1977, que es la versión que Nino tiene en cuenta). Tras

[53] Nino, C. S., *Derecho, Moral y Política*, cit., pág. 19.
[54] Nino, C. S., *Introducción al Derecho*, cit., pág. 32.
[55] Nino, C. S., *La validez del Derecho*, cit., pág. 148.

sentar que Dworkin comete un error de argumentación al no dirigir sus ataques contra la tesis central del positivismo, Nino subraya el interés que, con todo, tiene el análisis detallado de su crítica antipositivista. Tal análisis permitirá, en efecto, no sólo poner de manifiesto la falsedad de los presupuestos de los que parte Dworkin, sino también llevar a cabo una reconstrucción de sus argumentos con el propósito de darle la forma de una crítica acertada y cabal del positivismo jurídico.

A fin de exponer el análisis llevado a cabo por Nino, abordaré en los dos apartados siguientes, respectivamente, la lectura que éste hace de las objeciones de Dworkin contra el positivismo (y las observaciones críticas que a su vez dirige contra estas objeciones), y la revisión constructiva final de las tesis antipositivistas de Dworkin.

3.3.1. La lectura que hace Nino de las objeciones de Dworkin contra el positivismo y las observaciones críticas que dirige contra estas objeciones

A lo largo de varios artículos[56], Dworkin convierte en blanco de sus críticas a las tres siguientes tesis supuestamente defendidas por los iuspositivistas:

a.1) La tesis de la separabilidad, entendida como la pretensión de que el valor sustantivo o moral de una norma no puede ser una condición necesaria de su juridicidad.

a.2) La tesis de la indeterminación del Derecho y de la discrecionalidad judicial, en virtud de la cual en los llamados «casos difíciles» no habría una respuesta correcta que se desprenda del Derecho vigente, con lo cual los jueces ejercen una tarea ilimitada de «creación de Derecho», es decir, poseen un poder «cuasi-legislativo».

a.3) La tesis del valor justificativo de las prácticas sociales, según la cual los tribunales pueden justificar la aplicación de ciertos estándares apoyándose únicamente en prácticas sociales.

Nos encontramos, así pues, con tres puntos a resolver que se presentan, respectivamente, como una aproximación crítica a las tres tesis apuntadas:

[56] Véase Dworkin, R., «The model of Rules», *University of Chicago Law Review XIV*, (1967); «Social Rules and Legal Theory», *The Yale Law Journal LXXXI*, (1972); «Hard Cases», *Harvard Law Review LXXXVIII*, vol. 6 (1975); «No Right Answer?», en *Law, Morality and Society: Essays in Honour of H.L.Hart*, editado por Hacker M.S., y Raz, J. (Londres, 1977). Todos estos artículos fueron posteriormente recopilados en Dworkin, R., *Los derechos en serio*, cit..

- *El positivismo jurídico y los principios jurídicos*

Como es sabido, Dworkin sostiene que la tesis positivista de que sólo son normas jurídicas aquellas que son identificadas por su origen fáctico resulta insatisfactoria por cuanto que no permite reconocer como parte del Derecho a los principios, que constituyen estándares que los jueces aplican con frecuencia en sus decisiones y expresan consideraciones de justicia, equidad u otras dimensiones de la moralidad (como fines valiosos a alcanzar[57], etcétera).

Según Dworkin, si bien los principios se diferencian de las reglas en que tienen una «dimensión de peso» (no se aplican en la forma «todo o nada»), se asemejan a ellas en que establecen derechos y deberes que preexisten a la decisión judicial que los reconoce. Debido justamente a que cumplen la misma función que las reglas, es razonable considerarlos también como parte del Derecho.

A partir de esta consideración, Dworkin considera que es preciso descalificar la pretensión básica del positivismo jurídico de que es posible identificar por medio de un test de origen o *pedigree* los estándares jurídicos de otros estándares sociales, por no permitir dar cuenta de una parte sustancial del Derecho como serían los principios. La réplica de los positivistas en este punto fue que algunos de los principios que Dworkin mencionaba podían ser captados por un test de origen y que, además, no se diferenciaban sustantivamente de las reglas. Entiende Nino que esta crítica fue, sin embargo, desafortunada[58]. Veamos por qué.

La definición dworkiniana de los principios es una estipulación conceptual. Lo que caracteriza a los principios de los que Dworkin habla (es decir, los principios morales) es que ellos no son reconocidos, o aceptados, por el hecho de derivar de una fuente fáctica oficial. Como consecuencia de ello, no tienen, a diferencia de las reglas, una formulación canónica precisa y, por lo tanto, la disolución de conflictos entre ellos ofrece dificultades. Además, de lo anterior se deriva también que los principios inciden de forma distinta en el razonamiento práctico. Lo que, según Nino, lleva a confusión a los críticos de Dworkin es que éste da la impresión de trazar su tesis sustantiva de que los principios no pueden ser captados por un test de origen a partir del diferente impacto que poseen en el razonamiento jurídico y de la distinta forma en que son resueltos los conflictos

[57] Tal sería, por ejemplo, el caso de las directrices. Cfr. Atienza, M. y Ruiz Manero, J., *Las piezas del Derecho*, ed. Ariel, Barcelona, 1996.

[58] En descargo de los críticos de Dworkin en este punto, Nino destaca que en sus diferentes artículos Dworkin se había basado en presupuestos erróneos que lo confundieron tanto a él como a sus críticos. Nino, C. S., *La validez del Derecho*, cit., pág. 154.

entre ellos, cuando, en realidad, está siguiendo el procedimiento inverso: «Dworkin, implícitamente, caracteriza a los principios por oposición a las reglas, sobre la base de que ellos no son reconocidos por derivar de una fuente con autoridad y su tesis sustantiva es que los principios, así caracterizados, funcionan en forma diferente de las reglas en el razonamiento práctico y en la resolución de conflictos»[59]. De esta forma, replicar que los principios pueden ser reconocidos por un test de origen[60] resulta un argumento poco acertado.

Tal desacierto no cierra, sin embargo, el debate en favor de Dworkin. Lo esencial en la valoración de su crítica al positivismo está en si es o no acertado sostener que el pensamiento positivista en general señala que sólo forman parte del Derecho aquellos estándares jurídicos que derivan de cierta fuente con autoridad[61]. Tratando de dar respuesta a este interrogante, Nino se centra en los trabajos de Hart (por otra parte, los mismos que Dworkin había tenido en cuenta al elaborar su crítica del positivismo). Y así, en *El concepto de Derecho* nos encontramos con que Hart pone sumo cuidado en aclarar que la regla de reconocimiento puede contener cualquier criterio para la identificación de los estándares jurídicos *por su contenido general y no sólo por su origen*[62]. Según Nino, el positivismo de Hart no se vería afectado si, encajando una posible crítica de Dworkin, su concepción del sistema jurídico fuera modificada para «hacer lugar a que la base del sistema esté integrada no sólo por reglas de reconocimiento, sino también por principios que los jueces apliquen en sus decisiones»[63].

[59] Nino, C. S., *La validez del Derecho*, cit., pág. 154.

[60] En tal dirección, véase Carrió, G. R., *Legal principles and Legal positivism*, Buenos Aires, 1971; en sentido contrario, unos años más tarde, Carrió, G. R., *Dworkin y el positivismo jurídico*, México, UNAM, 1981.

[61] Nino, C. S. *La validez del Derecho*, cit., pág. 154.

[62] Esto es hecho aún más explícito por Hart en su *Postscriptum*. Cfr. Hart, H. L. A, *Post scriptum al concepto de Derecho* [1994], trad. esp. de R. Tamayo y Salmorán, Universidad Nacional Autónoma de México, 2000.

[63] Nino, C. S., *La validez del Derecho*, cit., pág. 156. Ya Carrió sostenía que «nada en el concepto de «regla de reconocimiento» obsta, en consecuencia, para que aceptemos el hecho de que los criterios efectivamente usados por los jueces para identificar las reglas subordinadas del sistema puedan incluir referencias al contenido de éstas. Puede ocurrir que, en una comunidad dada, las únicas costumbres consideradas jurídicas o jurídicamente obligatorias sean aquellas compatibles con las exigencias de la moral. O bien, los jueces pueden aceptar como válidas sólo aquellas leyes que además de haber sido correctamente aprobadas por un cuerpo con competencia para ello, no violen un catálogo escrito de derechos y libertades individuales», Carrió, G. R., *Dworkin y el positivismo jurídico*, cit., pág. 39. En el mismo sentido Ruiz Manero defendió la construcción hartiana frente a los ataques de Dworkin señalando que no hay problema alguno en decir que «la regla de reconocimiento puede contener, junto con criterios de validez jurídica basados en el *pedigree*, también criterios de validez jurídica

- *El positivismo y la discrecionalidad judicial*

Si aceptamos que los jueces recurren a principios a la hora de tomar decisiones, disponemos de dos opciones explicativas para dar cuenta de su estatus:

1) Considerarlos como parte del Derecho. Ésta es la opción asumida por Dworkin; y
2) Considerarlos como instancias extrajurídicas. Opción que conduce, entonces, a la discreción judicial[64] entendida como la posibilidad que se presenta a los jueces de recurrir en ciertas ocasiones a estándares extrajurídicos. Ésta sería, según Dworkin, la opción elegida por los iuspositivistas[65].

Ahora bien, para Dworkin, dar cuenta de los principios de esta segunda forma implica confundir dos de los varios sentidos que posee la palabra «discreción»:

1) En un primer sentido (sentido fuerte), los jueces tienen discreción cuando una regla no les impone una obligación específica, sino que les concede una opción entre diferentes alternativas. En este caso, los jueces deben acudir a estándares extrajurídicos.
2) En un segundo sentido (sentido débil), los jueces tienen discreción cuando una regla, por ser indeterminada, no puede ser aplicada mecánicamente, sino que su aplicación exige ciertos juicios ponderados (lo que origina un problema epistémico). Según este sentido de «discreción», los jueces no precisan acudir a estándares extrajurídicos.

La crítica dworkiniana, entonces, es que los positivistas parecen sostener que cada vez que los jueces tienen discreción en el sentido de que es incierto lo que el Derecho exige (es decir, en el sentido de que existe una dificultad epistémica) tienen discreción también en el primer sentido. Es decir, según Dworkin, los iuspositivistas presentan el asunto como si el

---

basados en el contenido y que éste es el caso de los principios que existen únicamente en cuanto aceptados por los jueces y tribunales en su conjunto, esto es, de los principios jurídicos últimos. [...] La consideración por parte de Hart de que la regla de reconocimiento puede incluir criterios de validez jurídica que hagan referencia al contenido de los estándares no constituye una modificación *ad hoc* de su doctrina para hacer frente a las objeciones de Dworkin, sino que aparece en escritos hartianos anteriores a la ofensiva dworkiniana», Ruiz Manero, J., *Jurisdicción y Normas*, ed. Centro de Estudios Constitucionales, Madrid, 1990, págs. 163-164.

[64] Seguiré en este trabajo la terminología empleada por Nino, quien recoge aquí el término «discreción» de la literatura anglosajona: en inglés el término *discretion* es usado para hablar tanto de la discreción (como sensatez o capacidad de discernimiento) cuanto de la discrecionalidad (en el sentido de permiso). Cfr. Lifante Vidal, I., «Dos conceptos de discrecionalidad», *Doxa. Cuadernos de Filosofía del Derecho*, nº 25, págs. 413-439.

[65] Nino, C. S., *La validez del Derecho*, cit., págs. 150 y ss.

juez —en los casos en los que no se sabe cuál es la respuesta correcta— no tuviera deber alguno, sino que pudiera elegir entre varias respuestas posibles. Mientras que su propia posición consistiría en distinguir entre los casos de indeterminación en los que no hay una obligación específica, sino una obligación entre diferentes alternativas, y los casos en los que, habiendo una única respuesta correcta, tenemos problemas epistémicos para hallarla. Sería éste el caso que Nino denomina sentido débil de indeterminación y Dworkin «incertidumbre» [*uncertainty*] frente al primero que sería un problema de indeterminación [*indeterminacy*])[66].

Como explica Nino, Dworkin considera que la tesis de la indeterminación del Derecho —que sostiene que, a veces, no hay una respuesta correcta a una cuestión jurídica— presenta dos versiones incompatibles:

---

[66] En un artículo de 1996, Dworkin adopta esta nueva terminología para intentar clarificar la confusión en la que en su opinión incurre el positivismo jurídico. Según Dworkin, la tesis de la incertidumbre (*uncertainty*) no ha de ser confundida con la tesis de la indeterminación (*indeterminacy*). Decimos que el Derecho —o cualquier otro sistema valorativo— es incierto cuando nos topamos con problemas epistémicos a la hora de determinar la respuesta correcta, pero se asume que tal respuesta existe. La indeterminación supone, sin embargo, sostener que no hay una respuesta correcta, sino que se da la posibilidad de escoger entre varias opciones posibles. El error que cometen muchos teóricos del Derecho sería incurrir en la falacia de la indeterminación como tesis residual. Es decir, cuando no se encuentran argumentos jurídicos a favor de una u otra posición se concluye que la solución es indeterminada, que no hay una respuesta correcta. Dworkin argumenta, contra esto, que la tesis de la indeterminación es una tesis sustantiva tan fuerte como la de quien sostenga que hay una única respuesta correcta. En definitiva: que uno ha de dar argumentos en favor de la pretensión de que el Derecho resulta en un caso indeterminado, y que no resulta plausible argüir simplemente que en un caso concreto en que los abogados están en desacuerdo y donde no ha sido hallado ningún argumento que derrote a alguna de las posiciones en presencia de forma que éstas puedan reconciliarse, ninguna de las pretensiones esté más fundamentada jurídicamente que la otra. Es más: quien sostiene que un determinado argumento no inclina la balanza en pro de una u otra pretensión en conflicto se enfrenta a una tarea mucho más difícil que aquel que quiere argumentar a favor de una u otra posición. El primero no puede evitar tener que articular una teoría general y abstracta, como sucedería con el positivismo jurídico que sostiene esa pretensión global de indeterminación del Derecho. Esto último parece mostrar que Dworkin no considera al positivismo jurídico y su pretensión de la indeterminación del Derecho como un caso de teoría que pretenda la indeterminación del Derecho articulada como tesis residual, sino que tal posición es fundamentada con el apoyo de una teoría sustantiva al respecto. En el caso de la versión más sencilla de positivismo jurídico, se sostendría que sólo las decisiones pasadas de los tribunales son argumentos jurídicos y por lo tanto el Derecho será indeterminado cuando no haya un precedente que apoye alguna de las posturas en conflicto. Incluso hay formas más elaboradas de esta tesis de la indeterminación del Derecho, que combinan el argumento de que las conclusiones morales desplazan en determinadas ocasiones a las jurídicas con una teoría moral que considera que no hay respuesta para todas las cuestiones morales. Cfr. Dworkin, R., «Objectivity and Truth: You´d better believe it», *Philosophy &Public Affairs*, 25/2 (1996), págs. 87-139, especialmente, págs. 129-139.

1) La primera diría que existe una especie de espacio lógico entre las proposiciones «el contrato X es válido» y «el contrato X no es válido». Según esta versión, los jueces no se encontrarían ante una obligación específica, sino que podrían optar entre diversas alternativas. Las proposiciones en cuestión no tendrían entonces valor de verdad hasta que el juez escoja entre las alternativas disponibles. Según esta versión, habría que acudir a criterios extrajurídicos.
   Dworkin considera que esta versión es errónea ya que «esas proposiciones incluyen «conceptos dispositivos», como el de «contrato válido», cuya función es, precisamente, excluir la posibilidad de que los jueces tengan facultad para adoptar una u otra solución en vez de tener el deber de aplicar alguna de ellas»[67].
2) La otra versión no niega que haya una respuesta correcta (entre la proposición «el contrato X es válido» y «el contrato X no es válido» no hay un espacio lógico) pero señala que, en ocasiones, no es posible determinar cuál de las dos proposiciones es verdadera por alguna de las siguientes razones[68]:
   a) Por efecto de la vaguedad del lenguaje.
   b) Por la imposibilidad de identificar las proposiciones jurídicas cuando falte el acto de creación de Derecho con el que se identifican tales proposiciones jurídicas (según esto, la proposición «el contrato X es válido» es equivalente a «el legislador ha prescrito p», luego, si falta el acto legislativo, no podemos identificar la proposición jurídica).
   c) Ninguna de las proposiciones jurídicas contrapuestas puede ser demostrada sobre la base de hechos empíricos.

Según Nino, tampoco Dworkin considera esta versión como correcta, pues en los casos de incertidumbre[69] sí contamos con instrumentos para hallar cuál de las dos proposiciones es verdadera.

Ahora bien: Nino estima que la crítica que Dworkin dirige a los positivistas acusándoles de confundir los sentidos fuerte y débil de discreción es desacertada. Pues «teorías positivistas como la de Ross y la de Hart permiten una clara distinción entre los casos en los que el Derecho es in-

[67] Cito a partir de Nino, C. S., *La validez del Derecho*, cit., pág. 151-152. Cfr. Dworkin, R., *Los derechos en serio*, ed. Ariel, Barcelona, 1989, pág. 83-101 y 130-134 y «La complétude du droit», en P. Amselek y Ch. Grzegorczyk (eds.), *Controversies autour de l'ontologie du Droit*, París, Presses Universitaires de France, 1989, págs. 475-512.

[68] *Ibidem*.

[69] Recojo aquí la ya citada terminología del último Dworkin, «Objectivity and Truth: You'd better believe it», cit.

determinado y los casos en los que el Derecho contiene una solución cierta consistente en facultar a los jueces a decidir según su arbitrio»[70]. Además, Dworkin presentaría su ataque en contra del positivismo en forma equívoca ya que, después de destacar la necesidad de diferenciar entre los dos sentidos de discreción, él mismo vacía de contenido el segundo sentido al rechazar la tesis de que el Derecho pueda contener casos de discrecionalidad en el sentido débil, es decir, discrecionalidad derivada de las dificultades epistémicas para hallar la respuesta correcta[71]. Por último, Nino considera, contrariamente a lo sostenido por Dworkin, que las dos posibles versiones de la tesis de que puede *no* haber una respuesta correcta (indeterminación ontológica e indeterminación epistémica o incertidumbre)[72] no son lógicamente incompatibles y que, por lo tanto, ambas pueden ser correctas.

Veamos en detalle el análisis que hace Nino de estas dos versiones.

Para Nino, la primera versión de la tesis de la indeterminación del Derecho —hay un espacio lógico entre proposiciones del tipo «el contrato X es válido» y «el contrato X no es válido»— sí es correcta. Lo que a Nino interesa en relación con esta tesis no es tanto demostrar su corrección[73], cuanto clarificar de qué hablan los iuspositivistas cuando se refieren a que el Derecho es indeterminado. Según su análisis, la oración «el contrato X no es válido» puede expresar dos proposiciones diferentes:

a) «No es el caso (vacío legal) que el Derecho declare al contrato X válido». Esta proposición sí sería contradictoria con la proposición «Es el caso que el Derecho ha declarado al contrato X válido». Como no hay espacio lógico entre ellas, no pueden ser ambas falsas.
b) «Es el caso que el Derecho ha declarado al contrato X no válido». La verdad de esta proposición sí es compatible con la verdad de la pro-

[70] Nino, C. S., *La validez del Derecho*, cit., pág. 157.

[71] Sin embargo, no creo que del hecho de que Dworkin sugiera que existen instrumentos para resolver los problemas de discrecionalidad en sentido débil sin tener que acudir a pautas extrajurídicas pueda concluirse la no existencia de discrecionalidad en este sentido (finalmente, como incertidumbre). Por otro lado, y frente a la opinión de Nino, creo que lo que sí vacía Dworkin de contenido es el sentido fuerte de discrecionalidad si, como veremos a continuación, él considera que los casos de lagunas y antinomias no son casos de discrecionalidad sino de incertidumbre.

[72] De nuevo tenemos que lo que Dworkin parece sostener es que, o bien entendemos tales casos como de indeterminación (y eso significa que no hay una respuesta correcta: el juez tiene diferentes alternativas), o bien como un caso de incertidumbre (en el que sí hay una respuesta correcta y lo que sucede es que el juez habrá de hacer uso de criterios interpretativos para hallarla). Cfr. Dworkin, R., «Objectivity and Truth: You'd better believe it», cit., págs. 87-139.

[73] Cfr. Nino, C. S., *La validez del Derecho*, cit., pág. 158.

posición «Es el caso que el Derecho ha declarado al contrato X válido». Si ambas son verdaderas, entonces estaremos ante una contradicción lógica en el Derecho; y, si ambas son falsas, nos encontraremos ante una laguna.

Según Nino, Dworkin cree erróneamente que los positivistas sostienen que el Derecho es indeterminado no cuando se da este último caso, sino cuando fuera verdadera la proposición que afirme que el Derecho concede a los jueces facultad para declarar un contrato válido o inválido. Y es esta creencia errónea la que explica la urgencia de Dworkin por señalar que el concepto de «contrato válido» es un concepto dispositivo que excluye esta posibilidad. Pero a partir del análisis de Nino queda claro que la existencia de indeterminaciones en el Derecho no depende sólo de que se confiera tal facultad a los jueces, sino que habrá indeterminaciones también cuando el Derecho no se pronuncia acerca de la validez o invalidez de un contrato (laguna) o cuando sí se pronuncia, pero lo hace de forma contradictoria (antinomia). Según esto, el argumento de Dworkin en contra de la tesis positivista en este punto sería impertinente: hay indeterminación aun cuando no haya una disposición que conceda a los jueces la facultad de decidir entre varias alternativas y es en ese supuesto (existencia de lagunas o antinomias) en el que están pensando los iuspositivistas al sostener la existencia de indeterminaciones en el Derecho[74].

Esto por lo que toca a la primera versión de la tesis. Pero Dworkin también se equivocaría, según Nino, cuando señala la incorrección de la segunda versión. En opinión del autor norteamericano, como queda dicho, no es imposible determinar cuál de entre dos proposiciones contradictorias es verdadera, puesto que contamos con instrumentos para saberlo. Pero Nino replica a esto que esos instrumentos no siempre ofrecen la posibilidad de solucionar la incertidumbre:

(1) En el caso de vaguedad del lenguaje, Dworkin acude como fuente de respuesta a los principios y teorías de la interpretación. Nino, sin embargo, sostiene que «no tenemos ninguna garantía de que los principios y teorías de la interpretación a los que alude Dworkin para resolver los pro-

[74] Frente a lo sostenido por Nino, creo no obstante que el argumento de Dworkin es irrelevante sólo si se tiene en cuenta la perspectiva que adoptan los iuspositivistas al dar cuenta del Derecho —la perspectiva externa—; pero si se adopta la perspectiva que Dworkin cree que ha de adoptar la teoría del Derecho —la perspectiva interna—, entonces los casos de lagunas o antinomias no son casos de indeterminación en los que el sistema no ofrece una respuesta correcta, sino que casos de *incertidumbre* en los que habremos de recurrir a criterios interpretativos para discernir cuál es la respuesta correcta que el sistema normativo sí ofrece. Esto supone, en mi opinión, introducir como parte del Derecho también al método jurídico o argumentación.

blemas de vaguedad eliminen toda incertidumbre. Ellos mismos pueden ser vagos, dejar casos sin regular y ser mutuamente contradictorios»[75];

(2) Ante el problema de la identificación de las proposiciones jurídicas cuando falte el acto de creación, la respuesta de Dworkin es que la equivalencia entre proposiciones jurídicas y proposiciones acerca de actos creadores de Derecho permitiría solucionar otros tantos casos de indeterminación. Sin embargo, nos dice Nino, Dworkin comete aquí un nuevo error: si la proposición «el contrato X es válido» fuera equivalente a «el legislador ha prescrito p», la proposición opuesta que dice «el contrato X no es válido» debería ser equivalente a la proposición «el legislador *no* ha prescrito p» y no —como Dworkin parece suponer— a la proposición «el legislador ha prescrito -p»[76]. Por lo tanto, según el análisis de Nino, la equivalencia entre proposiciones jurídicas opuestas y proposiciones opuestas acerca de actos creadores de Derecho no implica, como supone Dworkin, que siempre haya de haber un correlativo acto creador de Derecho;

(3) En los casos en los que la dificultad consiste en demostrar alguna de las proposiciones jurídicas opuestas, Dworkin sugiere la analogía entre la actividad intelectual en cuyo contexto se formulan las proposiciones jurídicas y otras empresas intelectuales de tipo interpretativo como, p. ej., la crítica literaria. Nino afirma que los positivistas rechazarían la analogía con la crítica literaria en la medida en que ésta, en la versión de Dworkin, no se limita a describir, sino que consiste en realizar una reconstrucción de la obra. Aunque el positivismo no niega que los juristas puedan hacer algo parecido con el sistema jurídico, las proposiciones jurídicas cuyo análisis está en discusión son las que se formulan en el contexto de una estricta descripción del sistema y, por lo tanto, en opinión de nuestro autor, la réplica de Dworkin es fallida.

La conclusión que extrae Nino a resultas de este análisis es que Dworkin fracasa en su crítica a la posición positivista de la discreción judicial, pues, de un lado, ni los positivistas hablan sólo de discreción en el sentido más fuerte (es decir, en el sentido de que el Derecho deje abierta una alternativa en vez de imponer una obligación específica), sino que están pensando en los supuestos en los que se presentan lagunas o antinomias (considerando en tales casos que el valor de verdad de proposiciones contradictorias está indeterminado), ni, de otro lado, es cierto que contemos siempre, como cree Dworkin, con instrumentos que permitan dilucidar sin recurrir a principios extrajurídicos cuál de entre dos proposiciones es verdadera.

[75] Nino, C. S., *La validez del Derecho*, cit., pág. 159.

[76] Habría, quizás, que exceptuar el caso de que estuviéramos ante un sistema cerrado y coherente por cuanto que contara con un principio de clausura del universo normativo.

Para Nino, la crítica que Dworkin dirige a los positivistas descansa en la presuposición errónea de que cuando los positivistas hablan de indeterminación están pensando en el punto de vista de un juez, en vez de en el punto de vista de un observador externo. Si fuera así, afirma, entonces tendría razón Dworkin: «Si un juez dijera que él no puede determinar qué solución corresponde a un caso y que, por lo tanto, tiene discreción para resolverlo en un sentido u otro, esto sería visto como una confesión de que carece de una concepción valorativa comprensiva y de que es incapaz de razonar adecuadamente en el plano normativo»[77]. Pero cuando los positivistas hablan de discreción judicial no consideran el punto de vista del juez, sino que «están considerando el punto de vista del observador que comprueba que las reglas, hasta el momento reconocidas, no contienen una solución para el caso»[78]. Y esta confusión del punto de vista al que están haciendo referencia los iuspositivistas «deriva a su vez de la presuposición errónea por parte de Dworkin de que los positivistas aceptan un concepto de Derecho tal que no podría ser usado adecuadamente en el tipo de empresa descriptiva cuya factibilidad es la principal bandera del positivismo»[79]. Así, la única forma de entender la crítica de Dworkin es considerando que éste atribuye a los iuspositivistas un concepto «antipositivista» —esto es, normativo— de Derecho, cuando según Nino esto dista mucho de ser así: lo que sucede es que cuando los positivistas señalan que en los casos de discreción judicial se acude a principios extrajurídicos están operando con un criterio descriptivo de Derecho y se sitúan no como jueces, sino como observadores externos (describen el contenido del sistema jurídico y comprueban que las reglas hasta el momento reconocidas no contienen una solución para el caso)[80].

[77] Nino, C. S., *La validez del Derecho*, cit., pág. 164. En este sentido se pronuncia también Ruiz Manero: «Si a un concepto de Derecho como el de Dworkin —para el que decir que un estándar es jurídico implica decir que los jueces tienen el imperativo moral de reconocerlo e imponerlo— le añadimos una concepción objetivista de la ética como la también sostenida por Dworkin —concepción que sostiene que para todo caso posible hay una y sólo una solución moralmente correcta— no hay lugar, evidentemente, para hablar de discreción judicial en sentido fuerte: afirmar que el juez goza de discreción en sentido fuerte sería tanto como afirmar que el juez es moralmente libre de hacer o no hacer aquello que moralmente debe hacer. Desde estas coordenadas, tan sólo cabe, obviamente, hablar de discreción en el sentido débil de que el juez debe utilizar su propio discernimiento para hallar esa solución moralmente correcta» en Ruiz Manero, J., *Jurisdicción y normas*, cit., pág. 196.

[78] Nino, C. S., *La validez del Derecho*, cit., pág. 164.

[79] Nino, C. S., *La validez del Derecho*, cit., pág. 164.

[80] Nino, C. S., *La validez del Derecho*, cit., pág. 164.

- *La justificación de proposiciones jurídicas sobre la base de prácticas sociales*

Dworkin considera otro de los defectos de la regla de reconocimiento hartiana el estar concebida como una práctica social de la que se seguiría el deber de los jueces de aplicar los estándares que ella identifica[81]. Pero, a su juicio, cuando un juez dice que tiene el deber de aplicar una regla no está refiriéndose al hecho de que otros jueces consideran que él tiene tal deber: en efecto, dar cuenta de lo que otra gente piensa o hace no permitiría justificar el juicio de que uno está obligado a hacer algo. Según Dworkin, la tesis plausible acerca de cómo se justifican las proposiciones acerca del deber de los jueces es, precisamente, la tesis antipositivista de que tales proposiciones no se apoyan en una práctica social, sino que presuponen una teoría o concepción normativa que permite identificar reglas y principios y cuya validez no depende de que sea generalmente aceptada[82]. Además, las concepciones normativas a las que recurren implícitamente los jueces difieren entre sí impidiendo la constitución de una práctica uniforme de reconocimiento[83].

Nino considera que esta crítica se funda de nuevo, como sucedía con la anterior, en el presupuesto erróneo de que los positivistas asumen un

[81] Nino, C. S., *La validez del Derecho*, cit., pág. 152.

[82] En su *Postscriptum*, Hart reconoce que Dworkin sí tenía razón en la necesidad de distinguir entre un consenso por convención y un consenso por concurrencia. Las reglas son prácticas sociales convencionales si la conformidad general de un grupo hacia ellas es parte de las razones que los individuos miembros tienen para su aceptación. Y son prácticas meramente concurrentes, como la moralidad compartida de un grupo, cuando están constituidas, no por convención, sino por el hecho de que los miembros de un grupo han actuado generalmente por las mismas, pero independientes, razones para comportarse de ciertas formas específicas. Hart, además, apunta que su teoría se mantiene como una explicación fidedigna de las primeras, entre las que se encontraría el caso de la regla de reconocimiento. Sin embargo, este autor considera excesiva incluso la condición débil de que para la existencia de una regla social tenga que ser el caso que los participantes hayan de creer en que hay buenos fundamentos morales para conformarse con ella. Algunas reglas pueden ser aceptadas simplemente por deferencia a la tradición o por el deseo de identificarse con los otros o en la creencia de que la sociedad conoce mejor qué es lo que le conviene a los individuos. En opinión de Hart, estas actitudes pueden coexistir con una más o menos vívida conciencia de que las reglas son moralmente objetables. Por supuesto, una regla convencional puede ser moralmente correcta y justificada y creerse que lo es. Pero cuando surge la cuestión de por qué determinada sociedad ha aceptado las reglas convencionales como guías para su comportamiento o como estándares de crítica, Hart confiesa no ver ninguna razón por la que haya de seleccionarse, de entre otras muchas respuestas, la creencia en la justificación moral de las reglas como la única posible o adecuada. Cfr. Hart, H. L. A., *Postscriptum al concepto de Derecho*, cit., págs. 33-34.

[83] Nino, C. S., *La validez del Derecho*, cit., pág. 153.

concepto de Derecho que haría falsa por estipulación la tesis central del positivismo. Es decir, Dworkin estaría atribuyendo, erróneamente, a los positivistas un concepto de Derecho según el cual éste estaría «conformado por los estándares que establecen derechos y obligaciones que el gobierno, a través de las instituciones [...] de los tribunales y de la policía, tiene el *deber*, al menos en principio, de reconocer y hacer efectivos»[84]. El error se detecta en el hecho de que la única forma de entender la crítica que Dworkin dirige a la tesis positivista de la que ahora nos ocupamos es interpretándola como tesis normativa y no como tesis descriptiva. Esto es, la crítica sólo es inteligible si la tesis positivista se interpreta de la siguiente forma: invocar una práctica social es un argumento suficiente para justificar un juicio normativo de que alguien *tiene el deber* de hacer lo que la práctica prescribe —donde lo relevante es que «deber» tiene un sentido normativo[85]; pero dejaría, sin embargo, de tener sentido si la expresión «deber» se usara —como de hecho hacen los iuspositivistas— en sentido puramente descriptivo[86].

El desatino que Nino ve en Dworkin reside precisamente aquí: la tesis positivista tiene una dimensión puramente descriptiva y, lejos de asumir un concepto como el que Dworkin les atribuye, lo hacen objeto de crítica puesto que contradice su tesis central de que el Derecho es un fenómeno que puede identificarse sobre la base exclusiva de hechos empíricos y sin adoptar una posición acerca de su justificación moral[87]. Cuando Hart afirma que los jueces siguen una práctica de reconocimiento cuyo contenido puede ser descrito diciendo que ella prescribe a los jueces aplicar los estándares que ella menciona, ello no implica que uno deba aceptar que los jueces están moralmente obligados a aplicar esos estándares por la sola razón de que están siguiendo una práctica que prescribe tal cosa. Los jueces mismos no pueden citar a la práctica general como único fundamento para justificar su juicio normativo de que están obligados a aplicar tales estándares[88]. Como concluye Nino, cuando Hart introduce la idea

[84] Nino, C. S., *La validez del Derecho,* cit., pág. 161.

[85] Nino, C. S., *La validez del Derecho,* cit., pág. 162.

[86] Más adelante me ocuparé de exponer la crítica que Carrió hace de este recorte de las pretensiones de la tesis positivista.

[87] En el mismo sentido véase Ruiz Manero, *Jurisdicción y normas*, cit., pág. 196.

[88] En este sentido, escribe Nino, Dworkin acierta cuando dice que «los juicios de los jueces señalando que tienen el deber de aplicar ciertos estándares presuponen, al menos, en el caso de jueces moralmente responsables, la aceptación de principios que integran una concepción normativa o valorativa cuya validez no está relacionada con el hecho de ser generalmente aceptada en prácticas judiciales». Sin embargo, añade Nino, es más cuestionable la afirmación de este autor de que «la aceptación de tales concepciones valorativas

de la regla de reconocimiento como práctica social lo hace «para esclarecer cómo un observador externo identifica las reglas de un sistema y no para explicar cómo razonan los jueces en su aceptación de las mismas»[89].

La confusión en que incurre Dworkin le parece a Nino, con todo, disculpable en vista de que hay una cierta oscuridad en la obra de Hart que pudo llevar a confundir el punto de vista de un observador externo con el punto de vista interno de un juez. En este sentido escribe nuestro autor que «Hart no pone en claro que la regla de reconocimiento, aun vista externamente como un hecho, no es el criterio de pertenencia que un observador externo *usa* para identificar las reglas del sistema»[90]. El criterio de pertenencia que presupone sin formularlo explícitamente es, según Nino, el siguiente: una regla pertenece a un sistema cuando la regla de reconocimiento de éste prescribe directa o indirectamente su aplicación[91]. Es decir, el criterio de pertenencia usado por un observador externo es una formulación que se refiere —que nos remite a— la regla de reconocimiento, pero que no coincide con ella. En definitiva: una cosa es la regla de reconocimiento usada por los jueces (y ésta es una norma genuina que, en cuanto tal, impone deberes)[92], y otra el criterio teórico de identificación de las reglas

no conduce en los hechos a la formación de una práctica de reconocimiento, más o menos uniforme» puesto que el que los jueces no basen sus juicios de deber en una práctica de reconocimiento no impide que haya tal práctica y que la misma no pueda ser tomada en cuenta por un observador externo interesado en determinar qué normas forman parte del sistema jurídico. Cfr. Nino, C. S., *La validez del Derecho*, cit., págs. 162-163.

[89] Nino, C. S., *La validez del Derecho,* cit., pág. 163. Como también apunta Ruiz Manero: «La argumentación de Dworkin en contra de Hart fracasa en cuanto crítica a la doctrina hartiana del deber jurídico pues dicha doctrina es meramente descriptiva y no tiene las pretensiones justificativas que Dworkin le atribuye». La crítica de Dworkin sí estaría justificada si se pensase dirigida contra el pseudopositivismo o positivismo ideológico, según el cual la vigencia de una determinada práctica fundamenta su justificación moral. Pero no es ésta la postura defendida por Hart. Cfr. Ruiz Manero, J., Jurisdicción y normas, cit., pág. 171.

[90] Nino, C. S., *La validez del Derecho*, cit., pág. 163.

[91] Como se sabe, E. Bulygin ha criticado a Hart el tratar la regla de reconocimiento como una prescripción en vez de como un criterio constitutivo que define la pertenencia de un estándar al sistema jurídico. Cfr. Bulygin, E. «Sobre la regla de reconocimiento» en *Derecho, filosofía y lenguaje. Homenaje a Ambrosio l. Gioja*, ed. Astrea, Buenos Aires, 1976; Nino, C. S., *La validez del Derecho*, cit., pág. 163. Véase también, Ruiz Manero, J., *Jurisdicción y normas*, cit. y la polémica Bulygin-Ruiz Manero entablada en los tres artículos siguientes: Bulygin, E., «Algunas consideraciones sobre los sistemas jurídicos», Ruiz Manero, J, «Normas independientes, criterios conceptuales y trucos verbales», Bulygin, E., «Regla de reconocimiento: ¿Norma de obligación o criterio conceptual? Réplica a Juan Ruiz Manero». *Doxa. Cuadernos de Filosofía del Derecho*, nº 9, (1991), págs. 257-280, 281-294 y 311-318, respectivamente.

[92] En contra de concebir la regla de reconocimiento (vista desde la perspectiva de un

del sistema basado en tal regla de reconocimiento y que utilizaría el observador externo.

En análogo sentido, Ruiz Manero, suscribiendo expresamente la interpretación que Nino hace de Hart, explica que la regla de reconocimiento es una regla social, que existe en tanto que aceptada por el conjunto de los jueces, que prescribe a cada uno de éstos la utilización, como fundamento de sus decisiones, de las reglas y, en general, los estándares que satisfagan determinados criterios. Y es la existencia de tal regla social —afirma Ruiz Manero—, es decir, el hecho de que los jueces en su conjunto acepten como vinculantes determinados criterios últimos de validez jurídica, lo que permite formular, en el nivel de la Teoría del Derecho, un criterio de identificación de las reglas del sistema que afirmase: «son reglas del sistema aquéllas que satisfacen directa o indirectamente los criterios últimos de validez jurídica aceptados como vinculantes por los jueces en su conjunto, esto es, los criterios de validez establecidos en la regla de reconocimiento»[93]. En resolución: el criterio o regla conceptual empleado por los teóricos del Derecho para el fin cognoscitivo de determinar los límites del sistema jurídico presupone la regla de reconocimiento como norma de conducta aceptada por la judicatura[94].

Quizá fueran, pues, estas oscuridades —apunta Nino[95]—, las que llevaron a Dworkin a suponer que para Hart el problema de determinar la

juez) como una norma genuina, cfr. Bulygin, E., «Sobre la regla de reconocimiento», en AAVV, *Derecho, Filosofía y Lenguaje. Homenaje a Ambrosio L. Gioja*, ed. Astrea, Buenos Aires, 1976, págs. 31-39. En este trabajo, Bulygin sostiene entre otras las siguientes tesis: «Que la regla de reconocimiento de Hart se parece más a una regla conceptual que a una norma, porque tiene carácter definicional y carece de todo carácter normativo», «que, en particular, la regla de reconocimiento no prescribe a los jueces el deber de aplicar las normas jurídicas» y «que, cuando hay tal obligación —lo cual es contigente— ésta no surge de la regla de reconocimiento, sino de alguna regla específica del sistema, identificada conforme a la regla de reconocimiento», Bulygin, E., *op.cit*, pág. 32. En este artículo, Bulygin advierte además —sigo aquí a Ruiz Manero, *Jurisdicción y Normas*, cit., pág. 135— que estas tesis sobre la regla de reconocimiento no constituían una interpretación que encontrara apoyo en la obra de Hart, sino más bien una alternativa a la manera como en dicha obra es entendida la naturaleza de dicha regla. Bulygin explica que, a diferencia de su concepción de la regla de reconocimiento, «Hart parece creer que ésta no sólo suministra los criterios para identificar las normas [...] sino que, además, prescribe a los jueces la obligación de usar y aplicar las normas identificadas en virtud de la regla de reconocimiento, es decir las normas válidas del sistema» y que, por consiguiente, la regla de reconocimiento tiene un carácter normativo y no conceptual o definicional. Cfr. Bulygin, E., *op.cit.*, pág. 36.

[93] Ruiz Manero, J., *Jurisdicción y normas*, cit., pág. 135-142.

[94] Ruiz Manero, J., «Normas independientes, criterios conceptuales y trucos verbales», *Doxa. Cuadernos de Filosofía del Derecho*, nº 9, (1991), pág. 282.

[95] Nino, C. S., *La validez del Derecho*, *op.cit.*, pág. 164.

pertenencia (problema descriptivo) era el mismo problema que los jueces enfrentan cuando tienen que decidir qué reglas deben justificadamente reconocer (problema normativo)[96]. Pero esta confusión, en opinión de Nino, descansa a su vez en la presuposición errónea de que los positivistas aceptan un concepto «antipositivista» de Derecho[97] y es la misma que, como hemos visto, le condujo a criticar la tesis positivista acerca de la discreción judicial[98].

3.3.2. La reconstrucción que hace Nino del ataque de Dworkin

Pese a todas las objeciones vistas, Nino considera que la crítica de Dworkin al positivismo es susceptible de ser reconstruida de tal forma que constituya un «interesante desafío a las tesis positivistas»[99]. Veamos cuál es la reconstrucción que nuestro autor sugiere.

Para empezar, Dworkin tendría que alterar radicalmente la estrategia de su crítica: en vez de asumir, como parece hacer, que los positivistas aceptan un concepto antipositivista de Derecho, tendría que atacar directamente la definición de Derecho expresamente mantenida por los positivistas como su tesis principal. Es decir, tendría que atacar el uso de una definición descriptiva de Derecho pasando a defender una definición normativa como la que está implícita en sus propios argumentos contra el positivismo.

En opinión de Nino, lo que caracteriza de modo distintivo al positivismo es precisamente que combate una noción normativa de Derecho como la defendida conjuntamente por Dworkin y por los iusnaturalistas, proponiendo en su lugar un concepto descriptivo cuya aplicación no tiene ninguna implicación acerca de lo que los funcionarios y los ciudadanos deben hacer en relación con los estándares que tal concepto identi-

---

[96] «Una cosa es la norma última del sistema que *prescribe* a sus órganos de aplicación aplicar las normas que satisfagan determinados criterios y otra cosa —y parasitaria de la anterior— es el criterio conceptual basado en una proposición normativa que *describe* cuáles son los criterios de validez jurídica contenidos en dicha norma última», Ruiz Manero, J., «Normas independientes, criterios conceptuales y trucos verbales», *Doxa. Cuadernos de Filosofía del Derecho*, nº 9, (1991), pág. 282.

[97] Nino, C. S., *La validez del Derecho*, cit., pág. 164.

[98] También cuando los positivistas señalan que en los casos de discreción judicial se acude a principios extrajurídicos están operando con un criterio descriptivo de Derecho y se sitúan no como jueces, sino como observadores externos (describen el contenido del sistema jurídico y comprueban que las reglas hasta el momento reconocidas no contienen una solución para el caso). Véase el apartado anterior.

[99] Nino, C. S., *La validez del Derecho*, cit., pág. 164.

fica como Derecho[100]. De esta forma, Dworkin tendría que esgrimir argumentos expresos en favor de un concepto normativo de Derecho. Para lo cual no será suficiente con señalar que tal es el concepto vigente en los usos lingüísticos de jueces y abogados[101], sino habrá que atacar también las razones argüidas por los positivistas para preferir una definición descriptiva de Derecho.

En relación con este punto, Nino da cuenta, por un lado, de cuáles han sido los dos argumentos principales que los positivistas han sostenido en favor de un concepto de Derecho definido exclusivamente teniendo en cuenta propiedades fácticas[102], y, por otro, se ocupa de las réplicas que Dworkin podría dirigir a tales argumentos.

Los positivistas han esgrimido en defensa de un concepto de Derecho de bases descriptivas las siguientes razones:

a) Dado que la filosofía del Derecho debe ocuparse de reconstruir el aparato conceptual de la ciencia jurídica y que ésta, para ser una verdadera ciencia, ha de ser descriptiva, el concepto de Derecho que la filosofía jurídica debe caracterizar y reconstruir tiene que ser congruente con tal función descriptiva.

   Los dos argumentos más importantes que —según Nino— Dworkin podría utilizar aquí como réplica serían:

   (a.1) Que no parece haber justificación alguna para que la filosofía del Derecho se centre únicamente en el análisis y reconstrucción del aparato conceptual empleado en el trabajo de juristas teóricos, descuidando el análisis del discurso práctico de jueces y abogados. En este último tipo de discurso no es tan urgente la necesidad de contar con un concepto de Derecho puramente descriptivo.

   (a.2) Que, por lo demás, tampoco en el ámbito de la dogmática jurídica se precisa de un concepto puramente descriptivo de Derecho. En efecto, la dogmática no lleva a cabo una actividad me-

[100] Sobre las críticas que Carrió hace a esta lectura del positivismo, y la réplica del propio Nino, remito al punto 6 del presente Capítulo: «Algunas críticas dirigidas a la propuesta de Nino»; concretamente al ap. 6.1.

[101] En este sentido, el propio Hart reconoce que los jueces y abogados presuponen, frecuentemente, un concepto normativo de Derecho cuando formulan proposiciones jurídicas. Esto puede apreciarse en que Hart constata que la expresión «el Derecho dispone que...» usualmente manifiesta un punto de vista interno hacia la regla de reconocimiento que implica la aceptación de las reglas del sistema. Cfr. Hart, *El concepto de Derecho*, cit., pág. 128.

[102] Conviene, no obstante, notar la diferencia entre hallarnos ante un concepto de Derecho definido exclusivamente teniendo en cuenta propiedades fácticas y el negar a tal concepto toda fuerza normativa. Me ocuparé más adelante (ap. 6.1) de la crítica que Carrió dirige a Nino en este sentido.

ramente descriptiva, sino que cumple también la función de reconstrucción del orden jurídico implicada en su adaptación a ideales de justicia y de racionalidad (función que, por otra parte, es conveniente que siga llevando a cabo)[103].

(b) El segundo argumento defendido por los positivistas en defensa de un concepto descriptivo de Derecho es que una clara distinción entre el Derecho que «es» y el Derecho que «debe ser», distinción que sólo es posible bajo un concepto de Derecho como el que ellos proponen, implica una serie de ventajas teóricas: (1) es elemental poder distinguir la realidad de nuestros ideales acerca de cómo esa realidad debería ser y (2) la confusión de ambos planos lleva no solamente a tener una visión distorsionada de la realidad, sino también a perjudicar la materialización de los ideales[104].

La réplica que en este caso Dworkin podría articular es que los argumentos que suelen darse en apoyo de una u otra posición muchas veces suponen una *petitio principii*. Por ejemplo: el argumento de Hart y de tantos otros positivistas de que hay que distinguir el Derecho que «es» del Derecho que «debe ser» presupone un concepto descriptivo de Derecho, como un conjunto de normas que son *de hecho* reconocidas. Si se adoptara, en cambio, un concepto valorativo de Derecho, como un conjunto de normas que *deben ser* reconocidas, se podría establecer la misma distinción, pero empleando conceptos diferentes: habría que distinguir entre «lo que es considerado "Derecho" y lo que es "Derecho", correspondiendo cada término de este segundo par a los términos del primer par en el mismo orden»[105].

4. CONCEPTO DESCRIPTIVO *VS.* CONCEPTO NORMATIVO DE DERECHO

En el anterior apartado hemos tenido ocasión de ver cómo, a juicio de Nino, en el trasfondo de la polémica iusnaturalismo/positivismo jurídico se halla la tensión entre un concepto descriptivo y uno normativo de Derecho. La tesis subsiguiente del filósofo argentino es que esta tensión se origina por la creencia de que es preciso acuñar un *único* concepto de

[103] Cfr. Nino, C. S., *Algunos modelos metodológicos de «ciencia» jurídica*, ed. Fontamara, México, 1993.

[104] Nino, C. S., *Derecho, Moral y política*, cit., pág. 25.

[105] Nino, C. S., *Derecho, Moral y política*, cit., pág. 33.

Derecho, cuando en realidad serían necesarios varios conceptos, dependiendo su idoneidad del contexto en el cual hayan de ser utilizados. Con el fin de presentar esta tesis paso a dar seguidamente cuenta, por un lado, de las consecuencias que tendría la adopción de uno u otro concepto de Derecho y, por otro, del análisis crítico que Nino hace de la aproximación a este problema por parte de diversos autores que asumen, precisamente, la necesidad de un único concepto de Derecho.

4.1. Consecuencias teóricas de la adopción de un concepto descriptivo o de un concepto normativo

Como queda ya apuntado, en opinión de Nino, el núcleo de la disputa entre el positivismo y el iusnaturalismo es de naturaleza conceptual. Como sucede en tantas otras cuestiones objeto de reflexión en la filosofía del Derecho, la respuesta que se dé a los problemas implicados en este punto será diferente en función de cuál sea el concepto de Derecho del que se parta. Este es el caso no sólo de la compleja cuestión acerca de las relaciones entre Derecho y moral con la que hemos abierto este capítulo, sino también de la (seguramente no menos compleja, pero si más acotada) cuestión acerca de si los enunciados jurídicos expresan razones autónomas para justificar acciones o decisiones, así como de la cuestión —también mencionada en las páginas anteriores— acerca de si puede haber contradicciones y lagunas en el Derecho.

A continuación me ocupo brevemente del análisis que hace Nino en *La validez del Derecho* de estas dos últimas preguntas. Del problema de la relación entre Derecho y moral trataré más adelante, a propósito del análisis del concepto de validez y del razonamiento jurídico justificativo[106].

4.1.1. La cuestión acerca de si los enunciados jurídicos expresan razones autónomas para justificar acciones o decisiones[107]

Nino afirma que si los enunciados jurídicos emplean un concepto normativo de Derecho (esto es, un concepto acerca de «las reglas que *deben ser* reconocidas»), entonces tales enunciados sí expresan razones que, en el caso de ser válidas, podrán justificar por sí mismas una acción o decisión. Sin embargo, añade, si los enunciados jurídicos emplean un concep-

[106] Cfr. los capítulos III y V del presente trabajo.
[107] Remisión. Véase capítulo IV de este trabajo.

to descriptivo de Derecho, al ser reducibles a meros enunciados fácticos no serán aptos para justificar por sí solos una acción o decisión. En este segundo caso, los enunciados sólo serán aptos para justificar una acción o decisión cuando se combinen con enunciados acerca de consideraciones valorativas.

4.1.2. La cuestión acerca de si puede haber contradicciones y lagunas en el Derecho

Esta cuestión también recibe una respuesta distinta según partamos de un concepto descriptivo o de un concepto normativo de Derecho. En efecto, si asumimos un concepto descriptivo de Derecho, puede entenderse el sistema jurídico como inconsistente e incompleto: cuando la existencia y el contenido del Derecho dependen exclusivamente de ciertos hechos, puede darse el caso de que se dicten o se reconozcan de hecho reglas que estipulan soluciones incompatibles o que no establezcan soluciones para determinados casos. En cambio, si partimos de un concepto normativo de Derecho, no es posible predicar coherentemente de un sistema jurídico que éste estipule soluciones contradictorias, ya que afirmar algo así implicaría sostener que dos reglas inconsistentes deben ser simultáneamente observadas[108]. En cuanto a las lagunas, éstas también estarán excluidas desde el punto de vista de un concepto normativo de Derecho, pues tal concepto depende de una concepción valorativa y toda concepción valorativa es potencialmente exhaustiva: no es posible sostener que resulta impotente para dar respuesta a un caso dudoso[109].

4.2. El concepto descriptivo de Derecho

Analizo en este epígrafe dos puntos concretos. El primero es la respuesta de Nino a la pregunta acerca de si el positivismo precisa de un concepto descriptivo de Derecho. El segundo es el conjunto de consideraciones que introduce a propósito del concepto hartiano de Derecho. A diferencia de otros autores, Nino hace una interpretación de este último en términos de concepto fundamentalmente descriptivo. En un apartado posterior[110] presentaré un

[108] Esto sería, dice Nino, lo que explica la resistencia de Kelsen a admitir, en todas sus obras principales, la presencia de contradicciones en el Derecho («no puede haber norma contraria a norma»). Véase en este sentido, Nino, C. S., *Algunos modelos metodológicos de ciencia jurídica*, cit., pág. 21-40.

[109] Vid. nota 74, en este mismo capítulo.

concepto descriptivo de Derecho tal y como éste es acuñado en la teoría de Nino[111]. Veamos por ahora los dos puntos antedichos:

4.2.1. ¿Precisa el positivismo de un concepto descriptivo de Derecho?

En *La validez del Derecho*, donde se ocupa de este problema, Nino parte de la posición de Kelsen y de Raz. Estos dos autores sostienen que la exigencia definicional del positivismo —la tesis positivista de que la existencia y contenido de un sistema jurídico pueden ser determinados sin recurrir a consideraciones valorativas o morales— queda satisfecha también con un concepto normativo de Derecho.

Según Kelsen, una norma jurídica es una prescripción que, entre otras condiciones, *debe ser* observada. Ésta es una propiedad normativa, no reducible a propiedades fácticas. La función principal de la norma básica kelseniana es, precisamente, estipular ese deber de observancia. La compatibilidad de un concepto normativo de Derecho —susceptible de ser utilizado desde el punto de vista interno— con la pretensión positivista de determinar la existencia y contenido del Derecho independientemente de consideraciones valorativas vendría dada por la existencia de un punto de vista interno frente a las normas (los enunciados «desde un punto de vista» o no comprometidos[112]) que sólo implicaría una aceptación hipotética de ellas y no involucra ningún compromiso moral.

Sin embargo, el empleo de este concepto normativo bajo el punto de vista que distinguen Kelsen y Raz sólo permitiría, según Nino, una identificación hipotética del sistema jurídico: una identificación categórica exigiría recurrir a argumentos morales para poder determinar la fuerza obligatoria real de las reglas del sistema[113].

De esta forma, tenemos que, de un lado, una identificación categórica del sistema jurídico precisa un concepto normativo de Derecho y, de otro, la exigencia definicional del positivismo jurídico sólo puede ser satisfe-

[110] Cfr. En este capítulo, el apartado 5. «La tesis de la pluralidad de conceptos de Derecho de C. S. Nino», págs. 90- 96.

[111] Como ya he anticipado, Nino no sólo defiende la posibilidad de la convivencia de un concepto normativo y uno descriptivo, sino que sostiene la necesidad de acuñar distintos conceptos descriptivos y distintos conceptos normativos, que resultarán de utilidad en función del contexto en el que se opere.

[112] Cfr. Raz, J., *Razón práctica y normas*, Centro de Estudios Constitucionales, Madrid, 1991, pág. 204 -207.

[113] Para el propio Kelsen, señalar que esas son normas jurídicas implica que «deben ser obedecidas». Kelsen, H., *Teoría Pura del Derecho*, trad. esp. de Roberto. J. Vernengo, ed. Porrúa, México, 1993, págs. 17-28.

cha por una identificación hipotética en la que el observador no asuma un compromiso moral con el sistema. Esto se traduce, en suma, en el manejo de un concepto puramente descriptivo de Derecho (en el que los enunciados normativos aparecerán, en la terminología de Hare, como enunciados entrecomillados[114]).

4.2.2. El concepto de Derecho de Hart: la crítica de Nino a la interpretación oxoniense del concepto de Derecho de Hart

Nino trata de dilucidar si el concepto de Derecho que Hart pretende establecer en su obra fundamental es un concepto normativo destinado a ser empleado en enunciados internos o si es más bien un concepto descriptivo destinado a ser empleado en forma directa por un observador externo para dar cuenta descriptivamente de sus reglas sin expresar una adhesión a ellas[115].

Una de las aportaciones más valiosas que Nino aprecia en la obra de Hart es su distinción entre «enunciados internos» y «enunciados externos»[116] y la atención que ella lleva sobre el hecho de que muchos conceptos jurídicos fundamentales son predominantemente usados en enunciados internos[117]. Pues bien, Nino considera que aunque Hart no extendiera explícitamente el mismo tipo de análisis al propio concepto de Derecho, hay ciertos elementos implícitos en su obra que permiten inferir que para Hart la noción vigente de Derecho se usa en forma directa, predominantemente, en enunciados internos[118].

Claro que lo anterior —cuál es el uso frecuente de la noción vigente de Derecho— no basta para responder a la pregunta acerca de qué concepto de Derecho acuña Hart en su obra. Se trata entonces de ver en qué medida en dicha obra hay elementos suficientes para sostener una lectura de este tipo o si más bien el concepto de Derecho acuñado por este autor es de orden descriptivo.

---

[114] Hare, *The Language of Morals*, Clarendon Press, Oxford, 1972, pág. 124 y ss.

[115] Nino, C. S., *La validez del Derecho*, cit., pág. 178.

[116] Para diversas precisiones importantes sobre la terminología participante/observador y puntos de vista interno/externo puede verse Ruiz Miguel, A., «Derecho y punto de vista moral», *Anuario de Filosofía del Derecho XIV* (1997), pág. 573-574.

[117] Así sucedería, sobre todo, con el concepto de validez jurídica, utilizado generalmente en enunciados internos, frente al de eficacia, que encaja mejor en enunciados externos. Nino, C. S., *La validez del Derecho*, *op.cit.*, pág. 177.

[118] Esto se pone especialmente de manifiesto cuando Hart dice que la forma típica de un enunciado interno es «el Derecho dispone que...», mientras que la expresión natural del punto de vista externo sería mediante enunciados de la forma «en Inglaterra reconocen como Derecho...». Cfr. Hart, H. L. A., *El concepto de Derecho*, *op.cit.*, pág. 128.

Autores como J. Finnis y J. Raz atribuyen a Hart un concepto normativo. En opinión de ambos, Hart definiría el Derecho desde el punto de vista interno. Raz aplaude el que para Hart los enunciados jurídicos no se limiten a describir hechos, sino que sean juicios deónticos o prácticos que sirven para justificar decisiones. Finnis, por su parte, asumiendo esto mismo, reprocha únicamente a Hart que no haga una distinción ulterior que le llevase a adoptar, en la definición del significado central de «Derecho», no cualquier punto de vista interno, sino el punto de vista de quien acepta moralmente las reglas del sistema[119].

También Dworkin, como hemos visto en las páginas anteriores, atribuye a Hart un concepto normativo de Derecho[120]. Dworkin, al igual que Finnis y Raz, parte del supuesto de que Hart adopta un concepto de Derecho que «sólo es apropiado para ser empleado en forma directa en enunciados internos»[121].

Frente a estas opiniones, Nino da por sentado que el de Hart no es un concepto de Derecho normativo destinado, en cuanto tal, a ser utilizado en términos de enunciados internos. En opinión de Nino «si se tuvieran que enunciar brevemente los rasgos fundamentales que, según Hart, caracterizan a un sistema jurídico, habría que decir que se trata de un conjunto de reglas de obligación, cambio y adjudicación cuya aplicación les está prescrita a ciertos jueces por una regla de reconocimiento que ellos mismos aceptan»[122]. Y éste no es sino un concepto de Derecho de vocación puramente descriptiva que, aunque presupone las actitudes típicas del punto de vista interno, puede ser empleado de forma directa para hacer referencia a ciertos estándares normativos sin implicar que ellos deban ser obedecidos o reconocidos. Una definición descriptiva de Derecho —continúa Nino— puede, sin embargo, hacer referencia a conceptos no descriptivos que se emplean en el marco de la institución que el concepto de Derecho denota. Las expresiones normativas estarían entonces siendo usadas en el sentido indirecto que Hare llama «entrecomillado», el cual, en cuanto sentido descriptivo de creencias valorativas de otros, no implica un compromiso valorativo por parte de quien las enuncia[123].

[119] Cfr. Finnis, J., *Natural Law and Natural Rights,* Oxford, 1980, pág. 12.

[120] Cfr. Dworkin, R., *Taking rights Seriously*, *op.cit.*, pág. 47 y Nino, C. S., *La validez del Derecho*, cit., pág. 165.

[121] Nino, C. S., *La validez del Derecho*, cit., pág. 160.

[122] Nino, C. S., *La validez del Derecho*, cit., pág. 180.

[123] Nino, C. S., *La validez del Derecho*, cit., pág. 181.

4.3. El concepto normativo de Derecho

Según Nino, un concepto normativo de Derecho es el que pasa a protagonizar un papel central en todos aquellos contextos en los que se trata de justificar acciones. Así, en contextos como, por antonomasia, el de la deliberación judicial, resulta necesario un concepto de Derecho que aluda a la existencia de ciertas razones y no únicamente a la suposición de otra gente de que existen tales razones[124]. La propiedad distintiva en contextos justificativos es la propiedad normativa de que «la regla o el sistema *deben* ser reconocidos». De ahí la conveniencia de contar con una clase de reglas formadas a partir de esta propiedad[125].

Daré cuenta a continuación de la interpretación que Nino hace de las perspectivas doctrinales de dos partidarios de un concepto normativo de Derecho, J. Finnis y R. Dworkin, para pasar seguidamente a exponer detalladamente en el punto siguiente (epígrafe 5) la tesis defendida por el propio autor argentino en torno a la pluralidad de conceptos de Derecho y, dentro de ella, las distintas caracterizaciones del concepto normativo de Derecho que introduce.

4.3.1. La lectura de Nino del concepto de Derecho de J. Finnis

Según Nino, Finnis es un iusnaturalista que se distingue de otros partidarios de la misma corriente por haber advertido que el núcleo de la controversia con el positivismo jurídico es, precisamente, de índole conceptual. También destaca por caer en la cuenta de la gran importancia que tiene el punto de vista adoptado a la hora de caracterizar uno u otro tipo de conceptos del Derecho. El punto de vista sobre el que Finnis pone el acento al definir Derecho es el punto de vista del hombre moral o «razonable» que acepta las reglas del sistema por considerarlas moralmente justificadas.

En su trabajo *Natural Law and Natural Rights*, Finnis propone un significado central de Derecho: éste sería el conjunto de «reglas respaldadas

---

[124] Nino sigue aquí a Richards en Richards, D., *A Theory of reasons for action*, Oxford, 1971.

[125] Resulta especialmente útil para entender este punto la caracterización que hace Nino del positivismo ideológico. El positivismo ideológico «nace —señala nuestro autor— cuando se introduce un concepto descriptivo de Derecho en contextos en los que se formulan enunciados jurídicos para expresar razones justificativas. Se produce así una errónea asociación inmediata entre las propiedades fácticas que el concepto destaca y la propiedad normativa que es relevante para el razonamiento práctico que concluye con una decisión», Nino, C. S., *La validez del Derecho*, cit., pág. 188.

por sanciones y reconocidas por ciertas instituciones (entre otras propiedades empíricas), que están dirigidas a resolver los problemas de coordinación de la comunidad en aras del bien común de esa comunidad, respetando ciertas exigencias que se muestran adaptadas a la satisfacción de ese bien común»[126]. Nos encontramos, pues, ante una definición parcialmente normativa que, en opinión de su autor, puede ser empleada también en el ámbito de las ciencias sociales. Por otra parte, las propiedades mencionadas en esa definición pueden darse en diversos grados o estar ausentes del todo, pudiendo el término «Derecho» ser igualmente aplicable si, aun estando ausente alguna de ellas, se dan cualquiera de las restantes en alguna medida[127]. De esta forma, Finnis admite que un sistema moralmente aberrante puede ser, sin embargo, considerado «Derecho».

Para Finnis el «punto de vista interno» al que tanto Hart como Raz dan prioridad dista de estar suficientemente acotado y en general posee un *status* en su opinión inestable e insatisfactorio[128]. Considera que no es suficiente con que, apartándose acertadamente de la posición de Austin y Kelsen, los mencionados autores diferencien el punto de vista «interno» o «legal», del punto de vista del hombre que simplemente obedece el Derecho y que lo hace solamente cuando y en la medida en que teme el castigo que seguirá a su desobediencia. Que Hart y Raz consideren el punto de vista «interno» o «legal» como una amalgama de varios puntos de vista diferentes y que la obediencia al sistema pueda fundarse también en consideraciones diferentes —tales como cálculos de intereses a largo plazo, interés desinteresado en otros, actitud no reflexiva o tradicional, simple deseo de hacer lo que hacen otros— no resulta satisfactorio, por cuanto que implica negar sentido a las diferencias que cualquier sujeto implicado (sea el anarquista subversivo o su oponente el «ciudadano ideal obediente al Derecho») consideraría como significativas. En opinión de Finnis, todas estas son actitudes que, hasta cierto punto, tienden a mantener existente un sistema legal ya existente, pero no serán la causa de la transición del orden social pre-jurídico (o post-jurídico) de costumbres o discreción a un orden jurídico estricto, pues no comparten la preocupación —que el propio Hart reconoce como la fuente explicativa del orden jurídico— por remediar los defectos de los órdenes sociales pre-jurídicos. De la misma forma —añade Finnis—, el hombre «hartiano» que es movido «por cálculos de interés a largo plazo» (autointerés) desfigura o adultera cualquier

[126] Finnis, J., *Natural Law and Natural Right*, Oxford Clarendon Press, Oxford, 1980, pág. 279.

[127] Finnis, J., *Natural Law and Natural Rights*, cit., pág. 277.

[128] Finnis, J., *Natural Law and Natural Rights*, cit., pág. 12.

preocupación por la función del Derecho como una respuesta a los problemas sociales reales.

Las consideraciones y actitudes a las que hacen referencia Hart y Raz son, en opinión de Finnis, solamente instancias diluidas del punto de vista práctico que crea y consolida el Derecho en su especificidad como un tipo significativamente diferenciado de orden social. Y, en cuanto tales, dichas actitudes son parasitarias respecto del punto de vista moral[129].

Nino da cuenta de los argumentos dados por Finnis en favor de una definición parcialmente normativa de Derecho. Tales serían:

1) El punto de vista interno del «hombre razonable» constituye el punto de vista más relevante frente al Derecho. Como hemos visto, para Finnis «sólo en tal punto de vista es una cuestión de suprema importancia que el Derecho, a diferencia de otras formas de control social, se materialice, y se convierta así en objeto de la descripción del teórico»[130]. Dicho punto de vista es el del individuo que no sólo apela a la razonabilidad práctica sino que es él mismo razonable, esto es, el hombre que es «coherente; que cuida de todos los aspectos de las oportunidades que se le ofrece a los humanos y a su desarrollo y es conocedor de las limitaciones en la posibilidad de ponderar; que se preocupa por remediar las deficiencias y fallos y que es consciente de sus raíces en varios aspectos de la personalidad y en las condiciones económicas y sociales de la interacción social»[131].
2) El teórico que estudia la conducta de los individuos y los grupos, en tanto lleva a cabo una actividad descriptiva no tiene que compartir la preocupación de los mismos acerca de qué debe hacerse, pero eso no implica que pueda ignorar en su descripción los conceptos que esos mismos sujetos, cuando son razonables, han elegido para describirse a sí mismos bajo el punto de vista de lo que vale la pena hacer.
3) También el teórico está guiado, en la propia elección del material de estudio y en la identificación de ciertos datos, por valoraciones y por exigencias de razonabilidad práctica[132].

---

[129] Finnis, J., *Natural Law and Natural Rights*, cit., pág. 14.

[130] Finnis, J., *Natural Law and Natural Rights*, cit., pág. 15.

[131] Finnis, J., *Natural Law and Natural Rights*, cit., pág. 15.

[132] En efecto, Finnis, a partir de Max Weber, señala que «las evaluaciones que lleva a cabo el propio teórico son un componente indispensable y decisivo en la selección o formación de cualquiera de los componentes usados en la descripción de tales aspectos de los asuntos y preocupaciones humanas [...]. ¿Significa esto que la ciencia del Derecho descriptiva —«descriptive jurisprudence»—, y la ciencia social como un todo, está inevitablemente sujeta a las concepciones y prejuicios de todos y cada uno de los teóricos acerca de lo que es bueno y prácticamente razonable?». La conclusión que extrae de aquí

Estos argumentos no resultan, sin embargo, enteramente plausibles a juicio de Nino. Veamos por qué.

El primero de ellos no parece suficiente para justificar la elección del punto de vista de quien se adhiere al Derecho, pues «si el interés en materializar un fenómeno que puede ser objeto de atención teórica fuera relevante para la elección del punto de vista desde el cual definir el respectivo concepto, entonces, p. ej., la noción de delito debería definirse desde el punto de vista de los delincuentes»[133]. Ahora bien, creo que esta objeción quedará matizada implícitamente en trabajos posteriores de Nino en los que éste enfatiza la importancia del punto de vista interno y subraya cómo tal punto de vista ha de ser tenido en cuenta también cuando se ofrece una visión del fenómeno jurídico desde la perspectiva externa del teórico —sociólogo o antropólogo— o, incluso, desde la perspectiva ultraexterna del filósofo del Derecho[134].

Tampoco el segundo argumento de Finnis resulta convincente en la medida en que —nos dice Nino— si bien es importante que el teórico social que estudia determinadas conductas no desconozca los conceptos que los propios agentes eligen para describirse a sí mismos, esto no significa que él mismo tenga que adoptar esos conceptos en la formulación de sus enunciados. Aunque los individuos cuya conducta se investiga sean razonables y moralmente sensibles, pueden emplear conceptos que, sin embargo, sean inadecuados para fines teóricos porque tales conceptos están siendo usados con una finalidad práctica y no teórica.

En el mismo sentido discurre la respuesta de Nino al tercer argumento ofrecido por Finnis —relativo a la incidencia de valoraciones en la elección de fenómenos científicamente relevantes—, respuesta que se remite igualmente a la idea común de que tales valoraciones no tienen por qué reflejarse en la construcción de los conceptos teóricos del científico social.

---

es que «hay una interdependencia mutua aunque no totalmente simétrica entre el proyecto de describir las practicas humanas a través de una teoría y el proyecto de evaluar opciones humanas, con vistas, al menos de forma remota, a actuar bien y de forma razonable. Las valoraciones de ninguna forma son deducidas a partir de las descripciones, pero quien tenga un conocimiento limitado de los hechos acerca de una situación humana es muy difícil que pueda juzgar bien a la hora de discernir las implicaciones prácticas de los valores básicos. De la misma manera, las descripciones no son deducidas a partir de las evaluaciones, pero sin las evaluaciones uno no puede determinar qué descripciones son realmente iluminadoras y significativas». Finnis, J., *Natural Law and Natural Rights*, cit., pág. 19.

[133] Nino, C. S., *La validez del Derecho*, cit., pág. 190.

[134] Cfr. Nino, C. S., *Derecho, Moral y política*, ed. Ariel, Barcelona, 1994. Sobre esto volveré en el capítulo III del presente trabajo.

Lo que, en opinión de Nino, lleva a Finnis a ofrecer estos argumentos en defensa de su concepto de Derecho es que este autor parte también del presupuesto de que un concepto normativo y un concepto descriptivo de Derecho son excluyentes entre sí y que la única forma de defender uno de ellos es descalificando al otro. En efecto, a partir de esto, lo que Finnis se propondría mostrar es que un concepto descriptivo de Derecho resulta inapropiado incluso cuando es empleado en contextos teóricos descriptivos, y de ahí su necesidad de acuñar un concepto gradual y abierto, cuando —afirma Nino— lo que necesitaría probar es que un concepto normativo de Derecho, como el defendido por el iusnaturalismo, es conveniente o, por lo menos, no inconveniente para ciertos fines y en determinados contextos.

A partir de estas observaciones a propósito de Finnis, Nino concluye que la única forma de satisfacer las finalidades que aquél se propone mediante un concepto gradual y abierto de Derecho es a partir de la reconstrucción de una diversidad de nociones de Derecho, al margen de lo cual un concepto como el defendido por Finnis resultará finalmente poco operativo: «En el marco de investigaciones sociológicas, antropológicas, etc. parece ser innecesario y perturbador que para identificar ciertas técnicas específicas de control social haya que determinar si ellas contribuyen o contribuían, o no, al bien común (a lo sumo, podría ser relevante la propiedad descriptiva de que los autores o destinatarios de las normas en cuestión crean que ellas contribuyen al bien común). Por otra parte, en el contexto de la argumentación judicial, en el que se emplea el concepto de Derecho para expresar razones que justifiquen decisiones, puede ser superfluo y equívoco tomar como relevante para la identificación de las reglas jurídicas la propiedad descriptiva constituida por su efectivo reconocimiento judicial»[135].

4.3.2. La lectura de Nino del concepto de Derecho de R. Dworkin

Por lo que se refiere al concepto de Derecho de Dworkin, ya en páginas precedentes he tenido ocasión de ir señalando algunas de sus notas características a propósito del análisis que Nino hace de la crítica que dicho concepto supone de la posición iuspositivista. Vimos que Dworkin parte de un concepto normativo de Derecho según el cual éste está compuesto por los estándares que los poderes públicos *deben* (en sentido normativo pleno, esto es, en sentido moral) reconocer e imponer. Para

[135] Nino, C. S., *La validez del Derecho*, cit., pág. 191.

Dworkin, afirmar que un estándar es jurídico es enunciar un juicio de valor que implica, para los poderes públicos, el imperativo moral de reconocerlo e imponerlo[136].

Esta tesis acerca del concepto de Derecho, según también hemos visto más arriba, se proyecta inmediatamente sobre el problema de la discreción judicial. Como apunta Ruiz Manero «si a un concepto de Derecho como el de Dworkin [...] le añadimos una concepción objetivista de la ética como la también sostenida por Dworkin —concepción que sostiene que para todo caso posible hay una y sólo una solución moralmente correcta— no hay lugar, evidentemente, para hablar de discreción judicial en sentido fuerte»[137]. En efecto, «afirmar que el juez goza de discreción en sentido fuerte sería tanto como afirmar que el juez es moralmente libre de hacer o no hacer aquello que moralmente debe hacer»[138]. Si asumimos, pues, el concepto de Derecho de Dworkin y su objetivismo ético, tan sólo cabe hablar de discreción en el sentido débil (esto es, como incertidumbre epistémica): el juez debe utilizar su propio discernimiento para hallar la (única) solución moralmente correcta[139].

La lectura que de Dworkin hace Nino —como señala Ruiz Manero, quien igualmente la suscribe— se caracteriza por dejar de lado determinados elementos presentes en *Taking Rights Seriously*. En concreto, deja de lado el dato de que la noción de Derecho operante en esa obra es «en parte normativa (incluye los estándares que derivan de la mejor teoría valorativa que justifique los estándares institucionalmente reconocidos) y en parte descriptiva (incluye tales estándares independientemente de su justificación)»[140]. Pero, a cambio, esta interpretación «aporta mayor consistencia a la teoría

[136] En este punto se separan radicalmente, como ya sabemos, las posiciones de Hart y Dworkin. En palabras de Ruiz Manero, Hart «usa "Derecho" para referirse no a los estándares que los poderes públicos *deben* aplicar sino a los estándares que a estos *"les es requerido"* reconocer e imponer de acuerdo con "algún test comúnmente reconocido"; esto es, de acuerdo con la regla de reconocimiento aceptada por la judicatura en su conjunto que estipula los criterios últimos de validez jurídica». Ruiz Manero, J., *Jurisdicción y normas*, cit., pág. 196.

[137] Ruiz Manero, J., *Jurisdicción y normas*, cit., pág. 196.

[138] Ruiz Manero, J., *Jurisdicción y normas*, cit., pág. 196.

[139] Ruiz Manero, J., *Jurisdicción y normas*, cit., pág. 196.

[140] «Esta noción en parte normativa y en parte descriptiva de Derecho —escribe Nino— nos ayuda a entender que Dworkin admita en *Taking Rights Seriously* que puede haber, por un lado, estándares injustos que sean Derecho y que, por otro, no todo lo moralmente correcto es Derecho. Sin embargo, esta caracterización también sugiere la pregunta acerca de si esta mezcla de criterios descriptivos y normativos como parte de un sólo concepto es adecuada, o si, en cambio, se requiere la adopción de dos conceptos alternativos de Derecho». Nino, C. S., *La validez del Derecho*, cit., pág. 165.

de Dworkin porque el problema fundamental al que pretende responder la misma es el de fundamentar afirmaciones relativas a los *deberes* que (en sentido normativo pleno, esto es, en sentido moral) tienen los jueces: y el que un estándar sea, de hecho, institucionalmente reconocido no puede constituir ninguna razón operativa para fundamentar el juicio normativo pleno de que los jueces tienen el deber moral de reconocerlo e imponerlo (salvo que se caiga en el llamado "positivismo ideológico")»[141]. Como también escribe A. Pintore[142], Dworkin entiende —aunque sea de forma implícita— la teoría del Derecho como una valoración comprensiva de las instituciones sociales, en la que el Derecho figura a modo de vehículo a través del cual canalizar una particular concepción jurídico moral, para con ello rechazar el intento de Hart de contemplar la teoría del Derecho como un estudio (descriptivo) de hechos sociales por cuanto iría ligado a un criterio de verificación al menos en principio insuficientemente riguroso.

Por lo demás, esta reinterpretación de *Taking Rights Seriously,* como escribe Ruiz Manero, es congruente con la posterior reducción operada en *Law's Empire* de las pretensiones de validez de la teoría dworkiniana al ámbito de una particular cultura jurídica, coincidente con ordenamientos a los que Dworkin considera *moralmente justificados.* En efecto, para Dworkin, considerar *justificado* un ordenamiento implica considerar que los estándares que lo integran son *justificadamente reconocidos como Derecho*, esto es, constituyen estándares que *deben ser* así reconocidos[143].

5. LA TESIS DE LA PLURALIDAD DE CONCEPTOS DE DERECHO EN CARLOS S. NINO

Como he subrayado repetidamente a lo largo de estas páginas, Nino considera que el presupuesto erróneo del que nace la controversia entre iusnaturalismo y iuspositivismo[144] estriba en la creencia en la necesidad

[141] Ruiz Manero, J., *Jurisdicción y normas*, cit., pág. 197.

[142] Pintore, A., *Norme e Principi. Una critica a Dworkin*, Giuffrè, Milano, 1982. Tomo la referencia de Ruiz Manero, cit.

[143] Ruiz Manero, J., *Jurisdicción y normas*, cit., pág. 197.

[144] Aunque el «malentendido» arranque del plano conceptual, resulta de interés aludir, aunque sea incidentalmente, a otros planos en que, según Nino, podría ser analizado el debate entre iusnaturalismo y iuspositivismo. Según escribe Nino en *Derecho, Moral y Política* uno de los nudos de la controversia se halla en la acusación que el iusnaturalismo dirigen al iuspositivismo de que las tesis de éste último propiciaría la legitimación de cualquier régimen político. En esta acusación, los iusnaturalistas no están tan preocupados por que sus contrincantes puedan tener una noción de la moral que la asemeje al Derecho, cuanto por tener

de uno y sólo un concepto de Derecho[145]. Abandonar este falso presupuesto permitiría «reemplazar buena parte de las preocupaciones tradicionales por

---

una concepción del Derecho parecida a la moral (según esto, los positivistas verían el Derecho como un sistema normativo que provee razones para justificar acciones y decisiones, sin necesidad de servirse de consideraciones externas a ese Derecho). Los positivistas recurrirían pues al Derecho positivo de una sociedad en su razonamiento práctico del mismo modo que los iusnaturalistas pretenden que sólo el Derecho Natural, la moral o los principios de justicia pueden ser utilizados en tal razonamiento (esto es: como una fuente autosuficiente y final de justificación). Pese a las protestas de los iuspositivistas señalando que ellos no legitiman un sistema normativo como el nazi, los iusnaturalistas dirán que tal vez no lo hagan consciente y deliberadamente, pero que el resultado práctico es finalmente el mismo: «consiste en considerar que un juez está justificado cuando toma una decisión de acuerdo al Derecho, independientemente de cómo ese Derecho sea valorado de acuerdo a pautas morales o de justicia». Sin embargo, esta acusación —apunta Nino— sólo puede predicarse respecto del positivismo ideológico, ya que algunos autores simplemente iuspositivistas metodológicos o conceptuales niegan el carácter último de esa justificación y otros niegan totalmente el cargo que les dirige el iusnaturalismo sosteniendo que «el hecho de que un sistema normativo se identifique como Derecho no implica en absoluto que provea, por sí mismo, razones para justificar acciones o decisiones». La controversia entre iusnaturalismo y iuspositivismo puede analizarse todavía en otro plano: el de las posibles indeterminaciones del Derecho. El iuspositivismo negará tales indeterminaciones, de modo que las aparentes lagunas, contradicciones, etc., quedarían excluidas por propiedades formales o por la aplicación de métodos apropiados de interpretación («formalismo jurídico»), o bien reconocerá tales indeterminaciones sosteniendo que sólo pueden ser superadas si el sistema se modifica recurriendo a principios, consideraciones o actitudes externas a él, como las de naturaleza moral (el llamado «convencionalismo jurídico»). Pero, como he señalado, la dimensión de la controversia de la que Nino se ocupa —y de la que doy cuenta en estas páginas— es el específicamente conceptual. Este plano vendrá planteado por un tipo de positivismo jurídico que no se compromete con ninguna de las tesis precedentes asociadas con esta posición (escepticismo ético, positivismo ideológico, formalismo, convencionalismo jurídico). Lo que resta tras sustraer tales compromisos es una tesis según la cual el Derecho positivo de una sociedad puede ser identificado y descrito sin acudir a consideraciones morales o valorativas pero enfatizando que ello no implica necesariamente una posición escéptica sobre tales consideraciones, ni que el Derecho provea razones justificativas, ni que el Derecho carezca de indeterminaciones, ni que, si las tiene, éstas sólo pueden desaparecer cuando el sistema se modifica recurriendo a elementos extrajurídicos. En este plano, entonces, lo que caracteriza a la posición iusnaturalista es sostener que el Derecho positivo no puede ser identificado como tal si no se toman en cuenta ciertos valores o principios de justicia. Lo que caracteriza a los principales exponentes del positivismo jurídico (Bentham, Austin, Kelsen, Ross, Hart, Carrió, Bulygin y Raz) es compartir una tesis de índole conceptual que señala que el Derecho puede definirse, identificarse y describirse sólo en términos fácticos, tomando en cuenta ciertas propiedades que son valorativamente neutras. El problema, según Nino, es que los positivistas no se limitan a subrayar la posibilidad de definir el Derecho en términos descriptivos y fácticos, sino que también abogan por la conveniencia y hasta la necesidad de tal tipo de definición. Cfr. Nino, C. S., *Derecho, Moral y Política*, cit., pág. 25.

[145] «Aunque los filósofos del Derecho se han desembarazado de prejuicios esencialistas asumiendo la obviedad de la necesidad de varios conceptos de "obligación", "derecho subje-

la preocupación de determinar cuáles son las exigencias que los distintos conceptos de Derecho deben satisfacer para ser operativos en el tipo de discurso para el que están destinados»[146].

Para Nino la profundización crítica en este problema permitirá tomar conciencia de la conveniencia de acuñar incluso varios conceptos descrip-

tivo" "responsabilidad", etc., no ha ocurrido lo mismo con el concepto de Derecho. Al margen de aludir vagamente a cierta ambigüedad referida a los significados de "sistema jurídico" y a la imposibilidad de definir un concepto preciso que funcione en todo contexto, los iusfilósofos adoptan posiciones y toman partido en controversias que sólo se explican por la aspiración de terminar "el concepto de Derecho" como si existiera un último reparo a abandonar un enfoque absolutista respecto de la noción conceptual que debe reconstruirse, y cuya singularidad permitiría dar unidad a todo el sistema de conceptos», Nino, C. S., *La validez del Derecho*, cit., pág. 194. Aunque con desarrollos diferentes, la influencia intelectual de su maestro Carrió puede detectarse en cuestiones tales como ésta donde Nino es bien consciente de que no es posible —dejo aquí hablar al propio Carrió— «reducirlo todo a un grupo pequeño de nociones, que se seleccionan, definen y estructuran en función de [...] ideas preconcebidas», pues ello conduce a un laberinto insoluble de perplejidades y paradojas; «es natural, por otra parte, que un concepto [Carrió se refiere aquí al concepto de deber jurídico] que ha sido elaborado con miras a hacerle cumplir una cierta faena (v. gr. subrayar ciertas distinciones que se juzgan importantes [como la distinción entre Derecho y moral, la idea de que el Derecho tiene una función primordial cual es ordenar o prohibir coactivamente ciertos actos) resulte inadecuado cuando se lo quiere emplear para otros fines», Carrió, G. R., «Sobre el concepto de deber jurídico», cit., págs. 185, 189. Merece la pena traer a colación en este sentido un brillante y lúcido párrafo de Strawson encaminado a advertir contra la «pérdida del equilibrio conceptual»: «La pérdida del equilibrio conceptual es el resultado de una especie de ceguera selectiva que suprime grandes extensiones del campo de visión intelectual, pero que permite que se destaque una parte del mismo con una claridad muy particular. Se trata de una situación que puede manifestarse en muchas formas. Puede ocurrir que momentáneamente nos domine un solo modo de funcionamiento lógico de las expresiones lingüísticas, o una sola manera de emplear el lenguaje, o un solo tipo lógico o categoría de objetos, o una sola especie de explicación, o un solo grupo de ejemplos de la aplicación de un concepto cualquiera. Las deformaciones conceptuales que derivan de una obsesión tal son, igualmente, de diversas especies. Puede ocurrir que quien esté bajo esa dominación intente presentar o explicar una cosa distinta en términos de su modelo preferido o recurriendo a analogías con él; o bien que quiera privarla del rango conceptual que le pertenece relegándola a una condición inferior. Para rectificar esas deformaciones es necesario comprender los verdaderos modos de operación de los conceptos, o de las categorías del discurso, que han sido deformados; es menester, al mismo tiempo, hacer ver las diferencias y las relaciones que existen entre aquellos modos de operación y los de los conceptos o categorías modelos. Al proceder así se hará ver también, en la medida en que ello es posible, cuáles son las fuentes del poder de obsesión y de obnubilamiento que ejercen los casos modelo». Strawson, P. F., «Analyse, Science et Metaphysique», en *La Philosophie Analitique*, París, 1962, pág. 113, tomo la referencia y traducción de Carrió, G. R., cit., págs. 185-186.

[146] Nino, C. S., *La validez del Derecho*, cit., pág. 192. Véase Carrio, G. R., «Sobre el concepto de deber jurídico», en *Notas sobre el Derecho y el Lenguaje*, Abeledo-Perrot, 4ª ed, revisada, 1990, págs. 177-193.

tivos de Derecho con el fin de salvar finalidades teóricas que no pueden ser satisfechas consistentemente por un concepto único. Aduce como ejemplos dos tipos de problemas que, a su juicio, ponen de manifiesto tal necesidad de manejar una pluralidad de conceptos de Derecho[147]:

1) Un primer problema sería la divergencia que se produce en la integración de un sistema jurídico en función de que se tengan en cuenta las normas vigentes (sancionadas y no derogadas de acuerdo con los procedimientos previstos en el propio sistema) o las normas que, según ciertas otras normas vigentes del sistema, los jueces están obligados a aplicar. Si escogemos la segunda alternativa, según E. Bulygin, tendríamos que incluir en el sistema normas ya derogadas pero que los jueces han de aplicar porque se refieren a actos jugados por éstos que fueron realizados antes del momento de la derogación.

   Según el contexto que consideremos, resultará útil uno u otro concepto de Derecho: mientras que a un ciudadano que necesita orientación sobre su comportamiento futuro le será útil un concepto de sistema jurídico que no incluya normas derogadas, un abogado que pretenda reconstruir las razones que son consideradas válidas para justificar decisiones judiciales, requerirá un concepto de Derecho para el que la derogación no afecte a la pertenencia de una regla al sistema, sino a su campo de aplicabilidad.

2) Un segundo problema que pone de manifiesto la necesaria pluralidad de conceptos de Derecho se refiere a la cuestión acerca del carácter descriptivo o normativo de la ciencia jurídica. Según Guibourg, aunque nos situemos en el ámbito doctrinal reconocido como «positivismo», queda aún un problema adicional por enfrentar que tiene que ver con dónde ponemos el acento, si en lo empírica o en lo normativamente positivo. Si ponemos el acento en el aspecto empírico, construiremos una ciencia realista que será útil al sociólogo o al antropólogo, pero se mostrará incapaz de proveer bases para las argumentaciones que constituyen la profesión de abogado. Si ponemos el acento en el aspecto normativo, preservando la referencia al acto legislativo sólo como vínculo con el mundo empírico, tendremos que aceptar una ciencia ajena a la efectiva realidad viviente o nos veremos enzarzados en complejas controversias al determinar cuándo un acto es creador de Derecho o no.

[147] Apunta Nino que los dos ejemplos fueron presentados respectivamente por E. Bulygin y R. Guibourg en un seminario de Filosofía del Derecho celebrado en la Sociedad Argentina de Análisis Filosófico en el invierno de 1980. Nino, C. S., *La validez del Derecho,* cit., pág. 192.

Pues bien, si elegimos como propiedad relevante el efectivo reconocimiento judicial y, por lo tanto, partimos de un concepto de Derecho que resulte interesante para los sociólogos, deberíamos entonces incluir como parte del sistema a normas contradictorias con normas superiores pero efectivamente aplicadas, al tiempo que tendremos que excluir normas que, a pesar de estar dictadas de acuerdo con lo dispuesto por otras normas del sistema, no son generalmente aplicadas. Esto, sin embargo, según Guibourg, resultará perturbador para un abogado que necesita un concepto que incluya también todas las normas del sistema incluso aquellas que no son generalmente aplicadas. Si, en cambio, tomamos como propiedad relevante —al menos para las normas derivadas— el hecho de que tales normas estén dictadas y no derogadas de acuerdo con lo prescrito por normas superiores, tendremos una noción de Derecho satisfactoria para el abogado, pero inoperante para el sociólogo (puesto que le proporcionará una imagen distorsionada de la realidad que se propone describir)[148].

La conclusión a la que llega Nino es que si partimos de que el concepto de Derecho surge de estipulaciones y prácticas que tienen en cuenta las necesidades del discurso en el que ese concepto se emplea, entonces inmediatamente hemos de constatar la posibilidad de que exista una pluralidad de conceptos de Derecho, por más que éstos estén probablemente relacionados entre sí. La aceptación de este relativismo conceptual nos permitirá, así, satisfacer las necesidades de los discursos «de la heterogénea clientela» de la filosofía del Derecho: el de los abogados y jueces, el de los juristas teóricos, el de los antropólogos, sociólogos e historiadores, el de los economistas, el de los políticos, el de los politólogos y el de los filósofos políticos y morales. Y, precisamente porque algunos de los mencionados discursos parecen ser teóricos y especulativos, otros teóricos pero con implicaciones prácticas y otros puramente prácticos, cuando nos planteamos la cuestión acerca del concepto de Derecho y tratamos de acuñar sus distintas modalidades,

[148] Nino, C. S., *La validez del Derecho*, cit., pág. 193.

[149] Aun cuando el contexto de discurso que tengamos a la vista haga apropiado un determinado concepto de Derecho (p. ej., normativo) siempre será posible usar un concepto diferente y cumplir las finalidades del discurso —aunque sea de forma más engorrosa— por medio de otras nociones en él empleadas (p. ej., la de justicia o la de validez). Así, en un discurso normativo sobre el Derecho podemos hacer uso de un concepto puramente descriptivo, combinándolo con un concepto normativo de validez, lo que nos llevaría, por ejemplo, a decir que ciertos estándares son jurídicos porque son de hecho reconocidos, pero que carecen de validez puesto que tal reconocimiento no está justificado. Del mismo modo, en un discurso descriptivo podemos usar un concepto normativo neutralizando una discusión práctica mediante recursos como las expresiones «es considerado» o poniendo entre comillas la palabra «Derecho». Cfr. Nino, C. S., *Derecho, Moral y Política*, cit., pág. 42.

tendremos que atender al tipo y los fines del discurso para el cual pretendemos reconstruir el concepto de Derecho en cuestión[149]. Desde una postura convencionalista, afirma Nino, aceptaremos así la posibilidad de una pluralidad en principio indefinida de conceptos o definiciones del Derecho y de nociones relacionadas, evaluaremos esos conceptos con arreglo a las finalidades y necesidades del contexto de discurso de que se trate y, además, a diferencia de lo que sucede en la práctica vigente en la que se desarrollan esquemas conceptuales sin tener en cuenta ninguna teoría jurídica particular, podremos conectar la tarea de elucidación conceptual con la tarea de discutir tales cuestiones sustantivas, entre otras cosas por cuanto que las distinciones conceptuales relevantes vendrán determinadas por ciertas hipótesis, principios o teorías de carácter sustantivo[150].

Teniendo, pues, en cuenta todas estas consideraciones con las que nuestro autor trata de poner fin a la polémica en torno al concepto de Derecho, se concluye que en los diversos contextos del discurso jurídico son de aplicación múltiples conceptos de Derecho y conceptos de distinto tipo: algunos son puramente descriptivos, otros normativos y otros de naturaleza mixta. En su trabajo *Derecho, Moral y Política,* Nino da cuenta de algunos de ellos[151].

5. 1. Conceptos descriptivos

5.1.1. Concepto descriptivo realista de Derecho

Este concepto alude al conjunto de estándares que son de hecho, o serán probablemente, reconocidos por parte de los órganos primarios, entendiendo por tales aquellos que tienen capacidad efectiva de movilizar en casos concretos a través de sus decisiones al aparato que detenta en

---

[150] A título de ejemplo: si no tomamos en cuenta que la pena es consecuencia de un hecho moralmente reprochable es difícil distinguir las penas de otras medidas coactivas, pero que tal propiedad deba ser definitoria o no de la noción de pena dependerá de que adoptemos o no una teoría retribucionista. Nino explica que la metodología aquí aplicable consiste en adoptar un enfoque basado en sucesivas aproximaciones dialécticas: partiendo de conceptos aproximados preteóricos de delito y de pena, se aborda con ellos la discusión de principios justificativos a fin de detectar por medio de la discusión qué propiedades parecer relevantes para una teoría sustantiva *prima facie* adecuada; a continuación se definen en forma más precisa los conceptos en cuestión tomando en cuenta dichas propiedades; ello permite usar el nuevo esquema conceptual más refinado para someter a un escrutinio a su vez más severo los principios sustantivos de la teoría, etcétera. Cfr. Nino, C. S., *Derecho, Moral y Política*, cit., pág. 35.

[151] Nino, C. S., *Derecho, moral y política*, cit., pág. 36. Cfr. Nino, C. S., *Fundamentos de Derecho Constitucional*, ed. Astrea, Buenos Aires, 1992.

cuasimonopolio la coacción en una sociedad. Así, según este concepto, son «Derecho» los estándares empleados o susceptibles de serlo en el razonamiento justificativo de las decisiones de dichos órganos. Este concepto ha sido enfatizado sobre todo por los filósofos realistas del Derecho.

5.1.2. Concepto descriptivo sistemático de Derecho

Este concepto denota no sólo aquellos estándares identificados por un criterio como el anterior, sino también, aquellos que son consecuencias de los primeros. Autores como Alchourrón y Bulygin, preocupados por mostrar las relaciones lógicas internas a las normas de un sistema jurídico, han apuntado a esta noción de Derecho.

5.1.3. Concepto descriptivo institucional de Derecho

Este concepto de Derecho es más restringido que el primero, al aludir sólo a aquellos estándares que son de hecho reconocidos por los órganos primarios por la razón de que fueron prescritos por una cierta autoridad o fuente. Mediante él la noción de «Derecho» no denota todos los estándares que los jueces y otros órganos primarios reconocen en sus decisiones, sino sólo aquellos que lo son por el hecho de derivar de cierta fuente a la que se le asigna autoridad[152].

Este concepto, dice Nino, podría restringirse aún más si se le agrega la cláusula de que los estándares que forman parte del Derecho son aquellos reconocidos por los órganos primarios por el hecho de considerar que *están obligados* a aplicarlos al haber sido prescritos por una autoridad. Aquí el término «Derecho» englobaría únicamente aquellas normas de entre las dictadas por una autoridad —y por el hecho de haberlo sido— que los jueces consideren estar obligados a aplicar, quedando fuera aquellos otros que si bien los jueces consideran que pueden aplicar, por provenir de una fuente con autoridad, no aplican por entender que no están efectivamente obligados[153]. Se incluirían bajo este último tipo (restrin-

[152] Tal sería el caso del legislador, los precedentes, la costumbre, pero no, p. ej., los «principios» a lo que los jueces pueden considerar válidos sin importar que alguna autoridad los haya prescrito o no. Cfr. Nino, C. S., *Derecho, moral y política*, cit., pág. 37.

[153] Si interpreto bien a Nino, aquí estaría limitando su concepto de Derecho para incluir bajo él solamente aquellos estándares que superan un test más severo: el que supone ser de hecho reconocidos por los jueces y ser considerados como obligatorios por ellos jueces en virtud del hecho de haber sido dictados por una cierta *autoridad* y ya no el provenir de

gido) de Derecho, los conceptos propuestos por Hart y Raz en algunas de sus obras[154].

5.2. Conceptos normativos

Lo que caracteriza a estos conceptos es que todos ellos predican que es *debido* reconocer ciertos estándares que a su vez predican otros deberes. Si bien el deber de reconocer un cierto estándar jurídico podría ser establecido por otro estándar jurídico, para evitar la autorreferencia será preciso, razona Nino, aceptar por lo menos algún estándar cuyo reconocimiento obedezca a principios no denotados por este concepto de Derecho[155]. Este concepto presupone, entonces, el empleo de normas o principios diferentes a los denotados por él mismo.

5.2.1. Concepto de lege ferenda

Según este concepto, el Derecho está formado por todos aquellos estándares que *deben ser* reconocidos en el empleo del monopolio de la coacción estatal. Este concepto no discrimina entre los órganos que deben reconocer los estándares que son identificados como jurídicos. El rótulo de *lege ferenda* derivaría de la necesidad de ajustar lo que es considerado Derecho a los estándares que deben ser reconocidos como tal.

5.2.2. Concepto normativo judicial amplio

Este concepto denota aquellos estándares que deben ser tenidos en cuenta por los órganos primarios en sus decisiones ante casos concretos. La exten-

una determinada fuente). Los principios que los jueces aceptan por considerarlos apropiados o pertinentes pasarían el test del concepto institucional de Derecho, pero no superarían —no serían calificados como Derecho— el test del concepto institucional restringido de Derecho.

[154] Es posible, señala Nino, que la crítica que Dworkin dirigió al positivismo se refiera justamente al carácter restringido de esta definición descriptiva de Derecho en cuanto que no destaca aquellos principios que los jueces aceptan por considerarlos apropiados y no porque deriven de alguna fuente dotada de autoridad. Sus críticas ulteriores, sin embargo, continúa nuestro autor, se hicieron más profundas porque presuponían, aun sin hacerlo del todo explícito, un rechazo al carácter descriptivo de todas las caracterizaciones positivistas del concepto de Derecho. Cfr. Nino, C. S., *Derecho, Moral y Política*, cit., pág. 37.

[155] Sobre este punto volveré varias veces a lo largo del presente trabajo.

sión de este concepto no coincide necesariamente con la del anterior, ya que puede haber estándares que, si bien deben ser prescritos por los legisladores, no deben ser aplicados por los jueces si aquéllos no los han prescrito.

5.2.3. Concepto normativo judicial restringido

Este concepto hace referencia a los estándares que los jueces deben reconocer por el hecho de haber sido prescritos por cierta autoridad legítima (aunque, acaso, esta autoridad no debería haberlos prescrito). Es, según Nino, el concepto empleado con más frecuencia en el discurso justificativo de jueces y abogados[156].

5.2.4. Concepto mixto de Derecho

Este concepto engloba tanto los estándares que los jueces de hecho reconocen como los que deben reconocer: el Derecho estaría formado por aquellas normas reconocidas efectivamente en sus decisiones por quienes tienen acceso al aparato coactivo para hacer cumplir tales decisiones y por aquellas normas que deben ser reconocidas por ellos como la mejor justificación del reconocimiento del primer tipo de estándares. Un ejemplo claro de esta noción sería la concepción interpretativa de Derecho defendida por Dworkin.

5.2.5. Concepto normativo hipotético

El Derecho está integrado, según este concepto, por aquellos estándares que son hipotéticamente válidos y que, en consecuencia, deben hipotéticamente ser aplicados en el empleo de la coacción estatal por haber sido prescritos por fuentes supuestas como autorizadas para hacerlo. Esta ca-

[156] Si interpreto bien las dos últimas definiciones de Nino, la diferencia entre el concepto normativo judicial amplio y el restringido es que el primero englobaría únicamente los estándares legítimamente dictados por la autoridad legítima y que, en tanto tales, deberán ser tomados en cuenta por los jueces, mientras que el segundo englobaría todos los estándares que los jueces deben reconocer por el hecho de haber sido dictados por la autoridad legítima aunque ésta no debiera haberlos prescrito. Si esta lectura es correcta, no estoy muy segura de que la terminología de Nino sea la más adecuada, resultando probablemente más clara si se invirtieran los términos ya que desde el punto de vista normativo el segundo concepto viene «contaminado» de enunciados sin tal fuerza; el primero es por lo tanto más fuerte y de ahí que —en mi opinión— sea el primero el que debiéramos identificar como «restringido».

racterización se aproxima a la de Kelsen. El recurso a una norma básica evita que el empleo de este concepto para identificar al Derecho conduzca a la adopción de normas extrajurídicas, sobre todo de índole moral, gracias al carácter hipotético con que tal norma básica es aceptada por los juristas teóricos.

Aunque todos los conceptos de Derecho hasta aquí distinguidos, tanto descriptivos como normativos, parecen incluir la noción de norma jurídica como proposición deóntica, ya que aluden a estándares prescritos o reconocidos, esto requiere ser matizado según Nino. Cuando se actualiza un concepto descriptivo de Derecho, se alude con él en efecto a la existencia de normas, pero en el sentido de prescripciones, textos o prácticas, por más que se identifiquen por las proposiciones normativas cuya mención constituye el contenido significativo de tales prescripciones, textos o prácticas. Sólo los conceptos normativos de Derecho parecen hacer referencia a normas entendidas propiamente como proposiciones deónticas, ya que presuponen condiciones de existencia apropiadas a tales proposiciones, tal es que debe hacerse lo que ellas estipulan[157]. Según nuestro autor, pues, y de ahí su referencia a las condiciones de existencia de las proposiciones normativas, para que una proposición deóntica exista —y aquí, si entiendo bien a Nino, «existencia» equivale a «validez»— es preciso que se presuponga su condición de existencia (o validez); esto es: que debe hacerse lo que ellas estipulan.

En resolución: la pregunta acerca de si existe una relación conceptual entre Derecho y moral, con la que inicié esta exposición y que es núcleo del debate iuspositivismo *versus* iusnaturalismo, no arroja una única respuesta. Desde la metodología marcadamente analítica que pone en práctica en *La validez del Derecho* (entre otros trabajos), Nino llega al resultado de que: i) hay conceptos de Derecho que remiten necesariamente a estándares extrajurídicos, a consideraciones valorativas que, bajo ciertas condiciones, pueden ser morales; ii) hay otros conceptos de Derecho que sólo designan propiedades de hecho y que no remiten a consideraciones valorativas a partir de principios morales. Parecería, pues, que no hay una posición *a priori* o unívoca en torno a la relación conceptual entre Derecho y moral. Ésta dependerá más bien del concepto de Derecho que estemos teniendo presente en cada momento[158].

[157] Nino, C. S., *Derecho, Moral y Política*, cit., págs. 40-41.

[158] Más adelante tendré ocasión de introducir algunas complejidades adicionales implicadas en la pregunta acerca de la conexión Derecho-moral que se derivan de la prioridad que, subrayada por Nino en otros momentos de su obra, habría de dársele a la perspectiva interna o del participante en la identificación de qué es Derecho válido.

6. ALGUNAS CRÍTICAS DIRIGIDAS A LA PROPUESTA DE NINO

A continuación paso a dar cuenta de dos críticas que ha suscitado el análisis de Nino en relación con el problema que aquí he tratado. Como veremos, estas críticas se articulan en dos niveles diferentes. Una apunta a aspectos materiales o de contenido, mientras que la otra se funda en aspectos formales o de consistencia de dicho análisis. Por una parte, Carrió rechaza la afirmación de que el concepto de Derecho manejado por los positivistas sea efectivamente un concepto que sólo puede ser utilizado en contextos no justificativos. Según esto, entonces, el intento conciliador de Nino resultaría fallido, por cuanto que lo que estarían disputando realmente positivistas y iusnaturalistas es cuál es el concepto de Derecho apto para reconstruir la esfera del razonamiento jurídico *justificativo*, esto es, aquella dimensión que Nino niega precisamente al concepto positivista de Derecho. Por su parte, Ruiz Miguel hace una crítica que apunta hacia otro nivel: aceptando que Nino da buena cuenta de la necesidad de reconocer conceptos diversos del Derecho, lo que considera discutible es que él, sin embargo, termine elaborando, sin advertirlo —o, al menos, sin advertírselo al lector— una teoría del Derecho no neutral, es decir, más *à la Dworkin* que *à la Hart*.

6.1. Las objeciones de Carrió al intento reconciliador de Nino. La replica de Nino

En la reconstrucción que Nino hace de la polémica tradicional entre el iuspositivismo y el iusnaturalismo, el núcleo del debate se hace girar sobre un falso presupuesto consistente en la creencia —fundamentada a su vez en un cierto esencialismo lingüístico— acerca de la necesidad de manejar un único concepto de Derecho, descriptivo en el caso del positivismo y normativo en el caso del iuspositivimo. La propia postura defendida por Nino —y que reconciliaría las anteriores entre sí— consiste, como vimos, en sostener que, dependiendo del tipo de discurso sobre el Derecho, precisaremos un concepto descriptivo o uno normativo, puesto que cada uno de estos conceptos cumple funciones distintas.

Carrió[159] alega, sin embargo, que la síntesis de Nino no resulta exitosa debido a que parte de adjudicar al positivismo un concepto descriptivo de

[159] Carrió, G. R., «Un intento de superación de la controversia entre positivistas y iusnaturalistas. Réplica a Carlos S. Nino», en *Notas sobre Derecho y Lenguaje*, ed. Abeledo-Perrot, Buenos Aires, 4ª ed. 1990; [1ª publicación del artículo en un volumen homenaje a Bobbio en 1983], págs. 375-401.

Derecho que, en su opinión, no haría justicia al concepto acuñado por los positivistas. El concepto de Derecho positivista, a juicio de Carrió, cumple funciones que Nino le niega. Estas funciones serían las siguientes:

a) Permite identificar prescripciones que, en cuanto tales, dan lugar a genuinos deberes, con independencia de cualquier valoración moral[160].
b) Habilita perfectamente, sin renunciar a una actitud positivista de tipo descriptivista, para usar las reglas del sistema jurídico con el fin de justificar acciones y decisiones (como sucede en el caso del juez). En opinión de Carrió, no es correcto afirmar que el punto de vista desde el cual los sostenedores de tal actitud positivista elaboran su definición de Derecho es el del observador «externo». Subraya, además, que «un juez positivista está en mejores condiciones que un juez iusnaturalista para participar correctamente del «juego» del Derecho, ya que este último, usando una definición normativa, reemplazaría las reglas del sistema por sus criterios subjetivos de justicia», mientras que el juez positivista desempeñaría su función aplicando las reglas públicas del Derecho positivo y no las pautas que pueda extraer de sus propios principios morales: un juez positivista actuará, pues, como un juez de Derecho[161].
c) Permite fundamentar la normatividad de los estándares jurídicos. Es incorrecto suponer que un deber jurídico sea nada más que un deber «entre comillas», entendiendo por tal que no es un deber genuino por carecer de fuerza normativa. «Un juez de un orden jurídico positivo normalmente justifica sus decisiones en las normas del sistema, identificadas con arreglo a los criterios de identificación vigentes en el mismo. Si en lugar de proceder así optara por fundar sus pronunciamientos en una concepción acerca de cuáles son los estándares que el Estado debe, por razones morales, reconocer e imponer, y si, para simplificar el modelo, procediera de ese modo de manera explícita, sus decisiones serían dura y justificadamente criticadas»[162]. Esto demostraría, en opinión de Carrió, que los estándares identificados mediante criterios positivistas tienen genuina fuerza justificativa y que los jueces deben aplicarlos, aunque esto no significa que pudiera considerarse suficiente el criterio según el cual sólo se acuerda fuerza justificativa plena a aquellos estándares que han sido y son reconocidos

[160] Carrió reivindica frente a Nino que el lenguaje normativo no se reduce al ámbito de la moral ideal, sino que también tiene vigencia en instituciones como el Derecho positivo, la moral positiva, etc. Cfr. Carrió, G. R., cit., págs. 393-395.

[161] Carrió, G. R., cit., pág. 392-393.

[162] Carrió, G. R., cit., pág. 395.

como obligatorios, sino que, quizá, hiciera falta atribuir tal fuerza también a los estándares que tienen una intrínseca jerarquía o dignidad[163].

d) Es un concepto apropiado para reconstruir la posición de la ciencia jurídica. La ciencia del Derecho precisa de un concepto descriptivo de Derecho para poder identificar las lagunas, contradicciones, ambigüedades, etc. presentes en el sistema jurídico como paso previo para su superación. Ello, sin perjuicio de que, además, para superarlas sea importante contar con una concepción coherente sobre el tipo de normas que deberían existir. En opinión de Carrió, aquí no habría que tomar sólo en cuenta principios morales ideales, sino también las reglas y valoraciones de la moral positiva de la comunidad.

A partir de esto, Carrió concluye que:

i) no puede compartirse la opinión de Nino de que la distinción entre el Derecho que es y el Derecho que debe ser sea equivalente a la distinción entre «lo que es considerado Derecho» y «lo que es, realmente, Derecho» (o sea, el conjunto de estándares que los jueces tienen el deber moral de reconocer y aplicar). Según Carrió, esta segunda distinción no permite criticar las decisiones de los jueces y funcionarios, ni permite criticar tampoco el Derecho existente por no reflejar la moral comunitaria, ya que tanto lo que es considerado Derecho como lo que es realmente Derecho estarán integrados por apreciaciones éticas subjetivas del crítico de turno[164].

ii) el intento de conciliación de Nino asigna al positivismo un concepto de Derecho no normativo que *no* es el que defienden sus principales representantes (Kelsen, Hart). En sus propias palabras: «El actor a quien Nino adjudica el modesto papel que, según su modo de ver, cabe desempeñar al positivismo jurídico, no es el mismo que hoy protagoniza la polémica contra las distintas formas de reacción antipositivista»[165].

Nino trata de dar respuesta a cada una de estas objeciones, aclarando de esta forma su posición acerca de los distintos conceptos de Derecho que son manejados desde las diferentes perspectivas y argumentando acerca de en qué medida el concepto positivista no puede cumplir ciertas funciones. Veamos su réplica:

---

163 Esta afirmación hecha por Carrió en 1983 (y que ya aparece en su trabajo de 1981, *Dworkin y el positivismo jurídico*, cit.), parece aproximarse a la postura que luego ha sido conocida como «positivismo inclusivo». Cfr. Moreso, J. J., «Algunas consideraciones sobre la interpretación constitucional», *Doxa. Cuadernos de Filosofía del Derecho*, nº 23, (2000), pág. 105-118.

164 Carrió, G. R., *Dworkin y el positivismo jurídico*, cit., pág. 398-400.

165 Carrió, G. R., *Dworkin y el positivismo jurídico*, cit., pág. 401.

a) Nino comienza por señalar que él no niega que la definición positivista de Derecho permita identificar un conjunto de genuinas prescripciones y que, en el caso de que ellas recurran a un concepto como el de deber, éste constituya un concepto de deber auténticamente normativo. A su entender, «esas prescripciones consisten en el hecho de la formulación de ciertos juicios deónticos con la intención de que tal formulación sea relevante para las razones (morales o prudenciales) de los destinatarios a favor de la conducta prescrita. No todo juicio deóntico es una prescripción. Sólo lo es cuando él se independiza de sus posibles razones subyacentes ya que su misma formulación está dirigida a integrar ciertas razones»[166]. Ahora bien, y esto sería lo relevante, el concepto positivista no puede ser usado en esas mismas prescripciones, sino que sólo permite identificarlas. En efecto, según Nino, cuando se hace uso del concepto positivista para decir, por ejemplo, que «el Derecho dispone que el homicidio es punible», este enunciado no es en sí mismo una prescripción, sino una proposición mediante la cual se da cuenta de la existencia de una prescripción.
b) Un enunciado como el anterior, que emplea de forma directa (o sea, no a través de la mención de creencias de otros) el concepto positivista de Derecho, «describe un hecho, o un complejo de hechos, y es verdadero o falso según ese hecho se dé o no en la realidad»[167]. Tal enunciado —dice Nino— debe ser interpretado de la siguiente forma: «entre los jueces del grupo X existe una práctica (o sea un conjunto de conductas repetidas, de creencias y actitudes críticas frente a desviaciones) que incluye la aplicación regular de las directivas emitidas por el órgano O, y actitudes críticas frente a quienes no lo hacen; este órgano O formuló la directiva «el homicidio debe ser penado"». Estos enunciados se limitan a describir hechos. Su formulación por parte de alguien no le compromete a ninguna acción ni actitud. El uso de la palabra «deber» en el segundo enunciado analizado es «entrecomillado», en el sentido de que describe el hecho de la aceptación de una prescripción que emplea el concepto normativo de deber[168].

La tesis de Nino es que la definición positivista de «Derecho» asigna a esta expresión un significado puramente descriptivo, por más que sea descriptivo de prescripciones. Si ese significado se analiza recurriendo a la idea del deber de los jueces de aplicar ciertos estándares, entonces,

[166] Nino, C. S., *La validez del Derecho*, cit., pág. 212.
[167] Nino, C. S., *La validez del Derecho*, cit., pág. 212.
[168] Nino, C. S., *La validez del Derecho*, cit., págs. 212-213.

al calificar un estándar como Derecho se predica de él que los jueces «deben» aplicarlo, pero sólo en el sentido descriptivo o «entrecomillado» de la palabra «deber». Esto no significa, frente a la interpretación que le atribuye Carrió, que no se trate de un deber genuino, simplemente implica que *no* es el que habla quien asigna a los jueces ese deber mediante una prescripción, sino que se limita a describir una prescripción formulada aceptada por otros y que establece tal deber.

c) Pero, por ello mismo, tales enunciados descriptivos que emplean en forma directa el concepto positivista de Derecho no expresan razones para justificar acciones o decisiones. Esto resulta obvio, para Nino, si tenemos presente que un enunciado sólo expresa una razón para actuar si de él se infiere un juicio deóntico o práctico que califique como debida la acción o decisión en cuestión, y que de un juicio descriptivo no se puede inferir tal juicio de deber. De la descripción de la vigencia de una regla no se puede, sin más, derivar razones para hacer lo que la regla prescribe. Nino asume las palabras de Richard cuando este autor señala que «uno puede estar de acuerdo en que una conducta está prescrita por una regla social y sostener, sin embargo, que ello no debe ejercitarse y que esto es consecuencia del hecho de que las reglas sociales, a diferencia de los principios de racionalidad y moralidad, no implican la existencia de razones, sino la suposición por parte de cierta gente de que existen razones para actuar»[169]. De esta forma, aduce Nino, tampoco los juicios que meramente dan cuenta de la moral positiva a los que se refiere Carrió proveen razones para actuar, ya que esos juicios son también descriptivos y no pueden, en consecuencia, implicar por sí solos juicios de deber ser[170].

d) Nino reconsidera el caso de los sujetos que, como los jueces, por un lado, formulan típicamente enunciados del tipo «el Derecho dispone que matar es punible» y, por otro, usan ese tipo de enunciados para justificar decisiones. Tales juicios no son prescripciones, pues parecen presuponer ciertas razones y su formulación no parece estar dirigida a incidir en las razones de sus destinatarios (cosa distinta ocurre con el resultado del fallo), pero tampoco parece tratarse de enunciados puramente descrip-

[169] Richard, D., *A Theory of Reasons for Action*, Oxford, 1971, pág. 24.

[170] Sobre la relación entre moral positiva y moral ideal volveré en el capítulo IV. Baste aquí apuntar que lo dicho por Nino en este punto no implica dejar de reconocer que los juicios que formulan quienes participan de la moral positiva de una sociedad, y que permiten que ella se genere y se mantenga, no son juicios acerca de la misma moral positiva, sino juicios de una moral ideal supuesta. Esto es: desde un punto de vista interno, tienen carácter normativo.

tivos, ya que expresan razones para justificar decisiones, o sea permiten inferir juicios deónticos o de deber ser. El juicio «El Derecho prohíbe matar» deriva de dos premisas: una premisa descriptiva (que refiere lo que cierta autoridad ha dispuesto: en este caso, prohibido matar) y una premisa normativa que reviste de esa autoridad a un individuo o costumbre social, esto es, da validez a sus directivas («debe hacerse lo que el Derecho dispone»)[171]. De esta forma, para que un juicio del tipo «el Derecho dispone que el homicidio es punible» exprese razones justificativas cuando es formulado en el contexto judicial es preciso asumir que deriva de un juicio que da autoridad al autor de ciertas prescripciones, asignando, por lo tanto, validez a éstas, y que es aceptado categóricamente y no como una mera hipótesis de trabajo[172]. Así, dicho juicio constituye un juicio moral: esto es, uno que provee una justificación final cuya validez no depende de los dictados de alguna autoridad y que tiene un carácter universal general y superveniente[173]. Lo que sucede, afirma Nino, es que tanto Carrió como otros autores se niegan a integrar un juicio semejante en un mismo sistema con el resto de los principios morales. Para ellos ese juicio justificativo básico de las prescripciones positivas no debe ser confundido con aquellos principios morales y debe ser distinguido como un juicio estrictamente jurídico. Así, la razón por la cual Carrió distingue entre un juicio de ese tipo y los principios morales es porque supone que hay ciertos roles como el del juez que están sometidos, necesariamente, al principio que otorga validez al

[171] Nino denomina a este tipo de enunciados «juicios de adhesión normativa». De ellos me ocuparé especialmente en el capítulo IV del presente trabajo.

[172] Nino se cuida de diferenciar esta posición de la doctrina kelseniana de la norma fundamental. La norma fundamental presupuesta del sistema jurídico, que tiene la virtud de ser la fuente última de los juicios de validez internos al mismo, es «hipotética». Este tipo de adopción hipotética de la norma básica y de los juicios de validez que derivan de ella es lo que permite formularla respecto de cualquier sistema sin comprometer la adhesión a él, e incluso preservar la posibilidad de tomar partido en favor de que él sea desobedecido, sin por ello incurrir en inconsistencia. El precio a pagar por esta neutralidad práctica es, naturalmente, que los juicios de validez basados en la norma básica adoptada de forma hipotética carecen de fuerza justificativa y no proveen razones para actuar. Cfr. Nino, C. S., *La validez del Derecho*, cit., pág. 216.

[173] Los rasgos de los principios morales en la concepción de Nino son: publicidad, generalidad, superveniencia y universalidad. Con el rasgo de superveniencia Nino se refiere a que «las propiedades y relaciones que determinan los casos relevantes deben ser de índole fáctica, de modo que las circunstancias que condicionan las diferentes soluciones normativas sean susceptibles de verificación por parte de todos; de ahí que los principios morales sean *supervinientes* respecto de circunstancias de hecho», Nino, C. S., *Ética y derechos humanos*, Barcelona, ed. Ariel, 1989, pág. 110.

orden coactivo y que excluyen la consideración de otros principios justificativos[174]. Según Nino, sin embargo, este principio ha de ser integrado entre los principios morales[175]. En este sentido, cuando el propio Carrió sostiene que en el diseño del Derecho que debería ser se tienen que tomar en cuenta no sólo principios morales ideales, sino también valoraciones de la moral positiva está formulando *también* un juicio perteneciente a una moral ideal.

Por lo demás, prosigue Nino, es posible que aun admitiendo que la validez de origen sea de tipo moral, se le asigne un peso tan grande en comparación con la validez de contenido como el que parece asignarle Carrió. Pero Nino considera infundado el temor de que si se reconoce que la aceptación de las normas jurídicas se apoya en razones morales, entonces el juez se decidirá a aplicar o no aplicar cada norma sobre la base de la adecuación valorativa de su contenido. Las razones morales de seguridad en que se funda este temor «hacen que sea moralmente debido aceptar una norma moderadamente injusta cuando su origen es legítimo desde el punto de vista moral»[176].

De esta forma, de acuerdo con el enfoque de Nino, la fuerza justificativa que tiene un enunciado del tipo «el Derecho dispone que el homicidio es punible» cuando es usado por un juez como razón de una decisión está dada por una combinación de un hecho, su derivación de un enunciado descriptivo de lo que cierta autoridad ha prescrito, con un principio moral que confiere a un individuo esa autoridad y otorga validez a sus directivas.

e) Si este tipo de enunciados —al que, como he indicado antes, Nino denomina «de adhesión normativa»— emplean en forma directa un

[174] Este parecería ser el caso del positivismo ideológico.

[175] Ello sería así, entre otras razones, porque: (1) comparte con los principios morales determinadas propiedades formales; (2) sólo en un sentido muy restringido de «moral» habría una cesura entre las materias que tratan los principios de esta índole y la que trata el principio de validez jurídica; (3) cuando se dice que los jueces deben restringirse a aplicar las prescripciones positivas sin valorar su contenido según principios morales, se está formulando un juicio valorativo o moral basado, p.ej., en el valor moral del juramento judicial o en los beneficios para la sociedad de un poder judicial autolimitado; (4) resultaría sumamente extraño que nuestro razonamiento práctico se haya desarrollado de modo tal que incluya razones justificativas de carácter tan distinto que cuando están en conflicto no haya forma de decidir entre ellas: esta integración supone que el principio que dé validez (moral) a las normas positivas por su origen puede sufrir limitaciones o excepciones sobre la base de principios morales que valoran las prescripciones por su contenido. Cfr. Nino, C. S., *La validez del Derecho*, cit., pág. 218-219.

[176] Nino, C. S., *La validez del Derecho*, cit., pág. 220. Sobre esta cuestión volveré en los Capítulos IV y V de este trabajo.

concepto normativo de Derecho, es razonable suponer que es este concepto el que les confiere el carácter normativo que los habilita para poseer la fuerza justificativa transmitida por el principio moral del cual derivan. Cuando decimos: «el Derecho dispone que», estamos utilizando un concepto normativo de Derecho. Ahí, «Derecho» quiere decir que es una norma que ha dictado la autoridad moralmente legitimada. Este concepto normativo de Derecho que identifica estándares con validez o fuerza obligatoria moral es semejante al que los iusnaturalistas propugnan. Ahora bien —matiza Nino— un juez o un jurista, cuando reformulan el ordenamiento jurídico no necesitan emplear la expresión «Derecho» en la formulación de sus juicios de adhesión normativa. Pueden emplear el término «Derecho» en la formulación de las premisas descriptivas de su razonamiento normativo (aludiendo a las premisas efectivamente reconocidas) y expresar, en cambio, los juicios de adhesión normativa que son condición de ese razonamiento por medio de otra expresión como, por ejemplo, «Derecho válido». Así pues, concluye Nino, «contrariamente a la tesis que me atribuye Carrió, [considero que] un juez o un jurista pueden realizar su tarea normativa manteniéndose fieles a la actitud positivista de emplear un concepto descriptivo de Derecho»[177].

f) Cuando, por otra parte, el juez o jurista deciden emplear un concepto normativo de Derecho, no enfrentarán por ello desventaja alguna, ya que los enunciados que emplean un concepto son traducibles a enunciados que emplean el otro. Según Nino, no es cierto que el empleo de un concepto normativo de Derecho impida la crítica de los jueces que no aplican el Derecho existente. Si por Derecho existente entendemos «lo que la mayoría de los órganos que tienen acceso al aparato coactivo estatal considera que es Derecho —o sea lo que la mayoría cree que son estándares que deben moralmente aplicar en sus decisiones», entonces podemos, a partir de esta descripción, criticar al juez que se desvíe de esa práctica mayoritaria (de la misma forma que podremos criticar, si fuera el caso, a la mayoría de los jueces por apartarse de las convicciones de la moral positiva, tal como sugiere Carrió). Por lo demás, añade finalmente Nino, podemos detectar las lagunas, contradicciones e imprecisiones en aquello que los jueces consideran Derecho, o sea los estándares que ellos creen que deben aplicar[178].

[177] Nino, C. S., *La validez del Derecho*, cit., pág. 220.

[178] Quizá cabría matizar que las lagunas en este caso serían lagunas axiológicas. Para el concepto de lagunas axiológicas puede verse Alchourrón, C. y Bulygin, E., *Introducción a la metodología de las ciencias jurídicas y sociales*, ed. Astrea, Buenos Aires, 1975.

Nino considera, así pues, que las objeciones de Carrió no derriban su tesis acerca de que la distinción entre el positivismo y el iusnaturalismo parece reducirse a la cuestión de si la expresión «Derecho» debe usarse en una premisa descriptiva del razonamiento de jueces y juristas o en una conclusión normativa, así como al hecho de que, siendo así las cosas, la polémica puede cerrarse asignando a cada concepto de Derecho un campo de aplicabilidad diferente[179].

Creo, sin embargo que, asumiendo, como ya hice, que el análisis de Nino implica una importante profundización en el problema de la diversidad de puntos de vista o perspectivas en relación con el Derecho, aportando con ello un marco o mapa que ha posibilitado después mejores análisis y reconstrucciones de la cuestión, la intervención de Carrió ha servido para poner de manifiesto que el núcleo del debate entre iuspositivistas y iusnaturalistas no era un problema puramente conceptual que pudiera ser solucionado meramente con el instrumental analítico.

En efecto, el enfoque de Nino acerca de la pluralidad de conceptos de Derecho, sin perjuicio de su indudable importancia, no hace sin embargo justicia a la discusión más profunda y sustantiva que subyace a la polémica iuspositivismo/iusnaturalismo; una discusión en cuya complejidad están implicadas cuestiones de filosofía moral tan controvertidas que hacen explicable tanto su antigüedad como su segura continuidad en la filosofía del Derecho del futuro. Cuando Carrió reivindica que los iuspositivistas utilizan un concepto de Derecho que, sin estar conceptualmente conectado con la moral, cumple funciones normativas, está precisamente apuntando a dicha discusión sustantiva: la discusión en torno a si el Derecho puede crear deberes de forma autónoma al margen de cualquier tipo de consideraciones morales, es decir, si el discurso jurídico es un discurso autofundamentado e independiente o si, por el contrario, está inmerso —como «caso especial»— en el marco del discurso moral. Ésta es, en última instancia, la disyuntiva entre quienes a partir de lo anterior defienden la tesis de la unidad del razonamiento práctico y quienes la niegan[180].

---

[179] Cfr. Nino, C. S., *La validez del Derecho*, cit., pág. 220.

[180] Sobre las distintas interpretaciones de la tesis de la unidad del razonamiento práctico (en cuanto tesis descriptiva o sociológica, tesis referida al razonamiento subjetivo del agente —como afirmación psicológica, definición y pauta normativa de racionalidad—, y tesis de nivel metaético), véase Redondo, C., *La noción de razón para la acción en el análisis jurídico*, Madrid, Centro de Estudios Constitucionales, 1996, págs. 239-251. Retomaré esta cuestión en el capítulo V de este trabajo.

6.2. ¿ES NINO COHERENTE CON SU TESIS? OBSERVACIONES CRÍTICAS DE RUIZ MIGUEL

Hay quienes, frente a la defensa de Nino del relativismo conceptual o de la pluralidad de conceptos de Derecho, han objetado que, en realidad, el filósofo argentino no es coherente con esa tesis y que su teoría del Derecho se aproxima más a una concepción normativa como la de Dworkin que a un análisis de otro signo, como el de Hart.

En un artículo titulado *Derecho y punto de vista moral*[181], Ruiz Miguel cuestiona las tesis acerca de la prioridad lógica o conceptual, epistemológica y normativa (interpretativa) del punto de vista interno. A los efectos de las objeciones que este autor dirige al planteamiento de Nino, interesa únicamente el análisis de las dos primeras tesis: la prioridad conceptual y la prioridad epistemológica del punto de vista interno[182].

Hart, escribe Ruiz Miguel, enfatiza la necesidad de dar cuenta del punto de vista como condición de cualquier comprensión adecuada del Derecho. El punto de vista interno manifestaría el reconocimiento de las normas jurídicas como razones para la acción justificadas en algún sentido —no necesariamente moral[183]— y no como meros motivos de hecho por los que

[181] Cfr. Ruiz Miguel, A. «Derecho y punto de vista moral», *Anuario de Filosofía del Derecho* XIV (1997), págs. 571-597.

[182] En el citado trabajo, Ruiz Miguel, dando cuenta de un comentario de MacCormick, analiza la distinción hartiana entre punto de vista interno y externo (ante una práctica como la de seguir normas sociales) en relación con la distinción entre observadores y participantes en los siguientes términos: «No todo participante (o agente, o aceptante) adopta necesariamente el punto de vista interno, si por tal entendemos, como lo presenta Hart, el de quien considera que la norma es, tanto para él como para los demás sujetos, una razón para actuar y juzgar las acciones, pues junto a ese tipo de participante pueden existir otros, como quienes obedecen las normas por mero hábito, por conveniencia o por indolencia pero "siguen la corriente" a los primeros comportándose como ellos, es decir, como si compartieran el punto de vista interno pero sin hacerlo en realidad. Por otro lado, no todo observador adopta sin más un mero punto de vista externo a la práctica en cuestión sino que, expresándolo de forma más precisa, hay al menos dos tipos bien diferentes de observadores: uno, el observador que adopta un punto de vista externo extremo y sólo es capaz de ver conductas y regularidades externas [...]; y otro, el observador que se coloca en un punto de vista externo crítico, por el que adoptando cognitivamente el punto de vista interno de los participantes de la práctica, puede además dar cuenta de las motivaciones que explican las conductas y regularidades que observa», Ruiz Miguel, A., «Derecho y punto de vista moral», cit., págs. 573-574. Es preciso aclarar que, en la terminología seguida por Nino, la primera distinción no tendría lugar puesto que, como he tenido ocasión de indicar, Nino define al «participante» como aquel que asume un punto de vista interno fuerte, esto es, que recurre al sistema jurídico para actuar y juzgar sus acciones.

[183] En relación con la crítica que tanto Nino como Finnis dirigen a Hart en este punto me remito al apartado 4.3 del presente Capítulo.

alguien se ve obligado a actuar. La prioridad lógica o conceptual del punto de vista del participante vendría dada por el hecho de que la normatividad sería una característica esencial de todo sistema jurídico: sin el mencionado reconocimiento por parte de, al menos, los funcionarios llamados a aplicar sus normas, un sistema jurídico ni siquiera sería concebible.

Ruiz Miguel recoge dos tipos de objeciones en relación con la prioridad lógica del punto de vista interno que pueden serle dirigidas a la doctrina hartiana:

a) Por un lado, estarían quienes niegan la necesidad conceptual del punto de vista interno, al menos de un punto de vista auténtico o sincero, y afirman que la teoría hartiana habría ido demasiado lejos al exigirlo[184].
b) Por otro lado, estarían quienes afirman que el punto de vista interno es, en realidad, un punto de vista moral, y critican a Hart que su teoría se ha quedado corta por haberse negado a aceptarlo.

En relación con la primera objeción baste decir que, como señala Ruiz Miguel, si bien es acertado incidir en la no necesidad conceptual de un punto de vista interno sincero, ello es escasamente relevante tanto empírica como conceptualmente. El punto de vista interno —aunque fingido o hipotético— seguiría asumiéndose como prioritario.

Por lo que se refiere al segundo género de objeciones, que es precisamente al que se adscriben tanto Nino como Finnis, hay que partir de la diferencia que Hart traza entre el punto de vista interno y el punto de vista moral. Esta diferencia parece presuponer la existencia de una forma de justificación jurídica distinta de la justificación propiamente moral, pero a su vez diferenciable de la vinculatoriedad generada por el uso de la mera fuerza (algo que, en términos hartianos, no implicaría obligatoriedad o justificación normativa alguna, sino un mero «verse obligado» o forzado a hacer algo).

El problema suscitado por los autores precitados es precisamente el de si resulta posible hablar en rigor de una «justificación jurídica» como diferente de la justificación moral, o si, por el contrario, tal categoría resulta mixtificadora e induce a confusión. En este punto, Ruiz Miguel suscribe la objeción de Nino y de Finnis y señala que ni la prudencia ni las tradiciones, ni la tendencia a la conformidad con la conducta social pueden justificar nada por sí mismas si no hay alguna razón ulterior e impar-

[184] Véase, p. ej., Sartorious, «Positivism and the Foundations of Legal Authority», en Gavison, R., (ed.), *Issues in Contemporary Legal Philosophy. The Influence of H. L. A. Hart*, Clarendon Press, Oxford, 1987, págs. 43-61. Para un análisis crítico de esta posición, cfr. Garzón Valdés, E. «Algo más acerca de la relación entre Derecho y moral» [1992], en *Derecho, Ética y Política*, cit., págs. 317-335.

cial que las avale. Tal es ese tipo de razón última que suele denominarse «moral», al menos en un sentido formal de moral; esto es, con independencia de sus posibles contenidos[185]. Así, cuando menos el conjunto de quienes están llamados a hacer cumplir las normas jurídicas han de actuar como si las aceptaran, no por el temor a las sanciones coactivas, sino por el convencimiento sobre su justificación moral. Por otra parte, los rasgos que diferencian a la moral de los sistemas jurídicos no sirven para impugnar la naturaleza moral del punto de vista interno: el contenido de la aceptación que caracteriza al punto de vista interno se caracteriza por los rasgos de importancia, inmunidad al cambio deliberado y apelación al valor mismo de la existencia del sistema que, según Hart, caracterizan a las reglas morales.

La explicación que Ruiz Miguel encuentra a la resistencia hartiana a reconocer lo acertado de esta objeción estribaría en la reacción frente a la confusión de planos a que parece conducir una posición como la de Dworkin, la cual además de describir el Derecho destacando la necesidad del punto de vista moral por parte de los aceptantes, defiende la adopción de ese mismo punto de vista en su propia concepción teórica del Derecho. En efecto, Dworkin propone como mejor concepción teórica del Derecho la que adopta el punto de vista interno o moral en la identificación del Derecho.

La plausibilidad de una respuesta afirmativa a la pregunta acerca de la prioridad lógica u ontológica del punto de vista interno, compartida por Ruiz Miguel, no implica, sin embargo, que pueda en su opinión ser extendida al plano de la identificación teórica del Derecho y la supuesta necesidad en él de adoptar el punto de vista del participante. Nos encontramos aquí ante la cuestión acerca de la prioridad epistemológica del punto de vista interno. En este plano, Hart da una respuesta negativa y opta por la vindicación del observador crítico (aquel que adopta cognitivamente el punto de vista interno de los participantes en la práctica). Dworkin, como sabemos, replica en favor de la primacía del punto de vista del participante. Por su parte, Nino, según hemos visto en las páginas anteriores, denuncia el error de partida de semejante disputa al entender que tanto un

[185] Ruiz Miguel constata la ambigüedad de la expresión «punto de vista moral»: esta expresión puede entenderse como «el punto de vista moral», y aquí la moral aparece sobre todo como forma o estructura, en el sentido de que, con independencia de su contenido, se alude a una razón o justificación de carácter último y dominante sobre otras y que es adoptada como criterio imparcial y universalizable; o como «un punto de vista moral», y aquí la moral aparece como un contenido específico relativo a conductas, normas o instituciones. Cfr. Ruiz Miguel, A., *Derecho y punto de vista moral*, cit., págs. 574 -575.

concepto descriptivo como uno normativo serían igualmente adecuados aunque en ámbitos distintos: según el propósito perseguido mediante la identificación del Derecho convendrá manejar uno u otro concepto, adoptar uno u otro punto de vista.

Ruiz Miguel suscribe la tesis de Nino pero pone en cuestión que éste sea consistente con su propia posición expresa. El desarrollo que Nino hace de su teoría del Derecho lo situaría en última instancia en una posición bastante menos neutral de lo que implica su tesis de partida: en cuanto teórico, Nino defiende la existencia de una conexión justificativa esencial del Derecho con la moral, no aludiendo sólo a la primacía lógica del punto de vista interno que ha de ser tenido en cuenta al describir el fenómeno jurídico (algo suscrito también por Hart), sino yendo más allá para aceptar, normativamente, la conexión entre Derecho y moral. El modo como Nino hace esto, señala Ruiz Miguel, es ilustrativo del cambio de perspectiva que se opera cuando se pasa de la descripción del Derecho como conceptual o lógicamente conectado con la moral, a la propuesta normativa de identificar al Derecho en conexión con la moral[186]. Así, Nino no sólo reconoce descriptivamente la conexión entre Derecho y moral, sino que señala que el Derecho sólo tiene fuerza justificativa cuando se presenta unido a la moral. Y toma, además, posición en pro de determinados criterios morales sustantivos que le llevan a descalificar como Derecho a sistemas normativos procedentes de países no democráticos. En opinión de Ruiz Miguel no resulta del todo claro ni justificado el salto que Nino da desde la descripción de la conexión entre el Derecho y el punto de vista moral formal hasta la propuesta de la conexión entre los sistemas jurídicos y la moral como contenido. En concreto, Ruiz Miguel incide en la referencia constante que Nino hace a la conexión entre el sistema jurídico y la moral como contenido en alusión al Derecho en general, en vez de referirla sólo a los Derechos democráticos. A su juicio, este desarrollo de la teoría del Derecho de Nino la ubicaría en una posición más cercana a una doctrina del tipo de la de Dworkin que a una como la de Hart.

Resulta claro que sólo tras el desarrollo de los capítulos posteriores del presente trabajo estaremos mejor pertrechados para comprender bien y abordar en condiciones la importante observación crítica de Ruiz Miguel. Adelantaré aquí, sin embargo, una posible respuesta a ella. Creo que hay que asumir, en efecto, que la teoría del Derecho que Nino desarrolla a lo largo de su obra (y que, como tuve ocasión de argumentar desde la Introducción, viene profundamente determinada por los problemas prácti-

[186] Cfr. Ruiz Miguel, A., *Derecho y punto de vista moral*, cit., pág. 584.

cos de reconstrucción democrática en Argentina) es una teoría del Derecho interesada en la dimensión argumentativa —o justificativa— del Derecho y que, por consiguiente, asume como prioritaria (al igual que sucede con la de Dworkin) la perspectiva del participante. A Nino le interesa hacer una teoría del Derecho normativa, y es así como ha de ser entendida su reflexión acerca de las normas *de facto* o sobre el problema de la validez jurídica (de lo que me ocuparé en el capítulo siguiente).

Según esto, es acertada, pues, la caracterización general que hace Ruiz Miguel de la teoría del Derecho de Nino. Pero no lo sería tanto, en mi opinión, su objeción final. Y ello porque el análisis conceptual de Nino acerca del pluralismo de conceptos de Derecho y su forma de dirimir la disputa Hart-Dworkin se articula en un nivel distinto al de sus posteriores desarrollos como teórico del Derecho. Así, una cosa sería dejar claro que el interés que anima nuestra identificación del Derecho dará lugar a uno u otro concepto de Derecho y otra distinta optar por aquella perspectiva que resulte más adecuada a los fines del teórico. Nino se mostraba preocupado por los problemas de justificación, esto es por la esfera del razonamiento práctico. Ello le llevó a desarrollar una teoría del Derecho normativa que pudiera ser de utilidad a los juristas prácticos para plantear adecuadamente los problemas de su práctica y las soluciones a los mismos. Desde esta perspectiva, la del participante, la pretensión de corrección (o conexión entre la moral formal y el Derecho) identificada desde el punto de vista del observador se llena, necesariamente, de contenidos morales sustantivos.

CAPÍTULO III

Acerca de la validez del Derecho

1. INTRODUCCIÓN

Bajo la rúbrica «validez del Derecho» han sido tratados en la Teoría del Derecho problemas diversos que, pese a su estrecha relación mutua, es preciso distinguir.

En efecto, la expresión «validez del Derecho» es en la literatura iusfilosófica eminentemente ambigua: con ella se ha venido haciendo referencia tanto a problemas puramente descriptivos (la validez ha sido entendida entonces como una cuestión de pertenencia o identidad) cuanto a problemas normativos o prácticos (la validez aquí equivaldría a vinculatoriedad o fuerza obligatoria). Pero el problema mayor no ha estado sólo en esta ambigüedad, en las confusiones que ésta puede generar, sino también en el hecho de que cuestiones teóricas relativas a este concepto que se mueven en planos distintos han tendido a ser contempladas conceptualmente en términos de identidad u homogeneidad, dando lugar, en muchas ocasiones, no ya a espurias discusiones filosóficas sino (algo, sin duda, más grave) a respuestas no bien fundamentadas a problemas prácticos.

El principal mérito de la contribución de Nino al debate acerca de la validez del Derecho tiene que ver con la denuncia y clarificación de este último hecho: el filósofo argentino emprende un intento por definir y perfilar las distintas cuestiones que han venido siendo discutidas bajo la noción de «validez» (existencia e individualización de un sistema jurídico, pertenencia de las normas jurídicas a un sistema jurídico, validez o fuerza obligatoria de las normas jurídicas y validez o fuerza obligatoria del sistema jurídico en su conjunto) con el propósito de arrojar nueva luz sobre ellas y desenredar las controversias que tradicionalmente plantean en el ámbito filosófico-jurídico. Ello le permitirá, como veremos, ofrecer un mapa conceptual notoriamente más clarificador en torno a este tópico de la teoría del Derecho a partir de las discusiones sobre la «norma fundamental» de Kelsen y la «regla de reconocimiento» de Hart. Pero, además, yendo más allá de tales doctrinas, ese análisis le permitirá fundamentar con toda claridad —con consciente y rotunda claridad— la idea de que la noción de validez en el Derecho entendida como obligatoriedad o fuerza vinculante de sus normas nos lleva necesariamente a reconstruir el fenómeno jurídico como un discurso y un sistema normativo conectado con la moral. La tesis central de Nino es, pues, que la validez jurídica está conectada, desde el punto de vista justificativo, con la validez o corrección moral de las normas del Derecho.

Si bien en la mayoría de sus trabajos más importantes Nino se ocupa de problemas que, directa o indirectamente, reflejan la tesis mencionada, será principalmente en *Introducción al análisis del Derecho*, *La validez del Derecho* y *Derecho, Moral y Política* donde ella se encuentra explícitamente formulada y articulada. A lo largo de estas páginas recurriré pues, especialmente, a estos trabajos, pero también serán necesarias las referencias a *Ética y derechos humanos* (diversas ediciones), *Fundamentos de Derecho Constitucional* (1992), *Un país al margen de la ley* (1992) y *The Constitution of the Deliberative Democracy* (1996).

Como he apuntado, hay dos problemas centrales que han sido, a menudo, como mínimo parcialmente confundidos y frecuentemente tratados como uno sólo. Uno es el problema descriptivo acerca de la pertenencia de una norma a un sistema jurídico o acerca de la individualización de un sistema jurídico frente a otros sistemas jurídicos. Otro es el problema normativo acerca de la fuerza vinculante u obligatoriedad de una norma jurídica o del sistema jurídico en su conjunto. Como podremos ver, cada uno de estos problemas aparece vinculado a una de las dimensiones de la regla de reconocimiento: la dimensión conceptual de esta regla como criterio de identificación (problema descriptivo) y la dimensión directiva y valorativa de esta regla de reconocimiento (problema normativo)[1]. La posición de Nino es que, mientras el problema de la identidad o pertenencia puede ser solucionado de forma intrasistemática, el problema acerca de la validez o fuerza vinculante del sistema jurídico nos lleva, necesariamente, más allá del Derecho. Por otra parte, tratándose, como se trata, de una esfera en la que intereses de terceros se ven afectados, el ámbito normativo en el que nos vemos necesariamente inmersos es el ámbito de la moral.

Para abordar estas cuestiones, el esquema que me propongo seguir es el siguiente. En primer lugar, comenzaré con una serie de consideraciones terminológicas introducidas por Nino. Como ya he señalado, en la

[1] Sobre la dimensión conceptual, directiva y valorativa de la regla de reconocimiento, cfr. Atienza, M. y Ruiz Manero, J., *Las piezas del Derecho*, ed. Ariel, Barcelona, 1996, págs. 154 y ss.

Teoría del Derecho, el término «validez» es característicamente ambiguo. Con él se ha hecho referencia a conceptos de naturaleza muy diversa. En este sentido, Nino sugerirá la conveniencia de reservar la expresión «validez» únicamente a los aspectos normativos, esto es, para hacer referencia a la fuerza obligatoria de un sistema jurídico o de una norma. En segundo lugar, me ocuparé del análisis hecho por Nino de los conceptos centrales antes señalados: el de pertenencia (concepto descriptivo) y el de validez (concepto normativo). Comenzaré aquí con la exposición de su indagación sobre la noción de *pertenencia* a un sistema jurídico tanto de las normas derivadas como de las normas no derivadas (esto es, las normas supremas u originarias) integrantes del mismo, y expondré brevemente diferentes propuestas doctrinales que desde la Teoría del Derecho han sido introducidas para explicar este problema y de las que el propio Nino da cuenta. A continuación me ocuparé de presentar las líneas fundamentales y conclusiones del examen que nuestro autor lleva a cabo en torno al concepto kelseniano de validez. Como veremos, Nino trata de mostrar que, pese a la opinión de muchos iusfilósofos, el concepto de validez de Kelsen no se aparta del concepto clásico de validez: ambos son en su opinión conceptos normativos. La exposición del análisis de Nino sobre la doctrina kelseniana me permitirá delinear, además, los dos problemas centrales aquí abordados (el de la pertenencia y el de la validez) para continuar con el hilo argumental que le conduce a mostrar el concepto de validez como un concepto normativo puente entre el discurso jurídico y el discurso moral[2], tesis que a su entender resulta imprescindible para dar cuenta de forma plausible del fenómeno jurídico. En el último punto de este capítulo trataré, en fin, del propio concepto de *validez* propuesto por Nino. La discusión de una serie de problemas concretos (la competencia originaria, la pertenencia de las normas primitivas del sistema, la validez de las normas *de facto,* el control judicial de constitucionalidad) pondrá de manifiesto cómo la reconstrucción adecuada de determinadas cuestiones fundamentales del Derecho exige trascender el propio marco jurídico y cómo sólo resulta posible solucionar correctamente determinados problemas prácticos si se reconoce que el concepto de la validez del Derecho está relacionado con la moral. Tal es su tesis de la conexión justificativa entre Derecho y moral antes apuntada.

Si, como podremos ver con mayor detenimiento en el próximo Capítulo del presente trabajo, entendemos que los juicios internos de deber son necesariamente morales y que el razonamiento jurídico justificativo exige

[2] Cfr. Nino, C. S., *Derecho, Moral y Política*, cit., pág. 72.

adhesión normativa a juicios morales, entonces, aunque para el Derecho sea irrelevante (en el sentido de que no sanciona) los motivos —o razones subjetivas— que llevan a un sujeto a aceptar o usar una determinada premisa normativa, y aunque la cadena de razones justificativas que ha de hacer explícitas el juez se termina en las fuentes del Derecho, siendo irrelevante a los efectos jurídicos si ese juez actúa moral o prudencialmente[3], resultará que para la moral no es ya irrelevante si las razones sobre las que se apoya una determinada premisa jurídica con pretensión normativa son o no moralmente plausibles. Veremos así que la moral impregna el razonamiento jurídico justificativo o —lo que, a estos efectos, es igual— hace lo propio con la vertiente de juicio de deber o juicio valorativo de la cadena de normas que concluye finalmente con una decisión judicial. Expresado de otro modo: el razonamiento jurídico justificativo es un razonamiento moral complejo del que forma parte como fenómeno relevante —moralmente relevante— la existencia de una práctica social institucionalizada.

2. DISTINTOS CONCEPTOS DE VALIDEZ

En *Introducción al análisis del Derecho,* Nino da cuenta de la equivocidad de la expresión «validez» tanto cuando ésta caracteriza a una norma jurídica como cuando se predica de un ordenamiento jurídico. En *Introducción al análisis del Derecho*, uno de los primeros trabajos en los que se ocupa de esta ambigüedad, comienza enunciando una serie de propiedades que, en su combinatoria, darán lugar a distintos conceptos de validez. Nino hace notar desde el principio que una diferencia crucial entre los diferentes conceptos de validez que puedan construirse viene dada precisamente por la inclusión o no de un rasgo normativo como parte de ese concepto. Veamos, pues, esas distintas propiedades o focos de significado a los que nuestro autor se refiere[4]:

a) Validez como *existencia.* Aquí se alude a un sentido meramente descriptivo de existencia. Esto es: como vigencia o eficacia de un siste-

[3] Sobre la tesis de la irrelevancia para el Derecho de las razones por las cuales un ciudadano o un juez acepte o use una norma o conjunto de normas del sistema cfr., Aguiló, J., «Buenos y malos. Sobre el valor epistémico de las actitudes morales y de las prudenciales», *Doxa.Cuadernos de Filosofía del Derecho*, nº 15-16, (1994), págs. 791-804.

[4] Cfr. Nino, C. S., *Introducción al análisis del Derecho*, ed. Ariel, Barcelona, (1987), págs. 132-134. Para una exposición sistemática de diferentes modelos de validez normativa, véase también Garzón Valdés, E., «Algunos modelos de validez normativa» [1977], en *Derecho, Ética y Política*, Centro de Estudios Constitucionales, Madrid, 1993, págs. 73-105.

ma o norma. Un sistema jurídico o una norma son válidos en este sentido cuando son aplicados y observados. En el caso específico de las normas jurídicas, se dice que una norma es válida (en el sentido de que existe) cuando pertenece a un sistema jurídico vigente (en este sentido validez equivale también a pertenencia).

b) Validez como *pertenencia*. Se predica —según acabamos de ver con arreglo a la acepción anterior— sólo de las normas y no del sistema en su conjunto.

c) Validez como *eficacia*. Como también ha quedado reflejado en la acepción a), este sentido se puede predicar tanto de las normas como del sistema en su conjunto.

d) Validez como *justificabilidad* de una norma u ordenamiento. Este es el rasgo normativo al que antes hemos hecho mención: hablamos aquí de validez como fuerza obligatoria moral.

e) Validez como *obligatoriedad*. Según este sentido, una norma jurídica es «válida» cuando hay otra norma jurídica que declara que su aplicación u observancia es obligatoria. Este sentido de validez no puede predicarse de todo un sistema jurídico, ya que siempre habrá por lo menos una norma del sistema cuya obligatoriedad no esté determinada por otras normas del sistema[5].

f) Validez como *autorización*. Hablar de validez en este sentido implica aludir a que el dictado de una norma ha sido facultado por otras nor-

[5] Como luego veremos, la tesis de Nino es más fuerte que la del mero anclaje del sistema jurídico en el sistema moral. Su reconstrucción del fenómeno normativo jurídico le lleva a defender una comprensión de la obligatoriedad jurídica articulada en términos de la «impregnación» moral que necesariamente habrían de tener todos los juicios de validez del mismo y no sólo los referidos a las normas más básicas del sistema, si es que pretendemos justificar con aquellas normas jurídicas calificadas como válidas acciones que afecten a intereses de terceros. Decir esto no significa, por supuesto, que la obligatoriedad jurídica, aun reconstruida en tales términos, no sea un juicio más complejo —dependiente de prácticas sociales normativas— que la obligatoriedad moral *tout court*. Si bien esta tesis implica defender que la única forma de entender las obligaciones jurídicas como razones justificativas para la acción es reconstruyéndolas como directa o indirectamente relacionadas con la moral (crítica), no todo lo moralmente obligatorio es jurídicamente obligatorio. Sobre este tema volveré especialmente en el Capítulo V del presente trabajo. Para una contraposición entre las distintas maneras de interpretar la tesis del caso especial, puede verse Alexy, R. *Teoría de la argumentación jurídica* [1978], trad. esp. de M. Atienza e I. Espejo, Centro de Estudios Constitucionales, Madrid, 1989, págs. 38 y ss. Un análisis de este punto puede verse también en Grabowski, A., «Sonderfallthese -Its critique and interpretation», *Rechtstheorie* 34, (2003), págs. 371-374. La noción de razón justificativa será abordada en el apartado 3 del Capítulo IV. Una presentación de la distinción conceptual entre moral positiva y moral crítica y de sus conexiones puede verse en el subapartado 2.2.2.2. del mismo Capítulo IV.

mas jurídicas. De nuevo, no puede predicarse validez en este sentido de todo un sistema jurídico, ya que siempre habrá alguna norma cuyo dictado no fue autorizado por otra norma.

Señala Nino cómo distintos autores han procedido a combinar o mezclar todos estos posibles significados, y a hacerlo de múltiples formas, dando así lugar a numerosas e intrincadas confusiones en torno a la idea de validez. Un primer paso clarificador que introduce en este sentido es la clasificación que resulta del criterio de incluir o no la propiedad de «fuerza obligatoria». Según esto tendremos[6]:

- *Concepto normativo de validez*

Siempre que la designación de validez incluye la justificabilidad o fuerza obligatoria moral de las normas o del sistema jurídico (acepción d) antes mencionada) en cuestión, el concepto se convierte en una noción normativa. En este sentido, decir que una norma o un sistema son válidos implica afirmar que deben ser observados y aplicados, que proveen razones para justificar una acción o decisión. Cuando se usa la expresión «validez» con este significado normativo y se sostiene, además, que una norma sólo es una norma jurídica si es válida (o sea, si está justificada o tiene fuerza obligatoria), está presuponiéndose una definición no positivista de Derecho (esto es, una definición que alude no a las normas reconocidas por ciertos órganos, sino a las normas que deben ser reconocidas por ellos).

- *Concepto descriptivo de validez*

Siempre que el significado de «validez» está asociado con la vigencia de una norma o de un sistema jurídico, con la pertenencia de una norma a un sistema o con la circunstancia de que una norma ha sido permitida o declarada obligatoria por otra (sentidos a), b), c), e) y f) antes apuntados), el concepto de validez es puramente descriptivo. Su aplicabilidad depende solamente de verificaciones fácticas.

Nino afirma que, aunque es muy difícil modificar los hábitos lingüísticos que determinan cierta identidad de uso entre las expresiones «validez» y «existencia» (cuando son aplicadas a las normas), generando así una equivocidad que afecta a ambas palabras, sería conveniente reservar el término «validez» para hacer referencia a la justificabilidad o fuerza obligatoria de las normas jurídicas, y otorgar al término «existencia» exclusivamente un significado descriptivo (una norma jurídica existe cuando está vigente o cuando pertenece a un sistema jurídico, etcétera). Con

[6] Cfr. Nino, C. S., *Introducción al análisis del Derecho,* cit., pág. 134-135.

arreglo a esta propuesta, la existencia de un sistema jurídico estaría asociada con su vigencia o eficacia: diremos que «un orden jurídico existe cuando sus normas primitivas no derivadas son generalmente observadas por sus destinatarios y aceptadas efectivamente en sus decisiones por los órganos que tienen la posibilidad fáctica de poner en movimiento el monopolio de la fuerza estatal para ejecutar las medidas coactivas que el sistema autoriza»[7].

3. UN SENTIDO DESCRIPTIVO DE VALIDEZ: VALIDEZ COMO PERTENENCIA

3.1. Introducción

Como tendré ocasión de exponer al dar cuenta del análisis que hace Nino del concepto de validez kelseniano, uno de los focos de confusión que Nino detecta en torno al mismo es que diferentes intérpretes (entre los que cita a Hart y a Alchourrón y Bulygin)[8] han querido ver en los trabajos de Kelsen únicamente un concepto descriptivo de validez (validez como pertenencia), cuando, en opinión de Nino, el jurista austríaco acuña de hecho un concepto normativo de validez. Resultará clarificador que, antes de entrar a examinar este punto, nos detengamos primeramente en la noción de pertenencia (o validez en sentido descriptivo). Noción que, como sabemos, remite a las relaciones de inclusión de las normas en un sistema jurídico, y, especialmente, al problema complejo de la inclusión de las normas originarias o no derivadas. En las páginas que siguen me ocuparé, pues, del problema de la validez como pertenencia, es decir, del problema de la validez en sentido descriptivo[9].

Mientras que la pertenencia de las normas derivadas está relacionada con la idea de autorización, en el caso de las normas no derivadas, la per-

---

[7] Nino, C. S., *Introducción al análisis del Derecho*, cit., págs. 139-141. Sobre la caracterización que hace Nino del concepto de juez (órgano primario) en términos puramente fácticos volveré más adelante. Por lo demás, creo que esta propuesta de redefinición del concepto de existencia de un sistema jurídico como vigencia o eficacia de tal sistema precisaría ser enriquecida con otros elementos, como pueden ser aquellos asociados con la idea de estabilidad (v.g., la aceptación y pretensión de corrección). Podría, no obstante, pensarse que es a este tipo de elementos a los que Nino se refiere cuando habla de obediencia generalizada y aceptación de tales normas en las decisiones de los órganos primarios. Me parece que sus trabajos posteriores apoyarían esta interpretación.

[8] Nino, C. S., *La validez del Derecho*, cit., pág. 15.

[9] Cfr., para lo que sigue, Nino, C. S., *Introducción al análisis del Derecho*, cit., págs. 113-132.

tenencia aparece estrechamente vinculada con la cuestión de la individualización de sistemas jurídicos, esto es, con el criterio para distinguir un sistema jurídico de otro. En el primer caso, según Nino, hablamos de criterios de pertenencia de normas a sistemas jurídicos y en el segundo de criterios de individualización de sistemas jurídicos. Veamos su análisis.

3.2. La pertenencia al sistema de las normas derivadas

En *Introducción al análisis del Derecho*, Nino formula el criterio de pertenencia que ha sido aceptado por una mayoría de autores: «Una norma pertenece a un sistema jurídico cuando el acto de dictarla está autorizado por otra norma que pertenezca al sistema jurídico en cuestión»[10].

Conviene señalar aquí que cuando Nino aborda este problema reproduce la terminología utilizada por los diversos autores que considera. Es importante, sin embargo, no perder de vista que el término «validez» que se les atribuye está siendo utilizado en un sentido puramente descriptivo, es decir, sin implicar la noción de fuerza obligatoria moral. Para Kelsen[11], por ejemplo, una norma es válida —en este sentido de pertenencia— cuando concuerda con lo establecido por otra norma válida en cuanto: 1) al órgano que debe dictarla; 2) al procedimiento mediante el cual debe ser producida; y 3) al contenido a que debe adecuarse dicha norma.

Según Nino, podemos decir que la pertenencia de una norma a un sistema, o sea, su «validez» en sentido descriptivo, está en función de la pertenencia al sistema o validez de otra de la cual derive la primera: de esta forma, se construye la «cadena de validez»[12]. Ahora bien, como es sabido, el problema surge cuando nos enfrentamos con aquellas normas respecto de las cuales no puede aplicarse el criterio de la cadena de validez para determinar su pertenencia al sistema, por constituir tales normas el último eslabón de cualquier cadena de validez que se forme dentro del sistema en cuestión[13]. Además, advierte Nino, esta dificultad se proyecta asi-

[10] Nino, C. S., *Introducción al análisis del Derecho*, cit., pág. 114.

[11] Kelsen, H., *Teoría general del Derecho y del Estado* [original de 1945], trad. esp. de García Maynez, UNAM, 1979, y *Teoría pura del Derecho* [original de 1960], trad. esp. de la 2ª edición R. Vernengo, ed. Porrúa, México, 1993.

[12] Nino toma esta expresión de Raz, *El concepto de sistema jurídico. Una introducción a la teoría del sistema jurídico* [1970], trad. esp. de R. Tamayo, UNAM, México, 1986, págs. 105-109. Von Wright se refería al mismo hecho con la expresión «cadena de subordinación», Wright, G. H. von, *Norma y Acción. Una investigación lógica* (1963), trad. esp. de P. García Ferrero, Tecnos, Madrid, 1970, pág. 203 y ss.

[13] Cfr. Nino, C. S., *Introducción al análisis del Derecho*, cit., pág. 117.

mismo sobre las normas derivadas, ya que la atribución de validez (en este sentido de pertenencia) de tales normas está condicionada a la atribución de validez de las normas primitivas o no derivadas del sistema, precisamente porque las relaciones de validez son vistas como una «cadena».

3.3. La pertenencia al sistema de las normas no derivadas

Es al preguntarnos por esta cuestión —la pertenencia al sistema de las normas de mayor jerarquía— cuando se pone de manifiesto la conexión entre los criterios de pertenencia de una norma a un orden jurídico y los criterios de individualización de un orden jurídico.

En *Introducción al análisis del Derecho*, Nino se ocupa de varios criterios sugeridos por diversos autores para distinguir sistemas jurídicos entre sí: el criterio territorial, el criterio del origen en un determinado legislador[14], el criterio de la norma fundamental, el criterio basado en la regla de reconocimiento, el criterio del recurso a los órganos primarios. Me ocuparé en lo que sigue solamente de la exposición de los tres últimos criterios, por ser los únicos cuyo análisis por Nino resulta necesario para entender su propia reconstrucción del problema[15]. Después de ello me detendré en la crítica que Ruiz Manero dirige al criterio de pertenencia tal y como es reconstruido por nuestro autor.

3.3.1. El criterio de la norma fundamental

Este criterio es, como se sabe, el propuesto originariamente por Kelsen. Una vez que se determina la validez de una norma en virtud de su derivación de otra norma válida anterior y superior, hace aparición el problema

[14] Austin sostuvo que una norma pertenece al sistema jurídico que esté integrado por todas las normas directa o indirectamente dictadas por el mismo legislador que dictó aquella norma. En esta teoría, un orden jurídico se distingue de otro a partir del hecho de que un sistema jurídico se integra por todas las normas dictadas por un legislador y las que han dictado otros órganos a los que ese mismo legislador delegó su competencia. Cfr. Austin, J., *The Province of Jurisprudence Determined*, Wilfrid E. Rumble ed., Cambridge University Press, 1995, págs. 211-212. Según Nino, es en este punto donde precisamente se pone de relieve la debilidad de tal tesis: dicho criterio implica que un cambio de legislador originario determina un cambio de sistema jurídico; es decir, si se sustituye el soberano, aunque sea de forma no violenta, haría aparición un Derecho diferente aun cuando estuviera integrado por las mismas normas. Nino, C. S. *Introducción al análisis del Derecho*, cit., pág. 119.

[15] Para el análisis de los dos primeros remito a Nino, C. S. *Introducción al análisis del Derecho*, cit., págs. 119-121.

de cómo predicar validez de la primera norma positiva de un sistema jurídico (esto es, aquella tras la cual ya no hay norma anterior ni superior). Según Kelsen, sólo podrá decidirse su pertenencia al sistema jurídico en función de un criterio diferente del que exige su derivación de otra norma positiva válida (en el sentido de perteneciente al sistema). El callejón sin salida únicamente puede eludirse si se recurre a alguna norma no positiva, o sea, a alguna norma no dictada por un acto de seres humanos y de la cual se derivaran las normas positivas en que concluyen las cadenas de validez: tal es, en su concepción, la «norma fundamental» o «básica» (*Grundnorm*). Ésta no es una norma dictada por algún legislador humano o divino, sino un presupuesto epistemológico, una suerte de hipótesis de trabajo que utilizan implícitamente los juristas en sus elaboraciones y cuya validez, además, ha de presuponerse y aceptarse dogmáticamente. Los distintos sistemas jurídicos se diferencian, según Kelsen, por estar originados en diferentes normas fundamentales.

Nino considera que la posición de Kelsen en este punto no resulta satisfactoria puesto que suponer que la norma fundamental es válida implica suponer que deriva de otra norma válida. Esto es, apunta nuestro autor, no bastaría con suponer una norma fundamental, sino que habría que presuponer la existencia de otra norma de nivel superior, y esto se prolongaría inevitablemente hasta el infinito. Por otra parte, Nino se adhiere a la crítica que Raz dirige a este criterio de pertenencia o individualización. Según Raz, el contenido de la norma fundamental kelseniana sólo puede ser formulado a partir de las últimas normas positivas del sistema, con lo que antes de formular la norma fundamental, tendríamos que tener ya individualizado un sistema jurídico y ordenadas jerárquicamente sus normas. Según esto, la norma básica kelseniana no puede cumplir ningún papel en la individualización de un determinado Derecho y en la determinación de su estructura[16].

3.3.2. El criterio basado en la regla de reconocimiento

Éste es el criterio propuesto por Hart para resolver las insuficiencias de otros criterios previos de pertenencia, entre ellos los de Austin y Kelsen. Una norma pertenecería a un cierto sistema jurídico cuando su aplicación

[16] Así, escribe Nino: «Si no estuviera ya individualizado el orden jurídico argentino, no habría ninguna razón para no formular, por ejemplo, una norma fundamental que diera conjuntamente validez a las normas de nuestra Constitución y a las de la uruguaya (con lo cual veríamos como un solo sistema a lo que comúnmente vemos como dos Derechos distintos)». Nino, C. S. *Introducción al análisis del Derecho*, cit., pág. 123.

está prescrita por la regla de reconocimiento de ese sistema. El criterio de individualización que emplea Hart establece que un cierto sistema jurídico se distingue de otro por el hecho de que la aplicación de todas sus normas está directa o indirectamente prescrita por una regla de reconocimiento diferente de la que prescribe aplicar las normas de otro. En el esquema hartiano, la regla de reconocimiento existe en cuanto es generalmente aceptada por los jueces como un criterio común y público de decisiones correctas[17], provocando las desviaciones respecto a ella, en general, reacciones críticas entre esos mismos jueces[18].

Antes de dar cuenta de las objeciones que Nino interpone a este criterio, conviene anotar que aunque el modo en que Nino se expresa induce a pensar en la vertiente *directiva* de la regla de reconocimiento hartiana —Nino escribe, así, que según Hart «una norma pertenece a un determinado sistema jurídico cuando su aplicación está prescrita por la regla de reconocimiento de ese determinado sistema jurídico»—, lo cierto es que el aspecto de dicha regla que realmente está en juego aquí es el *conceptual* o *definitorio*[19]. En efecto, la dimensión que en este punto interesa —y que, como veremos a continuación, es la que está presente en las objeciones que Nino dirige a Hart— es la dimensión de criterio conceptual de pertenencia de la regla de reconocimiento. Así, para Hart «decir que una determinada regla es válida es reconocer que ella satisface todos los requisitos establecidos por la regla de reconocimiento y, por lo tanto, que es una regla del sistema»[20].

Pues bien, en opinión de Nino, siendo cierto que la regla de reconocimiento hartiana está en mejor disposición que la norma fundamental de Kelsen para servir como parámetro de referencia de los criterios de pertenencia e individualización[21], sin embargo, ofrece también dificultades im-

[17] Hart hace referencia a una práctica compleja, pero normalmente concordante, de los tribunales, funcionarios y particulares. Cfr. Hart, H. L. A., *El concepto de Derecho*, cit., pág. 137. En este mismo sentido de la participación de funcionarios y particulares en la formación de la regla de reconocimiento. Cfr. Atienza, M. y J. Ruiz Manero, *Las piezas del Derecho*, cit., págs. 150-154.

[18] Hart, H. L. A., *El concepto de Derecho*, cit., pág. 144.

[19] No parece haber ningún problema en entender que la regla de reconocimiento cumple funciones de diversa naturaleza. En este sentido, podríamos enunciar así el aspecto conceptual de la regla de reconocimiento del Derecho español: pertenecen al Derecho español las normas contenidas en la Constitución y en las fuentes reconocidas o instituidas por ella. El aspecto directivo o valorativo de la regla de reconocimiento expresaría que: son obligatorias las normas así identificadas. Cfr. en este sentido, Atienza, M. y Ruiz Manero, J., *Las piezas del Derecho*, cit., pág. 155.

[20] Hart, H. L. A., *El concepto de Derecho*, cit., pág. 129.

[21] Por un lado, dice Nino, Hart elude el enredo en que incurre Kelsen cuando sostiene que la validez de la norma fundamental debe ser presupuesta, aclarando que de la regla de

portantes que acaban por hacerla fracasar como criterio de individualización de un sistema jurídico.

Estas son las dificultades que, a juicio de Nino, presentaría la regla de reconocimiento hartiana:

a) Es circular. Para identificar la regla de reconocimiento es preciso identificar previamente quiénes son los órganos de adjudicación, pero para ello debemos atender a las reglas que les confieren poder, y la validez de éstas (en el sentido de su pertenencia al sistema) depende a su vez de la regla de reconocimiento[22]. Sobre este punto volveré más adelante cuando veamos la reformulación que Nino hace de la regla de reconocimiento hartiana para intentar evitar esta circularidad.

b) Hart no consigue justificar su tesis de que todo orden jurídico tiene sólo una regla de reconocimiento. En esta crítica, Nino sigue a Raz. Si Hart admitiera que un sistema jurídico puede tener más de una regla de reconocimiento, entonces la individualización de un sistema ya no podría estar basada en la singularidad de su regla de reconocimiento, sino que habría que buscar algún elemento común que vinculara entre sí, y distinguiera de otras, a las reglas de reconocimiento de un sistema. En tal caso, según Raz y Nino, sería ese elemento común el que serviría, en última instancia, para individualizar a un sistema jurídico.

Vamos a detenernos en esta crítica de Raz que Nino suscribe. Para ello seguiré el análisis que hacen Ruiz Manero y Atienza en *Las piezas del Derecho*[23].

Parten estos autores de que, según Hart, cuando la regla de reconocimiento remite a más de una fuente última, tenemos una regla de reconocimiento compleja que contiene más de un criterio último de validez jurídica y una clasificación de los mismos «en un orden de subordinación y primacía relativas»[24]. Es, precisamente, el hecho de que los criterios apa-

reconocimiento no tiene sentido predicar validez o invalidez, puesto que ella sirve precisamente para determinar cuándo las demás normas son válidas. Además, la regla de reconocimiento hartiana no es una mera creación intelectual, una hipótesis del pensamiento jurídico sino que es una norma positiva, una práctica social. A diferencia de la norma fundamental kelseniana que, al no ser una norma positiva, debía ser individualizada a partir de su contenido —y para ello teníamos que contar ya con la individualización del sistema jurídico al que la norma fundamental otorga validez—, la regla de reconocimiento de Hart es una regla positiva, y por ello —concluye Nino— puede ser individualizada, distinguiéndola de otras reglas por otros aspectos, además de su contenido, como quiénes la practican, dónde se practica, etc. Nino, C. S., *Introducción al análisis del Derecho*, cit., pág. 124.

[22] En este mismo sentido, cfr. Ruiz Manero, J., *Jurisdicción y normas,* cit., págs. 124 y ss.

[23] Atienza, M. y Ruiz Manero, J., *Las piezas del Derecho*, ed. Ariel, Barcelona, 1996.

[24] Hart, H. L. A., *El concepto de Derecho*, cit., pág. 126.

rezcan unificados por su distinta jerarquía lo que nos permite hablar de una sola regla de reconocimiento[25].

Raz, sin embargo, cuestiona tal unidad y considera que no hay razón para suponer que todo sistema jurídico tenga sólo una regla de reconocimiento, sino que podría contener más de una. Según Raz: a) puede darse el caso de un sistema jurídico donde tanto la costumbre como el precedente sean fuente del Derecho, pero donde no haya una disposición jurídica válida que establezca que ambas lo son. En tales casos, simplemente por el hecho de que el sistema tiene que contener medios para resolver los conflictos entre disposiciones jurídicas de diversas fuentes, tendríamos que asumir que hay no una sola regla de reconocimiento, sino más bien dos (una relacionada con cada fuente de Derecho). Aun si fuera una, la regla de reconocimiento podría ser incompleta, implicando esto que el sistema podría carecer de medios de resolución de conflictos (éste sería el caso si la regla de reconocimiento fuera lagunosa a la hora de determinar cuál es el criterio supremo de validez jurídica y cuál el subordinado). Quizás el problema nunca ha surgido y no se ha dado una solución que sea generalmente aceptada. b) También podría darse el caso de que hubiera dos o más reglas de reconocimiento que provean métodos de resolución de conflictos compatibles: por ejemplo, la regla que impone la obligación de aplicar ciertas costumbres puede indicar que es suprema, mientras que la regla relacionada con el precedente puede indicar que es subordinada[26].

Pues bien, según Atienza y Ruiz Manero, el primer caso apuntado por Raz (esto es, el caso de una regla de reconocimiento lagunosa) es posible pero, seguramente, sólo se daría en un sistema jurídico embrionario, ya que en un sistema mínimamente desarrollado resulta difícil pensar que el problema no haya surgido nunca; y si ha surgido y no se le ha dado una solución comúnmente aceptada por la judicatura y, en general, por la comunidad jurídica correspondiente, encontrándose divididas en un punto tan central para la identificación del Derecho válido (en el sentido descriptivo, es decir, identificación del Derecho que pertenece al sistema), entonces no parece que pueda hablarse de un mismo sistema jurídico, sino, más bien, de dos sistemas que se encuentran en competencia entre sí. En el segundo caso (esto es, cuando hay dos reglas de reconocimiento distintas que establecen el mismo orden de subordinación y primacía relativas entre las dos fuentes a que remiten, respectivamente, una y otra) no parece

[25] Cfr. Hart, H. L. A., «Una visita a Kelsen» [1963], *Cuadernos de crítica*, nº 4, UNAM, (1977).

[26] Cfr. Raz, J., *La autoridad del Derecho* [1979], trad. esp. de R. Tamayo y Salmorán, UNAM, México, 1982, pág. 126-127.

haber ninguna diferencia relevante con la tesis hartiana de la unidad de la regla de reconocimiento, puesto que esto implica lo mismo que lo afirmado por tal tesis: esto es, que dicho sistema jurídico contiene una única regla de reconocimiento que indica la ordenación jerárquica de las dos fuentes últimas a las que la misma remite[27].

c) En tercer lugar, el criterio expuesto por Hart ha de enfrentarse a la bien conocida crítica de Dworkin según la cual un sistema jurídico no está compuesto sólo por reglas, sino también por otro tipo de normas que Dworkin denomina «principios», de los cuales la regla de reconocimiento no permite dar cuenta ya que esta regla identifica a las normas del sistema por su origen o fuente, y aquellos principios no serían reconocidos por los jueces por derivar de cierta fuente con autoridad, sino porque su contenido se considera válido, apropiado o justo.

La crítica de Dworkin «hace pensar que, si fuera el caso que ciertas normas son reconocidas por los jueces con independencia de lo que la regla de reconocimiento prescribe, ésa no sería razón para no considerarlas parte del sistema jurídico»[28]. Aunque esa situación se dé muy rara vez en la realidad, dice Nino, si se admite que un sistema jurídico podría estar integrado por normas que los jueces no tienen la obligación de aplicar según las reglas de reconocimiento del sistema, pero que aplican de hecho, entonces debería concluirse que el criterio de pertenencia de una norma a un sistema no puede estar basado sólo en las reglas de reconocimiento. Y si se admite que la base de un sistema jurídico (o sea el conjunto de las normas primitivas) puede estar integrada no sólo por varias reglas de reconocimiento, sino también por normas o principios cuya aplicación no está fundada en lo que aquellas reglas de reconocimiento prescriben, entonces —concluye— hay que admitir que el criterio de individualización de un sistema jurídico no puede apoyarse en la identificación de cierta regla única que pueda distinguirse de la que encabeza otro sistema jurídico.

Pero, ante esto, podría replicarse también que, si fuera el caso que el sistema contara con reglas y principios como criterios últimos de validez (piénsese en la regla de reconocimiento del sistema español que remite a una fuente última, la Constitución, que, además de reclamar la obligatoriedad para las prescripciones dictadas por las autoridades que ella misma instituye, reclama asimismo obligatoriedad para todo un conjunto de va-

[27] Cfr. Atienza, M., Ruiz Manero, J., *Las piezas del Derecho*, cit., págs. 160-161.

[28] Nino, C. S., *Introducción al análisis del Derecho*, cit., pág. 125. En su *Postscriptum* a *El concepto de Derecho*, Hart da la razón a Dworkin en este punto, pero matizando que nunca excluyó de su regla de reconocimiento tales principios. Cfr. Hart, *Post scriptum al concepto de Derecho*, cit., pág. 26. Véase la nota 30 del presente Capítulo.

lores y de principios que ella misma contiene; o piénsese en aquella que remitiera a principios que pertenecen al sistema únicamente en virtud de su aceptación por parte de los órganos de aplicación[29]), cabría entonces, como indiqué anteriormente, hablar de una regla de reconocimiento última que contiene diversos criterios de validez[30]. Problema distinto será la cuestión acerca de la jerarquización de tales criterios incluidos en la fuente última (como ocurre, por ejemplo, en el caso de los criterios de validez u obligatoriedad establecidos por la Constitución española)[31].

3.3.3. El criterio basado en el reconocimiento de los órganos primarios

En opinión de Nino, un elemento de la teoría hartiana que ha de ser rescatado es la idea de que a la hora de buscar criterios de individualización y pertenencia operativos es relevante «el reconocimiento que de las normas del sistema hacen ciertos órganos de aplicación», pero entendiendo que «no debemos buscar el elemento unificador de un orden jurídico en una cierta norma "maestra" —como la regla de reconocimiento—»[32].

Siguiendo el análisis de Atienza y Ruiz Manero he tratado de dilucidar en qué medida la regla de reconocimiento hartiana se ve aquejada de los problemas que Nino, Raz y Dworkin ven en relación con la unidad o pluralidad de reglas y criterios de validez. En las páginas que siguen me ocuparé de otra cuestión que también, aunque quizá de forma menos artificiosa, ha supuesto un problema al que los mencionados autores han dedicado otras tantas páginas. Es el problema que enfrentamos en un nivel teórico cuando, siguiendo el criterio hartiano para identificar o individualizar un sistema jurídico, nos encontramos con que para saber cuáles son los criterios últimos de validez del sistema, hemos de acudir a la práctica judicial, pero, a su vez, para saber quiénes son los jueces, hemos de acudir a las normas (reglas de adjudicación en la terminología hartiana)

---

[29] Para un análisis de cómo todos estos casos no implican la necesidad de modificar el criterio de identidad de la regla de reconocimiento tal y como fue introducido por Hart, cfr. Ruiz Manero, J. *Jurisdicción y normas*, cit., págs. 152-166.

[30] Como ya he dicho, el propio Hart en su *Postscriptum* señala que sus críticos (y concretamente, en este punto, Dworkin) parecen no reparar en que la regla de reconocimiento por él conceptualizada puede incorporar como criterios de validez jurídica criterios no necesariamente basados en lo que Dworkin denomina «pedigrí» sino, por ejemplo, en la conformidad con principios morales o valores sustantivos. Cfr. Hart, H. L. A., *Postscriptum*, cit., pág. 26.

[31] Cfr. Atienza, M. y Ruiz Manero, J., *Las piezas del Derecho*, cit., págs. 162-163.

[32] Nino, C. S., *Introducción al análisis del Derecho*, cit., pág. 127.

del sistema que constituyen a determinados sujetos como legitimados para llevar a cabo las funciones de jueces. Comenzaré dando cuenta de los distintos intentos llevados a cabo para tratar de solucionar esta circularidad con la que se enfrenta el observador que trata de identificar un sistema jurídico siguiendo el esquema hartiano y concluiré examinando en qué medida esto resulta tan problemático como Nino (entre otros[33]) parece creer.

Raz es uno de los autores que más han insistido en que los criterios de individualización y pertenencia deben basarse en los órganos que aplican las normas a casos particulares y no en la identidad de cierto órgano creador de normas, ni en la individualización de cierta norma o regla primitiva. El reconocimiento por parte de esos órganos (jueces en sentido amplio) es lo que parece ser decisivo para otorgar una unidad a un grupo de normas y para predicar de una cierta norma que pertenece a ese conjunto unitario[34].

Pero la propuesta de Raz (como también, en el mismo sentido, la de Ross[35]) consistente en caracterizar a los órganos primarios sobre la base de la competencia que les otorgan las mismas normas que pertenecen al sistema que esos órganos reconocen, viene a incurrir también —como hace notar Nino— en el defecto que padecían los anteriores criterios. Veamos esto.

En *El concepto de sistema jurídico*[36], Raz apuntaba como criterio de caracterización de los órganos primarios el que tales órganos están autorizados para decidir cuándo el uso de la fuerza en ciertas circunstancias está jurídicamente prohibido o permitido. En su trabajo posterior *Razonamiento práctico y Normas*[37], abandona esa mención al uso de la coacción y caracteriza a los órganos primarios, cuyo reconocimiento de las normas determina su pertenencia al sistema, como aquellos órganos facultados a adoptar decisiones con fuerza obligatoria.

Nino considera poco plausible la renuncia de Raz al criterio de aquel primer trabajo, el uso de la coacción[38]. Y ello porque la vinculación entre

---

[33] Cfr. Ruiz Manero, J., *Jurisdicción y normas*, cit., págs. 124-134 para otro intento de resolución de la circularidad en la identificación del sistema.

[34] Cfr. Raz, J., *The concept of a legal* system, cit., y *Razón práctica y normas* [1975], trad. esp. de J. Ruiz Manero a partir de la 2ª ed. que incluye apéndice de Raz con revisión de las razones excluyentes, ed. Centro de Estudios Constitucionales, Madrid, 1991.

[35] Cfr. Ross, A., *El concepto de validez y otros ensayos* [1961], trad. esp. de G.R. Carrió y O. Paschero, ed. Fontamara, México, 1993, pág. 32.

[36] Raz, J., *El concepto de sistema jurídico. Una introducción a la teoría del sistema jurídico* [1980], trad. esp. de R. Tamayo y Salmorán, México, UNAM, 1986, págs. 231 y ss.

[37] Raz, J., *Razón práctica y Normas*, cit., pág. 183-187.

[38] Nino apunta que quizá ese abandono se debió a que Raz pasó a considerar que la coactividad no es una propiedad necesaria de los sistemas jurídicos. Nino, C. S., *Introducción al análisis del Derecho*, cit., pág. 128.

los órganos cuyo reconocimiento de una norma es relevante para la pertenencia de la misma a un sistema jurídico y el ejercicio de medidas coactivas se muestra importante no sólo por la relevancia que las normas que regulan la coacción tienen para caracterizar a un sistema como jurídico, sino porque lo que interesa es formular un criterio de pertenencia a sistemas *existentes*, y la existencia de un orden jurídico está vinculada al ejercicio de la coacción[39].

Ahora bien, como antes apuntaba, el criterio de individualización apoyado en el reconocimiento de las normas por ciertos órganos que se reconocen mutuamente la fuerza obligatoria o autoridad de sus decisiones presenta también problemas. Al igual que sucede con el criterio de la regla de reconocimiento hartiana, se incurre aquí también en circularidad[40]. Nos encontramos ante la cuestión de qué es lo que unifica en un mismo conjunto a diferentes órganos primarios, de tal modo que las normas que todos ellos reconocen formen parte del mismo sistema jurídico y, en cambio, no formen parte de ese sistema las normas que otros órganos primarios reconocen. Esto es, la cuestión de cuál es el criterio que permite que agrupemos en el mismo conjunto a determinados jueces y no a otros.

La circularidad de la propuesta de Raz viene determinada, pues, por el hecho de que el reconocimiento de la fuerza obligatoria de las decisiones de otros órganos se funda en las normas del sistema y éstas, para ser identificadas como tales, deben ser reconocidas por los órganos en cuestión. Además, las normas de un sistema jurídico suelen reconocer la fuerza obligatoria o autoridad de las decisiones de los jueces de otro sistema jurídico en su ámbito de aplicabilidad territorial, por lo que si éste fuera el criterio distintivo, entonces la mayoría de los Derechos del mundo formarían parte de un sólo sistema jurídico (así, recuerda Nino, de acuerdo con las normas del Derecho Internacional privado, los jueces de los distintos países dan reconocimiento mutuamente a sus decisiones).

Como he dicho, en opinión de Nino, lo que llevó a Raz a recurrir al criterio que ahora discutimos fue su rechazo ulterior a considerar la coactividad (la regulación del uso de la fuerza: en qué circunstancias está prohibido y en qué otras permitido) como característica distintiva de los

---

[39] Cfr. Nino, C. S., *Introducción al análisis del Derecho*, cit., pág. 128.

[40] Afirma Nino, recogiendo aquí una observación de Caracciolo: «Si se exige que los órganos *estén autorizados* para decidir cuándo el uso de la fuerza está prohibido o permitido, para determinar cuáles son órganos primarios habremos de recurrir a las normas del sistema y para determinar cuáles son las normas del sistema habrá que determinar si ellas son reconocidas por los órganos primarios», Nino, C. S., *Introducción al análisis del Derecho*, cit., pág. 128. Cursivas mías.

sistemas jurídicos. En efecto, Raz en *Razón práctica y normas* escribe que «el recurso a las sanciones, aunque es universal y, probablemente, lo seguirá siendo (mientras no se transforme la naturaleza humana), no es una característica que forme parte de nuestro concepto de Derecho»[41].

Un problema adicional que, junto a la circularidad, detecta Nino en el criterio de individualización y pertenencia fundado en el reconocimiento de las normas por parte de los órganos primarios sería el de determinar las condiciones en que puede decirse que una regla es reconocida por tales órganos.

3.3.4. El criterio de pertenencia en Nino

A partir de las objeciones que Nino dirige a los criterios de pertenencia expuestos y de su propia propuesta para superar los inconvenientes que presentan, estamos en disposición de reconstruir la postura por él mantenida en relación con la cuestión de la pertenencia de las normas no derivadas o, con más exactitud, de la individualización de un sistema jurídico. Nino ofrecerá de forma tentativa un criterio de individualización del sistema jurídico y de pertenencia de las normas no derivadas.

En opinión de nuestro autor, y según argumenta en *Introducción al análisis del Derecho*, para evitar el círculo vicioso en que incurre el criterio raziano de pertenencia habría que caracterizar a los órganos primarios en términos fácticos. Es decir, no como aquellos que están autorizados a declarar prohibidos o permitidos los actos de coacción, sino como los que *de hecho pueden* (en el sentido fáctico y no normativo de la palabra «poder») determinar el ejercicio del monopolio coactivo estatal en casos particulares. En suma: sería preciso caracterizar a los órganos primarios como aquellos que están efectivamente en condiciones de disponer la puesta en movimiento del aparato coactivo del Estado. Si se considera una caracte-

[41] Raz, *Razón práctica y normas,* cit., págs. 184-185. *Véase también* Ruiz Manero, J., en *Jurisdicción y Normas*, cit., pág. 129. Señala este autor que tampoco Hart considera el establecimiento de sanciones una propiedad definitoria de «sistema jurídico», si bien distaría de ser una mera propiedad contingente de algunos sistemas jurídicos. Hart considera que son inadecuadas las dos alternativas «que a menudo se consideran exhaustivas: por un lado, la de decir que eso [el establecimiento de sanciones] es lo que exige «el» significado de las palabras «Derecho» o «sistema jurídico» y, por otro, la de decir que es «simplemente un hecho» que la mayor parte de los sistemas jurídicos establecen sanciones. [...] Dado el engarce de hechos naturales y de propósitos humanos, que hacen que las sanciones sean a la vez posibles y necesarias en un sistema nacional, podemos decir que se trata de una necesidad natural», Hart, H. L. A., *El concepto de Derecho*, cit., pág. 246.

rística central del Derecho el regular el monopolio de la fuerza estatal, entonces, afirma Nino, «una hipótesis plausible es que lo que nos hace agrupar en el mismo conjunto a los órganos que reconocen las normas que consideramos, por tal razón, parte de un mismo sistema jurídico, es el *hecho de que* todos ellos recurren, directa o indirectamente, al mismo aparato coactivo para hacer cumplir sus decisiones»[42].

En un trabajo posterior, *Fundamentos de Derecho Constitucional*, y en la misma línea de razonamiento, Nino escribe que «la Constitución, como un conjunto de reglas de reconocimiento, adquiriría unidad y serviría para individualizar al resto del sistema jurídico en la medida en que todas sus reglas sean practicadas por un cierto grupo de órganos primarios —fundamentalmente jueces— que se unifica y se distingue de otros grupos por el hecho de recurrir, para hacer valer sus decisiones, al mismo aparato coactivo»[43].

Si bien en *Introducción al análisis Derecho* Nino parece considerar satisfactoria su reconstrucción de un criterio adecuado de individualización de los sistemas jurídicos —pese a las dificultades que éste podría presentar con respecto a los criterios a su vez necesarios para individualizar las organizaciones que controlan el monopolio de la fuerza—, este optimismo se desvanece, como veremos, en *Fundamentos de Derecho Constitucional*. Pero quedémonos de momento con lo que dice en ese primer trabajo.

El teórico u observador, para determinar los criterios últimos de validez de un sistema jurídico, debería acudir a identificar los órganos primarios. Hasta aquí no habría, pues, diferencia con Hart o Raz. Pero para determinar los órganos primarios de un mismo sistema, según Nino no habría que acudir a las normas de adjudicación del sistema (como hace Hart), ni tampoco (como hace Raz) comprobar qué grupo de órganos se reconocen mutuamente la obligatoriedad de sus decisiones. Lo que habría que examinar es quiénes, de hecho, recurren directa o indirectamente a un mismo aparato coactivo para hacer cumplir tales decisiones. Tal sería el criterio que (como él mismo reconoce, tentativamente) ensaya nuestro autor: «Dos normas no derivadas pertenecen al mismo sistema jurídico cuando ellas son reconocidas —sea directamente o a través de prácticas generales de

---

[42] Nino, C. S., *Introducción al análisis del Derecho*, cit., pág. 130.

[43] Nino, C. S., *Fundamentos de Derecho Constitucional*, cit., pág. 41. Nótese que aquí se está presentando a la Constitución como un instrumento que cumpliría el mismo papel que la regla de reconocimiento de un sistema: esto es, explicar su unidad y permanencia. Cfr., en este mismo sentido, Aguiló, J., «Sobre la Constitución del Estado Constitucional», *Doxa.Cuadernos de Filosofía del Derecho,* nº 24, (2001), pág. 429-457.

reconocimiento— por órganos que están en condiciones de disponer medidas coactivas recurriendo a la misma organización que ejerce el monopolio de la fuerza estatal»[44]. Lo anterior implica, añade Nino, que el sistema cambia cuando cambian las normas primitivas que los órganos reconocen y cuando se produce una modificación sustancial en el aparato coactivo[45].

Esta propuesta inicial de Nino conllevaba un intento por definir «juez» en términos puramente fácticos —a fin, no olvidemos, de eludir la circularidad que aquejaba a otros criterios— que fue a su vez objeto de críticas. Así, Ruiz Manero en su trabajo *Jurisdicción y normas* (1990) constata cómo los problemas que implica la noción de «juez» manejada por Nino no provienen tanto de su referencia al empleo de la fuerza —como quizá podrían objetarle (y Nino es muy consciente de ello) Hart o Raz—, cuanto de los términos puramente *fácticos* en que dicha caracterización presenta la relación entre el juez y el empleo de la fuerza. «Ciertamente —escribe Ruiz Manero— si fuese posible elaborar en términos puramente fácticos una caracterización adecuada de "juez", el problema de la circularidad estaría resuelto, ya que a partir de tal caracterización podríamos determinar quién es juez de forma independiente y previa a la determinación de cuáles son las reglas pertenecientes al sistema jurídico (en cuanto que conformes con los criterios últimos de validez aceptados por los "jueces")»[46]. Sin embargo, en opinión de este autor, fijar en términos de conceptualización puramente fáctica el rol judicial deja abiertos problemas a los que tal enfoque no puede dar respuesta. En efecto, la propuesta de Nino vendría a ser una versión aplicada a la judicatura de la caracterización de «legislador» en términos de obediencia habitual propuestas por Bentham y Austin. De esta forma, según Ruiz Manero, la definición de juez en términos factuales equivaldría a esta otra definición, paráfrasis de la del legislador de Austin: «juez es aquel cuyas decisiones relativas al ejercicio del monopolio de la coacción estatal en casos particulares son habitualmente obedecidas»[47]. Y es claro que esta caracterización presenta, los mismos problemas que Hart puso de manifiesto respecto de una caracterización del «legislador» en términos de «obediencia habitual a las reglas generales por él dictadas»: (1) es fallida a la hora de dar cuenta de la continuidad de la autoridad juris-

[44] Nino, C. S., *Introducción al análisis del Derecho*, cit., pág. 131.

[45] Sobre la cuestión del cambio en la regla de reconocimiento, cfr. Atienza, M. y J. Ruiz Manero, *Las piezas del Derecho*, cit., *págs*. 148 y ss. Sobre ello volveré más adelante en este mismo capítulo.

[46] Ruiz Manero, J., *Jurisdicción y normas*, cit., pág. 130.

[47] Ruiz Manero, J., *Jurisdicción y normas*, cit., pág. 130.

diccional a lo largo de una sucesión cambiante de jueces; (2) tampoco la obediencia habitual a los jueces anteriores puede hacer probable que las decisiones de los jueces «nuevos» sean obedecidas; para fundamentar la presunción de que las decisiones del «nuevo» juez serán obedecidas, hemos de hacer referencia a la aceptación de la regla según la cual el nuevo juez tiene título para suceder al anterior en sus competencias de decisión; (3) lo mismo sucede con el problema de la persistencia de las decisiones judiciales por encima de la sucesión de unos jueces por otros: el que una decisión judicial se ejecute o continúe ejecutándose cuando el juez o tribunal que la dictó ha sido reemplazado, sólo puede explicarse a partir de una regla aceptada que confiere autoridad a las decisiones adoptadas, mientras fueron jueces, por aquellos que ya no lo son; (4) el funcionario perteneciente a un órgano de ejecución no ve el que una decisión haya sido dictada por un órgano jurisdiccional como un indicador de su probable conducta futura de obediencia a la misma, sino que el que haya sido dictada por el órgano jurisdiccional constituye para él la razón que le lleva a actuar conforme a lo ordenado por tal decisión[48]; y (5) entender que juez es aquel que de hecho puede determinar el ejercicio del monopolio coactivo estatal en casos particulares imposibilita el dar cuenta de la distinción entre juez y órgano de ejecución, que no puede trazarse más que normativamente, atendiendo a que el primero, y no el segundo, está autorizado para dictar determinaciones aplicativas, determinaciones que son obligatorias para el segundo.

Ruiz Manero, quien perfila su posición a partir de las críticas a Nino y también, en otro sentido, a MacCormick[49], considera que caracterizar qué sea un juez —y, a partir de ahí, determinar quiénes lo sean— tan sólo parece posible (frente a Nino) en términos normativos y, más específicamente (frente a MacCormick y su definición de juez en términos de reglas de deber), dando cuenta de las potestades o poderes normativos del juez y no sólo de sus deberes[50]. La cuestión se reconduce, entonces, a si podemos

[48] Podría decirse, sin embargo, que, en este punto, la crítica de Ruiz Manero no es irrebatible, pues el problema de la circularidad se presenta al teórico que trata de individualizar la regla de reconocimiento, y no a los participantes en el sistema. El razonamiento del funcionario perteneciente a un órgano de ejecución no es un razonamiento teórico, sino práctico y en cuanto tal ha de apoyarse, efectivamente, como apunta Ruiz Manero, en normas. Pero no es el punto de vista interno el que Nino está tratando de dilucidar en este momento, sino el punto de vista teórico; esto es, el punto de vista externo o del observador.

[49] Cfr. MacCormick, N., *H. L. A. Hart*, Edward Arnold Publishers, London, 1981.

[50] Ruiz Manero hace una revisión de la propuesta de MacCormick para superar esta circularidad de la que venimos tratando. Según este último la solución vendría dada por una definición del «rol judicial» que no incluya referencia alguna a reglas que confieran poderes,

caracterizar qué sea un juez, y determinar quiénes lo sean, en términos de reglas que confieran poderes normativos —el poder de dictar determinaciones aplicativas de carácter obligatorio o, si lo preferimos así, el poder de decidir cuándo el uso de la fuerza está prohibido o permitido— sin que se trate de reglas que existan como tales en tanto que válidas, esto es, en tanto que conformes con los criterios de validez jurídica aceptados por los jueces. Ruiz Manero considera que esta pregunta puede contestarse de forma afirmativa yendo mas allá de lo que Hart expresamente dice, pero sobre la base de categorías presentes en su propia obra. En concreto, sobre la base de la categoría de «regla social». De esta forma, ofrece una caracterización teórica de juez a partir de la definición de legislador de Hart[51]: «Son jueces aquellas personas (o grupos de personas, etc.) a quienes, *en virtud de reglas sociales aceptadas, se considera titulares de los deberes y poderes normativos que definen el rol de juez*: el deber de decidir los casos que se presentan ante ellos, el deber de hacerlo sobre la base de estándares o reglas preexistentes y el poder de decidir tales casos con carácter obligatorio. O, dicho en términos más simples, son jueces aque-

sino únicamente sobre la base de reglas (o estándares) de deber. En opinión de Ruiz Manero, tal definición de «rol judicial» parece en efecto posibilitar la elusión de la circularidad, ya que no se define «juez» en términos de reglas de adjudicación cuya validez dependa, a su vez, de los criterios establecidos en la regla de reconocimiento (esto es, de los criterios aceptados como vinculantes y usados concordantemente por el conjunto de los jueces), sino que se considera que las reglas constitutivas del rol judicial son reglas de deber, que existen simplemente como reglas sociales, esto es, en cuanto que son consuetudinariamente vigentes. Sin embargo, el problema estribaría en que esta definición de «rol judicial» no parece recoger todas las propiedades que habría que considerar como definitorias del mismo, esto es, todas aquellas condiciones cuya presencia es necesaria para poder hablar de «rol judicial», de «juez» o de «jurisdicción». Según Ruiz Manero, junto a las notas de (a) obligación de juzgar, (b) vinculación al hacerlo a estándares preexistentes, parece necesario añadir una propiedad definitoria adicional, a saber, que las decisiones de los «jueces» o «tribunales», dictadas en aplicación de esos estándares preexistentes a casos particulares, son decisiones autoritativas, esto es, decisiones obligatorias para personas distintas de los propios jueces. Desde el punto de vista de su *status* normativo, lo que define al «juez» no es sólo el ser titular de deberes del tipo de los señalados por MacCormick, sino también el ser titular del poder de dictar determinaciones autoritativas sobre la situación jurídica de individuos específicos. Entonces, si el carácter autoritativo de sus decisiones es una propiedad definitoria de «juez» y «tribunal», la definición de estas nociones no puede dejar de hacer referencia a reglas que confieran el poder de dictar tales decisiones autoritativas. En este sentido, concluye este autor, la propuesta de MacCormick, articulada sobre la exclusión del concepto de poder normativo, resultaría finalmente fallida para romper la circularidad en cuestión. Cfr. Ruiz Manero, J., *Jurisdicción y normas*, cit., págs. 124 y ss.

[51] En la teoría hartiana, el legislador lo es en virtud de una regla socialmente aceptada que confiere autoridad a las reglas generales por él dictadas. Cfr. Ruiz Manero, J., *Jurisdicción y normas*, cit., pág. 133.

llos que *son reconocidos socialmente* como tales, esto es, *como titulares de los deberes y poderes normativos que definen el rol judicial*»[52]. En el caso de sociedades complejas en las que la disponibilidad efectiva de los medios para el empleo de la fuerza no se encuentra repartida por igual entre los miembros de la sociedad, sino concentrada en determinados aparatos (grupos organizados de personas), qué se considere reconocimiento social requiere una precisión ulterior: las condiciones para que en una sociedad de este género la afirmación «X es juez» sea verdadera son, escribe Ruiz Manero, análogas a las requeridas para considerar verdadera la afirmación de que, en tal sociedad, «existe el sistema jurídico S». De este modo, a partir de la caracterización de Hart acerca del enunciado de existencia de un ordenamiento jurídico —«un enunciado bifronte, una de cuyas caras mira a la obediencia por parte de los ciudadanos ordinarios y la otra a la aceptación de reglas secundarias como pautas o criterios comunes críticos de conducta oficial, por parte de los funcionarios»[53]—, «podríamos decir que la afirmación "X es juez" es también un enunciado bifronte, cada una de cuyas caras hace referencia a una condición distinta: la primera, a que las decisiones dictadas por X sean, en general, efectivas (esto es, logren obediencia) y la segunda a que X sea reconocido, por parte de los aparatos (grupos organizados de personas) que posean el monopolio de la fuerza en esa sociedad, como titular de los deberes y poderes que definen la posición institucional de "juez" —en virtud de reglas sociales aceptadas—. Cada una de estas condiciones es necesaria, y su conjunción suficiente, para que la afirmación "X es juez" sea verdadera»[54].

En opinión de Ruiz Manero, esta alternativa (que será recogida con algunas modificaciones en *Las piezas del Derecho*[55]) permite romper la circularidad que padece una caracterización intrasistemática de juez como la ofrecida por Hart —que se basa en la referencia a las reglas válidas de adjudicación del sistema jurídico— y, al mismo tiempo, presenta la ventaja, frente a las propuestas de MacCormick o de Nino, de recoger en la caracterización de «juez» todas las propiedades que juzgamos necesarias para poder hablar de tal posición institucional[56].

---

[52] Ruiz Manero, J., *Jurisdicción y Normas*, cit., pág. 133 y Atienza, M., Ruiz Manero, J. *Las piezas del Derecho,* cit., pág. 154. Cursivas mías.

[53] Hart, H. L. A., *El concepto de Derecho*, cit., pág. 145.

[54] Ruiz Manero, J., *Jurisdicción y normas*, cit., pág. 134.

[55] Atienza, M., y Ruiz Manero, J., *Las piezas del Derecho*, cit., págs. 161-163.

[56] Eugenio Bulygin critica, sin embargo, tanto la concepción hartiana de la regla de reconocimiento como todas las interpretaciones de esta regla en cuanto norma, por considerar que llevan aparejados, entre otros problemas, el de la circularidad del criterio teórico de identificación de los jueces. Bulygin concibe a la regla de reconocimiento como criterio

Apuntaba antes, sin embargo, que el propio Nino terminó hallando dificultades insalvables a su criterio de individualización tal y como aparecía apuntado en *Introducción al análisis del Derecho* (criterio que, recordemos, se basaba en el recurso a un mismo aparato coactivo para tratar de identificar a los jueces de cada sistema jurídico, pretendiendo con ello salvar las dificultades de las propuestas de Hart y Raz). Así, en su trabajo posterior *Fundamentos de Derecho Constitucional*, reconoce que dicho criterio nos devuelve a la misma circularidad de la que había tratado de salir.

Nino cifra sus dificultades en los siguientes puntos: 1) En un sistema federal como, por ejemplo, el argentino no todos los jueces recurren al mismo aparato coactivo para hacer efectivas sus decisiones. Ante este hecho, se podría aún decir que hay ciertos estratos superiores comunes del aparato coactivo —como los niveles más altos de las fuerzas armadas de un país— que, si bien pueden no ser empleadas normalmente, están uniformemente disponibles para hacer valer en última instancia las decisiones de los jueces de todas las jurisdicciones de un mismo Estado. Tal cosa, sin embargo, sería fácticamente dudosa. Y, si acudimos al plano normativo, tampoco tendremos siempre una respuesta en tal sentido, respuesta que

conceptual y no como norma. Según este autor, la determinación de las normas originarias o independientes y de las normas derivadas en virtud del principio de deducibilidad es un problema puramente conceptual. La existencia de tal criterio de identificación, además, no dependería de lo que de hecho hagan o dejen de hacer los jueces (esto sería relevante únicamente como problema empírico —la cuestión de la vigencia del orden normativo— que es preciso distinguir de los problemas conceptuales). Es más, sostiene Bulygin, cabría determinar qué normas forman parte del orden jurídico sin saber quiénes son jueces, puesto que no es necesario observar la conducta de los jueces para determinar la existencia de un criterio de identificación. Es usando ese criterio como después podremos establecer qué normas pertenecen al orden jurídico en cuestión y, por consiguiente, podremos saber quiénes son los jueces. Cfr. Bulygin, E., «Regla de reconocimiento: ¿norma de obligación o criterio conceptual?», *Doxa. Cuadernos de Filosofía del Derecho*,, nº 9, (1991), págs. 311-318. Este artículo se sitúa el contexto de una polémica mantenida por Bulygin y Ruiz Manero en el citado número de *Doxa*: Cfr. Bulygin «Algunas consideraciones sobre los sistemas jurídicos», págs. 257-279 y Ruiz Manero, J. «Normas independientes, criterios conceptuales y trucos verbales. Respuesta a Eugenio Bulygin», págs. 281-293. Creo que no le falta razón a Guibourg cuando tercia en esta discusión para decir que ambos intervinientes no parecen hablar el mismo idioma argumentativo por partir de distintos centros de interés y considerar cada uno de ellos insatisfactorio el propósito del otro. Bulygin pondría el acento en el concepto de sistema, dando por sentado que cada persona tendrá sus razones para justificar un sistema u otro. Ruiz Manero, en cambio, explora el modo de justificar el sistema mismo (es decir, trata de encontrar su anclaje social). Cfr. Guibourg, R. A., «Hart, Bulygin y Ruiz Manero: tres enfoques para un modelo», *Doxa. Cuadernos de Filosofía del Derecho*, nº 14, (1993), págs. 429-434.

de cualquier modo sería circular (puesto que estaríamos recurriendo a normas jurídicas cuya pertenencia al sistema precisamente queremos determinar). 2) Así, en un nivel más fundamental que el implicado por el argumento anterior, la unidad misma del aparato coactivo no podría definirse en términos normativos sin incurrir en circularidad y resulta extremadamente difícil proveer una caracterización de esa unidad en términos puramente fácticos (debería hacerse sobre la base del predominio de hecho, posiblemente disposicional, de ciertos individuos sobre otros, de modo que se pueda establecer una jerarquía que determine la unidad del aparato). 3) Si es difícil establecer la unidad de un aparato coactivo en un momento temporal dado, todavía lo es mucho más determinarla a través de largos períodos de tiempo sin acudir circularmente a las normas del sistema jurídico que se quiere individualizar: no parece posible establecer sobre la base de relaciones puramente fácticas la continuidad de un aparato coactivo distinguiéndolo de otros.

En el mencionado trabajo, Nino concluye —como también lo harán Ruiz Manero y Atienza en *Las Piezas del Derecho*— restando importancia al problema de la circularidad que se plantea al teórico a la hora de identificar e individualizar un sistema jurídico. Afirma así que «si hay un conjunto de órganos primarios que observa las mismas reglas de reconocimiento [Nino, siguiendo a Raz, habla de la posibilidad de una pluralidad de reglas de reconocimiento], ello sirve para individualizar a ese grupo [aunque las reglas sean varias] y para identificar al sistema jurídico formado por normas dictadas de acuerdo con ellas, sin necesidad de acudir a alguna otra característica común independiente que sirva para unificar al grupo de órganos primarios: es su aceptación de esas mismas reglas lo que los unifica como parte de un grupo»[57]. Ello, aunque la circularidad reaparezca cuando tratamos de saber a qué órganos tenemos que dirigir nuestra observación.

Por lo que se refiere a cómo determinar las condiciones en que puede decirse que una regla es reconocida por tales órganos primarios —que habrán sido identificados como parte del mismo sistema jurídico—, Nino señala en *Introducción al análisis del Derecho*, siguiendo a Ross, que «lo que debe exigirse es que la norma forme parte substancial del razonamiento que conduce a las decisiones judiciales»[58]. Ahora bien, añade, como resulta que «hay normas que uno está dispuesto a decir que son parte de un sistema aunque ningún órgano primario haya tenido oportunidad de apli-

[57] Nino, C. S., *Fundamentos de Derecho Constitucional*, cit., pág. 42.
[58] Nino, C. S., *Introducción al análisis del Derecho*, cit., pág. 131.

carla»[59], será clarificador tomar en cuenta las reglas de reconocimiento del tipo que señala Hart: una norma pertenecerá al sistema si ella reúne las condiciones que definen la clase de normas que una práctica de reconocimiento del sistema prescribe aplicar. Esto es compatible con lo que Nino sostendrá posteriormente en *Fundamentos de Derecho Constitucional*.

Como antes apuntaba, también Ruiz Manero y Atienza reconocen la sobrevaloración de las dificultades planteadas por el problema de la circularidad. Y así, señalan que bastaría un criterio de identificación de los jueces y tribunales cual es atender a quienes son socialmente reconocidos como tales, esto es, como titulares de los poderes y deberes que definen la posición institucional de la judicatura. Para lo cual, añaden estos autores, no hace falta una gran sofisticación teórica, o conocimientos de algún modo especiales, sino que sería un asunto de mera experiencia común.

Creo que esto es, en el fondo, similar a lo que viene a decir Nino cuando, tratando de salir del embrollo que suponía hallar una solución al problema de la circularidad, concluía diciendo: «[...] es posible partir de un órgano primario como una Corte Suprema, determinar qué reglas de reconocimiento sigue ese órgano, investigar luego qué otros órganos siguen las mismas reglas de reconocimiento y concluir así que todos esos órganos corresponden a un mismo sistema jurídico, que está dado por las reglas de reconocimiento seguidas por ellos y por las restantes normas que ellas identifican. Muchas veces, los órganos primarios no aceptarán exactamente las mismas reglas y, en ese caso, el sistema jurídico identificado por el grueso de reglas de reconocimiento, que sí son aceptadas en forma compartida, tendrá contornos borrosos»[60].

4. EL CONCEPTO NORMATIVO DE VALIDEZ: UNA REVISIÓN DE LA VALIDEZ EN KELSEN

4.1. Introducción

Después de haber abordado en el punto anterior los aspectos más importantes del concepto de validez en sentido descriptivo o pertenencia, que, como hemos visto, están ligados a los avances de Hart sobre la regla de reconocimiento, pasaré a continuación a ocuparme del otro tema central de este capítulo: la reconstrucción de un concepto normativo de validez

[59] Nino, C. S., *Introducción al análisis del Derecho*, cit., pág. 131.

[60] Nino, C. S., *Fundamentos de Derecho Constitucional*, cit., pág. 42. Sobre la zona de penumbra en la norma de reconocimiento, cfr. Atienza, M. y Ruiz Manero, J., *Las piezas del Derecho*, cit., págs. 161-163.

que permita explicar problemas centrales en relación con el fenómeno jurídico que, de otra forma, se presentan en forma oscura y generan —como bien señala Nino— discusiones teóricas espurias e injustas soluciones prácticas. En este terreno Nino comienza su andadura a partir de Kelsen.

Como ya queda dicho, el primer paso que da Nino en su reconstrucción de un concepto normativo de validez es tratar de rescatar dicho concepto de la teoría kelseniana frente a interpretaciones llevadas a cabo por otros autores que ven en él una noción meramente descriptiva de validez. Ya en su *Introducción al análisis del Derecho*, apuntaba Nino que en la teoría jurídica contemporánea se ha generado una confusión «bastante perturbadora» alrededor del concepto de validez empleado por Kelsen. Pero será en *La validez del Derecho* donde con mayor extensión intente clarificar algunos aspectos del concepto kelseniano de validez normativa y trate de disipar los malentendidos que se han producido en este punto, en parte debido a la propia ambigüedad de Kelsen.

Según afirma Nino, es presuposición corriente entre los diversos intérpretes que la noción kelseniana de validez se aparta de la idea de validez que había prevalecido en la filosofía jurídica tradicional. Mientras que esta última noción estaría principalmente conectada con la perspectiva de la justificación de las normas, diversos autores han interpretado que la noción kelseniana de validez está referida a perspectivas de naturaleza puramente descriptiva, tales como las de la identidad de un sistema jurídico, la pertenencia de normas particulares a éste o la coherencia interna del sistema. En opinión de Nino, tal presuposición no es correcta. Dos consideraciones permitirían, sin embargo, comprender el error. De un lado, la fuerte inclinación positivista de Kelsen hace que el intento de asociar su noción de validez con la procedente del enfoque tradicional de inspiración iusnaturalista no parezca plausible y, por otro, la Teoría pura trata el problema de la pertenencia de una forma que, en opinión de Nino, evoca, de forma engañosa, una identificación con el problema de la validez. Antes de entrar a exponer la reconstrucción que hace Nino del concepto de validez en Kelsen, en unos términos que le permiten presentarlo como un concepto normativo que no se separa del significado central del concepto tradicional de validez, dedicaré unas líneas a dar cuenta de los rasgos que caracterizarían a este último concepto. Según Nino, el concepto de validez acuñado en la filosofía tradicional a lo largo de obras tan heterogéneas como las de Santo Tomás de Aquino, Suárez, Puchta[61], y al margen de discrepancias concretas entre los diversos autores, se ajusta a los siguientes rasgos:

[61] Nino, C. S., *La validez del Derecho*, cit., pág. 8.

a) Predicar validez de un sistema jurídico, o de una norma particular, es afirmar que tiene fuerza vinculante, que sus prescripciones constituyen razones concluyentes para actuar.
b) Validez equivale a existencia. Desconocer la validez de un sistema jurídico o de una norma equivale a negar su existencia ya que se considera que la falta de validez implica que el sistema o la norma no tiene las consecuencias normativas estipuladas por el sistema. En este sentido, si, por ejemplo, la norma inválida prohíbe cierta acción, entonces tal acción no cuenta como prohibida: la norma sería ineficaz para establecer relaciones normativas, como si no hubiese sido dictada.
c) Aunque la adscripción de validez deba depender de ciertos hechos como, en el caso de algunas concepciones, la eficacia del sistema jurídico, el significado de validez no es descriptivo, sino normativo: decir que un sistema o una norma jurídica particular son válidos es avalarlos; implica sostener que su aplicación y observancia son obligatorias y justificadas.

Una lectura de la *Teoría general del Derecho y del Estado* y de la *Teoría pura del Derecho* permite a Nino sacar a colación una serie de párrafos de estos trabajos de Kelsen que pondrían de manifiesto que este autor equipara, al igual que las tradicionales explicaciones filosóficas del Derecho, la validez de una norma con su fuerza vinculante[62]. Si bien en tales citas podemos ver que Kelsen habla de validez como equivalente a fuerza vinculante (las normas jurídicas válidas obligan a los individuos a quienes ellas están dirigidas), a existencia («por validez entendemos la existencia específica de las normas») y de validez como concepto normativo, Nino considera que es este último el punto crucial que nos permite entender el verdadero concepto kelseniano de validez y el que permite rechazar como plausibles las interpretaciones que lo identifican, por ejemplo, con la pertenencia de una norma a un sistema jurídico. Y esto es así —observa Nino— porque, de no considerar ese último sentido de validez como el crucial en la teoría kelseniana, siempre podrían mantenerse las interpretaciones que sostienen que cuando Kelsen equipara validez con fuerza vinculante está usando «fuerza vinculante» en el sentido, por ejemplo, de que otra norma del sistema prescribe obedecer la norma en cuestión y que, cuando equipara validez con existencia, ésta pueda significar aquí pertenencia de una norma a un sistema jurídico.

En *La validez del Derecho*, Nino analiza las diversas interpretaciones que diferentes autores han ensayado sobre las tesis de Kelsen y las con-

[62] Nino, C. S., *La validez del Derecho*, cit., págs. 9-11.

troversias generadas en torno a su concepto de validez. Me limitaré aquí, por los límites de este trabajo, únicamente a la propuesta interpretativa del propio Nino, haciendo mención a las interpretaciones de otros autores sólo cuando pueda resultar de interés al hilo de la exposición central de la lectura de nuestro autor.

4.2. La reconstrucción de Nino del concepto de validez kelseniano

Nino considera que la mejor forma de mostrar la dimensión normativa que en la teoría kelseniana tiene el concepto de validez es poniendo de manifiesto que dicha dimensión viene impuesta por la propia estructura general de tal teoría. Sólo una interpretación del concepto de validez como concepto normativo permitiría dar una respuesta plausible a los distintos problemas abordados por Kelsen así como comprender bajo un esquema coherente las soluciones que este autor propone frente a los mismos. Creo que es precisamente en este sentido como ha de ser entendido el intento de Nino por rescatar un concepto normativo adecuado de la obra de Kelsen: es decir, más que en el intento —más o menos interesante— de la interpretación más fiel posible de lo que Kelsen realmente quiso decir, el interés estaría en tratar de ver si un esquema como el kelseniano nos proporciona elementos adecuados para comenzar a dibujar un mapa correcto capaz de reconstruir el concepto de validez utilizado en el discurso jurídico práctico. Veamos pues.

Nino señala cómo en el esquema de Kelsen para que una norma jurídica sea válida se requiere que su dictado sea autorizado por otra norma que sea ella misma a su vez válida. Los juicios jurídicos de validez acerca de reglas que se encuentran en una cierta relación de derivación entre sí (constituida por el hecho de que una autoriza el dictado de otra) se encuentran también en una relación de derivación entre ellos: «Una regla deriva de otra cuando ésta *autoriza* la creación de la primera; un juicio jurídico de que una norma es válida deriva del juicio de que otra norma es válida cuando la primera *presupone* la última»[63]. Además, la validez o fuerza vinculante de la norma superior de un sistema jurídico es presupuesta en la teoría kelseniana y la formulación de tal presuposición constituye la bien conocida norma básica: «uno debe comportarse como la Constitución prescribe».

En la lectura que hace Nino, la norma básica no es una norma que pertenezca a la cadena de derivación de normas, sino que es parte de la cadena de derivación de los juicios de validez. Si, de acuerdo con Kelsen, el

[63] Nino, C. S., *El concepto de validez jurídica*, cit., pág. 11. Las cursivas son mías.

primitivo juicio de validez es una norma y si de las normas nada sino normas puede derivarse, entonces la conclusión obvia resultante es que todos los demás juicios de validez sobre normas que no sean la Constitución deben ellos mismos ser normas. Los juicios de validez (incluida la norma básica) prescriben que debe ser hecho aquello que las normas a los que ellos se refieren estipulan. Si la norma en cuestión estipula que algún acto es obligatorio, predicar de esa norma que es válida implica sostener que hay una obligación de hacer ese acto (y esto no es lo mismo que decir, meramente, que hay una norma que prescribe esa obligación, puesto que decir de una norma que es válida conlleva la declaración de que esa norma logra crear la obligación que prescribe). De esta forma, escribe Nino, en la teoría kelseniana la adscripción de validez a una directiva (que llega a ser por eso concebida como una norma) habilita el pasaje de un lenguaje normativo «entrecomillado» para describir el contenido del Derecho, a un lenguaje normativo directo.

Pero, como antes apuntaba, la interpretación del concepto de validez en Kelsen no está libre de controversia. Nino señala que algunos autores consideran que el concepto de validez en Kelsen es descriptivo y que, por lo tanto, se aparta del concepto de validez tradicional.

A partir de una interpretación que se apoya, por un lado, en algunos textos de Kelsen y, por otro, en la posición decididamente positivista de éste, autores como Hart[64] o Alchourrón y Bulygin[65], entre otros, han sostenido que Kelsen emplea un concepto puramente descriptivo de validez, completamente ajeno a toda asociación con la justificabilidad o fuerza obligatoria de una norma o del sistema jurídico.

Según Nino, esto resultaría del hecho de que Kelsen relaciona la cuestión de la validez, o fuerza vinculante, de un sistema jurídico o de una norma con la individualización del sistema jurídico y la pertenencia de la norma a él. Ello llevaría a los mencionados autores a descuidar la dimensión normativa que, sin embargo, Kelsen sí atribuye a su concepto de validez. La existencia de una «estrecha conexión» entre la validez, por un lado, y la individualización y la pertenencia, por el otro, no autorizaría a concluir que en la teoría de Kelsen la cuestión de la validez sea reducible a estas últimas[66]. Para Nino, la solución de Kelsen a ambas cuestiones es,

[64] Hart compara la norma básica de Kelsen con la regla de reconocimiento que él propone y sostiene que ambas tendrían el mismo rol. Cfr. Hart, H. L. A., *El concepto de Derecho*, cit., Notas al capítulo IV, págs. 310 y ss.

[65] Alchourrón, C. y Bulygin, E., *Introducción a la metodología de las ciencias jurídicas y sociales* [1971], trad. esp. de los propios autores, ed. Astrea, Buenos Aires, 1974.

[66] En descargo de dichos autores escribe Nino que lo que probablemente haya podido llevarles a tal confusión es el hecho de que las respuestas dadas por Kelsen a ambas clases

en realidad, sustancialmente diferente puesto que, aunque parezca que la norma básica hace que un grupo de normas constituyan un sistema jurídico unitario diferente de otros, la respuesta a la cuestión de la validez (esto es, la presuposición de una norma básica que prescribe que *debe ser* lo que sus normas establecen) resultaría absurda e ininteligible si se diese como respuesta a la cuestión acerca de la identidad de un sistema jurídico (esto es, la presuposición de una norma que identificara la unidad de un sistema jurídico). Nino llega a la conclusión de que la solución de Kelsen a la cuestión de la individualización no es la presuposición de una norma —tal como interpretan y critican Alchourrón y Bulygin—, sino un criterio que establecería que: «Un conjunto de normas constituyen un sistema jurídico unitario cuando adscribimos validez a todas ellas sobre la base de una y la misma norma básica»[67].

Lo que sucede, apunta Nino recogiendo una crítica de Raz, es que «como criterio de identidad el anterior es vacuo ya que, en el contexto de la teoría de Kelsen, el contenido de cada norma básica (y, consecuentemente, su propia identidad) no puede ser establecido antes de circunscribir las normas que pertenecen al sistema jurídico al cual la norma básica adscribe fuerza vinculante»[68].

Kelsen, según Nino, parece resolver la cuestión de la validez de una norma particular y de su pertenencia a un sistema jurídico de modo idéntico: «Una norma es válida, si pertenece a un sistema jurídico, cuando deriva de otra norma válida de ese sistema»[69]. Sin embargo aclara nuestro autor que esto es equívoco y que tal respuesta puede ser desdoblada[70]:

a) «Una norma es válida cuando deriva de otra norma válida» (cadena de obligatoriedad).
b) «Una norma pertenece a un sistema jurídico cuando deriva de otra norma que pertenece a ese sistema jurídico» (cadena de pertenencia).

La última formulación sostiene un criterio «genético» de pertenencia que no es discutido en la moderna teoría general del Derecho[71]. En la interpretación de Nino, el criterio de pertenencia de las normas no primiti-

de problemas pueden ser expuestas de forma superficialmente similar. Cfr. Nino, C. S., *La validez del Derecho*, cit., págs. 14-16 y pág. 72.

[67] Nino, C. S., *La validez del Derecho*, cit., pág. 13.

[68] Cfr. Raz, J., *El concepto de sistema jurídico,* cit., pág. 102. Nino, C. S., *Introducción al Derecho*, cit., pág. 123. Véase el apartado 3.3 del presente Capítulo.

[69] Nino, C. S., *La validez del Derecho*, cit., pág. 14.

[70] Nino, C. S., *La validez del Derecho*, cit., pág. 14.

[71] Nino matiza que este criterio de pertenencia debería ser completado con una cláusula referida a la pertenencia de las primitivas normas del sistema y señala que esta cláusula no está provista con éxito por Kelsen. Cfr. Nino, C. S., *La validez del Derecho*, cit., pág.

vas y el criterio para «transmitir» validez desde la Constitución, a la que se refiere la norma básica, hasta las normas a las que ésta no se refiere directamente, son independientes aunque ambos se basen en la misma noción de «derivación», de acuerdo con la cual una norma deriva de otra cuando su dictado fue autorizado por esta última. Pese a que el propio Kelsen parece querer demostrar lo contrario, induciendo a confusión a sus intérpretes, Nino considera que esta independencia entre los criterios da lugar a que cuando las normas primitivas del sistema son tomadas como válidas, no hay coextensividad entre las clases de normas que son válidas de acuerdo con cierta norma básica y la clase de normas que pertenecen a un sistema para el cual esa norma básica se usa, ya que puede darse el caso de que la norma en cuestión no pertenezca al sistema según el criterio de pertenencia, pero sea válida por cuanto otra norma disponga su obligatoriedad (es decir, la validez no sólo se predica de las normas que pertenecen al sistema según el criterio genético de pertenencia). Como Nino pone de manifiesto —y podremos ver a continuación—, el intento de Kelsen de hacer coextensivas la clase de normas que son válidas de acuerdo con cierta norma básica y la clase de normas que pertenecen a un sistema genera numerosos resultados negativos dentro de su propia teoría. Mientras que con relación a la pertenencia, la derivación de una norma a partir de otra, según lo apuntado, resulta plausible, no sucede lo mismo con relación a la «transmisión» de validez. En este último caso, el criterio genético resulta insuficiente: cuando aceptamos la validez de cierto grupo de normas jurídicas, estamos obligados a aceptar la validez de algunas otras normas no sólo cuando su creación fue autorizada por las primeras (criterio genético), sino, también, cuando las normas cuya validez es aceptada reconocen o establecen el deber de obedecer aquellas normas. Prueba de ello es, dice Nino, no sólo el hecho de que un sistema jurídico puede reconocer como válidas las reglas de otro sistema jurídico o las reglas de asociaciones privadas, sin que esto implique que aquellas normas formen parte del sistema jurídico en cuestión[72], sino también, especialmente, el conjunto de problemas que ha de afrontar Kelsen cuando trata de resolver el problema de las normas jurídicas anulables.

En efecto, el análisis del tratamiento que hace Kelsen de esta última cuestión permite a Nino mostrar que la teoría kelseniana está postulando implícitamente que la validez no sólo se transmite mediante el criterio genético, sino también mediante el criterio según el cual una norma de-

14. Ya tuve ocasión de exponer la crítica que dirige Nino a Kelsen en relación con esta cuestión. Véase apartado 3.3 de este capítulo.

[72] Véase en este sentido Raz, J., *Razón práctica y Normas*, cit., pág. 177-178.

manda la vinculatoriedad u obligación de obedecer otras. Veamos los pasos del análisis de Nino[73].

Según Kelsen, resulta contradictorio hablar de normas nulas. Si un acto de voluntad no se adecua a las condiciones que el Derecho establece para la creación de las normas válidas, su sentido objetivo no puede ser normativo. Esto es, no hay tal norma. En opinión de Kelsen, sólo tendría sentido jurídico la anulabilidad. Ésta consiste en privar a un acto del significado objetivo de norma jurídica que el Derecho le reconocía originariamente. El problema sólo puede responderse a la luz de la determinación de quién es competente para decidir sobre la anulabilidad de una norma jurídica. Según Kelsen, la resolución judicial sobre si una norma concuerda con otra superior es constitutiva de tal hecho y no declarativa de un hecho preexistente: de esta forma, una norma será válida aunque contradiga sus condiciones de creación si así lo decreta un juez que decide en última instancia o si un órgano competente no se ha pronunciado sobre su validez. Pero este recurso teórico al que acude Kelsen[74] es en opinión de Nino[75], y como luego veremos, muy desafortunado, puesto que si la validez de una norma no dependiera de la satisfacción objetiva de las condiciones establecidas por las normas superiores, sino de la declaración de un juez, entonces el concepto de validez no estaría a disposición de los jueces para que estos pudieran justificar su propia decisión acerca de la validez de la norma en cuestión[76].

Otro recurso poco satisfactorio del que Kelsen echa mano para solucionar el problema de normas de diferente grado que se contradicen es el de la conocida «cláusula alternativa tácita». Según Kelsen, el hecho de que una norma conserve su validez, a pesar de no adecuarse a las condiciones que expresamente se establecen para su creación, sólo puede ser explicado mediante la hipótesis de que la norma superior contiene tácitamente una autorización abierta que faculta al órgano a dictar normas mediante el procedimiento y el contenido que él mismo determine, aun en contradicción con el texto expreso de la norma superior. Por lo tanto, según la teoría kelseniana, toda norma jurídica coincide con una norma superior, ya sea con su alternativa expresa o con la cláusula tácita de habilitación indeterminada. El juego de la cláusula tácita permite sostener en el esquema kelseniano que no hay conflictos entre normas de diferentes grados. La

[73] Cfr. Nino, C. S., *La validez del Derecho*, cit., págs. 29-40.

[74] Kelsen, H., *Teoría Pura del Derecho*, cit., págs. 246 y ss.

[75] Cfr. Nino, C. S., *The Constitution of the Deliberative Democracy*, cit., pág. 192.

[76] También Raz entiende, en este mismo sentido, que Kelsen parece haber confundido la pregunta acerca de la validez de una ley y de si es correcto que un juez la aplique con el hecho de que la decisión de un juez, sea correcta o no, tenga fuerza vinculante y valor de cosa juzgada.

diferencia entre ambas alternativas de creación jurídica (regularidad en la edicción o cláusula tácita que permite plena autonomía en la elección del procedimiento y el contenido) residiría en que si se elige la segunda entonces el órgano se expone a la anulación de las normas que dicta y, eventualmente, a ser sancionado. Por último, la anulabilidad admite distintos grados, el máximo de los cuales, muy cercano a la nulidad, pero cualitativamente diferente, se caracteriza por el hecho de que puede ser decretada por órganos descentralizados con efecto retroactivo.

Nino considera inaceptable esta tesis de Kelsen en relación con el problema del conflicto de normas de diferente jerarquía. Éstas son sus objeciones[77]:

1) Dado que en la teoría de Kelsen toda norma de un sistema jurídico —salvo las de grado inferior— regula la creación de otras, si se admitiera que todas ellas incluyen una cláusula que contiene una autorización abierta, se daría el caso de que ninguna norma del sistema, excepto las que no fueran aplicables para la creación normativa, tendría posibilidad de ser desobedecida, ya que el órgano inferior siempre se ajustaría, necesariamente, a alguna de las dos alternativas que la norma le ofrece.
2) El propio Kelsen requiere que para que un acto de voluntad tenga sentido objetivo de norma jurídica debe haber posibilidad incluso empírica de desobedecerlo. Siendo la posibilidad lógica más fuerte que la empírica, uno podría sostener que, con mayor razón, de no darse ésta, se privaría al acto de voluntad de todo sentido objetivo de norma jurídica. Si todas las normas del sistema jurídico incluyeran una cláusula de habilitación abierta, ninguna de ellas cumpliría con esa exigencia.
3) La tesis de Kelsen implica que todas las normas del sistema jurídico son tautológicas, puesto que autorizarían una conducta normativa y también su opuesta. La tesis acerca de la anulabilidad de la norma sancionada y la eventual responsabilidad del órgano no resulta satisfactoria, ya que no obsta a que, según Kelsen, pueda sostenerse que se ha cumplido en todos los casos con las condiciones que la norma superior establecía para la validez de las inferiores (sea con el criterio genético regular o con la cláusula tácita).
4) Aunque Kelsen sólo dedica párrafos incidentales al problema de la determinación del órgano competente para dictar normas válidas, su tesis implica que se extienda la alternatividad también a él. La competencia funcional está estrechamente vinculada con el procedimien-

[77] Cfr. Nino, C. S., *La validez del Derecho*, cit., págs. 32-34.

to y la materia normativa. Si se admite el contenido abierto de las normas que regulan la creación de otras respecto del procedimiento y de la materia, debe admitirse igualmente en relación con el órgano. Siendo esto así, no puede dejar de ser desconcertante, por tanto, señala Nino, una tesis que induce a sostener que el Derecho positivo autoriza a cualquier persona a dictar normas mediante cualquier procedimiento y sobre cualquier materia. En definitiva, con la hipótesis de la cláusula alternativa tácita se desmonta la integridad del sistema jurídico.

5) Resulta interesante la distinción que hace Kelsen entre la anulabilidad jurídica y aquellos casos en que la dogmática civil habla de «inexistencia». Estos últimos se caracterizan por no estar previstos por el Derecho, de modo que cualquiera está en condiciones de rechazar que un acto de voluntad tenga el sentido objetivo de una norma válida. Pero si la cláusula alternativa tácita se aplica también a las normas de competencia, entonces esta distinción aparece oscurecida, ya que el carácter ilimitadamente abierto e implícito de la cláusula alternativa no permite considerar esos casos como no previstos jurídicamente, no habiendo ningún criterio que impida considerarlos comprendidos en dicha cláusula.

A la luz de las anteriores consideraciones de Nino, resulta plausible concluir como éste hace que la cuestión acerca de la existencia de las normas jurídicas anulables resulta mejor resuelta si, en vez de presuponer la cláusula tácita para explicar la autorización, se entiende que la validez se transmite no sólo mediante el criterio genético, como parece querer mostrar Kelsen explícitamente, sino también mediante algún otro cauce de transmisión de norma a norma: de esta forma, nos dice Nino, a pesar de que Kelsen parece definir la noción de validez jurídica como la propiedad que consiste en que el dictado de una norma está autorizado por otra de nivel superior, su noción subyacente de validez no sería tal, «sino un concepto normativo equivalente a fuerza obligatoria o justificabilidad y cuya predicación de una norma implica adherir a su contenido, concibiéndola como un juicio de deber ser "objetivo" y no como una mera orden de alguien»[78].

Las dificultades que enfrenta Kelsen cuando trata los conflictos entre normas de grados diferentes serían inexplicables si la validez de una norma se redujera a su derivación de otra superior (una norma que contradice lo prescrito por otra superior sería lisa y llanamente inválida), y, en cambio, son perfectamente explicables si se parte del concepto de validez como fuerza obligatoria o justificabilidad.

[78] Nino, C. S., *La validez del Derecho*, cit., pág. 29.

El concepto de validez que la Teoría pura parece formular en forma explícita implica que no son válidas aquellas normas que contradicen las condiciones para su creación prescritas por normas de nivel superior. Pero esta supuesta definición de «validez» —dice Nino[79]— resulta incompatible con el reconocimiento de que la validez o invalidez de una norma que se aparta del criterio genético regular de edicción de normas depende de la declaración efectiva en uno u otro sentido por parte de un órgano competente. Y es que «las condiciones de verdad del enunciado "la norma p es válida" son radicalmente diferentes si es interpretado como equivalente a "la norma p satisface los requisitos que el sistema establece para su creación" o como "el órgano competente ha determinado que p cumple con los requisitos prescritos para su creación"»[80]. Uno de estos enunciados puede ser verdadero siendo falso el otro y, por lo tanto, la determinación que hace un juez respecto de la concordancia de una norma con la superior puede ser incorrecta[81].

Kelsen, sin embargo, prosigue Nino, rechaza expresamente esta conclusión y, sobre la base del carácter constitutivo de las decisiones judiciales, sostiene que las determinaciones que los jueces hacen de la concurrencia de algún hecho —por ejemplo, la concordancia entre dos normas—, no son meramente declarativas del mismo, sino que lo constituyen jurídicamente como tal[82].

A juicio de Nino, el planteamiento kelseniano del problema de la cosa juzgada deforma el análisis de las normas jurídicas en cuanto pautas de conducta para los tribunales y los súbditos[83]. La incorrección de este análisis es todavía más manifiesta cuando abordamos la cuestión desde el punto de vista de los jueces: parece razonable pensar que el comportamiento que las normas legislativas prescriben o autorizan a los tribunales está condicionado por el acaecimiento de un hecho de los que Kelsen califica

[79] Cfr. Nino, C. S., *La validez del Derecho*, cit., pág. 35.

[80] Cfr. Nino, C. S., *La validez del Derecho*, cit., pág. 35.

[81] Cfr. Nino, C. S., *La validez del Derecho*, cit., pág. 35.

[82] En este sentido sostiene Kelsen que los hechos jurídicos no coinciden con los hechos naturales, sino que están constituidos por decisiones judiciales, correctas o incorrectas para el sentido común, acerca de la ocurrencia de los mismos. Por ejemplo: la comisión de un homicidio no constituye el hecho condicionante de una norma, sino que lo es la declaración judicial de que el homicidio se ha cometido. Véase Kelsen, H., *Teoría pura del Derecho*, cit., pág. 128.

[83] «Sería evidentemente absurdo reintegrar todas las normas primarias poniendo, por ejemplo, la cláusula: «si un juez declara que se ha cometido un homicidio...», en vez de: «si se cometiere un homicidio...». Si procediéramos de este modo, no sabríamos qué era lo que, en realidad, prescribe la norma», Nino, C. S., *La validez del Derecho*, cit., pág. 36.

de «naturales» y no por el hecho jurídico de su propia decisión. En opinión de Nino, el planteamiento kelseniano es válido hasta cierto punto si se restringe exclusivamente al ámbito del cumplimiento de las normas particulares que dictan los jueces. Sin embargo, aunque la situación de un condenado o la de un funcionario público que debe ejecutar la sentencia judicial es exactamente la misma si se ha dado o no la condición que prevé la norma general en que pretende fundamentarse dicha sentencia, no es correcto decir que el hecho condicionante de la norma particular sea la declaración del juez y no un hecho «natural», ya que las sentencias, salvo casos excepcionales, son normas categóricas y la declaración judicial de que se ha cometido un cierto acto antijurídico constituye la fundamentación de la misma, no una condición mencionada en ella. Sí es cierto, sin embargo, continúa Nino, que en este nivel normativo es relevante la pregunta subyacente acerca las razones por las cuales se considera la conducta del súbdito condenado o la del oficial ejecutor jurídicamente debida y no sólo compelida de hecho. La sentencia judicial ilegal, o la que se funda en una ley inconstitucional es inválida de acuerdo con la aparente definición de Kelsen de «validez» como autorización de su dictado por una norma superior, y como tal pareciera inhábil para originar obligaciones jurídicas. La respuesta podría venir por otro lado: la obligación del condenado y la del funcionario público derivan de otra norma válida que prescribe el cumplimiento de las penas establecidas por decisiones judiciales, sean estas válidas o inválidas de acuerdo con el criterio genético de validez.

Bulygin[84] extrae de la idea anterior la conclusión de que Kelsen estaría manejando dos sentidos de validez: 1) Una norma es válida cuando su ejecución está prescrita por otra norma. 2) Una norma es válida cuando cumple las condiciones establecidas para su creación. Pudiendo por lo tanto, ser calificada de válida e inválida según un sentido u otro de validez una norma jurídica que está en conflicto con normas de nivel superior.

La conclusión de Nino es distinta: a su juicio nos encontramos no ante dos sentidos de validez, sino ante dos distintas formas de transmitirla. Veamos esto con más detenimiento.

En opinión de Nino, cuando Kelsen sostiene que la validez de una norma depende de su concordancia con otra norma superior, menciona sólo una condición necesaria para que las normas no soberanas sean válidas, pero tal formulación no implica una definición del concepto de validez. En la teoría kelseniana, la propiedad relevante de las normas válidas es

[84] Cfr. Bulygin, E., *Sentencia judicial y creación de Derecho*, LL, 124-1307, [Vid. referencia Nino, C. S., *La validez del Derecho*, cit., pág. 37].

que expresan un deber ser «objetivo» por ser el producto de un acto de voluntad que coincide con otra norma válida o con el producto gnoseológico de la dogmática jurídica. Si consideramos este concepto material de validez que Kelsen adopta, entonces se torna borrosa —en opinión de Nino— su distinción con la noción de obligatoriedad: si el deber jurídico de ejecutar u obedecer una norma constituye un «deber ser objetivo» en cuanto éste coincide con la prescripción subjetiva que expresa la norma obligatoria, entonces, ésta viene a ser válida ya que cumple con el requisito exigido de que el sentido subjetivo de su acto creador coincida con otra norma válida. Siendo así las cosas, concluye Nino, resultará que son válidas no sólo las normas cuya creación está autorizada, sino también aquellas cuya obediencia o ejecución es obligatoria. La obligatoriedad es compatible con el permiso otorgado a otros órganos para sancionar al usurpador y derogar la norma obligatoria. La autorización, en cambio, excluye lógicamente la posibilidad de sancionar a algún usurpador puesto que —por definición— no lo hay.

Y es, entonces, cuando nuestro autor se pregunta si no habrá en la teoría kelseniana una hipertrofia de la función que cumple la derivación formal —autorización de la creación de una norma por parte de otra— respecto de su concepto central de validez que designa una normación objetiva. Si de lo que se trata es de que para ser válida una norma tiene que coincidir con la voluntad del primer legislador, entonces, la voluntad que los juristas consideran «objetiva», la delegación, constituye sólo una condición suficiente, no necesaria, para determinar esa coincidencia: importa en tanto en cuanto a través de ella se puede suponer que el soberano se adhiere a las prescripciones de sus órganos delegados; pero también aquél, declarándolas obligatorias, puede avalar las prescripciones de los usurpadores, por lo menos cuando presentan una apariencia de legitimidad, hasta que se pongan en funcionamiento los recursos dispuestos para preservar su monopolio normativo. Aquí es cuando Nino se aparta de la opinión de Bulygin y considera que no hay confusión entre dos sentidos de «validez», sino que lo que sucede es que no se está teniendo en cuenta que la validez en el único sentido relevante aquí (como fuerza obligatoria) puede transmitirse de una norma a otra no sólo autorizando el dictado de la última, sino, también, imponiendo el deber de obedecerla. Éste es, en opinión de nuestro autor, uno de los puntos críticos del concepto de validez que ofrece la *Teoría pura del Derecho*. Si designara meramente la derivación de ciertas normas respecto de las primitivas del sistema, no habría razón para preocuparse por la existencia de normas obligatorias inválidas (esto es, que no respetan el criterio genético de derivación) puesto que tales normas serían directamente no vinculantes. La explicación que da Nino al hecho de que Kelsen no señale tal solución es que este autor recoge de la dogmática y de la tradición iusfilosófica el significado normativo de la palabra «validez», diferente de la mera derivación, que expresa el reconocimiento de fuerza obligatoria a determinadas normas. Hay normas que si bien no pertenecen formalmente al sistema, el legislador ha dispuesto que sean obligatorias. El no reconocer que hay vías alternativas para transmitir la propiedad designada por el concepto central de validez que Kelsen emplea (equivalente a fuerza obligatoria y justificabilidad) es, en opinión de Nino, lo que ha provocado estos extravíos de su teoría. Cuando la extensión del concepto normativo de validez que maneja Kelsen coincide con el concepto de derivación de una norma a partir de otra no surgen problemas, pero cuando no es así, en los casos que antes hemos visto —o en el caso de las leyes extranjeras declaradas obligatorias por el legislador nacional— Kelsen se ve obligado a debilitar el segundo de los conceptos (el criterio genético). Esto le lleva exactamente al mismo problema que quiso resolver pero en el sentido opuesto: al haber convertido en casi vacuo el requisito de derivación formal (incluyendo su citada «cláusula tácita»), resulta que su extensión es mucho más amplia que el ámbito de reconocimiento dogmático de la fuerza obligatoria de determinadas normas. En opinión de Nino, la solución correcta consiste, en cambio, en admitir que la validez normativa o justificabilidad no se transmite sólo por el hecho de que una norma válida autorice la creación de otra, sino también porque declare su cumplimiento o aplicación obligatorios.

Otro de los aspectos importantes de la obra de Kelsen que vale la pena examinar a estos efectos es su modelo de ciencia del Derecho. Raz trató de hacer una reconstrucción del pensamiento kelseniano a partir de su concepto de ciencia jurídica.

Inicialmente, en *El concepto de Sistema jurídico*[85], Raz trazó una serie de posibles interpretaciones del concepto de validez a partir de pasajes de Kelsen en los que éste apuntaba la idea de que las normas jurídicas no sólo sirven para justificar acciones, sino que ellas mismas están justificadas. Raz, sin embargo, descarta inicialmente incluso la que entonces le parecía la más plausible de las interpretaciones: «los juicios de «deber ser» que describen el Derecho no expresan juicios categóricos en el sentido de que las normas en cuestión estén justificadas, sino meros juicios hipotéticos de que están justificadas si la norma básica del sistema está justificada». Y ello porque consideraba que tal interpretación traería aparejada —dada la equivalencia

[85] Cfr. Raz, J., *La autoridad del Derecho. Ensayos sobre Derecho y Moral* [1979], trad. esp. de R. Tamayo y Salmorán, UNAM, México, 1985, págs. 172 y ss.

entre validez y existencia— la conclusión de que las normas tendrían una existencia meramente condicional[86].

En un trabajo posterior[87], Raz considera que para reconstruir la idea de Kelsen de que las normas no sólo sirven para justificar acciones, sino que ellas mismas están justificadas es preciso entenderla en el sentido de que los juicios de «deber ser» no implican que las normas a las que ellos se refieren estén justificadas, sino que cuando los usamos asumimos implícitamente nuestra creencia de que lo están. Según Raz, para Kelsen el único tipo de normatividad es una normatividad justificada. La forma que tiene Raz de hacer asumible el intento de Kelsen por mantener la separación de la actividad de describir el Derecho de la actividad de valorarlo es señalando que hay algunos contextos en los que tiene sentido presuponer, por hipótesis, la validez o justificabilidad de ciertas reglas sin tomar partido, categóricamente, acerca de tal justificabilidad. El ejemplo que pone Raz para ilustrar este tipo de situaciones es el caso del creyente en la fe judía que, ante un punto oscuro de las reglas religiosas hebreas acerca de cómo debe actuar en un caso particular, consulta a un amigo cristiano experto en la ley talmúdica. El amigo cristiano experto lo que hace en este caso, según Raz, es emitir un enunciado que presupone la adopción hipotética de cierto «punto de vista» (en este caso, el de la religión judía). Los juristas harían lo mismo cuando formulan enunciados jurídicos: presupondrían, por hipótesis, la validez o fuerza obligatoria de las normas jurídicas, sin que eso implique que las consideren realmente justificadas. Esto sería compatible con la postura positivista que Kelsen defiende firmemente, en cuanto que los juristas no han de asumir un compromiso axiológico genuino acerca de la validez o justificabilidad de las normas de un determinado sistema jurídico, sino que sólo han de adoptarlo de forma hipotética.

[86] Nino, sin embargo, opina que las consideraciones de Raz son en este punto desacertadas, puesto que Kelsen está equipado con una teoría epistemológica de inspiración kantiana que le permite mantener que una cierta clase de conocimiento presupone algunas hipótesis normativas, y, por lo tanto, que algún tipo de proposiciones descriptivas no pueden ser formuladas sin adoptar un punto de vista normativo. Para Kelsen, la existencia de las normas, pues, parece ser condicional, en cierto sentido de «condicional». En opinión de Nino, no sorprende que, de acuerdo con el enfoque kantiano que Kelsen adoptó, esté dispuesto a admitir que las condiciones para el conocimiento de normas jurídicas son también condiciones para su existencia. Una condición para conocer a las normas jurídicas como tales sería suponer su justificabilidad, que es lo que hacemos cuando presuponemos una norma básica que establece su obligatoriedad. Por lo tanto, la existencia de las normas jurídicas estaría condicionada a esa presuposición. Cfr. Nino, C. S., *La validez del Derecho*, cit., pág. 17-18.

[87] Cfr. Raz, J., *La autoridad del Derecho. Ensayos sobre Derecho y Moral*, cit., págs. 172 y ss.

Ahora bien, el problema que según Nino tendría una reconstrucción como la de Raz es que no deja de presentar dificultades si pensamos en la mera función descriptiva que Kelsen otorga a su modelo de ciencia jurídica. La adopción hipotética de un punto de vista parece tener sentido cuando se trata de «recrear» o reconstruir el sistema que resulta de este punto de vista, no cuando se trata, simplemente, de describir el sistema. En un modelo puramente descriptivo como el que parece proyectar Kelsen este recurso a la norma fundamental, esto es, la presuposición de la fuerza obligatoria del sistema, resultaría innecesario. En definitiva, pues, en el modelo de ciencia supuesto por Kelsen, el andamiaje conceptual resulta excesivo si las funciones son puramente descriptivas. Lo que Nino sostiene es que toda la construcción resulta más fundamentada si pensamos en una tarea teórica normativa que sí precisa la presuposición de la validez o justificabilidad. El que se trate de una presuposición haría compatible tal actividad con el positivismo metodológico de Kelsen por lo que se refiere a la identificación y conocimiento del Derecho. Kelsen, por lo demás, a diferencia de algunos de sus intérpretes[88], limita el postulado de la norma básica y su presuposición hipotética al ámbito de la esfera acerca del conocimiento del Derecho, sin abarcar el ámbito de la actividad judicial (donde, claro está, no es posible operar con categorías asumidas sólo hipotéticamente).

5. EL CONCEPTO DE VALIDEZ DE CARLOS S. NINO

5.1. Introducción

El concepto de validez es considerado por Nino como uno de los conceptos cruciales del discurso jurídico justificativo al establecer, como de hecho hace, el puente entre ese discurso y el discurso moral más amplio. Nino sostiene que sólo un concepto normativo de validez permite reconstruir de forma plausible el razonamiento jurídico en contextos en los que tal razonamiento está dirigido a justificar categóricamente acciones y decisiones (como es el caso de la predicación de validez de una norma en contextos del tipo de la práctica judicial).

De esta forma, desde una perspectiva ultraexterna[89], la tesis principal que Nino trata de demostrar en relación con esta cuestión es la tesis de la

[88] Entre ellos, por ejemplo, Harris, J.W., «When does the Grundnorm Change?», en *Cambridge Law Journal*, 29, (1971).

[89] La perspectiva ultraexterna sería la que adoptan los iusfilósofos y que les permite dar cuenta de rasgos comunes a los distintos sistemas jurídicos, esto es, dar cuenta de una

conexión justificativa entre Derecho y moral: la perspectiva interna en relación con el fenómeno jurídico está indisolublemente ligada a la perspectiva interna de la moral y, en especial, a la perspectiva interna de la práctica discursiva que la modernidad ha acoplado a la moral positiva. Si ello es así, nos dice Nino, la perspectiva externa del Derecho como práctica social se distorsiona si no relaciona explicativamente esa práctica social con la práctica social del discurso moral. Desde una perspectiva externa —como la de un antropólogo jurídico—, podemos apreciar que las proposiciones normativas con las que los jueces justifican sus decisiones coactivas son las prescritas por ciertos individuos a quienes ellos consideran autorizados para hacerlo, o que cuentan con legitimidad para emitir tales prescripciones, o que son fuentes de normas válidas. Es posible que los jueces acepten algunas de esas normas por el hecho de haber sido prescritas por legisladores a quienes ellos consideran legitimados para ello según otras normas, pero llegará un momento en el que las normas que legitiman a quien emite prescripciones que contienen normas que, a su vez, los jueces aplican, ya no sean reconocidas por los jueces por haberlas prescrito otros legisladores. Aquí —concluye nuestro autor— nos damos cuenta de que el razonamiento de los jueces se apoya en proposiciones normativas no jurídicas, puesto que no son aceptadas por los jueces por el hecho de haber sido prescritas por autoridades legítimas. Preguntándose por el carácter de estas normas a las que debemos remitirnos necesariamente, Nino señala que la adopción de normas que legitiman las fuentes de normas jurídicas se ve sometida a una práctica discursiva que la conecta con la moral positiva de la modernidad[90]. La tesis defendida por Nino es que la identificación descriptiva de ciertas proposiciones normativas como jurídicas implica mostrar que derivan de ciertas normas morales que desde el punto de vista de los participantes en un sistema legitiman a determinadas autoridades, así como de proposiciones descriptivas de las prescripciones de tales autoridades. La adopción de una de tales normas de legitimación de la autoridad jurídica no implica el fin de la cuestión, sino que el discurso continúa y tal adopción es a su vez sometida a crítica. El discurso propiamente jurídico está inmerso, pues, en el marco de un discurso práctico más amplio.

---

serie de conceptos que forman parte del esquema conceptual básico de cualquier sistema jurídico. Mientras que desde una perspectiva meramente externa podemos hablar de la posibilidad de un punto de vista interno y de un punto de vista externo, cuando nos desplazamos a una perspectiva ultraexterna podemos hacer una distinción previa a esta última: podemos distinguir entre conceptos normativos y conceptos descriptivos, de los cuales solamente los últimos nos permiten distinguir entre el punto de vista interno y el externo. Cfr. Nino, C. S., *Derecho, Moral y Política*, cit., pág. 71.

[90] Cfr. Nino, C. S., *Derecho, Moral y Política*, cit., pág. 58.

Para dar cuenta de tal inmersión del discurso jurídico justificativo en el discurso moral, Nino analiza una serie de problemas que los participantes en el primero han de afrontar. El objetivo que persigue aquí es demostrar que sólo siendo conscientes de que tales controversias internas desbordan el discurso jurídico y conectan a éste con la moral resulta posible ofrecer una solución plausible a tales problemas[91]. Los problemas en cuestión, de los que me ocuparé a continuación, son: (5.2.1.) el problema de la competencia del constituyente originario y el problema con él relacionado de la validez de las normas primitivas del sistema; (5.2.2.) el problema de las normas *de facto*; (5.2.3.) el control judicial de constitucionalidad.

Esto me permitirá ir trazando las líneas de la tesis de la conexión justificativa del Derecho con la moral tal como es defendida por Nino. Habremos avanzado así un paso más para poder presentar en el capítulo V de este trabajo, tras un análisis de su reconstrucción de las normas jurídicas como razones para la acción (capítulo IV), una visión completa de la reconstrucción que nuestro autor hace de la estructura del razonamiento jurídico justificativo.

5.2. Análisis de distintos problemas que superan el marco jurídico

5.2.1. El problema de la competencia del constituyente originario y el de la validez de las normas originarias del sistema. La individualización del orden jurídico a través del tiempo

La cuestión acerca de la justificación de la competencia jurídica originaria y la cuestión acerca de la validez (en sentido normativo) de las normas originarias son, en realidad, dos formas de preguntar por el mismo problema. Como veremos a continuación, según Nino, «esa validez o justificabilidad es de carácter moral y compromete con posiciones de esa índole cuando la validez de una norma —o, lo que es lo mismo, la competencia jurídica para dictarla— se predica en la conclusión de un razonamiento jurídico justificativo»[92].

[91] Dice Nino que los problemas de los que se ocupa «demuestran que los jueces, abogados y juristas al remitirse a normas no captables por un concepto descriptivo judicial institucionalizado de Derecho para legitimar prescripciones de las autoridades cuyo contenido significativo emplean en sus decisiones y propuestas, no se agotan en tales normas sino que en realidad viene implicada una remisión a todo un sistema de justificación más amplio que el que está basado en las prescripciones de las autoridades», Nino, C. S., *Derecho, Moral y Política*, cit., págs. 60-61.

[92] Nino, C. S., *La validez del Derecho*, cit., pág. 69.

5.2.1.1. La cuestión acerca de la competencia originaria

Nino da cuenta de este problema a partir del análisis que hace Carrió de la noción de competencia originaria en su monografía *Sobre los límites del lenguaje normativo*[93]. En este trabajo, Carrió da un paso importante en la dilucidación de la idea de poder constituyente originario, sacándolo del enredo en que está inmerso en los estudios de Derecho constitucional donde es utilizado —en su opinión— transgrediendo los límites del lenguaje normativo: se habla de competencia constituyente originaria en un contexto en el que se niega la existencia de normas que establezcan tal competencia y considerando que el titular de ese poder goza de él no porque haya una norma o un conjunto de normas que previamente se lo haya conferido, sino porque puede llevar a la práctica lo que quiere; es decir, porque es de hecho capaz de adoptar decisiones a la vez globales y concretas acerca de los modos de existencia de la comunidad política. Según Carrió, entonces, «el uso del concepto de poder constituyente originario para justificar la reforma revolucionaria de normas constitucionales importa la pretensión de llevar el concepto normativo de competencia (en el sentido de «potestad» o de «atribución») más allá de los límites dentro de los cuales este último concepto puede ser usado informativamente o servir realmente de justificación»[94]. El

[93] Cfr. Carrió, G., «Sobre los límites del lenguaje normativo» [1973], incluido en Carrió, G.R., *Notas sobre Derecho y lenguaje*, Abeledo- Perrot, Buenos Aires, 4ªed. corregida y aumentada, 1990, págs. 237-259.

[94] Carrió, G. R., «Sobre los límites del lenguaje normativo», cit., pág. 253. A partir de unos párrafos de los *Principios de teoría política* [1983] de Sánchez Agesta («Titular del poder constituyente [...] no es quien quiere o quien se cree legitimado para serlo, sino más simplemente quien puede [...]»; «Para que un poder pueda considerarse como efectivo poder constituyente» es necesaria «la plena consumación del hecho, la plena consecución de su objeto creando un orden nuevo»; etc.), Carrió señala que «si para saber si estamos o no en presencia de un acto del poder constituyente originario, de un ejercicio de su incondicionada e ilimitada potencia, hace falta la plena consumación del hecho, los enunciados que afirman que algo es (ha sido) una manifestación o ejercicio del poder constituyente originario sólo pueden referirse al pasado. Hay que esperar a que la revolución tenga éxito para poder decir que, al instaurar un nuevo gobierno y, en su caso, reformar la Constitución, los revolucionarios ejercieron el poder constituyente originario o, lo que es lo mismo, realizaron actos y dictaron normas en ejercicio de competencias o prerrogativas propias de dicho poder»; en cuyo caso —continúa con una analogía tan lúcida e ilustrativa como simpática— «dentro de esta línea de pensamiento la fuerza o el papel legitimador que tiene o cumple la invocación del poder constituyente originario, en tales circunstancias, no parece ser mayor que la fuerza o el papel que tiene o cumple la invocación de la voluntad divina en la cuarteta que, con un dejo de desencanto, informa que "vinieron los sarracenos/y nos molieron a palos/que Dios ayuda a los malos/cuando son más que los buenos"» Carrió, G. R., *Sobre los límites del lenguaje normativo*, cit., págs. 255-256.

análisis que de este problema hace Nino ha de verse no tanto como una crítica al ensayo de Carrió, cuanto como una profundización en esa línea de análisis que aquél considera acertada, por más que tal profundización le lleve en ocasiones a apartarse de algunas de las implicaciones contenidas en el mencionado ensayo. Lo que aquí paso a exponer, pues, son tales divergencias y con ellas el paso dado por Nino en un camino que aparecía ya iluminado por las reflexiones de Carrió.

Recoge Nino la tesis principal de Carrió en relación con este tema: que el concepto de competencia originaria es un caso de transgresión de los límites externos del lenguaje normativo. Reformula así la tesis en cuestión: «La noción de una competencia originaria o de un poder originario para dictar normas es autocontradictoria puesto que "competencia" o "poder" son términos que aluden a la existencia de normas que estipulan ciertas facultades, y el adjetivo "originario" está precisamente destinado a negar la existencia de tales normas. Se pretende pues emplear un concepto de índole normativa en contextos en que, por hipótesis, las normas están ausentes»[95].

Ahora bien, en opinión de Nino, este planteamiento no resulta del todo convincente. Lo que sucedería es que, en realidad, al hablar de la competencia de órganos «soberanos» está aludiéndose implícitamente no a normas jurídicas, sino a principios de una cierta moral ideal sustentada por quien emplea el concepto. En este sentido, escribe Nino, el propio Carrió sostiene que este concepto, aunque desprovisto de utilidad teórica, tendría una vital importancia práctica cuando lo conectamos con la idea de que el titular del poder constituyente es el pueblo, remitiendo así a principios ideales de legitimación política. Serían estos principios, y no las normas de Derecho nacional o internacional, los que harían de puente entre ciertos datos fácticos —como puede ser el efectivo control de la fuerza estatal— y la conclusión normativa de que ciertos individuos gozan de facultades normativas de índole moral.

Alguien podría replicar frente a esto —prosigue nuestro autor— que el concepto de poder constituyente originario tal como fue acuñado y es empleado de hecho por juristas y jueces constituye una noción jurídica que pretende cumplir un cierto papel en la explicación del Derecho y, sobre todo, en la justificación jurídica de actos y decisiones a partir de la Constitución. Siendo así, podría cuestionarse el que los juristas y jueces que usan la noción de poder constituyente originario precisen invadir un territorio completamente ajeno a sus preocupaciones que no son ni éticas, ni ideológicas, sino las de explicar y justificar fenómenos jurídicos.

[95] Nino, C. S., *La validez del Derecho*, cit., págs. 44-45.

De ser así habría que mostrar —como hace Carrió— que incurren en un error quienes hablan de la competencia jurídica del constituyente originario porque falta el presupuesto básico para poder predicar tal competencia jurídica correctamente por cuanto no hay normas jurídicas de referencia pertinentes.

El problema es que el planteamiento que hace Carrió no parece resultar completamente plausible. ¿Sería suficiente con que hubiera normas jurídicas de referencia? Veamos la argumentación de Nino.

Lo que demostraría el análisis de Carrió es que el concepto de *competencia jurídica* no puede aplicarse al legislador originario y que, por lo tanto, el razonamiento jurídico no puede partir de esa predicación de competencia para alcanzar el mismo tipo de justificación que se obtendría a través de otras aplicaciones correctas (en el caso de autoridades delegadas) de la misma noción.

Cuando Carrió sostiene que el empleo del concepto de poder constituyente originario en un razonamiento encierra la falacia denunciada por Hume consistente en derivar una prescripción de premisas puramente descriptivas[96], parecería estar implícito, afirma Nino, que el empleo del concepto de competencia jurídica no involucraría tal falacia cuando apareciera como conclusión de un razonamiento cuyas premisas hacen referencia a la existencia de ciertas normas jurídicas. Carrió distinguiría, pues, un primer tipo de razonamiento en el cual una de las premisas se referiría al éxito de ciertos actos y al reconocimiento de sus consecuencias, y un segundo tipo de razonamiento en el que la premisa equivalente se referiría a la competencia o facultades establecidas por una norma jurídica. Nino reproduce un razonamiento del primer tipo según es ofrecido por Carrió en *Sobre los límites del lenguaje normativo*. Tal sería[97]:

1. En la comunidad C se ha dado el caso de que grupos de hombres, valiéndose de la fuerza, han derrocado presidentes, disuelto legislaturas y destituido jueces.

---

[96] En opinión de nuestro autor, sería más preciso hablar de la falacia naturalista cuando se da el salto no de una premisa descriptiva a una normativa, sino de una premisa sin contenido valorativo a otra con contenido valorativo. En efecto, en la concepción metaética de Nino —el constructivismo epistemológico— los juicios morales tienen carácter valorativo pero al mismo tiempo son descriptivos (en su formulación apelamos a la existencia de razones). Según Nino, por cierto, sólo este tipo de juicios descriptivos y ningún otro permiten derivar conclusiones acerca de cómo debemos actuar. Cfr. Nino, C. S., *La validez del Derecho*, cit., pág. 61. Acerca del constructivismo ético y de los juicios de valor como descriptivos de determinados hechos morales, cfr. Nino, C. S., *El constructivismo ético*, Centro de Estudios Constitucionales, Madrid, 1989, págs. 69-70.

[97] Cfr. Nino, C. S., *La validez del Derecho*, cit., pág. 48.

2. Esos actos han tenido éxito; esto es, quienes llegaron al poder por la fuerza fueron reconocidos como autoridades de la comunidad C, y quienes se vieron de ese modo privados del ejercicio de sus cargos dejaron de ser reconocidos como tales.
   Ergo: Los grupos de hombres protagonistas de tales actos tenían atribuciones (competencia, prerrogativas, etc.) para llevarlos a cabo; la ejecución de esos actos presupone la facultad (atribución, competencia, etc) de ejecutarlos.

A continuación construye un razonamiento del segundo tipo:

1. En la comunidad C se ha dado el caso de que grupos de hombres, valiéndose de la fuerza, han derrocado presidentes, disuelto legislaturas y destituido jueces.
2. Esos actos estaban autorizados por la norma jurídica X que fue reconocida en la comunidad C como parte de su Derecho vigente.
   Ergo: Los grupos de hombres protagonistas de tales actos tenían atribuciones (competencia, prerrogativas, etc.) para llevarlos a cabo.

En opinión de Nino, sin embargo, la diferencia entre ambos razonamientos, que parece crucial en el análisis de Carrió, en realidad no es tal. Si nos detenemos a ver el segundo tipo de razonamiento nos damos cuenta de que en realidad no hay diferencia alguna con el primero, ya que su segunda premisa consiste también en un juicio descriptivo acerca de lo que estipula una norma que goza de cierto reconocimiento y observancia. Advertido esto, puede adoptarse, en opinión de Nino, alguna de las dos posiciones siguientes:

1) Una posibilidad es sostener que, dado que tal premisa no es tampoco una norma o juicio normativo, el segundo razonamiento es tan inválido como el primero. Al igual que éste, incurriría en la falacia que denuncia Hume puesto que este tipo de razonamiento pretende derivar una conclusión de índole normativa de premisas puramente descriptivas. Ahora bien —continúa nuestro autor—, si esto fuera así, habría que admitir que se incurre en la falacia en cuestión no sólo cuando se predica competencia jurídica de un órgano originario o soberano, sino también cuando eso se hace respecto de un órgano no originario, esto es, delegado. Es decir, aun cuando el juicio de que alguien es jurídicamente competente presuponga —como el segundo razonamiento— un juicio verdadero acerca de la existencia de una norma que faculta a realizar actos o a dictar otras normas, esa atribución de competencia sería siempre espuria porque, siendo de naturaleza descriptiva, estaría sólo basada en la verificación de ciertos hechos: la vigencia de una norma con determinado contenido.
2) La otra posición posible consiste en afirmar que el segundo razonamiento no es inválido porque su conclusión, al igual que sus premisas,

es descriptiva. Las expresiones «competencia», «atribuciones», etc., que figuran en la conclusión del segundo razonamiento, tendrían un significado meramente descriptivo (correspondiente al uso de expresiones normativas que Hare llama «entrecomillado»).

Pero sucede, según Nino, que esto último puede predicarse también del primer razonamiento criticado por Carrió. La invalidez del primer razonamiento no vendría dada por la comisión de la falacia naturalista, como señala Carrió, sino porque las premisas no establecen el tipo de condiciones fácticas adecuadas para predicar competencia jurídica (en los términos en los que señala este autor). En opinión de Nino, esta supuesta invalidez sería fácilmente superable. En efecto, «cuando cierto grupo de hombres toma el poder en una comunidad y son reconocidos por ésta como autoridades, casi siempre se encargan de dictar normas por medio de las cuales se autoatribuyen competencia para realizar los actos que ejecutan»[98]. Se podría incluso prescindir de tal autoatribución de competencia una vez que se advierte que el reconocimiento por la comunidad de autoridades al que hace referencia la premisa del segundo razonamiento implica en sí mismo la vigencia de una norma, del tipo de la regla de reconocimiento de Hart.

En definitiva, si se admite el carácter descriptivo de las conclusiones de ambos razonamientos, entonces es artificioso distinguir entre ellos y tenemos que elegir entre las siguientes alternativas: (1) o bien la objeción de Carrió al tipo de razonamiento que subyace al empleo del concepto de poder constituyente originario —que encierra la falacia naturalista pues deriva una prescripción de premisas puramente descriptivas— es extensible a todo razonamiento que recurra al concepto de competencia jurídica; (2) o bien, de lo contrario, no se trata de un razonamiento que incurra en la falacia naturalista sino, en todo caso, de un razonamiento que es inválido porque carece de una premisa descriptiva muy fácil de proveer: la que describe ya sea una atribución de competencia o la derivación de esa competencia directamente de la regla de reconocimiento del sistema.

Si se pretende reconstruir el concepto de competencia jurídica —originaria o derivada— tal y como es empleado en enunciados descriptivos, entonces, la segunda alternativa, dice Nino, permite asignar un significado coherente a tal noción *descriptiva*: alguien tiene competencia jurídica originaria cuando tiene el control del aparato coactivo estatal y sus facul-

---

[98] Aunque podría objetarse la idea de «autoatribución de competencia jurídica», lo cierto —nos dice Nino— es que si se considera que la competencia debe siempre ser atribuida por otro órgano que fuera en sí mismo competente, entonces nunca nadie sería competente. Cfr. Nino, C. S., *La validez del Derecho*, cit., pág. 50.

tades para dictar normas jurídicas no derivan de normas dictadas por otros órganos, sino de una norma dictada por él mismo a ese efecto o, en última instancia, de la regla de reconocimiento del sistema. Esto, claro, es relevante sólo si insistimos en predicar *competencia jurídica* de quienes dictan, en forma no delegada, normas jurídicas vigentes.

Lo que sucede es que esto puede resultar insatisfactorio para interpretar algún otro tipo de razonamiento que recurra a la noción de competencia ya que, como hemos visto, sólo da una explicación satisfactoria de la noción descriptiva de competencia originaria. Si se pretende reconstruir el concepto de competencia —originaria o derivada— tal y como es empleado en enunciados que expresan razones para actuar, entonces no es suficiente concluir que las aplicaciones de ese concepto presuponen juicios descriptivos acerca de la vigencia de normas jurídicas. Y es precisamente el hecho de que el concepto de competencia jurídica suela emplearse en enunciados con los que se pretende justificar actos y decisiones lo que, en opinión de Nino, se presenta como una razón relevante para que —independientemente de que este concepto se utilice en contextos descriptivos—, se analice también el concepto de competencia jurídica, originada o derivada, tal cual es usado en el contexto de un razonamiento dirigido a justificar acciones y decisiones. Cuando el concepto de competencia jurídica es empleado en contextos justificativos es un concepto moral, o sea, presupone la aplicabilidad de ciertos principios de justicia y moralidad social que establecen en qué condiciones cabe observar y reconocer las directivas de quienes detentan el monopolio de la coacción en una comunidad. Esto es: en contextos justificativos, el concepto de competencia jurídica es empleado en juicios de adhesión normativa, que presuponen tanto juicios acerca de principios morales generales (consideraciones de filosofía moral acerca de la legitimación del poder político y de la obligación de obedecerlo) como juicios fácticos acerca de la vigencia de ciertas normas jurídicas[99].

[99] Para un análisis de los denominados por Nino juicios de adhesión normativa puede verse el apartado 4.2 del Capítulo IV de este libro. De momento y con objeto de ilustrar el texto principal baste señalar que en la concepción de Nino, una norma jurídica del tipo «El que matare a otro será castigado, como reo de homicidio, con la pena de prisión de diez a quince años» es un juicio de adhesión normativa surgido de una premisa de naturaleza político-moral («Se debe obedecer a quien ha sido elegido democráticamente para legislar») y dos juicios fácticos («El legislador L ha sido elegido democráticamente» y «L ha dictado una norma jurídica que estipula "el que matare a otro será [deberá ser] castigado, como reo de homicidio, con la pena de prisión de diez a quince años"». O, por limitarme a lo referido en el texto, un juicio del tipo «Se debe obedecer a L» es un juicio de adhesión normativa formulado a partir de dos premisas, una normativa y una fáctica: «Se debe obedecer a quien ha sido elegido democráticamente para legislar» y «L ha sido elegido democráticamente para legislar».

Por otra parte, tratando de dar respuesta a una cuestión que también preocupaba a Carrió, Nino escribe que si fuéramos conscientes de que la adjudicación del poder constituyente originario involucra un compromiso moral, probablemente se evitaría que la idea de que alguien detenta competencia jurídica soberana para dictar normas constitucionales esté asociada con los atributos de ilimitación y omnipotencia, algo que, aun cuando se adjudique tal poder a órganos democráticamente elegidos, favorece una actitud despreocupada hacia los derechos individuales básicos. Una articulación de los principios de moralidad social que rigen la legitimidad política mostrará, seguramente, que esa legitimidad deriva de la necesidad de hacer efectivos aquellos derechos y está condicionada, por lo tanto, al éxito que se tenga en la satisfacción de esa necesidad[100].

5.2.1.2. «Todas las normas de este código son modificables por el procedimiento P»: La cuestión de la autorreferencia en la predicación de validez de las normas primitivas del sistema

La tesis con la que Nino cierra en *La validez del Derecho* su análisis del concepto de competencia jurídica originaria (Ensayo III. «La competencia del constituyente originario y el carácter moral de la justificación jurídica»[101]) es retomada de nuevo en su ensayo IV («¿Puede un sistema jurídico generar su propia validez?»), para ser, como veremos, corroborada.

---

[100] Cfr. Nino, C. S., *La validez del Derecho*, cit., pág. 66. Sobre este punto volveré en el capítulo V del presente trabajo. Por lo demás, Carrió no era ajeno a estas consideraciones como puede comprobarse cuando, en las conclusiones del trabajo citado, señala que (junto a la advertencia, recogida también por Nino, de que el concepto de poder constituyente originario, pese a su inutilidad teórica, tiene una gran utilidad práctica ya que está conectado con la idea de que no hay otro titular del poder constituyente que el pueblo e integra así un cuadro de la organización social apto para promover la ideología democrática) es preciso agregar dos cosas: «Primero. El principio del gobierno de la mayoría puede conducir a la intolerable opresión de las minorías y de los individuos, si se lo exalta al plano de un principio absoluto y no se lo mitiga o modera con un método eficaz de protección de los derechos humanos. La postulación de la entidad «poder constituyente originario», a la que se asignan los atributos de ilimitación y omnipotencia, no favorece, precisamente, esa indispensable moderación. Segundo. Una vez que el principio del gobierno de la mayoría se complementa con los dispositivos apropiados para tutelar a las minorías y a los derechos fundamentales de los seres humanos individualmente considerados, la ideología resultante de aquel principio y del principio paralelo que reclama la adopción de tales dispositivos, puede ser adecuadamente defendida y difundida sin necesidad de echar mano de una noción tan confusa e inasible como el concepto de poder constituyente originario», Carrió, G. R., *Sobre los límites del lenguaje normativo*, cit., pág. 258-259. La lectura de estos párrafos transcritos permite, en mi opinión, ver los hilos argumentativos de los que el propio Nino tiró.

[101] Nino, C. S., *La validez del Derecho*, cit., págs. 41-68.

Escribe Nino en este último ensayo que «en la teoría de Kelsen, si bien la validez de una norma deriva de la validez de una norma superior que autoriza su dictado o declara obligatorio su cumplimiento, lo que se transmite es algo distinto de la mera relación con la norma superior, se trata de la fuerza obligatoria o justificabilidad de la norma. Esto hace posible predicar validez aun de las normas primitivas. Esa validez es de carácter moral y compromete con posiciones de esa índole cuando la validez de una norma —o, lo que es lo mismo, la competencia jurídica para dictarla— se predica en la conclusión de un razonamiento jurídico justificativo»[102].

Con el análisis del que a continuación daré cuenta, Nino trata de revalidar esta tesis mostrando que hay que descartar la posibilidad de no trascender o sobrepasar el sistema jurídico para predicar validez de las normas primitivas del sistema (y a través de ellas de todas las restantes) y rechazando que a los efectos de la validez en sentido normativo (esto es, como obligatoriedad) el dictado y derogación de esas normas primitivas pueda estar autorizado por ellas mismas a través de una autorreferencia. Si esto fuera posible, el sistema jurídico sería autosuficiente para generar su propia validez, sin que fuera necesario recurrir para fundamentar ésta a principios extrajurídicos de carácter moral. Aunque esto implicaría también que la autoridad suprema (el constituyente) podría estar limitada jurídicamente y no sólo moralmente, Nino, como veremos, llega a la conclusión de que esto no es posible, y que cuando predicamos validez de una norma jurídica, necesariamente estamos refiriéndonos a principios extrajurídicos de naturaleza moral.

Con este análisis, Nino trata, además, de indagar una serie de problemas que el enfoque hartiano sobre la individualización del orden jurídico basado en la regla de reconocimiento habrá de enfrentar al tratar de dar cuenta de la variación de las reglas de reconocimiento a través del tiempo. Uno de esos problemas es la denominada «paradoja de Ross» [*Ross puzzle*]. Ésta se presenta cuando una regla de reconocimiento —aquí está pensándose en la Constitución como fuente última del sistema jurídico— dispone su propio cambio de modo tal que ella misma se aplicaría para ser reemplazada por otra regla de contenido diverso. En *Sobre el Derecho y la justicia*[103], Ross señalaba que la aparente continuidad no podía ser tomada en serio ya que, de lo contrario, habría que admitir, de un lado, una autorreferencia inexplicable y, de otro, la posibilidad de que una

[102] Nino, C. S., *La validez del Derecho*, cit., pág. 69.

[103] Ross, A., *Sobre el Derecho y la Justicia*, trad. esp. de G. Carrió, Eudeba, Buenos Aires, 1963, pág. 80. Cfr. también Ross, A., «Sobre la autorreferencia y un difícil problema de Derecho Constitucional», en *El concepto de validez y otros ensayos*, cit.

norma inexistente siga siendo el fundamento de la validez de su norma sucesora.

Veamos el problema a partir de la norma constitucional. Si el artículo que dispone el procedimiento de reforma de la Constitución fuera reformado de acuerdo con lo que él mismo dispone, el nuevo artículo sólo podría verse como el resultado de una reforma regular de la Constitución si aceptamos dos premisas cuestionables: (1) que el antiguo artículo de reforma se refería a sí mismo al fijar el procedimiento de reforma, y (2) que el antiguo artículo sigue determinando la validez del nuevo artículo de reforma no obstante no ser ya válido[104]. La conclusión a la que Nino quiere apuntar se articula en dos niveles: (a) por un lado, quiere demostrar que, frente a lo que suele pensarse habitualmente, a los efectos de cambio del orden jurídico no existe una diferencia entre la modificación de las normas básicas del sistema de forma regular o de forma revolucionaria. En ambos casos habrá siempre un cambio. Y con esto quiere llegar a una segunda conclusión: (b) lo anterior no significa que, en otro orden de consideraciones, dé lo mismo modificar la Constitución de forma regular o irregular, sino que cuando cambia la base de un sistema hay un orden jurídico diferente y el fundamento de la validez (en el sentido normativo) de las nuevas normas no puede encontrarse en el sistema derogado, por más que cuando se trate de un cambio regular haya una estrecha continuidad entre ellos.

Nino se ocupó de la paradoja de Ross en su trabajo *La validez del Derecho*. Ahí da cuenta (1) del análisis que el propio Ross llevó a cabo sobre el asunto y de las dificultades que éste encontró en relación con la posibilidad de que la norma que prevé el procedimiento de reforma constitucional pueda ser reformada de acuerdo con el procedimiento que ella misma prevé; tales dificultades llevan a Ross a descalificar la posibilidad de que la norma que regula la reforma constitucional se aplique a sí misma, limitando jurídicamente, de este modo, a la autoridad suprema; (2) de la crítica que Hart Bulygin y Guibourg dirigen al análisis de Ross; y, por último, (3) de la explicación que el propio Nino sugiere frente a los problemas que preocuparon a Ross —si bien apartándose de la solución ensayada por este autor—, explicación que le llevará, como he apuntado, a corroborar la tesis de que cuando estamos en un contexto de razonamiento justificativo la validez o justificabilidad que se predica de las normas primitivas del sistema tiene carácter moral.

Detengámonos, entonces, a ver con detalle el análisis de Nino en relación con este problema.

[104] Cfr. Nino, C. S., *Fundamentos de Derecho Constitucional*, cit., pág. 43.

(1) Ross había sostenido que las normas que otorgan competencia jurídica para dictar otras normas forman una cadena que no puede ser infinita puesto que hemos de llegar a un punto en que estamos frente a una autoridad suprema cuya facultad de dictar y modificar normas no deriva de otra norma, sino de una ideología política presupuesta, o sea, de una hipótesis inicial (sería el equivalente a la norma fundamental kelseniana)[105].

En opinión de Nino[106], lo más interesante del planteamiento de Ross son sus argumentos para rechazar la posibilidad de que la norma que prevé el procedimiento de reforma constitucional (estatuyendo así la autoridad suprema) pueda ser reformada de acuerdo con ese procedimiento por ella misma previsto. Ross desecha la posibilidad de que la norma que regula la reforma constitucional se aplique a sí misma limitando de esta forma jurídicamente a la autoridad suprema, ya que en su opinión: (a) las proposiciones o normas autorreferentes carecen de significado y, además, (b) carecería de sentido que una norma regulara su propio procedimiento de reforma por cuanto que esto implicaría que si la norma en cuestión es reformada, la validez de la nueva norma derivaría de la antigua y tal cosa no es posible dado que una norma no puede derivar su validez de otra que ya no es válida y que es incompatible con ella.

Esta argumentación, con la que Ross trataba de demostrar, como he apuntado, que la autoridad suprema no podría estar, a su vez, jurídicamente limitada, y que para encontrar tales límites habría que trascender el sistema jurídico, fue objeto de un intenso debate. El desarrollo del mismo, sin embargo, se produjo de tal modo que vino a olvidar el punto clave al que quería apuntar Ross, con lo cual las discusiones producidas fueron de alguna forma menos claras de lo que, si se hubiera tenido presente tal objetivo, podrían haberlo sido.

(2) La primera respuesta a la tesis de Ross provino de Hart[107]. Como resume Nino, Hart rebatió los argumentos de Ross señalando, por un lado, que, aunque la autorreferencia total carece efectivamente de sentido, no sucede lo mismo con la autorreferencia parcial y, por otro, que, además, el diferente ámbito temporal de las dos normas supondría que la nueva norma no estaría en contradicción con la antigua, siendo posible, por lo tanto, afirmar que la nueva norma deriva su validez de la anterior.

---

[105] Para una crítica de estos intentos por «encontrar anclaje»para el sistema jurídico, cfr. Guibourg, R., «Hart, Bulygin y Ruiz Manero: tres enfoques para un modelo», *Doxa. Cuadernos de Filosofía del Derecho,* nº 14, (1993), págs. 429-434.

[106] Nino, C. S., *La validez del Derecho*, cit., pág. 70.

[107] Hart, H. L. A., «Self-Referring Laws», en *Festschrift Tillagnad Karl Olivecrona*, Estocolmo, 1964.

Ross replicó a esto en su trabajo «Sobre la autorreferencia y un difícil problema de Derecho constitucional»[108]. Por lo que se refiere a la cuestión de la autorreferencia, Ross precisa que hay que distinguir la autorreferencia genuina de la espuria y sostiene que, en el caso de la autorreferencia parcial, el problema aparece respecto de una parte del significado de la proposición. Sólo respecto de esa parte se puede decir que la proposición o norma, por ser autorreferente, carece de significado. En cuanto al segundo argumento de Hart, Ross señala que la nueva norma constitucional contradice la antigua de la que supuestamente deriva y que, precisamente por eso, y en virtud del principio *lex posterior,* se suceden. Pero añade que, debido a la contradicción lógica que hay entre ambas normas no puede ser derivada la validez de una de la validez de la otra.

Tanto Bulygin como Guibourg cuestionaron la réplica de Ross a Hart y consideraron que los problemas apuntados por Ross no eran problemas genuinos.

Bulygin[109] se ocupa especialmente de la cuestión relativa a si la validez de una norma puede o no derivarse de otra con contenido opuesto. Este autor parte de que la validez a la que alude Ross es de índole normativa y ésta se expresaría a través de un juicio que predica de una norma que ella debe ser obedecida. En su opinión, la contradicción apuntada por Ross no se da efectivamente, al considerar que el hecho de que cada norma de reforma constitucional se refiera a una Constitución diferente[110] da lugar a que la norma antigua y la nueva tengan una referencia distinta. La conclusión a la que llega Bulygin es que la validez normativa de la nueva Constitución puede perfectamente derivar de la antigua que queda derogada. Aclara, no obstante, que la aplicabilidad de la Constitución nueva (y aun de la vieja respecto de actos ocurridos durante su vigencia) debe derivar de un criterio perteneciente al sistema jurídico vigente. Luego me ocuparé de la opinión de Nino en relación con esta última cuestión.

[108] Cfr. Ross, A., «Sobre la autorreferencia y un difícil problema de Derecho Constitucional», cit., págs. 49-81.

[109] Cfr. Bulygin, E., «Tiempo y validez» [1982], en *Análisis lógico y Derecho*, ed. Centro de Estudios Constitucionales, Madrid, 1991, págs. 195-214.

[110] En este sentido apunta Bulygin en la obra citada que al ser la Constitución un conjunto de normas, ella no es la misma si incluye, por lo menos, una norma distinta. En el caso discutido, tal norma distinta sería la que estipula el procedimiento de reforma. En este mismo sentido Hoerster sostiene que no hay problema de contradicción entre el artículo 88 de la Constitución de Dinamarca que establece el procedimiento para su reforma y el artículo 88' puesto que ambos pertenecen a diferentes Constituciones: una que contiene el artículo 88 y otra de la que forma parte el artículo 88'. Cfr. Hoerster, N., «On Alf Ross's Alleged Puzzle in Constitutional Law», *Mind*, (1972), págs. 422-426.

Por su parte, Guibourg[111] se pronuncia sobre el tema de la autorreferencia normativa, rechazando la idea de que todo enunciado genuinamente autorreferente carezca de sentido y sosteniendo que algunos enunciados autorreferentes son no significativos no por ser autorreferentes, sino por carecer de referencia. Sí que la tienen todos aquellos enunciados autorreferentes del tipo «este enunciado contiene una referencia a sí mismo» o «este enunciado no contiene una referencia a sí mismo»: ambos son significativos y su verdad o falsedad puede apreciarse examinando el propio enunciado[112]. Carecerán de sentido solamente los enunciados autorreferentes que impliquen una contradicción. Tal sería el caso de enunciados —si los aceptamos a los efectos como tales— del tipo «Esto que digo es falso». En este caso, si sustituimos el enunciado por p entonces, de acuerdo con el concepto de verdad semántica establecido por Tarski, tenemos que p implica que «p» es verdadero (esto es, que yo creo que «p» es verdadero) puesto que todo enunciado implica la afirmación de su verdad (esto es, todo enunciado proferido por un sujeto implica la creencia de este sujeto en su verdad). Si reemplazamos «p» por «p es falso» entonces sucede que afirmamos explícitamente que p es falso e implícitamente que es verdadero. Esto es, incurrimos en una contradicción[113].

---

[111] Cfr. Guibourg, Ricardo A., «La autorreferencia normativa y la continuidad constitucional», en Bulygin, Farrell, Nino, Rabossi, (comps.), *El lenguaje del Derecho*, Abeledo-Perrot, Buenos Aires, 1983, págs. 181-195.

[112] Cfr. Guibourg, R. A., «La autorreferencia normativa y la continuidad constitucional», cit., pág. 186.

[113] Podemos expresar el concepto de verdad semántica de Tarski a partir del siguiente ejemplo: «"La nieve es blanca" si y sólo si la nieve es blanca» o, de forma más rigurosa: «X es verdadera si, y sólo si, p», donde X es el nombre de la proposición p. De ahí resulta que todo enunciado (p) implica la afirmación de su verdad («p» es verdadero). Si reemplazamos la variable p por la expresión «p es falso», ocurre que afirmamos explícitamente que p es falso y, implícitamente, que p es verdadero. Es decir, se estaría afirmando «Es verdad que esto que digo es falso». Esto es una contradicción. Lo que sucede, apunta Guibourg, es que en una primera aproximación no lo vemos y nos quedamos perplejos. Del mismo modo, si «esto que digo es verdad» se aceptase como enunciado, el resultado no generaría paradoja alguna puesto que la afirmación explícita (p es verdad) y la implícita («p es verdad» es verdad) coincidirían en una conjunción contingente. En el caso de la conocida como «paradoja del mentiroso» tendremos que el enunciado encierra una contradicción. En el momento en que dilucidamos esto nos damos cuenta de que la paradoja es sólo aparente. En efecto, pensemos en el caso del sujeto mentiroso que dice: «Estoy mintiendo». Tal enunciado a primera vista nos provoca un desconcierto pues es verdadero cuando es falso, esto es, cuando el sujeto no está, de hecho, mintiendo. Lo mismo sucede con el enunciado «Lo que digo es falso» que resulta ser verdadero cuando es falso. Pues bien, apunta Guibourg que lo que aquí sucede es que estamos afirmando explícitamente que lo que decimos es mentira o falso e implícitamente que es verdadero (esto es, que creemos en su verdad). Esto es, afirmamos una contradicción. Cfr. Guibourg, R. A., «La autorreferencia normativa y la continuidad constitucional», *El lenguaje del Derecho*, cit., págs. 187-188.

Sucede además —continúa Guibourg— que verlos como enunciados es sólo una hipótesis para demostrar que no es la autorreferencia el factor que puede privar de sentido a tales expresiones. Pero tal hipótesis no puede aceptarse y las mencionadas expresiones carecen, en verdad, de significado. El valor de «p es verdad» depende del valor de p, y la determinación de éste requiere el previo análisis de p. Si p resulta ser un enunciado analítico, tautológico o contradictorio, su verdad o falsedad resultará del propio enunciado. Si es un enunciado contingente, él mismo enunciará las condiciones que pueden confirmarlo o hacerlo falso. Pero, si aceptamos que «esto que digo es verdad» es un enunciado —se pregunta Guibourg— ¿cuál será la perspectiva para averiguar su verdad o su falsedad? Predico la verdad de esto que digo, pero «esto que digo» es que esto que digo es verdad y así sucesivamente. Lo que sucede, pues, es que ciertas expresiones, tras una autorreferencia aparente, ocultan un vacío que las hace incompletas e insuficientes para expresar una proposición a la que pueda atribuirse algún valor de verdad. En definitiva, concluye Guibourg, decir «esto que digo es verdad» o «esto que digo es falso» son expresiones tan poco significativas como « es verdad», donde el espacio en blanco no ha sido llenado con ninguna proposición. Estas fórmulas carecen de referencia no por ser autorreferentes, sino por no tener un real núcleo de significado, esto es, por ser un predicado sin sujeto.

Esa vacuidad —no implicada, pues, necesariamente por la autorreferencia— también aparece en los casos en los que se dice: «la presente norma no es válida» o «esta norma es obligatoria», «esta orden no debe ser obedecida», etc., ya que allí donde no se menciona conducta alguna o donde no se remite a otra norma, no existe norma de la que pueda disponerse validez o invalidez, sanción o derogación al no contener referencia a una conducta determinada ni remitir a otra norma, presente o eventualmente futura que pueda contenerla.

Si se asume el sentido de la autorreferencia de una forma menos estricta, esto es, en el sentido de que una norma es autorreferente no sólo cuando se refiere a sí misma, sino a toda una ley de la que ella forma parte, entonces la vacuidad desaparece[114].

Por lo que se refiere a la cuestión de la derivación, Guibourg considera que sostener que una nueva norma de reforma constitucional no puede de-

[114] Guibourg señala como ejemplo el caso de una hipotética ley compuesta de dos normas, una de las cuales declarase derogada a toda la ley. Una norma semejante será pragmáticamente absurda, pero este mismo juicio que hacemos sobre ella muestra que la entendemos, que tiene sentido. Cfr. Guibourg, R. A., «La autorreferencia normativa y la continuidad constitucional», cit., págs. 190-191.

rivar su validez de la antigua es teóricamente erróneo y políticamente peligroso, ya que puede hacer pensar que es indiferente cómo se reforme la Constitución. Con esto trata de dar respuesta a una postura como la sostenida por Ross y Nino según la cual cuando se transforma la base de un sistema jurídico se produce un cambio de tal sistema, dando lo mismo, a los efectos, que se convoque una convención constituyente para tomar la decisión de reformar la Constitución o que el presidente tome la decisión de modificarla: en ambos casos el resultado será siempre un cambio del orden jurídico[115]. En efecto, Nino considera errónea la creencia de los juristas de que cuando se produce una reforma regular de las normas básicas del sistema (Constituciones que se reemplazan total o parcialmente —incluyendo, en este último caso, la norma de reforma—) no hay cambio del orden jurídico[116].

Guibourg rechaza también el argumento de Ross según el cual si la validez de la nueva norma de reforma derivase de la antigua estaríamos ante una inferencia cuya conclusión contradice una premisa. Sostiene que la derivación dinámica de las normas jurídicas es diferente de la deriva-

[115] Cfr. Ross, A., *Sobre el Derecho y la Justicia*, cit., pág. 79; Nino, C. S., *Introducción al Derecho*, cit., pág. 147.

[116] En el mismo sentido, Atienza y Ruiz Manero escriben: «Pudiera haber quienes sostuvieran que es erróneo suponer que la Constitución viene señalada directamente como fuente jurídica suprema por la regla de reconocimiento aceptada; la Constitución española de 1978 fue dictada por unas cortes elegidas de acuerdo con lo previsto en la Ley para la Reforma Política, la cual fue dictada de acuerdo con lo previsto en las Leyes Fundamentales del régimen franquista...de forma que la continuidad jurídica se extendería, hacia atrás, hasta las disposiciones de la Junta de Burgos que invistieron al general Franco como jefe de Estado. De tal modo, la regla de reconocimiento aceptada vendría a remitir, no al constituyente de 1978, sino a la junta de Burgos de 1936, como autoridad suprema». Pero, en su opinión, esta posición «aunque pudiera traslucir hábitos mentales y esquemas de interpretación comunes entre los juristas es, claramente, errónea, puesto que si bien todo cambio irregular de la fuente suprema se traduce —si tiene éxito— en el uso de una nueva regla de reconocimiento por parte de los tribunales y funcionarios, no todo cambio regular de la fuente suprema implica la continuidad de la misma regla de reconocimiento. [...] Así, si alguien alegara en contra de la validez de la Constitución de 1978 que, por ejemplo, en el referéndum de aprobación de la Ley para la Reforma Política de 1976 hubo fraude, esto sería visto como algo de interés meramente histórico, pero como argumento pretendidamente jurídico sería considerado como una simple extravagancia», Atienza, M y Ruiz Manero, J., *Las piezas del Derecho*, cit., 148-150. También Garzón Valdés apunta que «si el cambio se realiza de acuerdo con la "regla de reconocimiento" estamos frente a una reacción de identidad [...]», y que, sin embargo, «el cambio República de Weimar-nacional socialismo, por más legal que pueda haber sido (y sobre ello hay también dudas) significó un cambio de regla de reconocimiento, es decir, un cambio en el punto de vista interno, una alteración de las creencias de quienes detentaban el poder. Por consiguiente, no fue una reacción de identidad», Garzón Valdés, E., «El concepto de estabilidad de los sistemas políticos» [1987], en *Derecho, ética y política*, cit., 594.

ción estática propia de la inferencia lógica: mientras en ésta tanto la premisa como la conclusión son atemporales, en la primera hay una secuencia temporal entre ellas y la norma derivada no está presente en la derivante sino «en potencia». El artículo de reforma constitucional regula cómo el órgano constituyente que lo dictó y cesó en sus funciones puede ser sucedido por otro.

Veamos a continuación cuál es la postura de Nino en relación con esta polémica.

Por lo que se refiere a la cuestión de la autorreferencia normativa, y tras dejar de lado la que califica como compleja cuestión lógica y semántica acerca de si hay proposiciones que siendo genuinamente autorreferentes son significativas (aunque presupone que en toda autorreferencia genuina hay un regreso al infinito que elimina la referencia), Nino se ocupa de esta cuestión de la significatividad de la genuina autorreferencia normativa, cuestión que, sostiene, le genera aún más dudas.

Frente a Hart —y frente a Guibourg, que también, de forma menos clara, defiende la significatividad de la autorreferencia parcial— Nino considera sin embargo que el argumento de Ross contra la posibilidad de la autorreferencia parcial es definitivo. Una norma que estipula la forma de modificar un conjunto de normas en el que ella misma está incluida es estrictamente equivalente a una conjunción de normas que estipulan el procedimiento de modificación de cada una de las normas del conjunto. Uno de los miembros de la conjunción se referirá completamente a sí mismo, y es ese miembro, y no los restantes, el que carece de sentido[117].

En opinión de Nino, la resistencia a admitir este argumento y la tendencia a pensar que cuando una proposición es parcialmente autorreferente queda saneado el sinsentido del enunciado completamente autorreferente implicado se deben a que cuando la aparente autorreferencia es parcial («Todas las normas de este código son modificables por el procedimiento P») hay oportunidad para una interpretación de la oración o la formula-

[117] Interviniendo años después en esta polémica, Moreso afirma contra esto que la norma de reforma constitucional no es autorreferente ni genuina ni parcialmente, como sostienen Ross y Nino, sino que se trataría más bien de lo que Popper denomina «expresiones indirectamente autorreferentes»: la primera se refiere a la segunda y la segunda se refiere a la primera. Esto es, la disposición de reforma constitucional atribuye (supuestamente) validez a la nueva ley de reforma y la nueva ley de reforma deroga (atribuye invalidez) a la disposición de reforma constitucional. Y este supuesto tiene perfecto sentido. Moreso, J.J., «Disposiciones de reforma constitucional», *Doxa.Cuadernos de Filosofía del Derecho,* nº 10, (1991), pág. 210-211. Por cierto que, como aclara el propio Moreso, la validez a la que hace referencia en su intervención en la polémica es un sentido descriptivo de validez o validez como pertenencia.

ción normativa en cuestión como si se tratara en realidad de dos normas: una norma B que estipula que todas las demás normas, pero no ella misma, son modificables por el procedimiento P, y una segunda norma C que establece que la anterior (esto es, la norma B) es modificable por el mismo procedimiento P. El legislador que emitiera una formulación semejante estaría en realidad, según Nino, dictando dos normas que operan en niveles diferentes, puesto que una se refiere a las demás normas del cuerpo en cuestión y la otra se refiere a la primera. Una posible objeción que podría esgrimirse es que esto llevaría a un regreso al infinito, ya que frente a la natural pregunta de cómo se modifica a su vez la segunda norma (esto es la norma C, que establece el procedimiento de reforma de la primera norma, la norma B, que estipula igual procedimiento para modificar las reglas restantes), la única respuesta posible parece ser que ha de haber otra norma adicional que establece el mismo procedimiento para reformar esa primera norma y así sucesivamente. Sin embargo, Nino argumenta que esto no tendría por qué ser necesariamente así: «no tiene por qué haber norma alguna en el sistema acerca de cómo modificar la norma que regula la reforma de las demás normas. Si la norma B se modifica por el procedimiento P de acuerdo con lo que establece la norma C (dando lugar a B'), esta norma C, aunque no sea derogada, deja de ser aplicable por haber desaparecido su objeto de regulación (la norma B). Aunque C subsista puede, sin embargo, plantearse la cuestión acerca de cuál sería el procedimiento para dictar la norma C' (la que establezca el procedimiento de reforma de B') y las demás que sucedan en el futuro a ésta». En opinión de Nino, la solución a este problema vendría dada si consideramos que el sistema incluye una norma general C» que estipula lo siguiente: «Toda norma que establece el procedimiento para modificar otras normas del sistema puede ser modificada por el mismo procedimiento que ella fije, salvo que haya otra norma que establezca algo distinto»[118].

[118] Nino, C. S., *La validez del Derecho*, cit., pág. 77. Moreso cuestiona esta reformulación de Nino en la medida en que supone una interpretación de las normas de competencia como prescripciones. Esto es, en la interpretación de Ross y de Nino las normas de competencia obligan a comportarse conforme a las normas establecidas por el órgano delegado, algo que —afirma Moreso— parece erróneo si se aprecia que el órgano al que se confiere la competencia puede dictar disposiciones no prescriptivas (como, p. ej., *u*: «Nombro ciudadano de honor a x», de tal modo que ni siquiera es posible imaginarse que querría decir que es obligatorio obedecer una disposición como *u*). En relación con el problema acerca de si una disposición derogatoria —la ley de reforma— cuya creación ha sido autorizada por la disposición de reforma constitucional puede derogar la disposición de reforma constitucional que le confiere validez, Moreso señala —frente a lo sostenido por Hart entre otros— que es, precisamente, la aceptación del principio dinámico del Derecho la que genera tal contradicción. Es

Ahora bien, continúa Nino, sigue quedando abierta la cuestión del fundamento de la validez normativa (o fuerza obligatoria) de una norma como C'. Si se parte de la presuposición de que esa validez sólo puede fundarse en otra norma que pertenece o perteneció al mismo sistema (o a un sistema inmediatamente antecesor) parece inevitable recaer en el dilema entre un imposible regreso al infinito o una sospechosa autorreferencia.

La autorreferencia es eliminable, razona Nino, si se trata simplemente de establecer de acuerdo con qué norma es modificable la norma que regula el procedimiento de reforma de las restantes normas del sistema: en tal caso, la respuesta es que el sistema incluye una norma originaria, que difícilmente se pretende a su vez modificar, y que establece que si no hay otra norma que diga lo contrario, el procedimiento para cambiar la norma de reforma es idéntico al que esta última fija para las demás normas. Estas normas más básicas que las que plantean el problema suelen ser implícitas[119].

---

decir, según Moreso, se produce una contradicción al aceptar la relevancia de los momentos temporales. De esta forma el principio dinámico aparecería formulado de la siguiente manera: Si una norma N ([RC]) ha sido derogada en el momento *t* por una norma D ([LR].1= «queda derogado el artículo que establece el procedimiento de reforma de la Constitución»), válida en t, entonces N es inválida en *t*. De esta formulación se deduce que [RC] es inválida en *t*, una conclusión que contradice nuestra premisa inicial, como Ross afirmaba. Una precisión de gran importancia que hace Moreso es que, en esta argumentación en relación con la tesis de Ross, él presupone que este último, cuando hace referencia a la validez de la norma N, está refiriéndose a que existe una Norma N1 que atribuye a N la calificación de norma jurídica —como *perteneciente* al Derecho—; es decir, se trataría aquí de la validez como pertenencia y no de la validez como obligatoriedad. Sin embargo, afirma Moreso, si como Nino sostiene, en la argumentación de Ross validez significa validez normativa esto es «existe una norma N1 que obliga a obedecer N» entonces el problema es distinto (sobre esto volveré más adelante, a propósito del análisis de Nino). Según Moreso, no es contradictorio describir una situación existente en un ordenamiento tal que según una norma N otra norma D es válida en un momento *t* y según la norma D, N es inválida en ese mismo momento *t* (como he apuntado en la nota anterior estas serían expresiones indirectamente autorreferentes). Situación ésta altamente indeseable pero no imposible. Moreso concluye al igual que Ross que no se puede válidamente reformar la disposición de reforma constitucional por el procedimiento establecido por ella misma, aunque sus razones son algo distintas de las expuestas por Ross: por una parte, las disposiciones de reforma constitucional, entendidas como *reservas de constitución*, desautorizan como inválidas las normas dictadas conforme a esa disposición que deleguen la competencia para reformar la constitución y, por otra parte, la disposición que derogara la disposición de reforma constitucional introduciría una situación indeseable en el Derecho semejante a la producida cuando nos hallamos ante disposiciones incompatibles (con el agravante de que carecemos de criterio alguno para resolver tal incompatibilidad). Cfr. Moreso, J. J., «Disposiciones de reforma constitucional», *Doxa. Cuadernos de Filosofía del Derecho*, nº 10, (1991), págs. 201-222.

[119] Cfr. Nino, C. S., *Fundamentos de Derecho Constitucional*, cit., pág. 43.

Sin embargo, la autorreferencia no es eliminable cuando —recurriendo precisamente a ella— se pretende mantener la aplicación de un criterio de validez (normativa) o fuerza obligatoria de cualquier norma, criterio que exige que ella «derive» de otra norma que pertenece o perteneció al mismo sistema. Esta sería una postura muy poco plausible y ella es, precisamente —como señalé al principio de este apartado— la que Ross trató de atacar introduciéndola como posibilidad de exploración de la aplicación irrestricta del criterio de validez consistente en derivar la validez (en el sentido de obligatoriedad) de una norma de la validez de otra del mismo sistema, concluyendo que tal posibilidad debía ser rechazada.

Lo que sucedió es que, planteado el problema por Ross y percibidas sus profundas dificultades, se difundió la idea de que frente a una cláusula de reforma constitucional hay que concluir, o bien que es autorreferente, o bien que hay una laguna acerca de su modificación. En realidad, sin embargo, como demuestra Nino, este dilema es falso, ya que, por un lado, un sistema jurídico puede ser autosuficiente, sobre la base de una norma como C', para regular el procedimiento de modificación de aquellas de sus normas que puedan necesitar ser modificadas (éste, como vimos, no parece ser el caso de C' —y por tanto, no hay ni autorreferencia ni laguna—, lo que, por otro lado, no quiere decir que un sistema jurídico pueda generar su propia validez (en el sentido normativo que hace referencia a la fuerza obligatoria o justificabilidad de las prescripciones jurídicas).

(3) Es, pues, en este preciso punto —«de dónde procede la fuerza vinculante» de, en este caso, la norma de reforma como C'— donde Nino avanza sus principales argumentos. Suscribiendo la postura de Ross acerca de la imposibilidad de que la autoridad suprema esté limitada jurídicamente (que una norma jurídica suprema regule su propio procedimiento de reforma), nos ofrece, sin embargo, una explicación diferente de esa imposibilidad. Nino sostiene que si admitiéramos la posibilidad de que la norma que regula la reforma constitucional se aplica a sí misma, limitando, de este modo, jurídicamente a la autoridad suprema, el problema que afrontaríamos —frente a lo sostenido por Ross— no vendría dado tanto por la cuestión de la autorreferencia (cuestión que, como hemos visto, podría solucionarse con una norma del tipo C'— cuanto por la cuestión acerca de la validez normativa o fuerza obligatoria de una norma del tipo de C'[120]. La exposición del análisis de Nino en torno a la derivación «di-

[120] Moreso, entre otros, considera innecesaria para la descripción del Derecho una noción de validez en sentido normativo, siendo para tales fines suficiente, en su opinión, una noción de validez como pertenencia al ordenamiento jurídico. Nino, sin embargo, como apunté al

námica» de una norma a partir de otra con contenido opuesto permitirá ver esto con más claridad.

Recapitulemos la polémica en torno a esta cuestión. Ross había señalado que si la norma que establece el procedimiento P para modificar la Constitución se aplicara a sí misma, entonces la norma que la reemplazara, fijando el procedimiento R, debería derivar su validez de aquella norma que tiene contenido opuesto. Esto constituiría una inferencia cuya conclusión contradice una de sus premisas, lo que genera un absurdo lógico. Por su parte, tanto Hart como Bulygin y Guibourg incidían frente a Ross en que el argumento temporal resulta decisivo para eliminar la contradicción[121].

Nino cuestiona un argumento de Guibourg basado en que, a diferencia de lo que ocurre en la deducción lógica, no es necesaria la verdad o validez simultánea de premisas y conclusión cuando hablamos de un sentido normativo de validez, sino que habría una *sucesión* entre ésta y aquéllas. También pone en tela de juicio otro argumento de Bulygin que afir-

---

principio de este capítulo, considera necesaria para una adecuada reconstrucción del Derecho la toma de conciencia acerca de la importancia de una noción normativa de validez tal como es utilizada desde el punto de vista interno. Además, aunque esto ya excedería de lo apuntado por Moreso, sucede que Nino, como tuvimos ocasión de ver en el capítulo sobre los conceptos de Derecho, también está interesado en dar cuenta del concepto de Derecho manejado en contextos justificativos, en donde hablar de la validez de la norma N no significa meramente decir que en el ordenamiento S hay una disposición normativa que establece la obligatoriedad de N o donde decir que la conducta A es obligatoria no significa sólo decir que de acuerdo con el ordenamiento S, A debe ser realizada (esto es, que hay una norma N que establece que A debe ser realizada), sino que en tales contextos lo que se está diciendo es que hay razones para hacer A o que hay razones para obedecer la norma N. Y, como vimos, estando como estamos en una esfera en la que son afectados intereses de terceros, tales razones sólo pueden ser, en última instancia, de índole moral. Esto es ilustrativamente expresado por Nino en *La validez del Derecho* del siguiente modo: «Si fuera cierto que una acción se justifica con solo mostrar que está permitida por algún sistema normativo, los miembros de la mafia podrían justificar sus tropelías sobre la base de que ellas están de acuerdo con las «leyes» de su organización, un boxeador podría justificar haber matado a su contrincante disminuido aduciendo que actuó en un todo de acuerdo con las reglas del deporte, y yo podría justificar mi práctica de hacer zancadillas a los transeúntes sosteniendo que ella se conforma a las reglas de un juego muy divertido que inventé. Por supuesto, cada una de estas «justificaciones» sería de un tipo especial, «mafiosa», deportiva, jurídica, etc. y ellas no excluirían que las respectivas acciones fueran injustificadas de acuerdo con otro sistema normativo, como el constituido por una moral ideal. Pero si cualquier sistema normativo provee razones independientes para actuar, ¿cómo decidimos cuáles prevalecen en el caso de estar en conflicto? [...]» Nino, C. S., *La validez del Derecho*, cit., pág. 64. Cfr. También Nino, C. S., «Poder constituyente originario», en Bulygin, Farell, Nino, Rabossi, comps., *El lenguaje del Derecho,* cit., págs. 340-370. De la tesis de Nino sobre la unidad del razonamiento práctico me ocuparé en el próximo capítulo de este trabajo.

[121] En contra, cfr. nota número 117 al presente capítulo.

ma que la derivación no tiene lugar en principio[122] entre las normas mismas, sino entre juicios de validez acerca de esas normas.

Nino sostiene que el razonamiento que transfiere validez de una norma a otra es una inferencia lógica ordinaria[123]. En su opinión, una vez que advertimos que la derivación «dinámica» es un tipo de razonamiento deductivo una de cuyas premisas es un juicio que confiere validez a las afirmaciones o prescripciones de alguien, parece inferirse, entonces, que no puede haber diferencia entre este tipo de razonamiento deductivo y cualquier otro en punto a la contemporaneidad de la verdad o la validez de las premisas y de la conclusión. Para introducir algo más de claridad en este punto, Nino retoma la idea de que los juicios de validez pueden referirse tanto al pasado como al futuro y a partir de esto considera que lo relevante no es si un razonamiento puede tomar como premisa un juicio que fue válido para llegar a una conclusión que es válida, sino si un razonamiento puede partir de un juicio que predica la validez pasada de una norma para llegar, como conclusión, a un juicio que predica la validez presente de otra norma.

La respuesta negativa que da Ross a esta cuestión —prosigue Nino— parece ser correcta en principio: de un juicio que dice que algo debió hacerse en el pasado no parece poder deducirse un juicio acerca de lo que debe hacerse ahora. Todo juicio acerca de la validez presente de una norma tiene que partir de un juicio acerca de cierto deber actual, como el de observar otra norma. Esto sería, en última instancia, señala Nino, lo que está implícito en la idea de Bulygin de que el llamado por éste «criterio último de aplicabilidad de normas» debe pertenecer al sistema presente. Ese criterio último del que habla Bulygin no es otra cosa que el juicio de validez acerca de las normas de mayor jerarquía del orden[124].

---

[122] Véase sobre esto Nino, C. S., *La validez del Derecho*, cit., pág. 81.

[123] Nino ofrece el siguiente ejemplo de razonamiento que transfiere la validez de una norma a otra:

(1) Debe ser observada la norma que autoriza a O a dictar normas.

(2) Deben ser observadas las normas que dicte O.

(3) O dictó la norma A.

(4) Debe ser observada la norma A.

El pasaje entre (1) y (2) está determinado, de un lado, por una interpretación de las normas de competencia como normas que establecen el deber de obedecer al órgano delegado y, de otro, por una adopción, no necesariamente general y a los fines de la simplificación, de la regla «debe ser la norma A≡A». Cfr. Nino, C. S., *La validez del Derecho*, cit., pág. 82.

[124] A este aspecto de la opinión de Bulygin me referí anteriormente en este mismo apartado cuando subrayaba cómo la conclusión a la que llega este autor es que la validez normativa de la nueva Constitución puede derivar de la antigua que queda derogada si bien aclarando que la aplicabilidad de la Constitución nueva debe derivar de un criterio perteneciente al sistema jurídico vigente.

Si aceptamos esta conclusión, parecería que Ross lleva razón al señalar la contradicción lógica en que se incurre cuando tratamos de fundar la validez de una norma de reforma en la validez de su norma antecesora: estaríamos partiendo de un juicio que establece el deber de observar una cierta norma para llegar a otro juicio que establecería el deber de observar otra norma incompatible con la anterior. Lo aquí sugerido por Bulygin para salvar esta contradicción —el ámbito de validez temporal forma parte del contenido de una norma (determinando su identidad), pudiendo decirse, por lo tanto, que las normas de reforma tienen diversos contenidos por tener diferentes ámbitos de aplicación temporal— no resulta, en opinión de Nino, efectivo. Pues el contenido de una norma es relevante para su identidad y dado que es contraintuitivo sostener que una norma no es la misma por ser, por ejemplo, prorrogada en el tiempo, entonces parece razonable concebir el tiempo de aplicabilidad de una norma no como una aspecto de su contenido, sino como una cuestión relacionada con su pertenencia a un sistema y con su validez normativa, o sea con el deber de obedecerla. De esta forma, continúa Nino, si entendemos que el tiempo en que una norma es aplicable no afecta a su contenido, sino a su validez, no sólo no queda mostrado que los contenidos de las normas de reforma no son mutuamente contradictorios, sino que, además, se vuelve al problema anterior de la aparente imposibilidad de derivar un juicio acerca de la validez presente de una norma de un juicio acerca de la validez pasada de otra.

Nino considera, sin embargo, que debe ser revisada la tesis de Ross acerca de la imposibilidad de derivar un juicio acerca de la validez presente de una norma de un juicio acerca de la validez pasada de otra: «Es cierto que si la conclusión de un razonamiento práctico es un juicio acerca de lo que debe hacerse hoy, el razonamiento no puede tener como premisa mayor un juicio acerca de lo que debió hacerse ayer. Pero el razonamiento puede contar con ese juicio como premisa menor, siempre que tenga una premisa mayor adecuada»[125]. Nino reconstruye así el razonamiento que conduce a la predicación de la validez de la nueva norma de reforma constitucional:

(1) Debe observarse toda norma A dictada por un procedimiento establecido por una norma B que debió observarse al momento de dictar la primera.

(2) La norma A fue dictada por el procedimiento establecido por la norma B.

[125] Nino, C. S., *La validez del Derecho*, cit., pág. 85.

(3) La norma B debió observarse en el momento de dictarse A.
(4) A debe ser observada.

En opinión de Nino, este razonamiento es impecablemente válido.

En *La validez del Derecho*, considera que con esto se demostraría totalmente infundada la posición de Ross en el sentido de que la validez presente de una norma de reforma no puede fundarse en la validez pasada de una norma de reforma antecesora. Posteriormente, en *Fundamentos de Derecho Constitucional*, viene a admitir que, tal y como sostiene Ross, una norma válida no puede derivar su validez de otra norma que ya no lo es (o sea, los artículos reformados de la Constitución no pueden recibir su validez de la norma que fija el procedimiento de reforma, si ella también ha sido reformada siguiendo el mismo procedimiento), pero afirma que puede haber una norma —la recogida en la premisa (1) del anterior razonamiento— que sigue siendo válida y que da validez a las normas dictadas de acuerdo con el procedimiento establecido por una norma que era válida en el momento de haber sido dictadas aquellas otras normas. Esa norma pertenece a un plano más profundo y generalmente no articulado en el que se desarrolla una práctica básica de reconocimiento de reglas que, a su vez, reconocen la validez de otras. Tal práctica no coincide con el texto de la Constitución, sino que se refiere a él. Así, hay una práctica más básica que la propia Constitución en una sociedad y que determina la observancia de la Constitución, aun cuando esta última sea modificada de forma regular[126].

Si examinamos con detalle la citada premisa (1), vemos —dice Nino— que presenta la particularidad de ser «un juicio de validez que no tiene como "*pendant*" a ninguna norma del sistema»[127]. Ocurre sin embargo que generalmente se ha incurrido en el error de considerar a tal juicio como un juicio de adhesión normativa[128]. El error estaría en que aun cuando se sostenga que las normas jurídicas son enunciados que no difieren de los juicios morales de igual contenido, habría que distinguir entre la formulación jurídica y la formulación moral de dichos enunciados, debiendo concluirse que su emisión en contextos justificativos tiene carácter moral y no jurídico. En efecto, la índole valorativa de estos juicios se obscurece muchas veces debido a su confusión con las normas jurídicas a las que ellos

[126] Nino, C. S., *Fundamentos de Derecho Constitucional*, cit., págs. 43-44.

[127] Nino, C. S., *La validez del Derecho*, cit., pág. 86.

[128] Como ya hemos apuntado y podremos ver en el próximo capítulo, Nino denomina juicios «de adhesión normativa» a los juicios valorativos que derivan de un principio moral de homologación del orden jurídico o de la autoridad normativa y de una proposición que constata el dictado de una norma (de una prescripción) por parte de dicha autoridad.

adhieren y esto ha hecho pensar a muchos autores que el razonamiento justificativo de jueces y juristas parte de normas jurídicas y no de juicios morales acerca de las mismas. Esta confusión entre normas jurídicas y juicios morales que predican su validez es la que ha llevado a exigir que todo juicio de validez sea un juicio de adhesión normativa. Pero, en opinión de Nino, tal exigencia es de imposible cumplimiento ya que requeriría una cadena infinita de normas positivas. El juicio del tipo (1) es, dice Nino, un juicio de validez que no tiene como contrapartida una norma jurídica. Esto es, se trataría de un juicio normativo puro.

Muchos autores, ante la constatación de que los jueces no razonan solamente a partir de normas jurídicas, y a fin de evitar el consiguiente aislamiento del sistema jurídico y lograr su anclaje, presuponen una norma extrajurídica sólo en la cúspide del sistema, tal como la «norma básica» de Kelsen o la «ideología presupuesta» de Ross. Sin embargo, en opinión de Nino, la cuestión deja de ser extraña si se reconoce de entrada que el razonamiento práctico de jueces y juristas nunca se basa en normas jurídicas sino, en todo caso, en juicios paralelos acerca de su validez[129]. Esto hace perfectamente natural comprender que la validez de la norma de reforma constitucional parte de una premisa como (1) aunque ella no tenga como contrapartida una norma jurídica.

En resolución: por lo que se refiere a la norma que prevé el procedimiento para modificar las normas superiores del sistema, su propia reforma puede estar regulada por otra norma —más básica y generalmente implícita— que establece el mismo procedimiento que ella indica, lo que evita el problema de la autorreferencia, y, dado que esta segunda norma no necesita ser modificada ya que su contenido se adapta al de la norma que ella regula, queda mostrado que un sistema jurídico puede ser prácticamente autosuficiente por lo que se refiere a la previsión del procedimiento de reforma de sus normas. Cuestión distinta es, sin embargo, la de la validez: la validez de la norma de reforma de la norma primitiva del sistema está establecida por un juicio que no tiene como contrapartida otra norma jurídica sino que, como todo otro juicio de validez, en última instancia, tiene naturaleza moral. Por lo tanto, el sistema jurídico no es autosuficiente por lo que se refiere a la generación de su propia validez.

Frente a una preocupación como la de Guibourg acerca del peligro involucraría la tesis de que la identidad de un sistema cambia cuando se modifican las normas que constituyen su base —las normas originarias—, cualquiera que sea el tipo de cambio (regular o no), la tesis de Nino rei-

---

[129] Cfr. Nino, C. S., *La validez del Derecho*, cit., pág. 86.

vindica que la validez de las normas jurídicas depende de presupuestos morales y no de meras normas jurídicas. Y es esto, subraya nuestro autor, lo que permite marcar la diferencia en términos de legitimidad entre un cambio democrático y un cambio violento de las normas que constituyen la base del sistema, y no la cuestión puramente teórica de si esos cambios son compatibles con la subsistencia del mismo sistema jurídico o si por el contrario, implican una alteración de su identidad[130].

Es precisamente la diferencia entre un cambio democrático y un cambio violento a la luz de consideraciones de filosofía moral y política el que nos permite introducir el siguiente punto del análisis de Nino: la cuestión acerca de las normas *de facto*. Como veremos a continuación, Nino denuncia que la confusión en torno al concepto de validez jurídica lleva a fundamentar la validez de las normas dictadas por un gobierno *de facto* y con ello —erróneamente— a legitimar este tipo de órdenes jurídicos que pretenden amparar, en ocasiones, violaciones masivas de los derechos humanos.

5.2.2. La validez de las normas jurídicas en Carlos S. Nino: la cuestión acerca de la validez de las normas de facto[131]

5.2.2.1. Introducción: algunas delimitaciones conceptuales acerca de la distinción entre normas de iure y de facto

En el análisis de Nino, preguntar acerca de la validez de las normas *de facto* implica preguntar qué fuerza vinculante tienen las normas dictadas por quienes establecieron un régimen autoritario. Su análisis parte de una revisión crítica de la doctrina jurisprudencial tradicional acerca de este tipo de normas, que equiparaba la fuerza vinculante de las normas procedentes de gobiernos autoritarios con las procedentes de regímenes democráticos.

En la historia de muchos países, la usurpación del poder constitucional y democrático y el establecimiento de un régimen de gobierno autoritario han venido acompañados de un reconocimiento implícito por parte de los

[130] Entre otras razones —dice irónicamente Nino— porque «los partidarios de cambiar las normas originarias por la fuerza en vez de hacerlo por decisión democrática no suelen conmoverse por la cuestión iusfilosófica de si sus actos tendrán o no el efecto de que los juristas digan que la identidad del sistema jurídico se ha alterado», Nino, C. S., *La validez del Derecho*, cit., pág. 88.

[131] Desarrollo las implicaciones que en el concepto de deber jurídico y en la noción de fuentes del Derecho tendrían las ideas aquí expuestas en mi trabajo, Roca, V., «¿De qué hablamos cuando hablamos de deberes jurídicos? (Algunas consideraciones sobre la fuentes del Derecho a partir de la tesis de Nino del caso especial)», *Doxa. Cuadernos de Filosofía del Derecho*, nº 25, (2002), págs. 471-501.

tribunales de la pretendida legitimidad del gobierno autoritario para dictar leyes al considerar las dictadas por éste como obligatorias y al aplicarlas. De esta forma, los tribunales —muchas veces apoyados en determinadas posiciones teóricas—, a partir del mero hecho de que tales gobiernos tuvieran la posesión de la fuerza necesaria para asegurar la paz y el orden en una determinada nación, los consideraban constituidos como gobiernos de facto con todas las consecuencias respecto de la posibilidad de realizar válidamente los actos necesarios para la persecución de sus fines[132].

Nino trata de demostrar que esta doctrina acerca de las normas de facto se apoya en un error teórico consistente en no apreciar el hecho de que, siendo la validez una propiedad normativa que implica que las normas deben ser obedecidas, no puede ser derivada de meras circunstancias de hecho tales como poseer la fuerza suficiente para constituirse sin el respaldo democrático en gobierno de un país[133].

Si no se desea estar incurso en la denominada falacia naturalista, la respuesta a la pregunta acerca de la validez de las normas *de facto* ha de buscarse más allá de la cuestión acerca de quién tiene de hecho la fuerza que le permite dictar normas y poner sanciones en caso de su incumplimiento. Según Nino, el ámbito donde hallaremos esa respuesta es el de los principios morales, ya sea principios morales como el de la seguridad jurídica o requerimientos normativos más fuertes como es el que precisa la legitimidad de la autoridad para que las normas de ella emanadas sean válidas.

Las dos tesis —complementarias— defendidas por Nino en relación con este problema son las siguientes:

(1) La legitimidad para dictar normas jurídicas válidas no puede derivar de meras circunstancias de hecho —como tener el monopolio de la fuerza en una sociedad—, sino que tiene que emanar de valoraciones extrajurídicas.

(2) Esas valoraciones extrajurídicas son de naturaleza moral. Desde el punto de vista interno o justificativo hay una conexión entre el Derecho y la moral. Bajo tal punto de vista, la pretensión de corrección del Derecho —tomando aquí la terminología de Alexy— ha de apoyarse en una ideología sostenible[134]. Para que una ideología reúna este ras-

[132] Cfr. Nino, C. S., *Derecho, Moral y política*, cit., pág. 64.

[133] También Carrió hace referencia a la confusión en torno al uso del concepto de «poder» que lleva de la mera afirmación de poder fáctico a la afirmación de poder normativo. Cfr. Carrió, G. R., *Análisis filosófico, jurídico y politológico de la práctica constitucional*, ed. Astrea, Buenos Aires, 1992.

[134] Cfr. Alexy, R., *El concepto y la validez del Derecho* [1992], ed. Gedisa, Barcelona, 1997, págs. 40-41 y 81-85.

go precisa ser respetuosa con los derechos humanos. Un Derecho extremadamente injusto, es decir, un Derecho que violase los derechos humanos más fundamentales de los ciudadanos, carecería de toda fuerza justificativa.

Antes de comenzar a exponer el análisis de Nino de todas estas cuestiones, puede resultar útil avanzar una serie de precisiones terminológicas que permitirán delimitar y abordar con más claridad dicho análisis:

1) Nino habla de «gobiernos *de iure*» para referirse a aquellos que son gobiernos de origen democrático y de «gobiernos *de facto*» cuando se refiere a gobiernos autocráticos. Como señala Bayón[135], si bien en principio ambos conceptos son puramente descriptivos, ya que es un hecho que una autoridad satisfaga o no los requisitos para ser considerada de uno u otro tipo, cuando Nino califica a un determinado gobierno como *de iure* o *de facto*, no sólo está limitándose a dar cuenta de si es democrático y respetuoso con los derechos humanos o no lo es, sino que también está formulando, como veremos, juicios normativos acerca de si el gobierno en cuestión es legítimo y, si, en consecuencia, sus normas tienen una validez de origen o si, por el contrario, el gobierno no es legítimo y sus normas sólo tienen validez cuando su contenido sea conforme con determinados principios morales (de los que derivan derechos humanos), siendo inválidas en caso contrario[136].

2) La distinción entre «gobiernos *de facto*» y «gobiernos *de iure*» carece de sentido si se toma literalmente, puesto que todo gobierno capaz de dictar normas jurídicas positivas es *de facto* en el sentido de que tiene el poder fáctico necesario para hacer cumplir, en general, las normas que dicta, y es *de iure* en el sentido de que el ejercicio de ese poder está permitido por ciertas normas jurídicas (que quizá ha dictado él mismo)[137]. Es erróneo, entonces, hablar de autoridad *de iure* como autoridad facultada o autorizada para actuar como autoridad por una norma o conjunto de normas, pues cualquier autoridad efectiva puede, y de hecho suele, dictar normas mediante las cuales se autoatribuye competencia para ejercer el poder. Obviamente, aunque a esto se pudiera contestar que cuando se ha-

[135] Cfr. Bayón Mohíno, J. C., *La normatividad del Derecho*, cit., pág. 614.

[136] Ruiz Miguel reprocha —en mi opinión, injustamente— este «deslizamiento» de Nino señalando que con él el autor argentino da un paso no explicitado al transitar de la descripción de la conexión entre el Derecho y el punto de vista moral formal (tesis de la pretensión de corrección) hasta la propuesta de la conexión entre sistemas jurídicos y la moral como contenido. Cfr. Ruiz Miguel, A., «Derecho y punto de vista moral», cit., pág. 584. Me remito a lo ya dicho sobre esta objeción en el epígrafe 6.2, Capítulo II, del presente trabajo.

[137] Cfr. Nino, C. S., *La validez del Derecho*, cit., pág. 89.

bla de autoridad *de iure* no se piensa en quien se autoatribuye competencias sino en quien tiene competencias atribuidas por otra autoridad previa, esta réplica no hace —advierte Nino— sino retardar el problema un paso más atrás, pues ¿de dónde proviene la legitimidad de la autoridad que atribuye poder a otra por medio de normas? De alguna forma ha de ponerse fin a ese regreso infinito al que remite el mencionado razonamiento erróneo.

La respuesta dada por Nino es que al hablar de normas que facultan a la autoridad X a ejercer el poder no se está aludiendo a su vez a normas dictadas por otra autoridad, sino a principios morales o juicios de valor suscritos por quien está hablando y a tenor de los cuáles se debe hacer lo establecido por X[138]. Así pues, la legitimidad de la autoridad que atribuye poder a otra por medio de normas derivaría de determinados principios morales.

En este caso, como también señala Bayón, se está hablando de la distinción *de iure/de facto* en el sentido siguiente: cuando se dice de X que es una autoridad *de facto*, simplemente se constata el hecho de que la pretensión de X de ser una autoridad legítima encuentra un cierto grado de reconocimiento general; cuando se dice además —pues ambos sentidos no son incompatibles— que es autoridad *de iure*, entonces el que habla manifiesta ser él mismo uno de los que aceptan como legítima la autoridad de X[139]. En este sentido ha de entenderse, por consiguiente, la terminología utilizada por Nino: para él, gobierno *de iure* equivale a gobierno democrático respetuoso con los derechos humanos, hecho que se traducirá en una legitimidad de origen para las normas democráticas (algo que tendrá las importantes implicaciones que luego veremos).

3) Además de la cuestión terminológica acerca de a qué tipo de gobiernos estamos refiriéndonos cuando hablamos de gobierno *de iure* o *de facto*, Nino anota también que las expresiones «normas jurídicas», «leyes» o «constitución» no se limitarán a las directivas que dicta un gobierno *de iure* o democrático sino también a las procedentes de una autoridad autocrática. Nótese que, seguramente, la única manera de hacer compatible esta afirmación con la anterior caracterización de los gobiernos *de facto* y *de iure* es considerar que cuando Nino hace juicios acerca de la validez de las normas jurídicas está asumiendo un punto de vista interno o justificativo en relación con el problema que tanto le preocupó acerca de la validez de las normas de autoamnistía y de las normas dictadas durante la

[138] Cfr. Bayón Mohíno, J. C., *La normatividad del Derecho*, cit., pág. 615.
[139] Cfr. Bayón Mohíno, J. C., *La normatividad del Derecho*, cit., págs. 615-617.

dictadura militar argentina (1976-1980), mientras que, cuando trata de identificar, como observador, la existencia de normas jurídicas, la posición que considera más plausible es la del positivista metodológico o conceptual[140].

Veamos, pues, a continuación y a la luz de la reflexión que hace Nino sobre el problema de la validez de las normas *de facto* (o, lo que es lo mismo, la cuestión acerca de la fuerza justificativa de las normas *de facto*), cuáles son las consideraciones a tener presentes cuando abordamos, desde una perspectiva interna, el problema de la validez de las normas jurídicas. Después se abordará la respuesta que da Nino a las dos preguntas básicas con que introduce el marco para enfocar una solución a dicho problema. Tales son: (i) ¿Cómo hay que tomar las normas jurídicas dictadas por un gobierno *de facto* o autocrático mientras el régimen detenta el poder? (ii) ¿Qué hay que hacer con las normas jurídicas dictadas por ese régimen cuando el mismo ha dejado el poder a favor de un gobierno democrático? Este segundo problema está, como veremos, también relacionado con la situación a que se enfrentan los países con democracias más o menos recientes respecto de la validez constitucional de las leyes dictadas por los gobiernos autoritarios que las precedieron, y ofrece una especial gravedad —a la luz de principios tan importantes como el de la no retroactividad de las leyes generales sancionadoras— cuando se trata de juzgar violaciones de derechos humanos cometidas por el régimen anterior al amparo de tales leyes. De la respuesta que, a juicio de Nino, es preciso dar a estos dos problemas me ocuparé enseguida, después de dejar apuntadas, tal como he indicado, una serie de consideraciones generales acerca de la validez de las normas jurídicas en la obra de Nino.

5.2.2.2. Algunas consideraciones generales sobre la validez de las normas jurídicas

En opinión de Nino, las confusiones teóricas en torno al concepto de validez han oscurecido considerablemente el planteamiento del estatus de las normas *de facto* durante y después de un régimen dictatorial. Ello ha tenido, además, graves repercusiones socio-políticas. Tanto jueces como juristas teóricos, y muchas veces no por convicciones ideológicas sino por

[140] Nino escribe así que «el Derecho debe ser identificado sobre la base de rasgos fácticos y empíricos. Tal es el modo en que debemos proceder para adoptar una perspectiva científica acerca del sistema jurídico y evitar mezclar Derecho y moral, algo que sólo sirve para confundir el contenido de ambas. Cuando vamos a una comunidad desconocida y deseamos saber cuáles son sus normas jurídicas, es absurdo que contestemos a los miembros de esa comunidad teniendo en cuenta nuestros juicios morales». Nino, C. S., *Radical Evil on Trial*, cit., pág. 153.

erróneos razonamientos en términos jurídicos, han considerado justificada cualquier norma jurídica, incluyendo aquellas emanadas de un uso del poder amparado en la mera capacidad fáctica de monopolio de la violencia y carente de toda legitimidad moral[141]. Nino da cuenta de algunos de esos razonamientos erróneos que apoyaron, muchas veces, sinceras convicciones teóricas[142]: (1) la adopción de una versión distorsionada de la norma básica kelseniana que la convierte de un postulado epistemológico en un principio justificativo[143]; (2) la idea de que la validez jurídica es independiente de toda consideración moral (lo que, de esta forma, permite rechazar la legitimidad del régimen pero sostener la validez de sus disposiciones jurídicas); (3) la idea de que la validez puede fundarse solamente en ciertos hechos, como la detentación efectiva del poder por el régimen *de facto* (tal es la postura del positivismo ideológico); (4) la convicción de que los jueces traicionarían su misión y su juramento si dejaran que su reconocimiento del Derecho positivo se viera condicionado por consideraciones extrajurídicas, así como la de que si los juristas teóricos recurrieran a este tipo de consideraciones dejarían de ser científicos para transformarse en políticos.

Como ya he apuntado, en opinión de Nino, el concepto de validez —o el de competencia jurídica— usado en un juicio justificativo, como lo sería el del juez que ha de fundar su decisión, no constituye un concepto descriptivo (en el sentido de que aluda a la eficacia de la norma o a su pertenencia a un sistema), sino un concepto normativo que implica predicar de la norma que ella posee fuerza obligatoria o que debe procederse como ella establece, lo cual no puede establecerse —como pretende el positivismo ideológico— meramente sobre la base de lo que disponen otras normas jurídicas (entendidas éstas como prescripciones o como prácticas sociales), siendo preciso más bien recurrir a un principio de índole moral. Según Nino, pues, «un juicio del tipo «la norma X es válida» sólo sirve para justificar decisiones como las judiciales cuando presupone principios o consideraciones de justicia o moralidad social. Dado que necesitan justificar sus decisiones, los jueces no pueden eludir su responsabilidad mo-

---

[141] En este mismo sentido, Cfr. Alexy, R, «Derecho injusto, retroactividad y principio de legalidad penal. La doctrina del Tribunal Constitucional Federal alemán sobre los homicidios cometidos por los centinelas del muro de Berlín», *Doxa. Cuadernos de Filosofía del Derecho*, nº 23, (2000), págs. 197-230.

[142] Cfr. Nino, C. S., *La validez del Derecho*, cit., pág. 91.

[143] Véase en este sentido la lectura que hace Nino de una interpretación de la norma básica kelseniana como la de Harris, J.W., «When does the Grundnorm Change?», *Cambridge Law Journal*, 29 (1971), Nino, C. S., *La validez del Derecho*, cit., pág. 18 y ss.

ral mediante la mera invocación de hechos o de normas jurídicas [en el sentido de prescripciones]: la opción de aplicar o no una norma jurídica es, en última instancia, una decisión ética que debe estar fundada en principios de esa índole»[144].

Estas consideraciones son de aplicación tanto en el caso de normas dictadas por gobiernos *de facto,* como en el caso de normas que provienen de gobiernos *de iure* o democráticos. Lo relevante es ver en qué medida afectan el carácter democrático o el carácter *de facto* de un gobierno al valor que pueden tener en el razonamiento práctico de los sujetos las normas jurídicas dictadas por ambos tipos de autoridad.

Del replanteamiento que Nino hace de este asunto resulta que el carácter *de iure* o *de facto* de un gobierno no incide en el tipo de justificación a que están sometidas sus normas para ser válidas, puesto que tal justificación ha de ser siempre de índole moral. Donde sí incide el carácter del gobierno es en la respuesta a la pregunta acerca de si esa justificación moral se alcanza o no invocando meramente la norma jurídica (como juicio deóntico) en cuestión. Por supuesto que de la misma forma que el reconocimiento de las normas jurídicas procedentes de un gobierno *de facto* no puede basarse simplemente en el hecho de que han sido dictadas por quien ejerce el poder, el reconocimiento de las normas dictadas por los gobiernos *de iure* no puede apoyarse en la mera concordancia entre esas normas y una Constitución. Si tal concordancia tiene valor a los efectos de poder invocar tales normas como razones justificativas es porque se presupone que tal Constitución recoge valores éticos aceptables. Son estos valores éticos los que se constituyen en la fuente última de la validez de las normas jurídicas[145], y es esta validez la que las capacita para justificar actos y decisiones; esto es, las capacita para ser invocadas como razones para la acción.

Pero ¿cuál es el fundamento de tal presupuesto? Veamos las reflexiones de Nino acerca de la cuestión clave de cómo afecta el hecho de proceder de un tipo de gobierno u otro a la presunción de la legitimidad moral de las normas jurídicas.

Hay dos tipos de consideraciones a las que podemos recurrir para juzgar la legitimidad moral de las normas jurídicas: las que se refieren a su

[144] Nino, C. S., *La validez del Derecho*, cit., pág. 92.

[145] Aunque esta afirmación podría hacer pensar en una irrelevancia de la Constitución en el razonamiento práctico del sujeto —si las normas jurídicas pueden ser invocadas como justificaciones en la medida en que reflejen determinados principios morales ¿no convierte esto a la Constitución en irrelevante?—, esto es sólo una apariencia que desaparece en cuanto profundizamos algo más en la comprensión del fenómeno jurídico. De esta cuestión me ocuparé en el Capítulo IV del presente trabajo.

contenido y las que tienen en cuenta su origen. Cuando una norma satisface completamente las exigencias respecto de su contenido, entonces las consideraciones relacionadas con su origen se vuelven superfluas. Pero cuando las consideraciones concernientes al contenido de las normas no están del todo satisfechas, comienzan a ser relevantes las consideraciones acerca de su origen. Nino señala que lo deseable es llegar a un equilibrio entre estas dos clases de consideraciones morales según su respectivo peso: esto es, si el desvío de las exigencias relativas al contenido de las normas es muy amplio, las normas serán válidas sólo si las razones que hacen legítimas a las normas por su origen son de considerable peso. Las normas de un gobierno democrático difieren de las emanadas de uno autocrático precisamente en el peso de las razones que podría legitimarlas en virtud de su origen. Veamos esto con más detenimiento.

En opinión de Nino, el sistema de decisiones democrático es el mejor *sucedáneo* del discurso moral porque, de todos los sistemas posibles de decisiones, es el que más se aproxima a las exigencias que éste impone de deliberación libre y de consenso. Dado que el discurso democrático exhibe tales rasgos, puede ser legítimamente utilizado como sustituto, aunque imperfecto, del discurso moral, cuando, como es el caso de las decisiones que han de tomarse en el marco de la organización y resolución de conflictos en nuestras sociedades, no pueda acudirse a dicho discurso moral —por la urgencia en la toma de decisiones y la necesidad de cerrar los conflictos— para generar la convergencia buscada de acciones y actitudes[146].

En la primera edición de *Ética y derechos humanos* (1984) y en *La validez del Derecho* (1985), Nino presenta al discurso moral y a su sucedáneo, el discurso democrático, como constitutivos —este último, de forma imperfecta— de la legitimidad de las soluciones. A esta postura la denomina el autor «constructivismo ontológico». Posteriormente, sin embargo, la abandonó sustituyéndola por el que pasará a denominar «constructivismo epistemológico»[147]. En este nuevo entendimiento del discurso moral y de la democracia como su sucedáneo imperfecto, el consenso unánime o por mayorías se presentan —con distinto grado, claro está, de fiabilidad— como constitutivos de una razón para creer en la existencia de determinados principios morales. Es decir, el consenso que resulta de la deliberación tiene valor epistémico y sirve como indicio para determinar cuáles son los principios morales válidos y, concretamente,

[146] Sobre esto volveré en los dos próximos Capítulos de este libro.

[147] Cfr. Rodenas, A., «Sobre la justificación de la democracia en la obra de Nino», *Doxa. Cuadernos de Filosofía del Derecho*, nº 10, (1991), págs. 279-294.

en el caso de la democracia, como un indicio de que esa norma jurídica aprobada —en su vertiente de juicio de deber o aspecto valorativo— deriva de, refleja o recoge normas morales plausibles.

Así, el valor epistémico del resultado del discurso moral se transfiere al resultado del procedimiento democrático, pero como éste es un procedimiento *imperfecto* en relación con el discurso originario, su capacidad justificativa es sólo *prima facie*. De esta forma, sostiene Nino que la atribución de legitimidad a las soluciones obtenidas a través del procedimiento democrático es revocable tan pronto se muestre que ellas no hubieran sido adoptadas en el discurso moral genuino, y que sólo lo fueron gracias a las desviaciones del procedimiento democrático respecto de la estructura del discurso moral[148]. Es preciso, sin embargo, matizar a qué está refiriéndose Nino cuando habla de tales desviaciones del discurso democrático en relación con el discurso moral originario. Habría dos tipos de desviaciones: unas son moralmente legítimas y derivan, precisamente, de la función que el Estado y el Derecho han de cumplir en nuestras sociedades. Es, por así decirlo, la proyección institucional de la moral. Se trata de límites, entre otros, derivados de la exigencia de operatividad[149]. Tales desviaciones provienen, entonces, del carácter necesariamente institucionalizado del debate democrático. Las demás, en cambio, no son moralmente legítimas —y esto será de especial interés en el punto que abordaré a continuación sobre la fundamentación y límites del control judicial de constitucionalidad en la teoría de Nino— y se presentan como inaceptables cuando ellas implican anular las precondiciones para que el discurso democrático, entendido como sucedáneo regimentado del discurso moral, subsista. Ello sucede cuando las decisiones democráticas atentan contra una serie de derechos básicos que conforman los prerrequisitos de legitimidad del discurso democrático. Por lo demás, en algunos casos, la carencia de valor epistémico del resultado del debate democrático no implica que no haya razones para justificar la obediencia de la norma jurídica democrática, si con ello se impide minar una práctica que, en su conjunto, permite la toma de decisiones justas y eficaces[150].

---

[148] Nino, C. S., *Ética y derechos humanos*, cit., págs. 397-403.

[149] Nino fue especialmente consciente de esta dimensión de la moral a partir de la reflexión fruto de su experiencia como asesor presidencial en relación con las medidas emprendidas por el gobierno de R. Alfonsín para la protección de los derechos humanos. Cfr. Nino, C. S., *Un país al margen de la ley*, Emecé editores, Buenos Aires, (1992) y *Radical Evil on Trial*, Yale University Press, New Haven, 1996.

[150] En este último caso, la norma jurídica se constituiría en razón auxiliar. La razón operativa vendría dada por el principio moral que legitima a la autoridad democrática. Cfr. Capítulo IV, punto 4 («Las normas jurídicas en el razonamiento práctico») de este trabajo. También volveré sobre este problema en el Capítulo V.

Es ahora el momento de abordar los dos problemas apuntados al comienzo de este epígrafe: la cuestión de la responsabilidad moral en la aplicación de las normas *de facto* o el valor justificativo de éstas durante los gobiernos autoritarios y la del valor o status de esas mismas normas en tiempos de transición hacia la democracia.

5.2.2.3. El valor de las normas *de facto* en el razonamiento práctico

A) La cuestión acerca del valor justificativo de las normas «de facto» y la responsabilidad moral de los jueces bajo regímenes dictatoriales

Hemos visto que el sistema democrático de toma de decisiones es, en el concepto de Nino, aquel que tiene mayor capacidad para legitimar los cursos de acción que se adopten acerca del ejercicio del *cuasi* monopolio de la fuerza que detenta el Estado. Sucede, sin embargo, que, generalmente, la decisión misma de constituir ese cuasi monopolio no es sometida al procedimiento democrático y que, aunque así lo fuera, dice Nino dudosamente podría ser legitimada por él. Su legitimación provendrá de la necesidad de preservar los derechos básicos que, además, condicionan ese procedimiento. Lo que justificaría la concentración de la fuerza disponible de una sociedad en ciertos órganos dispuestos a garantizar los derechos humanos es entonces, precisamente, la exigencia de que los derechos que hacen posible tanto la discusión moral genuina como su regimentación a través del sistema democrático no se vean frustrados por actos u omisiones de otros.

Cuando el gobierno es democrático existe una presunción revocable de que los medios adoptados para materializar el objetivo de la protección de los derechos, las normas jurídicas, son moralmente legítimas. Sin embargo, cuando las normas jurídicas no son fruto de un proceso en el que haya habido libre discusión y consenso explícito de la mayoría de sus destinatarios, no opera la presunción de su justificabilidad moral y habrá que pasar a examinar la legitimidad moral de su contenido. Ocurre, sin embargo, que puede haber otro tipo de consideraciones relacionadas todavía con su origen, que, aunque sean de índole diferente a las que determinan la validez *prima facie* de las normas democráticas, fundamenten una cierta obligatoriedad moral, aun cuando el contenido de las normas *de facto* sea, dentro de ciertos límites, objetable.

Frente a lo que han sostenido diversos autores, el argumento relevante a estos efectos no es el argumento según el cual a partir de que (1) la justificación de la existencia de un gobierno es la necesidad de proteger los derechos individuales básicos y de que (2) muy probablemente, la dispersión de la fuerza implicará su violación, todo gobierno relativamente estable y eficaz goza de cierta legitimidad *prima facie*. Nino afirma que: (1) no se puede presuponer *a priori* que cualquier gobierno es mejor para preservar los derechos humanos que la ausencia de gobierno; a veces, la fuerza organizada puede resultar mucho más peligrosa en términos de violaciones de derechos humanos; (2) aunque se admita que alguien tiene que mandar, de aquí no se sigue que esté justificado que cualquiera mande (esto es, el anterior argumento no permite legitimar cualquier gobierno). Además de probarse que alguien tiene que mandar —y esto, como señala Nino, está en función de la preservación de los derechos— hay que probar que los que mandan son los más indicados para hacerlo[151]; es decir, para preservar tales derechos básicos.

A la luz de las anteriores precisiones, Nino estima que sólo en determinadas circunstancias puede admitirse cierta legitimidad de origen a las prescripciones emanadas de una autoridad *de facto*. Si, pese a carecer de una legitimidad de origen, el gobierno *de facto* es en general respetuoso con los derechos básicos, entonces, siempre que una vez asumido o usurpado el poder resulte imposible un restablecimiento inmediato del régimen democrático y pueda haber un costo considerable, en términos de preservación de derechos, en la desobediencia generalizada a quienes detentan el poder, operarán consideraciones morales de orden, paz, seguridad, etcétera en favor del reconocimiento de sus normas[152]. Tales consideraciones tendrán así un cierto peso que deberá ser valorado por los jueces frente a las posibles desviaciones respecto de exigencias de justicia del contenido de esas normas.

De esta forma, en *Derecho, Moral y Política* escribe Nino que «cuando las prescripciones aceptadas por quienes tienen acceso a la coacción estatal no son sancionadas a través de un proceso típicamente democrático, dichas prescripciones [como sucede con las normas *de facto*] no pueden verse como razones epistémicas, y pierden, por lo tanto, una de sus

[151] En este mismo sentido escribe Calsamiglia que la situación de anarquía o de caída de un Estado no es necesariamente peor que tiranías como la de Hitler o Stalin. La estabilidad puede ser garantizada por una dictadura pero la legitimidad puede únicamente ser alcanzada si la igualdad y las necesidades básicas son garantizadas por el Estado para todos los sujetos. Cfr. Calsamiglia, A., «Constitutionalism and Democracy», en Hongju Koh, H./ Slye, R. C. (eds.), *Deliberative Democracy and Human Rights*, Yale University Press, 1999, págs. 136-142. (Es éste un volumen colectivo en el que diversos autores —R. Dworkin, E. Garzón Valdés, M. D. Farrell, S. Holmes, T. Nagel entre otros— discuten sobre diferentes tesis sostenidas por Nino, así como sobre los temas que ocuparon su pensamiento). Una pregunta de interés es, por lo demás, si es cierto que tales regímenes son capaces de alcanzar la legitimación suficiente para garantizar la estabilidad.

[152] Cfr. Nino, C. S., *La validez del Derecho*, cit., pág. 99.

fuentes principales de relevancia en el razonamiento justificativo. Si siguen conservando alguna relevancia, dependerá del carácter de contribución a una práctica colectiva que tengan las decisiones y acciones jurídicas y de la justificabilidad moral de esa práctica en su conjunto, lo que, normalmente, genera razones más débiles que las que surgen del valor epistémico del procedimiento democrático»[153].

El argumento esgrimido por Nino no opera tanto en relación con los ciudadanos en general cuanto, como he ido señalando, con los jueces. En efecto, es sobre ellos sobre quienes, debido a su función institucional, pesa una responsabilidad mayor (derivada, entre otras razones, de su mayor capacidad de afectar al funcionamiento de ese sistema) en la salvaguarda del sistema jurídico que garantice los derechos humanos. Pudiera darse el caso, entonces, de que en un sistema no democrático en el que, sin embargo, se respetan dentro de ciertos mínimos los derechos humanos, la obligación de los ciudadanos sea desobedecer las normas que provienen de las autoridades *de facto*, mientras que la de los jueces sea la de aplicar una determinada normativa no obstante sus carencias valorativas de contenido (siempre dentro de ciertos límites). El juez, pues, debe considerar en qué medida esas normas son efectivas para proteger y promover derechos individuales básicos, y en qué medida una decisión o acción contraria a lo prescrito por tales normas podría ir en detrimento de otros derechos igualmente valiosos[154].

Hasta aquí he dado cuenta de la capacidad justificativa que, dentro de cierto límites, tienen las normas *de facto*. Pero ¿qué sucede cuando las autoridades *de facto* dictan leyes con las que pretenden amparar violaciones masivas de derechos humanos en su territorio?

A partir del razonamiento de Nino acerca del tipo de consideraciones que dan fuerza vinculante a las normas y del hecho de que los jueces no puedan amparar sus decisiones simplemente en normas dictadas por quien tiene el monopolio de la fuerza en un determinado momento, podemos concluir que los jueces bajo un sistema dictatorial tienen también importantes responsabilidades morales que no deben eludir. De un lado, sus decisiones carecerán de todo apoyo justificativo cuando pretenden acogerlas bajo normas extremadamente injustas —es decir, contrarias a los derechos humanos más fundamentales— y, de otro lado, deben asumir un papel activo en la defensa de los derechos humanos que resultan flagran-

[153] Nino, C. S., *Derecho, Moral y Política*, cit., pág. 191. Sobre el valor de las decisiones en función de su contribución a una práctica colectiva moralmente justificada en su conjunto hablaré de nuevo en el Capítulo V.

[154] Cfr. Nino, C. S., *Ética y derechos humanos*, cit., págs. 400-411.

temente violados por el régimen represor. Con todo esto, y dadas las peculiaridades de los regímenes totalitarios en las que la judicatura es nombrada atendiendo a afinidades con el régimen, a lo que se está apuntando es, especialmente, a la responsabilidad moral de los jueces, que no puede ser eludida apelando a un supuesto compromiso asumido[155] y menos aún a su supuesto papel de meros aplicadores del Derecho positivo y eficaz.

B) La transición hacia la democracia: el valor de las normas dictadas por el gobierno «de facto» anterior

- *La protección de las expectativas creadas por las normas* de facto

La segunda cuestión relacionada con las normas *de facto* de la que también se ocupa Nino es la del status de las mismas una vez cesado el régimen que las dictó siendo reemplazado por una democracia. En su opinión, las distintas respuestas[156] que se han dado a esta cuestión resultan por diversas razones insatisfactorias pero, de nuevo, casi siempre como resultado de un manejo erróneo del concepto de validez jurídica.

Las consideraciones en pro del reconocimiento de las normas *de facto* bajo un régimen *de iure* son más débiles que las consideraciones en favor de ese reconocimiento durante el mismo régimen *de facto*, y éstas, como hemos visto, en la argumentación de Nino, son a su vez considerablemente más débiles que las que favorecen el reconocimiento de normas de origen democrático aun cuando su contenido sea parcialmente objetable.

Por un lado, mientras dura el régimen *de facto* ya vimos que son aplicables razones de paz social y seguridad en favor del reconocimiento de cierta legitimidad a aquellas normas *de facto* que no pretenden amparar violaciones de derechos humanos. Pero cuando tal régimen es reemplazado por un sistema democrático ya no es tan gravoso, en términos de esos

[155] Cfr. Nino, C. S., *Ética y derechos humanos*, cit., pág. 404. Ese compromiso tiene valor sólo cuando los jueces se constituyen en garantes de un sistema jurídico que sea respetuoso al menos con los derechos humanos básicos.

[156] Nino recoge entre ellas las siguientes: (1) Las normas *de facto* son asimilables a las *de iure*, conservando su validez plena hasta que sean derogadas debidamente por los órganos constitucionalmente encargados de regular la materia; (2) las normas *de facto* son plenamente válidas con excepción de algunos casos especiales como el de las normas penales, respecto de las cuáles hay una referencia constitucional expresa a la necesidad de una «ley»; (3) las normas, si bien son válidas hasta que sean derogadas, pueden ser derogadas no sólo por el órgano constitucionalmente encargado de regular la materia, sino por otros; (4) las normas *de facto* no son válidas si no son ratificadas por los órganos constitucionalmente competentes para dictarlas; (5) las normas son absolutamente inválidas. Cfr. Nino, C. S., *La validez del Derecho*, cit., pág. 93.

valores, un desconocimiento generalizado de las normas dictadas por aquél, ya que el gobierno democrático puede reemplazarlas por otras, fruto ya de la deliberación democrática.

Por otro lado, hay ciertos aspectos de las consideraciones referidas a la paz social y a la seguridad que siguen siendo aplicables a las normas *de facto* aun después de restablecido el sistema democrático de gobierno: es el caso, apunta Nino, de la multitud de relaciones privadas, públicas e internacionales que se entretejen alrededor de aquellas normas y que no es conveniente desconocer en forma global e indiscriminada. Y ello porque la vigencia de las normas en cuestión genera expectativas en los sujetos y estas expectativas dan lugar a planes individuales y a situaciones que no son fácilmente reversibles sin producir un estado de inseguridad. Tales circunstancias no fundamentan la existencia de derechos morales que deban ser necesariamente respetados, pero sí indican que hay intereses en juego que deben ser tomados en cuenta cuando ello no afecte auténticos derechos de otro. Es cierto que el que ha desarrollado expectativas sobre la base de un título otorgado por quien no tenía legitimidad para hacerlo, lo ha hecho a su propio riesgo, pero no hay razón para causarle daño frustrando esas expectativas si, por otro lado, no hay derechos incompatibles con ellas[157].

La postura de Nino es la siguiente: las normas dictadas durante el régimen *de facto* y que no atenten contra los derechos humanos serán *prima facie* válidas durante la subsiguiente democracia, pues las primeras consideraciones (estabilidad y confianza en las relaciones sociales) son suficientes como para fundamentar su obligatoriedad hasta que sean revisadas por los órganos competentes[158].

Por lo demás, todo este tipo de consideraciones fundadas en la estabilidad de las relaciones sociales, al ser mucho más débiles que las que fundamentan ese mismo reconocimiento durante un gobierno *de facto*, serán más fácilmente superadas —dice Nino— por consideraciones que se refieren al carácter axiológicamente insatisfactorio del contenido de esas normas.

- *Órganos competentes de la revisión de las normas* de facto

A fin de argumentar en torno a la cuestión de cuáles han de ser los órganos competentes para revisar las normas *de facto* axiológicamente insatis-

[157] Cfr. Nino, C. S., *La validez del Derecho*, cit., pág. 100.

[158] Podría verse en este punto —en la apelación a la estabilidad y a la confianza como fundamento de la protección de determinado tipo de intereses— una cercanía de la postura de Nino con cierto positivismo ideológico, que seguramente no resulta eludible ni siquiera con la introducción del matiz de la no violación de derechos humanos básicos incompatibles.

factorias, Nino explora la distinción trazada por R. Dworkin entre dos tipos de consideraciones morales o valorativas que pueden invocar, respectivamente, el poder judicial y los poderes políticos: (1) las consideraciones acerca de derechos (son distributivos e individualizados, proveen oportunidades y ventajas a cada miembro de la clase que goza de ellos y tienen prioridad sobre las consideraciones referidas a objetivos sociales), y (2) las consideraciones que se refieren a objetivos sociales colectivos (son de carácter global o agregativo y es irrelevante la distribución de los beneficios que implican). Nino llega, sin embargo, a la conclusión de que la distinción dworkiniana no cumple el objetivo que con ella se persigue, a saber, apoyar la tesis de que los jueces deben invocar principios que dan lugar a derechos y no políticas que definan objetivos, como un intento por superar las objeciones en contra de que los jueces incursionen en cuestiones valorativas. Puesto que si se parte de una concepción robusta de los derechos —tal como la defendida por Nino— según la cual éstos tienen como contrapartida no sólo deberes pasivos sino también deberes activos, entonces nos encontramos con que la mayor parte de la actividad que normalmente corresponde al gobierno consiste en promover los derechos individuales (garantizar los derechos humanos no significa sólo impedir su lesión mediante acciones de terceros o del propio aparato estatal, sino también articular políticas activas para hacer efectivos dichos derechos básicos) más bien que en perseguir objetivos colectivos de índole global. Esto llevaría a ampliar el ámbito de intervención de la judicatura considerablemente, limitando la esfera de la decisión democrática en tal grado que uno llega a preguntarse si el criterio para trazar la distinción ha sido el adecuado.

Ante esto, Nino propone una reformulación de la distinción entre consideraciones morales que, en su opinión, sí cumpliría mejor con el papel de legitimación de la intervención de la judicatura que Dworkin perseguía. Para ello no pone el acento en el carácter distributivo o agregativo de esos consideraciones morales, sino que traza más bien su distinción en el marco de su concepción epistémica de la democracia. Esto le lleva al siguiente planteamiento: si fuera válida una justificación de la democracia como sucedáneo regimentado del discurso moral podría distinguirse entre (1) los *presupuestos* tanto de ese discurso como del procedimiento democrático que lo reemplaza en ocasiones, (2) lo que es *materia* de la discusión y de la decisión democrática.

Esto es, hay un conjunto de derechos básicos que son esenciales para que la discusión moral, fuera y dentro del procedimiento democrático, subsista y progrese. Los jueces deben vigilar que esos derechos se respeten en plenitud. Pero lo que va mas allá de esos derechos —aun cuando sea un aspecto positivo de ellos mismos— debe constituir objeto de deliberación y consenso, y cuando, a través de ese cauce deliberativo y consensual, se adopta una cierta solución, ella goza de una presunción *prima facie* de legitimidad. Los jueces, entonces, cuya designación y actividad no están sometidos a los mecanismos de discusión pública y aprobación mayoritaria, deben, en principio, en opinión de Nino, aceptar la presunción de justicia de las normas fruto del debate democrático y consenso de las mayorías, salvo que tales normas procedentes del debate y procedimiento democráticos violen los derechos básicos que subyacen a la capacidad justificativa de dicho procedimiento democrático (presupuestos del discurso) o representen una desviación tan extrema de exigencias de justicia que su observancia no sea compatible con la responsabilidad moral de los jueces[159].

Distinto es el caso de las normas *de facto*. Ya sean generales o particulares, los jueces deben adoptar frente a ellas, afirma Nino, una actitud distinta por cuanto que, como vimos, tales normas no tienen el valor epistémico que sí poseen —*a priori*— las normas procedentes de democracias[160]. Veamos cuál es esa actitud:

1) Los jueces están obligados a examinar hasta qué punto tales normas son justas, sin que operen en estos casos las limitaciones concebidas en función de normas *de iure*, tales como las de la «no justiciabilidad» de ciertas cuestiones. La posible inseguridad por las divergencias judiciales podría resolverse mediante el recurso a soluciones generales establecidas por los órganos políticos.
2) La facultad judicial no excluye la facultad de rechazar las normas en cuestión por parte de los órganos *de iure* que son competentes para regular la materia de tales normas *de facto*. Esta facultad de rechazo es más amplia que la de la derogación, puesto que ésta última supone una validez plena de las normas que se derogan. Consecuentemente, el rechazo de las normas *de facto* no está sometido a las limitaciones de la derogación de las normas *de iure*.

Por otra parte, los particulares están vinculados por las leyes *de facto* (respetuosas con los derechos humanos) hasta que ellas sean revisadas judicialmente en cada caso, salvándose las situaciones urgentes e irreversibles mediante los recursos y acciones pertinentes.

Como apunté al comienzo, son estas consideraciones las que habrían de estar presentes en sistemas jurídicos como el español, en el que se plantea la constitucionalidad de determinadas normas dictadas en un periodo

[159] Sobre el papel de la judicatura (especialmente de los Tribunales Constitucionales) en el juicio de constitucionalidad me ocuparé en el siguiente apartado.

[160] Nino, C. S., *La validez del Derecho*, cit., pág. 104.

histórico precedente en que rigió un gobierno autoritario. En este sentido, Ferreres Comella, haciendo uso de una argumentación que coincide bastante con la de Nino, subraya que la presunción de constitucionalidad que opera sobre las normas democráticas (presunción que en la terminología de Nino equivale aproximadamente al valor epistémico *a priori* que tiene toda decisión democrática) deja de operar cuando nos encontramos —entre otros casos de falta de respaldo del Parlamento democrático actual— con leyes aprobadas en períodos históricos en los que han regido gobiernos autoritarios. En tales casos, escribe este autor, la presunción de constitucionalidad deja de tener fundamento debido a que la ley preconstitucional no goza de legitimidad democrática. Y es precisamente así como podemos justificar que en nuestro sistema la declaración de inconstitucionalidad de las leyes anteriores a la Constitución española de 1978 no goce del privilegio de la jurisdicción concentrada (recurso de inconstitucionalidad o cuestión de constitucionalidad ante el Tribunal Constitucional), sino que el juez ordinario pueda decidir por sí mismo inaplicar una ley anterior a la Constitución si considera que ha quedado derogada por la misma al contradecir su contenido material (sólo en caso de duda el juez habrá de plantear cuestión de constitucionalidad ante el Tribunal Constitucional). Así, cuando la ley procede del Parlamento democrático, su legitimidad *a priori* exige que un órgano con una legitimidad democrática de origen más intensa que la de los jueces y tribunales ordinarios sea quien juzgue la constitucionalidad de la ley en cuestión. Pero esto no sucede cuando se trata de una ley preconstitucional. Tal como argumenta Ferreres Comella, en nuestro sistema, en el que la Constitución establece precisamente que «quedan derogadas cuantas disposiciones se opongan a lo establecido en esta Constitución», podríamos pensar que el Parlamento democrático confía en que los jueces hagan efectiva esa disposición, por lo cual, si por alguna razón la cuestión acerca de la constitucionalidad de una ley preconstitucional llegara hasta el TC, éste no precisaría disponer de argumentos de tanto peso para declarar su no validez como si se tratara de una ley dictada por el parlamento democrático una vez vigente la Constitución[161]. En el caso de leyes preconstitucionales aprobadas por las Cortes constituyentes (surgidas, en nuestro país, de las primeras elecciones democráticas de junio de 1977), todas las anteriores consideraciones operarían para fundamentar el recurso al Tribunal Constitucional, no teniendo por lo tanto competencia el juez ordinario[162].

[161] Cfr. Ferreres Comella, V., *Justicia constitucional y democracia*, Centro de Estudios Políticos y Constitucionales, Madrid, 1997, págs. 223-226.

[162] Cfr. Ferreres Comella, V., *Justicia constitucional y democracia*, cit., pág. 224.

- *La cuestión acerca del valor justificativo de las normas* de facto *que pretendieron amparar violaciones de derechos humanos fundamentales. Algunas consideraciones acerca del análisis de Nino*

Hasta aquí me he ocupado básicamente de la reflexión sobre las normas *de facto* que regulan relaciones nacidas en el pasado y que no son transgresoras de derechos humanos fundamentales. Vale la pena detenernos en este momento a examinar con más detalle las implicaciones prácticas de la tesis de Nino acerca de la conexión justificativa entre Derecho y moral en relación con una cuestión especialmente delicada que podemos expresar en las siguientes preguntas: ¿qué sucede con las violaciones a derechos básicos cometidas al amparo de normas *de facto*? ¿qué valor tienen las normas *de facto* a los efectos de las declaraciones de responsabilidad penal llevadas a cabo, posteriormente, durante la transición democrática? ¿Qué valor tienen las leyes de autoamnistía dictadas por el régimen saliente con la pretensión de impedir el castigo de los responsables de violaciones masivas de los derechos humanos?

Ya tuve ocasión de apuntar los problemas implicados por estas preguntas en el Capítulo I («Introducción»). Ahora, a la luz de la exposición de las tesis de Nino acerca del concepto de validez como concepto puente entre el discurso jurídico justificativo y el discurso moral —que indica la necesaria conexión lógica que desde el punto de vista justificativo tienen las normas jurídicas con las normas morales válidas—, acaso sea posible examinar con algo más de claridad estos complejos problemas. Antes de entrar a ello será preciso anotar una serie de premisas previas acerca de los principales aspectos que, a estos efectos presentan la fundamentación de los juicios penales contra los perpetradores de violaciones de derechos humanos y la fundamentación del castigo en la teoría de Nino:

1) Fundamento de la institución. El fin del castigo o del establecimiento de responsabilidades por violaciones de derechos humanos es un fin social, no retributivo: evitar en el futuro la comisión de nuevo de semejantes actos abominables y la creación de una cultura civil e institucional de respeto y garantía de los derechos humanos. Los juicios contra los perpetradores de violaciones de derechos humanos generan un debate crítico y una deliberación pública necesaria para el desarrollo de una cultura de respeto a los derechos humanos y para la implementación de las instituciones adecuadas para su protección.
2) Fundamento de la distribución del castigo. El criterio para el establecimiento de responsabilidades y para la selección de quienes hayan de ser castigados es la autoría mediata o inmediata, por acción u omisión, de violaciones voluntarias (es decir, en las que no ha habido compul-

sión ni coacción ejercida sobre el agente activo) contra los derechos humanos fundamentales llevadas a cabo utilizando con tal fin las instituciones del Estado.

3) El fundamento del castigo a un sujeto particular se encuentra en el principio de consentimiento. Éste es, a su vez, el principio que se encuentra en la base del principio de legalidad, según el cual, para sancionar un determinado comportamiento es preciso que haya una ley escrita previa a la realización de la conducta que prohíba su comisión. Sólo cuando un agente actúa a sabiendas de la existencia de una ley positiva que califica a su acto como punible de alguna forma, podemos en justicia considerar que ha consentido al castigo; algo que justifica la imposición de tal castigo, siempre y cuando constituya un medio plausible para proteger a la sociedad contra futuras violaciones de derechos humanos.

De entre las anteriores consideraciones, aquella que a los efectos de este trabajo resulta de especial relevancia es la apuntada en el párrafo tercero, que podemos denominar principio de legalidad penal y de no retroactividad de las leyes penales sancionadoras. El principio de legalidad protege la confianza depositada por los distintos sectores de la sociedad en el Derecho escrito positivizado y eficaz[163]. Por razones de seguridad jurídica, un Derecho positivizado y eficaz no deja de ser Derecho aunque tenga contenidos desproporcionados o injustos. Pero ¿qué sucede cuando tales contenidos son extremadamente injustos? Cuando las normas que provienen de un gobierno *de facto* son contrarias a las exigencias básicas de la moral (y, según Nino, tienen tal carácter aquellas que violan derechos tales como la vida o la prohibición de torturas), carecen de cualquier fuerza justificativa, son nulas y, en el análisis de nuestro autor, las normas válidas en vigor son aquellas que, proviniendo o no de un régimen democrático[164], amparan los derechos humanos básicos. A la luz de

[163] Cfr. Alexy, R., «Derecho injusto, retroactividad y principio de legalidad penal», cit. En relación con el principio de legalidad penal pueden verse, especialmente, las págs. 211-218.

[164] En relación con este aspecto del problema, Nino señala que la norma jurídica no tiene que ser necesariamente democrática siempre y cuando sea después confirmada por una decisión democrática. A esto añade que sólo cuando el agente actúa conociendo que existe una norma jurídica que de alguna forma convierte a su acto en un crimen es legítimo sostener que consintió el castigo (justificándose de esta forma la imposición de tal castigo siempre y cuando sea un instrumento eficaz para la protección de la sociedad). Esto parecería llevarnos, en principio, a sostener la no punibilidad de quienes cometieron determinados actos durante una dictadura si resulta que los perpetradores de las violaciones alegan su desconocimiento de la existencia de leyes que hicieran punibles tales actos cuando ellos los cometieron. Sin embargo, Nino considera que dichos sujetos han de asumir las conse-

estas consideraciones, Nino sostiene en su trabajo *Radical Evil on Trial* que, rechazada la validez de las normas que pretendían amparar tales violaciones, «las atrocidades son crímenes claramente en la época de los regímenes dictatoriales, si tenemos en cuenta (a la luz de la necesaria conexión justificativa entre Derecho y moral) el conjunto anterior de normas válidas», y que «las acciones deben ser juzgadas, en la medida de lo posible, bajo las leyes sustantivas y procesales, y por los jueces por ellas designados, que hubieran sido operativas en el momento de los actos de no haber sido por las decisiones totalitarias amparando los abusos»[165].

Según esto, los órganos del poder judicial de la democracia subsiguiente no enfrentan un problema de aplicación retroactiva de leyes penales sancionadoras, puesto que los crímenes eran considerados como tales a la luz del Derecho válido en ese momento: un Derecho que no coincidía con el que aparecía como el Derecho escrito positivizado y eficaz sino, si tenemos en cuenta la nulidad de las leyes que violan los derechos humanos, con el nivel previo de normas jurídicas positivas válidas[166].

---

cuencias de un tal elitismo moral epistémico que les llevó a ignorar las leyes democráticas previas (p. ej., en la Alemania nazi, las procedentes de la República de Weimar) y a asumir como más dignas de confianza las normas dictatoriales que procedían, sin embargo, de la reflexión individual y aislada de los dictadores correspondientes. Cfr. Nino, C. S., *Radical Evil on Trial*, cit., págs. 162-163. Véase también la nota 167 del presente Capítulo.

[165] Nino, C. S., *Radical Evil on Trial*, cit., pág. 163.

[166] En este sentido, y apoyando su solución en un razonamiento parcialmente similar, se pronuncia Alexy cuando analiza en el trabajo más arriba mencionado las decisiones del Tribunal Constitucional alemán en relación con los crímenes cometidos por los centinelas del muro de Berlín. La fórmula radbruchiana de Derecho extremadamente injusto se aplica para declarar no válidas (no aplicables *ab initio*) cláusulas provenientes de un Estado dictatorial que ampara un derecho manifiestamente injusto como las que pretendían justificar el homicidio de quienes quebrantaban la frontera que separaba la RDA de la RFA hasta la caída del muro de Berlín en 1989. El principio que garantiza la no retroactividad no protege la confianza en una causa de justificación amparada por una ley manifiestamente injusta y, en consecuencia, nula *ab initio*. En el caso en cuestión, Alexy considera que la formula radbruchiana, al calificar el Derecho extremadamente injusto como nulo, no provoca la aparición de una laguna, puesto que el Derecho penal de la RDA contenía al tiempo de los hechos una extensa prohibición jurídico-penal del homicidio doloso. Alexy considera errónea, sin embargo, la argumentación del Tribunal Constitucional cuando parece querer hacer una interpretación del conjunto del Derecho de la RDA señalando que «se podría recurrir a la valoración que la propia RDA había tomado como base de sus disposiciones penales». El error de esta argumentación está, en opinión de Alexy, en que podría hacer pensar que la punibilidad de los centinelas del muro estaba ya prevista por el régimen jurídico de la RDA, cuando lo que sucedía es que había una causa de justificación que pretendía amparar tales actos. Y si es nula, ello es, en opinión de Alexy, debido a la validez de un derecho suprapositivo cuyo contenido serían los derechos humanos. Éste no es ni rígido ni inmutable, pero posee, en cambio, un núcleo que transciende un tiempo y espacios concretos. Esto diferencia a Alexy de Radbruch o

En la reflexión de Nino, sin embargo, se echa en falta un examen más profundo del principio de legalidad. La tesis de la nulidad de un Derecho que pretende amparar actos abominables contra los derechos humanos y la afirmación de que, entonces, el Derecho válido en ese momento era el anterior escalafón o nivel de normas válidas, precisarían ser completadas con un pronunciamiento acerca del juego del principio de legalidad y el tipo de principio moral en el que se inspira.

Si entendemos el principio de legalidad como la protección de la confianza en la ley que aparece en ese momento como ley positiva y eficaz podemos pensar que quizá Nino parece no darle ni siquiera un valor *prima facie* a las normas que se presentan —al menos, aparentemente— como tal Derecho vigente. Creo que es preciso profundizar en esta cuestión y ello porque no deja de causar una cierta incomodidad el desplazamiento, sin justificación de todos los argumentos pertinentes, de un principio que en otras circunstancias cumple un papel tan importante como reflejo del principio moral de la seguridad jurídica o seguridad depositada por el ciudadano y operadores jurídicos en el Derecho que se presenta como el De-

---

Kaufmann quienes invocan un Derecho positivo no legal (o estatal) que protege los derechos humanos (los derechos humanos, según estos últimos autores, para poder ser sancionada su violación, deben tener validez positiva por razón de criterios similares a los del Derecho consuetudinario sin que para ello sea preciso un anclaje legal). Si atendemos entonces a esto ultimo, como señala Alexy, no podría sancionarse a quienes perpetraron los mencionados actos durante el régimen de la RDA, puesto que entonces no existía derecho consuetudinario alguno (basado, por definición, en su vigencia social) que reconociera el derecho a salir del país y el derecho a la vida en la forma de un derecho a no ser muerto si uno intenta obtener el negado derecho a salir del país mediante el simple cruce de la frontera. Luego, según Alexy, aquellas normas (la cláusula que excluía la punibilidad mediante el establecimiento de una causa de justificación en un ámbito parcial en relación con actos en todas las otras esferas tipificados como violaciones criminales muy graves) vulneraban no un Derecho socialmente vigente, sino uno suprapositivo. Cfr. Alexy, R., «Derecho injusto, retroactividad y principio de legalidad penal», cit., pág. 220, n. 87. En el análisis de Nino, son también consideraciones morales las que llevan a calificar como nulas a las normas procedentes de los gobiernos *de facto* que pretenden amparar violaciones de derechos humanos. El hecho de que las normas no procedan de un régimen democrático y pretendan, además, amparar actos que atentan contra derechos humanos básicos las convierte en nulas *ex nihilo* (de esta forma «las leyes que autorizan los abusos deben ser consideradas nulas puesto que su origen no democrático permite examinar lo odioso de su contenido», Nino, C. S., *Radical Evil on Trial*, cit., pág. 163). Es decir, si interpreto bien a Nino, el intento de cambio del orden jurídico por el gobierno dictatorial es un intento a estos efectos frustrado y las normas democráticas o respetuosas con los derechos humanos (sancionadas por una ley democrática anterior) son Derecho válido vigente. En este sentido —nos dice Nino—, la legitimidad, en el caso argentino, del Presidente Alfonsín vendría dada por haber aplicado durante la transición y para juzgar los actos cometidos durante la dictadura la Constitución de 1853 (que seguía siendo la norma válida aplicable, habida cuenta de la nulidad de las normas procedentes del gobierno *de facto*).

recho en vigor. Entiendo que la conclusión de Nino es correcta: en el caso de prescripciones que pretendan amparar violaciones de derechos humanos fundamentales, debe suponerse que ellas carecen de cualquier valor justificativo. Pero me parece que faltarían argumentos adicionales a los aportados por Nino para cerrar apropiadamente este problema.

Si el principio de legalidad protege la confianza en la ley que aparece en un determinado momento como positiva y eficaz, plantear la posible exclusión de ese ámbito de protección las leyes o cláusulas penales extremadamente injustas nos lleva a tener que escoger entre: (1) dejar sin punición a quienes actuaron amparándose en prescripciones extremadamente injustas pero que, bajo el régimen, se presentaban como el Derecho positivo eficaz; o bien, (2) recortar el principio de legalidad entendiendo que para que sea moralmente legítimo ha de excluir de su ámbito de protección la supuesta confianza depositada en normas que, apareciendo como Derecho positivo y eficaz, son sin embargo extremadamente injustas (en estos casos tal confianza no sería, pues, merecedora de protección).

Nótese que, con arreglo al análisis de Nino, no niego el carácter delictivo de los hechos a la luz del Derecho positivo válido en el momento de la comisión de los actos. A lo que apunto es a que, junto a lo anterior, hay que señalar además —frente a quienes en tal caso invoquen el principio de legalidad como protección de la confianza en el que se presenta aparentemente como Derecho vigente— que la protección de esa confianza en el Derecho que aparece como Derecho positivo eficaz pero violatorio de derechos humanos fundamentales no resulta moralmente plausible. El principio de legalidad quedaría entonces derrotado en esos supuestos o, bien podría en rigor decirse que es preciso condicionar en tal sentido la comprensión del principio de legalidad para que éste sea moralmente sostenible.

Aunque un análisis de las posibles causas de justificación o eximentes penales en vigor en un sistema democrático bajo las cuales los perpetradores de las violaciones de derechos humanos podrían pretender amparar sus actos excede claramente los límites de este trabajo, quisiera al menos apuntar las consecuencias más relevantes de una concepción del Derecho como la defendida por Nino en relación con las responsabilidad penal de los sujetos[167]. Me limitaré a señalar al respecto que, en opinión

[167] A propósito de la «obediencia debida» como causa eximente nos dice Nino que «la punición únicamente de aquellos que dictan las órdenes presentaría a todas las demás personas en vez de como sujetos autónomos, inviolables y dignos, como máquinas que podrían abusar de los demás seres humanos sin ningún tipo de consideración hacia su propia responsabilidad moral y legal. No hay ningún hecho, ni de organización jurídica ni política

de Nino, defensas tales como la falta de autoría, necesidad, legítima defensa, estado de guerra, obediencia debida y prescripción del delito han de ser cuidadosamente analizadas, para cumplir sus objetivos, a la luz de principios morales. Estos criterios morales que señalan las condiciones para su aplicabilidad impedirán en muchos casos que actos en violación de los derechos humanos puedan ser sin más amparados apelando a estados de guerra contra la subversión, a la obediencia debida[168], etc.

---

que permita eliminar la responsabilidad de los sujetos que infligen un daño y sufrimiento terrible a otros seres humanos. Los sujetos morales pueden aceptar determinadas autoridades epistémicas sin renunciar por ello a su autonomía, pero, además, esa aceptación no puede convertir a tales personas en autómatas morales». En opinión de Nino, pues, el propio principio moral de dignidad nos exigiría considerar a esos sujetos como seres que actuaron autónomamente cuando no sometieron a ningún juicio crítico los mandatos más abominables de quienes se habían hecho por medio de la fuerza con el poder. Cfr. Nino, C. S., *Radical Evil on Trial*, cit., pág. 180. Garzón Valdés recoge en su artículo «La democracia argentina actual: problemas ético-políticos de la transición» [1988], unas palabras del Ministro de la Corte Suprema argentina durante la transición (Jorge Antonio Bacqué), cuando votó en disidencia el 22 de junio de 1987 por la inconstitucionalidad de la ley 23.521 denominada «de obediencia debida», que parecen inspiradas en los mismos principios defendidos por Nino cuando declaran «el reconocimiento en el subordinado de su calidad de ser razonable [...] no excusándolo con pretextos que denigran la calidad de ciudadanos que necesariamente poseen en una República quienes deben dedicarse a la honrosa profesión de las armas» en Garzón Valdés, E., *Derecho, Ética y política*, cit., pág. 890.

[168] La obediencia debida, a juicio de Nino, sólo podría servir de excusa en aquellos casos en los que hubo compulsión o coacción o un error acerca de la legitimidad de la orden. En el caso de Argentina no se dieron esas circunstancias excepcionales que pudieran legitimar la invocación de la obediencia debida como justificación. Muchos subordinados podían invocarla como excusa, ya sea porque actuaron bajo compulsión o coacción o porque incurrieron en error acerca de la legitimidad de las órdenes. Aquellos que perpetraron actos abominables no pudieron, sin embargo, eximirse apelando a la excusa de obediencia debida. Nino, C. S., *Radical Evil on Trial*, cit., pág. 182. Teniendo en cuenta lo difícil que es entrar a valorar en que medida está presente en un agente subordinado (p. ej. en un centinela del muro de Berlín) una intención libremente formada que le lleve a realizar una acción claramente infractora de derechos humanos, resulta preciso ser muy sutiles en este tipo de apreciaciones acerca de la legitimidad del castigo impuesto a determinados sujetos. Unas consideraciones realizadas por Nino en *Introducción a la filosofía de la acción humana* me permitirán argumentar mi posición en este punto. Cuando alguien alega que realizó una cierta acción disvaliosa porque fue amenazado o porque, de no actuar, sufriría un cierto mal, no niega que tuvo las creencias o la capacidad relevante para decidir, y, por lo tanto, no pretende impedir que se infiera que tuvo la intención de realizar la acción disvaliosa. Lo que pretende es que de ahí se derive un mal juicio acerca de su carácter moral. Esta excusa es de las que apuntan directamente a un plano más profundo de la estructura de la acción que el constituido por los deseos, creencias y capacidades del individuo (algo que no sucede, p. ej., con excusas como la del error, que niegan el deseo y la creencia mismos). Se apunta, pues, en el caso de las excusas por coacción o compulsión, a los rasgos que constituyen el carácter moral del individuo. Entonces, lo que aquí se está diciendo es que si bien el agente

Por lo demás, consideraciones todavía más complejas operan en aquellos casos en los que se está intentando reconstruir una democracia constitucional y, por lo tanto, respetuosa con los derechos básicos. Tales consideraciones son de índole política e implican necesarias restricciones a la persecución de actos extremadamente injustos cometidos durante el régimen anterior, persecuciones que, si pusieran en peligro la reconstrucción de la democracia constitucional, pondrían, ellas mismas, en entredicho su propia fundamentación al hacer aparecer los juicios como medidas puramente retribucionistas.

Así, el hecho de que la reconstrucción democrática y los juicios contra derechos humanos hayan de ser una práctica institucionalizada con el fin de asegurar precisamente la protección de los derechos humanos y la generación de una cultura de respeto de los mismos, trae consigo (aunque a veces esto pueda experimentarse como una amarga experiencia) la necesidad política y práctica de reducir la esfera de sujetos que pueden ser juzgados, derivadas a su vez de la necesidad de integrar a todos los grupos —algunos de ellos afines o simpatizantes del régimen anterior— en la reestructuración democrática de la sociedad o, entre otras cosas, simplemente de la limitación de medios. Esta restricción, sin embargo, no implica de ningún modo que se pueda proceder a una selección puramente azarosa de los encausables sino que, como apunté, ha de llevarse a cabo guiada por un cuidadoso análisis de las defensas a la luz de los principios morales que las legitiman[169]. La discrecionalidad en la persecución penal, las amnistías y los perdones —dice Nino— han de concederse a la luz de distinciones moralmente justificadas a partir de la consecución de objetivos moralmente legítimos[170].

En resolución, y recapitulando el hilo de la argumentación de Nino, la tesis de la validez como concepto puente entre el discurso jurídico justificativo y el discurso moral permite ofrecer un tratamiento de las normas *de facto* que evite dar a esas normas el mismo status que tienen las

realizó una acción disvaliosa porque deseó o intentó hacerlo, su deseo o intención no se debe a un rasgo o inclinación disvaliosa de su carácter, sino a la amenaza que pesaba, p. ej., sobre su propia vida. En tal caso la excusa descalificará el reproche personal a un individuo. Cfr. Nino, C. S., *Introducción a la filosofía de la acción humana*, cit., pág. 111-118. Parece que este tipo de excusas podrían operar en ciertos casos en los que ciudadanos de la antigua RDA eran forzosamente destinados —y en la medida en que así fuera— a cumplir el servicio militar en la frontera.

[169] Cfr. Nino, C. S., «La derivación de los principios de responsabilidad penal de los fundamentos de los derechos humanos», *Doctrina Penal*, Año 12, nº 45, Ed. de Palma, (1989), págs. 29-48.

[170] Cfr. Nino, C. S., *Radical Evil on Trial*, cit., págs. 107-185.

normas de origen democrático, sin por ello caer en excepciones *ad hoc* o en la postulación de un peligroso vacío normativo, puesto que las normas verdaderamente aplicables eran las del nivel anterior de normas válidas que el régimen *de facto* intentó sin éxito —por su nulidad *ab initio*— derogar[171]. En otras palabras, y a propósito del tema que nos ocupaba, la única respuesta plausible a los problemas en torno al valor de las normas *de facto* ya sea durante un gobierno autocrático, como cuando éste es sustituido por uno democrático, o en el caso de las normas procedentes de un gobierno democrático, parte del reconocimiento del carácter normativo moral del concepto de validez jurídica.

5.2.3. La justificación del control judicial de constitucionalidad

En su trabajo *Fundamentos de Derecho Constitucional*, Nino lleva a cabo un detallado estudio del control judicial de constitucionalidad y de su justificación doctrinal en el marco de un liberalismo constitucional pleno. En una obra posterior, *The Constitution of Deliberative Democracy,* volverá sobre este tema completando su argumentación en el marco de su modelo más elaborado de fundamentación de la democracia constitucional. Veremos que este asunto —la justificación del control judicial de constitucionalidad— es de relevancia para el tema que nos ocupa: la validez del Derecho como concepto puente entre el discurso jurídico y el discurso moral. La tesis de fondo defendida por Nino (en *Derecho, Moral y Política*) es la siguiente: el debate que desde el punto de vista interno llevan a cabo los participantes de un orden jurídico a propósito de los límites del control judicial de constitucionalidad no puede agotarse en lo establecido por el propio orden jurídico, sino que hace preciso acudir a consideraciones valorativas sobre los fundamentos de la democracia y el reconocimiento de derechos fundamentales. Nos encontramos, pues, de nuevo ante un ejemplo que permite corroborar las tesis de Nino acerca de que, por un lado, el discurso jurídico no es insular o autosuficiente, sino que está inmerso en un discurso justificativo más amplio, y, por otro, es necesario un concepto normativo de validez jurídica que haga de puente entre ambos tipos de discursos.

---

[171] Cfr. Nino, C. S., *La validez del Derecho*, cit., pág. 15. En este sentido, como ya señalé antes, Nino considera que la legitimidad de las políticas de Alfonsín para la protección de los derechos humanos, no venía dada por la aclamación y el respaldo popular al Presidente sino por el hecho de que éste aplicó la Constitución de 1853. Cfr. Nino, C. S., *Radical Evil on Trial*, *cit.*, pág. 129 y ss.

5.2.3.1. Algunas consideraciones generales sobre el problema del control judicial de constitucionalidad

Como ya he tenido oportunidad de señalar, Nino desarrolla una fundamentación deliberativa de la democracia que —a partir de la segunda edición de su *Ética y derechos humanos*— le lleva a configurar a la democracia como un tipo de gobierno en el que, a diferencia de otros, el resultado de la deliberación o del discurso tiene un valor epistémico fuerte en relación con los principios morales de los cuales se derivan los derechos humanos. Para que este discurso tenga tal valor no ha de alejarse del modelo de democracia constituido por el propio discurso moral ideal, con los límites derivados de los fines prácticos inmediatos del sistema democrático (articulación de soluciones para una convivencia pacífica en la que se respeten y garanticen los derechos humanos). Para que el discurso democrático no se aleje de su modelo —el discurso moral— más que en las necesarias exigencias derivadas de su carácter institucional, debe satisfacer los prerrequisitos que determinan la calidad democrática del discurso y el valor epistémico de su resultado. Este es el marco que habremos de tener presente a la hora de avanzar en los argumentos propuestos por Nino en relación con el juego de consideraciones y ponderaciones relevantes a la hora de trazar el esquema institucional adecuado de garantía de la constitucionalidad de las leyes democráticas.

En una primera aproximación, hay que constatar que el control de constitucionalidad aparece como un instrumento muy poderoso en manos de los jueces (sea jueces individuales en el sistema norteamericano de control disperso o magistrados de un Tribunal Constitucional central en el caso de diversos países europeos) en la medida en que concede a éstos la facultad de descalificar una norma jurídica de origen democrático por violar una prescripción constitucional, ya por razones de procedimiento o por razones de contenido[172].

Vista así, es fácil entender que esta institución haya suscitado recelos si tenemos en cuenta, además, que la elección de tales órganos encargados del control de constitucionalidad no es resultado —o, al menos, no resultado directo— de un consenso democrático, ni son órganos sometidos a responsabilidad directa. Este rol adjudicado a los jueces supone un desafío a la concepción tradicional de Montesquieu sobre la división de poderes, en la que los jueces aplicaban las decisiones de los órganos democráticos sin analizar los méritos de tales decisiones. La tensión existente entre la legislación democrática y la revisión judicial de la constitu-

[172] Cfr. Nino, C. S., *Derecho, moral y política*, cit., pág. 68.

cionalidad de las leyes democráticas es lo que el jurista norteamericano Bickel denominó en su libro *The Least Dangerous Branch*, la «dificultad contramayoritaria de la revisión judicial de la ley»[173].

En *Fundamentos de Derecho Constitucional* (1992) y *La Constitución de la Democracia Deliberativa* (1996), principalmente, Nino pasa revisión a los distintos argumentos que han sido esgrimidos a favor y en contra del control judicial de constitucionalidad. Como veremos, los argumentos más potentes a favor de la institución se presentan cuando pensamos en un control de constitucionalidad concentrado, que sería el que existe en las democracias europeas, a diferencia del control disperso a cargo de todos los jueces, que opera en el modelo de Estados Unidos.

Si atendemos a las consideraciones antes apuntadas acerca del valor que Nino otorga al procedimiento democrático —el debate democrático optimiza más que ningún otro tipo de discurso las posibilidades de alcanzar el conocimiento de los principios morales de los cuales se derivan los derechos básicos—, constatamos que esta concepción parecería, en principio, negar la posibilidad de un control judicial de constitucionalidad a la vista del fuerte déficit democrático que la judicatura tiene en la mayoría de las democracias liberales.

Expresado en otros términos, la «dificultad contramayoritaria» de la que hablaba Bickel, deriva de lo siguiente: la imparcialidad es una cualidad que supone la capacidad de representación de los intereses de todos los afectados en un conflicto y que permite tomar una decisión sopesando el valor de esos distintos intereses a la luz de consideraciones normativas e independientemente de los sujetos con nombres propios que son portadores de los mismos. Pues bien, afirma Nino, que los intereses de los jueces sean ajenos a las disputas que los particulares pretenden solucionar ante ellos coadyuva a garantizar la imparcialidad en el caso de que la disputa afecte a unos pocos, puesto que el juez es capaz de representarse los intereses de las partes y de tomar una decisión de acuerdo con consideraciones de corrección normativa. Pero en el caso de conflictos que abarquen intereses de una multitud de individuos cuyas experiencias son muy diferentes de las de los jueces —como sucede con la interpretación de los artículos constitucionales que establecen derechos fundamentales—, resulta ya muy difícil que el juez sea capaz de alcanzar el primero de esos elementos que invoca la idea de imparcialidad, esto es, la capacidad de representación de todos los intereses de todos los afectados. Nino considera que la extendida opinión de que los jueces están mejor situados que

[173] Bickel, A. M., *The Least Dangerous Branch. The Supreme Court at the Bar of Politics* [1962], Yale University Press, 2ª ed. 1986, pág. 16-23.

el parlamento y otros oficiales elegidos para resolver cuestiones relacionadas con los derechos individuales descansa en un cierto elitismo epistémico que, de alguna forma, asume que para llegar a decisiones moralmente correctas es mejor la destreza intelectual que la capacidad de representarse vívidamente y hacer un balance imparcial de los intereses de los afectados por la decisión[174].

Ahora bien, alegar la superioridad epistémica de un procedimiento democrático ideal no implica avanzar todo lo deseable, pues a poco que observemos los procedimientos democráticos reales en nuestras sociedades y, concretamente, en los parlamentos democráticos, caemos en la cuenta de que tampoco tal procedimiento parece ser suficiente para satisfacer todos los requerimientos de la constitución ideal de derechos. El argumento de la calidad epistémica de las decisiones democráticas, entonces, no se materializa siempre con la fuerza suficiente para rechazar la existencia de alguna otra institución que pueda contribuir a ese fin.

Nos encontramos ante la dificultad de determinar qué argumentos apoyan que haya de ser un tribunal constitucional el garante de la constitucionalidad de las leyes democráticas (lo que, a los efectos, implica la interpretación de los derechos fundamentales) y cuáles apoyan, por otro lado, que sea el propio procedimiento democrático el garante de la Constitución. Ello implicará, sin embargo, para citar las palabras de Bickel, que «no será posible dar plena respuesta a todo lo que se argumenta en contra del control judicial de la ley [...]. Lo único que podemos hacer es llenar el otro platillo de la balanza con argumentos de signo contrario, acerca de las necesidades reales y los modos en que opera efectivamente nuestra sociedad, y naturalmente con nuestras porciones

[174] Pueden, sin embargo, encontrarse argumentos de más peso en apoyo de la institución del control judicial de la ley. Así un argumento más resistente a la crítica es el ofrecido por Owen Fiss, quien señala que con la defensa de la institución del control judicial de la ley no se afirma implícitamente la superioridad natural de los jueces, sino simplemente la mayor calidad de las condiciones institucionales bajo las cuales esos jueces, con capacidades intelectuales y morales parejas a las de los parlamentarios, adoptan sus decisiones. Junto a ello, Fiss también reconoce que la asamblea legislativa puede trascender la función de registrar meras preferencias políticas y que el legislador delibera acerca de la interpretación de los valores constitucionales (esta concepción de la política democrática supondría acercarla a un modelo epistémico más que a uno pluralista), sugiriendo en este sentido que se organicen las relaciones entre el juez constitucional y el proceso político en términos dialécticos, y concediendo que los jueces pueden hablar con autoridad en materia constitucional, pero sin que su palabra sea la única ni quizás la última. Cfr. Fiss, O., «The Supreme Court 1978 Term. Foreword: The Forms of Justice», *Harvard Law Review* 93/1, (1979), págs. 13-14. Para una articulación más detallada de esta idea puede verse Ferreres, V., *Justicia constitucional y democracia*, cit., págs. 174-175.

de fe y de esperanza. Entonces, podremos apreciar hasta dónde se ha movido el fiel de la balanza»[175].

En las páginas que siguen presentaré los argumentos que han sido colocados en cada uno de esos platillos, así como los que habrían de colocarse en opinión de Nino, todo ello sin olvidar, claro está, el hilo argumental que me ha conducido a este punto: su tesis de que la respuesta a la controversia interna acerca de quién haya de ser el garante de la Constitución y, por lo tanto, al problema acerca del fundamento del control judicial de constitucionalidad, precisa últimamente de consideraciones valorativas que nos llevan más allá del marco del ordenamiento jurídico, con la consiguiente necesidad de llevar a cabo incursiones en el ámbito de la filosofía moral y política. En fin, la tesis de que la respuesta acerca del fundamento del control judicial de constitucionalidad no puede encontrarse autónomamente en el propio sistema jurídico.

A) La derrota de ciertos argumentos a favor del control judicial de constitucionalidad

a) El argumento derivado de la supremacía de la Constitución. La crítica de Nino

\- *La lógica de Marshall*

El argumento de que la supremacía de la Constitución exige la revisión por parte del poder judicial de las leyes emanadas del parlamento democrático fue invocado por primera vez por el juez Marshall en el famoso caso de la jurisprudencia estadounidense *Marbury v. Madison*[176]. Este argumento —conocido desde entonces como la «lógica de Marshall»— fue el mismo que años después invocaría en Europa Kelsen, aunque el

[175] Bickel, A., *The Least Dangerous Branch. The Supreme Court at the Bar of Politics*, cit., pág. 24. Tomo la cita de V. Ferreres, *Justicia constitucional y democracia*, cit., pág. 199.

[176] W. Marbury había sido elegido juez de paz por el presidente federalista John Adams en los últimos días de su mandato. El Senado, controlado por los federalistas, confirmó el 3 de Marzo de 1801 los cargos asignados en esos últimos días por Adams, incluido el de Marbury. Los cargos no habían sido, sin embargo, formalmente asignados cuando Thomas Jefferson, el presidente republicano, asumió su cargo unos días después de la mencionada fecha y el nuevo presidente se negó a formalizar los nombramientos alegando que eran nulos. Marbury, junto con otros, interpuso una demanda ante la Corte Suprema solicitando una resolución judicial por la que se obligara a Madison, secretario de Estado en la Administración de Jefferson, a llevar a cabo la formalización en cuestión. Las preguntas que la Corte Suprema se planteó en relación con este caso fueron las siguientes: ¿Tiene el demandante un derecho al nombramiento que reclama? En el caso de respuesta positiva y de que efecti-

modelo de control constitucional concebido por éste, y reflejado en los distintos sistemas europeos, es el de un Tribunal Constitucional concentrado como garante último de la constitucionalidad.

vamente ese derecho haya sido violado ¿las leyes del país le conceden protección? Si las leyes le conceden efectivamente esa protección, ¿es tal una resolución mandatoria [un *mandamus*] emitida por la Corte Suprema? La Corte Suprema, en la voz de su presidente, el juez Marshall, consideró que era competencia de la Corte considerar si un ciudadano tenía o no un derecho y si tal derecho había sido o no violado, así como el señalar si el ciudadano en cuestión tiene o no algún tipo de recurso [*remedy*] contra tal violación. En el caso presente (Marbury v. Madison) negó sin embargo que tal remedio hubiera de ser una resolución mandatoria emitida por la Corte Suprema. La existencia del control judicial fue establecido, de esta forma, en un caso en el que la Corte concluyó que no tenía poder para remediar la ilegalidad oficial. ¿Cuál fue el hilo argumentativo de Marshall? El presidente de la Corte [*Chief Justice*] Marshall señaló que «en los asuntos en los que superiores de los distintos órganos [*departments*] son agentes políticos o confidenciales del ejecutivo, y su función es meramente la de ejecutar la voluntad del Presidente, o actuar en casos en los que el ejecutivo tiene discrecionalidad legal o constitucional, nada puede ser más claro que el que tales actos son sólo políticamente examinables. Pero cuando un deber específico viene establecido por la ley, y un derecho individual depende del cumplimiento de tal deber, se presenta como igualmente claro que el individuo que se considera a sí mismo dañado tiene el derecho de acudir a las leyes de su país en busca de un remedio». En el caso de Marbury, la Corte Suprema considera que cuando el presidente firmó la comisión de Marbury lo nombró así juez de paz y que mediante tal nombramiento adquiría la titularidad de la magistratura durante cinco años. Tener tal título legal implica tener un derecho a la comisión. Denegar la provisión implicaría la violación de un derecho para el que las leyes del país conceden remedio. Lo importante, sin embargo, fue que Marshall llevó a cabo una argumentación que sentó las bases del control judicial de constitucionalidad en los EEUU cuando, al examinar el caso, señaló que la disposición normativa parlamentaria (esto es, la ley) que precisamente establecía que la Corte Suprema estaba autorizada para emitir *mandamus* en los casos garantizados por los principios y costumbres jurídicas a cualquier tribunal investido o personas que ocupan cargos oficiales en nombre de la autoridad de los EEUU [*Judiciary Act* (1789)], era inconstitucional y que, por lo tanto, no podía conceder válidamente la autoridad ni asignar los deberes que pretende y ello porque violaba la Constitución por lo que se refiere a la disposición que establece que «la Corte Suprema ha de tener jurisdicción originaria en todos los casos que afecten a embajadores, otros ministros oficiales y cónsules y en aquellos casos en los que un Estado sea parte. En todos los demás casos, la Corte Suprema tendrá jurisdicción en apelación». Aunque un *mandamus* puede ser dirigido a las Cortes, formular tal requisitoria a un oficial para que envíe un documento es, en efecto, lo mismo que iniciar una acción original solicitando tal documento y, por lo tanto, parece no pertenecer a la jurisdicción de apelación, sino a la original. De esta forma, la autoridad concedida a la Corte Suprema mediante la mencionada disposición normativa parlamentaria [*Judiciary Act*] no aparece garantizada por la Constitución. Y es preciso preguntarse si una jurisdicción conferida de esta forma puede o no ser ejercida. Ésta es la pregunta acerca de si una ley contraria a la Constitución puede ser ley del Estado: «o la constitución controla un acto legislativo contraria a ella; o el legislador puede modificar la constitución mediante una ley ordinaria. [...] O bien la Constitución es la norma suprema, inmodificable mediante procedimientos ordinarios o está en un nivel en el que mediante procedimiento legislativo ordinario, y, como otros actos, puede ser alterada a discreción del

La «lógica de Marshall» sostiene que «es lógicamente incompatible el reconocimiento de la Constitución como ley suprema con la negación del poder de los jueces de no aplicar una norma que contradice las exigencias de esa Constitución en cuanto al órgano que debe dictar la norma, el procedimiento por el que debe dictársela o el contenido que la norma debe tener o no tener»[177]. Nino reconstruye de la siguiente forma el argumento que llevó a Marshall a afirmar el poder de los jueces de no aplicar

legislador ordinario». «Es competencia y deber del departamento judicial decir qué es Derecho. Aquellos a quienes corresponde aplicar las reglas a casos concretos deben, necesariamente, explicarlas e interpretarlas. Si dos leyes entran en conflicto, los Tribunales deben decidir la operatividad de cada una de ellas. Por lo tanto, en el caso de que una ley se oponga a la Constitución, si tanto una ley como la Constitución son de aplicación a un caso particular, la Corte debe decidir el caso conforme con la ley, no teniendo en cuenta la Constitución o bien resolver conforme a la Constitución, desatendiendo la ley; la Corte debe establecer cuál de las dos reglas en conflicto gobierna el caso. Esto forma parte de la esencia del deber judicial. Si los Tribunales deben respetar la Constitución y la Constitución es superior a cualquier acto ordinario de la legislatura, entonces la Constitución, y no tal acto ordinario, debe gobernar el caso al que ambas son de aplicación. Aquellos que ponen en duda que la Constitución sea superior a las leyes ordinarias y que haya de ser tenida por los Tribunales como ley suprema están defendiendo que los Tribunales deben cerrar sus ojos ante la Constitución y ver únicamente la ley. Esta doctrina subvertiría el fundamento de toda Constitución escrita: supondría declarar que un acto que, de acuerdo con los principios y teoría de nuestro gobierno es nulo, es, sin embargo, en la práctica, completamente obligatorio. Declararía que si la legislatura puede hacer lo que esté expresamente prohibido, ese acto, al margen de la prohibición, sería realmente efectivo. Supondría darle a la legislatura un poder práctico y omnipotente, con el mismo aliento con el que profesa restringir los poderes dentro de márgenes estrechos. Supondría prescribir límites y añadir que tales límites pueden ser sobrepasados a voluntad. Esto supondría limitar a nada lo que hemos considerado el mayor progreso en relación con las instituciones políticas: una Constitución escrita. Además, el poder judicial de los EEUU se extiende a todos los casos que puedan surgir a partir de la Constitución. ¿Podría ser la intención de quienes concedieron este poder decir que en su ejercicio no ha de examinarse lo que establece la Constitución? ¿Podría ser que un caso que cae bajo la Constitución ha de ser decidido sin examinar el instrumento bajo el cuál el cae? Esto se presenta como algo demasiado extravagante para ser mantenido. La Constitución ha de ser pues examinada y observada por los jueces. Varios ejemplos de la Constitución muestran que los constituyentes la contemplaron como una regla para el gobierno de las Cortes y del Legislativo. Incluso la promesa llevada a cabo en la toma de posesión del cargo impuesto por el legislador muestra la opinión del legislativo en este sentido: "[...] cumpliré mis deberes fiel e imparcialmente de acuerdo con mis mejores habilidades y entendimiento, conforme con la constitución y las leyes de los Estados Unidos". La particular fraseología de la Constitución de los EEUU confirma y fortalece el principio, que se supone que es esencial a cualquier Constitución escrita, de que una ley contraria a la Constitución es nula y que tal instrumento vincula a los tribunales, así como a otros órganos». *Marbury v. Madison*, 5 US (1 Cranch) 137 (1803), en Stone, G. R./Seidman, L. M/Sunstein, C. R. y Tushnet, M. V, *Constitutional Law*, Boston, Little Brown and Company, 3ª edición, 1996, págs. 23 y ss.

[177] Nino, C. S., *Fundamentos de Derecho Constitucional*, cit., pág. 674.

una determinada norma por considerarla contraria a la Constitución: Premisa (1): El deber de la judicatura es aplicar la legislación; Premisa (2): Cuando hay dos leyes que se contradicen la aplicación de una excluye la posibilidad de aplicación de la otra; Premisa (3): La Constitución es a la vez la ley suprema y la que define qué otras normas son leyes; Premisa (4): La supremacía de la Constitución implica que cuando hay un conflicto con una norma emanada por el legislador, la última deja de ser Derecho válido; Premisa (5): Si la premisa 4 no fuera cierta, el legislador podría modificar la Constitución por medio de una ley ordinaria y, entonces, la Constitución no sería un límite al poder del legislador democrático ordinario; Premisa (6): El legislador está limitado por la Constitución; Premisa (7): Si una norma no es Derecho válido entonces carece de fuerza vinculante u obligatoriedad; Conclusión: si una ley dictada por el legislador democrático es contraria a la Constitución, tal ley, por esa razón, no es de aplicación vinculante por la judicatura.

Esta forma de razonar, dice Nino, parece indicar que los jueces no deben aplicar leyes contrarias a la Constitución y que tal regla será de aplicación a todo sistema jurídico en el que se reconozca la supremacía de la Constitución, precisamente como necesidad lógica derivada de tal reconocimiento: si esa regla no rigiera, la Constitución no sería la norma suprema del sistema.

- *La crítica de Nino a la «lógica de Marshall»*

La impecable «lógica de Marshall», sin embargo, falla. Aunque una ley inconstitucional no pertenezca al sistema jurídico por no haber sido dictada de acuerdo con las condiciones establecidas por normas de competencia constitucionales, puede tener fuerza obligatoria en algunos casos: por ejemplo, si hay alguna norma que tiene, a su vez, fuerza obligatoria y que establece que la primera debe ser aplicada u obedecida bajo ciertas condiciones[178]. Por lo tanto, razona Nino, es perfectamente concebible que haya una Constitución que sea ley suprema, que defina que otras normas son leyes y que no pueda ser derogada por procedimientos ordinarios, y admitir al tiempo que una ley con coloración de Derecho[179], dictada fuera

[178] Cfr. Nino, C. S., *Fundamentos de Derecho Constitucional*, cit., págs. 674-677. En el caso de nuestra Constitución, por ejemplo, podemos encontrarnos con conflictos entre los principios sustantivos contenidos en ella y el principio de obediencia a las autoridades instituidas por la misma.

[179] Esta expresión, «coloración de Derecho», fue introducida por el autor canadiense Constantineau a propósito de las normas *de facto*. Cfr. Nino, C. S., *Fundamentos de Derecho Constitucional*, cit., pág. 677.

de las condiciones que esa Constitución establece, sea de obligatoria observancia, aun para los jueces, mientras el Parlamento no la derogue[180].

Nino considera, además, que pensar que la Constitución es un mero juguete vistoso y no un verdadero límite al legislador cuando autoriza a sancionar una ley bajo ciertas condiciones y no respalda la prohibición de sancionarla con el remedio del control judicial de constitucionalidad (cuando tales condiciones no se dan) implica una comprensión muy limitada acerca de la noción de obligación. Según Nino, entender que no hay obligaciones si éstas no están respaldadas por sanciones es, además de una forma muy simplista de entenderlas, una forma también muy simplificadora de concebir la argumentación jurídica justificativa, como si sus últimas razones hubieran de ser sólo de índole prudencial, cuando en realidad, como hemos tenido ocasión de ver, las razones justificativas en la esfera en que se afectan intereses intersubjetivos son, necesariamente, razones morales. Así es posible (como sucede, p. ej., en Gran Bretaña) concebir una Constitución que fije condiciones para la sanción de las leyes por parte del Parlamento sin establecer un órgano distinto al propio Parlamento para llevar a cabo ese control; el cumplimiento de las prescripciones constitucionales dependerá, en ese caso, de la adhesión que el legislador preste a la Constitución[181].

Nino lleva a cabo también un análisis crítico del argumento según el cual la supremacía de la Constitución es la que fundamenta la existencia de un control judicial de constitucionalidad tal como es recogido en la doctrina de Kelsen[182]. A la reconstrucción kelseniana me referí ya en algunas páginas precedentes de este capítulo. Recordémosla rápidamente.

Como es sabido, en la cúspide del modelo piramidal de sistema jurídico propuesto por Kelsen, la norma básica otorga validez a todas las normas derivadas a partir de ella. Si una determinada prescripción es dictada sin cumplir los requisitos establecidos por normas superiores y válidas del sistema, entonces tal prescripción no es una norma válida del sistema. Sin embargo, tuvimos ocasión de ver que uno de los grandes problemas con los que ha de enfrentarse Kelsen es cómo dar cuenta dentro de este esquema de los conflictos entre normas de diferente jerarquía (a este problema Nino lo denomina «el problema de Kelsen»[183]).

---

180 Cfr. Nino, C. S., *Fundamentos de Derecho Constitucional*, cit., págs. 678-679.

181 Cfr. Nino, C. S., *Fundamentos de Derecho Constitucional*, cit., pág. 678.

182 Cfr. Nino, C. S., *Fundamentos de Derecho Constitucional, cit.*, y *The Constitution of a Deliberative Democracy*, cit., págs. 189-196.

183 Nino, C. S., *The Constitution of Deliberative Democracy*, cit., pág. 191. Cfr. Punto 4 del presente Capítulo.

Si siguiéramos la «lógica de Marshall», tales leyes simplemente no existirían como leyes desde el momento en que no pertenecen al sistema jurídico al ser contrarias a las normas superiores que establecen las condiciones para su dictado. Carecerían de fuerza vinculante. Kelsen, afirma Nino, se dio cuenta, a diferencia de Marshall, de que esta respuesta no era coherente con el pensamiento jurídico ordinario puesto que muchas leyes son consideradas como Derecho válido y vinculante pese a contradecir objetivamente la Constitución. Este sería el caso de las leyes inconstitucionales antes de que su inconstitucionalidad haya sido declarada por la judicatura o por el Tribunal Constitucional. En ocasiones, una ley se considerará inconstitucional solamente en caso de haber sido declarada tal. Los tribunales pueden declarar, por error[184], constitucional una ley que, objetivamente, no lo sea, o dar efecto a una ley inconstitucional en un sistema jurídico donde no exista un procedimiento de revisión judicial.

Nino advierte de que es preciso distinguir las anteriores situaciones. En su opinión: (1) Si se diera el caso de que no existiera un procedimiento adecuado para declarar la constitucionalidad de una ley, esto pondría en tela de juicio la propia supremacía de la Constitución; (2) Una cuestión distinta sería cuando un juez o Corte Suprema se equivocan acerca de la constitucionalidad de una ley: entonces, lo que surge es un problema epistemológico acerca de quién establece y cómo la constitucionalidad de forma objetiva.

A la vista de todo lo anterior, la conclusión de Nino es que las situaciones identificadas por Kelsen muestran que las nociones de validez jurídica y de jerarquía normativa que subyacen a su argumento y al de Marshall no coinciden con la opinión presupuesta por los juristas en general.

Como vimos, Kelsen tiene un doble recurso para dar cuenta de la obligatoriedad. El primero de ellos es la adopción de una visión subjetivista acerca de la validez de las normas jurídicas, según la cual la validez depende de su declaración judicial. También vimos que esto parece incurrir, en realidad, en un error argumentativo, puesto que si la validez de las normas jurídicas no depende de condicionantes objetivos sino de la declaración realizada por

[184] Una teoría como la del error judicial se articula dentro del paradigma normativista. El realismo jurídico, sin embargo, rechaza tal teoría, al menos en su dimensión normativa. Esto significa que quienes se adscriben al paradigma realista de comprensión del Derecho, si bien no renuncian a un examen de la manera en la que los actores jurídicos utilizan la noción de error judicial precisamente para fundamentar sus propias decisiones y, especialmente, para fundamentar las decisiones mediante las cuales anulan otras normas, rechazan toda expresión política de preferencias relativas a las decisiones tomadas en el Derecho positivo. Asumir el paradigma realista implica darles a las decisiones judiciales un valor constitutivo y no meramente declarativo.

un juez, entonces, el concepto de validez no estaría a disposición de los jueces para que ellos, a su vez, pudieran justificar la aplicación o no aplicación de una determinada norma jurídica. Y es que, como apunta Raz, Kelsen ha confundido a este respecto la cuestión acerca de la validez de una ley o norma jurídica (y de si la decisión de un juez de aplicarla es o no correcta) con el hecho de que la decisión de un juez, correcta o no, tengan fuerza obligatoria y constituya *res judicata*.

El segundo recurso kelseniano es su argumento de la «cláusula alternativa tácita». Ya vimos que Nino se ocupó también de señalar la implausibilidad de esta solución kelseniana[185] y cómo el error que subyace a ella es no haber delimitado o distinguido claramente dos sentidos de «validez», algo que hubiera iluminado especialmente el problema de las normas que contradicen las condiciones de dictado establecidas por normas superiores. El error es, en opinión de Nino, incluso más profundo, puesto que, Kelsen no es completamente consciente de que el concepto predominante de validez en su obra no es el de validez como pertenencia, sino el de validez como fuerza obligatoria, existencia o vinculatoriedad. En la lectura que hace Nino de Kelsen, una norma es válida si y sólo si uno debe hacer lo que la norma prescribe. La norma es válida cuando permite pasar de la descripción del hecho de que una cierta autoridad ha prescrito «X debe ser realizado» a la proposición normativa[186] de que X debe ser realizado. Nino considera que cuando Kelsen formula la norma básica que nos permite dar cuenta del fenómeno jurídico como un fenómeno normativo y no, simplemente, como una secuencia de acciones de prescribir está reconociendo, en cierta forma, un sentido normativo de validez. Cuando una norma es válida en el sentido de que tiene fuerza vinculante, tal fuerza vinculante viene establecida y las normas cuya aplicación prescribe deben ser obedecidas o aplicadas aun cuando el dictado de esas normas no esté autorizado. La extensión, entonces, del conjunto de normas pertenecientes al sistema (en el sentido de derivadas según el criterio genético de producción) no coincide con las normas válidas o dotadas de fuerza vinculante, sino que este último conjunto es más amplio.

El problema surge cuando Kelsen aborda el caso de las leyes inconstitucionales como leyes vinculantes pero, aparentemente, no pertenecientes al sistema, y argumenta, para resolver la contradicción, que las normas superiores

[185] Cfr. Nino, C. S., *La validez del Derecho*, cit., págs. 32-34. Véase el epígrafe 4 del presente Capítulo.

[186] En la terminología de Nino «proposición normativa» equivale a norma jurídica como contenido significativo de un enunciado jurídico y no, según generalmente es utilizada esta expresión en la Filosofía del Derecho, como enunciado descriptivo acerca de una norma.

autorizan tácitamente el dictado de esas normas que son obligatorias (y que, en virtud de esa cláusula tácita pertenecen, pese a las apariencias, al sistema).

La implausibilidad de la fórmula de la cláusula tácita muestra, en opinión de nuestro autor, el fallo de la denominada «lógica de Marshall»: el hecho de que una ley no respete las condiciones establecidas por la Constitución para su dictado y de que, por lo tanto, según el criterio genérico de pertenencia, no forme parte del sistema, no implica necesariamente que la ley no sea válida en el sentido de obligatoria o con fuerza vinculante, ya que puede darse el caso de que el sistema jurídico incluya normas que, en determinados casos, hagan obligatorio observar y aplicar leyes inconstitucionales. Esto sucede además en sistemas jurídicos que aceptan el control judicial de constitucionalidad, puesto que en ellos podemos encontrarnos con que se requiere la aplicación de leyes inconstitucionales sea por errores judiciales en la declaración de su constitucionalidad o porque no ha sido presentado el recurso o elevado el caso correspondiente ante el tribunal competente[187].

Pese a que podría detectarse una similitud aparente entre la «cláusula tácita» kelseniana y la posición de Nino, entre ellas hay una serie de diferencias que él mismo se apresta a enumerar[188]:

(1) Las normas que reconocen validez a las leyes inconstitucionales, a diferencia de la cláusula alternativa tácita, no autorizan tal dictado, sino que sólo establecen la obligación de aplicar las reglas resultantes pese a no cumplir éstas con las condiciones prescritas.

(2) Tales normas que reconocen la validez de leyes inconstitucionales no forman parte, necesariamente, de un sistema jurídico, sino que su presencia es contingente. Suelen ser, más bien, de tipo consuetudinario.

(3) Una norma que requiere la aplicación de una disposición ilegal puede considerar a todas las leyes obligatorias independientemente de su contenido o del procedimiento por el que fueron dictadas. Aunque, de hecho, tales normas, junto con condiciones negativas, como que la disposición en cuestión no haya sido declarada inconstitucional por el tribunal adecuado, precisan, como antes vimos, de ciertas condiciones positivas, como que la disposición en cuestión debe tener cierto «color» o «apariencia de legalidad» (es decir, la disposición ha de mantener una mínima traza de legalidad por lo que se refiere a las condiciones para el dictado de normas pertenecientes a un sistema jurídico)[189].

En todo caso, es así como queda rota la «lógica de Marshall», en la

[187] Cfr. Nino, C. S., *Fundamentos de Derecho Constitucional*, cit., págs. 678-679 y *The Constitution of Deliberative Democracy*, cit., pág. 195.

[188] Cfr. Nino, C. S., *The Constitution of Deliberative Democracy*, cit., pág. 196.

[189] Cfr. Nino, C. S., *Fundamentos de Derecho Constitucional*, cit., pág. 677.

medida en que ciertas cláusulas tácitas de la Constitución pueden establecer que los jueces o la Corte Suprema estén obligados a aplicar la ley hasta que sea derogada por el propio órgano que la dictó o declarada inconstitucional por un órgano político diferente.

La supremacía de la Constitución implica, necesariamente, que una ley contraria a ella no es válida, siempre y cuando «validez» se utilice aquí en el sentido de pertenencia al sistema (es decir, la supremacía de la Constitución implica que una norma contraria a ella no pertenece al sistema). Pero ello —contra la «lógica de Marshall»— no implica que deje de ser obligatoria, esto es, vinculante. Esto último, a su vez, no entraña necesariamente que la Constitución no limite el poder del legislador ordinario ni que éste pueda modificar la Constitución con una ley ordinaria. De hecho, esto le puede estar prohibido al legislador ordinario y, sin embargo, si el parlamento se extralimitara en el uso de su competencia legislativa, puede darse el caso de que las leyes resultantes sean aun así de obligada aplicación y observación por la judicatura y los ciudadanos hasta que el Parlamento derogue la ley en cuestión o el Tribunal Constitucional (o Corte Suprema) la declare inconstitucional. Así, es posible que una Constitución prohíba al Parlamento dictar ciertas leyes al tiempo que no establece ningún órgano diferente que derogue o anule las normas que hayan sido dictadas en violación de esa prohibición.

Creo, sin embargo, que, de algún modo, Nino reconoce cierta fuerza al argumento de Marshall, pues, aunque niega que tal argumento haya de llevarnos a la institución del control judicial de constitucionalidad, sí que admite que «por supuesto, uno debe suponer que hay alguna otra institución o procedimiento, aunque no sea la del control judicial. Este procedimiento debe estar administrado por un órgano político o por recurso directo al electorado, ya sea mediante alguna institución formal (el plebiscito) o porque haya una aceptación generalizada de algún tipo de control social difuso por el que se permitiera a cualquier ciudadano desobedecer la ley inconstitucional»[190]. Si no se reconociera así, difícilmente podríamos decir que el documento de la Constitución es jerárquicamente superior dentro del sistema jurídico.

La conclusión de este análisis parece ser la siguiente: para mantener la supremacía jurídica de la Constitución es preciso que el sistema prevea algún tipo de revisión o control, pero éste no ha de ser, necesariamente, un sistema de control judicial. La existencia de un control judicial de constitucionalidad es, pues, contingente. Aun cuando el sistema cuente con

[190] Nino, C. S., *The Constitution of Deliberative Democracy*, cit., pág. 196.

una Constitución como norma suprema, optar por este modelo de control dependerá de otro orden de consideraciones. No es, pues, una derivación lógica de la admisión de la supremacía de la Constitución.

Sigamos avanzando en la argumentación de Nino.

b) *El argumento del reconocimiento de derechos*

- *El argumento de Dworkin*

Según este argumento, el control judicial de constitucionalidad vendría exigido por el reconocimiento de derechos. El argumento se articula de la siguiente forma: si no hubiera control judicial de constitucionalidad, los derechos no estarían protegidos ya que no habría límite alguno a las decisiones de la mayoría expresadas a través de órganos políticos como el Parlamento. La ausencia de un control judicial de constitucionalidad parecería, pues, incompatible con nuestra concepción de una dimensión ideal de los derechos y de la organización del poder.

Tal sería, en efecto, el sentido general de la posición de Dworkin. Dworkin distingue entre: (1) principios que establecen derechos; y (2) la articulación de políticas. Como apunté, los primeros protegen estados de cosas referidos a la distribución e individualización de ciertos bienes y limitan la persecución de objetivos colectivos (a los que, precisamente, se refieren las políticas). De acuerdo con Dworkin, los jueces protegen precisamente la esfera de los derechos y, además, deben decidir los casos a partir de principios y no de políticas.

- *La crítica de Nino*

Nino, sin embargo, se manifiesta discrepante con la posición de Dworkin en virtud de varias razones:

(1) «[E]s perfectamente concebible, aunque pudiera ser objetable por otras razones, un sistema jurídico que reconociera derechos individuales, aunque su protección sólo quedara en manos de las mayorías a través del proceso democrático y no hubiera revisión judicial de sus decisiones»[191]. La cuestión de si el sistema de mayorías es el más adecuado para defender los derechos —esto es, la cuestión acerca de si son sólo los intereses de la mayoría los protegidos a partir de este tipo de decisiones— es una cuestión para cuya solución habremos de sumergirnos, de acuerdo con la reconstrucción que hace Nino del universo práctico, en temas de filosofía moral y política para tratar de ver cuál es el método más

[191] Nino, C. S., *Fundamentos de Derecho Constitucional*, cit., pág. 680.

fiable de conocimiento moral. Por lo tanto, la protección de los derechos de los ciudadanos no implica que, necesariamente, el control haya de hacerlo la judicatura o el Tribunal Constitucional, pues, pudiera ser el caso de que esa protección se lograra mejor de otra forma.

(2) Una segunda objeción que Nino dirige a la concepción de Dworkin es que, pese a que éste parece asumir que habría un amplio margen para las decisiones democráticas, esto tampoco tiene por qué necesariamente así. En efecto, si partimos —como hace Nino— de una concepción «fuerte»[192] en torno a los derechos, de acuerdo con la cual éstos pueden ser violados no sólo por acciones, sino también por omisiones, entonces nos encontramos con que los derechos ocupan casi todo el espacio moral, dejando muy poco espacio en el esquema propuesto por Dworkin a las políticas y, por lo tanto, restringiendo el ámbito para que opere el criterio de las mayorías democráticas.

(3) La tesis de Dworkin, al considerar que ha de estar en manos de los jueces la garantía de los derechos individuales y descalificar implícitamente al proceso democrático para su protección, entra en tensión con la visión de la democracia que la relaciona con los asuntos de moral intersubjetiva y con la capacidad del sistema democrático para aprehender, mejor que ningún otro, los principios morales correctos capaces de resolver de forma justa la distribución de bienes y la resolución de conflictos.

El argumento que podría esgrimirse para hacer compatibles capacidad epistémica de la democracia y control judicial podría consistir en señalar que cuando los jueces hacen valer la Constitución, en realidad están haciendo valer la voluntad popular soberana expresada en la Constitución histórica, esto es, la Constitución positiva o real[193]. Según esto, «la Constitución tiene aun mayor legitimidad democrática que la ley, y los jueces que la hacen prevalecer sobre esta última no están interponiendo su propia autoridad y capacidad epistémica, sino la que la Constitución refleja»[194]. En este sentido se pronuncia Ackerman cuando distingue dos formas de política: la de los momentos constitucionales y la de los momentos de po-

[192] La terminología más extendida es «concepción robusta» a partir de la traducción literal del término ingles *'robust'*.

[193] Nino distingue entre la Constitución ideal, derivada de los principios morales de los cuales derivan, a su vez, los derechos humanos, y la organización institucional de nuestras sociedades, las Constituciones reales o históricas como fruto de la voluntad popular y que se aproximan a la Constitución ideal en mayor o menor grado. Cfr. Nino, C. S., *Fundamentos de Derecho Constitucional*, cit., págs. 17-31.

[194] Nino, C. S., *Fundamentos de Derecho Constitucional*, cit., pág. 688.

lítica normal u ordinaria. Dentro de este marco, el control de constitucionalidad sería una forma de evitar que la política normal se superpusiera a la constitucional, esto es, se trataría de evitar que se impusiera «la ignorancia, apatía y egoísmo que se refleja en la política ordinaria» a las decisiones tomadas por los ciudadanos en momentos de intensas movilizaciones en los que triunfa el espíritu de lo público. La política ordinaria ha de estar, entonces, sujeta a los resultados obtenidos en la vía más alta que es, en su opinión, la de los momentos de política constitucional[195].

Pero Nino se muestra escéptico en relación con la visión romántica de los momentos constitucionales proyectada por Ackerman. Señala que, en cuanto observamos las constituciones históricas, el argumento se debilita puesto que la mayoría de ellas no han sido dictadas mediante procedimientos verdaderamente democráticos y, en cualquier caso, muchas constituciones pueden haber perdido su legitimidad democrática o haberse visto ésta debilitada en el sentido de no expresar, debido al paso del tiempo, el consenso popular actual acerca de determinados aspectos conflictivos. Tampoco podemos pensar que hay un acuerdo tácito en torno a la Constitución puesto que la reforma de las Constituciones exige un procedimiento complejo y esto puede hacernos dudar de que su no reforma se deba necesariamente a un apoyo popular mayoritario[196].

Estas objeciones llevan a Nino a explorar otros argumentos que pudieran, en su caso, fundamentar la existencia de un control judicial de constitucionalidad o, al menos, permitirnos ver qué tipo de control exige una fundamentación deliberativa de la democracia como la que él defiende para garantizar los derechos individuales y acercar más la Constitución histórica o real a la Constitución ideal.

c) El argumento de la estructura del razonamiento práctico

Un argumento de índole lógica que según Nino en principio podría sostenerse en favor del control judicial de constitucionalidad es el que se apoya en la estructura del razonamiento práctico justificativo llevado a cabo por los jueces. El argumento de Nino se desarrolla como sigue. El razonamiento justificativo debe partir siempre de proposiciones normativas que aceptemos por sus propios méritos y no por el hecho de que ellas han sido emiti-

---

[195] Cfr. Ackerman, B., «Discovering the Constitution», *Yale Law Journal*, nº 6, 93/1984, págs. 1013-1072; «Constitutional Politics/Constitutional Law», *Yale Law Journal*, nº 2, 99/1989, págs. 453-547. Un desarrollo de esta idea de una visión dualista de la democracia puede encontrarse en su trabajo, Ackerman, B., *We the People*, Cambridge, Massachusetts, Harvard University Press, 1991.

[196] Nino, C. S., *Fundamentos de Derecho Constitucional*, cit., pág. 689.

das por cierta autoridad. Cuando esas proposiciones tienen el contenido apropiado, constituyen juicios o principios morales. Las que identificamos como normas jurídicas son proposiciones derivadas de estos juicios morales, cuando ellos legitiman a cierta autoridad, y de descripciones de las prescripciones de la autoridad. Por otro lado, en un sentido normativo puro de «Constitución» tales principios morales de los que arranca el razonamiento jurídico justificativo, como el judicial, pueden constituir parte de la Constitución así entendida (ésta sería la Constitución ideal[197], frente a la Constitución histórica). Tanto el ideal del constitucionalismo asociado con los derechos como el ideal asociado con la participación democrática pueden constituir principios que legitiman a determinadas autoridades y pueden formar parte de la Constitución en sentido normativo. Si las leyes no son legitimadas por tales principios que establecen derechos y procedimientos democráticos, porque violan esos derechos o porque han sido dictadas sin satisfacer tales exigencias procedimentales, el contenido normativo de las leyes en cuestión no podrá ser derivado de esos principios de la Constitución ideal y de la descripción de la emisión de dichas leyes; por lo que no podrá servir como razón justificativa de una decisión judicial.

Esto, en opinión de Nino, implicará que en cierto sentido el control judicial de constitucionalidad es lógicamente inevitable: los jueces, al igual que cualquier otro individuo, no pueden justificar sus decisiones en los meros hechos constituidos por la emisión de las leyes sin incurrir en un salto imposible entre el ser y el deber ser. Necesariamente, pues, deben fundamentar tales decisiones en principios morales que aceptan por sus méritos intrínsecos, como los que integran la Constitución ideal o Constitución en sentido normativo. Por lo tanto, parece que toda decisión judicial implica ejercer un control de constitucionalidad. Esta necesidad de la revisión constitucional de las leyes presupone un concepto normativo de Constitución que está dado por un conjunto de principios ideales cuya validez no está determinada por hechos y textos, de modo que el control de constitucionalidad que se ejerce es un control moral o valorativo y no un control relacionado con una norma positiva constitucional. Según esto, los jueces podrían proceder a un control de constitucionalidad que, por un lado, les llevará a hacer una profunda ponderación valorativa de la práctica jurídico-institucional vigente en su jurisdicción, analizando sus posibilidades de reconstrucción, y, por otro —supuesta una conclusión positiva de tal ponderación—, a trascender una ley en particular para determinar

[197] En la reconstrucción de Nino, la Constitución ideal se articula en el nivel de la moral crítica y, concretamente, en la esfera de ésta referida al modo cómo organizar de forma justa una determinada sociedad.

si su reconocimiento, en el caso presente, satisface o no las condiciones para la continuidad de tal práctica.

Sin embargo, enseguida hace aparición un argumento en contra del carácter supuestamente concluyente del anterior: es la denominada por Bickel «dificultad contramayoritaria»[198]. Según este argumento, nos dice Nino, los jueces no tienen legitimidad democrática como para encarar las gravísimas cuestiones valorativas que, según el argumento anterior, ellos deben manejar para justificar sus decisiones. Cuando se mantenía el mito de que el juez se limitaba a aplicar la ley o la Constitución sin valorarla, esta falta de legitimidad democrática del juez parecía no ser relevante, puesto que se concebía la actividad del juez como meramente intelectual y no valorativa. Pero con la creciente certeza de que la tarea del juez es sustancialmente valorativa —algo que se pone de manifiesto en los principios básicos de moralidad social a los que los jueces necesitan recurrir para justificar la adopción de normas positivas y en los distintos pasos del proceso de interpretación— surge con más intensidad la duda acerca de la concesión al juez de la posibilidad de sustituir a los ciudadanos en general y a un órgano como el Parlamento en tales valoraciones.

El anterior argumento apoyado en la estructura del razonamiento jurídico justificativo podría, entonces, afirma Nino, ser reconstruido de otra forma: señalando que los jueces deben diferir el juicio acerca de la validez de ciertos principios morales al resultado del proceso democrático. Esto es, las leyes democráticas han de operar como razones para creer en la existencia de los principios morales en ellas reflejados. Es decir, la premisa mayor de un razonamiento judicial sigue siendo un principio moral autónomo, pero en el proceso de adopción del principio, a los fines de la acción, juega una razón epistémica fundada en la prescripción de una autoridad democrática. Esto implica descalificar absolutamente el argumen-

[198] Bickel, en su famoso trabajo ya citado, contestaba al argumento de Marshall en apoyo del control judicial de Constitucionalidad, que se apoyaba en que cuando los jueces aplican la Constitución lo que están haciendo es ejecutar en «nombre del pueblo» los límites que él había ordenado para las instituciones de un gobierno circunscrito. Bickel sostiene en cambio que «el control judicial de constitucionalidad es una fuerza contramayoritaria en nuestro sistema. [...] Cuando la Corte Suprema declara inconstitucional una sanción legislativa o una acción de un Ejecutivo electo, ella tuerce la voluntad de los representantes del pueblo real de aquí y ahora; ella ejerce control no en nombre de la mayoría prevaleciente sino en su contra. Esto, sin connotaciones místicas, es lo que realmente sucede. El control judicial pertenece por completo a una pecera diferente que la democracia, y ésa es la razón por la que se puede acusar a la institución del control judicial de antidemocrática», Bickel, A., *The Least Dangerous Branch. The Supreme Court and the Bar of Politics*, cit., págs. 16-17.

to anterior en favor de la necesidad lógica del control judicial de constitucionalidad a partir de la estructura del razonamiento jurídico justificativo: «Los jueces no tienen autoridad epistémica para sustituir al proceso democrático en la determinación de los alcances de los principios de moralidad social del que deriva el conjunto de derechos individuales. Los principios valorativos que integran la Constitución en sentido normativo y sirven para determinar en el razonamiento [...] si la práctica jurídico-institucional vigente en la jurisdicción está moralmente justificada deben ser determinados a través del proceso democrático. La Corte suprema y los demás jueces cumplen con su responsabilidad moral prestando deferencia a ese proceso democrático»[199].

d) El argumento de las precondiciones para la democracia

Según este argumento, el fundamento del control judicial de constitucionalidad vendría dado por la necesidad de preservar las condiciones para que el debate democrático tenga un alto valor epistémico y, por lo tanto, para que haya razones que apoyen que ese debate es de mayor calidad que la reflexión individual. Nino distingue dos versiones de esta tesis[200]:

c.1) Aquella según la cual para preservar las precondiciones de la democracia cualquier norma que aparezca en la Constitución histórica debe ser aplicada para (en su caso) anular la legislación democrática ordinaria.

Lo que sucede con esta versión —dice Nino— es que parece no percatarse de que existen muchas regulaciones de la Constitución histórica que no son relevantes (o, si lo son, no son las mejores) a los efectos del valor epistémico del procedimiento democrático. Esta versión presenta, pues, dos problemas: de un lado, no distingue entre las cuestiones constitucionales que afectan a las precondiciones y las materias que deben corresponder a un debate democrático, y, de otro, parece no conducir en realidad a la aplicación coactiva de la Constitución histórica, sino a la aplicación de una Constitución ideal, coincida o no con la primera. Esto, como podremos ver, puede presentarse como un problema a la hora de asegurar la eficacia de las soluciones judiciales normativas.

---

[199] Por lo demás, escribe nuestro autor, «conviene recordar que los derechos constituyen, por definición, límites a los intereses mayoritarios pero no a las decisiones mayoritarias. Es cierto que siempre hay un riesgo grande de que las decisiones mayoritarias favorezcan a los intereses mayoritarios, pero ese riesgo no se remedia desplazando esa decisión a una minoría, con lo que se corre el riesgo peor de que se favorezcan los intereses minoritarios». Nino, C. S., *Fundamentos de Derecho Constitucional*, cit., pág. 687.

[200] Cfr. Nino, C. S., *The Constitution of Deliberative Democracy*, Yale University Press, 1996, págs. 198-199.

c.2) La segunda versión de la tesis se refiere a los prerrequisitos —precondiciones tanto positivas como negativas— para que el proceso democrático tenga valor epistémico.

Esta versión de la tesis viene articulada a partir de aquellos casos en los que las precondiciones para que la democracia tenga tal valor no están satisfechas y en las que, por lo tanto, el proceso político denominado «democrático» no tiene un valor epistémico superior al proceso judicial. En opinión de Nino, en tales casos parece que sería legítimo acudir a la judicatura para reestablecer las precondiciones que dan valor epistémico al proceso democrático.

Esta línea de argumentación lleva a Nino a dar cuenta de tres razones que se aducen en favor de la admisión del control judicial de constitucionalidad en determinados supuestos y, en la tercera de esas razones, vincula ese control judicial de constitucionalidad con la práctica constitucional vigente en un determinado país. Esto último se presenta, como veremos, como una forma de salvar las objeciones que cabe dirigir a la primera versión, apuntada en c.1), de las precondiciones de la democracia.

B) Tres esferas de legitimidad del control judicial de constitucionalidad

Como hemos podido ver, una fundamentación epistémica de la democracia cuestiona el control judicial de constitucionalidad. Sin embargo, pueden presentarse tres supuestos o esferas en los que, dentro de este paradigma de comprensión de la democracia, sí estaría legitimado ese control. Nino las denomina «las tres excepciones a la negativa de admisión del control judicial de constitucionalidad».[201] Las dos primeras se apoyan, precisamente, en las condiciones que fundamentan que las decisiones democráticas sean epistémicamente valiosas. La tercera tiene que ver con la eficacia de una decisión democrática epistémicamente valiosa. Nos movemos aquí ya claramente en el terreno de consideraciones valorativas sobre los fundamentos de la democracia y el reconocimiento de derechos fundamentales.

a) El fortalecimiento del proceso democrático

- *Algunas consideraciones sobre las precondiciones del valor epistémico del debate democrático y la necesidad de su control*

Las reglas del procedimiento democrático tratan de asegurar que una serie de condiciones (tales como: la participación en la discusión de aquellos que van a verse afectados en última instancia por los resultados de ésta,

[201] Nino, C. S., *The Constitution of Deliberative Democracy*, cit., págs. 199-207.

la libertad de expresión durante la deliberación, la igualdad de condiciones en las que la participación en el debate es llevada a cabo, la fundamentación de las propuestas, que tenga lugar un debate basado en principios y no en una mera negociación de intereses[202], que se evite la congelación de determinadas mayorías, que la mayoría apoye la decisión, el plazo temporal transcurrido desde que se formó un consenso en torno a una determinada cuestión y la reversibilidad de la decisión,...) se cumplan en la mayor medida posible para que podamos confiar en el valor epistémico del resultado de ese proceso[203].

Ahora bien: ¿A quién ha de corresponder velar por el respeto de tales condiciones? ¿Sobre quién ha de recaer la responsabilidad de decidir si tales reglas que tienden a asegurar el valor epistémico de la democracia están siendo infringidas? ¿Puede ser esto responsabilidad del propio proceso democrático parlamentario cuando pudiera resultar que el desempeño de la función de garante estuviera muy influido por el incumplimiento de las reglas y condiciones que serían, precisamente, las que apoyaban su valor epistémico superior a la deliberación individual? ¿Están los jueces en mejor disposición para velar por su cumplimiento que los representantes elegidos para una deliberación parlamentaria cuando no se cumplen —acaso— esas precondiciones?

En opinión de Nino, delegar tal responsabilidad en el proceso democrático resulta, cuando menos, dudoso si consideramos que sus funciones como garante pueden verse comprometidas por el incumplimiento de las precondiciones que, en caso de darse, fundamentarían su valor epistémico.

---

[202] Ésta es la diferencia entre una fundamentación epistémica y una pluralista de la democracia. Para esta última concepción, la democracia aparece concebida al modo del mercado: como un ámbito público poblado de grupos con intereses distintos y, normalmente, conflictivos entre sí, que han de ser armonizados. A diferencia del modelo deliberativo, en el que el proceso de intercambio de argumentos tiene virtudes purificadoras de las preferencias o posiciones iniciales que los individuos llevan a la discusión pública, para la concepción pluralista la «voluntad general» es resultado de la mera agregación de razones individuales concebidas rígidamente. La justicia constitucional se presenta como un instrumento construido a imagen y semejanza del Derecho de la competencia (*antitrust*) cuyo objetivo prioritario es garantizar tanto como resulte posible las condiciones de la libre concurrencia. Cfr. De Lora, P., «Sobre la justicia constitucional. Reflexiones a partir del libro de Roberto Gargarella, *La justicia frente al gobierno. Sobre el carácter contramayoritario del Poder Judicial*» en *Anuario de Filosofía del Derecho*, XIII, (1996), págs. 371-380. Frente a ello, para una concepción deliberativa el valor de la democracia no proviene tanto del hecho de que sea un mecanismo de agregación de preferencias (eso en sí ya es relevante por cuanto es una forma de combatir la exclusión política) cuanto de que lo que se agregan sean preferencias transformadas como consecuencia de un debate público que toma en cuenta los intereses o preferencias de todos.

[203] Cfr. Nino, C. S., *The Constitution of Deliberative Democracy*, cit., pág. 199.

El modelo de justificación del control judicial de constitucionalidad de Ely[204] respondería, precisamente, a este tipo de argumentación. Es el modelo que Ferreres Comella recoge como modelo de «Constitución procedimental»[205]. Así, para Ely la judicatura sería una especie de supervisor [*referee*] del proceso democrático: vigilaría que las reglas procedimentales y las condiciones de la discusión y decisión democrática estuvieran satisfechas. El límite, pues, que según este modelo los jueces trazarían y salvaguardarían sería el de los derechos de participación política.

Frente a la propuesta de Ely, Nino se pregunta si, aun pese a los posibles fallos del sistema democrático, no están los órganos democráticos en una posición mejor que los jueces para detectar las distorsiones del propio sistema.

Para dar respuesta a esta pregunta, Nino ensaya dos posibles respuestas[206]: (1) La primera consistiría en sostener que de la misma forma que cualquier ciudadano puede relegar su juicio moral al resultado del proceso democrático (debido a la propia estructura del razonamiento práctico que precisa necesariamente partir de premisas moralmente legítimas), también cualquier ciudadano puede determinar si se han respetado y en qué medida las condiciones que dan valor epistémico a la democracia. En este sentido, los jueces actuarían como podría hacerlo cualquier ciudadano; (2) La segunda respuesta consistiría en sostener que debido a que la intervención de los jueces es unidireccional, su activismo en este sentido está siempre dirigido a ampliar el proceso democrático, exigiendo más participación, más libertad para los partidos, más igualdad, y que se otorgue una mayor relevancia a la justificación de las posturas defendidas o adoptadas. Un juez no podría anular una ley alegando que fue dictada mediante un proceso en el que hubo excesiva participación o demasiada igualdad[207]. Por supuesto, dice Nino, los jueces pueden equivocarse en sus conclusiones acerca de las operaciones del proceso democrático, pero el efecto global de una teoría procedimental del control judicial de constitucionalidad como la propuesta por Ely para la Constitución de los Estados Unidos es

[204] Cfr. Ely, J., *Democracy and Distrust. A Theory of Judicial Review* [1980], Harvard University Press, Cambridge, Massachusetts, (1998).

[205] Cfr. Ferreres, V., *Justicia Constitucional y Democracia*, cit., págs. 53-58. Escribe en este sentido Ferreres que Ely ha tratado de elaborar una interpretación procesalista de la Constitución americana de manera que los jueces deben limitarse a actuar (frente al legislador) como árbitros del proceso político democrático, absteniéndose de proteger «valores fundamentales» (*ibid.*, pág. 55).

[206] Cfr. Nino, C. S., *The Constitution of a Deliberative Democracy*, cit., pág. 200.

[207] El problema se complica, sin embargo, cuando nos damos cuenta de que sí pueden errar acerca del método adecuado para garantizar una mayor participación o una mayor igualdad.

promover las condiciones que aseguren el valor epistémico del proceso democrático[208].

Tratando de profundizar en su posición, Nino distingue entre derechos *a priori* y derechos *a posteriori*. Los primeros son aquellos que entran en juego en las precondiciones del proceso democrático. Son condiciones de validez del proceso y su valor, además, no viene determinado por el proceso democrático sino que está más bien presupuesto por él. En el esquema de Nino, correspondería a los jueces ser garantes de estos derechos[209]. El reconocimiento y alcance de los segundos, es decir, de los derechos *a posteriori*, sería, sin embargo, objeto de la deliberación democrática (como sucedáneo del discurso moral).

- *Algunas dificultades que ha de enfrentar el argumento de las precondiciones tal y como es concebido por Nino*

Esta propuesta de Nino de fundamentación de un control judicial de constitucionalidad —que sigue, en parte, a Ely— ha de afrontar, sin embargo, algunos problemas:

1) Como el propio Nino señala, no es algo tan sencillo indicar qué derechos son *a priori* y cuáles *a posteriori*. La cualidad *a priori* de algunos derechos está clara: sería el caso de los derechos políticos activos

[208] Cfr. Nino, C. S., *The Constitution of a Deliberative Democracy*, cit., pág. 200.

[209] Según Ferreres, en el esquema de Nino no se entiende bien por qué deberíamos permitir al juez que determine por sí mismo la validez de las leyes que afectan a los derechos *a priori*, en lugar de deferir su juicio al expresado en esas mismas leyes. Si la decisión acerca de los límites que deben imponerse a la libertad de expresión se ha tomado democráticamente —pregunta Ferreres— ¿no debería Nino sostener que existe una razón epistémica que justifica que el juez admita como válida esa decisión aunque en el caso en cuestión estén en juego derechos *a priori*? En definitiva, para este autor, «dado que es un asunto controvertido saber si el proceso político satisface suficientemente las precondiciones de la democracia (pues es controvertido determinar cuáles son los diseños institucionales que mejor garantizan que el proceso político respeta esas precondiciones), no debería darse al juez el poder de determinar si el proceso político existente las respeta suficientemente, pues también acerca de este asunto debería Nino admitir que el juicio colectivo de la mayoría es más fiable que el de los jueces. Así pues, dentro de la lógica del planteamiento de Nino, lo coherente sería negar al juez la potestad de controlar que el proceso político satisface las precondiciones de la democracia». Ferreres, V., *Justicia Constitucional y Democracia*, cit., págs. 172-173. Sin negar las dificultades que suscita la valoración de si se satisfacen o no las precondiciones para que el debate democrático tenga un valor epistémico superior a la reflexión individual, y admitiendo que resulta controvertido que sean los jueces quienes estén mejor posición para ser garantes de tales condiciones, no me parece, sin embargo, que sea inconsistente con la reconstrucción de Nino defender, como él hace, el valor epistémico de la deliberación individual de los jueces constitucionales en relación con las precondiciones para la libre participación en el proceso democrático.

y pasivos, así como la libertad de expresión. Tales derechos presuponen, además, otros que son todavía más básicos, como la protección contra el uso de la violencia física y contra restricciones políticas a la libertad de movimiento. Todos ellos constituyen precondiciones para la libre participación en el proceso democrático. Sin embargo, el carácter de otros derechos es controvertido: es el caso de los derechos sociales[210]. Si aceptamos una versión amplia o fuerte de los derechos individuales, como hace Nino, entonces, nos encontramos con que la mayoría de las decisiones democráticas afectarían por acción o por omisión algún derecho individual. En tal caso, aún bajo una visión procedimental de la fundamentación del control de constitucionalidad, la esfera que correspondería a éste sería bastante extensa, pues las condiciones sociales y económicas son precondiciones para una participación libre e igual en el proceso democrático.

2) Pero en el momento en que ampliamos ese ámbito de las precondiciones aparece el argumento contramayoritario y, con él, la pregunta acerca de por qué hemos de considerar que son los jueces quienes están en mejor situación que aquellos que forman parte de la deliberación en el proceso democrático para tomar decisiones controvertidas acerca de la distribución de bienes y acerca de cuál es el mejor mecanismo social para llevar a cabo tal distribución.

Aun si concluyéramos que tales decisiones son mejor tomadas por los jueces y que éstos están en mejor posición para garantizar esas precondiciones de la democracia, se presentaría otro problema apuntado por Nino: cuantos más derechos consideremos como precondiciones, más fuerza epistémica tendrá el proceso democrático, pero ello a costa de que muy pocos temas queden dentro del ámbito de las decisiones democráticas. Esto lleva a Nino a señalar que existe una tensión entre fuerza y ámbito del pro-

[210] Los derechos sociales son considerados por Nino como una extensión de los derechos clásicos a partir del reconocimiento de que los derechos individuales tradicionales (como el derecho a la vida) pueden ser violados por acción así como por omisión. Cfr. Nino, C. S., *Ética y derechos humanos*, ed. Ariel, Barcelona, (1989), págs. 305-365. Para un análisis de las implicaciones de esta última idea respecto de las actividades que debe llevar a cabo el Estado, Cfr. Aguiló Regla, J., «Sobre la Constitución del Estado constitucional», *Doxa. Cuadernos de Filosofía del Derecho*, nº 24, (2001). Escribe Aguiló: «Si respecto de los bienes realmente existentes el fin que la Constitución atribuye al Estado es el de su protección y ello exige la generación de medios materiales y la imposición de deberes instrumentales orientados a la minimización de la incorrección, respecto de los bienes reconocidos por la Constitución que no existen en la realidad, el fin que la Constitución atribuye al Estado no es el de su protección, sino el de su construcción o generación en la mayor medida posible» (pág. 174).

ceso democrático. Si se va más allá del umbral referido a la distribución *a priori* de bienes, entonces el proceso democrático, a través de su tendencia a la imparcialidad[211], puede corregirse y mejorarse dando a las personas las precondiciones para su participación igual y libre[212]. Por otro lado, si ese umbral no se alcanza —es decir, si se deja más margen a la decisión democrática—, la debilidad del proceso democrático se verá amplificada, de modo que la parcialidad de las soluciones derivadas de una participación desigual y limitada llevará a desigualdades y limitaciones mayores en la participación.

- *Una reconstrucción del argumento de las precondiciones de la democracia en Nino*

Antes de reconstruir lo que considero podría presentarse como la «excepción de las precondiciones de la democracia» en Nino, es preciso pasar a examinar el análisis que nuestro autor lleva a cabo de dos importantes casos de la jurisprudencia americana. Ello permitirá ver con más detalle los matices de su posición en relación con esta esfera en la que, en su opinión, ha de admitirse, dentro de una concepción deliberativa de la democracia, el control judicial de constitucionalidad. Uno de los casos estudiados por Nino es *Roe v. Wade*[213] (1973), en el que el derecho en cuestión es el derecho al aborto. En tal caso, la Corte Suprema anuló una ley del Estado de Texas que prohibía el aborto en todos los supuestos salvo cuando la vida de la embarazada estuviera en peligro. La Corte Suprema estableció un periodo de tres meses en el cual el aborto debía ser libre, admitiendo, sin embargo, regulaciones estatales restrictivas conforme fuera avanzando el embarazo.

El análisis de Nino es el siguiente[214]: por un lado, tenemos una decisión democrática que establece el valor del feto desde el momento de la fecundación y, por otro, la decisión de una mayoría (en este caso, de ma-

---

211 En la concepción de la democracia de Nino, el debate democrático y la decisión mayoritaria —que partiría de la búsqueda de la unanimidad— favorecen una tendencia a la imparcialidad de las decisiones. Cfr. Nino, C. S., *The Constitution of Deliberative Democracy*, cit., págs. 127-128.

212 En mi opinión, esta tensión sólo se da, sin embargo, si asumimos que son los jueces los que están en una mejor posición para asegurar la fuerza del proceso democrático yendo «más allá del umbral de la distribución de derechos *a priori*». Algo que, sin embargo, no viene todavía implicado necesariamente por los argumentos elaborados por Nino.

213 *Roe v. Wade*, 410 U.S. 113 (1973). Puede verse extracto y análisis en Stone, Seidman, Sunstein y Tushnet, *Constitutional Law*, cit., págs. 955 y ss.

214 Nino, C. S., *The Constitucion of Deliberative Democracy*, cit., págs. 210-213.

gistrados), que señala que la libertad, autonomía y derecho a la intimidad de la madre es parte de la Constitución ideal de derechos materializada en la Constitución histórica.

Las preguntas que se plantea Nino sobre este caso tienen que ver con el hecho de si en él está o no en juego una precondición del proceso democrático, si el derecho de la madre a la autonomía por el hecho de ser tal derecho ha de ser sustraído del proceso democrático, y también a quién ha de corresponder resolver la cuestión acerca del valor del feto, si al procedimiento democrático o a la Corte suprema. En opinión de Nino, la cuestión acerca de si la vida del feto tiene el mismo valor que la de una persona ya nacida [*full person*] es una pregunta *a priori* que debe, necesariamente, ser resuelta como una precondición del proceso democrático puesto que implica resolver quién puede actuar como sujeto del discurso moral que constituye el proceso democrático. Si el feto tiene valor, la Corte Suprema debe garantizar la misma protección al feto que a cualquier otra persona y no sería un argumento suficiente en contra de esto decir que el derecho de la madre a la intimidad y a la autonomía tiene prioridad sobre el derecho del feto. De la misma forma, dice Nino, tampoco se deriva que la madre haya de cuidar del feto debido al valor que éste tiene. Si una ley prohibiera el aborto apoyándose en argumentos tales como el tratar de desincentivar determinado tipo de relaciones sexuales, entonces sería inconstitucional por apoyarse en razones perfeccionistas, pero si la ley limita la autonomía de la madre sobre la base del reconocimiento de un valor al feto, entonces la calificación de tal ley se presentaría, en opinión de Nino, como un asunto más complejo. En su opinión, habiendo sido respetadas las precondiciones del debate democrático (al no ser, en principio ignorado ninguno de los sujetos interesados, nacidos o no) hay que preguntarse por qué han de estar los jueces en una posición mejor que el proceso democrático para comparar desde una perspectiva imparcial el valor de la autonomía de los padres con el de la vida del hijo.

Para Nino, la decisión de la Corte Suprema en *Roe v. Wade* debía prevalecer sobre la motivación perfeccionista (deslegitimación de cierto tipo de prácticas sexuales) oculta tras argumentos paternalistas (riesgos en la práctica del aborto). Sin embargo, hubiera sido muy difícil invalidar la ley de Texas si, simplemente, se hubiera demostrado una desconsideración por parte del parlamento democrático hacia el valor de la autonomía de la madre. Y ello porque, en su opinión, no está fuera de la esfera del proceso democrático comprometer o cuestionar la autonomía de las mujeres para subrayar el valor del feto. La indignación que puede provocarnos una ley semejante sería comparable a la indignación ante medidas políticas que ignoren derechos sociales fundamentales para preservar los derechos de propiedad de unos pocos. Aunque sobre este punto volveré algo más adelante, apuntaré aquí que Nino entiende que esa indignación no puede justificar el rechazo del proceso democrático en este tipo de valoraciones y su sustitución por algún tipo de medidas externas apoyadas en cierto elitismo epistémico.

El otro caso del que se ocupa Nino es *Brown v. Board of Education*[215] (1954). En la jurisprudencia americana, este caso marca el fin de una jurisprudencia constitucional favorecedora de la doctrina «separados pero iguales» aplicada a los colegios públicos segregados[216]. Warren, el magistrado que presidía, afirmó aquí que la educación era una de las funciones más importantes del gobierno local y estatal y que las escuelas segregadas dañaban a los afroamericanos al generar sentimientos de inferioridad y al retrasar su formación intelectual y desarrollo. En opinión de Nino, no es un argumento concluyente que un determinado grupo resulte dañado por la forma en la que un servicio fundamental es puesto en funcionamiento ni es bastante para invalidar una decisión democrática que establece cómo ha de ser puesto en marcha tal servicio. Ese argumento debe ser completado arguyendo que el propio sistema democrático puede verse seriamente afectado y debilitado por el mantenimiento de políticas de segregación racial en la esfera educativa ya que ésta impide que se desarrollen relaciones humanas de amistad entre diferentes individuos y grupos y con ello se dificulta el desarrollo de sentimientos fraternales y de simpatía tan necesarios para que el sistema democrático pueda tener una tendencia hacia la imparcialidad, su fuente de valor epistémico. Así, en opinión de Nino, el argumento fuerte para considerar que una determinada ley democrática ha de ser revisada por la Corte Suprema es, precisamente, que tal control permitirá establecer si se ha violado o no una precondición para garantizar el valor epistémico del sistema democrático y cómo ha de ser regulada la materia en cuestión para subsanar esa lesión de las precondiciones para la calidad del debate.

En relación con el caso *Brown v. Board of Education*, las anteriores consideraciones llevan a Nino a sostener que aun en el —difícil— supuesto de que se proveyera el mismo tipo de facilidades educativas a los distintos grupos, de tal forma que no hubiera un daño a la autoestima o al desarrollo intelectual, la capacidad de simpatía que ayudaría a la imparciali-

[215] *Brown v. Board of Education of Topeka*, 347 U.S. 483 (1954); puede verse extracto y análisis en Stone y otros, *Constitutional Law*, cit., págs. 523 y ss.

[216] En este sentido puede verse la sentencia de la Corte Suprema estadounidense en el caso *Plessy v. Ferguson*, 163 U.S. 537 (1896); extracto y análisis en Stone y otros, *Constitutional Law*, cit., págs. 513-518.

dad del debate democrático por las posibilidades de conocimiento y aprehensión de los intereses de los sujetos afectados por determinadas medidas se vería, todavía, seriamente obstaculizada de haber segregación racial. El acierto del fallo estuvo, entonces, precisamente en la capacidad de la Corte para entender cuáles eran las condiciones *a priori* para el funcionamiento del proceso democrático y en su papel de garante de tales precondiciones. Solamente cuando tales condiciones son satisfechas, el proceso democrático puede requerir de los jueces y de todos los ciudadanos que se dé valor excluyente a su resultado.

¿Cuál es la diferencia entre *Roe vs. Wade* y *Brown vs. Board of Education*? Recapitulemos los argumentos presentados por Nino:

(1) No hay razones para sustraer de la decisión democrática (siempre que tal decisión no se articule en términos perfeccionistas) la solución de la cuestión acerca de qué valor (la autonomía de los padres, el valor del feto) ha de tener prioridad en cada una de las fases del embarazo. Nuestro descontento ante una ley que ignore la autonomía de los padres al comparar el valor de ésta con el valor del embrión o feto, así como ante una ley que ignora derechos sociales fundamentales en beneficio de derechos de propiedad de unos pocos, no puede llevarnos a obstaculizar el proceso democrático mediante una institución externa a él, apoyándonos a tales efectos en algún tipo de elitismo epistémico.

(2) En el caso Brown, Nino considera que la Corte Suprema está mejor capacitada que un determinado parlamento democrático para decidir si una concreta ley democrática está dañando las precondiciones para la calidad epistémica del debate democrático parlamentario. Por lo tanto, la decisión ha de sustraerse de la decisión de las mayorías parlamentarias.

Si en su comentario en *The Constitution of a Deliberative Democracy* al caso *Roe v. Wade*, Nino no hubiera comparado una decisión democrática que ignora la autonomía de la embarazada a otra decisión donde se ignorasen derechos sociales fundamentales señalando que, en ambos supuestos, no hay razones que apoyen la sustracción de tales decisiones del debate democrático parlamentario, podríamos pensar que, quizá, el caso de la ponderación de valores (autonomía de los padres y valor del feto) es una cuestión ideológica, esto es, un problema de fundamentación sumamente controvertido (y no una cuestión empírica, como parecen serlo las precondiciones para la participación real en el debate democrático) que ha de ser dejado en manos de los procesos democráticos por su mayor calidad epistémica en este sentido. Así, si una ley democrática ignorara el ejercicio de la autonomía de un colectivo en esta esfera de la vida para considerar como sujetos morales a los fetos en desarrollo, no podría ser anulada por un tribunal constitucional puesto que en tales casos el proceso democrático no está dañando la autonomía de los sujetos como precondición (es decir, no estaría privando a los padres de la posibilidad de participar en el debate democrático), sino llevando a cabo una ponderación que restringe el ejercicio de esa autonomía cuando para ello se ha de sacrificar el valor del feto.

Sin embargo, ¿qué sucede en el caso de que sean ignorados derechos sociales fundamentales? ¿no se está con ello minando la calidad epistémica del debate, al dificultar, seguramente, la participación real (mediante partidos que, verdaderamente, tengan en cuenta sus intereses) de determinados grupos en tal debate? ¿O quizá Nino estaba pensando en derechos sociales que, si bien son fundamentales, no afectan tan fundamentalmente a las precondiciones de la democracia como lo hace, por ejemplo, un sistema educativo de segregación racial? El comentario anterior de Nino —una ley democrática que ignora derechos sociales fundamentales en beneficio de derechos de propiedad de unos pocos no puede llevarnos a obstaculizar el proceso democrático mediante una institución externa a él— sorprende si tenemos en cuenta que su postura en relación con el alcance de los derechos era manifiestamente igualitarista. Nino defiende en sus trabajos un liberalismo igualitarista que le llevó a ser muy consciente de que los derechos fundamentales podían ser lesionados no sólo mediante acciones, sino también mediante omisiones (el reconocimiento de los derechos sociales era, de hecho, una forma de proteger los derechos fundamentales contra determinadas lesiones por omisión[217]). Además, en *Fundamentos de Derecho Constitucional* podemos leer un párrafo muy elocuente en este sentido. Después de haber hablado de derechos que aparecen claramente involucrados en el proceso democrático como la libertad de expresión o los derechos políticos, Nino se pregunta: «¿qué ocurre con derechos como los que excluyen la discriminación en diferentes ámbitos de la vida social —no en el proceso político mismo—, o los derechos llamados «sociales», como el derecho a una vivienda digna o a atención médica adecuada? No cabe duda de que las precondiciones para el buen funcionamiento del proceso democrático constituyen un continuo que comienza por cuestiones como la libertad negativa de expresión, pasa por las libertades positivas correspondientes —lo que requiere acceso a los medios de comunicación entre otras cosas— y termina abarcando derechos como los mencionados»[218].

[217] Cfr. Nino, C. S., *Ética y derechos humanos*, cit., págs. 306-365.
[218] Nino, C. S., *Fundamentos de Derecho Constitucional*, cit., pág. 706.

Parece, entonces, que la línea que marca las diferencias entre circunstancias que minan las precondiciones (como condiciones empíricas) excluyendo a los sujetos del debate democrático y aquellas que no lo hacen y que sólo afectan al ejercicio de la autonomía en determinados ámbitos de la vida (y que, por tanto, pertenecen a la esfera de los que pueden ser denominados problemas de fundamentación) es una línea muy difícil de trazar. El cuidado de las primeras justifica, en el modelo de democracia de Nino, el control judicial de constitucionalidad. Los problemas de ponderación de valores pertenecen, sin embargo, a la esfera de la fundamentación (o del debate ideológico) y de aquí que la discusión democrática tenga superioridad epistémica.

El argumento a favor de esta excepción a la negación general del control judicial de constitucionalidad sería formulado por Nino del siguiente modo: si bien la Constitución ideal de derechos deriva del funcionamiento de la Constitución histórica adaptada a los requerimientos de la organización del poder, hay un conjunto de derechos *a priori* implícito en la organización ideal del poder que deben ser satisfechos tanto por la constitución histórica como por la práctica democrática para que el resto de ese conjunto ideal de derechos pueda ser materializado (es decir, es preciso garantizar el valor epistémico del proceso democrático).

Pero el propio Nino era muy consciente de las dificultades para establecer dónde está el umbral: el que va a tomar la decisión debe ponderar si las deficiencias del sistema democrático son tan serias que su valor epistémico global es menor que el valor epistémico de la reflexión individual de un sujeto. Si los defectos del sistema son muy graves, entonces el que decide ha de hacerlo sobre la base de su propio juicio para, por un lado, resolver el caso en cuestión y, por otro, promover el curso de acción que puede incrementar en el futuro el valor epistémico del sistema. Por cierto que la decisión acerca de si uno ha de recurrir a la autoridad epistémica del sistema democrático a la hora de determinar la guía para tomar su decisión o decidir sobre la base de su propia reflexión es ella misma una decisión para la que no existen autoridades epistémicas, sino que es el propio individuo aislado quien ha de asumirla siguiendo su propio juicio.

Creo que todas estas dificultades nos han de llevar a explorar otras formas de fundamentación de la institución del control judicial de constitucionalidad que se enraízan a un nivel más profundo que aquel en que se mueven los argumentos trazados por Nino. Sobre esto volveré más adelante. Ahora es preciso examinar las otras dos esferas en las que, según Nino, el control judicial de constitucionalidad sería legítimo.

b) La segunda excepción: la autonomía personal

Otro ámbito en el que Nino considera legítimo establecer el control judicial de constitucionalidad es el de las decisiones que afectan al ámbito de la moral personal. Este argumento se apoyaría en la falta de valor epistémico de la democracia en relación con tal ámbito.

El argumento que desarrolla Nino es el siguiente. El valor epistémico de la democracia deriva de su mayor fiabilidad para alcanzar soluciones moralmente correctas. Tal fiabilidad depende de la definición de la validez o corrección de las soluciones en términos de la imparcial o igual contemplación de los intereses de todos los afectados. Sucede, sin embargo, que la validez de los estándares morales no depende en todos los casos de la satisfacción del requisito de imparcialidad y esto es precisamente lo que sucede con los principios que constituyen lo que Nino denomina «moral autorreferente» o, según una terminología quizá más adecuada, «moral personal». Son los principios morales que consisten en los ideales de excelencia personal o virtud (principios tales como el de integridad y honestidad, los planes de vida dedicados al conocimiento o a la belleza, etc.) y que evalúan las acciones por sus efectos en la calidad de la vida o del carácter del propio agente. Como argumento básico que apoya esta forma de entender la denominada moral personal encontramos, en la concepción de Nino, el principio de autonomía personal. Derivaría del principio de autonomía implícito en nuestra práctica del discurso moral. De este principio vendría implicada la libre adopción de los ideales de excelencia personal y los planes de vida en ellos basados, y nos presentaría como autofrustrante cualquier política que tratara de imponer esos ideales[219].

Según lo anterior, la validez de los ideales personales no depende de la satisfacción del requisito de imparcialidad, por lo que la discusión colectiva no tendrá un valor epistémico superior a la reflexión y a la decisión individual para llegar a soluciones moralmente correctas en el ámbito de la moral personal. Y de ahí que Nino concluya que los jueces —y en definitiva cualquier ciudadano— no tienen que subordinar sus juicios morales a la legislación democrática basada en ideales personales de virtud y excelencia. La función legislativa corresponderá al legislador democrático cuando estemos pensando en la esfera del Derecho que trata de reflejar la moral intersubjetiva, pero, por lo que se refiere a la moral personal, el derecho a no ser coaccionado sobre la base de estándares de excelencia personal forma parte del conjunto de derechos *a priori* que son

[219] Nino, C. S, *Ética y derechos humanos*, cit., págs. 205-211 y *The Constitution of a Deliberative Democracy, cit.*, págs. 48-49.

pre-condición del proceso democrático y, por lo tanto, habrá de ser garantizado por los jueces. La dificultad —me permitiría añadir— está en determinar quién tiene legitimidad para establecer qué es lo que cae dentro de la «moral personal» y qué dentro de la moral intersubjetiva.

De nuevo, un caso de la jurisprudencia norteamericana, *Griswold v. Connecticut*[220] (1965) —en el que la Corte Suprema declara inconstitucional una ley de Estado de Connecticut que penalizaba el uso de preservativos por parejas casadas (estableciendo, en definitiva, las condiciones de la vida sexual de las parejas)—, permite a Nino ilustrar esta vez un ámbito en el que la deliberación democrática carece de valor epistémico y en el que, por lo tanto, sería legítimo que la Corte Suprema (o TC) le recordara al Parlamento democrático el margen en el que ha de tomar sus decisiones, fortaleciendo de esta forma el debate democrático al impedir que éste se entrometa en esferas en las que no tiene el mencionado valor.

c) La tercera excepción: razones institucionales (la preservación de la Constitución como práctica social)

A diferencia de las excepciones anteriores, el fundamento de ésta no se encuentra en el valor epistémico de la democracia, sino que se apoya en cómo lograr que las decisiones democráticas sean eficaces. En este sentido, dice Nino, el propósito del control judicial de constitucionalidad de una determinada ley estaría en preservar la práctica social o convención —la Constitución histórica— en el seno de la cual tal decisión democrática tiene lugar. Se trataría de juzgar si en un determinado caso es preciso dar más valor al acercamiento que supone la ley democrática a la Constitución ideal en detrimento de la Constitución real, o si por el contrario sería preciso anular la ley porque mina la preservación de la práctica y puede dificultar la posibilidad de tomar decisiones justas en el futuro.

Para dar cuenta de esta excepción es preciso entrar en una cuestión sobre la que profundizaré en el capítulo V. Me refiero a lo que Nino denomina «la racionalidad de la segunda mejor opción»[221]. Esta idea apunta a que, en las obras colectivas, a veces, es preciso relegar la opción que, a la luz sólo de las circunstancias del caso, aparece como más correcta, para dar valor a otra opción que, sin embargo, consideradas todas las cosas —entre ellas que nos encontramos ante una obra colectiva cuyo resultado final nosotros, como actores particulares, no controlamos— es

[220] Cfr. *Griswold vs Connecticut*, 381 U.S. 479 (1965). Puede verse un extracto y análisis en Stone y otros, *Constitutional Law*, cit., págs. 941-955.

[221] Cfr. Nino, C. S., *Fundamentos de Derecho Constitucional*, cit., págs. 64 y ss.

la que habrá de resultar operativa. Pera esta noción de Nino es no poco confusa. Uno podría objetar contra ella que, si determinadas instituciones son la única forma de hacer justicia en nuestras sociedades, entonces las soluciones alcanzadas en el marco de esas instituciones son la mejor opción, pese a distanciarse de la solución que daríamos a un caso si estuviéramos solamente sumergidos —algo inviable para la organización de muchos aspectos de nuestras sociedades— en un discurso moral sin límites. Pese a esto, creo que la idea de «la racionalidad de la segunda mejor opción» puede cumplir un papel interesante a la hora de reconstruir la deliberación práctica del sujeto individual que participa en una práctica colectiva. En efecto, si resulta que (1) la Constitución ideal de derechos y de organización del poder (esto es, el Derecho y la democracia como institución ideales) no está materializada en la Constitución histórica (esto es, en el Derecho y en la democracia como instituciones reales), y (2), al mismo tiempo, los jueces y otros operadores del Derecho (y, también, aunque en menor grado, el ciudadano individual) han de contar con que el acercamiento de la práctica real a la institución democrática constitucional ideal no está sólo en sus manos, sino que (sea por razones epistémicas o por razones de operatividad) es una empresa colectiva, entonces ese rasgo de empresa colectiva va a determinar que la mejora de la institución en cuestión no pueda hacerse sin contar (en parte porque sería autofrustante querer construir una democracia excluyendo a determinados sectores contrarios a ella) con sectores de la sociedad que, quizá, como puede suceder en el caso de las transiciones hacia la democracia, son reacios a ciertos cambios que ello implica. Creo que esto es lo que, en la estructura del razonamiento de sujeto individual, se presentaría como una «racionalidad de la segunda mejor opción»: el acercamiento de la Constitución histórica a la Constitución ideal va a suponer, en ocasiones, tener que prescindir de medidas legítimas dentro de la segunda (esto es, dentro de la institución ideal), pero inviables en el momento en el que han de ser adoptadas por la existencia de sectores de la sociedad que —no siempre de forma honesta, sino muchas veces movidos por intereses espurios— se oponen a ellas utilizando determinadas instituciones y subvirtiendo sus fines. Creo que —aunque con ciertas reservas[222]— hablar de «la segunda mejor opción» pensando en tales casos, así como en otros en los que por determinadas razones el sujeto individual ha podido alcanzar una mayor claridad acerca de un determinado cambio que debería darse en el ordenamiento, es una forma plau-

[222] Vid. Cap. V del presente trabajo.

sible (por permitir dar cuenta del distanciamiento crítico del sujeto en relación con las mayorías, algo por lo demás necesario para enriquecer el debate) de reconstruir el razonamiento del sujeto que sabe que, pese a estar en lo cierto, habrá de esperar a un mejor momento e intentar convencer entonces a los demás de la corrección de su propuesta. Lo contrario, es decir, optar por tomar decisiones al margen de la práctica institucional, podría suponer minar el principio democrático y, con ello, la posibilidad de tomar decisiones justas en el futuro.

Como veremos en el capítulo V con más detenimiento, el razonamiento jurídico aparece en la reconstrucción de Nino dividido en dos fases, la primera de las cuales debe ver cuál es la opción más realista para hacer efectiva la Constitución ideal de derechos y organización del poder en el caso de que la Constitución histórica fuera abandonada. Al abordar esta cuestión, afirma, podríamos encontrarnos con que los requisitos de la Constitución ideal pudieran resultar más frustrados si tratamos de sentar las bases para un nuevo sistema que si respetamos la Constitución histórica, pese a sus insuficiencias desde el punto de vista moral (esto es, a la luz de la Constitución ideal de derechos y de organización del poder). Y, si es ese el caso, entonces, pudiéramos encontrarnos con que el intento por materializar la Constitución ideal precise que no cumplamos algunos de sus requisitos en algunas circunstancias.

Pues bien —retomando el hilo de la exposición—, la tercera esfera en la que, según Nino, estaría legitimado un control de constitucionalidad sería precisamente aquella en la que se trata de salvaguardar aspectos importantes de la práctica constitucional (la Constitución histórica) aun frente a decisiones de mayorías parlamentarias que satisfagan más los requisitos de la Constitución ideal de derechos y de organización del poder (cuando esto lo hagan a costa de socavar la convención que hace posible la práctica constitucional histórica).

En opinión de Nino, en este caso estaría justificada la intervención del juez invalidando la ley democrática para proteger la convención constitucional histórica que garantiza la eficacia de las propias decisiones democráticas. La intervención del juez podría incluso ayudar a materializar la Constitución ideal en el sentido de estar preservando la posibilidad de aplicar las dimensiones ideales de la Constitución en un sentido más complejo (Constitución histórica aplicada a la luz de la Constitución ideal).

Obviamente, a la luz de las consideraciones apuntadas por Nino, esta excepción a la negativa de admisión del control judicial de constitucionalidad crea un dilema. La anulación de la disposición democrática es hecha, en última instancia, en nombre de la posibilidad de aplicar la Constitución ideal de derechos y organización del poder, pero el efecto inmediato de esa anulación implica ignorar los requisitos de tal Constitución, precisamente porque estamos rechazando una decisión respaldada por la legitimidad democrática y yendo en contra del ideal de participación democrática, a pesar de la presunción epistémica de que la dilucidación de derechos que hace es moralmente correcta. Así pues, el juez debe necesariamente sopesar el daño inmediato a los ideales participativos y liberales del constitucionalismo, por un lado, con el daño que podría ser causado a los ideales, por otro, si la Constitución práctica fuera socavada porque la decisión democrática la violara. No todas las desviaciones del proceso democrático (en favor de la Constitución ideal) dañan tanto su continuidad como para justificar no tener en cuenta la decisión fruto de ese proceso. Pero, en cualquier caso, de nuevo, nos dice Nino, no existe una fórmula exacta para solucionar la tensión[223].

En resolución, de acuerdo con los elementos de la teoría del control judicial de constitucionalidad de Nino hasta aquí presentados, el principio democrático apoyado en el mayor valor epistémico del proceso democrático excluye la posibilidad de que los jueces interfieran con las decisiones democráticas salvo en tres casos: cuando se trate de resguardar las precondiciones que aseguran el valor del proceso democrático, cuando se trate de salvar la autonomía personal y cuando se trate de defender la continuidad de la práctica constitucional que hace posible que las decisiones no sólo sean justas sino, además, operativas, eficaces[224]. Todo esto exige una serie de ponderaciones que como dice Nino «requieren de los jueces todavía cualidades más "hercúleas" de las que imagina Dworkin para sus jueces, que van meramente en busca de una consistencia articulada entre principios y decisiones pasadas»[225]. En efecto, la teoría de Nino exigiría que el juez pondere hasta qué punto da preferencia a la continuidad de la práctica sobre su perfeccionamiento; hasta qué punto el proceso democrático es lo suficientemente apto como para confiar en que nos permite dilucidar los principios a la luz de los cuales la práctica deberá ser perfeccionada; en qué medida ese proceso debe corregirse y profundizarse declarando válida la ley democrática contraria a la Constitución histórica; hasta dónde esa corrección y profundización socava la continuidad de la práctica; en qué medida la autonomía individual está lesionada por el fundamento de una decisión democrática; etcétera.

---

[223] Cfr. Nino, C. S., *Fundamentos de Derecho Constitucional*, cit., págs. 701-703 y *The Constitution of a Deliberative Democracy*, cit., págs. 205-206.

[224] Cfr. Nino, C. S., *Fundamentos de Derecho Constitucional*, cit., pág. 703.

[225] Nino, C. S., *Fundamentos de Derecho Constitucional*, cit., pág. 704.

C) El fundamento de las excepciones al principio democrático parlamentario. Algunas consideraciones acerca del análisis de Nino sobre la institución del control judicial de constitucionalidad

Como antes apunté, los argumentos expuestos por Nino como fundamento del control judicial de constitucionalidad en relación con determinados aspectos de la práctica democrática-constitucional precisan, en mi opinión, del respaldo de alguna otra razón (o razones) que permita poner de manifiesto la relevancia de tal institución, especialmente en aquellos casos en los que nos movemos en un terreno de dificultades (v.g., epistémicas) acerca de dónde se encuentra el umbral que separa el ámbito del debate parlamentario del ámbito que ha de sustraerse a él.

En realidad, los dos argumentos que voy a trazar aquí creo que aparecen ya de alguna forma —en un caso más explícita y en el otro más implícitamente— en la propia obra de Nino, de modo que lo que aquí hago es, creo, tirar del mismo hilo argumentativo de la concepción de este autor. Tales argumentos son los siguientes: (1) El argumento del enriquecimiento deliberativo. La institución del control judicial de constitucionalidad (especialmente en el modelo europeo de Tribunal Constitucional) se presenta como una institución que permite enriquecer la deliberación democrática. El fundamento último del control judicial de constitucionalidad vendría dado entonces por la respuesta a la pregunta acerca de cuál es la organización institucional que más acerca el debate democrático real al debate democrático ideal; concebido este último, a su vez, como un sucedáneo —por su carácter regimentado— de la deliberación moral. (2) El argumento del control o mediación autoritativa. La institución del Tribunal Constitucional, como órgano que tiene la última respuesta en materia de interpretación constitucional, se presenta como una institución necesaria para resolver de forma autoritativa (como órgano independiente mediador) los conflictos entre mayorías y minorías coyunturales en relación con los derechos fundamentales.

Veamos con más detenimiento estos argumentos:

(1) El primero de ellos está presente en la obra de Nino si tenemos en cuenta la fundamentación general que de tal institución puede ofrecerse a la luz de los principios que iluminan la concepción deliberativa de la democracia por él defendida. Pero, además, tal argumento aparece expresamente formulado en ciertos párrafos de *Fundamentos de Derecho Constitucional* y *The Constitution of Deliberative Democracy*. Nino, sin embargo, no parece haber enfatizado suficientemente, en mi opinión, la importancia de las ideas en ellos expresadas. Tales párrafos le hubieran permitido articular un argumento que justificaría en un nivel más profundo —a

la luz de su concepción de la democracia deliberativa— la existencia de un Tribunal Constitucional en el organigrama institucional de las democracias reales. Si bien Nino expresa reiteradamente las virtudes de la discusión en el Parlamento por el enriquecimiento que supone en la deliberación y por su tendencia a la imparcialidad, no es sin embargo demasiado incisivo —al menos de forma expresa— en subrayar la contribución y enriquecimiento que al debate democrático de un Estado aporta el control judicial de constitucionalidad institucionalizado en un Tribunal Constitucional.

Nino es muy consciente de la complejidad de razones que se articulan en la estructura de la organización del poder y, a la luz de los fundamentos de su concepción de la democracia y de las consideraciones que justificarían un control de constitucionalidad, sostiene que la inconstitucionalidad declarada por un Tribunal Constitucional respecto de normas jurídicas democráticas resultaría del juego de muy diversas razones y del ejercicio de varias funciones judiciales en un delicado equilibrio[226]. Los remedios, afirma, deberían ser graduales. En primera instancia, el juez puede impulsar al poder político a que corrija alguna deficiencia de procedimiento o a que articule más claramente sus razones o a que reemplace, si el Parlamento quiere mantener una determinada medida, una razón vedada por otra admisible en el juego democrático. Si el legislador democrático persistiera en su postura, el juez podría conformarse no por deferencia sino porque se ha satisfecho el objetivo inicial que era provocar la discusión y la reflexión. Esta concepción de la función judicial de revisión de la constitucionalidad de las leyes presupone una concepción general de la función judicial según la cual su «independencia» no quiere decir aislamiento del proceso político democrático, sino contar con fuer-

[226] Como puede verse a la luz de lo escrito en estas páginas, la postura de Nino le lleva a defender una presunción de constitucionalidad en favor de la ley emanada del parlamento democrático apoyada en el valor epistémico superior del sistema democrático. Entre las razones que se han alegado en pro de tal presunción de constitucionalidad de la ley emanada del parlamento democrático, además del argumento epistémico sostenido por Nino, podemos mencionar también el argumento de la igual dignidad política: constituye una ofensa al sentido de igual dignidad de las personas el hecho de que una ley aprobada democráticamente sea invalidada por un juez cuando la cuestión de fondo es una cuestión controvertida respecto de la cual personas razonables pueden discrepar. Otro argumento que ha sido esgrimido es el de la corregibilidad de los errores: en caso de duda, el juez constitucional debe presumir la validez de la ley porque es más fácil corregir en el futuro el error consistente en declara válida una ley que, en realidad, es inválida, que el error opuesto de declarar inválida una ley que es, en realidad, válida. Para un análisis de todos estos argumentos, Cfr. Ferreres Comella, V., *Justicia Constitucional y Democracia*, cit., págs. 163-213.

za independiente para intervenir en él, en una interacción discursiva, con el fin de maximizar su valor epistémico[227].

Nino sostiene además que el modelo que mejor satisfaría las exigencias de su concepción de la democracia sería uno en el que se articulara un sistema parlamentario con un tribunal constitucional al modo previsto en las constituciones europeas. Y en este sentido escribe que debe ponderarse la posibilidad de que el máximo control de constitucionalidad lo ejerza un órgano más involucrado en el proceso democrático, lo que puede estar determinado por un procedimiento de elección de sus miembros en el que la Cámara de Diputados juegue un papel relevante. Por otra parte, el papel de estímulo y de participación en el debate democrático que pueden cumplir los jueces se facilitaría si se admitieran remedios como el reenvío de una ley al Congreso, para que sea objeto de un nuevo tratamiento a fin de salvar vicios procedimentales o de fundamentación o la solicitud de informes a comisiones parlamentarias para que justifiquen la omisión de legislar sobre ciertas cuestiones[228]. A través de tales mecanismos, entonces, los jueces tendrán un papel activo en el incremento de la calidad epistémica del proceso y de las decisiones democráticas, estimulando el papel del debate público y la promoción de decisiones fruto de reflexiones más profundas.

En mi opinión, una concepción como la de Nino muestra la compleja relación existente entre las tres dimensiones del constitucionalismo: democracia deliberativa, reconocimiento y garantía de derechos individuales fundamentales[229] y preservación de la práctica constitucional democrá-

[227] Una forma semejante de concebir el control judicial de constitucionalidad puede verse en Ferreres Comella, V., *Justicia Constitucional y Democracia*, *cit.* Este autor muestra, a partir de argumentos que seguramente de forma implícita aparecen ya en la concepción de Nino del control judicial de constitucionalidad (aun cuando éste no sea siempre consciente de ellos), cómo el valor epistémico de la práctica democrática discursiva puede verse incrementado de forma relevante si concedemos al juez constitucional un papel reavivante o reanimante de la deliberación pública, lo que contribuye a la calidad constitucional de las leyes aprobadas por el legislador. De esta forma, «la existencia del control judicial contribuye a asegurar que no decaiga la práctica constitucional de pedir y de dar razones en el espacio público de la Democracia», además de posibilitar la estructura propia del proceso judicial y —al favorecer que determinados intereses que no han sido discutidos en el ámbito de la democracia sean llevados a debate, al exigirse que los jueces necesariamente contesten a las demandas y quejas que ante ellos se plantean— mejorar la deliberación pública. Ferreres Comella, V., *Justicia Constitucional y Democracia*, cit., págs. 179-180.

[228] Cfr. Nino, C. S., *Fundamentos de Derecho Constitucional*, cit., págs. 704-705.

[229] Vale la pena resaltar aquí la importancia que como elemento legitimador del Estado tiene el que éste garantice y no meramente reconozca los derechos fundamentales. En este sentido, tiene razón Aguiló cuando escribe que el mayor problema de nuestros Estados cons-

tica. Un *reconocimiento* del valor epistémico de la democracia deliberativa implica una creencia en la primacía del proceso de debate colectivo y de la decisión mayoritaria sobre cualquier otro procedimiento para determinar cuáles son las decisiones moralmente aceptables para resolver los conflictos, incluso aquellos que se refieren a derechos. Pero un control de constitucionalidad con los rasgos que aquí han sido perfilados —concebido como institución fruto de mayorías democráticas distintas a las parlamentarias y que permite así estimular el debate democrático— puede, a su vez, contribuir a que los resultados con valor epistémico del proceso democrático se combinen con exigencias que provienen de la constitución ideal de derechos y de la constitución histórica.

(2) Las democracias reales son producto de largos procesos históricos que no siempre, o, quizá, rara vez, se han caracterizado por un consenso acerca del desarrollo de los derechos fundamentales. Sin un mínimo de consenso en torno a ese «coto vedado»[230] a las mayorías coyunturales que se formen en el debate democrático, la posibilidad de articular una democracia en los términos sostenidos por Nino (es decir, como democracia deliberativa) se presenta como un ideal que, en la práctica, se vería constantemente frustrado, salvo que hubiera al menos un consenso acerca de la posibilidad de constituir un órgano independiente de las mayorías democráticas parlamentarias que, autoritativamente, mediara en la resolución de conflictos acerca de qué decisiones democráticas lo violan.

Si tenemos en cuenta las reflexiones de Nino, lo que el Tribunal Constitucional, en cuanto órgano controlador de la constitucionalidad de las leyes democráticas, tendría que hacer es fiscalizar aquellos casos en los que la decisión democrática está violando aquel reducto que afecta,

---

titucionales no es el del reconocimiento de derechos, sino el de su garantía a través de medidas estatales que construyan determinados bienes (como, por ejemplo, la igualdad de oportunidades): «el rol institucional del Estado no es sólo el de realizar balances correctos sobre cómo deben comportarse los ciudadanos, sino el de hacer efectivo lo correcto», Aguiló, J., «Sobre la Constitución del Estado constitucional», cit. pág. 454.

[230] Sobre el concepto de «coto vedado» a la negociación y al compromiso como concepto vinculado con los deberes de no dañar y con el reconocimiento de las necesidades básicas, Cfr. Garzón Valdés, E., «Representación y democracia» [1989], en *Derecho, Ética y Política*, cit., págs. 631-650. El principio del coto vedado se formularía así: «Las cuestiones concernientes a la vigencia plena de los bienes primarios o básicos no pueden dejarse libradas a procedimientos de discusión en los que juegue algún papel la voluntad o los deseos de los integrantes de la comunidad». Y entre sus reglas de aplicación estaría la que sostiene que ninguna cuestión concerniente a bienes primarios o básicos puede decidirse de acuerdo con la regla de la mayoría. Cfr. también «La filosofía moral de Ernesto Garzón Valdés», *ibidem*, págs. 21-32, aquí págs. 26-27. También puede verse Garzón Valdés, E., «Ética, economía y criterios de legitimidad» [1992], *ibidem*, págs. 491-508.

especial y directamente, a los derechos de participación política o, también, a determinados derechos fundamentales que pudieran suponer la exclusión directa o indirecta del debate democrático de determinados grupos.

La institución del Tribunal Constitucional se presenta, entonces, como una figura que puede resultar prescindible en Estados en los que hay un consenso fuerte de respeto de las precondiciones del debate democrático (suele ponerse Gran Bretaña como ejemplo de país que «vive en Constitución»[231]). En tales casos, sin el riesgo de que las mayorías parlamentarias de un determinado momento violen las precondiciones, no hay razones, al menos en principio, para cuestionar la calidad epistémica que, por lo demás, se le concede en la concepción deliberativa de la democracia al debate democrático parlamentario (el debate ideológico acerca del contenido de los derechos y su ejercicio sería, en este sentido, competencia del parlamento). Distinto es el caso de aquellos Estados como España, Alemania, países latinoamericanos y los EEUU[232] en los que la historia más reciente trae sangrantes ejemplos de daños causados en términos de participación en el debate democrático y de exclusión de determinados sectores por las fuerzas mayoritarias de un determinado momento político. En estos países, y mientras no se constituya un fuerte consenso de inclusión de todas las partes interesadas en las decisiones democráticas, la figura del control judicial de constitucionalidad a través de un Tribunal Constitucional o Corte Suprema (inspirados, en cualquiera de las dos versiones, a la luz de las consideraciones apuntadas en el parágrafo 1), se presenta como una institución necesaria para controlar los impulsos de ciertas mayorías no respetuosas con las precondiciones del debate democrático y también como un órgano

[231] Cfr. Waldron, J., *Law and Disagreement*, Clarendon Press, Oxford, 1999, págs. 278 y ss.

[232] Aunque cito aquí a EEUU entre los países que precisan la institución del Tribunal Constitucional o Corte Suprema como institución controladora de la constitucionalidad de las decisiones parlamentarias a la luz de las anteriores consideraciones aquí expuestas, es cierto que lo que de hecho parece venir inspirando en este país la figura del control judicial de constitucionalidad es, más bien, una cierta visión romántica de los periodos constituyentes americanos y, dentro de ese espíritu, una jurisprudencia constitucional (p.ej. del magistrado de la Corte Suprema *Justice* Thomas o *Justice* Scalia) articulada en torno a la intención que los constituyentes [the framers] habrían reflejado en el texto constitucional. Apoyando esta forma de comprender la institución del control judicial de constitucionalidad puede verse el trabajo antes citado de Ackerman, B., *We the people,* cit.; en contra, Ely, J. *Democracy and Distrust. A Theory of Judicial Review*, cit. y Dworkin, R., *A matter of Principle*, Harvard University Press, 1985.

independiente que tomará decisiones en relación con cuyo carácter autoritativo sí hay consenso en las restantes instituciones que articulan el debate democrático en la sociedad[233].

En cualquier caso, como apuntaba al comienzo, y para volver al argumento principal de mi exposición, el debate acerca del control judicial de constitucionalidad es una discusión que no puede zanjarse solamente arguyendo necesidades lógicas o soluciones ofrecidas por el propio sistema jurídico sino que, como hemos podido apreciar, es un debate que muestra que el discurso jurídico no es un discurso insular. Al igual que los otros ejemplos de debates internos, también la cuestión acerca del control judicial de constitucionalidad está inmersa en un discurso justificativo más amplio: para argumentar en un sentido u otro acerca de cuál es el fundamento del control judicial de constitucionalidad resulta preciso acudir a consideraciones valorativas sobre los fundamentos de la democracia y el reconocimiento de derechos fundamentales cuya solución no se encuentra ya en las propias normas jurídicas. Como escribe Nino, incluso en los casos en los que la propia Constitución establezca la facultad de los jueces de declarar la inconstitucionalidad de una ley y consideremos que la fuerza vinculante de la Constitución pueda ser demostrada, es posible que esa fuerza vinculante tenga un límite cuando se trata de condicionar el proceso democrático mismo[234].

5.3. Recapitulación: la conexión justificativa entre Derecho y moral

Hemos podido ver que la conclusión a la que Nino llega tras el análisis de diversas «controversias internas» del mundo jurídico es que el razonamiento de jueces, abogados y juristas no se agota en las normas de las que puede dar cuenta un concepto descriptivo judicial institucionalizado de Derecho[235], sino que implican en realidad una remisión a todo un sistema de justificación más amplio que el basado en las prescripciones de las autoridades.

Esta conclusión permite a Nino introducir su tesis principal en relación con esta cuestión: la perspectiva interna del Derecho está indisolublemente ligada a la perspectiva interna de la moral y, en especial, a la

[233] En este sentido puede verse Alexy, R. «La institución de los derechos humanos en el Estado Constitucional democrático», en *Derechos y Libertades. Revista del Instituto Bartolomé de las Casas*, (2001), págs. 21-41.

[234] Cfr. Nino, C. S., *Derecho, Moral y Política*, cit., pág. 70.

[235] Veáse la definición de concepto descriptivo judicial institucionalizado de Derecho en el capítulo II del presente trabajo.

perspectiva interna de la práctica discursiva que la modernidad ha acoplado a la moral positiva[236].

Lo anterior tiene también, sin embargo, implicaciones desde la perspectiva externa. La reconstrucción de la práctica social en que consiste el Derecho se distorsionaría si no se relacionara explicativamente esa práctica social con la práctica social del discurso moral. Cuando el sociólogo del Derecho da cuenta del aparato legal estará presentando una imagen extraña de la aplicación del Derecho si lo hace como la actividad de jueces que emplean proposiciones normativas para justificar decisiones por el sólo hecho de que ciertos individuos que tienen el monopolio del uso de la fuerza han prescrito tales proposiciones. Según Nino, «la identificación descriptiva de ciertas proposiciones normativas como jurídicas implica mostrar que derivan de ciertas normas morales que legitiman [desde el punto de vista interno] a determinadas autoridades y de proposiciones descriptivas de las prescripciones de tales autoridades»[237].

A tal conclusión acerca de la conexión entre Derecho y moral se llega, además, como hemos tenido ocasión de ver en este capítulo, a partir de una perspectiva ultraexterna respecto de todo orden jurídico: el análisis del concepto de validez tal y como es utilizado en el contexto interno permite confirmar la tesis de que el discurso justificativo jurídico no es insular sino que la adopción de normas que legitiman la prescripción de normas jurídicas está sometida a crítica en el marco del discurso moral, sobre la base de normas que no son ya a su vez jurídicas.

Todo ello permite a Nino confirmar su tesis de que «el discurso moral de la modernidad tiene un carácter imperialista que impide la subsistencia de discursos justificativos insulares»[238], tales como el de la religión, el discurso prudencial, el jurídico o el de la economía. A los efectos que aquí resultan de interés, este imperialismo del discurso moral implica que no existen razones jurídicas que puedan justificar acciones y decisiones con independencia de su derivación o de su comprensión en términos —por más que sean complejos— de razones morales.

En el Capítulo siguiente sobre las normas jurídicas y las razones para la acción tendremos una nueva ocasión para profundizar en esta cuestión.

---

[236] Cfr. Nino, C. S., *Derecho, Moral y Política*, cit., pág. 50.

[237] Nino, C. S., *Derecho, Moral y Política*, cit., pág. 59. Esto es lo que nos permitiría distinguir un sistema de depredación o dominación de un sistema jurídico. Cfr. en este mismo sentido, Alexy, R., *El concepto y la validez del Derecho*, cit., págs. 37-41.

[238] Nino, C. S., *Derecho, Moral y Política*, cit., pág. 79.

Capítulo IV

Normas jurídicas y razones para la acción

1. PLANTEAMIENTO DEL PROBLEMA: EL DEBATE ACERCA DE LA NORMATIVIDAD DEL DERECHO

Tratar de responder a la pregunta acerca de qué son las normas jurídicas y de cuál es su papel en el razonamiento práctico nos lleva a sumergirnos de lleno en el problema de la normatividad del Derecho. Una importante coordenada de este debate fue introducida por Hart mediante su ya citada distinción entre el punto de vista interno y el punto de vista externo a una práctica. En el presente capítulo se tratará toda una serie de problemas sobre los que viene discutiéndose en un intento por armonizar esas dos consideraciones en relación con el fenómeno jurídico: de un lado, el Derecho visto como una institución social (un conjunto de hechos sociales complejos) que puede ser observada y descrita desde un punto de vista valorativamente neutro, y, de otro lado, el Derecho como un sistema de normas que operan como razones para la acción en razonamientos jurídicos justificativos, esto es, en deliberaciones dirigidas a valorar o justificar acciones y decisiones que afectan a intereses ajenos[1].

Por otra parte, la pregunta acerca de la normatividad del Derecho nos traslada a su vez a otro debate conexo: el que existe en torno al denominado principio de unidad del razonamiento práctico —en la versión según la cual las razones últimas son razones morales o valores morales[2]— o,

---

[1] Cfr. Postema, G., «The Normativity of Law», en R. Gavison (ed.), *Issues in Contemporary Legal Philosophy. The Influence of H.L.A.Hart*, cit., págs. 81-104, pág.81.

[2] Cuando se habla de valores o razones morales como razones últimas, no es ésta una pura cuestión definicional según la cual las razones que aparecen como definitivas en la escala de preferencias de un individuo se denominan razones morales: esto dejaría vacío el concepto de razones morales. Dicho a muy grandes rasgos, lo que en nuestra práctica discursiva recibe el nombre de razones morales son consideraciones que, llevadas a cabo desde un punto de vista imparcial, se formulan con pretensión de universalidad. Para un

por decirlo con una expresión de Nino, el debate en torno a la tesis del «imperialismo del discurso moral»[3].

Cuando nos preguntamos acerca de las normas jurídicas y su papel en el razonamiento práctico, muchas otras cuestiones y distinciones conectadas con esta entran en escena y requieren se reexaminadas antes de poder avanzar una respuesta satisfactoria al problema que da título al presente Capítulo y que fue considerado por Nino como el tema central de la Filosofía del Derecho[4]: ¿constituyen las normas jurídicas razones autónomas —es decir, distintas de las razones morales— para justificar acciones y decisiones? ¿es posible concebir el discurso jurídico justificativo como un discurso independiente del discurso moral general o debemos, por el contrario, mantener la tesis de la unidad del razonamiento práctico?

En este Capítulo así como en el próximo, que versa sobre el razonamiento jurídico justificativo, mi propósito es exponer la contribución de Nino a la reflexión acerca de la estructura del razonamiento práctico. Concretamente, en el presente me ocuparé de sus aportaciones en relación con el papel que las normas jurídicas cumplen en el razonamiento jurídico justificativo y, en última instancia, en el razonamiento práctico.

Mencionar en la misma frase *discurso práctico general* —discurso moral[5]— *y discurso jurídico justificativo* en la forma en que lo he hecho es algo que sucederá de forma recurrente e inevitable a lo largo de este capítulo dada la tesis de fondo que, sobre esta cuestión, suscribe Nino y a

---

análisis profundo de los distintos elementos del razonamiento deliberativo del agente, entre los que se cuentan los valores o razones morales caracterizadas —según acabo de definirlas— como metapreferencias (es decir, por dominar preferencias de signo contrario en la hipótesis contrafáctica de que tal preferencia contraria se diera), cfr. Bayón Mohíno, J. C., *La normatividad del Derecho: deber jurídico y razones para la acción*, cit., págs. 58-240. Sobre los rasgos característicos de los principios morales, el vaciamiento del concepto de moral y el relativismo conceptual puede verse, Nino, C. S., *Ética y derechos humanos*, cit., 1989, págs. 86-87 y 108-128. Sobre algunos de estos temas volveré más adelante en este trabajo.

[3] Puede verse, entre otros, Nino, C. S., *Derecho, moral y política*, cit., pág. 82-83.

[4] Cfr. Nino, C. S., *La validez del Derecho*, cit., pág. 125.

[5] Aunque sobre esta cuestión volveré en el punto 1 del capítulo V de este trabajo, quisiera dejar aquí apuntado que en lo relevante para mi línea argumentativa el sentido de discurso moral que Nino maneja es semejante al concepto de «discurso práctico general» de la terminología de Alexy y, después, de Habermas. El discurso práctico general puede definirse como discurso ético en el cual se incluyen consideraciones morales y político-pragmáticas; aunque —seguramente a diferencia de Habermas— Nino no introduce cuestiones relativas a la negociación en torno a la satisfacción de intereses. En Oquendo, A. R., «Deliberative Democracy in Habermas and Nino», *Oxford Journal of Legal Studies*, Vol. 22, Nº 2 (2002), págs. 189-226, puede verse un análisis comparativo de Habermas y Nino sobre este punto.

la que yo me adhiero. A saber, la tesis de la efectiva unidad del razonamiento práctico. En efecto, como se verá, han de ser muchas las referencias que hagamos al discurso práctico general, concretamente al discurso moral, pues precisamente lo que Nino sostiene —lo adelanto ya— es que el sentido de «norma jurídica» que nos permite articularla plausiblemente dentro del razonamiento jurídico justificativo es un sentido vinculado a juicios valorativos o de deber —utilizando la terminología de Bayón[6]— y, especialmente, a juicios morales.

Antes de presentar el análisis de Nino, conviene introducir los términos del debate filosófico-jurídico acerca de la normatividad del Derecho, que constituye nuestro marco previo a tener presente. Como es sabido, la tradición positivista venía sosteniendo dos tesis centrales: la tesis de las fuentes sociales del Derecho (según la cual la determinación de la existencia y el contenido del Derecho es exclusivamente una cuestión de hechos sociales complejos para la que no es necesario acudir a ninguna clase de consideraciones morales[7]) y la tesis de la falibilidad moral del

[6] Cfr. Bayón Mohíno, J. C., *La normatividad del Derecho*, cit., págs. 306 y ss.

[7] Resulta necesario matizar aquí que como alternativa importante a esta tesis positivista fuerte en torno a las fuentes sociales del Derecho, que caracteriza al que se ha denominado «positivismo excluyente» (defendido entre otros por Raz), se articula la tesis más reciente defendida por el «positivismo inclusivo» (introducida ya por Carrió y también por el propio Hart en su *Postscriptum*, y desarrollada por Coleman y Moreso, entre otros) consistente en reivindicar que la regla de reconocimiento como regla social contempla como jurídicos no sólo los contenidos derivados de las fuentes formales del sistema, sino también otros contenidos que lo son por su valor moral. Lo que sucede es que tanto el positivismo inclusivo como el excluyente mantienen una postura común en relación con la no conexión entre los criterios formales de juridicidad y la moral. En mi opinión, la respuesta del positivismo inclusivo ante las objeciones que pudiera dirigirle quien sostenga la tesis de la unidad del razonamiento práctico no es en absoluto suficiente. Pues esta tesis implica ir más allá de reivindicar como jurídicos ciertos contenidos morales al modo del positivismo inclusivo. Supone reconsiderar la existencia misma de una conexión de los criterios de juridicidad (cualesquiera que éstos sean) con los criterios de la moral. Me parece que el prisma a cuyo través puede verse el superior nivel de abstracción en el que se articula este problema es el concepto de «deber jurídico». A diferencia del positivista inclusivo, a quien la tesis de la identificación como jurídicos de contenidos morales no compromete en sus propios términos con la tesis de la unidad del razonamiento práctico, esta última tesis implica que hablar de deberes jurídicos genuinos —es decir, de deberes que sean tales en el razonamiento práctico— es hablar de algún modo (directa o indirectamente) de deberes morales. Por decirlo en las palabras de Kant, «todos los deberes, simplemente porque son deberes, pertenecen a la Ética; pero su legislación no está contenida para todos en la Ética, sino fuera de la misma para muchos de ellos». Kant, I., *Fundamentación de la Metafísica de las costumbres* [1785], trad. esp. de L. Martínez de Velasco, ed. Austral, 10ªed., 1994. Sobre los deberes jurídicos y la validez jurídica como concepto puente entre lo fáctico y la moral, escribí en Roca, V., «¿De qué hablamos cuando hablamos de deberes jurídicos? *Doxa*, nº 25, (2002), págs. 471-501.

Derecho (es decir, la idea de que cuando una norma forma parte del Derecho ello no implica que tenga que haber razones morales para actuar de acuerdo con ella). A partir de estas dos tesis, y como tuve ocasión de apuntar en las páginas introductorias del Capítulo II de este trabajo, el positivismo deslinda el Derecho que es del Derecho que debe ser. El problema surge cuando, a partir de eso, se afirma que el Derecho que «es» debe (jurídica, no moralmente) ser aplicado. Si los enunciados a través de los que se identifica lo que el Derecho dispone son puramente descriptivos, entonces tenemos que preguntarnos cómo es posible construir con ellos un razonamiento práctico justificativo, cómo es posible llegar a una conclusión que entrañe una determinada actitud práctica, si ésta no aparece en alguna de las premisas del razonamiento. Si, por el contrario, consideramos que los enunciados acerca de lo que el Derecho dispone son enunciados prácticos y no meramente descriptivos y, por lo tanto, nos permiten articular un razonamiento práctico, entonces es preciso aclarar cómo puede extraerse ese tipo de premisas, que entrañan actitudes prácticas, a partir de hechos de índole social, esto es, una categoría que pertenece al mundo del ser[8].

En *El concepto de Derecho* de Hart aparecen ya algunos elementos que permiten avanzar una solución a este problema. Como es bien conocido desde este autor, entender los enunciados prácticos como reductibles a enunciados descriptivos de ciertos tipos de hechos (tales como la emisión de un mandato por parte de alguien, la probabilidad de sufrir una sanción si se realiza una acción diferente a la prescrita en el mandato, la predicción de que los tribunales dictarán una determinada decisión, o la experiencia de ciertas sensaciones psicológicas de constricción) supone ignorar el carácter típicamente justificativo o práctico que tienen tales enunciados cuando son utilizados o formulados por los participantes en la institución jurídica[9]. Hart señaló que hay una clase de enunciados jurídicos que no pueden ser adecuadamente explicados como enunciados descriptivos de alguna clase de hechos, sino que expresan juicios prácticos o genuinamente normativos con los que se manifiesta la aceptación de una norma y se hace uso de ella como criterio de evaluación de conductas. Son los «enunciados internos», es decir, aquellos formulados por quienes adoptan *un punto de vista práctico* en relación con el Derecho. Frente a ellos, los «enunciados externos» tienen una naturaleza puramente descriptiva y son los formulados por los observadores, que no adoptan un punto de vis-

[8] Cfr. Bayón, J. C., *La normatividad del Derecho*, cit., pág. 19.

[9] Cfr. Bayón, J. C., *La normatividad del Derecho*, cit., pág. 20, donde se da cuenta de lo que Raz denominó «reduccionismo semántico», cfr. Raz, J., «The Purity of the Pure Theory», en *Révue Internationale de Philosophie*, nº 35, (1981), págs. 441-459.

ta práctico interno, sino que se limitan a constatar desde fuera de la práctica en cuestión una serie de regularidades de conducta de los participantes en ella.

No entraré aquí a dar cuenta de todo el desarrollo conceptual hartiano, ni de las observaciones críticas suscitadas por su reconstrucción del fenómeno jurídico. Sí recogeré de entre estas últimas aquellas que permitieron completar el esquema de Hart y fueron, por lo demás, incorporadas en sus trabajos posteriores[10]. Ellas nos permitirán individualizar el tipo de enunciado relevante a propósito del análisis de Nino del que en este capítulo me ocupo.

Sistematizando las categorías trazadas por Hart con las reflexiones de sus críticos (Raz, MacCormick, entre otros), podemos diferenciar los siguientes puntos de vista en relación con el fenómeno jurídico: (1) el punto de vista externo extremo que se limita a registrar regularidades de conducta; (2) el punto de vista extremo moderado, que es el propio de quienes no se limitan a registrar regularidades de conducta y reacciones críticas, sino que entienden que los agentes cuyo comportamiento se observa aceptan ciertas reglas como criterios de evaluación y realizan aquellas conductas en tanto que requeridas por dichas reglas o manifiestan aquellas reacciones críticas en tanto que justificadas por ellas (sin necesidad de que el propio observador las acepte a su vez); (3) el punto de vista de quien formula los denominados por Raz «enunciados imparciales» o «no comprometidos»: enunciados que hacen uso del lenguaje normativo y son emitidos por el hablante adoptando el punto de vista de quien verdaderamente acepta la regla, sin que el primero, por su parte, la acepte necesariamente. Así —y creo que esto es lo que los distinguiría conceptualmente de los enunciados correspondientes al «punto de vista externo moderado»[11]—, los enunciados imparciales o no comprometidos no son meramente enunciados acerca de hechos complejos tales como que otros individuos aceptan reglas y actúan guiados por ellas, sino enunciados formulados desde el punto de vista de aquellos que aceptan las reglas, en el que el hablante se sitúa sólo hipotéticamente, esto es, sin comprometerse con él o hacerlo suyo. Estos enunciados imparciales o no comprometidos serían formalmente normativos, pero cumplirían una fun-

[10] Cfr. Hart, H. L. A, *Essays on Bentham. Studies in Jurisprudence and Political Theory*, Clarendon Press, Oxford, 1982; *Essays in Jurisprudence and Philosophy*, Clarendon Press, Oxford, 1983; *Postscriptum*, Oxford University Press, 1994.

[11] Resulta, sin embargo, difícil pensar en actividades teóricas en relación con el fenómeno jurídico en las que los enunciados formulados desde el punto de vista externo moderado y el «punto de no comprometido o imparcial» puedan ser presentados como enunciados que cumplen funciones diferentes.

ción «descriptiva-informativa». La tesis que Nino, con otros autores, defiende es que todos estos enunciados (tanto los externos como los imparciales o no comprometidos) son parasitarios o conceptualmente dependientes de (4) los enunciados comprometidos. Ésta es conocida como la tesis de la *primacía lógica del punto de vista interno*. Tesis que, por otra parte, Nino defiende en relación con la praxis humana en su conjunto: si no hay sujetos que adopten el punto de vista interno hacia el *item* práctico en cuestión, no hay fenómeno que pueda ser observado desde la perspectiva externa[12]. En el siguiente punto de este Capítulo me ocuparé de este problema.

Cuando nos preguntamos si las normas jurídicas constituyen o no razones autónomas para la justificación de acciones y decisiones, debemos centrar nuestra atención en este último tipo de enunciados: los enunciados jurídicos comprometidos. Así, las premisas que, como genuinos juicios prácticos, integran razonamientos justificativos están constituidas por las proposiciones que un individuo expresa a través de enunciados comprometidos y, de esta forma, el razonamiento con el que un juez justifica una decisión no puede llevarse a cabo en términos de enunciados imparciales o no comprometidos (ya que éstos no implican la aceptación de razones para actuar), sino en términos de enunciados comprometidos[13].

---

[12] Cfr. Nino, C. S., *Derecho, moral y política*, cit., pág. 47.

[13] En opinión de Nino, no son sólo y necesariamente los jueces quienes han de asumir el punto de vista interno, sino también, si quieren que su tarea resulte de especial utilidad para la solución de problemas prácticos, los propios juristas teóricos (la dogmática tradicional jurídica). Por supuesto, uno podría pensar que, en la medida en que en nuestro sistema jurídico las decisiones judiciales son tarea de los jueces, es posible reconstruir el discurso de la denominada «ciencia del Derecho» como un discurso construido desde un punto de vista imparcial o no comprometido. Aunque no es claro en este sentido, creo, sin embargo, que Nino está pensando en un modelo de actividad teórica en relación con el Derecho en el que los juristas asuman un compromiso moral genuino al desarrollar tareas propiamente normativas o valorativas. En el modelo de actividad teórica en relación con el Derecho —de «ciencia del Derecho»— defendido por Nino, los juristas teóricos, si quieren llevar a cabo una tarea útil para los juristas prácticos, no han de limitarse a emitir enunciados puramente descriptivos, sino que deben llevar a cabo una actividad valorativa acerca del sistema en cuestión: de un lado, y en una primera fase, han de valorar la justicia del conjunto de sus instituciones y establecer medidas *de lege ferenda* acerca de la mejor articulación posible de éstas, y de otro lado, en la dirección *sententia ferenda,* han de interpretar los enunciados del sistema y solucionar, entre otros, los problemas de lagunas y antinomias que se presenten. Por lo demás, esta tarea normativa es, en opinión de Nino, la tarea que ha venido desempeñando desde siempre la denominada «ciencia» del Derecho o dogmática jurídica, sólo que lo ha hecho presentando sus soluciones no como propuestas normativas a partir de consideraciones valorativas, sino como soluciones halladas —a partir del recurso a las denominadas «naturalezas jurídicas»— en el propio ordenamiento jurídico. Cfr. Nino, C. S., *Consideraciones sobre la dogmática jurídica*, México, 1974 y *Algunos modelos metodológicos de ciencia jurídica*, Valencia, Vene-

Identificado, pues, este tipo de enunciados como el relevante en relación con el problema central aquí tratado, en los siguientes apartados será preciso tratar de aclarar su naturaleza, intentando dilucidar si la aceptación que caracteriza a este tipo de enunciados implica necesariamente, en contra de lo afirmado por Hart, la adhesión a principios morales. Esto es, se trata de dar respuesta a la pregunta acerca de si los enunciados jurídicos comprometidos expresan o no juicios morales, de si, en definitiva, el discurso jurídico práctico está inmerso en el discurso moral general.

El análisis de Nino acerca del papel que cumplen las normas en el razonamiento práctico arranca de la crítica a algunos puntos de la tesis propuesta por Raz. Éste reconstruye, como se sabe, las normas jurídicas en términos de razones excluyentes para la acción. Esto es, como razones que pretenden excluir que el destinatario tome en cuenta otras razones para la acción cuando delibera acerca de qué curso de acción debe emprender. En palabras de Raz, una razón excluyente es una razón para abstenerse de actuar por otras razones[14]. A diferencia de Raz, Nino muestra especial interés por determinar qué tipo de autoridad puede esgrimir una pretensión normativa justificada. Así, como veremos, en el análisis de nuestro autor sólo las normas jurídicas procedentes de una autoridad democrática pueden pretender aparecer de forma legítima como razones justificativas. Su postura en relación con el problema que aquí discutiremos puede articularse en tres tesis parcialmente relacionadas sobre las normas jurídicas: (a) las normas jurídicas de origen democrático como razones epistémicas; (b) las normas jurídicas como razones justificativas autónomas (o la dimensión valorativa de las normas jurídicas[15]), carácter que, como podremos ver,

---

zuela, Universidad de Carabobo, 1979 [reimp. en México, Fontamara, 1993]. En cuanto a la utilidad práctica de un tal modelo normativo de actividad teórica, escribe Nino: «Puesto que los órganos de decisión jurídica deben, inevitablemente, asumir posiciones valorativas para justificar la aplicación de cierta norma jurídica a un determinado caso y la asignación a esa norma de una determinada interpretación entre varias posibles, es irrazonable pretender que los juristas académicos renuncien a asistirlos en su tarea. Los teóricos del Derecho se encuentran, en varios sentidos, en mejores condiciones que los jueces para explorar problemas de fundamentación axiológica de soluciones jurídicas. Mientras una sentencia judicial no puede explayarse en especulaciones filosóficas acerca de las posibles justificaciones de los principios morales y políticos que —a través o no de una norma jurídica— determinan la decisión del caso, los juristas académicos no están urgidos por la necesidad de resolver el caso presente y pueden detenerse a analizar diferentes justificaciones de los principios relevantes, explorando sus consecuencias en distintas situaciones reales o hipotéticas», Nino, C. S., *Introducción al análisis del Derecho*, cit., págs. 340-341.

[14] Cfr. Raz, J., *Razón práctica y normas*, cit., pág. 44.

[15] Cfr. Atienza, M. y Ruiz Manero, J., *Las piezas del Derecho*, ed. Ariel, Barcelona, 1996, especialmente, capítulos IV y V.

según Nino, tienen las normas jurídicas únicamente cuando su valor epistémico (en relación con la existencia de principios morales) es alto y existen fuertes razones para creer en la existencia de las razones morales que ellas reflejan; y (c) las normas jurídicas como razones auxiliares y directivas excluyentes. Cuando su valor epistémico es muy bajo, aun así, la norma jurídica, articulada junto con un principio moral que establece la exigencia de implementar y cuidar de instituciones en cuyo marco sea más posible que en ningún otro la toma de decisiones justas, puede constituirse en razón auxiliar y, junto con el mencionado principio moral, formar una razón completa.

Para reconstruir con mayor claridad la reflexión de Nino en torno a las normas jurídicas y su papel en el razonamiento práctico, será preciso comenzar abordando su análisis general del fenómeno de la praxis humana, en el que introduce conceptos y distinciones básicas para nuestro tema. Por lo demás, como ha quedado ya indicado en párrafos anteriores, en este capítulo se retomará la tesis central de la filosofía del Derecho de Nino: la tesis de la conexión justificativa entre Derecho y moral.

2. ALGUNAS CONSIDERACIONES SOBRE LA PRAXIS HUMANA

El papel de las normas jurídicas en el razonamiento práctico nos remite a un problema previo: ¿qué son las razones para la acción? A su vez, la caracterización del concepto de razón para la acción en Nino nos lleva a dar cuenta de toda una serie de cuestiones básicas de la teoría de la acción, tales como el propio concepto de acción, el papel que en la caracterización del concepto de acción juegan los deseos, las creencias y los movimientos corporales, el aspecto interno de la praxis humana y su prioridad conceptual sobre el aspecto externo o la «propagación de deseos» —esto es, cómo un deseo genera otro deseo que conduce a la acción, ya sea en la acción individual o en la interacción intersubjetiva—. El interés que en Nino despertó el análisis del discurso práctico y la noción de praxis humana puede detectarse ya desde sus primeros trabajos, pero será especialmente en *La validez del Derecho* (1985), *Introducción a la Filosofía de la acción humana* (1987), *El constructivismo ético* (1989) y en sus distintas ediciones de *Ética y derechos humanos*[16] donde hallaremos una formulación más precisa de toda esta temática.

[16] Nino, C. S., *Ética y derechos humanos*, Paidós, Buenos Aires, 1ª ed., 1984. La se-

Comenzaré dando cuenta, de forma muy sumaria, del concepto de acción que Nino considera más defendible a los efectos del discurso práctico. Dejaré de lado todas las complejidades involucradas en las cuestiones básicas de la teoría de la acción y de las que Nino se ocupa con bastante detalle en su *Introducción a la Filosofía de la acción humana*[17]. A continuación, después de examinar la noción de aspecto interno de la praxis humana tanto individual como colectiva, me detendré en la tesis de Nino sobre la prioridad conceptual del punto de vista interno sobre el externo y en su tesis acerca de la propagación de deseos en el discurso subjetivo y también, especialmente, en el discurso intersubjetivo, que es el pertinente a propósito del papel de las normas jurídicas en el razonamiento práctico.

2.1. Apuntes sobre la teoría de la acción de Nino

Nino considera que, como también sucede con otros conceptos, a la hora de caracterizar el concepto de acción se produce una interacción o equilibrio reflexivo entre la teoría acerca del concepto, las exigencias de los contextos en los que el concepto en cuestión es empleado y los intereses de la investigación que se está llevando a cabo. El concepto de acción aparece empleado en contextos descriptivos o explicativos, pero también tiene gran importancia en muchas áreas de la filosofía que intentan hacerse cargo del discurso moral o del discurso jurídico. En ambos discursos se producen atribuciones de responsabilidad y se manejan conceptos normativos. Aquí, además, no será pertinente sin más cualquier cosa que resulte abarcada por el uso común de la palabra acción. Es decir, no bastará con un simple análisis lexicográfico, sino que se presupone que el concepto de acción encierra propiedades que son valorativamente relevantes para la punibilidad, la condena moral, etcétera, o bien que debe reconstruirse el concepto en cuestión de modo que designe precisamente tales propiedades que se asumen *a priori* como relevantes[18]. Es este último tipo de investigación —el uso del concepto de acción en el ámbito específica-

gunda edición de esta obra [ed. Ariel, Barcelona, 1989], contiene nuevas aportaciones y cambios importantes respecto a aspectos centrales de la teoría metaética de Nino, así como de su concepción de la democracia. La edición inglesa de esta obra es *The Ethics of Human Rights*, Clarendon PaperBacks, Oxford, 1991. Salvo indicación en contrario citaré a partir de la segunda edición, ed. Ariel, Barcelona, 1989.

[17] Cfr. Nino, C. S., *Introducción a la filosofía de la acción humana*, cit.

[18] Cfr. Nino, C. S., *Introducción a la filosofía de la acción humana*, cit., pág. 16. En su prólogo al trabajo de Nino *El concurso en el Derecho penal*, Carrió objeta la metodología escogida por éste para dilucidar el concepto de acción en relación con el concurso de acciones en Derecho penal, una metodología basada en la indagación del concepto de acción manejado en el uso

mente valorativo— el que resulta de interés para trazar un mapa iluminador del universo del razonamiento práctico.

Nino trata de ver si es posible analizar el concepto de acción, como concepto complejo, en términos de fenómenos más simples o primitivos. Siguiendo a Davidson, sostiene la tesis de la identidad de acciones y movimientos corporales. A su juicio, las objeciones dirigidas a esta tesis no serían suficientemente fuertes como para derrotarla[19]. «La idea sería, entonces, que cuando hablamos de acciones físicas comisivas nos referimos siempre a movimientos corporales, aunque a veces los identificamos no por sus características morfológicas, sino por sus efectos, las circunstancias del contexto en que se desarrollan, las reglas que satisfacen, los motivos e intención con que se llevan a cabo, etc. [...]Aunque se puede saber muchas cosas de una acción sin conocer los movimientos subyacentes, percibir una acción es percibir tales movimientos corporales, lo que implica también que la localización espacial y temporal de la acción está dada por el espacio ocupado por los movimientos corporales del individuo y por el tiempo que ellos insumen»[20]. El siguiente paso en la caracterización del

---

ordinario. El punto central de la objeción se articula en torno a dos puntos: (1) la expresión «acción» es rara vez usada en el lenguaje ordinario; (2) para inventariar acciones, más que en el (supuesto) uso ordinario, deberíamos basarnos en la justificación del castigo como práctica social y en los principios complementarios que precisan y condicionan la imposición de castigos en casos particulares. En su epílogo al citado trabajo, Nino contesta a las observaciones críticas de Carrió señalando que si bien el uso de un esquema conceptual extraído del lenguaje ordinario allana el terreno para encontrar soluciones aceptables, de ninguna forma consideraba que tales soluciones estuvieran determinadas por el aparato conceptual utilizado. Aclara que está completamente de acuerdo con Carrió en que las soluciones que se den a las situaciones de concurso en el Derecho Penal dependen de los principios sobre el alcance de la punición que se acepten y de las reglas que de ellos se infieran. Pero en defensa de su metodología sostiene que aunque la palabra «acción» se utilice poco en el lenguaje ordinario, el hecho de que tal uso casi siempre se dé en enunciados valorativos (esto es, acompañado de calificativos como buena, mala, egoísta, desinteresada) acentúa el interés de tal análisis en cuanto que en contextos jurídicos también se usa la palabra acción casi exclusivamente en sentidos laudatorios o reprobatorios. Por otra parte, y también en relación con el lenguaje común, habría toda una serie de palabras utilizadas en el lenguaje corriente —en contextos diferentes del reproche o elogio—, tales como «hacer», «conducta», «proceder», «comportamiento», «acto», «actitud», así como los verbos de acción específicos (cuyo recurso a ellos en el lenguaje ordinario para caracterizar y aislar el comportamiento humano es reconocido por Carrió), que son —si bien algunos sólo parcialmente— sinónimos de «acción» y que, en muchos contextos, podrían ser sustituidos de forma aceptable por esta palabra. Cfr. Nino, C. S., *El concurso en el Derecho Penal*, ed. Astrea, Buenos Aires, 1972, págs. 9-15 y 131-140.

[19] Frente a esta tesis cfr., por ejemplo, Hornsby, J., *Actions*, Routledge & Kegan Paul, London, 1980. Hornsby se niega a identificar las acciones físicas con los movimientos corporales en favor de una identificación de las primeras con los eventos mentales que las causan.

[20] Nino, C. S., *Introducción a la filosofía de la acción humana*, cit., pág. 26.

concepto de acción sería dilucidar cómo se distinguen ciertos movimientos corporales generalmente considerados *involuntarios* de aquellos que constituyen acciones. El sentido de voluntariedad aquí relevante, dice Nino, es el que nos permite «distinguir las acciones o movimientos que resultan de ellas —aun las que no son intencionales como tropezar, pisar el pie a otro, cometer un *lapsus linguae,* etc.— de movimientos que no sólo no son intencionales, sino que ni siquiera son acciones (o no resultan de acciones) como es el caso de un movimiento reflejo»[21]. Por otra parte, para este sentido de «voluntario» que aquí manejamos, no existe una dependencia entre la calificación de voluntaria de una acción y la descripción de la acción que se tome en cuenta[22].

La corriente volicionista —la «doctrina oficial» tradicionalmente atribuida a Descartes, que sostiene que una acción es voluntaria cuando los movimientos corporales que la constituyen están causados por un fenómeno mental: un «acto de voluntad», «volición», etc.— fue duramente criticada por Wittgenstein, Anscombe[23] y, especialmente, Ryle[24]. Nino considera sin embargo que tales críticas habían fracasado a la hora de defender una tesis alternativa más plausible para dar cuenta de la distinción entre acciones voluntarias y movimientos involuntarios prescindiendo de voliciones, deseos, etcétera, y ello le llevó a suscribir la revisión que del propio volicionismo hizo Davidson en su trabajo clásico *Actions, reasons and causes*[25]. Este autor defiende que las razones que justifican una acción desde el punto de vista del agente, y que están compuestas por el par pro-actitud más creencia relacionada, son además causas de las acciones que racionalizan. Dentro de la corriente volicionista es Goldman quien, según Nino, propone el esquema más elaborado[26]. Goldman sostiene que

[21] Nino, C. S., *Introducción a la filosofía de la acción humana*, cit., pág. 36.

[22] Nino distingue entre la voluntariedad y el carácter intencional de una acción en el siguiente sentido: a diferencia de la primera que es condición necesaria de toda acción y, por lo tanto, independiente de la descripción de los movimientos corporales en cuestión, el carácter intencional depende de la descripción de la acción que se tome en consideración. La voluntariedad está relacionada con la idea de movimientos corporales que bajo alguna descripción son intencionales. Cfr. Nino, C. S., *Introducción a la filosofía de la acción humana*, cit., pág. 69.

[23] Anscombe, G.E.M., *Intention*, Blackwell, Oxford, 1957.

[24] Ryle, *El concepto de lo mental* [1949], trad. esp. de E. Rabossi, ed. Paidos, Buenos Aires, 1967, págs. 19 y ss.

[25] Davidson, D., «Actions, reasons and causes», en White, A. R. (comp.), *The Philosophy of Action*, Oxford, 1968. Cfr. Nino, C. S., *Introducción a la filosofía de la acción humana*, cit., págs. 41-43; *El constructivismo ético*, cit., págs. 22-23.

[26] Goldman, A. I., *A theory of human action*, New Jersey: Prentice-Hall, Englewood Cliffs, 1970.

los eventos mentales que causan acciones son los deseos, creencias, razones, etc. y subraya en concreto que la idea de que un agente ha ejecutado un acto se esclarece sobre la base de la causación a través de deseos y creencias. Aunque el análisis de Goldman coincide aquí con el de Davidson[27], el primero va aún más lejos al sostener que esa conexión causal que se da entre *items* mentales y acciones ni siquiera se ve excluida por el hecho de que el concepto mismo de deseo incluya la propiedad de tender a generar actos, dado un cierto sistema de creencias y de deseos. Sin embargo, de lo dicho no se infiere, como verdad lógica, que un deseo particular causará un acto particular: ésta es una cuestión empírica que habrá de ser establecida caso por caso[28].

Un aspecto del concepto de acción de especial relevancia para el análisis de la noción de «razones para la acción» es el de la intencionalidad. La elucidación del concepto de intención lleva a Nino a ocuparse de su conexión con otros factores psicológicos, como las creencias y los deseos del agente, sus motivos o las causas mentales que llevan al agente a actuar. Aquí sigue también a Davidson, quien sostiene que una acción realizada con una determinada intención envuelve ciertos deseos y creencias que racionalizan esa acción bajo una cierta descripción ulterior. Siguien-

[27] La similitud del análisis de Goldman y Davidson se detiene, sin embargo, en este punto relacionado con la comprensión del fenómeno de las acciones en términos de voliciones y creencias, puesto que, en un paso posterior en el análisis de la acción —el relativo a su individualización—, estos autores se enfrentaron en la polémica que, en palabras de Nino, podemos denominar «polémica entre unificadores y multiplicadores». Cfr. Nino, C. S., *Introducción a la filosofía de la acción*, cit., pág. 44. Para un análisis de esta polémica y un intento por conciliar las posiciones enfrentadas, Cfr. González Lagier, D., *Las paradojas de la acción*, Alicante, ed. Publicaciones Universidad Alicante, 2001, págs. 41-58.

[28] En principio, según la concepción de la causalidad de Hume, hablar de una relación conceptual entre dos *items* excluye la posibilidad de una conexión causal entre ellos. La peculiaridad de la relación entre deseos y acciones según Goldman viene dada porque se da una conexión causal *a pesar de* la conexión también conceptual existente entre ambos. Esto puede verse con más claridad, si entendemos que la relación es conceptual en la abstracción y causal en lo concreto. Por lo demás, en el ámbito del conocimiento científico encontramos ejemplos de relaciones que pueden aparecer como conceptuales o causales según el contexto de que hablemos. Tal es, por ejemplo, el caso del cobre, entre cuyos rasgos característicos no se citaba ninguna de las propiedades eléctricas de esa sustancia: después de descubierta la electricidad, la relación entre el cobre y la buena conducción de electricidad se veía como relación causal, y así, posteriormente, entre las propiedades del cobre se pasó a incluir la de ser un buen conductor. Cfr. Nagel, E., *La estructura de la ciencia* [1961], ed. Paidós, Buenos Aires, 1981, pág. 62. Podemos pensar, pues, en una relación causal o en una relación conceptual como independientes. Sobre estas cuestiones, Cfr. González Lagier, D., *Acción y Norma en G. H. von Wright*, Centro de Estudios Constitucionales, Madrid, 1995, págs. 123-125. Sobre la concepción de la causalidad en Hume, *ibid.*, págs. 150 y ss.

do este análisis, escribe Nino que los deseos y creencias del agente proveen las premisas de un razonamiento práctico que concluye en la acción o en una descripción de la acción (lo que no quiere decir que el agente tenga que haber desarrollado efectivamente el razonamiento en cuestión, sino que podría haberlo hecho si hubiera sido plenamente consciente de sus deseos y creencias, si hubiera tenido tiempo, etcétera[29]).

Si bien el tipo de premisa en que consiste el contenido de una creencia puede no resultar controvertido, no es éste el caso del tipo de premisa en que consiste el contenido de un deseo (por oposición a un enunciado que describe el hecho de tener el deseo). Nino, siguiendo a Davidson, afirma que la expresión natural de un deseo es un enunciado valorativo del tipo «es deseable tal y cual cosa». Es decir, desde el punto de vista interno del sujeto que desea, el contenido proposicional del deseo es un juicio del tipo mencionado. Asentir sinceramente a un enunciado valorativo de este tipo implica tener una pro-actitud hacia la cosa en cuestión, y si ella es una acción y no hay otras actitudes que la contrarresten (entre ellas, la debilidad de voluntad), entonces el sujeto hará la acción. En el esquema de Davidson —y esto sucede también en el de Goldman— el agente realiza la acción del tipo A a causa de su creencia y de su pro-actitud, y además éstos *items* causan la acción en una forma apropiada.

Por lo que se refiere a la diferencia entre desear y tener la intención de realizar la acción, Davidson sostiene que frente al carácter *prima facie* de los juicios valorativos que expresan deseos (debido a que la acción puede tener otras propiedades que la hacen indeseable), los que expresan la intención tienen un carácter concluyente y no *prima facie*[30].

---

[29] Sobre esto Cfr. también Richards, D. A. J., *A Theory of Reasons for Action*, Clarendon Press, Oxford, 1971, pág. 58 y Hampshire, S., *Thought and Action*, Chatto & Windus, London, 1959, y ed. Americana Notre Dame, Ind. University Press, 1983, págs. 149-150. Como señala Bayón, al dar cuenta de la noción de motivo o razón en los términos aquí indicados, los autores citados no pretenden en absoluto afirmar que como hecho psicológico el agente haya seguido efectivamente un razonamiento semejante. Lo que se quiere decir más bien es que su motivación para actuar puede ser reconstruida idealmente del modo indicado; es decir, que el agente aceptaría esa reconstrucción como una racionalización correcta de su actuar intencional, por más que éste no haya venido precedido en sentido estricto por una actividad mental real con ese contenido. Bayón Mohíno, J. C., *La normatividad del Derecho*, cit., nota 9 en «Introducción».

[30] Davidson, D., *Actions and Events*, Clarendon Press, Oxford, 1980, págs. 51 y 83.

2.2. Aspecto interno y externo de la praxis humana

2.2.1. En la praxis humana individual

De forma muy sencilla podemos decir que hablar del aspecto interno de la praxis humana individual implica dar cuenta de cómo se representa el propio sujeto los *items* que intervienen en tal praxis desplegada por él. Hablar del aspecto externo implica, en cambio, dar cuenta de lo que se presenta ante un observador. El primero aceptará proposiciones valorativas y fácticas que, desde el punto de vista de un observador (incluyendo al propio sujeto que reflexiona sobre su conducta pasada para valorarla), se presentarán como una serie de hechos: el hecho de desear tal o cual cosa, el hecho de creer, etcétera.

Retomaré aquí, a propósito de la noción de praxis humana individual, el hilo de la exposición del apartado anterior. Veamos el concepto de motivo.

Para dar cuenta de esta noción, Nino recurre a los análisis de D'Arcy[31] y Grice[32]. Siguiendo al primero, Nino sostiene la identidad de denotación entre el significado central de «motivo» y el de «intención». En la mayoría de los contextos en que se utiliza la expresión «con el motivo de...» puede usarse también la expresión «con la intención de...»: ambas se refieren al deseo de materializar una situación ulterior al estado de cosas que es tomado como relevante para identificar a la acción por la descripción que asumimos. En cambio, el adjetivo «intencional» yuxtapuesto a una descripción de acción marca el hecho de que el mismo estado de cosas mencionado en esa descripción —y no uno ulterior— es deseado como un medio o como un fin.

Según Nino, de aquí se infiere que los motivos y las intenciones resultan de una combinación entre deseos y creencias del agente. Por otro lado, siguiendo ahora a Grice, afirma que tener un motivo para una acción implica, en primer término, creer que un cierto fin va a ser obtenido a través de ella. Pero si bien ésta es una condición necesaria, no sería suficiente: es preciso, además, que se quiera obtener ese fin. Y esto es precisamente lo que nos ayuda a entender por qué los motivos del agente son importantes tanto para explicar como para valorar su acción: cuando indagamos cuáles fueron los motivos del agente para realizar esa acción colocamos a ésta en un contexto más amplio que el que resulta de la des-

[31] Cfr. D'Arcy, E., *Human Acts: An Essay in Their Moral Evaluation*, Clarendon Press, Oxford, 1963.

[32] Cfr. Grice, G. R., «Motive and Reason», en Raz, J. (comp.), *Practical Reasoning*, Clarendon Press, Oxford, 1978.

cripción usada para identificarla. Vemos así la acción como parte de un proyecto de mayor alcance que la mera intención de realizarla, fijándonos en el fin ulterior que con ella se perseguía. Los motivos para actuar, pues, están constituidos por el deseo de producir un estado de cosas ulterior al que es relevante para la descripción de la acción respectiva y una creencia de que la acción es un medio adecuado para obtener ese estado de cosas[33].

Pues bien, muchos filósofos sostienen que las razones para actuar también están constituidas por deseos y creencias[34]. Esta tesis presupone, a juicio de Nino, una identidad entre motivos y razones o, por lo menos, implica que toda razón debe ser también un motivo (aunque tal vez no sea cierta la relación inversa). Y el fundamento principal de esta afirmación es que una razón para actuar se nos presenta vacía si no es capaz de determinar acciones, y sólo las creencias y deseos, y en particular estos últimos, son antecedentes causales apropiados de las acciones.

Esta posición acerca de las razones, unida al subjetivismo en relación con los juicios morales, ha conducido a diversos autores a sostener la idea de que «sólo la gente que desea los fines de la moral tiene razones para ser moral». Sin embargo, como veremos más adelante, esta posición parte del error de confundir dos sentidos de la palabra «razón»[35]: el sentido de las razones explicativas, esto es, razones a las que se recurre para explicar o predecir un comportamiento sin valorarlo, y el sentido de las razones justificativas, esto es, razones a las que se acude para mostrar la corrección o legitimidad de una conducta. Como dice Nino, «mientras que la asociación

---

[33] Esta tesis que ha sido considerada por Don Locke como «la ortodoxia actual en filosofía de la acción» «Beliefs, Desires and Reasons for Action», en *American Philosophical Quarterly*, nº 19, (1982), pags. 241-249, pág. 242 es, sin embargo, cuestionada por Bayón apoyándose en von Wright. La definición de motivos en términos de creencias más deseos (deseos en sentido estricto) cuando nos referimos a la perspectiva *ex ante* no parece, dice Bayón, afortunada ya que esa combinación constituye más bien un determinado tipo de razones para actuar, y no una descripción adecuada de cualquier clase de motivo. Bayón Mohíno, J. C., *La normatividad del Derecho*, cit., págs. 45-57.

[34] Davidson sería uno de ellos. Véase en este sentido la objeción a su caracterización de las razones que justifican una acción del agente en términos de pares de creencias y pro-actitudes que causan tales acciones en Nino, C. S., *El constructivismo ético*, cit., págs. 22-23.

[35] En este sentido cita Nino a Grice, quien, denunciando la confusión en la que incurren quienes asocian razones para actuar y deseos, escribe: «Es erróneo suponer que una proposición puede ser una razón para actuar sólo para el hombre que quiere algo que se obtiene con su acción. Las razones para actuar son independientes de los deseos [...] cualquier inclinación a objetar esto es el producto de confundir la proposición de que [el agente] no tiene una razón con la proposición de que él no tiene un motivo. La formula "no hay razón sin deseo" es falsa. Pero la fórmula "no hay motivo sin deseo' es verdadera» Grice, G. R., «Motive and reason», cit., tomo la referencia de Nino, *Introducción a la Filosofía de la acción humana*, cit., pág. 83.

entre razones y deseos es acertada cuando se trata de razones explicativas [...], la asociación es errada cuando se trata de razones justificativas, o sea de razones que muestran a un comportamiento como legítimo o ilegítimo independientemente de lo que el agente creyó o deseó»[36].

Aunque del concepto de razón de Nino me ocuparé de forma más sistemática en un apartado posterior, quisiera trazar aquí algunas líneas adicionales de su caracterización de estos dos sentidos de razón manejados en el discurso práctico. Ello nos permitirá dibujar con más precisión las líneas de su análisis del punto de vista interno de la praxis humana individual.

Consideremos, pues, los dos mencionados sentidos de la noción de razones para actuar. Nino señala, adhiriéndose aquí a Raz, que pese a la distinción entre razones explicativas o motivos, por un lado, y razones justificativas, por otro, existe una conexión conceptual entre ambas: el concepto de razón explicativa presupone el concepto de razón justificativa. Una razón explicativa es una creencia en una razón justificativa (aquí estamos, además, hablando de razón justificativa en un sentido amplio que no sólo incluye razones morales, sino también prudenciales o de otros tipos).

Esta tesis ha sido cuestionada —y, en mi opinión, acertadamente— por Bayón. La afirmación de Raz y de Nino parece indicar que el agente siempre concibe los factores que le llevaron a hacer una determinada acción como una razón (justificativa) para hacerlo. Aquí hay que suponer una distinción entre la perspectiva *ex ante* (reconstrucción de la deliberación del agente previa a la acción) y la perspectiva *ex post* (explicación de la acción ya realizada). Tal tesis será correcta únicamente cuando tratamos de hacer una reconstrucción de la deliberación previa a la acción, esto es, la tesis es cierta para una caracterización de «tener un motivo» desde una perspectiva *ex ante*. Sin embargo, en el momento en que pasamos a dar cuenta de la acción ya realizada (perspectiva *ex post*) nos encontramos con que la caracterización de los motivos como «creencias en razones justificativas» ya no es correcta, puesto que «no parece haber nada de absurdo en la autocrítica de un agente que reconoce que no hay ninguna razón justificativa para actuar de la forma en que lo hizo, que simplemente cedió a determinada tentación, o que no pudo reprimir cierto deseo»[37]. Así pues, en la perspectiva *ex post*, si bien es cierto que podemos encontrarnos con sujetos que actuaron movidos por su creencia en una razón justificativa, también habrá casos en los que esa pretensión, analizadas *ex post facto* las razones explicativas para la acción, no se vea satisfecha.

[36] Nino, C. S., *Introducción a la Filosofía de la acción humana*, cit., pág. 83.
[37] Cfr. Bayón Mohíno, J. C., *La normatividad del Derecho*, cit., pág. 51.

Por otra parte, y esto será relevante para reconstruir el análisis de Nino acerca de los elementos implicados en la praxis humana individual a la luz de las observaciones de Bayón, podemos hablar de deseos en dos sentidos: (1) un sentido amplio de deseos en el que se abarcaría cualquier actitud favorable hacia un curso de acción determinado, y (2) un sentido restringido de desear en el que no es verdadero por definición que «deseamos» hacer todo lo que intencionalmente hacemos. Este último sentido nos permite contraponer, por ejemplo, hacer lo que uno desea y hacer lo que uno cree que debe hacer. Además, también se da una ambigüedad en relación con el concepto de creencia: (1) existen creencias de primer nivel (referidas a estados de cosas) que combinadas con deseos proporcionan un tipo de motivos para actuar, y (2) creencias de segundo nivel —como la creencia de que una determinada acción es moral o prudencialmente debida— que consistirían en la creencia en la existencia de una razón para actuar[38].

Pues bien, respecto de este segundo tipo de creencias —como sostiene Bayón[39] y como no era ajeno a Nino— carece de sentido decir que sólo proporcionan un motivo (en el sentido de razón) si se desea (en sentido estricto) actuar según ellas. La creencia en la existencia de una razón para actuar proporciona un motivo en sentido *ex ante* tanto si finalmente el sujeto actúa racionalmente como si no lo hace. Así, las creencias de este nivel no precisan ir acompañadas de ningún deseo correspondiente (deseo en sentido estricto) para constituir motivos (razones) para la acción. Claro está que para que el individuo realice la acción conforme a esta razón para actuar será preciso una pro-actitud en el sentido de una decisión —o deseo en sentido amplio— de actuar «haciendo lo que uno cree que debe hacer», de la misma forma que en el caso de la combinación de «creencias de primer nivel y deseos en sentido estricto»[40].

Hasta aquí he venido caracterizando el punto de vista interno, esto es, cómo se articulan los distintos tipos de creencias y deseos para que el individuo lleve a cabo una acción. Antes de cerrar este apartado es preciso

[38] Si interpreto bien a Nino, es precisamente a este segundo tipo de creencias a las que está refiriéndose cuando escribe que en un determinado nivel del razonamiento para la acción se produce una confusión (en el sentido de fusión) entre deseos y creencias: ésta se da cuando se trata de una creencia en la validez de un principio normativo. En ese caso, se podría sostener que la creencia envuelve necesariamente un deseo (en sentido amplio) de actuar de cierta forma, y que, en consecuencia, reprochar ese deseo implica reprochar al mismo tiempo una creencia. Cfr. Nino, C. S., *Introducción a la filosofía de la acción*, cit., pág. 85.

[39] Véase nota 33 de este Capítulo.

[40] Cfr. Bayón Mohíno, J.C., *La normatividad del Derecho*, cit., págs. 53-57.

dar cuenta de otro aspecto de la praxis humana que ya ha venido apareciendo en las distinciones presentadas: me refiero al aspecto externo. Una aclaración acerca de la relación entre razones explicativas y justificativas introducida por Nino me permitirá dar cuenta de cómo opera el aspecto externo de la praxis humana, esto es, la explicación de la acción por parte de un tercero o de uno mismo como observador. Desde este último punto de vista será la creencia, el hecho de creer en una determinada proposición y no la validez de la proposición creída lo que sirve para explicar la acción. Así, si bien en el razonamiento interno del sujeto lo que opera como razón es el contenido proposicional de la creencia, desde la perspectiva de un observador que explica ese razonamiento interno se hablará del hecho de creer. Lo mismo sucede con los deseos. Desde el punto de vista interno del agente, es su contenido proposicional lo que justifica su acción en conformidad con tal deseo, mientras que desde el punto de vista externo lo que permite explicarla es el deseo considerado como un hecho, el hecho de tener tal o cual deseo[41].

Recapitulemos: en la reconstrucción que lleva a cabo Nino siguiendo a Davidson, las acciones se identifican con movimientos (o falta de movimientos) corporales. Ahora bien, los movimientos corporales sólo son acciones cuando constituyen el resultado de ciertas capacidades (poder), deseos (como pro-actitud) y creencias[42]. Por otro lado, esos movimientos corporales pueden tener efectos causales que, si bien no integran la acción, sí pueden servir de base a descripciones de ella. Cuando nos aproximamos al fenómeno de la praxis humana individual podemos adoptar dos perspectivas: (1) una externa o explicativa, donde se manejan conceptos descriptivos, que se lleva a cabo *ex post* y en la que es relevante el concepto de razón explicativa o motivo, y (2) una interna o justificativa, en la que se manejan (aunque no sólo) conceptos normativos, donde nos colocamos en la posición del sujeto que delibera (es decir, *ex ante*) para llevar a cabo una acción o tratamos de valorarla (*ex post*), y en la que es relevante el concepto de razón justificativa (lo que nos interesa no son los deseos y creencias como hechos —el hecho de desear o creer tal o cual cosa—, sino el contenido proposicional al que se adhiere el sujeto). Aunque quizá pueda ser apresurado identificar el aspecto interno de la praxis humana con la argumentación a partir de razones morales (es decir, la argumentación a partir de la creencia en la existencia de razones que justifi-

[41] Cfr. Nino, C. S., *El constructivismo ético*, cit., pág. 23.

[42] Para un análisis de las relaciones de dependencia entre deseos, creencias y capacidades, véase Nino, C. S., *Introducción al análisis de la acción humana*, cit., págs. 39-40 y 105-106.

can un determinado curso de acción)[43], creo que es plausible entender, a los efectos del análisis del papel de las normas jurídicas en el razonamiento justificativo de acciones, que es esta articulación de la deliberación para la acción la que resulta aquí pertinente.

2.2.2. En la praxis humana colectiva

La praxis humana colectiva que aquí interesa analizar es aquella en la que la interacción entre los distintos seres humanos genera un *item* o elemento producto de esa interacción. Como dice Hart, las prácticas sociales pueden ser (1) convencionales o (2) concurrentes. En las primeras hay un consenso por convención (aunque no necesariamente sólo por convención), mientras que en las segundas hay un consenso por convicción. Es decir, en un caso, entre las razones para aceptar que nuestra conducta sea guiada conforme a ellas está el hecho de que existe una conformidad general en torno a ellas (la conformidad general de un grupo hacia unas reglas sociales es parte de las razones que los individuos miembros de ese grupo tienen para su aceptación). Mientras que en el otro, los individuos actúan o han actuado por las mismas razones, pero lo hacen independientemente del hecho de que los demás actúan por tales razones[44]. Nino se ocupa de analizar dos fenómenos prácticos: el jurídico y el moral. Pues bien, a raíz de su análisis podríamos decir —aplicando la distinción hartiana— que el fenómeno jurídico forma parte de las prácticas colectivas convencionales generadoras de deberes (aunque no de forma autónoma). La existencia de la práctica colectiva es un dato moralmente relevante, pero el deber, aunque dependiente de la existencia de tal práctica, es un deber genuinamente moral en el sentido de que su actualización como tal deber dependerá de la concurrencia de un principio moral de algún tipo. Es decir, entre las razones moralmente relevantes para la aceptación figurará el dato de la existencia de la convención, pero este elemento (que es una razón auxiliar) sólo cobrará fuerza justificativa plena cuando sea combinado con razones morales[45].

[43] Al fin esto implica seguramente alejarse en exceso de las deliberaciones de los seres humanos reales para asumir un concepto de los mismos como seres movidos siempre a actuar —desde el punto de vista interno— por aquellas razones que, en el momento de deliberar, considera moralmente plausibles.

[44] Cfr. Hart, H. L. A, *Postscriptum*, cit., pág. 33.

[45] Esta tesis de la conexión Derecho y moral se articula en Nino de una forma más fuerte que la aquí sugerida al estimar este autor, como veremos algo más adelante, que las normas jurídicas democráticas son razones epistémicas en relación con los principios morales

2.2.2.1. El fenómeno jurídico

De forma paralela a la distinción entre el punto de vista interno y externo que podemos introducir en relación con la acción humana individual, en el Derecho —y también, como veremos después, en la moral— encontramos la distinción entre el punto de vista del aceptante (interno) y el punto de vista del observador (externo). Aquí es preciso hacer una precisión. Cuando Nino habla del punto de vista interno o del punto de vista del aceptante o participante está caracterizando, como veremos, una perspectiva interna más fuerte que la hartiana en relación con los fenómenos colectivos normativos[46]. En Nino, punto de vista interno, aceptante de una norma[47] y participante moralmente comprometido son conceptos que nos permiten identificar extensionalmente al mismo tipo de sujetos.

Como ya ha quedado dicho, fue Hart quien en *El concepto de Derecho*[48] subrayó la importancia central de lo que denominó «aspecto interno» de las reglas. El *punto de vista externo* hartiano consiste, como vi-

---

a los que ellas se refieren. De esta forma, sólo cuando el valor epistémico de la norma democrática sea muy deficiente constituirá ésta meramente una razón auxiliar. La tesis fuerte es, pues, que en su vertiente de juicio de valor y en la medida en que su valor epistémico sea alto, las normas jurídicas democráticas constituyen razones operativas.

[46] Ya hemos subrayado que el par de conceptos participante/observador no corresponde exactamente con el par punto de vista interno/externo. Como escribe Ruiz Miguel siguiendo a MacCormick: «No todo participante (o agente, o aceptante) adopta necesariamente el punto de vista interno, si por tal entendemos, como lo presenta Hart, el de quien considera que la norma es, tanto para él como para los demás sujetos, una razón para actuar y juzgar las acciones, pues junto a ese tipo de participante pueden existir otros, como quienes obedecen las normas por mero hábito, por conveniencia o por indolencia pero "siguen la corriente' a los primeros comportándose como ellos, es decir, como si compartieran el punto de vista interno pero sin hacerlo en realidad. Por otro lado, no todo observador adopta sin más un mero punto de vista externo a la práctica en cuestión, sino que, expresándolo de forma más precisa, hay al menos dos tipos bien diferentes de observadores: uno, el observador que adopta un punto de vista externo extremo y sólo es capaz de ver conductas y regularidades externas[...]; y otro, el observador que se coloca en un punto de vista externo crítico, por el que, adoptando cognitivamente el punto de vista interno de los participantes de la práctica, puede además dar cuenta de las motivaciones que explican las conductas y regularidades que observa» Ruiz Miguel, A., «Derecho y punto de vista moral», *Anuario de Filosofía del Derecho*, XIV, (1997), págs. 573-574. En este mismo sentido, acerca de las confusiones provocadas por la caracterización hartiana de la noción de aceptación, cfr. Bayón Mohíno, J. C., *La normatividad del Derecho*, cit., págs. 470 y ss.

[47] Cfr. Bayón Mohíno, J. C., *La normatividad del Derecho*, cit., págs. 448-483.

[48] Escribe Nino en *El constructivismo ético* que Hart avanzó esta distinción en el campo del Derecho entre el punto de vista interno y externo, incluso antes de que este análisis se llevara a cabo en relación con la acción individual. Véase, Hart, *El concepto de Derecho*, cit.; Nino, C. S., *El constructivismo ético*, cit., pág. 27.

mos, en la descripción de la regla por el observador como un hecho o como una secuencia compleja de hechos, sin implicar ello su aceptación de la misma como guía de conducta a partir de la cual generar juicios críticos[49]. Ahora bien, además del aspecto externo que las reglas comparten con los hábitos sociales y que consiste en la conducta regular uniforme que un observador puede registrar, toda regla social tiene un *aspecto interno*. Y, desde Hart, sabemos que lo que caracteriza a las reglas sociales es, precisamente, tal aspecto interno: éste consiste en el uso de las reglas como *guías o standards para criticar o para justificar acciones*. La aceptación constitutiva del punto de vista interno es solamente aquella aceptación que está presupuesta en la formulación de juicios normativos dirigidos a enjuiciar comportamientos: «Lo que es necesario es que haya una actitud crítica reflexiva frente a ciertos modelos de comportamiento en tanto que pautas o criterios de conducta comunes, y que ella se despliegue en la forma de crítica (que incluye la autocrítica), exigencias de conformidad, y en reconocimientos de que tales críticas y exigencias están justificadas [...]»[50].

Hasta aquí la caracterización de Hart resulta clara. Sin embargo, esta claridad se desvanece cuando a lo anterior añade que esta aceptación puede ser de índole moral o deberse también a motivos no morales tales como el cálculo de autointerés, la preocupación altruista, una práctica irreflexiva o una actitud imitativa[51]. La consecuencia de esto, apostilla Nino, es que en el

[49] «El observador, sin aceptar él mismo las reglas afirma que el grupo las acepta y se refiere así desde afuera, a la manera en que ellos ven las reglas desde el punto de vista interno»; «el punto de vista externo puede reproducir muy aproximadamente la manera en que las reglas funcionan en la vida de ciertos miembros del grupo, a saber, aquellos que rechazan sus reglas y únicamente se interesan en ellas porque piensan que la violación desencadenará, probablemente consecuencias desagradables [...] las consideran únicamente desde el punto de vista externo, como signos de un posible castigo». Hart, H. L. A., *El concepto del Derecho*, cit., págs. 72 y 112. La pregunta que aquí podría serle dirigida a Hart es en qué se diferenciaría este punto de vista externo del «cálculo de interés a largo plazo» que, como veremos después, caracteriza sin embargo como correspondiente al punto de vista interno.

[50] Hart, H. L. A., *El concepto del Derecho*, cit., pág. 72.

[51] «No sólo gran cantidad de gente puede estar coercionada por normas jurídicas que no consideran moralmente obligatorias, sino que ni siquiera es cierto que aquellos que sí aceptan el sistema voluntariamente lo tienen que hacer porque se ven a sí mismos como moralmente obligados a hacerlo, aunque el sistema adquiere la mayor estabilidad cuando ello acaece. En realidad, su fidelidad al sistema puede estar basada en consideraciones muy diferentes: cálculos de interés a largo plazo; un interés desinteresado en otros; una actitud irreflexiva heredada o tradicional o el mero deseo de hacer lo que hacen los demás. No hay, por cierto, razón por la cual aquellos que aceptan la autoridad del sistema no podrían examinar su conciencia y decidir que, moralmente, ellos no deberían aceptarla, y, sin embargo, por una variedad de razones continúan haciéndolo. Estos lugares comunes pueden re-

análisis de Hart podría haber enunciados jurídicos internos, normativos o justificativos que no fueran al mismo tiempo enunciados de carácter moral. Nos encontramos aquí, pues, con que en la teoría hartiana es posible hablar de deberes jurídicos como un tipo de deber independiente del deber moral.

Muchos críticos de Hart han dirigido importantes objeciones a este aspecto de su teoría del Derecho[52]. Entre ellos se encuentra también el propio Nino. Veamos cuál es su opinión. La crítica más severa que emprende va dirigida contra la tesis hartiana de la posibilidad de aceptar una regla por motivos no morales[53]. A su juicio, que el punto de vista interno en la

sultar oscurecidos por el uso general del mismo vocabulario para expresar tanto las obligaciones jurídicas como las morales que los hombres reconocen. Aquellos que aceptan la autoridad de un sistema jurídico lo miran desde un punto de vista interno y expresan su percepción de sus exigencias en enunciados internos que están formulados en el lenguaje normativo que es común tanto al Derecho como a la moral: "Yo (tu) debo (debes) [...]. Sin embargo, ellos no están por eso comprometidos al juicio moral de que es moralmente correcto hacer lo que el Derecho prescribe. Sin duda alguna que si no se dice nada más, existe la presunción de que alguien que habla en estos términos de la obligación de él o de otro no cree que haya una razón moral o de otro tipo en contra de su cumplimiento. Esto, sin embargo, no muestra que nada puede ser reconocido como jurídicamente obligatorio si no es aceptado como moralmente obligatorio. La presunción que hemos mencionado descansa en el hecho de que frecuentemente carece de sentido reconocer o señalar una obligación jurídica si el hablante tiene razones concluyentes [porque, entonces, tendría prioridad tal razón moral concluyente]». Hart, H. L. A., *El concepto del Derecho*, cit., págs. 250-251.

[52] Véase en este sentido el interesante análisis de Bayón, J. C., *La normatividad del Derecho*, cit., especialmente págs. 448-496. Entre otras importantes objeciones, Bayón estima que en el análisis de Hart acerca de la aceptación de una regla sería preciso introducir una disociación relevante entre: (1) aceptar una regla, (2) comportarse frente a los demás del modo en que lo haría quien acepta una regla, y (3) obedecer una regla. En este último sentido también Nino escribe en su artículo «El concepto de Derecho de Hart» que aceptar una regla no puede equivaler simplemente a obedecerla puesto que en tal caso habría que concluir que uno acepta reglas que ni siquiera conoce. Cfr. Nino, C. S., «El concepto de Derecho en Hart», en *H. L. A. Hart y el concepto de Derecho*, *Revista de Ciencias Sociales*, Valparaíso, nº 28, (1986), págs. 33-54. Por lo que se refiere a la diferencia entre el aceptante y el que sin serlo se comporta frente a los demás como tal, Bayón señala que la diferencia entre ambos no radicaría en lo que hacen ni en las razones que alegan para justificar lo que hacen; sino en la distinta estructura de los razonamientos prácticos que realmente suscriben. Quien meramente se comporta como lo haría el aceptante (sin serlo necesariamente) no está incluyendo en su verdadera deliberación práctica ninguna razón más allá de las meramente prudenciales. La aceptación de la regla y las consideraciones prudenciales son, por tanto, diferentes clases de razones para actuar. Cfr. Bayón, J. C., *ibidem*, págs. 461-463. También Ruiz Manero cuestiona el concepto de aceptación en la teoría hartiana, Cfr. Ruiz Manero, J., *Jurisdicción y normas*, cit., págs. 173-179.

[53] Véase las referencias a la crítica que a este concreto aspecto de la obra de Hart dirigen tanto Nino como Finnis en el Capítulo II del presente trabajo. Cfr., en el mismo sentido, Bayón, J. C., *La normatividad del Derecho*, cit., págs. 82-483.

caracterización de Hart no incluya una aceptación de índole moral deja en la oscuridad la idea misma de «aceptar una regla», que es esencial para entender ese punto de vista. Hart cita distintos motivos no morales que podrían llevar a que un sujeto acepte una norma, pero resulta que, de ellos, algunos no son verdaderas razones puesto que no tienen un contenido proposicional valorativo, sino que sólo son hechos[54] (p. ej., la práctica irreflexiva) y otros no implican la aceptación constitutiva del punto de vista interno en relación con prácticas que afectan a terceros (es el caso de las consideraciones de autointerés)[55], o si la implican es porque, en última instancia, se apoyan en razones morales (el agente toma en cuenta las razones prudenciales de los demás y un principio —moral— según el cual debe hacer lo que conviene prudencialmente a los otros). Nino descarta así las dos primeras clases de motivos señaladas por Hart para aceptar una regla. La única que se mantendría en pie es la última: las razones morales. Y es que, en efecto, al imponer el Derecho exigencias de comportamiento a terceros y afectar a sus intereses, los juicios internos cuya formulación constituye la práctica jurídica deben ser necesariamente de índole moral (no entraremos ahora en el problema acerca de su validez). Sólo así el agente puede pretender justificar acciones involucradas en esa práctica[56].

2.2.2.2. El fenómeno moral

Los juicios morales y el discurso moral también son objeto de una duplicidad de puntos de vista. En el campo de la moral sustantiva, el enfoque interno y el enfoque externo vienen representados por la importante distinción entre moral crítica, ideal o válida (que corresponde al punto de vista interno) y la moral positiva, social o convencional (que corresponde al punto de vista externo)[57]. Según la caracterización hartiana de las

---

[54] Para que tenga sentido hablar de «razones», según el análisis de Nino, es preciso la adhesión a algún tipo de enunciado valorativo. Para un análisis más detallado de esta cuestión, véase el punto 3 de este Capítulo.

[55] De esta forma, «cuando estos juicios se refieren a conductas ajenas no pueden derivarse de razones prudenciales del que los formula más la descripción de la emisión de la regla que tales razones aconsejan aceptar. Un razonamiento del tipo: 1. "Me conviene aceptar la regla dictada por P'. 2. "P ha establecido que R (otra persona que no soy yo) haga X'. 3. "Ergo, R debe hacer X' es obviamente un razonamiento inválido». La afectación de intereses de otros no puede justificarse en meras consideraciones prudenciales en relación con nosotros mismos. Nino, C. S., «Las limitaciones de la teoría de Hart sobre las normas jurídicas», *Anuario de Filosofía jurídica y social*, nº 5, (1985), págs. 75-93.

[56] Nino, C. S., *El constructivismo ético*, cit., pág. 32.

[57] Esta distinción es, sin embargo, negada en el plano normativo por el relativismo y en el plano metaético por el convencionalismo o subjetivismo.

prácticas sociales, la moral convencional es una práctica social en la que se da un consenso por convicción (la moral social es fruto de la concurrencia de los juicios morales de los distintos individuos). Veamos la caracterización que Nino hace de una y otra[58].

La *moral positiva o moral social* es el conjunto de reglas y prácticas morales vigentes en una sociedad. El rasgo característico de los juicios de la moral positiva es su aceptabilidad social[59].

La *moral crítica o moral ideal* es el conjunto de principios morales válidos. El rasgo característico de los juicios de la moral crítica es su validez. La moral crítica no es susceptible de una perspectiva externa a ella. Por lo demás, las reglas de la moral positiva son el resultado del consenso por concurrencia entre los sujetos que pretenden formular juicios de una moral ideal.

Por lo que se refiere al *discurso moral*: en la caracterización de Nino, *la perspectiva externa* respecto del mismo este discurso permitiría explicar esa práctica como el producto causal de ciertos desarrollos históricos y, quizá, como un mecanismo funcional en relación con las necesidades de la adaptación evolutiva; cuando en cambio se toma en cuenta el *punto de vista interno,* entonces lo relevante ya no es lo anterior, sino el conjunto de reglas, procedimientos, valores y criterios de validación que constituyen esa práctica[60].

Nino considera que es importante dar cuenta de estas diferencias para no recaer en el error en el que incurren, por un lado, las posiciones relativistas que «sobre la base de la supuesta variación de los sistemas sociales vigentes en diferentes sociedades, pretende inferir que la validez de los juicios morales críticos que formulamos está supeditada a circunstancias personales, espaciales y temporales que no están recogidas en los mismos juicios»[61] y, por otro, las posiciones como el positivismo moral, según el cual «es la mayoría de la sociedad la que determina los estándares

---

[58] Cfr. *Ética y derechos humanos*, cit., págs. 92-96.

[59] «En cuanto identificamos descriptivamente la moral positiva como una práctica social, admitimos la posibilidad de un punto de vista externo y un punto de vista interno hacia ella. Desde la perspectiva externa se la percibe como una regularidad de conductas y actitudes que consisten en adherirse a ciertos juicios normativos que no se aceptan por razones de autoridad sino por su presunta validez intrínseca, y que permiten criticar desviaciones de la práctica colectiva. En cambio, desde la perspectiva interna, la moral que resulta positiva consiste en un conjunto de juicios y principios asumidos como válidos que no se refieren a la misma moral positiva, sino que se consideran parte de una moral crítica e ideal». Nino, C. S., *Derecho, Moral y Política*, cit., pág. 46.

[60] Cfr. Nino, C. S., *Derecho, moral y política*, cit., pág. 49.

[61] Nino, C. S., *Ética y derechos humanos*, cit., pág. 92.

de bondad y corrección moral»[62]. Ahora bien, la distinción conceptual entre moral positiva y moral crítica en el ámbito de los juicios morales sustantivos y entre punto de vista interno y externo en relación con el discurso moral no ha de hacernos olvidar relaciones importantes entre ellos. Según Nino, tales relaciones serían las siguientes:

1. La moral social o positiva es el producto de la formulación y aceptación de juicios con los que se pretende dar cuenta de principios de una moral ideal: «Sin la aspiración de actuar y juzgar de acuerdo con una moral ideal no habría moral positiva.[...] Una moral social se mantiene sólo en la medida en que hay cierta convergencia en los juicios morales críticos que la gente está dispuesta a formular»[63].
2. Pero también se da la relación inversa. Así, en el caso del discurso moral que contribuye a generar las pautas de conducta morales, nos damos cuenta de que existe una dependencia del punto de vista interno del discurso moral respecto del externo puesto que la práctica del discurso moral con sus criterios subyacentes (que no es moralmente justificable sin circularidad aunque su expansión sea causalmente explicable) es un producto histórico. Podemos distinguir entre la actual práctica del discurso moral —cuyo surgimiento histórico puede situarse en la Ilustración[64]— y otras que estarían basadas en la autoridad divina o en la tradición. Pero esta dependencia no implica que pueda considerarse como un argumento válido desde el punto de vista interno el que cierto juicio no se conforma con una práctica, ya que los criterios de validación de ese discurso establecen que ningún hecho, salvo la aceptabilidad de un principio opuesto en condiciones ideales, sirve para descalificar un juicio normativo[65].

Estas distinciones trazadas por Nino le permiten sentar —frente al escepticismo acerca de la posibilidad de validar juicios morales— que «los juicios morales no se formulan en el vacío, sino en el contexto de una práctica social a la que subyacen criterios procedimentales y sustantivos de validación, como la universalidad, generalidad y la aceptabilidad de los juicios en condiciones ideales de imparcialidad, racionalidad y conocimiento»[66], y que es preciso desechar el error de confundir el punto de vista in-

[62] Nino, C. S., *Ética y derechos humanos*, cit., pág. 92.

[63] Nino, C. S., *Ética y derechos humanos*, cit., pág. 93.

[64] Para un desarrollo histórico de la idea de justicia, Cfr. Villoro, L., «Sobre el principio de la injusticia: la exclusión», (Octavas Conferencias Aranguren, 1999), en *Isegoria*, nº 22, (2000), págs. 103-142.

[65] Cfr. Nino, C. S., *El constructivismo ético*, cit., pág. 34.

[66] Nino, C. S., *El constructivismo ético*, cit., pág. 34.

terno con el punto de vista externo hacia el discurso moral. Una confusión de tal tipo es la que lleva al *comunitarismo* a criticar el discurso de la moral liberal (universalista y abstracto) por ser él mismo un producto histórico y, sin embargo, no tomar en cuenta las tradiciones particulares y los bienes involucrados en cada concreta sociedad. En opinión de Nino, lo que sucede es que los comunitaristas confunden los procesos históricos, culturales y sociales que pueden haber dado lugar a un sistema moral y su método de validación como la moral y el discurso moral liberales, con los criterios internos de validación del mismo que son, sin embargo, «universalistas» y «generalizadores»[67] y no consisten en este caso en el recurso a convenciones sociales, textos sagrados, etcétera.

2.3. La tesis de la prioridad lógica del punto de vista interno

2.3.1. En la praxis humana individual

Esta tesis sostiene que sin la existencia de un punto de vista interno acerca de las acciones —o de las prácticas colectivas— no hay acción que identificar. Por otra parte, para reconstruir de forma satisfactoria los fenómenos de la praxis humana es absolutamente necesario dar cuenta de su aspecto interno[68].

En palabras de Nino, «una creencia o un deseo se identifican por su contenido proposicional[69] como creencias o deseos de algo, y si no se hiciera así sería imposible identificar los deseos y creencias del agente; [...] esta identificación, además, es necesaria para describir el mencionado proceso causal»[70].

Veamos ahora cómo se aplica esto al análisis de la acción individual.

---

[67] El ataque comunitarista supondría, según Nino, más un intento por cambiar el discurso que por argumentar en contra de éste. Cfr. Nino, C. S., *El constructivismo ético*, cit., pág. 35 y 137-152. Para un análisis de la crítica de Nino al comunitarismo puede verse Álvarez, S., *Sobre la racionalidad de la moral*, Centro de Estudios Políticos y Constitucionales, Madrid, 2002, especialmente páginas 111 y 145-148.

[68] Cfr. Nino, C. S., «El aspecto interno de la praxis humana», en *El constructivismo ético*, y *Derecho, Moral y Política*, cit., pág. 47.

[69] El contenido proposicional al que Nino se refiere aquí es el significado de oraciones formuladas en la primera persona.

[70] Para ilustrar esto, Nino señala que muchas veces postulamos la existencia de algún *item* psicológico (sea un deseo o una creencia) del agente infiriéndolo de una acción y de algún otro *item* psicológico que conocemos unido al presupuesto de que el agente razonó lógicamente. De esta forma, «el razonamiento interno nos permite inferir hechos cuya conexión causal es relevante desde el punto de vista externo». Nino, C. S., *El constructivismo ético*, cit., pág. 26.

Nino suscribe, como hemos visto, el análisis de la acción llevado a cabo por Davidson en términos de deseos y creencias. Considera, sin embargo, que este autor yerra cuando, ignorando el aspecto interno de la acción, caracteriza a las razones que justifican una acción desde el punto de vista del agente también como deseos y creencias. De esta forma, escribe: «Lo que causa una acción y sirve para explicarla son los deseos y creencias concebidas como hechos [...]», mientras que «lo que justifica la acción, desde el punto de vista del agente no son tales deseos y creencias concebidas como hechos, sino su contenido proposicional: o sea, los juicios que constituyen las premisas del razonamiento práctico apuntado por Davidson»[71]. Para explicar esto, presenta una situación en la que una persona tiene la creencia de que el objeto que está ante ella es un diamante (juicio A) y, además, esa persona considera deseable apoderarse de tal diamante (juicio B). Esos hechos (es decir, el hecho de tener una creencia y un deseo), en tanto que hechos, son causas de la acción de apoderarse del diamante. Es decir, desde el punto de vista externo, nos encontramos con los hechos psicológicos de adoptar los juicios A y B. El observador percibe el hecho de la adhesión del agente a determinados juicios. Tales hechos sí son causas de la acción[72]. Sin embargo, cuando adoptamos el punto de vista del agente que razona —o punto de vista interno— en relación con creencias y deseos, lo relevante es su contenido proposicional («eso es un diamante») más el aspecto volitivo, y no el hecho de la adhesión a su contenido ni la conexión causal entre tales hechos y la acción[73]. Para el agente lo relevante es que sus juicios sobre la deseabilidad o el valor de ciertos estados de cosas sean válidos, y correctas sus creencias sobre la producibilidad de determinados estados de cosas a través de otros, incluyendo sus movimientos corporales, así como que sea válida la relación lógica que debe haber entre unos y otros[74].

[71] Nino, C. S., *El constructivismo ético*, cit., pág. 23.

[72] Cfr. Nino, C. S., *El constructivismo ético*, cit., pág. 24.

[73] «El que desea algo no tiene en cuenta el hecho psicológico o biológico del deseo, sino el hecho de que algo le resulta valioso o deseable. Los deseos, salvo quizá los impulsos más primitivos, no son fenómenos opacos, sino que tienen una textura proposicional que es la percibida por los sujetos del deseo, mientras que el observador advertirá el hecho psicológico de adherirse a la proposición valorativa o normativa en cuestión», Nino, C. S., *Derecho, Moral y Política*, cit., pág. 45.

[74] Nino, C. S. *El constructivismo ético*, cit., pág. 24. La premisa mayor de ese razonamiento sería un juicio valorativo acerca de la deseabilidad de cierto estado de cosas con determinadas propiedades (p.ej. la posesión de un diamante); la premisa adicional sería un juicio fáctico acerca de cómo producir tal estado de cosas: si tomo tal o cual cosa (que, verdaderamente, es un diamante) lograré satisfacer mi deseo de poseer un diamante.

2.3.2. En la praxis humana colectiva

Si no hay sujetos que adopten el punto de vista interno hacia la práctica social en cuestión, no hay fenómeno alguno que pueda ser observado desde la perspectiva externa[75]. Pero, además, al igual que sucede con la propagación de deseos en la esfera subjetiva, sólo dando cuenta del punto de vista interno en relación con el Derecho o con la moral podemos entender adecuadamente desde una perspectiva externa su funcionamiento. La tesis de Nino, que irá perfilándose a lo largo de las páginas siguientes, es que la perspectiva interna en relación con el fenómeno jurídico está indisolublemente ligada a la perspectiva interna de la practica discursiva que la modernidad ha acoplado a la moral positiva[76]. Para dar cuenta cabalmente, pues, del modo como opera el Derecho en el razonamiento práctico de los sujetos aceptantes será preciso, además, relacionar explicativamente el fenómeno jurídico con la práctica social del discurso moral[77].

2.4. La «propagación de deseos»

2.4.1. En la praxis humana individual

Nino presenta así uno de los posibles esquemas de generación de un deseo (advirtiendo de que puede haber otros): «El agente desea un cierto estado de cosas, cree que otro estado de cosas es un medio adecuado para producir el primero y desea dar lugar a este segundo estado de cosas [...]. En toda acción parece darse el pasaje entre el deseo por un acto-tipo y su resultado genérico definido por ciertas propiedades y el deseo por un acto-caso y su resultado individual que ejemplifican en cierto tiempo y espacio esas propiedades entre un conjunto infinito de otros»[78].

Para responder adecuadamente a la pregunta de cómo se generan estos deseos que determinan acciones-caso a partir de (1) deseos por esta-

---

[75] Cfr. Nino, C. S., *Derecho, Moral y Política*, cit., pág. 47.

[76] Como ya señalé (cfr. epígrafe 2.2.2.1 del presente Capítulo), en la teoría de Nino los aceptantes vienen caracterizados por asumir un compromiso moral hacia el fenómeno jurídico. Sobre el punto de vista interno en relación con el Derecho y su relación con la aprobación moral, así como sobre la necesidad de que un análisis completo de todo orden jurídico incluya el estudio de su pretensión de corrección moral, Cfr. Garzón Valdés, E., «El concepto de estabilidad de los sistemas políticos» (1987), cit., especialmente págs. 582-586, «Seguridad jurídica y equidad» (1992), en *Derecho, Ética y Política*, cit., págs. 301-315 y «Algo más acerca de la relación entre Derecho y moral» (1992), *ibidem*, págs. 317-335.

[77] Cfr. Nino, C. S., *Derecho, Moral y Política*, cit., pág. 50.

[78] Nino, C. S., *Derecho, Moral y Política*, cit., pág. 46.

dos de cosas más genéricos o más remotos en las cadenas de medios y fines, y (2) creencias acerca de subsunciones de subclases de individuos en clases-tipo y acerca de relaciones instrumentales, Nino señala, como vimos en el apartado anterior, que sería insuficiente afirmar que ciertos deseos y creencias simplemente causan la aparición de otros deseos: es preciso dar cuenta del hecho de que deseos y creencias tienen un aspecto interno, un contenido proposicional.

Como también queda dicho, el aspecto interno de deseos y creencias[79] es relevante para identificarlos y poder así establecer entre ellos relaciones causales. Pero parece además que tales relacionales causales dependen, en cierto modo, de los contenidos proposicionales de los deseos y creencias. Éstos sólo se generan a partir de otros deseos y creencias que se presentan como apropiados y para saber cuáles se ajustan a esta cualidad hemos de tener en cuenta su aspecto interno. Según Nino, «la generación de nuevos deseos a partir de otros y de creencias es un fenómeno causal y ese fenómeno causal tiene que ver con proposiciones que constituyen el aspecto interno de los deseos y creencias y con las relaciones lógicas entre tales proposiciones»[80]. Mientras que las proposiciones que constituyen el aspecto interno de los deseos y creencias presentan una relación causal con la acción cuando son observadas desde el punto de vista externo, desde el punto de vista interno guardan una relación lógica con ella.

La pregunta, entonces, es cuál es la relación lógica que debe darse entre ciertas proposiciones para que, desde el punto de vista externo, pueda establecerse una relación causal entre las creencias y deseos correspondientes a tales proposiciones[81].

La inferencia lógica que el agente vendría a realizar desde el punto de vista interno es ilustrada por Nino con el siguiente ejemplo: «1. Quiero estar en La Plata antes de las 4 de la tarde. 2. Tomando el tren de las 2 estaré en La Plata antes de las 4. 3. Por ende, quiero tomar el tren de las 2...»[82].

Pero, añade, para saber si esta inferencia es efectivamente válida es preciso examinar los posibles significados de la expresión (que constituye la conclusión de la inferencia) «quiero tal o cual cosa»[83].

Sin entrar aquí en las diferentes interpretaciones de las que se ocupa Nino, señalaré que la interpretación de la expresión «quiero tal y cual cosa»

[79] «Son deseos y creencias de que algo es el caso o de que algo sea el caso». Nino, C. S., *El constructivismo ético*, cit., pág. 47.

[80] Nino, C. S., *El constructivismo ético,* cit., pág. 47.

[81] Cfr. Nino, C. S., *El constructivismo ético*, cit., pág. 48.

[82] Nino, C. S., *El constructivismo ético*, cit., pág. 48.

[83] Cfr. Nino, C. S., *El constructivismo ético*, cit., pág. 48.

que, en su opinión, haría válida la anterior inferencia, es aquella que considera que «quiero tal y cual cosa» equivale a «tal y cual cosa es deseable, conveniente o debida»[84]. En esta interpretación, «los contenidos proposicionales de los deseos son juicios normativos, valorativos o prácticos en un sentido amplio[85], y a la conexión causal entre deseos, creencias y otros deseos, subyace una inferencia deductiva entre premisas normativas y descriptivas y conclusiones normativas»[86]. Este mecanismo de propagación de deseos en la esfera individual se apoya, pues, en juicios normativos y prácticos que constituyen razones justificativas de acciones. De esta forma, a través de la generación de juicios prácticos se produce la propagación de deseos en el agente: «el agente infiere de los juicios prácticos que son contenido de deseos preexistentes y de los juicios de hecho, que son contenido de creencias, otros juicios prácticos»[87]. Nuevos deseos se generan en la medida en que reconocemos razones para actuar, juicios normativos: «En la medida en que un deseo nos mueve a actuar, él debe aparecernos internamente como la idea de que un cierto estado de cosas futuro (p. ej., el beber el vaso de agua que está a nuestro alcance) es atractivo, conveniente, debido, etc. y, en la medida en que un deseo genere causalmente otros, su contenido proposicional interno debe servir de base para formar el contenido de estos otros»[88].

2.4.2. La propagación de deseos en la esfera intersubjetiva. Los distintos tipos de discursos

Antes de pasar a la esfera intersubjetiva es importante recordar las implicaciones que en este campo tiene la diferencia entre explicar y justi-

[84] Cfr. Nino, C. S., *El constructivismo ético*, cit., pág. 51. La conclusión de un razonamiento práctico a partir de una premisa acerca de lo deseable no permite llegar a dar una respuesta acerca del deseo real, sino acerca del contenido que debe tener tal deseo. La lógica en los silogismos prácticos responde a la pregunta qué debe ser, pero no qué es. En contra, Von Wright, *Explicación y comprensión*, trad. esp. de L. Vega, ed. Alianza Editorial, Madrid, 1987.

[85] Cfr. apartado 4.2 del presente Capítulo.

[86] Nino, C. S., *El constructivismo ético*, cit., pág. 51. Véase también Nino, C. S., *Derecho, Moral y Política*, cit., pág. 48: «Para sostener que el deseo Y fue causado por un deseo X y una creencia Z, normalmente hay que mostrar que la proposición valorativa que es el contenido de Y se infiere de la proposición normativa o valorativa que es el contenido de X y de la proposición fáctica que es el contenido proposicional de la creencia Z».

[87] Nino, C. S., *El constructivismo ético*, cit., pág. 51.

[88] Nino, C. S., *El constructivismo ético*, cit., pág. 52. Creo que el párrafo resultaría más claro si afirmase que el que un deseo genere causalmente otros se debe a que su contenido proposicional interno es el adecuado para servir de base para formar el contenido de estos otros.

ficar. A los efectos que aquí resultan relevantes, cuando el agente delibera explícitamente acerca de su curso de acción futuro o de una acción ya realizada, partirá de ciertas razones o juicios normativos que constituyen el aspecto interno de sus deseos presentes. Si lo que quiere es explicar su acción, entonces tomará a esos deseos como hechos (el hecho de desear tal o cual cosa), como si fuera un observador externo. Cuando se trata de explicar su acción, el agente no está interesado acerca de si era realmente atractivo o deseable el estado de cosas que su acción tendía a materializar, sino si a él le pareció atractivo o deseable (es decir, le interesa la cuestión de hecho, no normativa, acerca de si él tenía ciertos deseos y creencias)[89]. Por el contrario, cuando se trata de ver si la acción estuvo o no justificada, entonces el agente se colocará en la misma situación que cuando se dispuso a actuar. Lo relevante para él serán las razones y no el hecho psicológico de adherirse a ellas[90]. Es este último aspecto — el de la justificación de una acción— el que nos interesa para analizar el fenómeno de la propagación de deseos en el ámbito intersubjetivo.

El fenómeno de la «propagación de deseos»[91] en el ámbito intersubjetivo parte del hecho de que, para alcanzar sus fines, los individuos precisan, al menos generalmente, acciones coordinadas de otros sujetos. Aunque en el discurso subjetivo de un agente se admiten como razones que generan pro-actitudes deseos tales como la obtención de placer o de algún otro beneficio, sea instrumental o final, para la persona en cuestión o para otras personas diferentes al agente, en el ámbito del discurso intersubjetivo, para conseguir que otros sujetos cooperen con el individuo en cuestión éste debe lograr generar en ellos los deseos apropiados. Es precisamente este fenómeno el que Nino denomina «propagación de deseos en la esfera transindividual o intersubjetiva»[92].

La pregunta que surge entonces es: ¿Cómo puede un individuo incidir en la formulación de nuevas razones para que otro sujeto actúe despertando en él pro-actitudes que le lleven a realizar una determinada acción?[93] En la prác-

[89] Cfr. Nino, C. S., *El constructivismo ético*, cit., pág. 52.

[90] Cfr. Nino, C. S., *El constructivismo ético*, cit., pág. 53.

[91] Aunque ésta es la terminología utilizada por Nino, creo que resultaría más clarificador hablar de actitudes prácticas positivas o disposiciones favorables (o deseos en sentido amplio). Si bien la generación de deseos dentro de la esfera individual puede tener ese doble sentido de deseo en sentido estricto y deseo como actitud práctica positiva, cuando hablamos de la propagación transindividual de deseos en el discurso intersubjetivo lo que resulta característico no es tanto la generación de deseos en sentido estricto, cuanto la generación de actitudes prácticas positivas invocando razones para la acción (de tipo moral o prudencial para que terceros se impliquen).

[92] Cfr. Nino, C. S., *El constructivismo ético*, cit., pág. 53-54.

tica encontramos distintos tipos de discursos intersubjetivos que cumplen justamente tal fin. Por otra parte, como se trata de la afectación de intereses de otros, nos moveremos en un ámbito en el que el discurso moral se presenta como el discurso jerárquicamente superior y desplaza a otros discursos cuando entra en colisión con ellos a la hora de justificar conductas.

Cuando el interlocutor no tiene razones referidas a nuestro beneficio o placer o cuando no podemos apelar a sus propios beneficios, entonces el único recurso que resta es invocar razones que sean válidas en el marco de algún discurso intersubjetivo en el que el interlocutor esté dispuesto a participar sobre la base de compromisos mutuos (tales como, por ejemplo, el de actuar conforme a los principios que se termine aceptando como resultado de esa discusión). Como muestras de este tipo de discurso intersubjetivo, Nino cita el discurso teológico, los discursos que parten como razones últimas de ciertas tradiciones o costumbres compartidas, los discursos jurídicos y el discurso moral[94]. Lo que caracteriza al discurso moral es que vincula las razones últimas que en él se invocan no con nuestros deseos, o con los dictados de alguna autoridad o tradición, sino con la consideración imparcial de todas las personas[95]. El discurso moral ha venido a reconocerse en nuestra cultura como discurso dominante en relación con los demás discursos y ello porque se ha constituido en «el medio universal para propagar deseos y coordinar acciones»[96]. Otro de los rasgos que caracteriza al discurso moral ilustrado es que nuestras razones subjetivas o lo que aparecen como razones en otros géneros de discurso intersubjetivo —como el discurso teológico, tradicional o jurídico— se presentan como meros hechos (deseos, creencias, costumbres, prescripciones) para el discurso moral[97].

Entre los distintos discursos se producen inevitables tensiones[98]: (1) si bien todos tendemos a participar en el discurso moral, también es cierto que éste, tal y como se ha desarrollado en la cultura occidental moderna, no ha sido unánimemente aceptado en el espacio y en el tiempo, y a veces nos encontramos con individuos que no comparten sus presupuestos, sin que dispongamos entonces de una base discursiva común para propagar nues-

[93] Nino, C. S., *El constructivismo ético*, cit., pág. 54.

[94] Cfr. Nino, C. S., *El constructivismo ético*, cit., pág. 55.

[95] Cfr. Nino, C. S., *Ética y derechos humanos*, cit., pág. 116.

[96] Nino, C. S., *El constructivismo ético*, cit., pág. 58.

[97] Nótese que el hecho de que este discurso sea él mismo un producto histórico no implica que las tradiciones o convenciones constituyan en él razones válidas. Sobre el relativismo conceptual, Cfr. Nino, C. S., *Ética y derechos humanos*, cit., pág. 161.

[98] Cfr. Nino, C. S., *El constructivismo ético*, cit., pág. 57.

tros deseos y coordinar nuestras acciones; (2) también se producen conflictos entre nuestro propio discurso subjetivo con sus razones relativas y el discurso moral. En relación con esto, resultan de interés dos consideraciones apuntadas por Nino: de un lado, no podemos abandonar completamente las razones relativas de nuestro propio discurso referidas a nuestro placer y la satisfacción del propio plan de vida, pues sin esto la propia moral intersubjetiva carecería de sentido[99]; de otro lado, uno podría pensar en la posible superación de las tensiones entre nuestro propio discurso subjetivo y la acción intersubjetiva si la concepción del bien que adoptamos para regir nuestra vida puede ser intersubjetivamente defendida.

3. PERO, ¿QUÉ SON LAS RAZONES PARA LA ACCIÓN?

3.1. INTRODUCCIÓN

En sus artículos «Razones y Prescripciones» y «Razones y prescripciones: una respuesta a Alchourrón»[100], Nino comenzó a esbozar su posición en torno a la relación entre juicios de valor y razones para la acción.

Sin pronunciarse aún de forma concluyente sobre la cuestión de la existencia de las razones para la acción, la intuición de la que parte —dentro de un paradigma general que predica la racionalidad de los juicios morales— es que el carácter veritativo, universalizable y superveniente de los juicios valorativos (o, en este caso, de los juicios morales) parecía estar conectado con el hecho de que los juicios valorativos implican, en algún sentido, juicios acerca de (la existencia de) razones. Siguiendo a Hare, Nino sugería que esas entidades llamadas «razones» consisten en principios. Esto es, las razones operativas son principios ideales de la racionalidad y moralidad asumidos como válidos. La validez de tales principios vendría dada en virtud de ciertos hechos de un carácter especial, como podrían ser la aceptación efectiva de los principios en cuestión por cierto grupo social al que pertenecen el juzgador y el juzgado (según Harman[101]), su aceptabilidad hipotética

[99] Con esto se está haciendo referencia a la idea de altruismo limitado. El concepto mismo de altruismo está presuponiendo un cierto grado de egoísmo, pues ¿cómo podríamos ayudar a otros si carecieran de proyectos o intereses propios y sólo tuvieran aquellos destinados a ayudar a su vez a otros? Cfr. Nino, C. S., *Ética y derechos humanos*, cit., pág. 188.

[100] Cfr. Nino, C. S., «Razones y prescripciones», *Análisis Filosófico*, I, nº 1, 1981, págs. 37-48; «Razones y prescripciones: una respuesta a Alchourrón», *Análisis Filosófico,* I, nº 2, 1981, págs. 41-47.

[101] Cfr. Harman, G., *The Nature of Morality*, Oxford University Press, New York, 1977.

por cualquiera que reuniera las condiciones de imparcialidad, racionalidad y conocimiento (según Baier[102] y Frankena[103]), su aceptabilidad hipotética por todos los que estuvieran en una posición originaria de egoísmo, racionalidad e ignorancia (según Rawls[104] y Richards[105]), etcétera.

El concepto de razones para la acción, además de una noción recurrente y necesaria en el análisis de la perspectiva interna de la praxis humana (sea individual o colectiva), es un concepto clave para el análisis de las normas jurídicas, y l aobra de Nino es muy ilustrativa al respecto. Ahora bien, y pese a que han sido muchas las aportaciones para contribuir a su dilucidación[106], no deja de ser un concepto muy controvertido cuya caracterización depende, entre otras, de las concepciones que se sostengan en filosofía moral.

Como señala Cristina Redondo[107], la discusión filosófica acerca de las razones para la acción se centra en dos ejes de problemas: la cuestión conceptual acerca de qué son las razones para la acción y la cuestión ontológica acerca de su existencia.

Por lo que se refiere al primer problema, nos encontramos de un lado con cuestiones tales como si es posible identificar las razones con deseos o con creencias acerca de la «existencia» de *items* que justificarían un determinado curso de acción y, de otro, la caracterización de las razones como razones explicativas o como razones justificativas. Por lo que se toca al segundo grupo de problemas, la pregunta central que marca dos posturas respecto de la existencia de las razones para la acción es la que formula

[102] Baier, K., *The Moral Point of View*, Cornell University Press, Ithaca, 1958.

[103] Frankena, W., *Ethics*, Englewood Cliffs, Prentice-Hall, 1973.

[104] Rawls, J., *Teoría de la Justicia* [1971], trad. esp. de González Soler, Madrid, F. C. E.,1978.

[105] Richards, D. A. J., *A Theory of Reason for Action*, Cit.

[106] Véase en este sentido Nagel, Th., *The Possibility of Altruism*, Princeton University Press, 1979; Richards, D. A. J., *A Theory of Reasons for Action*, cit., Raz, J., *Practical Reason and Norms*, cit.; Nino, C. S., *La validez del Derecho*, cit., Cap. VI publicado anteriormente como «Razones y prescripciones», cit.; *Introducción a la Filosofía de la acción humana*, cit., Cap. VII; Bayón Mohíno, J. C., *La normatividad del Derecho*, cit.; Redondo, C. R., *La noción de razón para la acción en el análisis jurídico*, ed. Centro de Estudios Constitucionales, 1996. Sobre la oscuridad del concepto de «razón para la acción», cfr. Foot, Ph., «Postscript to "Reasons for Action and Desires"», en *Virtues and Other Essays in Moral Philosophy*, Berkeley, Calif., University of California Press, 1978; MacCormick, N., «Comment» (a G. Postema, «The normativity of Law»), en Gavison, R. (ed.), *Issues in Contemporary Legal Philosophy. The Influence of H. L. A. Hart*, cit.; Caracciolo, R., *El sistema jurídico. Problemas actuales*, ed. Centro de Estudios Constitucionales, Madrid, 1988.

[107] Cfr. Redondo, C. *La noción de razón para la acción en el análisis jurídico*, cit., págs. 58 y ss.

Bayón, siguiendo la terminología de Williams[108]: ¿hay o no algún sentido en el que se pueda decir que «existe» una razón para actuar aunque nadie en el mundo la incluya en su «conjunto subjetivo de motivaciones»? Esta pregunta se vuelve especialmente compleja cuando abordamos la cuestión de las razones morales.

El marco de problemas me parece que puede ser completado, además, con los planteamientos que el propio Bayón ofrece en su trabajo citado, que nos permitirán aproximarnos con más claridad a la posición de Nino acerca de esta cuestión. Avanzaré, pues, de la mano del primero, algunas respuestas conceptuales sobre la idea de razones morales. Bayón escribe que «un agente acepta una razón moral cuando la concibe como dominante sobre los deseos e intereses de cualquiera (incluido, por supuesto, él mismo). Las razones morales son, por tanto, en primer lugar, las razones últimas o jerárquicamente supremas dentro de la estratificación de preferencias de un sujeto (lo que implica que, por definición, son razones no dominadas). Pero, además, son razones que, desde el punto de vista del agente, rigen universalmente; es decir, razones para actuar que desde su punto de vista tiene cualquiera (que satisfaga una cierta descripción genérica, i.e. una que no incluya referencias individuales) con independencia de cuáles resulten ser sus deseos o intereses (y cuáles sean las razones que éstos acepten como morales). Este segundo requisito (la universalidad) es importante para evitar llegar a conclusiones como la de que el egoísmo es «la moral del amoral» [...] La especificidad de las razones morales sólo se capta al pasar del plano *intrapersonal* al plano *interpersonal*»[109]. Esto por lo que se refiere a la caracterización conceptual de las razones morales. Nino suscribiría la mayor parte de tal caracterización excepto —y con esto entraríamos en la

[108] Bayón, J. C., *La normatividad del Derecho*, cit., pág. 60. Cfr. B. Williams, «Internal and External Reasons», en Harrison R. (ed.), *Studies in Philosophy and Social Science,* Cambridge University Press, 1979, también en B. Williams, *Moral Luck*, Cambridge University Press, 1981, Cambridge.

[109] Bayón Mohíno, J. C., *La normatividad del Derecho*, cit., pág. 196. Bayón lleva a cabo en este trabajo un profundo estudio de las diferentes clases de razones para la acción. Entre ellas distingue: las razones instrumentales (los deseos), las razones prudenciales (intereses) y las razones morales (valores morales). En su análisis la incidencia del factor tiempo es clave para comprender la diferencia entre las razones de primer y segundo nivel (deseos e intereses), de manera que el sentido de estas últimas sólo se capta plenamente al concebirlas como metapreferencias de un yo con respecto a las preferencias de nivel inferior de sus yoes sucesivos. Y como recoge el texto citado, la especificidad de las razones morales tiene que ver con el tránsito del plano intrapersonal al interpersonal. Sobre las razones prudenciales, cfr. Bayón Mohíno, J. C., cit., págs. 95-128. Sobre la posibilidad de universalizar los principios egoístas, Hospers, J., *La conducta humana*, ed. Tecnos, Madrid, 1979, págs. 401-426.

cuestión ontológica— las referencias «al punto de vista de alguien». En efecto, como veremos, para Nino las razones morales son razones objetivas, razones externas, a partir de una preconcepción general teórica constructivista (constructivismo epistemológico) en el plano de la metaética. Esto nos lleva, como he dicho, al segundo grupo de problemas, esto es, a la cuestión acerca de si las razones morales —como un tipo de razones para la acción— existen y, en tal caso, en qué sentido existen.

Es este el problema de si la existencia de una razón para actuar en sentido justificativo está ligada conceptualmente a su aceptación como tal razón por parte de alguien, o si, por el contrario, es posible sostener que tales razones son objetivas y externas (independientes de los intereses y deseos del agente en cuestión), fruto de una necesidad práctica[110]. Se trata de la relación entre deber —o juicio de valor o juicio normativo, en la terminología de Nino— y motivación. A continuación expondré la caracterización que de estas dos posiciones hace Bayón para de esta forma disponer de un cuadro en donde situar la concepción de Nino acerca de las razones para la acción.

Bayón distingue:

1) El modelo externalista, para el cual el carácter valioso de una acción o de un estado de cosas no depende en absoluto de que algún agente en el mundo se lo atribuya. Para esta posición, el valor no es un producto o una proyección de las preferencias del sujeto, sino algo exterior a (e independiente de) las mismas. Sucede que, como el agente que prefiere algo lo prefiere *porque entiende que es valioso*, entonces, concebido el valor como algo externo a los conjuntos de preferencias de los individuos, tendría perfecto sentido decir que puede estar equivocado en su apreciación. Se supone que un sujeto, quizá no en cualesquiera condiciones, pero sí al menos tras haber desarrollado un punto de vista apropiado, puede reconocer o descubrir el valor que reside en un cierto objeto, y descubrirlo como algo que es independiente de, y previo a, su adopción de ese punto de vista. El reconocimiento o descubrimiento del valor generaría una preferencia, es decir, lo que es una verdadera razón justificativa se incorporaría al conjunto subjetivo de motivaciones del agente, convirtiéndose entonces, además, en una «razón interna»: toda verdadera razón externa debería ser una razón interna para cualquier agente racional, i.e. debería motivarle, y ello con independencia de que de hecho no forme parte del conjunto subjetivo de motivaciones de ningún agente empírico.

[110] Cfr. Bayón, J.C., *La normatividad del Derecho*, cit., págs. 196-203.

2) El modelo internalista o proyectivista, para el cual la idea de un valor externo u objetivo carece de sentido. Las acciones, estados de cosas, etc., poseen ciertas propiedades o características naturales, pero tales propiedades no son en sí mismas portadoras de ninguna clase de «valor intrínseco». Lo que sucede es que el sujeto mantiene actitudes prácticas ante la presencia o ausencia de esas propiedades. Esas actitudes prácticas pueden ser llamadas, siguiendo a Hume, «afectos», «pasiones» o, más genéricamente, «preferencias». Preferir algo sería entonces atribuirle valor. Para una concepción proyectivista carece de sentido la idea de un conjunto de razones externas u objetivas que constituyan el punto de referencia conforme al cual un sujeto evalúa, depura y ajusta su propio conjunto de preferencias. Todos los valores o razones lo son desde el punto de vista de alguien, y todo lo que se diga al respecto se dice siempre desde un punto de vista. Como apunta Bayón, para esta concepción —que él, por cierto, suscribe— no hay un punto arquimédico en el que situarse para contemplar y evaluar desde fuera si son verdaderamente razones para actuar lo que, desde uno u otro punto de vista, se acepta como razones para actuar[111].

Junto a estas dos posiciones, Bayón da cuenta de una tercera que una serie de filósofos, entre los que se encuentra Nino, intentaron trazar. El sentido en que se habla de validez o racionalidad en relación con los juicios morales no es en el sentido de su correspondencia con presuntos valores externos u objetivos al modo del realismo moral[112]. Estos autores trataron de romper la dicotomía externalismo-internalismo (o, más exactamente, realismo moral/proyectivismo) introduciendo una tercera vía acerca del universo moral y del sentido en que existen los juicios morales según la cual la

[111] Conviene aquí señalar que el proyectivismo o internalismo acerca de la existencia de los valores morales, en la medida en que pretende universalidad para los juicios morales no ha de confundirse con posturas tales como el subjetivismo (individual o colectivo) o el relativismo. Cfr. Bayón Mohíno, J. C., *La normatividad del Derecho*, cit., págs. 209-211.

[112] En un trabajo de 1981 que ya hemos mencionado, y en el que contesta a la críticas de Alchourrón a su artículo anterior «Razones y prescripciones», Nino reafirma su sugerencia de que las razones para la acción consisten en principios ideales de racionalidad y moralidad asumidos como válidos. Aclarando su postura a partir de las observaciones de Alchourrón, señala también que esto no le compromete con «convicciones acerca de la estructura ontológica del universo», porque bien podría ser que la implicación entre juicios de valor y principios universales que constituyen razones para la acción sea de tipo conversacional. Añade que «en este caso habría enunciados de segundo nivel acerca de la satisfacción de las condiciones conversacionales para la emisión de un juicio de valor que serían las relevantes en genuinas controversias éticas», Nino, C. S., «Razones y prescripciones: una respuesta a Alchourrón», cit., pág. 44. En este mismo sentido, *Ética y derechos humanos*, cit., págs. 85-86.

postulación de valores externos u objetivos debe entenderse «por referencia a un punto de vista social adecuadamente construido»[113]. Es decir, lo moralmente correcto será, en general, lo que resulte aceptable bajo determinadas condiciones ideales o para un sujeto o comunidad de sujetos ideales[114].

Corresponde ya dar cuenta de la contribución de Nino a este debate. A partir de todas estas precisiones podremos ver con más claridad las complejidades y el alcance que para nuestro autor presenta el problema del papel que juegan las normas jurídicas en el razonamiento práctico y la cuestión de si los enunciados jurídicos comprometidos expresan o no juicios morales.

Los motivos y razones que un individuo tiene para actuar son elementos fundamentales tanto para explicar (y predecir) como para justificar su comportamiento. Nino afirma que parecería que los motivos y razones establecerían un puente entre el ser y el deber ser puesto que, por un lado, están conectados con datos fácticos como deseos, inclinaciones, aspiraciones, rasgos de carácter de los individuos, y, por el otro, en su contenido proposicional, se conectan con principios, normas y fines que legitiman una acción.

En la teoría de Nino, las razones para actuar aparecen como razones externas, justificativas, vinculadas con principios y valores y se distinguen de los motivos o razones explicativas.

3.2. Razones explicativas, subjetivas o motivos

Las razones explicativas o motivos son las razones a las que se recurre para explicar o predecir un comportamiento sin valorarlo, y se diferencian netamente de las razones justificativas o razones a las que se acude para mostrar la corrección o legitimidad de una conducta (o bien, visto desde la perspectiva del sujeto que delibera antes de actuar, para tratar de actuar de forma justificada)[115].

Quienes señalan que las razones pueden ser causas de acciones[116] están pensando en las razones explicativas o motivos. Es decir, están recons-

---

[113] Rawls, J., «El constructivismo kantiano en la teoría moral»[1980], en *Justicia como equidad. Materiales para una teoría de la Justicia*, trad. esp. de M. A. Rodilla, ed. Tecnos, Madrid, (1986).

[114] Cfr. las objeciones que Bayón dirige a esta tercera vía frente a la dicotomía externalismo/internalismo en *La normatividad del Derecho*, cit., págs. 225 y ss.

[115] Cfr. Nino, *Introducción a la filosofía de la acción humana*, cit., pág. 79. También Nino, C. S., *Los límites de la responsabilidad penal*, cit., pág. 349 y ss.

[116] Así Davidson, D., «Actions, Reasons and Causes», cit., págs. 79 y ss.

truyendo desde el punto de vista externo el razonamiento del sujeto. Aunque se ha sostenido que el caso central de razón explicativa o motivo está dado por una combinación de creencias («tener un motivo para una acción implica en primer término creer en un cierto fin a ser obtenido a través de ella») y deseos («además es necesario que uno quiera obtener el fin»)[117], ya vimos cómo algunos autores pusieron en duda que la presencia de un deseo sea siempre necesaria para explicar una acción[118]. En efecto, esta postura se apoya en un razonamiento parcialmente erróneo. Es correcto por lo que se refiere a que una razón para actuar es vacua si no es capaz de determinar acciones. Sin embargo, no es cierto que sólo las creencias y deseos (en sentido estricto[119]), y en particular estos últimos, sean antecedentes causales apropiados de acciones, ni tampoco que las razones para la acción deban estar identificadas con tales pares de creencias-deseos (en

[117] Cfr. Grice, G. R., «Motive and Reason», cit., pág. 171.

[118] En este sentido, Nagel, por ejemplo, defiende la tesis de que aunque toda motivación implique la presencia de un deseo, el sentido en el que esto es cierto no permite concluir que toda motivación requiera que el deseo sea operativo como 'factor motivacional' [motivational *influence*]: «Puede haber así motivación sin que haya un deseo motivador. Algunos deseos pueden ser ellos mismos motivados por razones. Tales deseos de ningún modo pueden estar entre las condiciones de las razones que los motivan. Además, en la medida en la que puede haber motivación sin deseos motivadores, tales razones pueden ser eficaces motivacionalmente, aun sin la presencia de ningún otro deseo entre sus condiciones. Esto es así o bien porque otros factores motivacionales aparte de deseos pueden estar presentes entre las condiciones de existencia de tales razones, o porque la eficacia motivacional puede derivar, no de las condiciones en sí mismas, sino más bien del principio que gobierna la derivación de razones a partir de esas condiciones» Nagel, Th., *The Possibility of Altruism*, cit., pág. 32. En el mismo sentido, Bayón Mohíno, J. C., *La normatividad del Derecho*, cit., págs. 53-57.

[119] Un deseo en sentido estricto es una inclinación espontánea, un apetito o cierto tipo de emociones, mientras que un deseo en sentido amplio es un género que incluye en tanto que especies suyas a todas las actitudes favorables hacia un curso de acción determinado. Si entendemos por deseo un deseo en sentido estricto no es cierto que cuando alguien ha hecho algo intencionalmente haya tenido el deseo de hacerlo. Es este sentido estricto de deseo el que permite contraponer la noción de hacer lo que uno desea y la de hacer lo que uno cree que debe hacer. Cfr. Bayón Mohíno, J. C., *La normatividad del Derecho*, cit., págs. 53-54. Esta distinción entre los dos sentidos de deseo aparece ya en Hare, H. R., *Freedom and Reason,* Oxford University Press, Oxford, 1963 y en «Descriptivism», *The Is and Ought Question. A Collection of Papers on the Central Problem of in Moral Philosopy,* MacMillan, London, 1969, págs. 240-258. Hare señala que esta distinción entre actitud favorable y deseo en sentido estricto coincide a grandes rasgos con las nociones de *órexis* y *epithymía* en la ética aristotélica: *órekton* es lo querido como resultado de la deliberación, mientras que *ephiesthai* —traducido normalmente al latín como *appetere*— es querer en el sentido de experimentar una inclinación espontánea. Cfr. también Davidson, D., «Actions, Reasons and Causes», cit., págs. 79 y ss.; Nagel, Th., *The Possibility of Altruism*, cit., págs. 28-30; Grice, G. R., «Motive and Reason», cit., págs. 168-170.

sentido estricto). Lo que sí puede afirmarse es que junto con la creencia[120] acerca de la existencia de una razón para actuar ha de darse una actitud favorable, es decir, una decisión o voluntad de actuar conforme con tal razón. Por lo demás, la tesis errónea de que toda razón para la acción se identifica con el par creencias-deseos conduce a quienes la sostienen a defender posturas subjetivistas en materia práctica. Puesto que, al suponerse que los deseos de la gente no son controlables intersubjetivamente, ellos no pueden ser evaluados según su correspondencia con cierta «realidad» a la que, según se supone, todos tendrían en principio acceso.

Antes de analizar con más profundidad en el próximo epígrafe determinados problemas implicados en todas estas cuestiones, veamos con un poco más de detenimiento el análisis de Nino acerca de las razones explicativas. Como ya he dicho, nuestro autor sigue a E. D'Arcy en la caracterización del concepto de motivo[121]. D'Arcy sostiene que sólo las acciones intencionales son sujetos de predicados acerca de motivos. Para que una explicación de una acción aluda a un motivo, tal explicación debe poner la acción a la luz de un objetivo del agente. Lo relevante acerca de este tipo de explicación es que al hacerse presente el motivo de la acción se pone a ésta en una perspectiva moral diferente. Ello ocurre de tres maneras diferentes: (1) cuando se asigna a una acción aparentemente buena un motivo disvalioso; (2) cuando se adscribe a una acción mala un motivo noble; (3) cuando tanto la acción como el motivo, que pueden ser ambos buenos o malos, pertenecen a géneros diferentes de bondad o maldad[122].

D'Arcy distingue dos sentidos centrales del concepto de motivo. Un sentido *prospectivo* en el que el motivo señala una meta u objetivo que no está asociado normalmente con la acción y que hace a la acción valiosa para el agente (responde a la lógica de la relación medio-fin); y un sentido *retrospectivo*, que, como sucede en el caso de los motivos de venganza y gratitud, apunta hacia el pasado y que, si bien presupone un objetivo normalmente asociado con la acción, alude a un hecho del pasado o contemporáneo en relación con ésta que hace que la acción resulte especialmente atractiva para el agente.

Nino se aparta de esta última distinción trazada por D'Arcy ya que, en su opinión, tal caracterización de los motivos retrospectivos puede in-

[120] Estos estados mentales pueden ser de dos tipos: creencias acerca de estados de cosas en el mundo o relaciones causa-efecto, o creencias acerca de la existencia de razones para actuar. Cfr. Bayón Mohíno, J. C., *La normatividad del Derecho*, cit., pág. 53.

[121] Nino, C. S., *Introducción a la filosofía de la acción humana*, cit., págs. 79-82. D'Arcy, E., *Human Acts: An Essay in Their Moral Evaluation*, cit., part. II, cap. 4.

[122] Cfr. Nino, C. S., *Introducción a la filosofía de la acción humana*, cit., págs. 79 y ss.

ducir al error de pensar que el carácter de los enunciados sobre motivos retrospectivos es radicalmente diferente del de los enunciados sobre motivos prospectivos, cuando en realidad no es así. Los enunciados acerca de motivos retrospectivos, como la venganza y la gratitud, también describen la intención del agente de producir en el futuro un cierto estado de cosas (quedar agradecido, haber sido vengado), del mismo modo que sucede con los enunciados sobre motivos prospectivos. La diferencia que sí se da entre los motivos que miran al pasado y los que miran al futuro reside sólo en que en el caso de los motivos retrospectivos el futuro estado de cosas que el agente persigue está constituido por una combinación entre un hecho ya dado, antes o contemporáneamente con la acción, y otro que se dará en el futuro. Es decir, lo que el agente procura es una situación compleja que resulta de la combinación entre un hecho pasado y un hecho futuro, y esa combinación está, ella misma, en el futuro. Según esto, los enunciados sobre motivos retrospectivos también responden a la misma lógica medio-fin, sólo que en este caso la relación medio-fin no suele ser causal[123].

Por lo demás, Nino sostiene, con D'Arcy, la identidad de denotación entre el significado central de «motivo» y el de «intención»: ambas expresiones se refieren al deseo de materializar una situación ulterior al estado de cosas tomado como relevante para identificar la acción por la descripción que estemos empleando (matar para conseguir la herencia). Distinto es, sin embargo, el adjetivo «intencional» (matar intencionalmente). Éste, yuxtapuesto a una descripción de acción, marca el hecho de que el mismo estado de cosas mencionado en esa descripción —y no un estado de cosas ulterior—, es deseado como un medio o como un fin.

Además de explicar la acción, los motivos permiten disponer de más elementos para la valoración del agente. En efecto, al colocar la acción en un contexto más amplio como es el contexto de motivos-fines, podemos entender (en el sentido de explicar) la acción como parte de un proyecto más amplio que la mera intención (en el sentido de intencionalidad) de realizarla y, además, podemos valorar a qué tipo de plan de vida corresponde esa conducta y en última instancia a qué tipo de individuo[124].

[123] La relación medio-fin es aquí conceptual y no causal: el acto de vengarse puede verse como conceptualmente relacionado con el estado de cosas consistente en «haber matado en determinadas circunstancias». Cfr. Nino, C. S., *Introducción a la filosofía de la acción humana*, cit., pág. 81.

[124] Cfr. Nino, C. S., *Introducción a la filosofía de la acción humana*, cit., capítulo VI, para un análisis de las excusas y justificaciones y sobre cómo (según se comprueba en el modo en que operan, p. ej., el estado de necesidad y la coacción), no sólo los deseos o intenciones del

3.3. Razones justificativas u objetivas. El concepto de razones para la acción en Nino

3.3.1. La reconstrucción de la noción de razones justificativas a partir de su papel en el razonamiento práctico

Nino reconstruye el concepto de razón justificativa de acciones partiendo, como Raz, del concepto de razonamiento práctico[125]. Pues «una de las cosas claras acerca de la noción de razón justificativa es precisamente que la función primaria de este tipo de razones es servir de premisas de un razonamiento que conduce a una acción»[126].

Esta primera aproximación, sin embargo, no carece de dificultades, habida cuenta de que las propias divergencias entre los filósofos acerca de la naturaleza del razonamiento práctico les han llevado a dar respuestas distintas a las cuestión de cuál es la lógica característica de los razonamientos prácticos y qué tipo de inferencia conclusiva constituyen[127].

Así, si atendemos específicamente al criterio de la conclusión puede entenderse el razonamiento práctico:

---

individuo son el objeto del reproche moral, sino también rasgos o inclinaciones que constituyen el carácter moral del individuo y que están en un plano más profundo de la estructura de la acción que el constituido por los deseos, creencias y capacidades del individuo.

[125] Cfr. Raz, J., «Introduction», en *Practical Reasoning*, cit., pág. 4.

[126] Nino, C. S., *La validez del Derecho*, cit., pág. 130.

[127] Cfr., con carácter general, Aristóteles, *Ética nicomáquea*, ed. de J. Pallí Bonet, Gredos, Madrid, 1988; Hierro, J., *Problemas del análisis del lenguaje moral*, Tecnos, Madrid, 1970; Raz, J., «Introduction»,. Para una aproximación crítica a los usos de esta expresión entre los distintos autores y para una propuesta de clasificación, Cfr., Redondo, C., *La noción de razón para la acción en el análisis jurídico*, cit., págs. 103-142. Esta autora distingue entre argumentos prácticos (1) en sentido lógico (las normas pueden aparecer como razones-premisas y, además, si son válidas dentro de alguna teoría normativa, constituyen razones sustantivas en favor de la acción), (2) en sentido teórico-reconstructivo (de la acción intencional, de la explicación intencional de la acción, del concepto de deber en sentido técnico), y (3) en sentido normativo (como forma de comportamiento correcto en la toma de decisiones; como procedimiento ideal diseñado para justificar, en sentido concluyente, el deber o la permisión de realizar una acción; en esta interpretación, la propia implementación del argumento práctico se considera justificada como una conducta debida). En este último sentido de «argumento práctico», Cfr., Atienza, M., *Las razones del Derecho. Teorías de la argumentación jurídica*, ed. Centro de Estudios Constitucionales, Madrid, 1991. Luego veremos la posición de Nino acerca de la posibilidad defendida por C. Redondo de que en el argumento práctico en sentido lógico, las normas no válidas puedan constituir razones-premisas y generar conclusiones normativas. Comprobaremos que para Nino la normatividad es siempre normatividad justificada. Como escribe Redondo caracterizando esta posición, «las disposiciones jurídicas de deber no son auténticamente normativas, no establecen un deber genuino, si no brindan razones para la acción» (*loc. cit.*, pág. 150).

a) como proceso psicológico que conduce a la formación de una intención y a la realización de una acción; la conclusión será la formación de una intención.
b) como inferencia lógica que permite explicar o predecir una acción a partir de leyes y proposiciones fácticas; la conclusión es entonces un juicio descriptivo[128].
c) como inferencia lógica que permite evaluar, fundamentar o guiar una acción; la conclusión es un juicio valorativo o normativo.

Nino considera que a los efectos de dilucidar el concepto de razón justificativa es el último sentido de «razonamiento práctico» aquel que debemos tener en cuenta. Para que un razonamiento práctico permita fundamentar o guiar una acción, su conclusión habrá de ser un tipo de juicio normativo que, en cuanto tal, «no sea compatible con cualquier acción o actitud del que lo emite»[129]. La formulación de tal juicio normativo implicará, pues, cierta inconsistencia práctica con la no realización de la acción o con la adopción de la decisión opuesta[130].

Volvamos ahora sobre un sencillo ejemplo ya visto que Nino introducía para dar cuenta del razonamiento práctico en la esfera individual. Ello nos permitirá introducir algunas precisiones conceptuales. El ejemplo era el de un sujeto que desea estar en La Plata a una hora determinada y que delibera acerca de cómo hacer esto posible. Su deliberación podría ser reconstruida de la siguiente manera:

1. Debo (o es deseable/conveniente...) estar en La Plata antes de las 4.
2. Para estar en La Plata antes de las 4 hay que tomar el tren de las 2.
3. Ergo, debo (o es deseable/conveniente...) tomar el tren de las 2.

Nino distingue, siguiendo los análisis de Raz[131], las siguientes nociones[132]:

a) razón completa: estaría constituida por el conjunto de premisas no superfluas de un razonamiento práctico válido (en el anterior razonamiento, las premisas 1 y 2);

b) razón operativa: sería la premisa normativa o deóntica, que en sí misma podría constituir una razón completa (premisa 1). Adviértase (aun-

[128] Redondo señala, sin embargo, que a este modelo de argumento práctico no es de aplicación el sentido lógico de validez. Señala que su mayor o menor corrección se juzgará sobre la base de su adecuación para hacer inteligible o representar aquello que pretende captar. Cfr. Redondo, C., *La noción de razón para la acción en el análisis jurídico*, cit., pág. 130.

[129] Nino, C. S., *La validez del Derecho*, cit., pág. 130.

[130] Cfr. Nino, C. S., «Sobre los derechos morales», *Doxa. Cuadernos de Filosofía del Derecho*, nº 7, (1990), pág. 317.

[131] Cfr. Raz, J., *Practical Reasoning*, cit., pág. 15; *Razón práctica y normas*, cit., págs. 37- 38.

[132] Cfr. Nino, C. S., *Introducción a la Filosofía de la acción humana*, cit., pág. 84.

que sobre esto volveré después) que en la premisa 1 del ejemplo ilustrativo del tipo de razonamiento práctico que aquí nos interesa, Nino parece considerar que también podría ser una razón operativa el contenido proposicional de un deseo, por cuanto que ese contenido proposicional (siguiendo como sabemos a Davidson) es un juicio normativo o valorativo (tal o cual cosa es deseable: los deseos consisten en endosar *prima facie* juicios valorativos generales)[133];

c) razón auxiliar: está constituida por un juicio fáctico que indica un medio para satisfacer una razón operativa (premisa 2).

Pues bien, afirma Nino que si el sentido de razonamiento práctico al que aquí estamos aludiendo concluye con un juicio de deber ser y las razones justificativas funcionan, junto con juicios empíricos, como premisas del mismo, entonces «necesariamente tales razones deben estar constituidas por juicios o proposiciones e incluir entre ellos al menos un juicio de deber ser»[134].

Cuando hablamos de razón en el sentido de razón justificativa u objetiva ya no estamos tratando de explicar por qué se realizó una acción o tratando de predecir su ejecución, sino que pensamos en justificar o valorar tal acción, esto es, tratamos de determinar si fue buena o mala bajo algún punto de vista (moral, prudencial, jurídico)[135].

---

[133] Cfr. Nino, C. S., *Introducción a la Filosofía de la acción humana*, cit., págs. 72-73; Davidson, D., *Actions and Events*, cit., págs. 53 y 83.

[134] Nino, C. S., *La validez del Derecho*, cit., pág. 130. Esto es así si se respeta, como ha de hacerse, el principio de Hume que señala la imposibilidad de derivar juicios normativos o valorativos de premisas que sean exclusivamente fácticas o descriptivas. Como única excepción admisible a este principio, Nino señala la derivación de juicios morales a partir de un especifico tipo de hechos: los hechos morales constituidos por la aceptabilidad hipotética de los principios aludidos por los juicios morales. Este tipo de hechos, que son los supuestos por el constructivismo ético para verificar los juicios morales, hacen de puente entre el «ser» y el «deber ser» al determinar que sean contradictorios un juicio que da cuenta de ese hecho —o sería mejor decir "contrahecho" o conjetura (la aceptabilidad hipotética de un cierto principio)— y un juicio que predica cierta propiedad normativa o valorativa de una acción o situación (una propiedad incompatible con la calificación que surge del principio en cuestión). Así pues, escribe Nino, aunque los hechos no constituyen razones operativas para actuar (p. ej., la existencia de las normas jurídicas en cuanto hechos no constituyen por sí solos tales razones), esto no es aplicable a los hechos que verifican juicios morales, es decir, la aceptabilidad hipotética de los principios aludidos por tales juicios. El salto entre el mundo del «ser» y el del «deber ser» no se puede dar sino salvando el abismo que hay entre ellos a través del puente apropiado. Cfr. Nino, C. S., *Ética y Derechos humanos*, cit., pág. 96.

[135] Sería este tipo de razón el que, según Nino, resulta relevante en el discurso moral y de ahí que nuestro autor denuncie el error en el que incurre un autor como Harman cuando en *The Nature of Morality* sostiene la imposibilidad de una moral universal y objeti-

Así pues, Nino asume que las razones justificativas presentan un comportamiento como legítimo o ilegítimo independientemente de lo que el

vamente fundada argumentando que uno sólo podría tener una razón para hacer algo si desea el fin que el acto tiende a satisfacer y, por lo tanto, sólo la gente que desea los fines de la moral tiene razones para ser moral, sin que las razones morales se apliquen a todos los seres racionales. El error en el que incurre Harman, y con él otras posturas relativistas, es que confunden razones explicativas y razones justificativas. En muchos casos, dice Nino, podemos alegar una razón (en el sentido de razón justificativa) para que un individuo haga algo aun sabiendo que él no tiene el más mínimo deseo en tal sentido. En opinión de Nino, debería tenerse en cuenta que, corrientemente, manejamos un concepto de razón que no se identifica sin más con los deseos o motivos y que, para elaborar su tesis acerca de la moral, el relativista debería, en todo caso, asumir el concepto de razón que resulta central en el discurso moral, esto es, el concepto de razón como razón justificativa. Cfr. Nino, C. S., *La validez del Derecho*, cit., pág. 127. La mencionada confusión llevó a Harman a sostener, por ejemplo, lo siguiente: «Cuando decimos que Hitler actuó injustamente [It was wrong of Hitler...] al ordenar el exterminio judío, estamos diciendo que Hitler tenía una razón (todas las razones posibles) para no hacer lo que hizo. Pero lo que es verdaderamente terrible acerca de alguien que hace lo que hizo Hitler es que tal persona no tiene una razón de este tipo. Si deseaba exterminar seres humanos, él no tenía ninguna razón para no llevar a cabo tal acción: eso es, precisamente, lo terrible de tal sujeto. Por eso suena tan débil decir que Hitler actuó injustamente al hacer lo que hizo. Sugiere que tenía una razón para no actuar del modo en que lo hizo, pero al tiempo tenemos la impresión de que cualquier hombre que pudiera haber hecho lo que hizo Hitler debe de ser el tipo de hombre que no tendría una razón para no hacerlo. Tal hombre más que injusto es malvado. Por eso, de nuevo, resulta extraño decir que Hitler actuó injustamente al actuar del modo en que lo hizo, pero al tiempo no resulta extraño decir que el acto que Hitler llevó a cabo fue injusto. El juicio acerca de la injusticia del acto llevado a cabo por Hitler y el juicio acerca de que tal acto nunca debería haber sucedido no implican que Hitler tuviera una razón para no hacer lo que hizo. El hecho de que pensemos que Hitler no es el tipo de persona que hubiera podido tener tal tipo de razón no impide la formulación de juicios acerca de sus actos, pero sí impide o socava la posibilidad de emitir juicios acerca de él. Hitler está fuera de nuestra moralidad [...]. Podemos juzgar sus actos en relación con nuestra moralidad, pero no podemos juzgar a Hitler puesto que esto implicaría que tal individuo conocía los estándares morales que utilizamos para juzgarle. Decir "Hitler fue injusto cuando..." o "Moralmente Hitler no debería..." implicaría que Hitler aceptaba las convenciones morales pertinentes. Pero sus acciones muestran que no aceptaba tales convenciones. Por lo tanto, Hitler estaba fuera de los límites y era un enemigo de la sociedad» Harman, G., *The Nature of Morality*, cit., pág. 109. Parece claro que Harman confunde aquí, ciertamente, razones subjetivas o motivos (en este sentido, en efecto, Hitler no tenía motivos o razones subjetivas para no hacer lo que hizo) con razones objetivas o justificativas (en este sentido, las mismas razones que nos llevan a juzgar la inmoralidad de su acto nos permiten juzgar a Hitler como individuo). Reconociendo lo controvertido de esta cuestión y para un análisis de los problemas que plantean casos como éste desde el punto de vista de las condiciones de la moralidad, sugiero la lectura de las obras de H. Arendt, *Sobre la revolución* [1958], Revista de Occidente, Madrid, 1967 y *La condición humana* [1962], Paidós, Buenos Aires, 1993.

agente creyó o deseó. Las razones para actuar existen al margen de que aparezcan como tales en el esquema motivacional de un agente[136].

3.3.2. Rasgos que caracterizan a las razones justificativas

A partir de los aspectos estructurales del discurso moral, Nino identifica los siguientes rasgos característicos de las razones para la acción[137]:

a) Autonomía. La validez de un juicio valorativo, esto es, su capacidad para servir como razón justificativa operativa de un razonamiento práctico, no depende del hecho de que alguna persona o grupo de personas lo haya formulado o aceptado o, si depende de tal hecho, se constituye como razón justificativa en virtud de otro juicio valorativo que haga relevante a este último (como veremos, tal sería el caso del sentido de una norma jurídica) sin que su validez dependa a su vez de la circunstancia de que alguien lo haya formulado o aceptado. No solamente tienen carácter autónomo las razones justificativas operativas, sino también el razonamiento práctico del que forman parte. Esto entraña, por lo demás, afirmar la independencia de cada individuo que desarrolla un razonamiento práctico.
b) Generalidad. Los juicios que constituyen razones justificativas operativas no pueden identificar situaciones a través de nombres propios o de descripciones definidas, sino que han de hacerlo a través de propiedades genéricas.
c) Universalidad. Este rasgo está relacionado con la aplicabilidad de los juicios prácticos y no con su contenido. En efecto, si uno de tales juicios es aceptado para evaluar una cierta situación particular, debe también ser aceptado para evaluar cualquier otra situación que no difiera de la anterior en una propiedad que esté recogida en el antecedente del mismo juicio.
d) Superveniencia. La propiedad que puede justificar la discriminación entre dos situaciones a los fines de una razón operativa no sólo debe ser genérica, o sea debe ser una genuina propiedad, sino que también

---

[136] En el mismo sentido, cfr., Grice, G. R., «Motive and Reason», en Raz, J. (ed.), *Practical Reasoning*,.

[137] A partir de ahora, salvo advertencia en contrario, siempre que me refiera a razones para la acción estaré refiriéndome, siguiendo a Nino, a razones justificativas. Los rasgos que caracterizan a las razones para la acción se predican respecto de los principios morales que son las entidades relevantes en el análisis de Nino sobre razones para la acción. Cfr. Nino, C. S., *Ética y derechos humanos*, cit., pág. 108.

debe ser fáctica, en el sentido de no estar identificada meramente por la aplicabilidad de esa u otra razón operativa[138].

e) Integración. Las razones operativas justificativas son comparables entre sí (rasgo de conmensurabilidad) y, en principio, jerarquizables. El que las razones operativas puedan agruparse en un sistema guardando un cierto orden jerárquico permite hablar del principio de unidad del razonamiento práctico. En *Ética y derechos humanos*, Nino escribe que algunos autores hablan de una justificación moral, otra jurídica, otra prudencial, etc., como si se tratara de justificaciones independientes de las acciones. Esto, en su opinión, implicaría una desintegración del razonamiento práctico: «Alguien podría saber que su conducta no está justificada moralmente pero que sí lo está jurídicamente o prudencialmente, y no saber aún, cómo, en definitiva, debe actuar»[139].

3.3.3. Algunas observaciones sobre el concepto de razones para la acción y su papel en el razonamiento práctico según Nino

a) Una vez individualizadas las razones para actuar y diferenciadas de las razones explicativas o motivos, vale la pena explorar algo más, a partir de una serie de precisiones conceptuales, qué tipo de *items* constituyen

[138] Resulta aquí ilustrativo el ejemplo ofrecido por Hare en *The Language of Morals*, recogido a su vez por Nino en *La validez del Derecho*: «Si un pasajero de un tren le dice a su vecino de asiento "no debe fumar en este vagón, pero sí puede hacerlo en el siguiente», está comprometido a indicar alguna diferencia fáctica relevante entre uno y otro vagón (como, p. ej., la existencia de un cartel de prohibición en uno pero no en el otro). En cambio, esto no ocurre en el caso de una orden o de una norma jurídica. Si el reglamento del ferrocarril dispone que no se debe fumar en los vagones pares pero sí se puede en los impares, no se presume que esto tiene que estar fundado en alguna diferencia fáctica relevante entre las dos clases de vagones». Nino, C. S., *La validez del Derecho*, cit., págs. 114-115. Sin embargo, si entendemos las normas jurídicas como juicios de deber y no como meros mandatos, creo que entonces también podríamos predicar de ellas el rasgo de superveniencia.

[139] Nino, C. S., *Ética y derechos humanos*, cit., pág. 92. Aunque en el próximo Capítulo me ocuparé con mayor detenimiento de las implicaciones de la tesis de la unidad del razonamiento práctico, importa apuntar aquí que los problemas que surgen de la desarticulación del razonamiento práctico en discursos justificativos autónomos no provienen tanto de ese bloqueo que vendría a él aparejado (pues los juicios de deber jurídico siempre podrían entenderse —en el paradigma de discursos prácticos autónomos— como juicios *prima facie* que serían superados *all things considered* por las razones morales), cuanto porque, en mi opinión, dentro de ese paradigma de los discursos prácticos independientes, no podría reconstruirse de forma plausible qué significa estar jurídicamente justificado o ser jurídicamente debido.

razones para la acción en la reconstrucción que Nino hace del universo práctico.

Siguiendo las ideas que Raz expone en *The Morality of Freedom*, Nino excluye considerar como razones justificativas a los deseos. Este tipo de entidades, aun vistas desde el punto de vista interno, esto es, concebidas como juicios de valor (p. ej., el juicio de que escalar una montaña es deseable o valioso) no constituirían en sí mismas una razón, sino que «un hecho antecedente aludido por un principio prudencial implícito que estipula la conveniencia de satisfacer cierta clase de deseos en determinadas circunstancias; es ese principio prudencial el que constituye una razón operativa para actuar (de lo contrario cualquier deseo sería una razón, y no lo es; p. ej., dado el alto costo de los vuelos y la limitación de los recursos de la mayoría de la gente, no es en general una razón justificativa para viajar en avión el deseo de ver una de las viejas películas que pasan en los vuelos transatlánticos)»[140].

Creo que puede resultar de interés traer aquí a colación el análisis de Bayón sobre la cuestión de si los deseos son sólo razones internas o explicativas, esto es, factores que motivan al agente o si constituyen, además, en determinadas circunstancias, razones justificativas.

En principio, Bayón tiene razón, a mi juicio, cuando afirma que negar que los deseos constituyan razones para la acción en los términos en los que parecen hacerlo Nino y Raz supone infravalorar el papel de la cláusula *ceteris paribus*, esto es, la cláusula que implica que un deseo constituye una razón para la acción cuando no están en juego intereses o valores del agente a la hora de caracterizar a los deseos como razones y a la hora de diferenciar los deseos con las intenciones[141]. Si denominamos, con Bayón, «deseo (1)» a las actitudes prácticas de primer nivel (dominables por otras de niveles superiores como intereses o valores) y «deseo (2)» a la «intención de», esto es, a lo que el sujeto intenta como producto de su deliberación, entonces nos damos cuenta de que los «deseos (1)» constituyen por sí mismos razones para actuar cuando no están en juego intereses o valores del agente (esto es, *ceteris paribus*) y que cuando un agente «desea (2)» algo lo desea por una razón, que en ese caso sería su «deseo(1)» más su convicción de que no hay en ese supuesto concreto ninguna otra razón para la acción que prevalezca sobre su «deseo(1)». Por lo tanto, podremos concluir que los deseos no son razones para la acción *por sí solos*, ya que únicamente lo son en compañía del juicio según el cual que-

[140] Nino, C. S., *Ética y derechos humanos*, cit., págs. 79-80.
[141] Cfr. Bayón Mohíno, J. C., *La normatividad del Derecho*, cit., pág. 76.

da satisfecha la condición *ceteris paribus*. Siendo así, los deseos no son razones concluyentes para actuar, sino que hay que proceder a una deliberación teniendo en cuenta todas las razones en pro y en contra, lo cual no significa —frente a lo sostenido por Nino— que cuando no se dé ninguna razón de nivel superior en contra no constituyan así, *ceteris paribus*, razones para actuar.

Y si tomamos el ejemplo que Nino construye para ilustrar precisamente el hecho de que los deseos no pueden constituir por sí solos razones para actuar, vemos que quizá lo que le indujo a la confusión fue no percatarse de la necesidad de la condición *ceteris paribus*: pues existen razones de orden superior —prudenciales y quizá eventualmente, morales— para no satisfacer el deseo de volar por el placer de ver una de las viejas películas que ponen en los vuelos transatlánticos. Si asumiéramos esta forma de hablar respecto a las razones, entonces, frente a lo que Nino sostiene, es verdad que podríamos hablar también de los deseos como razones para la acción. En el ejemplo de Nino, simplemente no se cumpliría la cláusula *ceteris paribus*.

Junto al argumento de la cláusula *ceteris paribus*, Bayón afirma que hay dos sentidos diferentes en los que puede decirse que una acción está justificada moralmente: el primero equivale a afirmar que existen razones morales (concluyentes) para realizarla; el segundo, equivale a afirmar que no existen razones morales para no realizarla. Cuando una acción es moralmente *indiferente*, su realización está «moralmente justificada» en el segundo sentido, aunque no en el primero. Según esto, cuando no haya razones-valores o razones-intereses, los deseos pueden ser identificados como razones concluyentes y podríamos afirmar, al menos en un sentido débil, que determinada acción apoyada en ellos está moralmente justificada.

Bayón constata además que, en realidad, una objeción como la que plantea Nino («el deseo no es en sí mismo la razón, sino que constituye un hecho antecedente aludido por un principio prudencial implícito que estipula la conveniencia de satisfacer cierta clase de deseos en determinadas circunstancias; es ese principio prudencial el que constituye una razón operativa para actuar»)[142] se basa en la presuposición de que existe un sentido de razón según el cual se puede afirmar que algo constituye *verdaderamente* una razón (justificativa) para actuar que no está ligada al punto de vista de nadie (o si se quiere, no es interno a la ordenación de preferencias de ningún sujeto), de manera que ese «principio prudencial

[142] Nino, C. S., *Ética y derechos humanos*, cit., 1989, pág. 79.

implícito que estipula la conveniencia de satisfacer cierta clase de deseos en determinadas circunstancias» no sería simplemente el contenido de preferencias de nivel superior del sujeto evaluador (de sus propias acciones o de las de un tercero), sino algún principio *objetivamente* válido que atribuiría o no relevancia práctica al *hecho* de que un sujeto tenga determinados deseos[143].

Creo que la respuesta a esta cuestión vendría dada por la explicación que el propio Bayón sugiere. Y es que Nino parte de una teoría metaética constructivista que le permite hablar de razones morales como razones objetivas o externas, existentes al margen de que formen parte de la estructura de preferencias de algún sujeto. Lo cual, seguramente, le lleva a articular las razones prudenciales también como razones externas al conjunto de preferencias de un individuo y a que, por lo tanto, los deseos sin más sean vistos o bien como hechos que pueden formar parte junto con una razón prudencial de un razonamiento práctico completo cuando los intereses de terceros no son afectados o bien como simples caprichos que, a pesar de estar ausentes intereses de terceros, no pueden ser considerados razones justificativas ya que pertenecen al mundo de lo irracional.

De todas formas, creo que, aunque la postura metaética que Bayón atribuye a Nino y el papel que en tal esquema tendrían las razones serían suscritos por éste, la posición del autor argentino acerca del papel que los deseos tendrían en el razonamiento práctico resulta por lo demás muy confusa. Así en *Introducción a la Filosofía de la acción* escribe que «aunque un deseo no puede constituir en sí mismo una razón operativa puesto que un deseo es un hecho y de un hecho no puede inferirse un juicio normativo, como es la conclusión de un razonamiento práctico, lo que sí puede constituir una razón operativa es el contenido proposicional de un deseo, y ese contenido proposicional es, precisamente, un juicio normativo o valorativo»[144].

Para intentar explicar esta posición creo que podría decirse que Nino pretende dar cuenta de un nivel del razonamiento en el que en su opinión se confunden (se funden) deseos con creencias en torno a la existencia de un principio moral, y de ahí su urgencia por dar cuenta del aspecto interno de los deseos: «La adhesión a un juicio valorativo o normativo como los que constituyen razones últimas puede describirse también como una creencia en su validez: esto sugiere que en el nivel de las razones últimas, los deseos se confunden con creencias, lo que permite descalificar, por un

---

[143] Cfr. Bayón, J. C., *La normatividad del Derecho*, cit., pág. 84.

[144] Nino, C. S., *Introducción a la Filosofía de la acción humana*, cit., pág. 84-85.

lado, la tesis de que las creencias son inertes, y, por otro lado, la tesis de que los deseos, a diferencia de las creencias, no son objetos de argumentación: estas creencias-deseos, que expresan adhesión a los últimos principios de conducta, serían tan causalmente activas como cualquier deseo y tan sujetas a contrastación intersubjetiva como otras creencias»[145].

Además, como ya he apuntado, en el párrafo citado Nino está haciendo uso de un sentido amplio de deseo (como disposición práctica favorable) y no como un tipo de entidad de rango inferior a los intereses (o razones prudenciales) y valores en el razonamiento práctico. Y esto es lo que quizá le permite hablar de las adhesiones a juicios normativos morales como deseos al tiempo que sólo unos párrafos después escribe: «Está de más decir que los principios, tanto prudenciales como morales, pueden referirse a la satisfacción de deseos. La descripción de un deseo puede figurar, entonces, en el razonamiento práctico como razón auxiliar o como contenido de su conclusión normativa. Esto puede explicar, aunque no justificar, que muchas veces se haya incurrido en el error de pensar que los deseos pueden constituir no sólo motivos, sino razones para valorar una acción»[146].

b) Hemos dicho que un razonamiento práctico que concluye en un juicio normativo o valorativo ha de partir de premisas entre las cuales exista alguna que tenga ese carácter (principio de Hume). Tales premisas serán las que, según hemos visto en el análisis de Nino, operan como razones justificativas. Antes de pasar a ver el tratamiento que nuestro autor hace de la cuestión de si las normas jurídicas constituyen o no razones justificativas para la acción es preciso introducir nuevas precisiones acerca del concepto de razón justificativa y su papel en un razonamiento práctico orientado a guiar o a valorar la acción. Pues sucede que la expresión «razón justificativa» es ambigua y la comprensión cabal de la posición de Nino exige un análisis más detallado de su estructura.

Como señala Redondo, la expresión «razón justificativa» puede entenderse bien como razón-premisa o bien como razón sustantiva para la acción. Esto marca, en opinión de la autora, la diferencia entre razón en sentido formal, como elemento de un argumento lógico, y razón en sentido material o sustantivo, como elemento de un argumento práctico en sentido no lógico[147].

---

[145] Nino, C. S., *Introducción a la Filosofía de la acción*, cit., pág. 85.

[146] Nino, C. S., *Introducción a la Filosofía de la acción*, cit., pág. 86. Sobre los deseos como razones para la acción, Cfr., Raz, J., *Razón práctica y normas*, cit., pág. 38.

[147] Según Redondo, los enunciados que componen un argumento práctico en sentido no lógico no son razones en sentido lógico (esto es, no son razones-premisas), y ello aunque esos

Nino, sin embargo, ve las cosas de forma algo diferente. En su análisis, una premisa sólo puede ser una razón-premisa normativa de un razonamiento lógico práctico si tal premisa está constituida por una razón sustantiva válida. Pues sólo éstas tienen carácter normativo, es decir, constituyen un deber[148]. Nino reconstruye el razonamiento jurídico justificativo como un razonamiento práctico sustantivo de carácter lógico por lo que se refiere a la derivación de la validez o justificación moral de la solución a partir de la validez moral de las premisas. Veamos esto con más detenimiento.

Según Nino, la reconstrucción de una sentencia judicial implica una justificación sustantiva en sentido objetivo. Y esto, a su vez, implica la necesidad de garantizar la corrección material de las premisas del argumento jurídico justificativo. Para Nino, la justificación de las premisas normativas de la sentencia se articula, precisamente, a partir de la misma noción de razonamiento práctico: las premisas normativas válidas son aquellas obtenidas como conclusión de un argumento práctico válido. Y, como podremos ver detenidamente más adelante, las premisas normativas tienen carácter moral[149]. A su vez, los principios morales de los que derivan directa o indirec-

enunciados describan o mencionen razones en sentido sustantivo. En su opinión, el origen lógico de las expresiones «argumento» y «premisa», o quizás el prestigio asociado al rigor y la precisión de esa disciplina, explican la permanente tendencia a asimilar estos significados o a considerar los usos metafóricos como tipos o ampliaciones de los conceptos lógicos. Cfr. Redondo, C., *La noción de razón para la acción en el análisis jurídico*, cit., págs. 142 y 232-234. En relación con el razonamiento judicial escribe asimismo: «Los parámetros de la lógica permiten controlar la justificación de la sentencia en sentido formal», pero «sólo el consenso en torno a una teoría normativa permitiría exigir la justificación sustantiva de las decisiones judiciales. La garantía de objetividad será siempre en relación a esa teoría. Si quienes controlan y quienes son controlados en su tarea de justificar no sustentan una misma teoría normativa, la discusión acerca de la corrección de la justificación no es racional» (*ibidem*, pág. 258). Por lo demás, «la posibilidad de diseñar un argumento adecuado para la fundamentación de los enunciados concluyentes de deber es tema de reflexión central de la metaética» (*ibidem*, pág. 137). Para un análisis crítico del concepto de argumento presupuesto en este trabajo de C. Redondo, Cfr. Atienza, M., «A propósito de la argumentación jurídica», *Doxa. Cuadernos de Filosofía del Derecho*, nº 21, II, (1998), págs. 33-50.

[148] A diferencia de Nino, Redondo no admite un único concepto de normatividad vinculado con la constitución de razones sustantivas para la acción. Cfr. Redondo, C., *La noción de razón para la acción en el análisis jurídico*, cit., pág. 169. Reconoce, sin embargo, que la noción de razón justificativa es necesaria para analizar el concepto de normatividad entendida como noción de carácter práctico y no meramente como contenido o significado normativo (atendiendo a una concepción semántica de las normas). Cfr. Redondo, C., *La noción de razón para la acción en el análisis jurídico*, cit., pág. 148.

[149] Cfr. Nino, C. S., «Respuesta a J. J. Moreso, P. E. Navarro y M. C. Redondo», *Doxa. Cuadernos de Filosofía del Derecho*, nº 13, (1993), págs. 261-264. La tesis de Nino no sólo se refiere a la aceptación de las normas por razones morales, sino también al necesario conte-

tamente las premisas del razonamiento judicial dependen de ciertas condiciones formales y sustantivas de la práctica del discurso moral (es decir, de la argumentación moral)[150]. En cualquier caso, lo que en este momento resulta importante subrayar es que en un razonamiento práctico en el que manejamos razones para la acción como premisas no sólo extraemos a partir de las premisas un cierto contenido de significado sino también una determinada fuerza normativa. Algo que, en el análisis de Nino, sólo puede obtenerse (lo que es relevante a propósito del razonamiento justificativo judicial, que es el que aquí nos interesa) a partir de la fuerza normativa contenida únicamente en premisas normativamente válidas. No hay justificación genuina si las premisas normativas no son correctas, esto es, si no constituyen razones para la acción. Para reconstruir el razonamiento jurídico justificativo la noción formal de justificación no resulta, pues, suficiente[151].

---

nido moral de las normas jurídicas objeto de tal aceptación. Decir que una decisión está justificada es algo conceptualmente distinto a sostener que el juez acepta por razones morales los elementos de su argumentación. En efecto, si he entendido bien la reconstrucción que hace Nino de la validez del Derecho, una decisión estará justificada (en el sentido sustantivo) cuando —independientemente de la creencia o aceptación de las normas como razones sustantivas válidas por parte del juez— tal decisión derive de normas válidas, esto es, derive directa o indirectamente de razones sustantivas válidas. Cfr., por todos, Nino, C. S., *La validez del Derecho*, cit., págs. 139 y ss. Por otra parte, desde el punto de vista interno (razonamiento jurídico justificativo del juez), el juez ha de esgrimir una pretensión de corrección acerca de las premisas de su razonamiento (es lo que Redondo denomina «actitud psicológica del juez») si su propósito es actuar —y esto es una exigencia derivada de su responsabilidad moral a la hora de llevar a cabo sus acciones o decisiones institucionales (aunque, obviamente, el razonamiento moral justificativo aquí, como veremos, tiene una naturaleza más compleja)— conforme a razones válidas. Desde el punto de vista interno, pues, es necesario que el juez acepte las normas jurídicas por razones morales si pretende que su comportamiento esté justificado (él, por cierto, corre con el riesgo de error acerca de la corrección objetiva de las razones por él pretendidas y aceptadas como razones últimas; este error, puede, todo lo más, quizá, articular la posibilidad de excusas, pero no de justificaciones). Sobre la responsabilidad moral del juez puede verse, entre otros, Nino, C. S., *Ética y derechos humanos*, cit., págs. 400-411. Pues bien, estas consideraciones acerca de la postura de Nino en este punto me llevan a entender que Redondo yerra cuando acusa a Nino de incurrir en una confusión entre la actitud psicológica del juez (actitud moral) y el contenido (moral) del objeto de aceptación. Cfr. Redondo, C., *La noción de razón para la acción en el análisis jurídico*, cit., págs. 196 y 225-230. Sobre esto volveré en el capítulo V del presente trabajo.

[150] Cfr. Nino, C. S., *El constructivismo ético*, cit., págs. 69-71. Según esto, la teoría moral intenta reconstruir y captar los hechos morales que resultan de la práctica humana. Las razones justificativas lo son al margen de la teoría, pero no, claro está, al margen de la práctica humana del discurso moral. Cfr. Redondo, C., *La noción de razón para la acción en el análisis jurídico*, cit., pág. 234, n. 37.

[151] Cfr. Nino, C. S., «Respuesta a J. J. Moreso, P. E. Navarro y M. C. Redondo», cit., pág. 262.

4. LAS NORMAS JURÍDICAS EN EL RAZONAMIENTO PRÁCTICO

4.1. Introducción

El problema central que pretendía abordar en este Capítulo es el del papel que juegan las normas jurídicas en el razonamiento práctico y, concretamente, si las normas jurídicas son razones autónomas para la acción, esto es, si apelar a una norma jurídica, sin más, permite o no justificar una acción.

Para dar respuesta a esta cuestión ha sido preciso dilucidar la noción de «razones para la acción». Ahora es preciso clarificar en lo posible el otro término implicado en el problema: la noción de norma jurídica. Nino defiende la existencia de una pluralidad de sentidos de la expresión «norma jurídica». Será necesario, entonces, pasar revista a dichos diferentes sentidos para dar cuenta después del papel que cumple cada uno de ellos en el razonamiento práctico.

Comenzaré, pues, con la exposición de los distintos sentidos de norma jurídica de los que Nino da cuenta, partiendo para ello de un sencillo ejemplo de razonamiento jurídico justificativo. Seguidamente, en el próximo apartado, me ocuparé de las normas jurídicas como razones para actuar. Esto me llevará a introducir las notas principales de la concepción raziana sobre el asunto puesto que, como veremos, Nino traza su postura a partir de una aproximación crítica a la obra de Raz, y en concreto a la tesis de las normas jurídicas como razones autónomas excluyentes. A continuación, pasaré a dar cuenta del análisis de Nino acerca de las normas jurídicas como razones para actuar, examinando qué tipos de razones para la acción constituyen a su juicio cada uno de los distintos sentidos de «norma jurídica» y el distinto papel que cumplen en el razonamiento práctico. A este respecto dedicaré especial atención al diferente modo en el que inciden en el razonamiento práctico los juicios de valor, de un lado, y las normas jurídicas como prescripciones, de otro, a partir de las críticas que también Nino dirige a Hare. En el apartado siguiente me ocuparé ya de la respuesta que nuestro autor ofrece al problema de si las normas jurídicas constituyen o no razones operativas autónomas. Esto me permitirá reintroducir las tesis (b) y (c) apuntadas al comienzo de este capítulo, referidas al valor de las normas jurídicas como razones justificativas autónomas y como razones auxiliares, respectivamente. Por último, presentaré la concepción particular de las normas jurídicas que arrojaría la tesis del valor epistémico de la democracia defendida por Nino y que nos reconduce a la tesis (a) también allí indicada, relativa a las normas jurídicas de origen democrático como razones epistémicas[152].

Nino se ocupa de todas estas cuestiones especialmente en *La validez del Derecho* (1985), *Ética y derechos humanos* (2ª edición, 1989), *Un país al margen de la ley* (1992) y *Derecho, Moral y Política* (1994).

4.2. Los distintos conceptos de norma jurídica de acuerdo con Nino

Dado que el contexto necesario para comprender el problema de si las normas jurídicas expresan o no razones operativas autónomas para justificar acciones o decisiones es el del razonamiento práctico, será conveniente comenzar presentando un sencillo ejemplo de razonamiento jurídico justificativo —el que haría el destinatario de una prescripción jurídica—, tal como él es ofrecido por Nino con idéntico propósito.

El razonamiento jurídico justificativo puede mostrarse como una especie de razonamiento práctico. Pero, para proceder a la reconstrucción de un razonamiento judicial, lo primero a tener en cuenta es que los actos de los jueces suelen afectar a intereses ajenos a los suyos propios, lo que nos hace entrar, por tanto, en una esfera en la que las razones morales desplazan la capacidad justificativa de las razones prudenciales. A partir de esto, Nino reconstruye la estructura de un razonamiento judicial en los siguientes términos[153]:

1) Se debe obedecer a quien ha sido elegido democráticamente para legislar.
2) El legislador L ha sido elegido democráticamente.
3) L ha dictado una norma jurídica que estipula «el que mata a otro debe ser penado».
4) Debe penarse a quienes matan a otro.
5) Juan mató a alguien.
6) Se debe penar a Juan.

Según Nino, la primera proposición constituye un juicio normativo puro, una subclase (en cuanto que referida a la organización de una co-

[152] Recordemos que en el análisis de Nino sólo las normas jurídicas procedentes de una autoridad democrática pueden pretender aparecer de forma legítima como razones justificativas. Su postura puede articularse en tres tesis sobre las siguientes cuestiones parcialmente relacionadas: (a) las normas jurídicas de origen democrático como razones epistémicas; (b) las normas jurídicas de origen democrático como razones justificativas autónomas (o la dimensión valorativa de las normas jurídicas); y (c) las normas jurídicas de origen democrático como razones auxiliares y directivas excluyentes.

[153] Cfr. Nino, C. S., *La validez del Derecho*, cit., pág. 139.

munidad política) de juicio moral. La tercera proposición es un juicio constatativo de una prescripción: la emisión de una prescripción —o dictado de una norma, en este caso— es un hecho. La premisa que refleja un juicio constatativo de una prescripción es una premisa meramente descriptiva. La cuarta proposición, por su parte, es denominada por Nino juicio normativo de adhesión.

A veces hablamos de las normas jurídicas como juicios normativos puros. Éste sería el caso de los juicios que, como el primero, señalan que es justo o debido moralmente obedecer a una autoridad democrática. Otras veces hablamos de las normas jurídicas como prescripciones y, finalmente, en otras como juicios de valor o juicios de adhesión normativa[154]. La expresión «norma jurídica» es utilizada, pues, con sentidos muy diferentes según los contextos en que aparece. Sistematizando estos sentidos, Nino identifica las siguientes acepciones de «norma jurídica»[155]:

a) Norma jurídica como regularidad de conductas y actitudes, esto es, como práctica social[156]. Cuando hablamos de normas jurídicas en este sentido, estamos haciendo referencia a hechos sociales, a fenómenos históricos. Las normas como hechos histórico-sociales nacen en un tiempo y su existencia se prolonga durante un lapso determinado. Este sentido apuntaría al aspecto externo de las normas.

b) Norma jurídica como acto lingüístico, esto es, como prescripción (concepción pragmática). En este sentido, la norma jurídica consiste en un acto lingüístico de un tipo particular. El acto consiste en expresar la intención de que otro individuo haga algo teniendo en cuenta la expresión de esa intención. Aquí, siguiendo a Alchourrón y Bulygin[157], Nino señala que existen diversas posibilidades a analizar y, entre ellas, las que a los efectos interesan serían las dos siguientes: 1) la que considera que la norma jurídica está constituida por la mera expresión lingüística; 2) la que considera que la norma sólo se completa con la recepción de la expresión por sus destinatarios. En este sentido, al margen de algunas diferencias relevantes, las normas se asemejarían a las órdenes. En *Derecho, moral y política*, Nino se refiere a esto mismo hablando del sentido de normas como prescripciones. En efecto, la

[154] Estos últimos son los que en la terminología de Bayón constituyen «juicios de deber dependientes de la existencia de reglas jurídicas». Cfr. Bayón Mohíno, J. C., *La normatividad del Derecho*, cit., págs. 314-315.

[155] Cfr. Nino, C. S., *La validez del Derecho*, cit., págs. 134-137, y *Derecho, Moral y Política*, cit., págs. 111-127.

[156] Es el sentido de norma jurídica que Hart maneja en *El concepto de Derecho*,.

[157] Alchourrón, C. E. y Bulygin, E., *Sobre la existencia de las normas jurídicas*, Universidad de Carabobo, Valencia, 1980.

prescripción es un acto lingüístico que consiste en formular un juicio normativo al que el destinatario se adhiere. Cuando las normas jurídicas son identificadas con las órdenes o directivas de legisladores u otros órganos del Estado, éstas «son actos de prescribir juicios normativos»[158]. Lo que forma parte del razonamiento del destinatario no es, sin embargo, la prescripción emitida por el sujeto competente, ya que tal prescripción es un hecho que transcurrió en un tiempo pasado, sino una proposición que constate el hecho de que tal prescripción fue formulada. Nino apunta que una norma jurídica puede, entonces, identificarse con actos constatativos de prescripciones (en el ejemplo anterior, este sentido de norma jurídica correspondería con la segunda premisa que establece «L ha dictado una norma jurídica que estipula "el que mata a otro debe ser penado"»). El juicio constatativo de una prescripción es un juicio fáctico. Este último sentido de norma jurídica (como juicio constatativo de una prescripción) ha de ser incluido en la acepción (d) que inmediatamente veremos, que identifica las normas jurídicas con cierto tipo de juicios o proposiciones.

c) Norma jurídica como serie de signos lingüísticos, generalmente de tipo gráfico. A este sentido de norma se refieren los juristas cuando afirman que una norma es la misma aunque su interpretación judicial haya variado y que, en cambio, se trata de una nueva norma si se modificó la formulación lingüística, aunque ésta tenga el mismo significado que la anterior (concepción sintáctica).

d) Norma jurídica como juicio o enunciado que constituye el significado de tales grafismos o el contenido del acto lingüístico o de las actitudes críticas que forman parte de una práctica social y que predica de una acción que debe, no debe o puede hacerse. Bajo este sentido, escribe Nino, una norma no nace, perdura ni muere, no tiene autor y no puede tener distintos significados o interpretaciones. Este es el sentido de norma al que se refiere la llamada «concepción hilética» y aquel que precisamente, a su juicio, habría de ser explorado con más detenimiento para tratar de dar respuesta a la pregunta acerca de si las normas jurídicas expresan o no razones operativas autónomas para justificar acciones o decisiones tales como las judiciales. En *Derecho, Moral y política*[159] distingue Nino dentro de esta categoría entre:

[158] Nino, C. S., *Derecho, Moral y Política*, cit., pág. 114. Este sería, escribe Nino, el sentido en que Kelsen hablaba, especialmente en sus últimas obras, de normas jurídicas: esto es, no como juicios de deber ser, sino como «actos de voluntad», Nino, C. S., *ibid.*, pág. 114. Tal es también, como veremos, el sentido que las presenta como entidades diferentes a los juicios morales. Tomadas en este sentido, las normas jurídicas no poseen el rasgo de la superveniencia.

[159] Cfr. Nino, C. S, *Derecho, Moral y Política*, cit., págs. 117 y ss.

d.1) Enunciados constatativos de prescripciones (sería un enunciado del tipo: «El legislador ha prescrito "debe sancionarse a aquel que no pague sus impuestos"»). Como he apuntado unos párrafos más arriba, bajo este sentido las normas jurídicas son juicios meramente fácticos. La verdad o falsedad de las proposiciones constatativas depende de que se hayan pronunciado determinadas palabras y de que esto se haya hecho con la intención correspondiente y que las palabras y la intención correspondan al juicio normativo que se dice prescrito o que haya convenciones apropiadas para la asignación de esa intención. La interpretación no se agota en la descripción de los hechos, sino que depende de ciertos criterios normativos de interpretación que el destinatario debe adoptar según razones morales o prudenciales.

d.2) Juicios normativos puros. Son aceptados independientemente de las circunstancias de su formulación o de las consecuencias de su aceptación. Los juicios normativos puros constituyen proposiciones que predican que una conducta es debida, permitida o prohibida y pueden ser verdaderos o falsos (el juicio de que todos debemos abstenernos de matar es verdadero si y sólo si todos debemos abstenernos de matar). No debemos afirmar un juicio normativo si no creemos que es verdadero y que hay razones en favor de su veracidad. Esas razones no pueden consistir en el hecho de que alguien haya formulado el juicio en cuestión, aunque tal hecho, a veces, puede funcionar como indicio epistémico para suponer que es probable que esa persona tenga razones para formular el juicio normativo. Entre los juicios normativos Nino cita: los juicios morales y los juicios prudenciales.

d.2.1) Los juicios morales puros. Entre éstos aparecen identificados cierto tipo de juicios a los que también se refiere uno de los sentidos de «norma jurídica». En este sentido puede hablarse de juicios normativos puros jurídicos. Tal sería el caso, apunta Nino, de un juicio intersubjetivo de moral que se refiere a la forma en que debe organizarse y emplearse el cuasimonopolio de la coacción que se constituye en un grupo social[160]. Estos juicios normativos puros son los que se aceptan desde el punto de vista interno. Es importante señalar que el carácter moral de este tipo de juicio intersubjetivo es aquello que permite, en última instancia, que un determinado tipo de razonamiento práctico que va a afectar intereses de terceros pueda aparecer

[160] Algunos autores, entre los que Nino cuenta a Carrió, se resisten a integrar un juicio de este tipo con el resto de los principios morales. Para ellos (como pudimos ver en el último punto del Capítulo II), ese juicio justificativo básico de las prescripciones positivas no debe ser confundido con aquellos principios morales sino que debe ser distinguido como un juicio estrictamente jurídico. Cfr. Nino, C. S., *La validez del Derecho*, cit., pág. 220.

como justificado. Los juicios normativos de la moral intersubjetiva tienen como razones principios acerca de los intereses subjetivos de todas las personas. Aunque Nino no lo contempla expresamente en *Derecho, Moral y Política,* creo que, si tenemos en cuenta un trabajo suyo anterior[161], habría otro sentido de norma jurídica que se identifica con estos juicios normativos puros: me refiero a las normas jurídicas que reconocen derechos fundamentales. Una tercera categoría dentro de este tipo de juicios normativos puros estaría formada por los juicios normativos de moral personal que se refieren a un tipo de intereses objetivos de cada persona. En el caso del razonamiento jurídico cita Nino como ejemplo de juicio normativo puro uno como el siguiente: «Es justo o debido moralmente obedecer a la autoridad L (p. ej., porque es democrática)»[162].

d.2.2) Los juicios prudenciales. Se caracterizan porque vienen implicados a partir de principios acerca de los intereses subjetivos de una persona. Como ejemplo de un juicio normativo puro de naturaleza prudencial, Nino ofrece éste: «Me conviene o es debido, prudencialmente, obedecer a la autoridad L (porque, de lo contrario, seré sancionado)». Creo, sin embargo, que si tenemos en cuenta que lo que caracteriza a los juicios normativos puros (del tipo que sea) es ser aceptados al margen de las circunstancias de su formulación y de las consecuencias de su aceptación, el correspondiente juicio normativo puro de naturaleza prudencial no sería el que Nino pone como ejemplo, sino más bien uno que dijera: «Debo evitar ser sancionado».

d.3) Juicios normativos de adhesión, categóricos e hipotéticos. Los juicios normativos de adhesión derivan conjuntamente de juicios normativos puros (morales o prudenciales) que, como hemos visto, legitiman al autor de la prescripción relevante de juicios normativos puros y a los que se acude también para interpretar tales prescripciones, y de juicios constatativos de prescripciones. Los juicios normativos de adhesión son verdaderos o falsos dependiendo de (1) que vengan respaldados por juicios morales que, a su vez, derivan de razones operativas para la acción (principios morales) y (2) la verdad del juicio constatativo de una prescripción (razón auxiliar) que media en esa derivación y (3) la corrección de la deducción a partir de tales juicios.

Una misma acción puede aparecer como debida con arreglo a un juicio normativo puro y como no debida con arreglo a un juicio normativo de adhesión, aunque éste se funde en un juicio normativo puro que perte-

[161] Cfr. Nino, C. S., «Sobre los derechos morales», *Doxa. Cuadernos de Filosofía del Derecho*, nº 7, (1990), págs. 311-325.

[162] Nino, C. S., *Derecho, moral y política*, cit., pág. 122.

nezca al mismo sistema del primero (p. ej., moral). Es éste el conflicto que puede darse entre un principio moral que establece la legitimidad de una autoridad, y el deber de obediencia hacia la misma, y otro que establece un principio moral sustantivo de signo contrario.

Las normas jurídicas como juicios normativos de adhesión (normas jurídico-morales[163]) hacen aparición en el discurso práctico judicial tanto en el caso de los abogados y litigantes que reclaman una cierta solución para el conflicto de que se trate como en el caso de los jueces que deben justificar su decisión. Pero este sentido de norma jurídica aparece también (de forma no manifiesta[164]) en el contexto del discurso de los juristas teóricos de acuerdo con el modelo de ciencia del Derecho propuesto por Nino para reconstruir la dogmática jurídica, en el que los juristas no se limitan a describir las prescripciones formuladas, sino que tienen abierta como tarea central la de proponer soluciones a los jueces y demás agentes jurídicos. En el primer caso hablamos de juicios de adhesión normativa categóricos y en el segundo de juicios de adhesión normativa hipotéticos (éste sería, p.ej., el sentido que maneja Kelsen en su Teoría pura). La diferencia entre unos y otros estribaría, según Nino, en la actitud proposicional respecto del juicio normativo puro del que deriva el juicio de adhesión en cuestión.

Ese juicio sólo es supuesto como hipótesis. La aceptación hipotética de un juicio normativo no es pragmáticamente incompatible con la realización de la acción opuesta a la que el juicio califica como debida[165]. Los juicios hipotéticos de adhesión son juicios normativos pero vaciados de su dimensión pragmática, ya que el que deriven de un juicio normativo puro aceptado sólo hipotéticamente neutraliza el compromiso práctico justificativo. Y, por lo tanto, no sirven de razones para justificar acciones o decisiones. Nino, sin embargo, cuestiona que el discurso relevante de la ciencia jurídica sea meramente hipotético normativo a partir de la aceptación dogmática de ciertas normas jurídicas, y, muchos menos, un discurso sólo descriptivo[166].

Como después veremos en detalle, según Nino únicamente cuando manejamos el último sentido —d.3)— dc norma jurídica (la concepción hilética, o norma jurídica como contenido o significado) tiene sentido decir, aunque con cualificaciones que se considerarán más adelante, que las normas jurídicas constituyen razones operativas para justificar una acción o decisión. Esto no significa, sin embargo, que sólo las normas jurídicas

[163] Cfr. Nino, C. S., «Sobre los derechos morales», cit., pág. 322.
[164] Cfr. Nino, C. S., *Consideraciones sobre la dogmática jurídica*, cit.
[165] Cfr. Nino, C. S., *Derecho, Moral y Política*, cit., pág. 127.
[166] Nino, C. S., *Algunos modelos metodológicos de 'ciencia' jurídica*, cit., págs. 91-109.

entendidas en el último de los sentidos constituyan razones para justificar una acción o decisión en el análisis de Nino. Pues también en los demás sentidos las normas jurídicas son relevantes para reconstruir, en sus peculiaridades, el razonamiento jurídico práctico de los sujetos, aunque en esos casos no constituyan razones completas.

4.3. Las normas jurídicas como razones para actuar

4.3.1. Las normas jurídicas como razones para actuar en la concepción de Raz[167]

Daré cuenta en lo que sigue de los elementos más sobresalientes del análisis de Raz a fin de poder comprender a su luz las reflexiones que Nino hace sobre las normas jurídicas como razones a partir del instrumental raziano, así como para poder valorar sus críticas a esta concreta concepción de las normas jurídicas.

Como se sabe, la tesis de Raz sobre la estructura de los razonamientos prácticos se basa en la distinción entre dos niveles de la deliberación práctica[168]. Un primer nivel elemental de razonamiento es aquel en el que se tomarían en consideración exclusivamente razones de primer orden. Éstas, en el análisis de Raz, pueden ser bien razones operativas o bien razones auxiliares. Veamos esta diferenciación a partir de un ejemplo:

> Yo deseo ayudar a mi amigo;
> Prestar mi bicicleta a mi amigo es una forma de ayudarle;
> Por consiguiente, tengo una razón para prestarle a mi amigo mi bicicleta

El deseo de ayudar a mi amigo sería una razón operativa. Según Raz, los deseos (en el sentido de deseo espontáneo[169]), los intereses y los valores constituyen este tipo de razones. Una razón operativa es aquella cuya

---

[167] Cfr. Raz, J., *Razón práctica y normas*,. Para la elaboración de este apartado he tenido presente la exposición y análisis de Raz en Redondo, C., *La noción de razón para la acción en el análisis jurídico*, cit., págs. 169-177 y Ródenas, A., *Sobre la justificación de la autoridad*, ed. Centro de Estudios Constitucionales, Madrid, 1996, págs. 144-158. No entro aquí a considerar elementos críticos concretos de ambos análisis, sino que me limito a obtener la interpretación de Raz que me permita, después, arrojar luz sobre el modelo de Nino.

[168] El propio Raz advierte al comienzo de *Razón práctica y normas* que su propósito al introducir algunas distinciones relativas a las razones para la acción no es realizar un análisis exhaustivo de la estructura de los razonamientos prácticos, sino tratar de relacionar las normas y el Derecho con las razones. Cfr. Raz, J., *Razón práctica y normas*, cit., pág. 17.

[169] Cfr. Raz, J., *Razón práctica y normas*, cit., pág. 38.

existencia (o mejor, la creencia en cuya existencia) implica tener una actitud crítica práctica. Tal actitud no es necesariamente una actitud de aprobación o de desaprobación moral. Sólo cuando la razón para la acción es una razón moral, la actitud crítica asume un carácter moral. Las razones que no son operativas son razones auxiliares. Las razones auxiliares juegan diversos papeles en el razonamiento práctico. Raz señala dos que a los efectos interesan: las razones identificadoras y las razones que afectan a la fuerza[170]. Aquí nos interesan las del primer tipo, las que Raz denomina así, razones identificadoras, porque su función es ayudar a identificar el acto que hay razón para realizar y, de alguna forma, transmite la fuerza de la razón operativa al acto particular final (en el ejemplo, el de prestar mi bicicleta a mi amigo).

Ahora bien, las situaciones prácticas suelen presentarse de forma mucho más complicada. Imaginemos que otro amigo que también necesita mi bici para disfrutar de un día en el campo tras un período de mucho trabajo me pide que no le deje la bicicleta al primero, sino a él. Su ruego constituirá una razón que yo deberé sopesar con la razón que tenía para prestársela al otro. Los conflictos entre razones de primer orden se resuelven por medio de la fuerza relativa de las razones en conflicto. Raz formula en este punto lo que se considera generalmente como el principio más elemental de la racionalidad práctica: «Es siempre el caso que se debe, todas las cosas consideradas, hacer lo que se debe hacer sobre la base del balance de razones»[171]. Pero la complejidad de la racionalidad práctica no se agota en este nivel. Es preciso reparar en la existencia de un segundo nivel de deliberación. Éste, nos dice Raz, resulta fundamental para explicar el papel que tienen las reglas en el razonamiento práctico[172]. Imaginemos que ante la ansiedad que me crea hallarme en situaciones como la del ejemplo, adopto la regla de dejar mi bicicleta al primero de entre mis amigos que me lo solicite. Según Raz, salvo excepciones, adoptar una regla como la anterior supone dejar de tomar en consideración todos los factores relevantes para juzgar los méritos del caso. No se tienen en cuenta tales factores porque se acepta una razón excluyente para guiar la conducta en cier-

[170] Respecto a estas últimas, Raz escribe: «Las razones que afectan a la fuerza (o al peso) son importantes únicamente en situaciones de conflicto y su función es ayudar a determinar qué razón tiene más peso. Yo deseo ayudar a Jim. Hay dos cosas, cada una de las cuales puedo hacer y que ayudarán a Jim, pero sólo puedo hacer una de ellas. Lo que necesito es conocimiento de los hechos que afectan a la fuerza, los cuales me permitirán determinar qué hacer» Raz, J., *Razón práctica y normas*, cit., pág. 39.

[171] Raz, J., *Razón práctica y normas*, cit., pág. 41.

[172] Raz, J., *Razón práctica y normas*, cit., págs. 41-44.

tos supuestos. Pues bien, según Raz, los conflictos entre una razón de primer orden y una razón excluyente no se resuelven en virtud de la fuerza de las razones en competencia, sino mediante un principio general del razonamiento práctico que determina que las razones excluyentes —dentro de su alcance[173]— prevalecen siempre cuando están en conflicto con razones de primer orden[174]. Raz formula entonces el segundo principio de la racionalidad práctica: «No se debe actuar sobre la base del balance de razones si las razones que inclinan el balance son excluidas por una razón excluyente no derrotada». Esto, a su vez, implica un cambio en el primer principio antes enunciado, que deberá ser sustituido por el siguiente: «Es siempre el caso que se debe, todas las cosas consideradas, actuar por una razón no derrotada»[175]. La idea de Raz es, pues, que tener una regla consiste en «haber decidido por adelantado qué hacer. Cuando se presenta la ocasión para la acción no se ha de considerar el asunto, pues la decisión ya está tomada». La regla se toma no meramente como una razón para realizar la acción normada, sino, también como una razón que resuelve conflictos prácticos excluyendo razones en conflicto.

Detengámonos aquí. En la concepción de Raz, la razón excluyente no está constituida por la norma (en sentido hilético), sino por el hecho de que una autoridad la ha promulgado. Es precisamente ese origen autoritativo el que da carácter excluyente a las normas jurídicas[176]. Por otra parte, las normas (esta vez sí, en sentido hilético) califican deónticamente con-

---

[173] Para Raz «las reglas son expresiones de compromisos [*compromises*] o juicios acerca del resultado de conflictos entre razones de primer orden». En el conocido ejemplo del cartel que prohíbe la entrada de vehículos en el parque, podemos suponer que lo que ha llevado al establecimiento de la señal de prohibición ha sido la intención de que prevalezca la seguridad de los peatones que lo transitan (razón 1) frente a la notable agilización del tráfico que se produciría si se permitiera atravesar el parque para ir de un extremo a otro de la ciudad (razón 2). Un caso estaría fuera del alcance de una regla si las principales razones que respaldan la regla no son aplicables a tal caso. Así, el supuesto del todoterreno que los veteranos de guerra quieren introducir en el parque para conmemorar una batalla estaría fuera del alcance de la regla, ya que el todoterreno no pondría en riesgo la seguridad vial de nadie, ni su introducción en el parque afecta en nada a la fluidez del tráfico en la ciudad. Para un análisis de estos aspectos de la obra de Raz puede verse Ródenas, A., *Razonamiento judicial y reglas*, Fontamara, México, 2000.

[174] Cfr. Raz, J., *Razón práctica y normas*, cit., págs. 45-52; Ródenas, A., *Razonamiento judicial y reglas*, cit., pág. 148, n. 9.

[175] Raz, J., *Razón práctica y normas*, cit., pág. 45.

[176] Cfr. Redondo, C., *La noción de razón para la acción en el análisis jurídico*, cit., pág. 175. Esta autora señala que en Raz el carácter de razón excluyente no corresponde sólo a las normas dictadas por autoridades legítimas. La propuesta conceptual de Raz introduce este rasgo —el carácter excluyente— en la definición de las normas jurídicas, si bien no todas ellas son válidas.

ductas. Antes de pasar a ver su caracterización de las normas jurídicas en términos de razones para la acción, es preciso señalar que Raz maneja una noción de razón en el sentido de razón justificativa y sustantiva (no en el sentido de razón-premisa)[177]. La explicación del uso común del lenguaje normativo ha de encontrarse, según Raz, en las creencias (justificadas o injustificadas) de quienes usan ese lenguaje. Las reglas jurídicas pueden ser razones válidas para la acción o pueden no serlo, pero esto resulta irrelevante, a su juicio, para la explicación del uso del lenguaje normativo en un contexto jurídico[178].

En la concepción de Raz, las directivas autoritativas (las normas jurídicas de mandato) son analizadas en términos de razones protegidas. Entre los casos que pueden constituir razones válidas para la acción[179], junto a ejemplos tales como aquellas situaciones en las que la necesidad de ahorrar tiempo, trabajo o preocupación constituyen razones excluyentes justificadas y en los que se debe aplicar el segundo principio de razonamiento («No se debe actuar sobre la base del balance de razones si las razones que inclinan el balance son excluidas por una razón excluyente no derrotada»), se encontrarían las normas jurídicas. Las normas jurídicas constituyen este tipo de razones cuando son válidas. Pero aún en aquellos casos en que no lo son, su existencia como normas debe analizarse en términos de razones para la acción. Como escribe Redondo interpretando a Raz, «esto significa que, aun cuando las autoridades se equivoquen y, por tan-

---

[177] Cfr. Redondo, C., *La noción de razón para la acción en el análisis jurídico*, cit., pág. 171.

[178] Cfr. Raz, J., *Razón práctica y normas*, cit., pág. 198. Aunque Cristina Redondo considera que en este aspecto de su obra el enfoque de Raz es diferente del de Nino, mi opinión —luego volveré sobre ello— es diferente. Es cierto que, como escribe Redondo, en opinión de Nino el hecho de que las disposiciones jurídicas no sean razones válidas las priva de carácter normativo. Y es cierto también que Raz, como hemos visto, habla de que es posible explicar la normatividad de las disposiciones jurídicas ya sea porque constituyen razones válidas, o porque los aceptantes creen que son razones válidas. Pero creo que lo único que sucede es que en lo que Nino está interesado es en el aspecto justificativo del Derecho, mientras que Raz, desde la perspectiva externa, está explicando cómo opera el Derecho en el razonamiento justificativo de una comunidad. De ahí que Nino insista en la necesidad de que las normas jurídicas sean válidas para que tengan carácter normativo y constituyan razones para la acción, mientras que a Raz le basta con decir que los miembros aceptantes de la comunidad en cuestión (concretamente, los jueces) creen que son razones válidas («los jueces, actuando como jueces, actúan sobre la base de la creencia de que las disposiciones jurídicas son razones válidas para la acción», Raz, J., *ibid*., pág. 199).

[179] Como apunté antes, el objetivo de Raz no es ofrecer una teoría sustantiva de las razones, con lo cual su reconstrucción de las razones excluyentes válidas no pretende ser exhaustiva de todos los distintos supuestos posibles, sino sólo mostrar que hay, al menos, algunas razones excluyentes válidas.

to, las disposiciones jurídicas no estén justificadas, ellas igualmente son vistas como razones justificativas, desde la perspectiva de los sujetos que creen en ellas. Las reglas, aún cuando no sean válidas, siempre funcionan como razones, «por su propia naturaleza». Consecuentemente, si se pretende comprender en qué consiste una directiva dictada por una autoridad, es necesario tener en cuenta ese rasgo»[180]. Para Raz, el carácter de razón excluyente es una nota definitoria de toda regla. Sólo que no todas las reglas son razones válidas, i.e., no todas provienen de autoridades legítimas[181]. Por lo demás, en esta concepción las directivas dictadas por una autoridad poseen siempre un valor positivo de racionalidad, puesto que maximizan la posibilidad de adecuación con las razones existentes. Este valor se sustenta en el carácter experto de las autoridades normativas y justifica la probabilidad de que ellas no se equivoquen. Dicho valor, sin embargo, se pierde cuando las autoridades se equivocan y, si se admite que una autoridad ha errado, no puede esgrimirse la probabilidad de acierto como fundamento del deber de obediencia[182].

4.3.2. Las normas jurídicas como razones para actuar en la concepción de Nino

4.3.2.1. Juicios de valor vs. normas jurídicas como prescripciones. La presuposición de razones vs. la constitución de razones para la acción

Dedicaré este subapartado a examinar la distinta naturaleza que, según Nino, poseen en el razonamiento práctico los juicios de valor, por un lado, y las normas jurídicas por otro. Una vez introducida la pluralidad de conceptos de norma jurídica que manejamos en el razonamiento jurídico justificativo, es preciso hacer constar que esta parte del análisis de Nino, en el que, como veremos, perfila su postura a partir de una serie de observaciones críticas a la concepción prescriptivista de Hare acerca de los juicios de valor, sólo es comprensible precisando que aunque nuestro autor se refiere a normas jurídicas en general, y señala que éstas, a diferencia de los juicios de valor, no evocan razones para la acción sino que las crean,

---

[180] Redondo, C., *La noción de razón para la acción en el análisis jurídico*, cit., pág. 173. Cfr. Raz, J., *Razón práctica y normas*, cit., pág. 239.

[181] Cfr. Redondo, C., *La noción de razón para la acción en el análisis jurídico*, cit., pág. 174, n. 56.

[182] Cfr. Redondo, C., *La noción de razón para la acción en el análisis jurídico*, cit., pág. 174, n. 58.

está pensando en todo momento en el sentido de las normas jurídicas como prescripciones o directivas de una autoridad. Es decir, entendidas las normas jurídicas como prescripciones, podemos decir que éstas pretenden crear razones para la acción.

a) Juicios de valor y presuposición de razones

Nino utiliza la expresión «juicios de valor» para referirse (1) a los juicios normativos puros (como son los juicios morales y los juicios prudenciales) y (2) a los juicios normativos de adhesión o normas jurídico-morales (estos son los que, como he señalado antes, en la terminología de Bayón se denominan «juicios de deber dependientes de la existencia de reglas jurídicas»)[183]. De este modo, cuando opone juicios de valor y normas jurídicas, hay que entender, como he apuntado, que Nino no piensa en la acepción de norma jurídica como juicio de adhesión normativa, sino en la norma como prescripción[184].

Pues bien, a partir de esta precisión, veamos su caracterización de los juicios de valor. A diferencia de algunas teorías metaéticas que contemplan los juicios de valor como expresión de emociones, prescripciones, etc., Nino, tras analizar el papel que desempeñan los juicios de valor en el discurso práctico, llega a la conclusión de que tales juicios tienen naturaleza descriptiva, por cuanto presuponen la existencia de razones para la acción. Nino comienza su análisis de la naturaleza de los juicios de valor partien-

[183] Cuando se habla de normas en este sentido se está suscribiendo la concepción hilética o semántica de las normas jurídicas. Según ésta, la norma es el significado de una sentencia normativa, en el mismo sentido en que las proposiciones son el significado de una sentencia descriptiva. Los partidarios de la concepción hilética entienden «norma» con el significado de «norma-sentido». Cfr. González Lagier, D., *Acción y norma en G. H. Von Wright*, cit., págs. 346-348; Navarro, P. E, *La eficacia del Derecho*, ed. Centro de Estudios Constitucionales, Madrid, 1990, pág. 32. Para la concepción hilética, la existencia de las normas es independiente del lenguaje, aunque pueden ser expresadas por medio de éste y, por tanto, «hay normas que no han sido formuladas (aún) en ningún lenguaje y que tal vez no serán formuladas nunca. Una norma es, en esta concepción, una entidad abstracta, puramente conceptual» Alchourrón, C. y Bulygin, E., «La concepción expresiva de las normas», en *Análisis lógico y Derecho*, ed. Centro de Estudios Constitucionales, Madrid, 1991, págs. 121-153.

[184] Como señalan Atienza y Ruiz Manero en *Las piezas del Derecho*, resulta extraño que Nino, tan consciente de la necesidad de acuñar sentidos diferenciados de «norma jurídica», no se diera cuenta de que su divergencia con Hare parece deberse a un mero enredo terminológico. Al margen de esto, y como vamos a ver, el análisis que hace a partir de esa aparente divergencia es sin embargo, en mi opinión, muy iluminador para la comprensión del razonamiento jurídico justificativo. Cfr. Atienza, M. y Ruiz Manero, J., *Las piezas del Derecho*, cit., pág. 133, n. 8.

do de la crítica de la concepción prescriptivista de Hare en torno a los juicios valorativos[185]. Según su lectura, para esta concepción el significado de un juicio de valor no hace referencia a ningún hecho. Los juicios de valor pretenden dirigir la conducta por sí mismos, sin necesidad de invocar razones preexistentes. Según esto, no pueden ser ni verdaderos ni falsos. En concreto, la teoría prescriptivista de Hare establece una asociación entre los juicios de valor y los imperativos. Hare considera que tanto unos como otros, aunque no comparten los mismos rasgos, pertenecen a la categoría general del lenguaje prescriptivo[186]. Así, de todo juicio de valor se deduce un imperativo[187], y las órdenes y los mandatos son casos paradigmáticos de imperativos. Hare propone incluso el término *command*[188] para referirse en forma general a los imperativos acerca de los que le interesa discutir en relación con los juicios de valor[189].

En opinión de Nino, sin embargo, y pese a la asociación que se hace entre reglas jurídicas (como prescripciones), órdenes y juicios de valor, el papel que cada uno de ellos juega en nuestro discurso práctico es muy diferente. Concretamente, las diferencias que aquí interesa señalar son las que tienen que ver con ciertos rasgos presentes en ambos y el papel que

[185] Cfr. Hare, R. M., *The Language of Morals*, Clarendon Press, Oxford, 1972.

[186] Cfr. Hare, R. M., *The Language of Morals*, cit., pág. 3.

[187] Cfr. Hare, R. M., *The Language of Morals*, cit., págs. 168-169.

[188] Si bien Hare considera que es una simplificación excesiva, en su trabajo citado opta por usar el término *command* (orden, mandato) para hacer referencia a todo aquel conjunto de cosas que expresarían los enunciados en el modo imperativo, trazando sólo algunas distinciones dentro de esta categoría general. «Los lógicos han dedicado esfuerzo a mostrar que los enunciados indicativos pueden tener carácter lógico muy diferente y que clasificarlos a todos bajo el rotulo de «enunciados» puede inducir a error si nos hace ignorar las importantes diferencias existentes entre ellos. [...] Hay un tipo de enunciado indicativo, el que expresa juicios de valor, que se comporta desde un punto de vista lógico de una forma muy distinta a los enunciados indicativos ordinarios. De la misma forma, los imperativos son un grupo heterogéneo. Entre los enunciados en el modo imperativo podemos encontrar muy diversos tipos de pronunciamientos [*utterances*]. Podemos encontrar desde órdenes militares, especificaciones arquitectónicas, instrucciones para cocinar una tortilla o para poner en funcionamiento aspiradores, consejos, peticiones, ruegos y otros innumerables tipos de enunciados [...]». Hare, R. M, *The Language of Morals*, cit., pág. 4.

[189] Hare relaciona un determinado tipo de imperativos —los enunciados imperativos universales— con los juicios de valor. Según este autor ambos tipos de enunciados comparten el rasgo, por otra parte común a todo enunciado universal, de la necesidad de consistencia o no contradicción [*their necessity of consistency with one another*]. En este sentido señala: «No puedo decir: “Este es un buen coche, pero el que está al lado, que es exactamente igual al primero en todos sus características, no es un buen coche”. Por la misma razón, no podemos decir “Si puede ser, elige siempre un coche como éste, pero no escojas un coche como el que está a su lado, que es exactamente como este último’». Hare, R. M., *The Language of Morals*, cit., pág. 134.

juegan en el discurso práctico normas jurídicas (como prescripciones) y órdenes, por un lado, y juicios de valor, por otro.

Los juicios de valor tienen las características de superveniencia (referida, como vimos, a que las propiedades y relaciones que determinan los casos relevantes deben ser de índole fáctica, de modo que las circunstancias que condicionan las diferentes soluciones normativas sean susceptibles de verificación por parte de todos) y de universalidad (quien formula un juicio valorativo, o asiente seriamente a él, está comprometido a extenderlo a todas las situaciones que presentan las mismas propiedades relevantes para el juicio valorativo en cuestión). Estos dos rasgos de los juicios valorativos están intrínsecamente relacionados con el hecho de que tales juicios necesariamente evocan razones en su apoyo: tales razones consisten en los principios generales bajo los cuales es subsumible el juicio valorativo en cuestión (así, de los principios que constituyen razones para la acción, se derivan juicios valorativos). Nino está aquí siguiendo al propio Hare cuando relaciona juicios valorativos con principios generales: para éste, las razones que subyacen a los juicios valorativos son ciertos principios generales[190]. Y, si este autor

[190] Hare apuntaba ya este rasgo de los juicios valorativos en *The Language of Morals*. Aunque en la primera parte de su trabajo parte de la asunción de que si los juicios valorativos dirigen acciones deben, necesariamente, suponer imperativos, en un capítulo posterior examina esta asunción y trata de contestar a una posible crítica a su teoría, como es si no habría en ella una aproximación excesiva entre los juicios morales y los imperativos ordinarios universales. Esta, señala el propio Hare, es una crítica que fue dirigida al análisis imperativista de los juicios morales, pues se ha señalado que esta teoría presenta a un juicio moral del tipo «No debes fumar [*You ought not to smoke*] (en este compartimiento)» como equivalente al imperativo universal «No Fumar [*No Smoking*]». Y estos enunciados, claramente, no son equivalentes, aunque ambos, de acuerdo con la teoría de Hare, implican «No fume [*Do not Smoke*]». «Es necesario pues señalar la diferencia entre "No debe fumar [*You ought not to smoke*]" y "No fume [*Not smoking*]"[...]. La primera precisión que una ha de hacer ante "No fume [*Do not Smoke*]" es que no es un universal, porque implícitamente se refiere a un particular; es una forma abreviada de decir "Nunca fume en este departamento". El juicio moral "Usted no debe fumar en este departamento" también hace referencia a individuos, pues el "usted" y "éste" aparecen en él. Pero [...] el juicio moral "No debe fumar en este compartimiento" debe ser hecho con algún tipo de principio moral general en mente, y su propósito debe ser o bien invocar el principio general o apuntar a una determinada instancia que presuponga su aplicación. [...] El emisor no puede negar la existencia de tal principio. Esto mismo puede decirse de otra manera: esto es, si emitimos un determinado juicio moral, siempre se nos puede pedir que demos cuenta de las razones en que nos apoyamos cuando formulamos tal juicio; las razones constituyen los principios generales bajo los cuales el principio general ha de ser subsumido. Por lo tanto, el juicio moral particular "No debes fumar en este departamento" se apoya en un universal propiamente, aunque él, en sí mismo, no lo es. Esto no sucede con el imperativo "No fumes nunca en este compartimiento". Éste no invoca

está en lo cierto, entonces —señala Nino— «todo juicio valorativo implicaría el juicio de que existe un principio general aplicable al caso»[191].

En opinión de Nino, sin embargo, la afirmación de Hare de que todo juicio valorativo implica un «imperativo»[192] resulta desconcertante. Para este último resulta difícil imaginar qué puede ser un imperativo que no sea una orden, una regla, un pedido, una exhortación, un consejo, etc. Nino contesta a esto señalando que si lo que se pretende decir es que todo juicio valorativo implica una orden, pedido o exhortación, etc., entonces esto es falso: «Es absurdo sostener que de todo juicio moral se puede inferir un enunciado cuya formulación esté destinada a constituir razones para actuar. La relación de implicación entre enunciados es ajena a la función que puede cumplir la formulación de esos enunciados»[193]. Según esto, el hecho de que tanto los juicios de valor como las prescripciones cumplan una función directiva no implica que de los primero se puedan extraer prescripciones puesto que las relaciones de implicación se dan entre las proposiciones, no entre las funciones de éstas: los juicios morales y los imperativos pueden así cumplir una misma función, sin que eso signifique que uno pueda deducirse del otro. Quizá la forma de introducir algo de claridad en la teoría prescriptivista de Hare es entendiendo, como propone Bayón, que «lo que se trata de subrayar cuando se dice sin mayores matizaciones que los juicios de deber son "una clase de prescripciones" es que sostener que algo constituye una razón para actuar no es meramente describir, constatar o caer en la cuenta de algo, sino que supone adoptar una actitud, formar o suscribir una preferencia»[194]. Pero, en cualquier caso, el hecho de que determinados enunciados puedan cumplir igualmente una función directiva no significa que no existan, como de hecho sucede, diferencias importantes entre uno y otro tipo de enunciados.

Mantener que los juicios de valor se apoyan en la existencia de razones para la acción lleva a Nino a sostener que de los juicios de valor puede predicarse verdad o falsedad. Así —escribe— tiene perfecto sentido

---

ningún principio general; es, en sí mismo, tan general como se requiere que sea, y no es suficientemente general como para considerarlo un universal propiamente dicho». Hare, R. M., *The Language of Morals*, cit., pág. 176.

[191] Nino, C. S., *La validez del Derecho*, cit., pág. 117.

[192] Hare escribe, por ejemplo: «No quiero decir que todos los enunciados de deber [*ought*] implican un imperativo, sino que siempre lo hacen cuando son usados de forma evaluativa. Esta pasa a ser una verdad por definición; pues no diré que una sentencia de deber es usada de forma evaluativa a menos que implique imperativos», Hare, R. M., *The Language of Morals*, cit., pág. 164.

[193] Nino, C. S., *La validez del Derecho*, cit., pág. 123.

[194] Bayón Mohíno, J. C., *La normatividad del Derecho*, cit., pág. 312.

decir que «es *verdad* que la pena de muerte es injusta»[195], y ello porque la emisión de un juicio de valor no crea, sino que presupone razones[196].

Conviene que nos detengamos un momento en este punto. En opinión de Nino, es muy importante precisar que el juicio valorativo que expresa que debe realizarse determinada conducta implica un juicio del tipo «hay razones para hacer X», pero eso no significa que tales enunciados sean equivalentes, ya que «las premisas "hay razones para q" y "r contribuye a hacer q" justifican "hay razones para r" pero no justifican que "se debe realizar r", mientras que parece que todo enunciado que justificara a este último justificaría también al primer enunciado "hay razones para hacer "»[197].

---

[195] Nino, C. S., *La validez del Derecho*, cit., pág. 114.

[196] Esto sería así al margen de que sea la existencia de razones lo que determina el valor veritativo de los juicios valorativos o de que la presuposición (conversacional) de tales razones nos dé las bases para aceptar razonablemente la validez de los juicios valorativos que formulemos. Cfr. Nino, C. S., *The Ethics of Human Rights*, cit., pág. 59. En esta versión de *Ética y derechos humanos,* Nino lleva a cabo un análisis más profundo que en anteriores ediciones acerca de los juicios de valor y la corriente prescriptivista.

[197] Nino se aparta en este sentido del Raz de la primera edición de *Razón práctica y normas*. Éste escribía entonces: «Los enunciados de la forma "X debe hacer Ø" son lógicamente equivalentes a enunciados de la forma "hay razón para que X haga Ø". [...] Las premisas que justificarían derivar uno de ellos como conclusión también justificarían derivar el otro. Toda conclusión que es implicada por uno de estos enunciados es también implicada por el otro. [...] Mi afirmación parece corresponder mejor a nuestro uso de los enunciados generales de "debe" que a nuestro uso de los enunciados singulares de "debe". Las oraciones generales de "debe" se usan a menudo para afirmar que hay un argumento concluyente para actuar de cierta manera. Afirmar que "No se debe mentir" o que "los soldados deben obedecer las órdenes" no le compromete a uno con la creencia de que se debe actuar de tales formas con independencia de cuáles puedan ser las razones en conflicto. Podría sugerirse que los enunciados de "debe" afirman la existencia de razones fuertes aun si no concluyentes. Pero incluso esto no es verdad para todos los casos de enunciados generales de debe. Afirmar que "Todo el mundo debe ver Nápoles no le compromete a uno con la creencia de que hay razones fuertes para ello [...].Los enunciados de "debe" y los enunciados de "hay una razón" tienen las mismas potencialidades de inferencia y difieren sólo en otros aspectos. Una de las diferencias es el hecho de que los enunciados de "hay una razón" no dan lugar a la misma implicación pragmática incluso cuando se formulan en un contexto en el cual un enunciado de "debe" habría creado una implicación del tipo mencionado. [...] Usamos oraciones de "debe" de la forma que estamos analizando para afirmar verdades morales últimas que *no* dependen de ulteriores razones que les sirvan de apoyo. "Las personas deben ser respetadas" podría citarse como un ejemplo de un enunciado de este género, que no puede a su vez ser justificado por ulteriores razones aunque el mismo proporciona razones para la acción. Tal opinión moral podría reconciliarse con mi explicación, sin embargo, viendo al mencionado enunciado de "debe" como una conclusión (trivial) de una inferencia cuya única premisa es que el respeto hacia las personas es un valor. El valor es la razón para el enunciado de "debe", el cual es, por consiguiente, lógicamente equivalente a "hay razón para respetar a las personas". [...] La equiva-

En suma, en el análisis de Nino, los juicios valorativos son análogos a los descriptivos y no a las órdenes y normas jurídicas (como prescripciones) puesto que cuando se formula un juicio de valor no se pretende crear razones, sino llamar la atención sobre la *existencia* de tales razones. El que uno formule un juicio moral puede influir en el comportamiento de la gente (en muchos casos ese es el propósito con el que se formula), pero esto es así porque esa formulación propaga la creencia de que hay razones para actuar, y *no* porque la formulación de un juicio de valor genere esas razones.

De esta forma, si los juicios valorativos (o juicios morales) implican la existencia de razones para la acción (esto es, la existencia de principios morales), entonces podemos decir que los juicios valorativos vienen aceptados, no por la autoridad de quien los formula, sino porque uno cree que existen las razones que el juicio implica[198]. Dicho esto, Nino admite —introduciendo algunas nociones de Raz— que puede haber consejos y exhortaciones morales que presuponen cierta autoridad de quien los formula y,

lencia lógica entre los enunciados de "debe" y sus correspondientes enunciados de "hay razón" es lo suficientemente completa como para que si alguien cree en uno de ellos necesariamente crea en el otro. A ambas formas de enunciado les son aplicables las mismas condiciones para la creencia. [...] Una creencia en un enunciado de "debe" implica tener una cierta actitud crítica hacia la conducta correspondiente o en conflicto con el enunciado [...] Si P es un enunciado de "debe" o un enunciado de "hay razón", uno tiene, además de la primera actitud crítica una actitud hacia aspectos del mundo distintos de las creencias que la gente tiene. A esta actitud la llamaré, la actitud crítica práctica.[...] La actitud crítica práctica no es necesariamente la actitud de aprobación o desaprobación moral. La actitud crítica práctica se dirige a la racionalidad, fuerza de voluntad y eficacia de las personas de que se trata. Sólo cuando la razón para la acción es una razón moral, la actitud crítica asume un carácter moral». Raz, J., *Razón práctica y normas*, cit., pág. 33 y ss. En el mismo sentido que Nino, escribe Bayón: «La afirmación, con todo, parece un tanto discutible: por un lado, no parece que esa equivalencia sea mantenible —a no ser en un sentido extraordinariamente lato de "deber", que no corresponde al uso ordinario— sea cual sea la naturaleza de la razón operativa que se afirma que concurre (y que puede ser, pongamos por caso, el mero interés del agente); por otro, no permite dar cuenta de la diferencia que mediaría entre un acto debido y uno supererogatorio (a favor de cuya realización, ciertamente, *tiene que haber alguna razón,* pero que no por ello se reputa debido)» Bayón, J. C., «Razones y reglas: sobre el concepto de "razón excluyente" de Joseph Raz», *Doxa. Cuadernos de Filosofía del Derecho*, nº 10, (1991), págs. 25-66, pág. 38, n. 25. Raz, sin embargo, corrige su postura (en el sentido apuntado) en su *Introducción* al volumen colectivo *Practical Reasoning*. Aquí apunta que los enunciados de «deber hacer A en las circunstancias C» no son lógicamente equivalentes a enunciados de «hay una razón para hacer A en las circunstancias C», sino a enunciados del tipo «hay una razón para hacer A que no es derrotada por otras razones en cualquier caso de C». Cfr. *Postscriptum* a la última edición de *Razón práctica y normas*, cit., pág. 231, n. 18.

[198] «Este es el rasgo de los juicios morales al que Kant denominó autonomía». Nino, C. S., *La validez del Derecho*, cit., pág. 120.

en consecuencia, pueden generar razones. Pero en este caso la autoridad moral es análoga a la autoridad científica. Las razones que generan son, pues, razones para creer: la afirmación de un determinado juicio de valor es una razón para creer en su contenido sólo porque es una razón para creer que el hablante tiene otros fundamentos para aceptarlo[199].

Por consiguiente, los juicios valorativos se caracterizan, según Nino, porque:

1) Implican un juicio acerca de la existencia de razones para realizar la acción indicada.
2) Su formulación por alguien en cierta ocasión no esta destinada a constituir una razón para ejecutar la acción valorada.
3) Puede predicarse de ellos verdad o falsedad. En efecto, si se considera que la alusión a la existencia de razones se refiere a las *condiciones de verdad* de un juicio valorativo, entonces las anteriores características nos llevan también a sostener que de los juicios de valor podemos predicar verdad o falsedad. Incluso si consideramos la versión más débil de esta tesis, esto es, que la alusión a la existencia de razones se refiere sólo a las *condiciones para sostener o aceptar* un juicio valorativo (en cuyo caso el juicio valorativo no implicaría estrictamente un juicio acerca de la existencia de razones), ella tendría relevancia respecto de la posibilidad de predicación veritativa en el discurso valorativo: si se admite que hay ciertas condiciones para aceptar un juicio valorativo, esto implica que se puedan formular juicios de segundo nivel respecto de la satisfacción de esas condiciones, y estos juicios podrían ser verdaderos o falsos[200].

Nino sugiere que esto último podría ser aplicable al esquema de Hare, en cuanto que, como hemos visto, concibe a los juicios valorativos como prescripciones, sin perjuicio de señalar una serie de condiciones para la formulación de esas prescripciones. Esto permitiría, precisamente, en opinión de Nino, la formulación de juicios descriptivos acerca de lo que prescribiría un «prescriptor» universal benevolente y también saber cómo serían estos juicios descriptivos que son los que interesan en el discurso moral. De esta forma, aunque Nino considera desafortunada su referencia

[199] Sobre esta cuestión volveré más adelante al tratar en el punto 4.3.2.4 del presente Capítulo el valor de las normas jurídicas como razones epistémicas.

[200] Cfr. Nino, C. S., *La validez del Derecho*, cit., pág. 122. En relación con todo esto hay que tener muy en cuenta la posición asumida por Nino en materia de filosofía moral. El constructivismo ético, a diferencia del realismo moral, no postula la existencia de los hechos morales, sino que éstos se recrearían en una situación contrafáctica ideal a partir de una serie de condiciones formales. Cfr. Nino, C. S., *El constructivismo ético*, cit., págs. 61-71.

a imperativos, concluye que en el esquema de Hare podría articularse una clase de juicios valorativos —que *no* son los que éste llama «entrecomillados»[201]— que serían juicios descriptivos.

b) Normas jurídicas como prescripciones y constitución de razones

A diferencia de los juicios de valor, lo que caracteriza a las normas jurídicas (en cuanto prescripciones, entendidas como actos lingüísticos, es decir, según la concepción expresiva o pragmática) y a las órdenes es que no indican la existencia de razones para actuar, sino que ellas mismas pretenden constituir parte de tales razones. En *Derecho, Moral y Política*, Nino define así las prescripciones: «Una prescripción es un acto lingüístico que consiste en formular un juicio normativo con la intención de que ese mismo acto lingüístico constituya parte de una razón del destinatario para realizar la acción normada, dado algún juicio normativo al que el destinatario se adhiere»[202]. Añade además que el que formula la prescripción cree que el destinatario acepta, por su parte, un juicio normativo que hace relevante su propio acto lingüístico como condición de que la acción en cuestión sea debida[203].

---

[201] Hare se refiere con el nombre de "entrecomillados" a los enunciados en los que no es el emisor quien establece el juicio de valor en cuestión sino que alude a los juicios de valor de otros sujetos. De este uso indirecto provendría el nombre que les da. Lo peculiar de este tipo de enunciados es que carecen de fuerza valorativa o evaluativa [*no commendatory meaning at all*]. Estos enunciados de valor "entrecomillados" tiene un carácter descriptivo. El *standard* pasa a estar totalmente "osificado". De esta forma, escribe Hare, es posible decir «Debes ir a visitar a X» queriendo emitir aquí no un juicio de valor, sino simplemente un enunciado descriptivo que señala que tal acción es requerida para conformar el comportamiento a un *standard* que los sujetos en general o un determinado grupo de personas aceptan. Cuando las oraciones de «deber» son usadas de esta forma, no implican un imperativo. Sólo lo implican cuando son usadas de forma evaluativa. Hare señala que este uso de los juicios valorativos (esto es, entrecomillados) resulta de especial interés par dar cuenta de la lógica de los juicios morales. Cfr. Hare, *The Language of Morals*, cit., págs. 121 y ss., págs. 164 y ss. No son, sin embargo, como hemos dicho, estos juicios a los que Nino está refiriéndose cuando habla de la posibilidad de hablar en el esquema de Hare de un determinado tipo de juicios morales de naturaleza descriptiva.

[202] Nino, C. S., *Derecho, Moral y Política*, cit., pág. 111.

[203] Cfr. Nino, C. S., *Derecho, Moral y Política*, cit., pág. 113. Por lo demás, es preciso tener en cuenta que las prescripciones como actos lingüísticos no inciden en el razonamiento práctico directamente, sino que lo hacen a partir de juicios constatativos de prescripciones. De esta forma, como dice Nino, «si la intención del que formuló la prescripción se satisface, lo que se puede esperar es que forme parte del razonamiento del destinatario, no esa prescripción, sino una proposición que constate el hecho de que tal prescripción fue formulada». Nino, C. S., *ibid.*, pág. 114.

Siguiendo a Raz[204], Nino afirma que las órdenes no informan acerca de la pre-existencia de ciertas razones para realizar la conducta prescrita, sino que la emisión de tal orden procura hacer aplicable una razón independiente a favor de una acción. Tal razón, además, es siempre una razón auxiliar que especifica la aplicabilidad de una razón operativa, de índole moral o prudencial[205]. De esta forma, la formulación de la orden se combina a veces con consideraciones morales que otorgan autoridad al emisor[206]. Otras veces se combina con consideraciones prudenciales relacionadas, generalmente, con el deseo de eludir la materialización de cierta amenaza que acompaña a la orden. Nino cuestiona, sin embargo, la afirmación de Raz de que las órdenes y las reglas, si son válidas, constituyen un tipo especial de razones para actuar de segundo orden, que Raz llama «excluyentes» (razones para no tener en cuenta otras posibles razones para realizar una cierta acción).

Nino considera que la especificidad aludida por Raz de las razones generadas por reglas y órdenes es cuestionable, y más adelante, al examinar el distinto papel que cumplen los diferentes sentidos de norma jurídica, sostiene que «es razonable concluir que, contrariamente a lo que han sostenido autores como Joseph Raz, las normas jurídicas no expresan razones operativas autónomas para justificar decisiones, salvo cuando ellas son identificadas con juicios morales; cuando las normas jurídicas son concebidas como prescripciones o prácticas, al igual que las órdenes y a diferencia de las expresiones emocionales, operan sobre la razón, o sea, inciden en el comportamiento a través de las razones que el destinatario pudiera eventualmente tener, pero, a diferencia de los principios valorativos [...], no expresan por sí mismas razones operativas para actuar»[207].

De esta última cuestión, y de si hay, en realidad, tal diferencia entre la tesis de Raz y la de Nino, me ocuparé en el próximo apartado. Por ahora,

[204] Cfr. Raz, J. «Autoridad y consentimiento», en Bulygin, E. y otros (eds.), *El lenguaje del Derecho. Homenaje a Genaro R. Carrió*, cit., pág. 391.

[205] Recuérdese que en el esquema de Raz una razón completa está constituida por el conjunto de premisas no superfluas de un razonamiento práctico válido; una razón operativa consiste en la premisa de deber ser que en sí misma podría constituir una razón completa para alguna acción; y una razón auxiliar consiste en un juicio fáctico que indica un medio para satisfacer una razón operativa. Cfr. Raz, J., *Razón práctica y normas*, cit., págs. 37-39.

[206] *Las prescripciones* —o mejor dicho, los juicios constatativos de éstas— pueden combinarse (en tanto que razones auxiliares) con razones operativas que establecen el deber de implementar y conservar instituciones legítimas o bien constituyen (si proceden de una autoridad democrática) razones para creer que existe el principio moral en ellas reflejado que es el que se constituirá como razón operativa. Sobre esto volveremos en el ap. 4.3.2.3. de este capítulo.

[207] Nino, C. S., *La validez del Derecho*, cit., pág. 143.

la conclusión del presente ha de ser que, según el análisis de Nino, las normas jurídicas (como prescripciones) a semejanza de las órdenes —y a diferencia de los juicios de valor— no parecen afirmar la existencia de razones para actuar, sino que su dictado está dirigido a constituir parte de una razón moral o prudencial de sus destinatarios para realizar la acción indicada.

4.3.2.2. Tipos de normas jurídicas y tipos de razones para actuar

En este subapartado vuelvo a retomar la reconstrucción que hace Nino de la estructura del razonamiento judicial. Una vez diferenciados los sentidos de norma jurídica e introducidas la nociones de Raz y el análisis el análisis del propio Nino sobre la diferencia entre juicios de valor y prescripciones como actos lingüísticos que pretende constituir razones para actuar, estamos en condiciones de entender mejor las conclusiones a las que llega nuestro autor acerca del valor que tienen en el razonamiento práctico las normas jurídicas.

Recordemos rápidamente cuáles son esos distintos sentidos de norma jurídica manejados en el razonamiento práctico. Las normas jurídicas pueden figurar:

a) como prácticas o hechos sociales;
b) como actos lingüísticos de prescripción (concepción expresiva), si bien lo que pasa a formar parte del razonamiento práctico del destinatario de este tipo de acto lingüístico es una proposición que constata la formulación de dicha prescripción;
c) como conjunto de signos lingüísticos (concepción sintáctica);
d) como juicio o significado o contenido del acto lingüístico o de las actitudes críticas que forman parte de una práctica social (concepción hilética).

Volvamos ahora sobre un ejemplo de razonamiento jurídico justificativo[208]:

(1) Se debe obedecer a quien ha sido elegido democráticamente para legislar.
(2) El legislador L ha sido elegido democráticamente.
(3) L debe ser obedecido.
(4) L ha dictado una norma jurídica que estipula "el propietario que no cobra de su inquilino dos meses de alquiler tiene derecho a recuperar su inmueble".

[208] Cfr. Nino, C. S., «Sobre los derechos morales», cit., págs. 317-321.

(5) El propietario que no cobra de su inquilino dos meses de alquiler tiene derecho a recuperar su inmueble.
(6) María (inquilina) no pagó dos meses de alquiler al propietario Juan.
(7) La demandada María debe desalojar la vivienda alquilada.

Según Nino, los sentidos (b) y (c) de norma —como acto lingüístico y como conjunto de símbolos lingüísticos— recogen distintos tramos de la formulación de un juicio moral. La formulación de una norma entendida como acto lingüístico o conjunto de signos lingüísticos constituye una razón auxiliar respecto de ciertas razones operativas morales (o prudenciales) que cierto grupo de sujetos, incluyendo los jueces, pudiera tener. El sentido de norma como práctica social, es decir el sentido (a), alude al fenómeno social que resulta cuando el grupo de sujetos en cuestión, incluyendo a los jueces, toma, efectivamente, aquella formulación en forma regular, como hecho relevante (esto es, como una razón auxiliar) para sus razones operativas de índole moral —o prudencial— y actúa en consecuencia. Por último, el sentido (d) de norma jurídica como significado o contenido del acto lingüístico, como significado de los signos lingüísticos o como contenido de las actitudes críticas que forman parte de una práctica social, hace referencia a un juicio que, en tanto contenido de la intención con que se lleva a cabo la formulación antes mencionada, es un juicio moral ordinario (p. ej., las premisas (3), (5) y (7) del anterior ejemplo de razonamiento), y, en tanto conclusión general intermedia que extraen los que acatan esa formulación —esto es, la norma jurídica como prescripción o práctica social— a partir de razones operativas morales (o prudenciales), es un juicio moral de adhesión normativa (p. ej., de nuevo, las premisas (3), (5) y (7)).

Veamos esto último con algo más de detenimiento. Cuando nos preguntamos por el papel de estos juicios deónticos en el razonamiento práctico podemos distinguir:

1º) Los casos en los que tales juicios son aceptados como premisas del razonamiento práctico en virtud de su contenido. En tal caso el juicio en cuestión es indistinguible de los juicios morales, ya que tal juicio deóntico estaría comportándose en el razonamiento práctico como una razón de carácter moral y reuniría los rasgos formales de universalidad, generalidad, superveniencia e integración. Pensemos en el caso de un juez que acepte y aplique la norma jurídica que establece que «el homicidio debe ser castigado con la pena de X años de prisión». Lo que sucede, como bien hace notar Nino, es que si el juez partiera en su razonamiento de ese juicio como razón operativa primitiva, entonces su conducta subsiguiente no implica que esté observando lo que un legislador ha dispuesto por el hecho de que éste lo haya establecido, sino que simplemente habrá coincidencia entre su conducta y el contenido de esa norma jurídica. En definitiva, si el razonamiento práctico del juez tiene como razón última el principio moral que establece que hay que castigar a quienes matan, no estará observando una norma jurídica; su razonamiento no será un razonamiento jurídico, sino un razonamiento moral ordinario[209].

2º) Los casos en los que el juicio jurídico es aceptado en virtud de su origen. Como el origen —el dictado de una autoridad— es un hecho que en sí mismo no determina la actitud de aceptación, en estos casos es preciso recurrir a un principio normativo subyacente que haga relevante ese origen para la aceptación del juicio. Volviendo al mismo ejemplo, si el juez considera que ha de castigar a los que matan porque (entre otras cosas) el legislador así lo ha establecido, eso implica que concibe aquel juicio como una conclusión intermedia a partir de un juicio fáctico y un principio moral que establece el deber de obedecer a las autoridades legítimas, esto es, como un «juicio de adhesión normativa». Los juicios de adhesión normativa o (en la terminología de *Derecho, Moral y Política*) «juicios normativos de adhesión», se caracterizan, entonces, por ser enunciados de deber moral que toman como circunstancia relevante el hecho de que se haya dictado una norma jurídica. «Para que una norma sea acatada como norma jurídica, las razones que tiene el juez para tomarla en cuenta en su decisión deben ser diferentes de las razones que tuvo el legislador para dictarla. El juez desarrolla un razonamiento jurídico en la medida en que no razone como legislador»[210].

4.3.2.3. ¿Son las normas jurídicas razones autónomas para actuar?

Como adelanté al comienzo de este capítulo, la pregunta de si las normas jurídicas expresan o no razones operativas autónomas para justificar acciones o decisiones como las judiciales es para Nino la pregunta central de la filosofía del Derecho.

Nino desarrolla su análisis cuestionando la corrección de posturas como la representada por Raz. Para este último autor, como hemos visto, las normas jurídicas son un tipo especial de razones para actuar:

> «Las reglas, y en general las normas de mandato, deben poder distinguirse de otras razones, con independencia de que se crea en ellas, se las siga o se las practique.[...]Una norma de mandato es, o bien una razón excluyente, o bien, más comúnmente, a la vez una razón de primer orden para realizar el acto normativo y una razón excluyente para no actuar por cier-

[209] Cfr. Nino, C. S., *La validez del Derecho*, cit., pág. 141.
[210] Nino, C. S., *La validez del Derecho*, cit., pág. 142.

> tas razones en conflicto.[...] Si la autoridad ha de justificarse por las exigencias de la coordinación debemos considerar a las manifestaciones [*utterances*] autoritativas como razones excluyentes [...] como razones para no actuar sobre la base del balance de razones tal como ellas [las personas] las perciben incluso aunque estén en lo correcto. Aceptar una autoridad sobre estos fundamentos no es actuar de forma irracional o arbitraria. La necesidad de una autoridad puede estar bien fundamentada en razones. Pero las razones son de un tipo especial. Establecen la necesidad de considerar las manifestaciones autoritativas como razones excluyentes.[...] No todas las manifestaciones autoritativas son normas, pero algunas lo son. Y dado que todas las manifestaciones autoritativas son razones excluyentes, las normas dictadas por una autoridad son razones excluyentes»[211].

En opinión de Nino, sin embargo, la cuestión merece un análisis más complejo. Sostener que las normas jurídicas son un tipo especial de razones para actuar, como hace Raz, es una afirmación cuya corrección dependerá del concepto de «razón» y de «norma jurídica» que estemos manejando.

Ya he tenido ocasión de exponer el concepto de razón y la relevancia de las razones morales como razones justificativas en aquella esfera de la actuación humana que afecta intereses de terceros. También hemos visto los distintos sentidos de norma jurídica que según Nino pueden ser relevantemente identificados. Pues bien, solamente las normas jurídicas entendidas bien como juicios normativos puros acerca de la organización social (sería el caso de la premisa 1 del anterior razonamiento jurídico justificativo), bien como juicios morales de adhesión normativa (premisas 3, 5 y 7) expresan, según Nino, razones operativas autónomas para justificar decisiones que afecten a terceros. En cambio, las normas en el sentido de actos de prescripción, de prácticas sociales, etcétera, no constituirían razones operativas, sino sólo razones auxiliares.

Lo que ocurre en realidad aquí es que el sentido de norma jurídica como juicio normativo de adhesión ya incluye el componente normativo moral. Sólo cuando apelamos al sentido de norma jurídica con este componente moral podemos hablar en rigor, según Nino, de normas jurídicas como razones operativas. A partir de esto podemos considerar que, en el fondo, la postura de Raz y la de Nino no son en este punto, como este último parece pensar, muy distintas ya que cuando Raz habla de normas jurídicas como razones para la acción está pensando en las reglas jurídicas

[211] Raz, J. *Razón práctica y Normas*, cit., págs. 66 y ss.

válidas entendidas, además, como juicios prácticos[212]. Me parece que esta interpretación puede verse apoyada en sus palabras:

> «Lo que sucede es que las reglas —como cualquier otra razón excluyente— no son razones últimas. Una razón para no actuar por una razón siempre ha de estar justificada por consideraciones más básicas o fundamentales, de manera que en el caso de las reglas habría que distinguir entre las razones que justifican tener o aceptar una regla y la regla así justificada como razón para realizar cierta acción y para no tener en cuenta otras razones en contra de su ejecución»[213].

Parece, pues, que Raz estaría diciendo que sólo las normas jurídicas como normas válidas, esto es, como normas derivadas de un razonamiento práctico en el que las razones operativas son consideraciones más básicas o fundamentales, pueden aparecer como razones operativas de otro razonamiento en el que se procede a resolver una acción en tanto que conforme a la regla[214]. Creo, entonces, que en este punto las tesis de ambos autores son en el fondo la misma puesto que lo sostenido por Raz equivale, en el esquema de Nino, a afirmar que las normas jurídicas expresan razones operativas autónomas cuando son identificadas con juicios de adhesión normativa, esto es, con juicios morales[215].

Sin embargo, cuando las normas jurídicas son concebidas como prescripciones o prácticas, al igual que las órdenes (y a diferencia de las expresiones emocionales), operan sobre la razón, o sea, inciden en el comportamiento a través de las razones que el destinatario pudiera eventualmente tener, aunque (a diferencia de los principios valorativos) no expresan por sí mismos razones operativas para actuar.

Para concluir el análisis que hace Nino de las normas como juicios de adhesión normativa es interesante recoger una observación que éste introduce en su artículo «Las limitaciones de la teoría de Hart sobre las normas jurídicas»[216]. Ello me permitirá poner fin a este apartado planteando una cuestión que, junto con la referida al principio moral que operaría como razón operativa en el razonamiento jurídico justificativo (esto es el que

---

[212] Cfr. Raz, J., *Razón práctica y normas*, cit., pág. 91 y ss.

[213] Raz, J., *Razón práctica y normas*, cit., pág. 86. Creo, sin embargo, que la confusión de Nino puede explicarse si leemos otros párrafos de Raz: Cfr., p. ej., *ibidem*, pág. 90.

[214] Cfr., en este sentido, Bayón, J. C. *La normatividad del Derecho*, cit., pág. 491.

[215] Veáse, además, Raz, *Razón práctica y normas*, cit., pág. 86; Raz escribe: «Es verdad, sin embargo, que las reglas no son razones últimas, una razón para no actuar por razones no puede ser última, debe justificarse por obra de consideraciones más básicas».

[216] Cfr. Nino, C. S., «Las limitaciones de la teoría de Hart sobre las normas jurídicas», *Anuario de Filosofía jurídica y social*, nº 5, (1985), págs. 75-93.

establece que debe obedecerse a las autoridades legítimas), nos dará paso al siguiente y último subapartado de este Capítulo, en el que me ocuparé de la tesis central, primera de las arriba mencionadas, relativa al valor epistémico de las normas jurídicas de origen democrático.

La observación en cuestión tiene que ver con la justificación de la tesis que sostendría que «nada puede ser reconocido como jurídicamente obligatorio si no es aceptado como moralmente obligatorio». Según escribe Nino en el trabajo mencionado, esta tesis ha de ser considerada correcta en un sentido e incorrecta en otro.

Si bien es cierto que toda obligación jurídica está fundada en alguna razón moral (como la que da legitimidad al legislador), hay casos en los que sólo surge la obligación moral cuando se dan los mismos hechos que dan lugar a la obligación jurídica (piénsese en el socorrido ejemplo de la ordenación del tráfico por parte de la autoridad competente).

Por consiguiente, afirma Nino, no es siempre verdad que para que una conducta sea jurídicamente obligatoria ella deba ser moralmente obligatoria con independencia de los hechos que dan lugar a la obligación jurídica. Pero, contra lo que sostiene Hart, sí que es verdad que si una conducta es jurídicamente obligatoria (en un sentido normativo o justificativo) ello es así porque es moralmente obligatoria[217]. De este modo, «aun cuando desde el punto de vista externo debe ser posible en principio distinguir un sistema jurídico de uno moral, desde el punto de vista interno los juicios jurídicos (justificativos) se presentan como una subclase de juicios morales y sólo son distinguibles de otros juicios morales porque, a diferencia de ellos, no derivan de juicios acerca de la legitimidad de ciertas autoridades y acerca de lo que ellas han dispuesto»[218]. La posible contradicción entre un juicio de adhesión normativa (juicio jurídico justificativo) y un juicio normativo puro moral a la que antes se hizo referencia será, en opinión de Nino, «reflejo de la inconsistencia dinámica entre algún juicio moral sustantivo y el que dispone obedecer a las autoridades que reúnen ciertas condiciones»[219].

4.3.2.4. Las normas jurídicas de origen democrático como razones para creer en la existencia de razones para actuar

«Aunque desde el punto de vista lógico las normas jurídicas sólo tienen poder justificativo en la medida en que deriven de normas morales,

[217] De la misma manera se pronuncia Nino en *Ética y derechos humanos*, cit., pág. 112.

[218] Nino, C. S., «Las limitaciones de la teoría de Hart sobre las normas jurídicas», cit., pág. 93.

[219] Nino, C. S., «Las limitaciones de la teoría de Hart sobre las normas jurídicas», cit., pág. 93.

desde el punto de vista epistemológico, las normas jurídicas de origen democrático sirven como indicio para determinar cuáles pueden ser las normas morales válidas»[220].

En el anterior punto hemos visto los diversos sentidos de norma jurídica y cómo ellos implican uno u otro tipo de razones para la acción. Podemos hablar de las normas jurídicas como:

a) razones auxiliares: cuando son concebidas como prácticas sociales o juicios constatativos de prescripciones. En este caso, unidas a razones operativas morales (el principio moral que establece el deber de obedecer a las autoridades legítimas) darían lugar a juicios jurídicos justificativos o juicios de adhesión normativa (que serían a su vez otro de los sentidos de norma jurídica).
b) razones operativas: cuando entendemos norma jurídica en este último sentido de juicio de adhesión normativo. Esto es, como derivadas lógicamente de un principio moral que legitima la autoridad y un juicio constatativo de cierto hecho. O bien como juicios normativos derivados directamente de los principios morales (es el caso de los derechos fundamentales recogidos en las Constituciones).

Pero las normas jurídicas también pueden ser vistas como reflejo de los principios morales válidos. Esto resulta de una importante aportación de Nino en relación con otra dimensión del papel que en el razonamiento práctico cumplen las normas jurídicas procedentes de una autoridad democrática y nos que permitirá profundizar en el análisis de ese principio moral que nuestro autor recurrentemente presenta como razón operativa primitiva en el razonamiento jurídico justificativo: el deber de obediencia a las autoridades legítimas.

Como hemos podido ver, según Nino, las normas jurídicas desde el punto de vista lógico sólo tienen poder justificativo en la medida en que deriven de normas morales. Pero hay además una importante dimensión de algunas normas jurídicas que debe ser aún tomada en cuenta: las normas jurídicas procedentes de una autoridad democrática tienen un valor epistémico especial[221].

Lo que Nino sostiene con esta tesis es que las normas jurídicas de origen democrático sirven como indicio para determinar cuáles pueden ser las normas morales válidas, es decir, son argumentos en favor de la existencia de razones para actuar. Las normas jurídicas «constituyen razones

[220] Nino, C. S., *Un país al margen de la ley. Estudio de la anomia como componente del subdesarrollo argentino*, Emecé editores, Buenos Aires, 1992, pág. 210.

[221] Cfr. Nino, C. S., *Un país al margen de la ley*, cit., pág. 210.

epistémicas, o sea razones por las que se cree que las normas prescritas por la autoridad democrática derivan de principios morales válidos y que constituyen argumentos que justifican decisiones»[222].

La legitimación de la autoridad democrática vendría dada por el hecho de que el procedimiento democrático es un sucedáneo del discurso moral[223]. La autoridad democrática se presentaría, al menos en principio (luego volveré sobre esta cuestión), no como una autoridad práctica, sino como una autoridad teórica en materia práctica. El origen democrático de una norma nos proporcionaría, dice Nino, razones para creer que hay razones para realizar el contenido de la norma. Porque la discusión y el debate democráticos —respetando los presupuestos y reglas del discurso— favorecen el acceso a la verdad moral y si tras ellos se llegara a una conclusión unánime, ello reflejaría, presumiblemente, el logro de ese conocimiento compartido. Por supuesto, en el caso de la democracia como procedimiento de resolución de conflictos todos los requisitos se debilitan y, con ello, también la presunción de reflejar la verdad moral por parte del consenso (mayoritario) alcanzado. Pero, aunque sea de una forma más débil, el hecho de que las decisiones democráticas gocen de una presunción de validez moral explica por qué tenemos razones morales para cumplir con sus prescripciones: «tenemos razones para hacer aquello que tenemos razones para creer que tenemos razones para hacer»[224].

Sin embargo, en la reconstrucción que hace Nino del discurso moral y de su sucedáneo, el discurso democrático, aunque la deliberación colectiva y el resultado tienen un valor epistémico superior al discurso moral monológico[225], este último tipo de discurso también tiene valor propio (entre otras cosas porque explica el *input* de cada sujeto en la deliberación colectiva)[226]. Surge entonces la cuestión de qué sucedería cuando nuestra reflexión individual nos indicara —acertadamente[227]— que el consenso

[222] Nino, C. S., *Derecho, Moral y Política*, cit., pág. 188.

[223] Véase el Capítulo V del presente trabajo.

[224] Nino, C. S., *El constructivismo ético*, cit., pág. 133.

[225] En el Capítulo V de este trabajo profundizaré sobre estas cuestiones. Cfr. Nino, C. S. *El constructivismo ético*, cit., págs. 93-110.

[226] Como en el constructivismo epistemológico de Nino lo que tiene valor epistémico es el procedimiento llevado a cabo de acuerdo con los presupuestos y reglas del discurso, un sujeto individual dotado de una gran capacidad y de imparcialidad podría en principio llegar por sí sólo a soluciones moralmente correctas. Cfr. Nino, C. S., *El constructivismo ético*, cit., pág. 130.

[227] Escribe Nino que «ni el juez ni el súbdito pueden estar facultados a apartarse del orden jurídico cuando juzgue que éste es injusto sino, en todo caso, cuando sea injusto; ellos corren con el riesgo de sus errores de juicio». Nino, C. S., *Ética y derechos humanos*, cit., págs. 405 y 407.

alcanzado en el proceso democrático es erróneo. Aquí es preciso hacer una serie de consideraciones. Por un lado, si bien existe una presunción en favor de la justificabilidad de las decisiones democráticas, presunción que tiene una mayor o menor fuerza según el grado en que el procedimiento se aparte de las exigencias del discurso originario, se trata de una presunción revocable a la luz de las conclusiones a que pueda llegarse en el marco del discurso moral[228]. Junto a esto, Nino llama la atención sin embargo sobre un principio moral básico que todo sistema moral debe incluir, y que aconseja adoptar y cuidar del mantenimiento de aquellos procedimientos epistémicos que maximicen las posibilidades de actuación moralmente correcta. A partir de estas consideraciones, Nino concluye que, aun en los casos en que no sólo creamos que nuestra solución es la moralmente correcta sino que, de verdad, lo sea, lo moralmente debido no será necesariamente apartarnos de la norma democrática. En este caso, la prescripción jurídica de origen democrático aparecería como un argumento auxiliar de razones operativas para actuar o decidir de un cierto modo[229]. El argumento sería el siguiente: si no observamos el procedimiento democrático, éste acabaría por socavarse y violaríamos el principio moral que establece que tenemos que adoptar aquellos procedimientos epistémicos que maximicen la probabilidad de actuar de forma moralmente correcta. En esos casos en los que falla el carácter epistémico de las normas jurídicas democráticas debemos considerarlas como razones auxiliares que, junto con la razón operativa que vendría constituida por el mencionado principio, constituirían una razón operativa completa (de naturaleza moral).

Sucede, sin embargo, que las posibilidades de deterioro de una práctica que consideramos en su conjunto justa no descansan en todos los individuos por igual. La judicatura tiene un papel mucho más comprometido en relación con el cuidado de las instituciones democráticas que los ciudadanos. Eso implica, en la concepción de Nino, que el deber de la judicatura de cuidar de la práctica democrática es más fuerte que el de un ciudadano ordinario[230].

La pregunta que finalmente resulta de interés es en qué medida resulta compatible la tesis de Nino acerca de la obediencia a las prescripciones democráticas —incluso cuando se tiene la certeza de que son moralmente

[228] Cfr. Nino, C. S., *Ética y derechos humanos*, cit., pág. 403.

[229] Cfr. Nino, C. S., *Derecho, Moral y política*, cit., pág. 189.

[230] De esta forma, escribe Nino, «hay casos, sobre todo de desobediencia civil, en que la acción del desobediente puede estar moralmente justificada, y, en cambio, no estarlo la decisión del juez de eximirlo de responsabilidad jurídica», Nino, C. S., *Ética y derechos humanos*, cit., pág. 410.

incorrectas— con su tesis acerca de que las autoridades democráticas no son autoridades prácticas, sino autoridades teóricas. De esta cuestión se ocupa Ángeles Ródenas en su trabajo *Sobre la justificación de la autoridad*[231], donde señala su desconcierto ante el mantenimiento de Nino de las dos mencionadas tesis de forma conjunta: de un lado, la que defiende el carácter excluyente de las normas jurídicas democráticas y, de otro, la que las caracteriza como razones para creer en la existencia de razones para la acción (esto es, la afirmación de que las autoridades democráticas no pueden considerarse autoridades prácticas, sino autoridades teóricas). Creo que puede ayudar a entender a Nino el hecho de que, como antes apunté, este autor considera que las normas procedentes de la autoridad democrática tienen una doble dimensión: por un lado, poseen el carácter de razones epistémicas y, por otro, el de razones sustantivas auxiliares. Lo que sucede es que, si interpreto bien sus palabras en *Derecho, moral y política*, hay una relación entre estas dos dimensiones de las normas democráticas: la segunda dimensión es suplementaria de la primera y opera en el razonamiento práctico en defecto de esta última. Cuando la norma jurídica en cuestión falla en su dimensión epistémica, entonces opera el principio moral de deber de obediencia a autoridades legítimas o el más amplio principio que aconseja adoptar aquellos procedimientos epistémicos que maximicen la probabilidad de actuar de forma moralmente correcta. Entonces, en este segundo caso, la moral crítica pretende que se aplique la norma jurídica democrática como razón excluyente[232].

[231] Ródenas, A., *Sobre la justificación de la autoridad*, cit., págs. 261-263.

[232] Nino, C. S., *Derecho, Moral y Política*, cit., pág. 180.

Capítulo V

El razonamiento jurídico justificativo

1. INTRODUCCIÓN

En su artículo «Sobre los derechos morales»[1], Nino elevaba la reflexión acerca del discurso jurídico justificativo al rango de tema central de la filosofía del Derecho. La cuestión clave —escribía— «es determinar en qué medida el discurso jurídico práctico —o sea, el discurso que permite justificar acciones y actitudes— es un discurso independiente y autosuficiente o es parte —o un caso especial, *Besonderesfall* para usar la expresión de Alexy— del discurso moral general»[2]. Y éste es, en efecto, el asunto central del que se han ocupado los autores que han venido interesándose por un enfoque sobre el Derecho en términos de argumentación, es decir, orientado a la vertiente práctica o justificativa del Derecho. Nino, al igual que autores como R. Alexy, N. MacCormick, J. Habermas, J. Raz, P. Soper, M. Atienza, J. Ruiz Manero, J. C. Bayón Mohíno, J. R. de Páramo, entre otros, defiende la llamada tesis de la unidad del razonamiento práctico.

Frente a la tesis de la fragmentación, que sostiene que existen tantas justificaciones como sistemas normativos haya, la tesis de la unidad del razonamiento práctico se caracteriza por afirmar que el discurso justificativo jurídico está internamente conectado con el discurso práctico general. Así, por ejemplo, la tesis central de la teoría de Alexy es que el discurso jurídico es un caso especial del discurso moral o, más exactamente, para evitar equívocos terminológicos, un caso especial del discurso práctico general[3]. Ello sería así porque (1) en el mismo se discuten cuestiones prác-

---

[1] Nino, C. S., «Sobre los derechos morales», *Doxa. Cuadernos de Filosofía del Derecho*, nº 7, (1990), pág. 311-325.

[2] Nino, C. S., «Sobre los derechos morales», cit., pág. 316. Cfr. Alexy, R., *Teoría de la argumentación jurídica* [1978], trad. esp. de M. Atienza e I. Espejo, ed. Centro de Estudios Constitucionales, Madrid, 1989.

[3] Aunque tanto Habermas (*Facticidad y validez*, cit., págs. 302 y ss) como Nino (*Dere-*

ticas, (2) se erige también una pretensión de corrección (la pretensión de justicia sería un caso particular de tal pretensión de corrección), y (3) ello tiene lugar sin embargo (y de ahí que sea un caso *especial*) dentro de determinadas condiciones de limitación. En otras palabras, en el discurso jurídico no se pretende sostener que una determinada proposición es, sin más, racional, sino que puede ser fundamentada racionalmente en el marco del ordenamiento jurídico vigente. El procedimiento del discurso jurídico se define, pues, por un lado, por las reglas y formas del discurso práctico general y, por otro lado, por las reglas y formas específicas del discurso jurídico (la sujeción a la ley, a los precedentes judiciales y a la dogmática)[4]. Por su parte, Habermas, si bien sostuvo en un primer momento que el proceso era un supuesto de acción estratégica, modificó después su postura para suscribir la de Alexy[5]. También MacCormick sostiene que el ra-

cho, Moral y Política, cit., pág. 79) atribuyeron a Alexy —debido seguramente a cierta ambigüedad de éste— la tesis de que el discurso jurídico es un caso especial del discurso moral general, este último autor clarificó su postura en su artículo «La tesis del caso especial» escribiendo que «la tesis de Habermas de que el discurso jurídico no debe ser concebido como un subconjunto de la argumentación moral, tal y como él la entiende, es obviamente verdadera. Esto no hace, sin embargo, fracasar la tesis del caso especial. De acuerdo con ella, el *genus proximum* del discurso jurídico no es el discurso moral en el sentido habermasiano, sino el discurso práctico general. Un discurso práctico general no es lo mismo que un discurso moral en el sentido de Habermas. Es un discurso en el cual las cuestiones y razones morales, éticas y pragmáticas están conectadas», Alexy, R., «La tesis del caso especial», *Isegoría*, 21, (1999), págs. 23-35. Para un análisis de las críticas que se han dirigido a la tesis de Alexy del caso especial, así como una interpretación —en mi opinión correcta— de la dimensión en la que se artícula la tesis de este autor puede verse Grabowski, A., «Sonderfallthese -Its critique and interpretation», *Rechtstheorie* 34 (2003), págs. 371-392.

[4] Cfr. Atienza, M., *Las razones del Derecho*, Madrid, Centro de Estudios Constitucionales, (1993), pág. 193.

[5] Así, en *Teoría de la acción comunicativa* escribía: «Robert Alexy (...) me ha convencido de que las argumentaciones jurídicas, en todas sus acuñaciones institucionales, han de entenderse como un caso especial de discurso práctico». Habermas, J., *Teoría de la acción comunicativa* [1981], trad. esp. de M. Jiménez, Taurus, Madrid, 1987, vol. I, pág. 60, n. 63. Y en *Facticidad y validez*, sostiene ya que «el discurso jurídico no puede moverse autárquicamente en un universo herméticamente cerrado del Derecho vigente, sino que ha de mantenerse abierto a argumentos de otra procedencia, en particular a las razones pragmáticas, éticas y morales hechas valer en el proceso de producción de normas y, por ende, agavilladas en la propia pretensión de legitimidad de las normas jurídicas que incluye no sólo argumentos morales, sino también éticos y pragmáticos [...]. La corrección o rectitud de las decisiones jurídicas se mide en última instancia por el cumplimiento de condiciones comunicativas de la argumentación, que posibilitan la imparcialidad en la formación de un juicio». Habermas, J., *Facticidad y validez*, cit., pág. 302. En el mismo sentido, se pronuncia Habermas en «¿Cómo es posible la legitimidad por vía de la legalidad?»: «La legalidad sólo puede engendrar legitimidad en la medida en que el orden jurídico reaccione reflexivamente a la necesidad de fundamentación surgida con la positivización del Derecho, y ello

zonamiento jurídico es «un caso especial, altamente institucionalizado y formalizado de razonamiento moral»[6].

En general, y pese a que en principio podría parecer que la tesis de la unidad varía en su formulación de unos autores a otros puesto que algunos

---

de suerte que se institucionalicen procedimientos jurídicos de fundamentación que sean permeables a discursos morales» y algo más adelante, en ese mismo trabajo: «Si se cerrara esa dimensión en la que las vías de fundamentación jurídica se abren a la argumentación moral, ni siquiera podríamos saber ya qué otra cosa podría significar eso de autonomía del Derecho, sino autonomía sistémica. La autonomía no es algo que un sistema cobre para sí y por sí sólo. Autónomo es un sistema jurídico sólo en la medida en que los procedimientos institucionalizados para la producción legislativa y para la administración de justicia garantizan una formación imparcial del juicio y la voluntad común y por esta vía que penetre tanto en el Derecho como en la política, una racionalidad procedimental de tipo ético.» Habermas, J., «¿Cómo es posible la legitimidad por vía de legalidad?» [1987] en *Escritos sobre moralidad y eticidad*, trad. esp. Manuel Jiménez Redondo, Ediciones Paidós, Barcelona, 1991, págs. 131-172.

[6] MacCormick, N., *Legal Reasoning and Legal Theory*, Oxford University Press, Oxford, 1978, pág. 272. En un trabajo posterior [«Argumentation and Interpretation in Law», *Ratio Iuris*, 6/1 (1993), págs. 16-29], sostiene que la argumentación jurídica es sólo parcialmente autónoma dado que descansa en elementos de la argumentación práctica pura o no institucionalizada: «Los argumentos de autoridad tienen un lugar especial en el Derecho, aunque no un lugar exclusivo. Esto es así porque pertenece a la naturaleza del Derecho crear un sistema común y autoritativo de normas para una determinada comunidad o grupo. Allí donde existe un Derecho, hay un tipo especial de razones para la acción. Tal tipo excluye cualquier tipo de deliberación general y abstracta acerca de qué es lo que en un determinado contexto es o no correcto hacer. Allí donde el Derecho es invocado, no todas las cosas son consideradas. Más bien, lo que es tenido en cuenta es aquello que el Derecho requiere y las decisiones se centran en la cuestión de aplicación o cumplimiento de lo exigido por el Derecho, o, por decirlo en términos más generales, aplicación y cumplimiento de las "normas". Esta omnipresencia de las razones autoritativas en la argumentación legal no es algo, sin embargo, independiente de las razones sustantivas. Aquello que reclama autoridad es aquello que tiene un derecho a ser obedecido; donde hay ejercicio de la autoridad legítimo, la desobediencia es algo *prima facie* incorrecto. Al margen de teorías de la autopoiesis y de la autorreferencia, las razones en las que se apoya la pretensión de autoridad no pueden ser todas ellas razones autoritativas. Hacer inteligible (por no decir aceptable) la pretensión de autoridad implica entrar sea en un razonamiento deontológico o en uno teleológico, o en ambos. La autoridad ha de estar fundamentada de alguna forma en la corrección implicada por el cumplimiento de normas que han sido dictadas o han evolucionado de una determinada forma, o en valores (como la paz y el buen orden, quizá) asegurados mediante el respeto de las normas. Y la justificación de las normas dictadas por las autoridades debe, presumiblemente, ser en términos de corrección (justicia) o del bien que aportan. Incluso cuando la corrección de usar razones autoritativas (o el valor asegurado por su respeto) tiene como consecuencia la exclusión de cualquier apelación a razones sustantivas, esto, en sí mismo, pone de manifiesto que, finalmente, las razones de autoridad dependen de razones sustantivas y muestra que la argumentación institucional tiene que estar anclada en la argumentación práctica pura, es decir no institucionalizada». MacCormick, N., *ibidem*, págs. 18-19.

hacen referencias expresas al discurso moral mientras que otros las hacen al discurso práctico general, creo que más allá de estas diferencias, es posible afirmar que su contenido común relevante es aquel según el cual el discurso jurídico constituye un caso especial del discurso práctico general *à la Habermas*, esto es, un discurso en el que las cuestiones morales, ético-políticas y pragmáticas están mutuamente conectadas. En este Capítulo mostraré que la tesis de Nino se articula igualmente dentro de este paradigma de comprensión del razonamiento jurídico justificativo, (si bien, como ya indiqué, con algunas diferencias acerca del valor que *prima facie* haya de darse a las normas jurídicas en el razonamiento práctico)[7].

Antes de avanzar en ello es preciso hacer una advertencia. La tesis de la unidad —también denominada «tesis de la inseparabilidad»[8]—, tal y como aquí está siendo definida, implica que una teoría del razonamiento jurídico justificativo tiene que admitir una conexión necesaria entre Derecho y moral, pero la vinculación entre ambos sistemas normativos defendida por esa tesis no implica la adecuación moral de todo Derecho positivo, sino sólo que la premisa principal de un razonamiento jurídico justificativo pretende ser[9] —desde la perspectiva interna— moralmente sostenible[10]. Es así como ha de ser entendido Nino cuando escribe que «los principios morales son excluyentemente justificativos en su campo de aplicación, y sólo los derechos establecidos directa o indirectamente por tales principios [...] pueden servir de razones para actuar»[11]. Esto, sin embargo, como veremos, no significa negar la especialidad del discurso jurídico en relación con el discurso moral: justificar jurídicamente —dice Nino— no es lo mismo que justificar moralmente. Afirmar que las razones morales ocupan la premisa de deber ser desplazando a las razones prudenciales no significa hacer equivalentes el razonamiento judicial y el razonamiento moral, entre otras cosas porque el juez actúa como juez precisamente cuando para tomar una decisión tiene en cuenta el hecho de que el legislador ha dictado una norma. De esta forma, el juez lleva a cabo un razonamiento jurídico práctico cuando supone que debe castigarse con tal pena a los que matan porque (entre otras cosas)

---

[7] Cfr. el epígrafe 4 (sobre las normas *de facto*) del capítulo III del presente trabajo.

[8] Cfr. Moreso, J. J., Navarro, P. E., y Redondo, M. C., «Argumentación jurídica, lógica y decisión judicial», cit., págs. 115-130.

[9] Es la que R. Alexy denomina «pretensión de corrección». Desde el punto de vista justificativo, la pretensión de corrección del Derecho está vinculada con la idea de una moral correcta en el sentido de una moral fundamentada. Cfr. Alexy, R., *El concepto y la validez del Derecho*, cit., pág. 84.

[10] Cfr. Moreso, J. J, Navarro, P. E y Redondo, C., «Argumentación jurídica, lógica y decisión judicial»,

[11] Nino, C. S., «Sobre los derechos morales», cit., pág. 316.

el legislador (a quien tiene el deber moral de obedecer) así lo ha establecido[12]. El elemento de autoridad es uno de los rasgos distintivos del Derecho y la dimensión institucional del Derecho se constituye en un factor muy importante para dar cuenta de la especificidad del razonamiento jurídico frente al razonamiento moral ordinario[13]. Este aspecto institucional del Derecho (la apelación a la autoridad y al sentido regimentado del discurso jurídico) no significa tampoco, sin embargo, apartarnos de la tesis del imperialismo del discurso moral ni romper la unidad del razonamiento práctico, sino que será, precisamente, una exigencia necesaria para satisfacer los valores y fines sustantivos de la moral en nuestra sociedad.

En este sentido, como reconocen Atienza y Ruiz Manero, «el discurso moral ordinario está abierto a todas las razones relevantes, no está sujeto a plazos y la solución de las controversias no depende en él de órgano autoritativo alguno, sino del consenso unánime, por lo demás, siempre revisable de los afectados. Pero es precisamente por estas características por lo que el discurso moral es, necesariamente, deficitario o insuficiente como método de resolución de los conflictos. Podríamos decir que el carácter institucional del discurso jurídico es condición necesaria de la superación de los déficits operativos del discurso moral. Y estos déficits operativos del discurso moral —y la consiguiente necesidad de un esquema regimentado de solución de las controversias— seguirían siendo tales en una sociedad de ángeles, pues también en ella el discurso moral, dejado a sí mismo, frustraría —aunque sólo fuera por la intrínseca revisabilidad incesante de sus resultados y por el poder de veto que la exigencia de unanimidad implica— sus propias finalidades»[14].

Aunque Nino ya apuntaba en su trabajo *Algunos modelos metodológicos de «ciencia» jurídica* que una de las diversas razones —la más importante— que determina la dependencia entre los fallos de los jueces y la consideración de principios valorativos es el hecho de que el Derecho positivo no provee razones suficientes para justificar —justificar moralmente— una decisión, aun cuando el ordenamiento jurídico en cuestión contenga una solución clara para el caso que debe decidirse[15], será en

[12] Cfr. Nino, C. S., *Algunos modelos metodológicos de «ciencia» jurídica*, cit., pág. 97; *La validez del Derecho*, cit., pág. 141.

[13] Cfr. Atienza, M. y Ruiz Manero, J., «Sobre la relevancia justificativa de la dimensión institucional del Derecho», *Doxa. Cuadernos de Filosofía del Derecho*, nº 24, (2001), págs. 115-130.

[14] Atienza, M. y Ruiz Manero, J., «Sobre la relevancia justificativa de la dimensión institucional del Derecho», cit., pág. 16. Sobre la referencia del texto citado a una «sociedad de ángeles», Cfr. Raz, J., *Razón práctica y normas*, cit., págs. 185-187.

[15] Cfr. Nino, C. S., *Algunos modelos metodológicos de 'ciencia' jurídica*, cit., pág. 96.

trabajos posteriores (concretamente en *La validez del Derecho*, *Fundamentos de Derecho constitucional*[16] y *Derecho, moral y política*) donde llevará a cabo un análisis profundo del razonamiento jurídico justificativo, de su articulación en el discurso moral, y de las peculiaridades que ofrece derivadas de su dimensión institucional. Además, podremos ver cómo en otros trabajos examina también a fondo nuestro autor diversos aspectos del universo práctico (tales como la moral, la política democrática, etc.) que supondrán importantes focos de información para comprender y poder trazar con mayor precisión su articulación del discurso jurídico justificativo.

Como he señalado, la tesis principal de Nino es que nuestra cultura ha generado un discurso justificativo «imperialista» al que se ha denominado moral[17]. Este «imperialismo» del discurso moral defendido por Nino

[16] En esta obra Nino se centra en el caso de la articulación y relevancia de la Constitución en el discurso moral.

[17] Aunque en esta cuestión sólo podré entrar muy brevemente, debido a las características de este trabajo, quisiera dejar aquí constancia de que la conexión que hace Nino entre los rasgos que caracterizan al discurso moral y las sociedades modernas no compromete a nuestro autor con una postura relativista al menos en el sentido del relativismo normativo. En el constructivismo defendido por Nino, el concepto de verdad moral está definido por algunos presupuestos subyacentes a nuestra práctica social de la discusión moral (podríamos hablar de relativismo pero sólo en el sentido de un relativismo conceptual) tales como la aceptabilidad de principios en condiciones ideales de racionalidad, imparcialidad y conocimiento. Así, el significado, la verdad y la validez de los juicios morales son relativos a las reglas y la estructura que subyace a la práctica social o a la institución del discurso moral. Tal práctica está históricamente condicionada de modo que, como reconoce el propio Nino, ha evolucionado y se ha expandido a través de diferentes sociedades. El elemento de imparcialidad fue desarrollado ya probablemente en la Grecia clásica y alcanzó un grado mayor de refinamiento en la Ilustración añadiéndose a él las notas de autonomía, universalidad y la prioridad de la moral. Pudiera ser, dice Nino, que uno de los hitos del cambio conceptual en el ámbito moral fuera la posibilidad de formular la paradoja de Eutifrón de modo que Aristóteles en su *Ética a Nicómaco* plantea ya la posibilidad de que la verdad moral fuera conceptualmente disociada de las órdenes de un dios. En cualquier caso, lo que parece implicar todo esto es que pudiera ser que esta práctica no sea universal y que debemos aceptar que posiblemente haya pueblos o sociedades que no la sigan y que se guíen por una práctica de razonamiento y discurso moral que difiere en aspectos relevantes de la nuestra. En tales casos nada hay que pueda hacerse para convencer a esas otras personas puesto que lo que para nosotros son razones para ellos no lo son. Junto a estas últimas reflexiones de Nino podríamos, sin embargo, hallar en él un último intento por rescatar el proyecto kantiano de la universalidad de la razón práctica cuando señala que podemos seguir teniendo la esperanza de que algunos de los mecanismos sociales, psicológicos o biológicos que, según algunas teorías científicas, incitan a los individuos a preocuparse de la justificación moral hagan su obra. En realidad, añade, parecen haber obrado tan bien que esta práctica del discurso moral se ha expandido enormemente entre gentes y sociedades con opiniones morales sustantivas radicalmente diferentes. Cfr. Nino, C. S., *Ética y dere-*

implica que no existen razones jurídicas que puedan justificar acciones y decisiones con independencia de su derivación en última instancia de razones morales. Significa que los deberes jurídicos tienen su fundamento en deberes morales —aunque, como hemos tenido ocasión de ver, esta vinculación aparece articulada de una forma compleja— y que la validez jurídica, entendida como fuerza vinculante u obligatoriedad, no es sino un tipo especial de validez moral.

Queda por ver con más detalle las características concretas de tal conexión para perfilar así con más exactitud el mapa del universo práctico dentro del cual se articularía el mundo del Derecho. A pesar de los límites o exigencias derivadas de su dimensión institucional, que entran a veces en tensión con principios morales sustantivos —o quizá, como veremos, gracias a tales límites— el Derecho es seguramente uno de los instrumentos más desarrollados con los que puedan contar los seres humanos para tratar de organizar las relaciones intersubjetivas a fin de satisfacer las exigencias de la justicia. Algo que, en la concepción de Nino, se traduce en la preservación, desarrollo y protección de los derechos humanos.

A partir de una comprensión de la política democrática como sucedáneo regimentado del debate moral y de las normas jurídicas dictadas por la autoridad democrática —con su expresión máxima en el texto constitucional— como razones para creer en la existencia de razones para actuar (las normas jurídicas de origen democrático sirven como indicios de la existencia de normas morales) o, en su dimensión de juicios deónticos, como razones derivadas de normas morales, Nino dirige su interés hacia la dimensión argumentativa del Derecho, recogiendo para ello elementos de la tradición norteamericana. Concibiendo al Derecho como una empresa colectiva para la consecución de objetivos sociales valiosos —y ello como algo independiente de la positivización en muchas de nuestras Constituciones de los grandes postulados del liberalismo político y del igualitarismo social[18]—, reivindica así nuestro autor una teoría y una filosofía del Derecho enteramente impregnadas, como ha podido ya corroborarse a lo largo de los Capítulos precedentes, de consideraciones de filosofía política y de filosofía moral.

chos humanos, cit., págs. 87-88 y 161-162. Para un interesante análisis de la extensión del discurso moral desde la perspectiva del disenso, cfr. Villoro, L., «Sobre el principio de la injusticia: la exclusión», *Isegoría*, nº 22, (Sept. 2000), págs. 103-142. Acerca de cómo la idea de imparcialidad es un presupuesto fundamental de nuestra concepción del mundo y de nosotros mismos, cfr. Nagel, T., *The Possibility of Altruism*, cit., pág. 106.

[18] Con esto quiero apuntar al hecho de que la tesis de Nino acerca de la conexión justificativa entre Derecho y Moral se articula en un plano de abstracción mayor que la conexión a la que apunta el positivismo incluyente.

El propósito principal del presente Capítulo es, como ya se ha señalado, exponer la fundamentación que Nino hace de la tesis del discurso jurídico práctico como caso especial del discurso moral. El esquema que con este propósito seguiré es el siguiente. En el próximo apartado (punto 2), presentaré los argumentos de Nino en apoyo de su tesis acerca de la relevancia del Derecho en el razonamiento práctico a partir de su análisis de las paradojas aparentemente implicadas por la tesis de la conexión justificativa e interpretativa del Derecho con la moral. Esto nos permitirá abordar la importante función que, incluso dentro de este paradigma de comprensión del fenómeno jurídico, tendría el Derecho en el razonamiento práctico. Concretamente, veremos esto a partir de la relevancia práctica (es decir, justificativa) de las Constituciones. A continuación, dentro del mismo apartado, me ocuparé de discutir —si bien a grandes trazos— qué concepción acerca de la moral, de la política y del Derecho permite, en opinión de Nino, solucionar esas paradojas para abordar así su tesis del discurso jurídico como un caso especial del discurso moral, o tesis de la unidad del razonamiento práctico. En el siguiente apartado (punto 3) me ocupo de la reconstrucción que Nino hace del razonamiento jurídico justificativo, con especial atención, en este punto, a su dimensión institucional. El apartado siguiente se dedicará a un examen de la polémica entre Nino y quienes (como Redondo, entre otros) sostienen la tesis de la fragmentación del razonamiento práctico frente a la tesis de su unidad (punto 4). Por último (punto 5), retomaré esta última tesis de la unidad del razonamiento práctico para cerrar este Capítulo con una reflexión que trata de introducir elementos que ayuden a despejar el intrincado tema de las relaciones del Derecho con la moral.

2. LA TESIS DE NINO DEL «IMPERIALISMO» DEL DISCURSO MORAL Y DE LA «NO INSULARIDAD» DEL DISCURSO JURÍDICO JUSTIFICATIVO: LAS APARENTES PARADOJAS QUE PLANTEA Y SU SOLUCIÓN

Desde sus primeras obras[19], Nino es muy consciente de que el recurso a principios morales en la práctica judicial se presenta como algo necesario si tenemos en cuenta la relevancia moral de prácticamente todas las

[19] Véase Nino, C. S., *Algunos modelos metodológicos de «ciencia» jurídica*, cit. ; *Los límites de la responsabilidad penal*, cit. ; *La validez del Derecho*, cit.

decisiones judiciales. Ya en su obra de 1979 sobre la ciencia jurídica señalaba la responsabilidad moral que necesariamente asumían los jueces al tomar sus decisiones y cómo estos debían partir en su razonamiento práctico de presupuestos axiológicos que hicieran legítima la observancia de las normas jurídicas. Nino escribía en este sentido que «generalmente no será una respuesta satisfactoria a la pregunta sobre si debo obedecer una ley, responder con la razón: sí, si la ley requiere que usted la obedezca; salvo que se esté asumiendo tácitamente un estándar ulterior»[20].Y ese estándar ulterior sobre el cual necesariamente fundamenta un juez su sentencia es el que hará referencia, según Nino, a algún deber moral de obedecer el Derecho en la medida en que se considera que así se satisfacen determinadas funciones consideradas valiosas.

Pero también desde sus primeros trabajos Nino pondrá de manifiesto que lo anterior no implica sostener que los jueces deban resolver siempre cada caso siguiendo sólo consideraciones de justicia y de equidad, como si no hubiera normas jurídicas preestablecidas y los jueces fueran llamados a legislar sobre cada asunto[21]. La propia existencia de las normas jurídicas es —como he apuntado ya en páginas precedentes— moralmente relevante:

> «Hay razones vinculadas con el respeto a órganos legislativos legítimos, la necesidad de proveer cierto grado de seguridad y previsibilidad de las decisiones judiciales, la conveniencia de contribuir a una vida social ordenada, la exigencia de tratar casos similares en forma similar, que justifican aplicar normas jurídicas vigentes aun cuando ellas impliquen soluciones moderadamente injustas en algunos casos particulares»[22].

En un artículo de 1986 —«La paradoja de la irrelevancia moral del gobierno y el valor epistemológico de la democracia», recogido después en *El constructivismo ético*—, Nino lleva a cabo su análisis más detallado de los problemas a los que conduciría la conexión justificativa e interpretativa entre Derecho y moral, ya apuntados en la primera edición de su *Ética y derechos humanos* (1984). En las páginas que siguen voy a exponer las dos paradojas principales —la paradoja de la irrelevancia moral del gobierno y la paradoja de la indeterminación radical del Derecho— que aparecerían implicadas por tales tesis, a fin de proceder después a dar cuenta del modo como, en opinión de Nino, ha de ser entendida la conexión entre la moral, la política y el fenómeno jurídico para que las mencionadas paradojas puedan con-

[20] Nino, C. S., *Algunos modelos metodológicos de «ciencia» jurídica*, cit., págs. 96-97.
[21] Nino, C. S., *Algunos modelos metodológicos de «ciencia» jurídica*, cit., pág. 97.
[22] Nino, C. S., *Los límites de la responsabilidad penal*, cit., págs. 7-8.

siderarse resueltas. Tal resolución vendría proporcionada, en efecto, por lo que podemos denominar la tesis de Nino de la conexión del Derecho con la política y de la conexión de la moral con la política, tesis que, como he dicho, afectarán decisivamente a la forma de concebir la conexión justificativa e interpretativa entre moral y Derecho.

2.1. El problema: las aparentes paradojas de la superfluidad del gobierno y del Derecho y de la indeterminación radical del Derecho. Un análisis

La paradoja de la superfluidad del gobierno y del Derecho consistiría en lo siguiente: si las leyes positivas coinciden con los principios morales, entonces las primeras son irrelevantes, y si no coinciden, entonces no se les debe prestar atención. La segunda paradoja, relativa a la «indeterminación radical del Derecho», conduce a replantear la relevancia del Derecho positivo, entendido éste como un conjunto de actos lingüísticos, textos o prácticas, una vez que tenemos en cuenta que las proposiciones que asignamos como contenido a esos textos, prácticas, etc. dependen enteramente de los principios valorativos que adoptemos. Veamos ambas con más detalle[23]:

2.1.1. La paradoja de la superfluidad del gobierno y del Derecho

2.1.1.1. Presentación de la paradoja de la superfluidad del gobierno y del Derecho

Abordaré en primer lugar el análisis que Nino hace del problema más general de la paradoja de la irrelevancia del gobierno y del Derecho en el razonamiento práctico, y de los distintos intentos, sin éxito, por solucionarla, para después exponer el problema concreto (tratado en *Fundamentos de Derecho Constitucional*) de la paradoja de la irrelevancia de la Constitución en el razonamiento práctico.

El problema de la paradoja de la irrelevancia del Derecho y del gobierno en el razonamiento práctico aparece cuando nos preguntamos cómo justificar la existencia de un Estado y, concretamente, la obligatoriedad de

[23] Cfr. Nino, C. S., «La paradoja de la irrelevancia moral del gobierno y el valor epistemológico de la democracia», *Análisis filosófico*, VI/2 (1986), págs. 65-95, recogido en Nino, C. S., *El constructivismo ético*, cit., págs. 113-133; Nino, C. S., *Fundamentos de Derecho Constitucional*, cit., págs. 14 -105.

las normas jurídicas, esto es, de las reglas que dictan y aplican quienes tienen el cuasi-monopolio de la coacción en una determinada sociedad.

Como resulta que, según la tesis de la conexión justificativa entre Derecho y moral, la obligatoriedad deriva de ciertos principios morales, esto nos conduce a una aparente redundancia: «si para decidir obedecer o no las normas jurídicas, necesitamos recurrir a principios morales que determinan si ellas son o no obligatorias —o lo que es lo mismo, si debe o no realizarse lo que ellas disponen— entonces, ¿para qué son necesarias tales normas jurídicas? ¿por qué no nos quedamos simplemente con los principios morales que determinan el comportamiento a realizar?»[24].

Nino explora la corrección del presupuesto que parece subyacer a este planteamiento. Se trataría de ver si, efectivamente, los principios morales que legitiman a un gobierno y que, por lo tanto, determinan la obligatoriedad de las normas jurídicas convalidadas por ellos, indican por sí mismos qué conductas son debidas o valiosas.

2.1.1.2. Algunos intentos de superación de la superfluidad de las normas jurídicas

Ha habido varios intentos por superar esta paradoja mostrando que, si los principios morales llevan a cabo la convalidación de las normas jurídicas sin referirse necesariamente al contenido sustantivo de éstas, es decir, sin preestablecer las conductas que ellas deben prescribir, entonces tales normas jurídicas no serían superfluas. Estos argumentos aparecen expuestos por Nino en su trabajo *El constructivismo ético*[25]:

(a) Los principios morales pueden ser de índole procedimental. Esto significaría que legitimarían al gobierno por su origen o por la forma de dictar normas y no por el contenido de las normas emitidas. Los principios morales relevantes, generalmente, se limitarían a determinar las condiciones para la selección de las autoridades políticas y del procedimiento bajo el cual éstas deben actuar, de modo que cuando tales condiciones son satisfechas las leyes resultantes estarían justificadas. Si la democracia es moralmente valiosa, entonces un gobierno democrático goza de este tipo de legitimidad, y hay una razón para obedecer sus normas que no se apoya en el contenido de éstas, sino en el procedimiento de su sanción y en el origen del Estado que las dicta.

Resulta, sin embargo, que antes de poder señalar cuál es el valor moral de la democracia es preciso determinar la justificación moral de que

[24] Nino, C. S., *El constructivismo ético*, cit., pág. 115.
[25] Cfr. Nino, C. S., *El constructivismo ético*, cit., págs. 113-133.

exista un Estado. Cuando tratamos de hallar la respuesta a esta cuestión nos encontramos con que quizá ello no es posible sin entrar en consideraciones que determinen en última instancia qué comportamientos son correctos o incorrectos haciendo, en consecuencia, superfluas a las normas jurídicas. Dice Nino que es difícil imaginar algún principio que legitime a un cierto Estado sólo por su origen, sin presuponer la necesidad de que exista algún Estado (salvo el que declarase un derecho divino de ciertos hombres a mandar sobre otros, concepción que, afirma, está tan protegida de toda evaluación crítica racional que tiene que ser dejada de lado en este tipo de análisis). Tampoco resulta evidente cómo detectar principios morales que tomen como justificación última la mera adopción de ciertos procedimientos, ya que, por ejemplo, la mayoría de las justificaciones de la democracia sólo son procesales en una primera instancia, procediendo luego a justificar los procedimientos relevantes a la luz de cierto bien sustantivo, tal como la autonomía o la utilidad. Esto significa que podríamos pensar en la materialización de ese bien sustantivo con independencia del procedimiento en cuestión.

(b) Otra posibilidad explorada por Nino es la que ofrece el utilitarismo de reglas. Según esta concepción, el principio de utilidad (como principio moral) no se refiere directamente a las acciones, sino a las reglas. Esto se articularía de la siguiente forma: es preciso determinar previamente qué reglas son más favorables al principio de utilidad general, y serán tales reglas las que luego nos permitirían examinar las acciones. Del principio de utilidad entonces no se puede inferir directamente qué acciones se debe realizar. Dentro de esta corriente pueden distinguirse a su vez el utilitarismo de reglas ideales y el utilitarismo de reglas sociales. El primero valora las acciones a la luz del principio de utilidad en el caso de que sean realizadas por todos aquellos que estén en las mismas circunstancias. Como este tipo de utilitarismo tiene implicaciones respecto de la conducta correcta con independencia de las normas jurídicas que de hecho se dicten, no evita el aparente carácter superfluo de tales normas. Por su parte, el utilitarismo de reglas sociales, dice Nino, valora las normas jurídicas vigentes y, después, las conductas sólo por su relación con las primeras. Sucede, sin embargo, que como las normas jurídicas son valoradas moralmente de acuerdo a principios que o bien tienen por principal contenido ciertos actos (en el caso de una ética deontológica) o asignan valor a ciertos estados de cosas e, indirectamente, prescriben conductas que los promueven (en el caso de una ética teleológica), entonces, si bien la existencia de ciertas normas sociales es extremadamente beneficiosa desde el punto de vista social, lo es de acuerdo a principios que se refieren no sólo a los actos involucrados en su sanción o cumplimiento, sino también a otras clases de actos: esos principios, entonces, pueden aplicarse directamente a los actos sin la interposición de las reglas[26]. Bajo esta concepción, la democracia aparece como un instrumento para maximizar el bien (la utilidad social), pero bajo una fundamentación muy contingente ya que puede haber otras formas de gobierno que maximicen en ocasiones ese bien en mejor condición que formas democráticas de decisión.

(c) Otra de las alternativas más corrientes de justificación de un Estado con independencia del contenido de las normas que dicta es la justificación sobre la base de valores sociales «formales» tales como el orden, la paz, la seguridad, la previsibilidad. Pero de nuevo encontramos aquí que los principios morales parecen operar directamente. Como la existencia de un gobierno que asegure el orden, la paz, etc. implica la satisfacción de algunos intereses y la frustración de otros, cuando se alude a este tipo de consideraciones no se apela a la necesidad de no frustrar intereses brutos, sino a la de no frustrar intereses que sean dignos de protección. Esto presupone principios morales que determinen qué intereses son legítimos y cuáles no, con independencia de los valores de orden, de paz social, etc., constituyéndose estos últimos entonces como valores morales secundarios.

Así pues, ninguna de estas tres alternativas parece poder solucionar el problema, puesto que los principios morales pueden indicarnos el comportamiento a seguir con independencia de lo que prescriba el orden jurídico.

El fracaso de estos intentos no conduce, sin embargo, a defender una postura como la del anarquismo. El anarquismo sostiene que (1) el hecho de que un Estado nos ordene algo no justifica moralmente que lo hagamos y (2) la decisión de obedecer a un Estado es una decisión autónoma que debemos fundar en un principio moral libremente aceptado, y de ahí concluye que si siempre nos autogobernamos, no es preciso que exista un gobierno[27]. Este razonamiento, afirma Nino, también llevaría a un recha-

[26] Sobre los problemas que presenta una concepción utilitarista de la democracia, puede verse también Nino, C. S., *Ética y derechos humanos*, cit., págs. 381-386; *The Constitution of Deliberative Democracy*, cit., págs. 70-76. Para una crítica del utilitarismo, Nino, C. S., «El cuatrilema del consecuencialismo», *Doxa. Cuadernos de Filosofía del Derecho*, nº 4, (1987), págs. 365-366.

[27] Cfr., por ejemplo, Wolff, R. P., *In Defense of Anarchism*, Harper Torchbooks, New York, 1970. Wolff considera que es inaceptable renunciar a la autonomía moral. Entiende que los hombres se comportan como niños si aceptan los mandatos ajenos no sólo forzados por la necesidad, sino de buena gana y olvidando su deber incesante de ponderar los méritos de las acciones que realizan. Para este autor, colocarse en manos de otro y permitirle determinar los principios por los que uno debe guiar su conducta supone repudiar la libertad y la razón que dan dignidad al ser humano. Cfr. Wolff, R. P., *ibidem*, pág. 72. Para una

zo de la democracia puesto que si cualquier gobierno es moralmente superfluo, da lo mismo que sea democrático o no.

2.1.1.3. Pero ¿son correctos los presupuestos en los que descansa la paradoja?

Suponer que las normas jurídicas son superfluas porque cuando nos planteamos si debemos obedecerlas o no recurrimos a normas morales que, en última instancia, son las que habrán de guiar nuestra conducta implica, según Nino, asumir una serie de presupuestos que son, sin embargo, controvertidos.

Tales presupuestos serían: (a) que el individuo desea tener en cuenta principios morales y actuar en consecuencia; (b) que sabe qué disponen esos principios; y (c) que tales principios siempre estipulan una solución para cualquier situación en la que el individuo se encuentra. Aunque, como vamos a mostrar, la falsedad de estos presupuestos no es suficiente para fundamentar la relevancia moral del gobierno y del Derecho, vale la pena profundizar en ellos ya que las razones de tal fracaso pueden, sin embargo, iluminar el camino hacia los presupuestos correctos y, con ello, hacia la solución de la paradoja. Veamos el análisis que Nino hace de los mismos[28]:

a) El individuo desea tener en cuenta principios morales y actuar en consecuencia

Nino afirma que este presupuesto es sólo parcialmente cierto. Su argumentación discurre como sigue.

No es cierto que el individuo desee tener siempre en cuenta principios morales y actuar en consecuencia ya que, en muchas situaciones, los individuos son indiferentes frente a los reclamos de la moral, unas veces por mala voluntad y otras por ignorancia. Es precisamente para incidir en el comportamiento de tales hombres que el hombre moral recurrirá al Estado y a sus normas jurídicas, a las que considerará moralmente justificadas en la medida en que las prescripciones dirigidas a los ciudadanos se ajusten en el mayor número de ocasiones a principios morales.

Esta línea de argumentación tiene, además, consecuencias que inciden en el propio comportamiento del hombre moral. En la medida en que

exposición de las ideas de este autor y de las alternativas que tratan de demostrar la falsedad de algunos de sus presupuestos, Cfr. Ródenas, A. *Sobre la justificación de la autoridad*, cit., págs. 90-105.

[28] Cfr. Nino, C. S., *El constructivismo ético*, cit., págs. 119-124.

su conducta pueda tener efectos por vía de ejemplo o por otros medios en el comportamiento de los hombres inmorales, él mismo tiene, en muchas ocasiones, la obligación de acatar las prescripciones jurídicas que se desvían de su propio juicio para evitar así el deterioro de una institución que, en su conjunto, maximiza la oportunidad de tomar decisiones justas. Esto es, desde el momento en que el hombre moral acepta la existencia del gobierno y de las normas jurídicas para guiar la conducta de la gente inmoral, esa existencia se convierte en un dato fáctico que debe tomar en cuenta en su propio razonamiento moral (si bien, como dato fáctico que es, matiza Nino, la existencia de un gobierno y la vigencia de sus normas sólo pueden afectar a los juicios morales derivados, no a los principios morales últimos —como los que establecen los derechos humanos básicos— que no están condicionados por ninguna circunstancia fáctica)[29].

Por consiguiente, concluye en este punto Nino, el presupuesto en cuestión es parcialmente cierto, puesto que si bien el Derecho aparece como relevante en tanto que no todos los hombres son «hombres morales», debemos partir del punto de vista del hombre moral, que es quien recurre a principios morales para guiar su propia conducta y la de los demás, y para quien el Derecho aparecerá solamente como relevante para justificar esa conducta en la medida en que no estén en juego principios básicos (es decir, siempre que las prescripciones de la autoridad no violen los derechos humanos más fundamentales) y en la medida en que no coincida con sus propios juicios morales (si bien, por otro lado, el gobierno y el Derecho en su conjunto sólo serán legítimos en tanto que sus prescripciones se ajusten, en la mayoría de los casos, a lo que él considera moralmente correcto).

b) El individuo que debe decidir si obedece o no una norma jurídica sabe cuáles son los principios morales aplicables a la situación

Este presupuesto es también cuestionable. Ahora bien, cuando tras negar que los individuos conozcan sin dudas los principios morales aplicables a la situación añadimos que han de recurrir a otro para tratar de hallar cuáles son los principios morales aplicables al caso, surge la cuestión acerca de por qué el hombre moral debería recurrir al Derecho. Es decir, por qué habría de acudir a una autoridad cuyo rasgo distintivo es el cuasi-monopolio de la coacción, en busca de sabiduría ética.

Siendo esta objeción lo suficientemente sólida, es posible caer en la cuenta de que entonces tampoco la negación de este presupuesto y la afir-

[29] Cfr. Nino, C. S., *El constructivismo ético*, cit., pág. 121. En el mismo sentido, «Los derechos morales», cit., págs. 311-325.

mación de la falta de conocimiento ético es una buena razón para fundamentar la relevancia moral del gobierno.

c) *El sistema moral ideal al que recurre el individuo que desea justificar su obediencia al Derecho tiene una solución para cada caso concebible*

Si esto no fuera cierto, dice Nino, podría sostenerse que la relevancia práctica del Derecho estaría fundada en la necesidad de proveer soluciones para los casos en los que la moral guarda silencio. Sería la idea ya apuntada por Santo Tomás de Aquino de que el Derecho positivo está relacionado con el Derecho natural no sólo por derivación, sino también por especificación[30] (ya sea porque nos encontramos ante una situación de empate moral o porque es una esfera en la que hay indiferencia moral acerca de qué acción llevar a cabo, siendo lo relevante que se logre una coordinación).

Afirma Nino que es, sin embargo, sumamente difícil determinar qué tipo de razones para actuar provee el Derecho en aquellos casos en los que no hay razones morales subyacentes o cuando hay razones morales contrapuestas y de igual peso. Aunque se suele apelar al altruismo, a la convención o a la coacción como formas de resolución de tales conflictos esto, en realidad, nos reenvía de nuevo a las razones morales. Incluso si se alegara la conveniencia o utilidad general de prescribir jurídicamente un curso de acción en estas situaciones de empate o indiferencia moral, tal consideración es también moral en sentido amplio, por lo cual no estaríamos ante un caso de indiferencia moral, o bien, si la indiferencia es precisamente respecto a que el Derecho adopte no una solución cualquiera, sino determinada solución (p. ej., conducir por la derecha), el problema es que en tal caso no se ve cuál es el tipo de razón que debería incidir en la elección de una u otra solución. Por ello concluye Nino que es una cuestión oscura que el Derecho cuente con la capacidad de fabricar razones que no preexistían o de jerarquizar razones en caso de empate moral. En los casos en que las normas jurídicas no se apoyan en razones morales —apareciendo entonces como superfluas— hay un hiato entre las razones morales que indican que debe haber alguna norma de este tipo y el dictado de una determinada norma jurídica, y resulta difícil ver cómo puede salvarse ese hiato sin convertir el caso en cuestión en uno en el que la norma jurídica sea, de nuevo, superflua. Siendo así las cosas, concluye Nino, resulta

[30] Cfr. Santo Tomás, *Summa Theologica*, II, 1, q. 95, 2. Tomo la cita de Welzel, H., *Introducción a la Filosofía del Derecho*, Biblioteca Jurídica Aguilar, 1979, pág. 57.

sumamente dudoso que el Derecho y el gobierno puedan resultar moralmente relevantes en aquellos casos en que no hay una solución unívoca en nuestro sistema moral.

El análisis de los presupuestos de la paradoja de la irrelevancia del gobierno no se detiene, sin embargo, aquí. Nino sigue explorando posibles argumentos en un intento por ver si hay presupuestos todavía más profundos que puedan ser cuestionados y que ofrezcan una salida a la misma. Explicita así dos presupuestos de índole metaética que, en su opinión, subyacerían a la conclusión de que el gobierno y el orden jurídico son irrelevantes para el hombre moral y trata de ver en qué medida tales presupuestos son o no correctos.

(a) El primero es de carácter ontológico: consiste en entender que hay un sistema moral independiente de las prácticas sociales involucradas en la constitución, reconocimiento y ejercicio de un gobierno. Según este presupuesto, cuando el ciudadano moral recurre a tal sistema para justificar el gobierno o sus normas puede llegar a conclusiones sobre lo que debe hacer, sin tomar en cuenta aquellas prácticas;

(b) El segundo presupuesto profundo de la paradoja tiene una formulación semejante a la anterior, pero se refiere ahora al plano epistemológico: consiste en asumir que se puede acceder cognitivamente a ese orden moral independientemente de las prácticas sociales involucradas en la existencia del gobierno.

En contra de este doble presupuesto, Nino traza su tesis de la conexión de la moral con la política (y concretamente, como veremos, con la política democrática) desdoblándola en dos tesis: la politización de la moral (esto es, una concepción de la moral como práctica colectiva) y la moralización de la política (su concepción de la democracia como sucedáneo del discurso moral).

Antes de pasar a ello, nos quedan aún dos cuestiones pendientes: por una parte, cómo se articula la presente paradoja cuando consideramos el papel de la Constitución en el razonamiento práctico; y, por otra, la discusión de la paradoja de la indeterminación radical del Derecho.

Veamos, pues, qué problemas surgen a propósito del problema de si la vigencia de una determinada Constitución (como dice Nino, el punto más visible del fenómeno jurídico constitucional) tiene o no relevancia en el razonamiento práctico.

2.1.2. La (aparente) paradoja de la irrelevancia de la Constitución

> «La paradoja de la superfluidad de la Constitución implica afirmar lo que a primera vista parece una locura: que, a pesar de todas las invocaciones

> casi sacramentales a la Constitución; a pesar de todas las luchas que se emprendieron en diferentes contextos históricos y regiones en defensa de una Constitución; a pesar de las intuiciones compartidas de que una Constitución es "la carta de navegación de un país" sin la cual éste divaga sin rumbo; a pesar de la realidad material que presenta una Constitución y su proceso constituyente; a pesar de los méritos excelsos que una Constitución puede exhibir; a pesar de los defectos catastróficos que otra Constitución puede encerrar; a pesar de todo ello, cuando hacemos un análisis cuidadoso de cómo la Constitución opera en el producto final que todos esperan de ella (la justificación de una acción, decisión, o institución en lugar de otra) advertimos que, aparentemente, la Constitución no juega ningún papel relevante. [...] La paradoja no sostiene que algunas Constituciones en particular no sirven para nada; su alcance es absolutamente general: sostiene que ninguna Constitución es relevante para el razonamiento práctico con el que justificamos acciones o decisiones. Porque la superfluidad de la Constitución no sería una cuestión de hecho, sino de pura lógica»[31].

La tesis que Nino va a defender es que tal superfluidad de la Constitución es sólo aparente: en realidad es posible comprender la Constitución de una forma tal que, al poner de manifiesto que ella es relevante en el razonamiento práctico justificativo, nos permita ver su significado real para una sociedad política.

Antes de pasar a examinar esta tesis, vale la pena explorar otros distintos caminos que Nino recorre para tratar de explicar —aunque sin éxito— la relevancia de las Constituciones vigentes. De nuevo, como sucedía en el apartado anterior, estas incursiones, que después serán rechazadas por el propio autor, permiten alumbrar el camino correcto que lleva a la solución.

2.1.2.1. La Constitución ideal y el razonamiento práctico

Nino trata de ver si la relevancia de la Constitución puede explicarse bajo una concepción normativa que alude a determinados principios válidos que generan derechos individuales o bien a determinados procedimientos.

a) La Constitución ideal de derechos

Si adoptamos un concepto normativo o valorativo de Constitución y la identificamos con los principios básicos de moralidad social que establecen el conjunto de derechos fundamentales, entonces no cabe duda de

---

[31] Nino, C. S., *Fundamentos de Derecho Constitucional*, cit., pág. 14.

que la Constitución es relevante para el razonamiento práctico ya que es imposible justificar una acción o decisión que verse sobre materias en las que estén en conflicto intereses de individuos diversos sin apelar en última instancia a un conjunto de principios ideales, es decir, a la Constitución en este sentido.

Sucede, sin embargo, que este concepto de Constitución no permite hacer relevantes a las diversas Constituciones vigentes. En efecto, los principios a los que hacen referencia son generales, universales y autónomos. Esto último significa que son aceptados como válidos en virtud de sus méritos intrínsecos y no por el hecho de que cierta autoridad humana, divina o convencional los prescribiera. Precisamente, los principios en cuestión sirven para criticar tales prescripciones, lo que no sería posible si su validez dependiera de ellas.

Entonces, nos dice Nino, «la Constitución, concebida como un conjunto de principios de moralidad social que establecen derechos básicos de los individuos, no tiene patria y no tiene una relación especial con los hechos ocurridos en cierto lugar y tiempo o con cierto texto»[32]. De acuerdo con esto, no debemos partir del texto de la Constitución histórica para determinar cuáles son los principios morales que generan derechos individuales, ya que ni las circunstancias particulares de la elaboración y sanción del texto son relevantes para la validez de tales principios, ni tenemos razones especiales para presuponer que quienes sancionaron el texto histórico tenían una particular percepción moral.

b) La Constitución ideal procedimental

Un segundo intento dentro de esta concepción normativa de la Constitución es el de vincular la Constitución vigente, no con los principios que establecen derechos, sino con procedimientos de toma de decisiones básicas en una unidad política que constituye una estructura de organización del poder. No se trataría de cualquier procedimiento, aclara Nino, sino de un procedimiento legítimo de toma de decisiones: un procedimiento democrático. La Constitución sería relevante porque ella establece un procedimiento plausible para resolver pacíficamente los conflictos, más allá de las divergencias sustantivas.

Nos encontramos, sin embargo, con que, al igual que sucedía con el anterior intento, esta alternativa sólo revelará a la Constitución como relevante cuando el procedimiento previsto para la toma de decisiones colectivas sea legítimo. Esa legitimidad, de nuevo, dependerá de principios

[32] Nino, C. S., *Fundamentos de Derecho Constitucional*, cit., págs. 18-19.

que son autónomos, universales y generales. Como la validez de tales principios parece otra vez independiente de un cierto texto y de las circunstancias históricas que llevaron a su sanción, entonces, concluye Nino, esta alternativa tampoco nos permite mostrar la relevancia para justificar acciones o decisiones de una Constitución individual cualquiera.

Es preciso hallar la forma de comprender todos los elementos del constitucionalismo que permitan conectar las dimensiones normativas con los hechos históricos que dan individualidad a una cierta Constitución, puesto que de lo contrario, además de la irrelevancia de los textos constitucionales vigentes en el razonamiento práctico, tendremos que afrontar los problemas de subjetividad, incertidumbre y conflictividad inherentes a la determinación de cuáles son en concreto tales principios del constitucionalismo[33].

2.1.2.2. La Constitución como práctica social

Se trata de ver ahora si la relevancia de la Constitución vendría dada por una concepción de la Constitución como puro hecho histórico, como práctica social, con independencia de toda valoración. Aquí inevitablemente hay que recurrir a Hart. El que la Constitución incorpore la regla de reconocimiento del sistema jurídico parece proveer una forma directa y sencilla de dar cuenta de la relevancia de la Constitución en el razonamiento práctico: simplemente la Constitución tendría la relevancia que Hart le asigna a la regla de reconocimiento de un sistema jurídico, esto es, permitirá determinar la unidad del sistema jurídico y la validez (en sentido descriptivo) o pertenencia de las demás normas.

Sin embargo, tampoco este argumento resulta satisfactorio. Como ya hemos podido ver[34], según Nino, la unidad o continuidad de una práctica constitucional (en la que se pueden suceder Constituciones que modifican las anteriores) no viene dada por la Constitución en cuanto regla de reconocimiento, sino por una práctica más básica que establece la validez de la Constitución reformada de acuerdo con normas de la Constitución derogada.

Por lo que se refiere a la pertenencia, cabría extender lo dicho respecto de la unidad e identidad del sistema jurídico: la Constitución como regla de reconocimiento es insuficiente para determinar esa pertenencia, debiendo recurrirse a otros elementos ulteriores y a una práctica más básica[35].

---

[33] Cfr. Nino, C. S., *Fundamentos de Derecho Constitucional*, cit., pág. 21.

[34] Cfr. Capítulo III, punto 3, del presente trabajo.

[35] Así, puede haber conflictos entre el principio de obediencia a las autoridades instituidas por la Constitución y los principios sustantivos. Y, como escriben Atienza y Ruiz Manero, la Constitución no resuelve qué peso tenemos que darle a cada uno de esos principios en tensión. Los criterios últimos de interpretación de la Constitución no pueden ser

Por lo que se refiere a la validez, y teniendo presente el análisis que de este concepto hace Nino, podemos decir aquí que la Constitución concebida descriptivamente como práctica social de reconocimiento no puede, por razones lógicas, ser relevante para determinar en última instancia la validez (en el sentido normativo) de las demás normas jurídicas del sistema[36]. La cuestión sería la siguiente: una práctica social como la Constitución no puede constituir por sí misma razones para justificar acciones o decisiones, sino que sólo puede constituir un hecho condicionante que determina la aplicabilidad de un cierto principio moral que sí constituye una razón operativa para justificar una acción o decisión. Cuando los jueces invocan la regla de reconocimiento para justificar la aplicación de una norma del sistema jurídico, no se refieren a esa regla como una práctica social —o sea como un hecho registrado desde el «punto de vista externo»—, sino que se refieren a un juicio normativo (moral). Así es cómo la regla es apreciada desde el «punto de vista interno». El hecho de emplear recurrentemente juicios normativos sobre el deber de aplicar ciertas reglas como justificación de una acción o decisión es lo que, desde el punto de vista externo, constituye una práctica de reconocimiento (vista como un hecho).

Pero, así las cosas, la Constitución no sólo deja de aparecer como autosuficiente, sino que, además, resulta irrelevante. Pues tales principios ya contienen todo lo que una Constitución que ellos juzgan como legítima puede contener y, por lo tanto, así concebida, la Constitución no agrega nada a lo que ya está en los principios a los que debemos acudir para justificarla[37].

---

más que criterios aceptados —no criterios ordenados por la Constitución— y puede ocurrir que haya divergencias entre los criterios aceptados por unos y otros integrantes de una misma comunidad jurídica. Cfr. Atienza, M. y Ruiz Manero, J., *Las piezas del Derecho*, cit., págs. 162-163.

[36] Sobre este aspecto volveré de nuevo más adelante (Cfr. apartado 3.3) a la hora de dar cuenta de la crítica que a este punto de la argumentación de Nino dirigen J. J. Moreso, P. Navarro y C. Redondo.

[37] Me remito aquí a las consideraciones antes apuntadas acerca de la imposibilidad de fundar la relevancia del Derecho en la especificación o resolución de indeterminaciones que se darían en el sistema moral, puesto que, según vimos, Nino señala que es muy difícil determinar qué tipo de razones para actuar provee el Derecho en aquellos casos en que no hay razones morales subyacentes o hay razones opuestas de igual peso (habida cuenta de que siempre existirán en última instancia consideraciones de tipo moral, cabe pensar que, entonces, la solución ya estaba contenida en tales principios morales). Por lo que se refiere a los problemas de coordinación, V. G. el repetido ejemplo de la ordenación del tráfico por la derecha: como vimos, el problema que nuestro autor ve aquí es que cuando eso ocurre, es decir cuando nos encontramos ante una esfera de indiferencia moral acerca de la opción

2.1.2.3. La Constitución como práctica emergente de un procedimiento legítimo

Los principios morales que legitimarían la Constitución podrían hacerlo no por su contenido (haciéndola superabundante o irrelevante), sino por el procedimiento en virtud del cual ha sido sancionada. Una Constitución relevante para el razonamiento práctico no sería entonces un procedimiento legítimo que es producto de ciertos hechos históricos que conducen a prescripciones, prácticas y textos sino, a la inversa, un conjunto de prescripciones y prácticas que se originan en procedimientos legítimos. Por un lado, el procedimiento, por más legítimo que sea, no es relevante por sí mismo, sino en la medida en que sea ejercitado en la producción de prescripciones y en la subsecuente práctica. Por otro lado, las prescripciones y prácticas constitucionales no son relevantes para el razonamiento práctico si no se originan en procedimientos cuya legitimidad está establecida por principios morales válidos, ya que, de lo contrario, se estaría intentando fundamentar un juicio justificativo en una mera proposición descriptiva.

El problema del intento de fundamentación de la validez de las normas jurídicas y del gobierno en razones procedimentales viene dado porque, como ya apunté siguiendo a Nino, el procedimiento debe estar basado en algún valor y, en consecuencia, hará necesario en última instancia examinar los contenidos de las prescripciones y prácticas a la luz de los principios morales que vinculan contenidos con los valores postulados.

Para salvar esta dificultad, Nino trata de defender una teoría procedimental de justificación del gobierno democrático que evite el riesgo de irrelevancia partiendo del hecho de que el procedimiento propuesto no sea considerado legítimo en virtud de ciertos valores sustantivos, sino en función de su capacidad epistémica para permitir acceder a esos valores. Según esta concepción, el proceso de discusión y decisión democráticas es más confiable que otros para permitir conocer aquellos principios morales fundados en la imparcialidad. Una norma jurídica de origen democrático se convierte entonces en relevante para el razonamiento práctico, no porque en sí misma constituya una razón autónoma para justificar una acción o decisión, sino porque constituye un indicio relativamente fiable acerca de cuál

a escoger, entonces, en tales casos en los que las normas jurídicas no parecen apoyarse en razones morales que las hagan superfluas, hay un hiato entre las razones morales que indican que debe haber una norma de este tipo y el dictado de una cierta norma, y no se advierte cómo ese hiato puede ser cubierto sin convertir al caso en cuestión en uno en que la norma jurídica resulta de nuevo superflua. Cfr. Nino, C. S., *El constructivismo ético*, cit., págs. 123-124; *Derecho, Moral y Política*, cit., págs. 131 y 148-156.

es el principio moral válido que establece tal razón. Las normas jurídicas no son razones para justificar acciones o decisiones, sino razones para creer que ciertos principios morales constituyen tales razones[38].

Este argumento, que permitiría resolver la paradoja de la irrelevancia moral del gobierno y proveer una justificación de la democracia, no soluciona, sin embargo, la paradoja de la irrelevancia moral de la Constitución puesto que —recuerda Nino— la mayoría de las Constituciones particulares que hoy rigen no han sido el producto de un procedimiento democrático legítimo y, aun cuando lo fueran, su perdurabilidad en el tiempo —que es un efecto, por lo demás, según él, deseado— haría dudar sobre si su legitimidad continúa estando vinculada a la voluntad popular (teniendo en cuenta la rigidez que supone la exigencia de mayorías absolutas para su modificación).

Nos encontramos, pues, con que la Constitución adquiere relevancia en el razonamiento práctico si ella es identificada con los ideales del constitucionalismo —en sus dimensiones constituidas por derechos o por el procedimiento democrático— pero en este caso la Constitución se convierte en un objeto abstracto y universal que no tiene nada que ver con una determinada Constitución nacional e histórica que es aquella que queremos demostrar como relevante. Si la Constitución es entendida como práctica o convención social podría tener relevancia —aunque Nino no considera concluyente este argumento— siempre y cuando se originara en un procedimiento legítimo como el democrático, porque en tal caso la Constitución aparecería como un conjunto de normas con valor de razones para creer en la existencia de los principios morales que ellas reflejan. Lo que sucede es que pocas de las Constituciones vigentes tienen efectivamente tal origen.

2.1.2.4. La Constitución como la práctica colectiva más básica sobre la que se apoya el procedimiento democrático

La preocupación de Nino por mostrar la relevancia de la Constitución sigue centrándose en ésta en cuanto práctica social o convención que incluye, centralmente, reglas de reconocimiento, al margen de que se ajuste o no al respeto de los derechos humanos y al procedimiento democrático.

Es en tal sentido como podría fundarse dicha relevancia en el razonamiento práctico si se tiene a la vista que la Constitución es, fundamentalmente, la convención o práctica colectiva más básica que determina la vida comunitaria y política de una sociedad y que, en cuanto tal, cumple fun-

---

[38] Véase Capítulo IV, apartado 4.3.2.4, del presente trabajo.

ciones sociales imprescindibles que incluso sirven de marco o soporte del procedimiento democrático. En esta dirección iría la tesis de MacCormick, para quien la experiencia demuestra que «la democracia opera sólo allí donde hay alguna forma de un orden constitucional bien establecido que se apoya en una tradición constitucional que tiene una vigencia importante, cuando ese orden constitucional utiliza la separación de poderes y cuando la seguridad de, al menos, los derechos constitucionalmente derivados es firmemente mantenida. En este sentido, el constitucionalismo es un prerrequisito de la democracia»[39].

La idea es la siguiente: la Constitución de un país es relevante en cuanto constituye la convención fundamental que encierra un acuerdo a través del tiempo entre diversos grupos sociales acerca de cómo debe distribuirse el poder que monopoliza la coacción estatal y cuáles son los límites de ese poder frente a los individuos. En tanto convención fundamental de la sociedad, la Constitución, si bien puede limitar la democracia cuando establece procedimientos o restricciones al empleo de esos procedimientos que no son los que maximizan la validez del método de discusión y decisión democráticas, también hace posible alguna forma, aun imperfecta, de democracia. Esto implica que si en nuestro razonamiento práctico tomamos en cuenta el valor de la democracia, entonces debemos tener en cuenta el valor de la Constitución y la práctica constitucional en la medida en que hacen posible y fundan tal democracia.

Nino trata de explorar el argumento del plus de operatividad que introduciría una Constitución en una democracia. Concretamente, indaga la cuestión de si una democracia es más estable y operativa cuando las normas constitucionales que la limitan (introduciendo procedimientos o restricciones al empleo de tales procedimientos democráticos y distanciándola, de alguna forma, de aquellos que maximizarían la validez del método de discusión y decisión democráticas) tienen arraigo convencional.

De esta forma, la concepción que Nino examina aquí implica que la Constitución, si se la toma como un evento, constituye el origen de una convención social, y si se la ve como un proceso, ella misma es una práctica social continuada. La concepción de la Constitución desde el punto de vista externo, es decir, como una práctica social, implica pensar en ella como una regularidad de conductas y actitudes. Esa regularidad de conductas y actitudes puede estar causada por la producción de ciertos actos lingüísticos a través de un determinado texto pero, en este sentido de Cons-

[39] MacCormick, N., «Constitucionalism and Democracy», en *Internationales Jahrbuch fur Rechtsphilosophie*, «Aktuelle Probleme der Demokratie», 1989. Tomo la cita de Nino, C. S., *Fundamentos de Derecho Constitucional*, cit., pág. 46.

titución, ella trasciende aquellos actos y aquel texto y está constituida por la regularidad ulterior de conductas que los mismos generan. Esta característica de la Constitución lleva a Nino a profundizar en la caracterización de las convenciones o prácticas sociales.

Uno de los aspectos inherentes a las convenciones, señala Nino, es que ellas sirven para resolver problemas de coordinación, o sea, situaciones de interacción en las que los participantes coinciden en una preferencia pero desconocen cómo obrarán los demás. En tales casos, las intenciones de las partes que interactúan pueden resultar frustradas por no poder justificar cierto comportamiento sobre la base de una expectativa de comportamiento coordinado por parte de las otras partes en interacción. Por lo demás, es importante tener en cuenta que la descripción de la convención desde el punto de vista externo no puede ignorar el punto de vista interno de los participantes en ella. No podemos identificar las conductas y las actitudes que forman parte de la práctica si no consideramos las proposiciones aceptadas por los agentes cuando desarrollan esas conductas y actitudes.

La cuestión ahora es ver si las conclusiones a las que se llega desde el punto de vista externo sobre la individualización de un sistema jurídico —empleando para ello la Constitución y reglas de reconocimiento aún más básicas que la incorporada a ella— pueden ser indirectamente relevantes desde el punto de vista interno para justificar acciones o decisiones. A grandes rasgos podemos decir que el hecho de aceptar una misma Constitución permite concebir a diferentes órganos y ciudadanos como destinatarios de uno y el mismo orden jurídico. Por supuesto, hay destinatarios de un orden jurídico que no aceptan la Constitución. Ellos son destinatarios de las normas reconocidas por la misma en la medida en que una buena parte de los ciudadanos la acepten y las normas que ella reconoce fijen condiciones que tales destinatarios satisfacen. La aceptación de una Constitución determina la pertenencia al Estado o a la comunidad a la que también pertenecen todos los que aceptan la misma Constitución. Este hecho puede proveer una razón para aceptar la Constitución con relativa independencia de su contenido, y, por lo tanto, puede determinar su relevancia para el razonamiento práctico. Nino trata de explorar al respecto un argumento de Raz: el respeto por el Derecho sería una forma de expresar lealtad hacia la sociedad misma[40]. Lo que sucede es que, como el propio Raz reconoce, no todo orden jurídico merece, por el hecho de serlo, respeto. El respeto al Derecho como actitud de expresión de identificación

[40] Cfr. Raz, J., *La autoridad del Derecho* [1979], trad. esp. de Rolando Tamayo y Salmorán, UNAM, México, 1982, págs.

con la comunidad sólo parece generar obligaciones en la medida en que el Derecho sea justo, lo que ya determina por sí mismo (al margen del Derecho) la obligación de hacer lo que éste ordena. Esta objeción, dice Nino, parece poder dirigirse también a la idea de Habermas de que el patriotismo legítimo puede consistir en un patriotismo constitucional, o sea, un patriotismo centrado no en una entidad inasible como el famoso «ser nacional», sino en el esquema de valores y derechos y obligaciones que establece la Constitución[41]. Pero aquí nos encontramos con el mismo problema: decir que el patriotismo o la actitud de lealtad está justificada por la vigencia convencional de una Constitución, cualquiera sea su contenido, resulta contraintuitivo. La actitud de lealtad está justificada por los principios ideales que se consideran válidos, sean o no el contenido de la Constitución positiva; entonces, de nuevo, nos encontramos con que la Constitución deviene superflua en el razonamiento práctico.

Es en este sentido como también ha de entenderse, en opinión de Nino, el comunitarismo de MacIntyre, Taylor y Sandel. Estos autores tratan de demostrar cómo las tradiciones y convenciones que definen una comunidad son presupuestos necesarios de proposiciones que, generalmente, son admitidas como constitutivas de razones para justificar acciones o decisiones. Pero el comunitarismo se presenta como inconsistente cuando, por un lado, enfatiza la importancia de las convenciones en el razonamiento práctico moral y, por otro, impugna al mismo tiempo las que constituyen los presupuestos básicos de la práctica social del discurso moral postilustrado vigente en nuestra civilización[42].

En suma, parecería que todas estas consideraciones nos llevan a cuestionar —tal y como apunta Nino— la misma racionalidad de las convenciones, y, por lo tanto, de la Constitución en cuanto que convención social fundamental. Veamos todavía, sin embargo, el análisis que hace nuestro autor de la práctica social que consiste en participar en una convención[43].

Como ya sabemos, aunque la crítica dworkiniana a la concepción positivista de Hart sobre la regla de reconocimiento no daba en el blanco —ya

[41] Cfr. Habermas, J., *Facticidad y validez*, cit.

[42] Tales presupuestos serían que las razones últimas justificativas son, por un lado, autónomas, esto es, principios cuya validez no depende de su vigencia, sino de su aceptabilidad bajo condiciones ideales, y, por otro lado, universales, o sea aplicables a todas las situaciones que no difieran en circunstancias relevantes para los mismos principios. Cfr. Nino, C. S., *Ética y derechos humanos*, cit., Capítulo IV. Para un análisis crítico de las inconsistencias que Nino denuncia en el comunitarismo puede verse Álvarez, S., *La racionalidad de la moral. Un análisis crítico de los presupuestos morales del comunitarismo*, ed. Centro de Estudios Políticos y Constitucionales, Madrid, 2002, págs. 146.

[43] Cfr. Nino, C. S., *Fundamentos de Derecho Constitucional*, cit., pág. 54 y ss.

que la regla de reconocimiento aparece como práctica social sólo desde el punto de vista externo (que, como vimos, no es en la concepción hartiana el de los jueces que aplican normas para resolver casos, sino el de un observador que procura describir en forma no comprometida el orden jurídico vigente en cierta sociedad)—, sí que permitía, sin embargo, darse cuenta de que quienes adoptan el punto de vista interno hacia una práctica social como la regla de reconocimiento no pueden contentarse con formular descripciones de la práctica social, sino que necesitan formular juicios normativos para justificar decisiones tales como la de aplicar o no una norma determinada norma. Esto que decimos del Derecho se aplica también a la moral positiva. Así, podemos decir que los actores de una práctica o convención, incluyendo la que constituye la moral positiva de una sociedad, deben, por lo tanto, justificar su contribución a ella sobre la base de juicios referidos a principios cuya validez no depende de que sean adoptados como parte de la práctica o convención. Según esto, hay una prioridad lógica de la moral ideal sobre la moral positiva. Sin la pretensión de los agentes de referirse a principios ideales ni surgirían ni se mantendrían las prácticas o convenciones que constituyen, desde el punto de vista externo, fenómenos como el Derecho o la moral.

Sin embargo, advierte Nino, no basta una mera convergencia de opiniones para que haya una convención. Lo que caracteriza a las convenciones es que sus participantes son conscientes de ser participes de una práctica social, es decir, saben que están participando en tal práctica y que hacerlo es parte de la razón para actuar de esa manera[44].

Surge aquí una dificultad: por un lado, parece irracional alegar como justificación de una cierta conducta o actitud que ésta forme parte de una práctica y, por otro lado, para hablar de convención es preciso que los que participan en una práctica tengan conciencia de ello y la tomen en cuenta a la hora de decidir participar en ella. Toda convención supondría alegar como razón —o, para ser exactos, como parte de tal razón— de los comportamientos que la constituyen el hecho de que haya una regularidad de comportamientos similares por parte de los demás. Quizá, y precisamente por eso, toda convención sea irracional.

El hecho de que las convenciones cumplan necesidades humanas y sociales muy importantes lleva a Nino a revisar, de una parte, la caracterización del razonamiento práctico como razonamiento necesariamente apoyado en razones autónomas y, de otra, el que las convenciones sean prácticas autorreferentes. Nino señala que si suponemos por un lado que no

[44] Sobre las condiciones de existencia de las prácticas sociales y su papel en el razonamiento práctico, Cfr. Bayón, J. C., *La normatividad del Derecho*, cit., págs. 448 y ss.

podemos prescindir de las convenciones y prácticas sociales aun en un mundo considerablemente más racional que éste en el que nos ha tocado vivir y que, por otro, de hecho algunas convenciones que resuelven problemas de coordinación en ámbitos moralmente indiferentes son, aparentemente, imprescindibles, entonces hemos de tratar de explorar las posibilidades de hacer compatibles las exigencias de racionalidad con las características de las prácticas sociales. Nino traza su propuesta, que desarrollaré en el siguiente apartado, a partir de un examen crítico de las ideas de Dworkin en *El imperio de la Justicia*[45] y su intento por dar cuenta del Derecho tratando de hacer compatibles la característica de las convenciones de ir referidas a sí mismas y la existencia de un cierto margen para la autonomía y la universalidad de las razones justificativas, tal como lo exigen los presupuestos de la práctica del discurso moral.

Esta concepción tiene en cuenta las conductas y las decisiones pasadas que constituyen una práctica, pero las pone a la luz del mejor sistema posible de principios ideales coherentes. Para Dworkin, la práctica del Derecho es una práctica interpretativa y el mismo concepto de Derecho tiene un carácter interpretativo. La identificación del Derecho de una comunidad supone desarrollar una actitud interpretativa hacia la práctica social de justificar el uso de la coacción estatal sobre la base de decisiones pasadas. Según Dworkin, la actitud interpretativa se distingue por dos componentes. El primero implica aceptar que las conductas y actitudes que constituyen la práctica en cuestión tienen un objetivo o valor que puede ser identificado independientemente de las conductas y actitudes que constituyen la práctica. El segundo elemento de la actitud interpretativa es que las conductas que constituyen la práctica son sensibles a ese objetivo o valor y pueden ser eventualmente modificadas para satisfacerlo mejor. Dworkin distingue tres concepciones interpretativas acerca del Derecho: la concepción convencionalista, la convención pragmatista y la concepción del Derecho como integridad: (1) La concepción convencionalista viene a consistir en una reinterpretación del positivismo y consiste en sostener, por un lado, la tesis de éste de que el Derecho está constituido por convenciones sociales, de tal modo que basta hacer una investigación fáctica sobre tales convenciones para determinar la manera en que las decisiones pasadas justifican el empleo de la coacción y, por otro lado, la tesis negativa de que en los casos en que no hay convenciones establecidas sobre una cierta clase de temas, no hay Derecho, y los jueces no tienen más remedio que ejercer su discreción de acuerdo con estándares extrajurídicos. (2) La

[45] Dworkin, R., *El imperio de la justicia* [1986], trad. esp. de C. Ferrari, ed. Gedisa, Barcelona, 1988.

concepción pragmatista sostiene que el empleo de la coacción estatal no puede ser justificado en forma primaria por decisiones pasadas, sino que debe serlo sobre la base de valoraciones como las de justicia, utilidad o eficacia. Sólo por razones estratégicas o derivadas de esas valoraciones pueden tomarse en cuenta las decisiones pasadas. Dworkin considera que la concepción pragmatista no es una interpretación adecuada de la práctica jurídica porque ignora el valor de la integridad basada en principios que hace que las decisiones políticas pasadas tengan relevancia por sí mismas y no sólo por consideraciones estratégicas. (3) La posición defendida por el propio Dworkin es la del Derecho como integridad. Frente a la posición pragmatista, afirma que es valioso por sí mismo que las leyes y decisiones judiciales se muestren como derivadas de un esquema coherente de principios, aun cuando hayan sido sancionadas o dictadas en diferentes tiempos por órganos distintos o con composición diversa. Este valor de la integridad presupone, según Dworkin, personificar a la comunidad. La comunidad sería un agente moral unitario con derechos y obligaciones y cuya coherencia a través del tiempo importa, así como importa la de un ser humano individual. Esta sería no una tesis metafísica, sino una idea cercana al valor de la fraternidad. Las asociaciones comunitarias, aun no siendo de carácter puramente consensual, si poseen ciertos rasgos (tales como, p. ej., el tratamiento especial de sus miembros que implica el establecimiento de vínculos interpersonales, la preocupación por el bienestar de los demás miembros y fundamentalmente su carácter igualitario), dan lugar a obligaciones recíprocas. En el caso del Estado, entre esas obligaciones recíprocas se incluye la obligación política de observar sus leyes.

En opinión de Dworkin, esta concepción del Derecho como integridad es la más plausible por ser la única que da lugar a este valor que se deriva de la mejor concepción de la comunidad, y porque ella está implícita en las actitudes que tenemos cuando participamos de la práctica política. Esto último se pone de manifiesto, por ejemplo, en nuestro rechazo a la posibilidad de tener leyes «mosaico» (leyes que son resultado de la transacción entre diversos principios). Esto muestra que asignamos una importancia decisiva a la integridad de principios, aun a costa de consideraciones de justicia, dentro de ciertos límites (pues hay, claro está, razones de justicia poderosas que desplazarían al valor de la integridad).

Nino, sin embargo, cuestiona que esta concepción sea exitosa en su empeño por hacer compatibles el carácter autorreferente de las convenciones con las exigencias de autonomía y universalidad de la racionalidad práctica:

(1) Si miramos las cosas desde el punto de vista de la preservación de la convención, podemos dudar de si ella no resulta minada en la

medida en que se admite autonomía para interpretarla y hasta, eventualmente, reformularla sobre la base de principios que no surgen de esa convención;

(2) Si se pone énfasis en las exigencias de universalidad y autonomía de nuestro discurso justificativo, podemos reivindicar que los errores del pasado no deben arrastrarnos a cometer equivocaciones similares, conduciéndonos a decidir casos no cubiertos por las decisiones pasadas sobre la base de principios erróneos[46]. Nino sostiene que el valor de la integridad es un valor instrumental respecto de la exigencia de justicia. La personificación de la sociedad y del Estado introducida por Dworkin, y que resultaría de la trascendencia que otorga al valor de la integridad, no deja de ser a su juicio inquietante. Tal personificación sería plausible si sirviera sólo de puente entre la integridad y algunos valores superiores, en última instancia, para los individuos. Pero, dice Nino, no es eso lo que sucede en el esquema de Dworkin, pues en éste se reiteran las referencias al valor de la integridad como valor último.

En el modelo de Dworkin, en resolución, pueden verse plasmadas las implicaciones últimas que trae consigo el admitir las convenciones como razones primarias para actuar: primar una racionalidad holística que desplaza a la autonomía individual en favor de la colectiva poniendo al sujeto colectivo en el centro de la generación de normas morales y asumir que sus «intereses» deben ser el principal objeto de protección por parte de esas normas.

También la tentativa de entender las convenciones como la máxima expresión de la democracia y, por lo tanto, como un proceso colectivo sucedáneo del discurso moral que permite llegar a conocer con mayor grado de fiabilidad las normas morales válidas, fracasa. En efecto, aunque en un principio las convenciones podrían ser vistas como el resultado de un consenso que suele ser bastante más amplio que la simple mayoría y que, además, se extiende en el tiempo expresando así la voluntad de generaciones sucesivas, resulta, sin embargo, dice Nino, que hay una diferencia fundamental entre el valor de la democracia y el de las convenciones: el proceso colectivo constitutivo de la democracia es un proceso de discusión entre individuos que toman en cuenta sus intereses. Las convenciones no son, en cambio, un proceso de deliberación o discusión, sino que lo que ellas requieren es que lo que se hace regularmente sea tomado dogmáticamente como parte de la razón para actuar, aunque sea posible combinarla con otras

[46] Cfr. *infra* punto 3 de este Capítulo donde se presenta la reconstrucción que Nino ofrece del razonamiento jurídico justificativo.

razones. Parecería, entonces, concluye, que el escepticismo acerca de la relevancia de la Constitución en el razonamiento práctico arrastraría consigo a toda la dimensión convencional de la praxis humana[47].

Antes de ver cómo Nino emprende la reconstrucción del papel que el Estado, el Derecho y la Constitución cumplirían en el razonamiento práctico, salvándolos de la paradoja de la irrelevancia, nos resta exponer la segunda de las paradojas antes apuntadas.

2.1.3. La (aparente) paradoja de la indeterminación radical del Derecho

La relación que entre Derecho y moral se abre en el proceso de interpretación del lenguaje jurídico también cuestiona la relevancia del gobierno y de sus leyes. No entraré a dar cuenta aquí del análisis que hace Nino de las distintas etapas del proceso de interpretación de los materiales jurídicos (asignación de sentido general a los materiales relevantes, descubrimiento del sentido de éstos, superación de las indeterminaciones semánticas, sintácticas y pragmáticas, inferencia de consecuencias lógicas de los materiales interpretados y su superación, subsunción del caso individual en la norma)[48], proceso que permite la transformación de tales materiales jurídicos en proposiciones que puedan ser empleadas en el razonamiento práctico. Lo que sí me interesa destacar es que la conclusión de su análisis es que en dicho proceso interpretativo también se registra una conexión del Derecho con la moral, pues el Derecho no puede ser interpretado si no se recurre en momentos cruciales de la tarea hermenéutica a consideraciones de índole moral[49]. Si abstraemos los pasos valorativos en el proceso de interpretación, el único «dato duro» que condiciona su desarrollo consiste en textos o conductas, esto es, gráficos o movimientos corporales. Vistas así las cosas, el Derecho no sólo se presenta ya como penumbroso, según sostuvo Hart, sino en realidad como opaco, puesto que la

[47] Cfr. Nino, C. S., *Fundamentos de Derecho Constitucional*, cit., pág. 63.

[48] Los órganos encargados de resolver conflictos entre particulares tienen que asumir posiciones de índole valorativa cuando deciden qué significado debe atribuirse a una norma jurídica positiva, cómo debe circunscribirse ese significado cuando éste es parcialmente indeterminado, qué modalidad de aplicación de las normas ha de seguirse en el caso en cuestión y, por último, si esta norma debe o no aplicarse al caso que tienen entre manos atendiendo a su justicia o injusticia. Cfr. Nino, C. S., *Derecho, Moral y Política*, cit., págs. 88-100.

[49] Véase en tal sentido Nino, C. S., *Algunos modelos metodológicos de «ciencia» del Derecho*, cit., págs. 92-95; *Fundamentos del Derecho Constitucional*, cit., págs. 77-103.

misma distinción entre áreas de penumbra y de claridad o núcleo duro de significado presupone una elección entre criterios diversos de interpretación, algo que no puede hacerse sin recurrir a consideraciones extrajurídicas. Parecería, entonces, que los textos son cajas negras de las que el intérprete puede sacar casi todo aquello que desee. Ésta es la que Nino denomina «paradoja de la indeterminación radical del Derecho»: si el significado que —fruto del proceso interpretativo— asignamos a los actos lingüísticos, textos o prácticas depende enteramente de los principios valorativos que adoptemos, entonces se plantea la pregunta acerca de la relevancia del propio Derecho positivo entendido como tales actos lingüísticos, textos, etc. Así por ejemplo, aunque nos encontremos ante una prescripción muy específica de un curso de acción determinado, interpretada de acuerdo al uso común del lenguaje, es posible interpretar que ella prescribe el curso de acción opuesto, sobre la base de que el autor de la prescripción tuvo la intención de prescribir una solución justa y su prescripción más específica estuvo determinada por errores valorativos o fácticos, de modo que él mismo estaría dispuesto a sustituir esa prescripción por la opuesta si advirtiera tales errores. Siendo así, se pregunta Nino, «¿por qué no acudir directamente a tales principios valorativos para obtener las soluciones deseadas, en lugar de hacerlas aparecer como si surgieran del texto?»[50].

En definitiva, la tesis de la conexión justificativa e interpretativa del Derecho con la moral hace correr el riesgo de que el Derecho positivo se vea totalmente absorbido por esta última. En última instancia,

«si estas paradojas fueran genuinas el Derecho positivo sería una gran ficción de nuestra cultura. El Derecho lo único positivo que tendría serían ciertos materiales físicos, pero qué materiales son relevantes y cuál su significado sería una cuestión que los jueces y juristas decidirían con entera libertad, atendiendo a los principios morales que ellos consideren válidos. [...] El Derecho sería simplemente una pantalla en la que los jueces y juristas proyectarían sus opiniones morales haciéndolas aparecer como prescritas por una autoridad política legítima»[51].

2.2. La solución: la tesis de Nino de la conexión de la moral y del Derecho con la política

En el presente apartado me ocuparé de los principales rasgos de la concepción de la moral, del Derecho y de la política defendidas por Nino

[50] Nino, C. S., *Derecho, Moral y Política*, cit., pág. 134.
[51] Nino, C. S., *Derecho, moral y política*, cit., pág. 134.

que, a su juicio, arrojarían luz sobre la práctica jurídica y sobre la práctica constitucional haciendo aparecer al Estado, al Derecho y su faz más visible, la Constitución vigente en un determinado país, como moralmente relevantes en el razonamiento práctico de los sujetos.

Presentar la tesis de la conexión de la moral con la política o, lo que es lo mismo, la concepción politizada de la moral y la comprensión moral de la política —la política democrática como sucedáneo del discurso moral puro— y la tesis de la conexión del Derecho (la Constitución) con la política, esto es, la comprensión del Derecho y de la práctica constitucional como prácticas o empresas colectivas que han de regirse con arreglo a una racionalidad diferente de la que rige las acciones individuales, será el paso previo necesario para entender en toda su profundidad la reconstrucción que hace Nino del razonamiento jurídico justificativo y su concepción de la unidad del razonamiento práctico, traducida en la identificación del razonamiento jurídico justificativo como un caso especial del discurso moral. Veamos pues las conexiones entre esos distintos fenómenos de la praxis humana.

2.2.1. La tesis de la conexión entre moral y política

2.2.1.1. La politización de la moral

El nexo entre moral y política nos reenvía a la esfera de la filosofía moral. Concretamente, al nivel de discusión y articulación de las teorías metaéticas. Huyendo de la prolijidad, me limitaré aquí a dar cuenta de las líneas principales de la concepción metaética de Nino frente a otras posiciones alternativas, para traer así a colación sólo aquellos elementos imprescindibles que, en mi opinión, sirven a Nino para argumentar en torno al papel del Derecho dentro del paradigma de comprensión del razonamiento práctico enmarcado por la tesis de la unidad.

Como ya se señaló, Nino desarrolla su concepción metaética en varios de sus trabajos, especialmente en las diferentes versiones de *Ética y derechos humanos* y en *El constructivismo ético*[52]. En *Derecho, Moral y Políti-*

[52] Hay que dar cuenta de un cambio importante en la posición de Nino [Cfr. Ródenas, A., «Sobre la justificación de la democracia en la obra de Nino», *Doxa. Cuadernos de Filosofía del Derecho*, nº 10, (1991), págs. 279-293] que determina el tránsito de una concepción del discurso moral colectivo y de su resultado como constitutivo de los principios morales básicos (lo que denominó constructivismo ontológico) a una visión de los mismos en términos de procedimiento con valor epistémico. La razón de este cambio fue el fracaso del constructivismo ontológico para dar cuenta de las pretensiones de los participantes en el debate: «Cuando en

ca, dejó también trazadas las líneas principales de su concepción con los matices necesarios para su comprensión frente a otras teorías metaéticas. Será este trabajo el que principalmente sigamos en esta breve exposición.

Conviene puntualizar antes de nada las premisas previas que operan como punto de partida de la concepción de Nino:

1) Nuestro autor parte de asumir aquellas que autores como Rawls, Warnock o Hart, pese a sus diferencias de énfasis, consideran —en la terminología del primero de ellos en *A Theory of Justice*— las «circunstancias de la justicia». Éstas serían las condiciones bajo las cuales la cooperación social es posible y necesaria y que constituyen la situación de partida que el Derecho y la moral tienden a superar. Tanto el Derecho como la moral positiva tienen la función de superar ciertas dificultades básicas de la vida humana. Una función que es independiente de las intenciones de los individuos que intervienen en el

el contexto de una discusión moral alguien sostiene que su interés X es legítimo, lo que quiere decir es que X está amparado por un principio que aceptaría si fuera suficientemente imparcial, racional y sapiente (probablemente estas condiciones aseguran por razones lógicas, la unanimidad, lo que explicaría por qué intentamos satisfacerlas en la discusión real). Pero, si esto fuera así, habría que descartar esta concepción de la ética que ve a los principios morales como el resultado de la discusión real; en todo caso, los principios morales válidos son el resultado de un consenso ideal, al que se alude en esa discusión real», Nino, C. S., *El constructivismo ético*, cit., págs. 128-129. Es decir, en esta segunda versión del constructivismo de Nino —el constructivismo epistemológico— el debate real está dirigido a obtener el conocimiento de esos principios morales válidos y, así, el resultado del debate posee un valor epistémico en relación con tales principios. Esto es, nos ofrece las más fiables razones para creer que tales son los principios morales válidos cuando a ellos hemos llegado mediante la discusión colectiva y el acuerdo. La discusión pues, en esta segunda versión, favorece el acceso a la verdad en materia moral. Nótese además que esto implica un cambio acerca de cómo entender la autonomía moral para resolver así la tensión entre conocimiento moral y elección moral (que es como en principio podría entenderse la idea de autonomía). Como explica nuestro autor, dando respuesta a la pregunta formulada entre otros por Sandel acerca de qué espacio queda para la elección libre de principios morales si sostenemos que se llega a ciertos principios morales válidos por vía de métodos epistémicos, lo que sucede es que la autonomía moral «estaría dada, no por la mera elección intuitiva y aislada de un principio moral, sino por la decisión de participar en una discusión lo más amplia y reflexiva posible, tendiente a lograr un consenso unánime o su sucedáneo que es el acuerdo mayoritario, sin perjuicio de revisar ese resultado toda vez que se pueda mostrar que él está en discordancia con el consenso ideal. La adhesión irreflexiva y ajena a toda discusión de un principio moral no sería, entonces, el resultado de la autonomía moral, sino del fanatismo y la soberbia. La autonomía moral sería una facultad que se ejerce, en parte, conjuntamente con otros. Esto no excluye, sin embargo, que el individuo conserve la capacidad de juzgar por sí mismo en qué grado se satisfacen las condiciones para que la discusión moral sea genuina», Nino, C. S., *El constructivismo ético*, cit., págs. 110 y 132-133. En el esquema de Nino, estas últimas condiciones tendrían que ver con el grado en que se respetan los derechos básicos.

desarrollo de tales sistemas y del grado de eficacia con que ella es en cada caso satisfecha.

2) Así, el discurso moral es una práctica social que constituye una técnica para convergir en ciertas conductas y en determinadas actitudes frente a conductas sobre la base de la coincidencia de creencias en razones morales. Es esta convergencia en acciones y actitudes que se pretende obtener mediante la coincidencia de creencias que la discusión moral tiende a lograr, la que satisface las funciones de reducir los conflictos y facilitar la cooperación[53].

3) No existe un orden moral independiente de toda práctica social.

Apuntado lo anterior, y una vez que abordamos la cuestión de la clasificación de las distintas posiciones sobre el análisis de los juicios morales y su forma de fundamentación, podemos trazar dos grandes grupos: aquellas teorías que sostienen que los juicios morales son descriptivos de ciertos hechos y que, por lo tanto, pueden ser verdaderos o falsos, y aquellas que niegan esta posibilidad. Las primeras reciben el nombre de teorías descriptivistas o cognoscitivistas y las segundas, de teorías no descriptivistas o no cognoscitivistas[54]. Las teorías descriptivistas pueden, a su vez, ser clasificadas en empiristas o naturalistas y no empiristas o no naturalistas, según se sostenga o no que los hechos descritos por los juicios éticos son observables a través de la experiencia. Por otra parte, unas y otras pueden clasificarse en teorías objetivistas y subjetivistas, según se afirme que los hechos a los que los juicios morales hacen referencia —sean o no naturales— resultan independientes de las actitudes subjetivas de los individuos (bien sea el hablante, algún individuo en especial o la comunidad en su conjunto) o se sostenga, por el contrario, que tales hechos son dependientes de la subjetividad de los individuos. Las teorías naturalistas subjetivistas pueden ser a su vez individualistas o societaristas, según que las actitudes subjetivas a que hacen referencia sean las propias de un cierto individuo o las de un grupo social. Por último, dentro de la segunda alternativa de la primera clasificación —las teorías no descriptivistas— encontramos el emotivismo y el prescriptivismo.

No interesa entrar aquí a tratar todos los problemas de las diversas posiciones señaladas[55]. Nos restringiremos al par individualismo/societa-

[53] Cfr. Nino, C. S., *Ética y derechos humanos*, cit., págs. 96-104.

[54] Cfr. Rabossi, E., *Estudios éticos. Cuestiones conceptuales y* metodológicas, Valencia (Venezuela), Universidad de Carabobo, (1979); Álvarez, S., *La racionalidad de la moral*, cit., págs. 39 y ss.

[55] Cfr. Nino, C. S., *Ética y derechos humanos*, cit., págs. 49-89; *El constructivismo ético*, cit., pág. 61-71.

rismo[56]. Si consideramos esta distinción no sólo en relación con la constitución de la moral (su aspecto ontológico) sino también en relación con su conocimiento, entonces la distinción entre individualismo y societarismo puede verse no sólo como una división de teorías dentro del campo del subjetivismo, sino como una clasificación que en realidad comprendería a todas las teorías metaéticas. Así, dice Nino, una posición metaética individualista sostiene que la moral «es cosa de cada uno», porque se constituye o se conoce a través de emociones, prescripciones, decisiones o actos de conocimiento o procesos de reflexión de cada individuo considerado aisladamente. En cambio, las posiciones societaristas en metaética harían intervenir a un grupo social en la constitución o en el conocimiento de la moral, puesto que sostienen que la moral se constituye o se conoce a través de convenciones, de acciones colectivas o de un proceso de deliberación social. La moral —al menos la moral intersubjetiva— aparece en este segundo caso no como cosa de cada uno, sino como una realidad colectiva en cuya constitución o conocimiento participa todo el grupo social.

Esta distinción, dice Nino, abarca tanto a posiciones escépticas o relativistas en materia ética como a posiciones objetivistas o realistas[57]. Ya que uno puede ser individualista escéptico en materia metaética (sosteniendo, p. ej., que la moral es cuestión de decisiones o emociones de cada uno) e individualista objetivista (afirmando que la moral se conoce objetivamente por reflexión individual). De la misma forma, tanto se puede ser societarista relativista (asumiendo, p. ej., que la moral es una cuestión de convenciones colectivas), como societarista no relativista (sosteniendo, p. ej., que la moral se conoce por un proceso de deliberación colectiva).

Puede decirse, a partir de lo anterior, que mantener una postura más o menos próxima al individualismo o al societarismo metaético determinará en qué medida se está concibiendo la moral como una práctica más o menos abierta —o cerrada— a la política[58].

Tras dar cuenta de las deficiencias que presentan las distintas teorías metaéticas, y que pueden unificarse en la observación de que ninguna de

---

[56] Una reconstrucción en términos societaristas puede verse en Muguerza, J., *La razón sin esperanza*, Madrid, Taurus, (2ª ed. 1986).

[57] Aunque no entraré aquí en los entresijos de este debate, quede apuntado que el realismo moral implica más de lo que está comprendido en la idea de objetividad, ya que ésta última —sigo aquí a S. Alvarez— descansaría en la capacidad del agente racional para desentrañar dicha verdad (objetiva), mientras que para el realismo la verdad de los juicios morales no depende de ninguna capacidad relativa al agente. Para una caracterización de las diferencias entre objetivismo y realismo, y para referencias bibliográficas adicionales sobre esta cuestión, puede verse Álvarez, S., *La racionalidad de la moral*, cit., págs. 79-89.

[58] Cfr. Nino, C. S., *Derecho, moral y política*, cit., págs. 162-163.

ellas —aunque por razones diferentes— parece poder reconstruir adecuadamente todos los aspectos importantes de la praxis humana relacionados con el fenómeno moral, Nino trata de explicar este fenómeno atendiendo especialmente a alguna característica de la práctica social que pudiera servir de punto arquimediano donde apoyar la estructura de los sistemas morales sustantivos y que permitiera salvar las dificultades que han de enfrentar las restantes posturas metaéticas[59].

En esta apelación a la práctica moral real podría acaso verse una concesión de Nino al relativismo normativo implicado por las posiciones del denominado comunitarismo. Pero tal interpretación sería, sin embargo, errónea. Bastaría referirse a los rasgos formales de la práctica discursiva moral que ha venido desenvolviéndose en nuestras sociedades occidentales. Nuestra cultura cuenta con una práctica que somete a todas las demás convenciones y tradiciones a la crítica, conforme a principios universales aceptables imparcialmente. De tal forma que los comunitaristas, como ya apunté, incurrirían según Nino en algún tipo de contradicción profunda cuando, por un lado, defienden una posición metaética relativista y convencionalista y, por otro, critican a la cultura vigente por incorporar como elementos esenciales los presupuestos del liberalismo kantiano[60]. De otro lado, cuando los comunitaristas tratan de argumentar en contra de esos presupuestos estarían obligados a dar por sentado aquello que al tiempo tratan de atacar[61]. Sería un tipo de contradicción semejante a la que se vería abocado, según el proyecto kantiano, el sujeto que tratara de negar la validez de ciertos principios morales, como el de autonomía, al tener que utilizar en esa misma negación inevitablemente (como procedentes de condiciones o presupuestos necesarios del propio razonamiento práctico)

[59] Cfr. Nino, C. S., *Derecho, moral y política*, cit., pág. 165. Para una exposición de las dificultades que, en opinión de Nino, han de afrontar otras posturas metaéticas Cfr., Nino, C. S., *El constructivismo ético*, cit., págs. 61-71.

[60] En A. MacIntyre podemos encontrar una caracterización en cinco rasgos básicos del liberalismo kantiano. Tales serían: a) la idea de que la moral está compuesta fundamentalmente por reglas que serían aceptadas por cualquier individuo racional en circunstancias ideales; b) el requisito de que esas reglas sean neutrales respecto de los intereses de los individuos concretos; c) la exigencia de que las pautas morales sean también neutrales en relación a las concepciones de lo bueno que los individuos pueden sustentar; d) la idea de que los agentes morales destinatarios de tales reglas son los individuos humanos y no los entes colectivos; y, finalmente, e) la exigencia de que las reglas morales sean aplicadas del mismo modo a todos los individuos humanos, cualesquiera sea su contexto social. Cfr. MacIntyre, A., «Is Patriotism a Virtue?», *The Lindley Lecture. University of Kansas*, 1984, ed. de Michael Rosen and Jonathan Wolff, Oxford, Oxford University Press, 1999, págs. 269-284.

[61] Cfr. Nino, C. S., *El constructivismo ético*, cit., pág. 146.

los presupuestos de los cuales se derivan los mencionados principios morales. Los argumentos de los comunitaristas parecen, pues, chocar contra presupuestos que ellos mismos asumen[62].

La construcción metaética de Nino presenta a la moral —al discurso o la reflexión moral— de forma coherente con el proyecto kantiano, al que considera reflejo de rasgos intrínsecamente unidos a la racionalidad humana; si bien, a diferencia de Kant, estima que la satisfacción de las condiciones de autonomía, imparcialidad y universalidad sólo pueden ser logradas, o más exactamente, serán logradas con mayor probabilidad, en el marco del debate y la discusión públicas. Es decir, en la dicotomía entre individualismo o societarismo metaético, Nino se inclina por la mayor plausibilidad de la segunda opción a la hora de comprender el fenómeno moral. Ello con las particularidades que a continuación veremos.

La cuestión fundamental a sentar, afirma Nino, es si ese punto arquimédico que buscamos en la práctica moral real ha de establecerse en el plano ontológico de la constitución de los principios o hechos morales[63], o en el plano epistemológico del conocimiento de tales principios o hechos:

a) El proyecto kantiano —al igual que el de otros autores contemporáneos como Rawls, Habermas o Ackerman[64]— se desarrollaría principalmente en un plano ontológico.

Kant[65] intentaba mostrar que la capacidad individual del razonamiento práctico se da bajo presupuestos y condiciones —como los que están implícitos en las tres formulaciones del imperativo categórico— que determinan la validez de ciertos principios sustantivos de justicia y moralidad social. Según Nino, si la tentativa kantiana de derivar principios sustantivos de condiciones necesarias para el razonamiento práctico fuera plausible tendría la ventaja de su absoluta universalidad, puesto que com-

---

[62] Ya remití en este punto al trabajo de S. Álvarez, *La racionalidad de la moral*, cit., especialmente págs. 145-148.

[63] El «hecho moral» —o quizá con más rigor, «contrahecho»— en la metaética constructivista gira en torno a la circunstancia contrafáctica de la aceptación de principios morales bajo condiciones ideales de imparcialidad y racionalidad. Nuestra práctica discursiva ha incorporado así un criterio de validez moral que no remite a la aceptación efectiva de los principios en cuestión, sino a su aceptabilidad contrafáctica bajo la exigencia de que los principios aceptables sean generales (es decir, que no usen nombres propios o descripciones definidas) y universales (que se apliquen a todas las situaciones que no difieran en propiedades que los principios toman como relevantes). Cfr. Nino, C. S. *El constructivismo ético*, cit., págs. 61-71, 146.

[64] Ackerman, B., *Social Justice in the Liberal State*, Yale University Press, 1980.

[65] Kant, E., *Crítica de la razón práctica*[1788], trad. esp. de E. Miñana y Villagrasa y M. García Morente, Espasa-Calpe, Madrid, 1975; *Fundamentación de la Metafísica de las Costumbres*[1785], trad. esp. de M. García Morente, Espasa-Calpe, Madrid, 1973.

prometería a todos los seres racionales con principios y juicios valorativos que no podrían ser negados sin rechazar presupuestos implícitos en esa misma negación. Kant expresó de modo magistral tales presupuestos del razonamiento práctico en las distintas formulaciones del imperativo categórico que aluden a la universalidad, la imparcialidad (es decir, el no condicionamiento por deseos o intereses contingentes) y la autonomía moral.

El proyecto de Rawls vendría a sostener una tesis *à la Kant* en torno a la constitución de la verdad moral. Ésta surgiría en la satisfacción de presupuestos formales inherentes al razonamiento práctico de todo individuo, en especial el de que un principio moral es válido si es aceptable o no rechazable por todos en condiciones ideales de imparcialidad, racionalidad y conocimiento de los hechos relevantes. Aunque en opinión de Nino el desarrollo de Rawls no es del todo claro, parece suponer que «la forma de la teoría moral es algo que cada uno tiene en sí mismo» y que lo relevante para constituir la verdad moral no son las reglas del discurso monológico, sino las reglas de algo más abstracto e inmaterial que él llama «razonamiento práctico». En trabajos posteriores, Rawls da relevancia a la práctica del discurso moral haciendo referencia —«de forma sintética y enigmática», dice Nino— a una denominada «razón pública libre»[66].

El intento kantiano de fundamentación de la moral fue criticado por Hegel, quien incidió en que la base constituida por los presupuestos de nuestro razonamiento práctico es demasiado débil como para derivar principios morales definidos, ya que en muchos casos tanto un principio como su opuesto parecen compatibles con tales presupuestos. Esta crítica llevó a Hegel a proponer como básicas para la constitución de principios morales sustantivos las *Sittenlichkeiten*, esto es, las costumbres de una sociedad. Pero son varios los problemas que, en opinión de Nino, ha de afrontar esta construcción: 1) Implica un conservadurismo moral puesto que hace ininteligible la posición de una minoría disidente, sin dar cuenta del hecho de que ésta al mismo tiempo que reconoce que la posición opuesta es mayoritaria, la juzga incorrecta; no permite pues explicar el progreso moral. 2) No permite tampoco explicar las discusiones morales transculturales, ya que quienes formularan juicios morales tomando en cuenta las costumbres diversas de sus respectivas sociedades no podrían estar en realidad discrepando[67]. Este convencionalismo, dice Nino, ignora uno de los pre-

[66] Rawls, J., *Free Public Reason*; tomo la referencia de Nino, C. S., *El constructivismo ético*, cit., pág. 106.

[67] Cfr. en este sentido la crítica que hace Nino al convencionalismo moral en *Ética y derechos humanos*, cit., pág. 57-63.

supuestos básicos del discurso moral de la modernidad como es que toda práctica o institución social puede someterse a crítica y debe justificarse.

Nino explora las reelaboraciones de Apel y Habermas y su intento por superar la crítica hegeliana a Kant. Estos autores no se apoyan en posiciones morales sustantivas, sino en la práctica de la deliberación colectiva en materia práctica. Su propuesta agrega a las condiciones de la capacidad individual y universal del razonamiento práctico en los términos de Kant recogidos también por Rawls, nuevas condiciones que surgen de la práctica social de la discusión moral. Ello proporciona, a juicio de Nino, una plataforma lo suficientemente sólida como para permitir la derivación de principios definidos sustantivos[68]. La práctica social de la discusión moral así reconstruida se caracteriza porque la discusión pública no es una interacción en la que se trata de negociar entre quienes tienen intereses contrarios, sino un intento por determinar cuáles de los intereses en conflicto son válidos.

A diferencia de una postura convencionalista como la de Hegel, la propuesta de Apel y de Habermas no está sujeta a la variabilidad de las costumbres morales sustantivas y es mucho más general que ellas, permitiendo así criticar las costumbres de cualquier sociedad determinada. Además, los presupuestos de nuestra práctica discursiva nos llevan a aplicar los principios que derivan de ellos aun a aquellos que no pueden reconocerlos por partir de presupuestos discursivos diferentes (podremos excusarles de las consecuencias de no reconocer tales principios precisamente por no poder reconocerlos)[69].

Dentro de esta concepción se presentan a su vez dos posibles alternativas: a) la que sostiene que la validez de los principios morales intersubjetivos está dada por el consenso efectivo que se logre en una discusión real que satisfaga ciertos presupuestos (aquellos que conformarían lo que Habermas denomina «situación ideal de habla»[70]); y b) la que sostiene que

[68] Cfr. Nino, C. S., *Derecho, Moral y Política*, cit., pág. 168.

[69] Cfr. Nino, C. S., *Derecho, Moral y Política*, cit., pág. 169.

[70] Afirma Nino a propósito de Habermas que su posición en cuanto a la constitución de la verdad moral parece ligar ésta al consenso que resulta efectivamente de la práctica real de la discusión moral cuando ella es llevada a cabo siguiendo restricciones procedimentales de los argumentos tales como la de que un principio propuesto debe ser aceptable o no rechazable por todos bajo condiciones ideales de imparcialidad, racionalidad y conocimiento relevante. Habermas sostendría que no hay principios morales válidos sino como resultado de una discusión moral real llevada a cabo respetando la exigencia de imparcialidad, que sí puede determinarse con carácter *a priori* respecto de esa discusión. Cfr. Habermas, J., *Conciencia moral y acción comunicativa*, cit., págs. 117, *Aclaraciones a la ética del discurso* [1991], trad. esp. de J. Mardomingo, ed. Trotta, 2000,

la validez de los principios morales sustantivos está dada por la satisfacción de los presupuestos cualquiera que sea el consenso efectivo que se conforme en una discusión real. La opción por la que se pronuncia Nino es la segunda, consistente en entender que los principios morales se constituyen a partir de los presupuestos de la práctica deliberativa de justificar acciones y decisiones. Tales presupuestos que todo principio debe satisfacer son así: las condiciones formales de generalidad, universalidad, superveniencia, publicidad y los valores de autonomía en la adopción de los principios y de imparcialidad definitorio de la validez de los mismos. De estos presupuestos se derivan una serie de principios: el de autonomía, el de inviolabilidad de la persona y el de dignidad. Y de estos principios podemos derivar a su vez los derechos humanos básicos[71]. Por lo demás, y sin entrar a considerar a fondo la cuestión, podemos concluir a partir de todo esto, con Nino, que si la teoría de los presupuesto del discurso moral fuera correcta en lo que toca a la constitución de los principios morales, entonces no parecería diferir sustantivamente del individualismo metaético del proyecto kantiano como teoría de los presupuestos de la capacidad individual de razonar prácticamente[72].

b) Por lo que se refiere ahora a la fundamentación en el plano epistémico. Aquí, como ya quedó apuntado, podemos distinguir dos grandes posiciones: individualismo y societarismo metaéticos. Según Nino, hay una

págs. 117 y ss., págs. 141 y ss., *Teoría de la acción comunicativa: complementos y estudios previos* [1984], trad. esp. de M. Jiménez, ed. Cátedra, Madrid, 1989, págs. 392. Nino, C. S., *El constructivismo ético*, cit., pág. 106. Si bien en otros momentos, y sobre todo en su discusión con Tugendhat, Habermas parece sostener más bien que la validez de los principios de justicia está dada por los presupuestos mismos y no por los resultados de la práctica de la discusión moral. En este último sentido, en otro trabajo de Habermas podemos encontrar expresada una posición que —por lo que se refiere al valor epistémico no del discurso real, sino del discurso ideal— se aproximaría bastante a la suscrita por el propio Nino: «Que una norma es válida únicamente cuando las consecuencias y efectos laterales que se desprenderían previsiblemente de su seguimiento general para las constelaciones de intereses y orientaciones valorativas *de cada cual* podrían ser aceptadas sin coacción conjuntamente por todos los interesados». Habermas, J., «Ética discursiva» [1996], en Gómez, C., *Doce textos fundamentales de la Ética del siglo XX*, ed. Alianza, Madrid, 2002, págs. 174-183.

[71] Cfr. Nino, C. S., *Ética y derechos humanos*, cit., y «La derivación de los principios de responsabilidad penal de los fundamentos de los derechos humanos», *Doctrina Penal*, 45, (1989), págs. 29-48.

[72] Cfr. Nino, C. S., *Derecho, Moral y Política*, cit., págs. 172-173. Salvo que tales presupuestos, podría decirse, vinieran caracterizados en términos dialógicos, en cuyo caso, la diferencia relevante no sería tanto que el sujeto individual fuera más o menos capaz de satisfacer los requisitos de universalidad, generalidad e imparcial, cuanto que los mismos sólo se satisfacen a partir de las reglas del discurso dialógico.

posición individualista extrema que sostiene que los principios morales intersubjetivos, cualquiera que sea la forma en que se constituyen, se conocen por la reflexión o intelección aislada de cada individuo, esto es, sin que sea preciso la discusión con otros individuos. En *El constructivismo ético*, donde analiza la obra de Rawls en este sentido, le atribuye la siguiente tesis epistemológica: el acceso al conocimiento de la verdad moral se produce mediante la reflexión individual que, empleando un método de «equilibrio reflexivo» u otro alternativo, determina si se da la relación apropiada entre presupuestos formales y principios sustantivos. La discusión con otros es en la reconstrucción de Rawls un auxiliar útil de la reflexión individual, aunque en última instancia es inevitable que actuemos de acuerdo con los dictámenes finales de esta última. Por lo tanto, la idea de un «equilibrio reflexivo» está pensada para ser aplicable a cada individuo por separado, el cual determinará si las condiciones de la «posición originaria» (que, en opinión de Nino, son las condiciones de la capacidad individual de razonamiento práctico) se ven o no satisfechas[73].

También se ocupa Nino de analizar las tesis defendidas por Habermas en *Conciencia moral y acción comunicativa*[74]. Para Habermas sería el consenso efectivo, obtenido en una discusión real sometida a ciertas condiciones ideales, el que tiene un valor epistémico para determinar qué principios sustantivos satisfacen tales presupuestos[75]. Según Nino, esta posición se apoya en la idea de que un consenso unánime que se logra después de un proceso en el que todos los interesados pueden hacer oír sus intereses y participar libremente en la decisión colectiva, es prácticamente el equivalente funcional de la imparcialidad, bajo el presupuesto empírico de que cada uno es el mejor juez de sus propios intereses. Según Habermas, en ningún caso es posible alcanzar la verdad moral por vía de la reflexión individual, sino, a lo sumo, hacer un aporte a la discusión colectiva. La idea sería que la reflexión monológica se halla siempre distorsionada por prejuicios del individuo en favor de sí mismo, por su condicionamiento contextual y por la dificultad insalvable de ponerse exactamente en el lugar de otro. Por ello, el método de discusión y decisión colectiva es la única vía posible de acceso a la verdad moral en el área de la justicia y sólo el consenso efectivo obtenido luego de un amplio debate con las menores

[73] Escribe Nino que muchos juristas rawlsianos son proclives a la concesión de un amplio poder de los jueces para descalificar las leyes dictadas democráticamente convirtiéndose así en esta concepción, y según las palabras de Walzer en *Spheres of Justice*, en los nuevos reyes filósofos. La referencia en Nino, C. S., *El constructivismo ético*, cit., pág. 108.

[74] Cfr. Nino, C. S., *El constructivismo ético*, cit., pág. 105.

[75] Me remito en este punto a lo señalado *supra* en la n. 70.

exclusiones, manipulaciones y desigualdades posibles es una guía fiable para satisfacer las exigencias de la moral.

Sin embargo, en opinión de Nino, tanto la posición del individualismo epistémico como la del societarismo epistémico, tal y como son ejemplificados por Rawls y Habermas respectivamente, presentan deficiencias[76].

a) Contra el individualismo epistémico Nino señala que, por más sabia que pueda ser una persona, es muy difícil que por su propia reflexión y sin discusión y decisión compartidas con los otros interesados llegue a una posición de imparcialidad. Esto es así por la dificultad de representarse con la vivacidad suficiente y de calibrar en su justo peso los intereses de todas las demás personas involucradas en un conflicto, sobre todo cuando éstas ocupan posiciones sociales lejanas a las de la persona en cuestión. Además, en opinión de Nino, tales barreras no son sólo de tipo sociológico y psicológico, sino también lógico, puesto que los intereses de los individuos, a diferencia de sus meros deseos, implican decisiones sobre cómo jerarquizarlos, y éstas son decisiones que sólo pueden tomar los individuos involucrados cuando se ven llamados a orientar sus acciones. Sostener este individualismo epistémico conduce, por lo demás, a una suerte de elitismo que estaría detrás de muchos autoritarismos, terrorismos, etc. y, en el campo del Derecho, pone de manifiesto que el reconocimiento de la conexión entre Derecho y moral no siempre conduce a una conexión del Derecho con la política, ya que, en efecto, según esta concepción, la moral se manifiesta de forma absolutamente individual, y se distingue de la política, que es una actividad esencialmente colectiva.

b) Por su parte, el tipo de colectivismo —que Nino atribuye a Habermas—, caracterizado por apoyar el conocimiento de la verdad moral (y, también, la constitución de los principios morales) en el consenso efectivo, resulta implausible. Si esta teoría epistémica fuera válida, quienes participaran en la discusión moral (a menos que incurrieran en un error sobre la validez de esta teoría misma) no tendrían ningún motivo para alegar conocimiento de principios morales ni para formular propuestas con pretensión de validez moral antes de que se constituyera el consenso efectivo que sería el que daría títulos exclusivos a tal conocimiento.

Las anteriores observaciones llevan a Nino a sostener una posición intermedia consistente en considerar que el consenso efectivo es una forma privilegiada de conocimiento moral, ya que cuando hay consenso unánime sobre cierta solución moral, tras un proceso de discusión, existe una altísima probabilidad de que la solución sea efectivamente correcta, o sea, imparcial. Si cada uno es el mejor juez de sus propios intereses, el consenso

[76] Cfr. Nino, C. S., *El constructivismo ético*, cit., págs. 106-110.

de todos será un indicio sumamente fiable sobre cuál sea la solución que satisfaga imparcialmente los intereses de todos. Pero esto no implica que sea imposible que por reflexión individual podamos conocer soluciones moralmente correctas, si llegamos a ellas después del esfuerzo de imaginar cuáles son los intereses de todos los involucrados en un conflicto y de llegar a un equilibrio adecuado entre tales intereses. De este modo, la postura defendida por Nino en el nivel metaético admite como métodos de conocimiento moral tanto el consenso colectivo como la reflexión individual, si bien dando una clara prioridad al primero sobre el segundo[77]. En cuanto a la constitución de los principios morales, como ya apunté, ella estaría dada en Nino por los presupuestos del discurso moral, sin apartarse sustancialmente en este punto del proyecto kantiano de vincular la constitución de los principios morales a las condiciones de la capacidad individual de razonar en materia práctica (si bien articulando quizá esos presupuestos en una práctica dialógica).

2.2.1.2. La moralización de la política democrática[78]

Otra de las piezas clave para la comprensión del universo práctico desarrollada por Nino es su tesis acerca de la democracia como sucedáneo del discurso moral. De las posibles justificaciones que se han propuesto del sistema democrático es aquella que subraya que este sistema permite (aunque sea de forma imperfecta) acceder al conocimiento de lo moralmente correcto la que lo legitimaría moralmente frente a otros sistemas de gobierno y la que lo constituye, además, en moralmente relevante en el esquema del razonamiento práctico.

Esta comprensión de la democracia tiene, como he tenido ocasión de apuntar a lo largo de estas páginas, importantes consecuencias prácticas puesto que supone específicos compromisos en cuanto al sistema de distribución de poderes, la creación e implementación de determinadas instituciones y la interpretación de las Constituciones vigentes, si es que los Estados y los sistemas jurídicos han de ser moralmente legítimos y quieren satisfacer la pretensión de corrección que caracteriza a los ordenamientos jurídicos como tales y que los distingue de formas no legítimas de ejercicio del monopolio de la fuerza y ordenación de la sociedad[79].

---

[77] Un reflejo de esto a propósito del control judicial de las leyes pudimos verlo en el penúltimo punto del Capítulo III de este trabajo.

[78] E. Diaz, si bien desde un marco teórico-conceptual diferente al de Nino, sostiene una concepción esencialmente similar de la democracia. Puede verse Díaz, E., *Ética contra política*, Fontamara, México, 1993.

[79] Cfr. R. Alexy, *El concepto y la validez del Derecho*, cit., págs. 37-40 y 81-85.

Nino lleva a cabo un detallado análisis de la idea de democracia en su trabajo *The Constitution of Deliberative Democracy*, donde profundiza en las concepciones ya avanzadas especialmente en *Ética y derechos humanos*. Ya hemos visto cuál es la concepción general que, a juicio de nuestro autor, legitimaría la política: ésta debería ser una política democrática que tratara de acercarse lo más posible a las exigencias de imparcialidad del discurso moral. Profundizaremos a continuación en algunos de los aspectos de esta concepción de la política necesarios para entender el modo en que quedaría en ella satisfactoriamente reconstruido, en opinión de Nino, el razonamiento práctico en el que se sitúa a su vez el Derecho.

Veamos para empezar los dos grandes grupos de concepciones acerca de la democracia que según nuestro autor podrían trazarse. En primer lugar, tenemos aquellas concepciones que presuponen la capacidad de la democracia para moralizar los intereses y preferencias de los individuos. En segundo lugar, aquellas que consideran a la democracia simplemente como un marco de discusión en donde llegar a acuerdos y equilibrios entre los diversos intereses en pugna. Las primeras concepciones serían más optimistas acerca del papel de la discusión democrática. Según éstas, el debate democrático ampliaría nuestras perspectivas y nuestros conocimientos ayudándonos a detectar y corregir errores de razonamiento y contribuyendo así a limitar nuestra parcialidad. Las segundas toman las preferencias de los individuos como dadas y no pretenden que el valor de la democracia aumente por el cambio que produciría en dichas preferencias, enfocadas a una mayor imparcialidad. De hecho, dice Nino, estas últimas concepciones suelen asumir un cierto pesimismo acerca de la posibilidad de superar la tendencia al autointerés por parte de los individuos y evitar que éstos se agrupen para la acción política sobre la base exclusiva de tal autointerés. Estas concepciones de la democracia —denominadas pluralistas— legitiman la representación de los intereses simples, sobre todo a través de la modalidad de partidos políticos especialmente identificados con grupos económicos y sociales. Incluso de acuerdo con ellas no habría diferencia relevante entre intereses ideológicos y políticos, por un lado, e intereses económicos y sociales, por otro. Para estas concepciones la virtud de la democracia consiste en permitir la canalización de todos estos intereses y su adecuada estructuración[80]. Lo que la democracia requiere

[80] Una fundamentación de este tipo puede verse, p. ej., en Dahl, R., *Preface to Democratic Theory*, Chicago University Press, 1956; una perspectiva descriptiva, Dahl, R., *Democracy and its Critics*, New Haven, Yale University Press, 1989; Schmill, U., «Una fundamentación de la democracia», *Doxa. Cuadernos de Filsofía del Derecho*, nº 23, (2000), págs. 393-425.

es que los distintos grupos de interés económico o social se equilibren mutuamente y que ninguno de ellos monopolice de forma absoluta el poder, sino que lo comparta a través del tiempo o en un momento dado mediante la distribución de centros diversos de decisión. Instituciones tales como la representación, la división de poderes, la descentralización territorial y el consentimiento periódico del electorado políticamente activo son mecanismos que impedirían la monopolización del poder por parte de cualquier grupo de interés al tiempo que garantizarían que éstos dispongan de la adecuada expresión proporcional a la fuerza e intensidad de sus intereses. Entre este tipo de concepciones, Nino cita la concepción basada en el consentimiento de las normas jurídicas, la utilitarista, la economicista y la pluralista[81].

Nino se ocupa de las críticas que merecerían estos intentos de fundamentación de la democracia en varios de sus trabajos[82], recogiendo también una crítica general a ellas en *Derecho, Moral y política*. Tal objeción general consistiría en que no distinguen entre preferencias personales y preferencias impersonales y que, debido a esto, no pueden dar cuenta ni de en dónde radica la legitimidad de la democracia ni tampoco de su eficacia como sistema de composición de intereses.

El argumento de Nino es el siguiente. Los intereses personales son preferencias acerca de estados de cosas que el individuo supone que benefician su propia vida o la de sus allegados. Estas preferencias incluyen la pretensión de que sean satisfechas sin que otros entren a juzgar si son o no válidas, siendo lógicamente posible satisfacerlas de modo parcial si para ello fuera preciso interferir las de otros individuos. Los intereses impersonales, en cambio, son preferencias acerca de estados de cosas que son considerados buenos o justos para el conjunto de la sociedad, independientemente de las perspectivas de cada individuo. El interés impersonal se

[81] Cfr. Nino, C. S., *Derecho, Moral y Política*, cit., págs. 178-179. La contribución específica del pluralismo consiste en introducir facciones o corporaciones como principales actores de los grupos políticos competitivos en lugar de las personas individuales que conjuntamente constituyen las élites. La concepción pluralista sostiene que el sistema democrático impide que ningún grupo o facción acapare el poder, ya que todos podrán ser separados del poder por la decisión periódica del electorado. Ahora bien, como nos recuerda Nino, el problema de este tipo de justificación es que debe limitarse a la idea de neutralización, diversificación y equilibrio entre diferentes grupos de poder. Por lo tanto, el único mérito que puede atribuir a la democracia es el negativo de impedir la monopolización del poder político por alguno de tales grupos. Cfr. Nino, C. S., *The Constitution of Deliberative Democracy*, cit., págs. 82-86.

[82] Cfr. Nino, C. S., *Ética y derechos humanos*, cit., págs. 371-387 y *The Constitution of Deliberative Democracy*, cit., págs. 70-93.

centra en cuál es la organización política más apta y en qué mecanismos específicos (modelo de organización de la asistencia sanitaria, educación, etcétera) compatibilizan la satisfacción de los diversos intereses personales. Los intereses impersonales no se concilian combinándolos entre sí, sino que es preciso un sistema que permita determinar la validez de las preferencias impersonales respecto de mecanismos globales para esa satisfacción de intereses personales. Y de ahí que, según Nino, una comprensión de la democracia como procedimiento eficaz de composición de intereses resulte ser, en última instancia, parasitaria de una comprensión de la misma a la luz de una teoría que la justifique sobre la base de la transformación de los intereses impersonales. Aunque no puedo entrar aquí en este asunto, ya que supondría desviarnos en exceso del argumento central de esta exposición, señalaré que, en opinión de Nino, el problema común que presentan los distintos intentos por justificar la democracia (teoría del consentimiento, teoría utilitarista, teoría economicista y teoría pluralista) es que no permiten explicar el valor que tiene la satisfacción de preferencias impersonales ni de qué modo la validez de tales preferencias es determinada a través del sistema democrático[83].

Por otra parte, esta conclusión a la que se llega mediante el análisis de la lógica de las preferencias vendría respaldada también, señala Nino, por un análisis desde el punto de vista externo de la política democrática como práctica colectiva que influye sobre la dinámica de interacción; esto es, la dinámica para la coordinación de la actividad humana con el fin de solucionar conflictos y lograr la convivencia pacífica.

La teoría de los juegos y su derivada, la teoría de la acción colectiva, han mostrado la existencia de estructuras formales de interacción que conducen a la frustración de los intereses de los individuos[84]. Cuando se dan esas estructuras, salvo en condiciones muy excepcionales, es imposible la cooperación entre los individuos o grupos. La única manera de salir de esta trampa de interacción autofrustrante, afirma Nino, es modificando los intereses o preferencias de los individuos o grupos. El problema es que no hay posibilidad de que cambien los intereses personales de los individuos si no lo hacen antes las preferencias impersonales que justifican tales intereses. Cuando la democracia se concibe como un mecanismo que permite un cambio de las preferencias impersonales entonces contribuye a la posibilidad de satisfacción de expectativas en relación con intereses personales.

---

[83] Cfr. Nino, C. S., *Derecho, Moral y Política*, cit., págs. 180-181; *The Constitution of Deliberative Democracy*, cit., pág. 92.

[84] Cfr. Nino, C. S., *Un país al margen de la ley*, cit., págs. 137-173.

Pero habría otras teorías que sí conciben a la democracia como un procedimiento de transformación de los intereses impersonales de los individuos. Son el primer grupo antes señalado. Estas teorías (como la de la soberanía popular[85], la perfeccionista[86] —apoyada en el desarrollo de virtudes cívicas[87]—, y las diferentes concepciones deliberativas) serían más optimistas acerca de la posibilidad de atenuar la tendencia de los individuos a agruparse para la defensa de sus intereses primarios y de transformar moralmente los intereses o preferencias de los individuos, cuando menos de los impersonales. Nino descarta las dos primeras concepciones: una porque nos lleva a hablar de entes colectivos cuya realidad ontológica y moral despierta profundas dudas, y la otra porque también suscita reservas la legitimidad del perfeccionismo a que conduciría una política destinada a educar a los ciudadanos en un sentido moral, aunque ello sea en el sentido de aumentar la fraternidad, los sentimientos de solidaridad social, la participación en la vida pública, etcétera.

De entre las concepciones deliberativas, Nino se aparta también de concepciones como la de Rawls[88] o la de Ackerman[89] que niegan que la deliberación democrática cumpla un papel de aproximación a la verdad moral y consideran que lo que le daría valor sería más bien el permitir alcanzar soluciones plausibles bajo ciertos límites que vendrían dados en términos de neutralidad acerca de las distintas concepciones de lo bueno. De esta forma, por ejemplo, el papel de la filosofía política y de la política práctica sería según Rawls conseguir lo que denomina un «consenso superpuesto» (*overlapping consensus*), que operaría en términos neutrales en relación con las distintas concepciones morales, incluyendo la del liberalismo[90].

Ya hemos visto que Nino sostiene una concepción dialógica y epistémica de la democracia, derivada de un enfoque igualmente dialógico sobre la moral. La legitimidad de la democracia vendría dada por el valor

---

[85] Acerca de esta concepción, Cfr. Nino, C. S., *The Constitution of Deliberative Democracy*, cit., págs. 93- 97.

[86] Cfr. Nino, C. S., *The Constitution of Deliberative Democracy*, cit., pág. 97-101.

[87] Cfr. Stuart Mill, J., «Considerations on Representative Government», en *Three Essays: On Liberty; Representative Government; The Subjection of* Women, Oxford, Oxford University Press, 1975; Sunstein, C., «Beyond the Republican Revival», *Yale Law Journal*, 97/1988, págs. 1558-1564.

[88] Cfr. Rawls, *A Theory of Justice* [1971], Harvard University Press, (1999).

[89] Cfr. Ackerman, B., «Why dialogue?», *Journal of Philosophy*, 86, 5, (1989), págs. 5-22; Ackerman, B. y Rosenkrantz, C., «Tres concepciones de la democracia constitucional», *Cuadernos y debates*, 13/1991.

[90] *Vid.* Rawls, J., «Justicia como imparcialidad: política, no metafísica» [1985], en *Doce textos fundamentales de la Ética del siglo XX*, cit., págs. 187-229.

epistémico que posee el procedimiento de discusión entre todos los interesados, la justificación recíproca de sus posiciones y la decisión mayoritaria para la determinación de soluciones en materia de preferencias impersonales. Frente a posturas como la de Rawls o la de Ackerman, Nino enfatiza entonces la idea de la discusión, en el seno del debate democrático, acerca de la corrección moral de las posturas que los interesados esgrimen en relación con la esfera intersubjetiva de la moral.

Un procedimiento democrático así concebido genera una dinámica de interacción mucho más tendente a un consenso imparcial que cualquier otro procedimiento de decisión. El procedimiento democrático de discusión y decisión puede verse así como un sustituto imperfecto e institucionalizado del discurso moral informal que terminaría en un consenso unánime. El carácter institucionalizado de este tipo de debate viene dado entre otras muchas razones por la necesidad de fijar un tiempo para tomar una decisión y el consenso de la mayoría —en vez de la unanimidad— si se quiere evitar que una minoría favorecedora del *statu quo* termine imponiéndose por la pérdida de la ocasión para decidir. En tal caso la propuesta que suele hacerse es que poner punto final a la discusión y proceder a votar, decidiéndose por mayoría[91].

Aunque la regla de la mayoría, impuesta por las exigencias prácticas e institucionales de la democracia, no equivale a la imparcialidad, ello no impide defender según Nino que el valor epistémico del discurso moral informal se preserva en las democracias institucionalizadas, aun en las muy imperfectas «democracias reales». Y ello en virtud de las siguientes razones[92]:

---

[91] Podría objetarse en este punto, sin embargo, que el análisis de Nino presenta un cierto componente ideológico en la medida en que su análisis político de la posición de las minorías en términos de fuerza bien podría llevar a ver en los mismos términos a la posición mayoritaria. Puede resultar inasible —especialmente si uno piensa en las democracias reales y efectivas— una concepción de la política democrática que dé el paso de la unanimidad al voto mayoritario manteniendo el análisis en términos de valor epistémico y sin introducir el elemento de fuerza o imposición. Quizá el elemento ideológico que se podría objetar a esta reconstrucción de la posición de las mayorías (apelando a su valor epistémico) frente a la reconstrucción de la posición de las minorías (apelando —en términos de análisis político de fuerzas— al papel que en un determinado momento puedan jugar imponiendo un determinado *status quo*) puede salvarse entendiendo que no *cualquier* mayoría tiene ese valor, sino sólo aquellas que son fruto de una deliberación que haya respetado determinados presupuestos y reglas del discurso.

[92] Cfr. Nino, C. S., *Derecho, Moral y Política*, cit., págs. 184-185; *The Constitution of a Deliberative Democracy*, cit., págs. 117-128. Para un análisis crítico de la concepción de Nino en este punto y por lo que se refiere a la posibilidad de que tales requisitos se cumplan en las democracias reales, Cfr. Garzón Valdés, E., «El consenso democrático: fundamento y límites del papel de las minorías», *Isonomía*, 12, (2000), págs. 7-34.

a) la participación de todos los interesados en el procedimiento democrático de discusión permite a todos conocer los intereses de cada uno;
b) el debate democrático implica no sólo hacer conocer a los demás los intereses de cada uno, sino también intentar justificar esos intereses frente a los demás, y esto impone un límite a la parcialidad de las posiciones que se pueden mantener, ya que, si bien no puede exigirse que todos den justificaciones válidas, no se admitirá como justificación cualquier cosa que se haga o se diga en el contexto de la discusión;
c) el debate democrático suele ir acompañado de actitudes emotivas que, aunque bajo ciertas condiciones pueden conducir a movimientos irracionales, bajo otras condiciones, que deben ser promovidas, incentivan la búsqueda de la imparcialidad; sería el caso de sentimientos tales como la simpatía hacia la situación de otros, la vergüenza cuando se descubre en el debate un autointerés que no se pretende universalizar, etcétera.
d) el debate democrático, como toda discusión, ayuda a corregir errores lógicos o fácticos que puedan haber llevado a la propuesta de una cierta solución;
e) el procedimiento de decisión mayoritaria promueve un comportamiento estratégico que no queda excluido por el hecho de estar enmarcado por la necesidad de justificación y que lleva, entre otras cosas, a intentar lograr el apoyo de la postura defendida por el mayor número de participes, ante el riesgo de que se rompa la coalición mayoritaria debido a la seducción que puedan ejercer minorías marginadas sobre partes de dicha coalición;
f) si los factores anteriores determinan una mayor tendencia individual hacia la imparcialidad, son aplicables teoremas como los de Concordet, que proyectan esa tendencia al plano colectivo, al predicar la mayor probabilidad de que la decisión colectiva sea imparcial cuanto mayor apoyo tenga.

Tal concepción de la democracia no lleva a Nino a sostener que lo que la mayoría decida es siempre correcto, pero sí considera que, debido a su mayor fiabilidad epistémica en relación con cualquier otro sistema de gobierno y en relación con la práctica discursiva monológica, del resultado obtenido tras el discurso regimentado de la democracia (p. ej., una ley aprobada en el parlamento) podemos predicar que, en determinadas condiciones y de forma limitada, tiene un valor excluyente. Esto es, si bien el valor epistémico que se da al resultado del proceso de deliberación democrática es compatible con la percepción de que, en ocasiones particulares, la decisión democrática es moralmente errónea, tal valor epistémico ofrece una razón para obedecer la decisión incluso en esos casos. El fundamento último de este valor excluyente aun en tales casos vendría dado, en opinión de Nino, por el hecho de que todo sistema moral debe incluir el principio que establece que se deben maximizar las posibilidades de obrar en forma moralmente correcta empleando los procedimientos epistémicos más adecuados para ello. Si llegamos entonces a la conclusión de que, en términos generales, y siempre que se cumplan los prerrequisitos que otorgan calidad epistémica al debate, la discusión colectiva y la decisión mayoritaria son métodos más fiables de acceder a soluciones moralmente más correctas que la reflexión individual aislada, esto nos dará una razón para otorgar un valor a la decisión colectiva, aun cuando nuestra reflexión individual nos asegure, tal vez acertadamente en algún caso, que la decisión colectiva es errónea. De lo contrario, el último juez de nuestra decisión sería siempre nuestra reflexión individual, socavando el proceso colectivo y contradiciendo el presupuesto de que éste es, en general, más fiable. Algo que terminaría violando, concluye Nino, el principio de maximización de la actuación moralmente correcta[93].

2.2.2. La tesis de la conexión del Derecho y la política: el Derecho como práctica colectiva institucional

Es éste un punto muy relevante en la reflexión de Nino por cuanto nos introduce en su comprensión de la dimensión institucional del Derecho y de la especificidad del discurso jurídico justificativo en relación con el razonamiento moral ordinario. Como veremos, la concepción del Derecho como práctica colectiva institucional, permitirá, manteniendo la tesis de su conexión justificativa con la moral, dar resolución a las que se revelan, finalmente, como paradojas sólo aparentes: la de la irrelevancia práctica del Derecho y la de su indeterminación radical, de las que he tratado en las páginas precedentes.

2.2.2.1. Precisiones conceptuales

Cabe comenzar con algunas precisiones previas que pueden ayudar a entender mejor la contribución de nuestro autor en relación con la dimensión del Derecho de la que en este punto vamos a ocuparnos:

a) En el análisis de Nino, decir que el Derecho, el fenómeno jurídico, constituye una práctica colectiva implica dar cuenta del hecho de que una pluralidad ingente de sujetos contribuye mediante acciones y decisiones a

[93] Cfr. el Capítulo IV, punto 4, sobre las normas democráticas como razones auxiliares.

esa práctica, así como del hecho derivado del anterior de que cualquier acción realizada o decisión tomada en el marco del Derecho ha de llevarse a cabo ponderando las acciones o decisiones de otros, bien sean dadas en el pasado, realizadas en la actualidad o a producirse en el futuro. Ese carácter de práctica colectiva es lo que lleva a Nino a afirmar la «naturaleza esencialmente política del Derecho». Pues «toda acción jurídica es una acción política en el sentido de que debe tener en cuenta las acciones, reacciones, actitudes y expectativas de otros, en la medida en que ellas tengan a su vez poder para determinar nuevas acciones, reacciones, actitudes y expectativas (sobre todo, en cuanto ellas incidan en el manejo del aparato coactivo)»[94].

b) Por otra parte, Nino subraya igualmente el aspecto institucional del Derecho, haciendo con esto referencia a una pluralidad de ideas todas ellas relacionadas entre sí[95]. Hablar del Derecho como práctica institucional significa (1) que las normas jurídicas establecen autoridades u órganos centralizados para operar de cierta manera con las normas del sistema; es decir, nos encontramos con unos órganos encargados de la producción y cambio de las normas del sistema y otros encargados de la aplicación de tales normas para, entre otras funciones, resolver conflictos entre particulares[96]; (2) que en el caso de las instituciones democráticas, las decisiones de los órganos encargados de la producción y modificación de las normas del sistema son fruto de debates regimentados y son adoptadas por mayorías; y que los procedimientos jurídicos de resolución de conflictos tienen carácter regimentado por cuanto que están sujetos a límites temporales (se pone fin al conflicto mediante una decisión obligatoria que, dentro de unos ciertos márgenes temporales, ya no puede ser sometida a ulterior revisión y esas decisiones obligatorias no se fundamentan en el consenso unánime de todos los afectados, sino en la autoridad que, a tales efectos, tienen determinados órganos); y (3) que todo lo anterior, en resolución, se traduce en que el Derecho no pertenece a la esfera de los hechos brutos, sino a la

[94] Nino, C. S., *Derecho, Moral y Política*, cit., pág. 147.

[95] En un trabajo reciente que ya he citado, M. Atienza y J. Ruiz Manero centran su atención en tal dimensión institucional de Derecho y, en un sentido coherente con el análisis de Nino y que creo que permite iluminar su aportación, sostienen que el carácter institucional del Derecho implica exigencias que limitan el logro de los valores y fines sustantivos que el propio Derecho trata de realizar. Y ello porque, a diferencia del discurso moral ordinario en el que sólo operan razones sustantivas, en el caso del Derecho, se requiere la preservación de la vigencia de un determinado sistema jurídico y la eficiencia de su «maquinaria», que es el medio con el que contamos para conseguir en mayor grado la implementación de valores y fines sustantivos. Cfr. Atienza, M. y Ruiz Manero, J., «Sobre la relevancia justificativa de la dimensión institucional del Derecho», cit.

[96] Cfr. Nino, C. S., *Introducción al análisis del Derecho*, cit., pág. 106.

de aquellos hechos sociales cuya existencia y persistencia depende de la aceptación colectiva de ciertas reglas constitutivas[97].

Es preciso tener en cuenta además que esta obra colectiva e institucionalizada en que consistiría el fenómeno jurídico forma parte de un proceso todavía más amplio: el complejo de prácticas, instituciones, costumbres, actitudes culturales y creencias básicas que definen a una determinada sociedad.

En las páginas que siguen daré cuenta de las consecuencias que, dentro del esquema teórico de Nino, tienen en el razonamiento jurídico justificativo estos rasgos de la estructura general del fenómeno jurídico, para después, utilizando también algunas ideas extraídas del citado trabajo de Atienza y Ruiz Manero[98], apuntar algunas observaciones encaminadas a enriquecer o, al menos, precisar el análisis de la dimensión institucional del Derecho.

2.2.2.2. El fenómeno jurídico como institución colectiva

En *Fundamentos de Derecho Constitucional*, Nino emprende un interesante y pormenorizado análisis de la práctica constitucional como práctica colectiva en relación con la cual se aplican criterios de racionalidad distintos a los que rigen en la valoración de las acciones individuales. Este análisis lleva a Nino a defender el siguiente argumento: la visión de la estructura del razonamiento práctico que conduce a concluir que el Derecho es superfluo para ese razonamiento se caracteriza por contemplar las acciones o decisiones jurídicas como si fueran acciones o decisiones aisladas cuando de hecho son parte de un proceso de interacción colectiva institucionalizada que se extiende en el tiempo. En el esquema de Nino, cada uno de los partícipes tiene un compromiso moral de mejora de la práctica del Derecho, debiendo tener en cuenta en la consecución de tal objetivo (1) que cada uno de ellos es uno más entre los muchos partícipes en esa empresa colectiva consistente en la implementación de una práctica jurídica justa, (2) que ellos sólo pueden tomar decisiones que además de moralmente válidas sean eficaces si lo hacen en el marco de esa empresa o práctica colectiva, y (3) que para preservar tal eficacia general es preciso limitar la consecución de los fines sustantivos últimos respetando los límites institucionales quc implican la conservación de la institución del Derecho como práctica colectiva para la ordenación de la convivencia y la protección de los derechos humanos.

---

[97] Cfr. Atienza, M. y Ruiz Manero, J., «Sobre la relevancia justificativa de la dimensión institucional del Derecho», cit., págs. 10-11.

[98] Atienza, M. y Ruiz Manero, J., «Sobre la relevancia justificativa de la dimensión institucional del Derecho», cit.

En el trabajo mencionado, Nino introduce una sugerente metáfora —la construcción de catedrales— para ilustrar la racionalidad específica de las obras colectivas[99]:

> «Supongamos que uno de nosotros es el arquitecto encargado de continuar con la construcción ya iniciada de una de estas catedrales, sabiendo que probablemente no la pueda completar sino que sería completada por otros, tal vez en un futuro remoto. Por supuesto, uno seguramente tendrá sus valoraciones estéticas, por ejemplo, la convicción de que sólo el gótico es el estilo por el cual una catedral adquiere su máximo esplendor como ámbito de inspiración espiritual. Sobre la base de esa valoración uno juzgara los méritos de la obra incompleta sobre la que debe continuar la construcción. Si, por ejemplo, la catedral fue comenzada en otro estilo, digamos el románico, uno puede llegar a diferentes conclusiones: una posibilidad es juzgar que lo construido es tan disvalioso desde el punto de vista estético, que lo razonable es destruirlo y comenzar una nueva construcción en otro sitio. Por supuesto, para llegar a estas conclusiones en forma razonable el arquitecto deberá suponer que, efectivamente, es posible comenzar una nueva construcción. Sería irresponsable de su parte adoptar algunas de estas propuestas, sabiendo que, por cualquier razón, es imposible comenzar *ex nihilo* con la construcción de la catedral, a menos que piense —y ésta es una alternativa muy relevante— que el que *no haya ninguna catedral* es mejor que continuar con ese proyecto mal orientado.
>
> Otra posibilidad es que aquel de nosotros encargado de proyectar la continuación de la obra concluya que, aun cuando lo construido hasta el momento es defectuoso, es, sin embargo, valioso continuar el proyecto antes de destruirlo o abandonarlo, comenzando o no con un nuevo proyecto. En este caso, el arquitecto tiene que resolver una serie de problemas técnicos y estéticos muy complejos. Supongamos, por ejemplo, que la continuación de la obra de acuerdo con un estilo más atractivo implique cambios estructurales que pueden poner en peligro la estabilidad de la catedral [...]»[100]

La tesis que Nino defiende es, pues, que existe una racionalidad específica para la actuación en obras colectivas: cualesquiera que fueren los

---

[99] Cfr. Nino, C. S., *Fundamentos de Derecho Constitucional*, cit., págs. 64-65. En otro momento Nino emplea, con este mismo fin, una metáfora diferente: la de la ejecución de una pieza de música orquestal y el papel que en ella cumple cada músico que la interpreta como sujeto partícipe en una obra colectiva. Cfr. Nino, C. S., *Derecho, Moral y Política*, cit., pág. 135.

[100] Nino, C. S., *Fundamentos de Derecho Constitucional*, cit., págs. 64-65.

criterios o modelos que definen lo que es óptimo en la clase de cosas o fenómenos a la que pertenece la obra colectiva, esos modelos o criterios resultan calificados en su aplicación a una acción que contribuye a esa obra cuando, precisamente, como sucede en el caso del Derecho, no se tiene control sobre la obra total.

Advierte aquí nuestro autor que el problema derivado del carácter colectivo de un fenómeno es diferente de los meros obstáculos a la creación de ideales (derivados, p. ej., de la limitación de recursos) que obligan a algún ajuste, o a un comportamiento táctico dirigido a superar los obstáculos, y es también diferente de la mera presencia de condiciones fácticas que determinan la inferencia de implicaciones específicas a partir de ciertos principios valorativos. La dificultad y peculiaridad a la que Nino apunta se refiere a que cuando participamos en obras colectivas contamos con principios que valoran las acciones por ciertos resultados finales y, sin embargo, nos encontramos con acciones que no producen por sí solas esos resultados sino que los producen, en todo caso, junto con otras acciones que no se controlan en su totalidad[101].

Pues bien, según Nino, lo que resulta afectado y se modifica cuando contribuimos con acciones individuales a una práctica colectiva e institucional no es la validez de los principios valorativos últimos, sino los criterios de racionalidad en la elección de principios o modelos valorativos de las acciones concretas que conforman la práctica colectiva[102].

Sucede entonces que en las obras colectivas como el Derecho hay una racionalidad constreñida por las elecciones de los otros. Como ya he teni-

[101] También Singer considera el problema acerca de si los principios y parámetros aplicables a los juicios morales referidos a acciones y personas, esto es, lo que él denomina principios individuales, son también aplicables, aunque con modificaciones, al juicio crítico y evaluación de las instituciones y prácticas, así como también la tesis conversa sobre si un juicio moral respecto de una acción institucionalmente constituida se sigue de un juicio moral relacionado con la institución en cuestión. Singer denomina a éste el problema de la brecha inferencial. A partir del juicio «ésta es una ley mala y debe ser derogada» no se deduciría sin más, afirma, el juicio «un juez no debe aplicar esta ley al decidir un caso». El primer juicio puede proveer una razón para el segundo, pero no lo implica. Tampoco el hecho de que un juez no deba aplicar una ley al decidir un caso implica que tal ley sea injusta y que deba ser derogada. Lo que Singer sostiene es que sólo del hecho (verdad o juicio) de que alguna institución es inmoral, nada se sigue acerca de lo que debe hacer cada uno en conexión con esta institución y ni siquiera si debe realizar o no realizar un acto constituido por la institución. En versión positiva: que sólo de la verdad o juicio de que una institución es moral o justa o buena, nada se sigue acerca de si uno debe o no debe realizar un acto constituido por la institución. Cfr. Singer, M., «Ética Institucional», *Análisis filosófico*, X (1990), págs. 123-138.

[102] Cfr. Nino, C. S., *Derecho, Moral y Política*, cit., págs. 136-137.

do ocasión de decir, Nino denomina a esta racionalidad la «racionalidad de lo segundo mejor»: como nuestra aportación a una obra colectiva es limitada y no controlamos el producto final, lo racional puede ser en ocasiones elegir no el modelo o principio más defendible, sino otros con méritos menores. Esto nos lleva a alejarnos del modelo óptimo en relación con un caso concreto para tratar de hallar la mejor solución considerando sus efectos sobre la obra global[103]. Creo que un ejemplo del mundo del Derecho que podría ilustrar el rasgo al que Nino está apuntando aquí son los casos en que se considera justificado el sacrificio de principios sustantivos cuya vulneración se sospecha pero no con el grado de certidumbre suficiente como para considerar que es posible destruir la presunción de constitucionalidad de la ley (respetando, en definitiva, la presunción del valor epistémico del legislador democrático)[104]; o también aquellos casos en los que se considera justificado el sacrificio de principios sustantivos porque su cumplimiento sólo sería posible si un órgano jurisdiccional invadiera el ámbito de competencias legítimo del legislador[105].

En relación con el Derecho, se impone por lo tanto, a juicio de nuestro autor, la necesidad de concebir la acción de los constituyentes, los legisla-

[103] Bien entendido que la indagación o descubrimiento de cuál sea ese modelo óptimo también es, en la concepción de la moral de Nino, una empresa colectiva (recuérdese que nuestro autor defiende un constructivismo ético que descansa, a diferencia del individualismo metodológico kantiano, en un societarismo metodológico). La tarea de construcción de los principios morales y la de su conocimiento son, pues, tareas dialógicas.

[104] Ferreres lleva a cabo un interesante análisis de este supuesto, retomando los debates en materia constitucional habidos en EEUU, indicando en qué casos ha de operar la presunción de constitucionalidad de la ley y en cuáles ha de darse una inversión de tal presunción correspondiendo al legislador democrático la carga de la argumentación. Tales son, especialmente, los casos en los que se ven afectados los intereses de grupos social y políticamente vulnerables o en los que hay una restricción de los derechos de participación política. En tales casos en EEUU la judicatura lleva a cabo lo que se denomina el test del escrutinio estricto. Cfr. Ferreres, V., *Justicia Constitucional y democracia*, cit., págs. 242-268.

[105] En este sentido M. Atienza y J. Ruiz Manero ponen como ejemplo el caso de la STC 45/1989 que declaró la inconstitucionalidad de la acumulación de rentas de los integrantes de una unidad familiar a efectos de la determinación de la base imponible del impuesto sobre la renta de las personas físicas, pero considerando que «la infracción del principio constitucional de igualdad no podría ser reparada, en este caso, mediante la pura y simple extensión a los contribuyentes integrados en unidades familiares del régimen legal establecido para la tributación de quienes no lo están, pues [...] tal hipotética equiparación habría de provocar, en el actual marco normativo, resultados irracionales e incompatibles, a su vez, con la igualdad, en la medida en que otras piezas del sistema legal (destacadamente, el sistema de deducciones) no han sido afectadas por el fallo de inconstitucionalidad» (FJ 11). Según esto, las liquidaciones efectuadas anteriormente con arreglo a tal sistema ahora declarado inconstitucional no podrían ser revisadas.

dores, los jueces, etc., como partícipes en una obra colectiva. Así, por lo que se refiere a los jueces, Nino señala: «Sería irracional que un juez resolviera un caso como si estuviera creando con su decisión todo el ordenamiento jurídico o todo el orden jurídico relativo a esa cuestión. El juez debe tener en cuenta que se generan expectativas de lo que otros legisladores y jueces han decidido en el pasado y que su decisión se combinará con otras que tomen contemporáneamente sus colegas»[106]. Ya en un trabajo anterior, Nino escribía que «decir que los jueces han de tener en cuenta razones axiológicas en sus decisiones de aplicar o no una norma positiva no implica necesariamente que jueces moralmente responsables vayan a reemplazar en cada caso la solución prescrita por una norma general por la que ellos habrían considerado justa si hubieran sido los llamados a legislar sobre la materia: si el sistema jurídico es en general justo y los órganos encargados de emitir normas generales son legítimos, seguramente la decisión moralmente correcta será preferir que se mantenga la vigencia general del sistema, promoviendo la obediencia a las normas generales y la previsibilidad de las decisiones judiciales que [invadiendo las competencias del legislador] dejar de aplicar una norma moderadamente injusta»[107].

La característica diferencial del enfoque de Nino frente a otros modelos —a los que después me referiré— que también reconocen el hecho de que la acción de legisladores y jueces se desarrolla en el contexto de una obra colectiva institucionalizada cuyas restantes contribuciones ellos no controlan, giraría en torno a lo siguiente: el modelo propuesto por Nino no implica darle un valor especial a las tradiciones ni tampoco entender que los jueces y funcionarios deban tener en cuenta solamente los principios que permiten justificar mejor las decisiones y medidas de otros legisladores y jueces[108]. Esta diferencia del modelo de Nino tiene importantes consecuencias prácticas. En efecto, un juez o legislador que siguiera el modelo de nuestro autor podría llegar a la conclusión de que el Derecho vigente hasta ese momento es tan precario que vale la pena el esfuerzo de arriesgar una refundación e incluso justificar, si ese esfuerzo fracasa o es imposible, una situación de anarquía o de disgregación del orden jurídico. Sin embargo, si la conclusión a la que llega es que tales alternativas no aparecen como aceptables, entonces la decisión del juez o legislador debe concebirse como parte integral de un orden jurídico fundado en cier-

---

[106] Nino, C. S., *Derecho, moral y política*, cit., pág. 138.

[107] Nino, C. S., *Los límites de la responsabilidad penal*, cit., pág. 8.

[108] Este último sería el denominado por Nino «modelo de articulación consistente», defendido por Dworkin en *Los derechos en serio, opc.cit.*.. Cfr. Nino, C. S., *Los límites de la responsabilidad penal*, cit., pág. 21.

to hecho constitucional y contribuir a la vez a preservar y a mejorar ese orden jurídico. En palabras de Nino: «Si la única forma de que legisladores y jueces tomen decisiones moralmente justificadas es en el contexto de prácticas sociales como el Derecho, entonces es necesario preservar los distintos Derechos positivos, salvo que éstos sean moralmente tan deficientes como para que la única decisión moralmente justificada sea precisamente la que decide no tenerlos en cuenta, aun corriendo el riesgo de no poder establecer otros con éxito»[109].

Recapitulando todas las anteriores consideraciones, tenemos que, según Nino, si el sujeto institucional (sea legislador o juez)[110] entiende que el orden jurídico en su conjunto contribuye a lograr una ordenación justa de las relaciones intersubjetivas en una determinada sociedad, entonces la medida legislativa, judicial o administrativa debe contribuir a la vez a preservar y a mejorar ese orden jurídico sin requerir para ello que la medida pueda justificarse sobre la base de los mismos principios que permitan justificar el resto de las contribuciones al orden jurídico que se presupone valioso. Veamos esto con más detalle:

a) Por lo que se refiere al juicio acerca del valor moral de un determinado sistema jurídico en cuestión, Nino nos dice que, aunque muchas veces se ha sostenido que hay valores *prima facie* que son inherentes a un orden jurídico independientemente de su contenido, este razonamiento necesita ser precisado para evitar su implausibilidad. Valores como la paz y el orden son derivados del valor justicia puesto que sólo se predican de una situación social cuando no se toman en cuenta ciertos actos de violencia por considerarlos justificados. Por otra parte, valores como el de que las consecuencias de nuestros actos sean predecibles, que sí serían inherentes a un orden jurídico, están en última instancia relacionados instrumentalmente con algún otro valor (p. ej., la protección de la confianza) y dependerán de que este último prevalezca sobre otros valores sustantivos que entren en conflicto con él[111].

b) Otro argumento que suele esgrimirse para tratar de fundamentar la vinculación del legislador y del juez a la práctica jurídica existente es que ninguno de ellos podría haber dictado su ley o sentencia sin el orden jurídico que les da autoridad. Frente a este tipo de argumentos, Nino señala

---

[109] Nino, C. S., *Derecho, moral y política*, cit., pág. 140.

[110] Aunque con un peso menor, también el ciudadano participante en una determinada práctica constitucional ha de realizar, en algunas esferas, un razonamiento semejante al de los sujetos institucionales. Cfr. Nino, C. S., *Ética y derechos humanos*, cit., págs. 400-411.

[111] En este sentido, puede verse el análisis de la validez de las normas *de facto* del Capítulo III de este trabajo.

que el que esto sea así no implica en sí mismo una restricción moral a sus decisiones, puesto que el orden jurídico puede ser tan malo que justifique que se aprovechen de esa autoridad para destruirlo. Aunque sí llama la atención sobre el hecho de que sin la preservación de ese orden jurídico probablemente futuras decisiones de ellos serían absolutamente ineficaces. Por lo tanto, la complejidad de la situación viene dada porque si la única forma de tomar decisiones moralmente justificadas y eficaces es en el contexto de prácticas sociales existentes fundadas por una Constitución, entonces será necesario preservar esa Constitución y las prácticas generadas por ella. Y esto requiere que nuestro razonamiento tome esa práctica institucionalizada como un dato moral básico[112].

A partir de todas estas reflexiones pueden considerarse superables las dos paradojas arriba mencionadas:

1. Por un lado, podemos concluir que resulta ineludible la referencia al Derecho y a la Constitución (como su elemento más sobresaliente) en el razonamiento práctico dirigido a justificar acciones y decisiones, puesto que, sin esa referencia, la aplicación de los principios morales y de justicia tiene un objeto inapropiado. Según la reconstrucción de Nino, por tanto, los principios morales en cuestión tienen como materia de valoración el Derecho positivo y no la acción del individuo aislado.

Así, «el Derecho positivo, aunque no provee razones últimas para justificar acciones o decisiones —que sólo están provistas por aquellos principios aceptados autónomamente—, constituye el objeto de referencia de tales razones y una etapa intermedia obligada en el razonamiento práctico que conduce a una decisión. Sin ese Derecho positivo no hay decisiones jurídicas justificadas, simplemente porque no hay decisiones jurídicas; sólo hay acciones y decisiones aisladas, carentes de relevancia social»[113].

De esta forma, los operadores jurídicos (jueces, legisladores y órganos de control de constitucionalidad) deberán llevar a cabo un razonamiento escalonado en dos niveles: a) en el primero y más básico deben articular las razones que legitiman o no la práctica social constituida por la presente Constitución (es para ello relevante el grado en que la Constitución reconoce derechos fundamentales que son prerrequisitos para la formación de un consenso que tenga suficiente calidad epistémica) y que consiste precisamente en el resto del ordenamiento jurídico (además de la Constitución como elemento más prominente) y en el conjunto de instituciones; b) si el resultado del primer nivel es favorable a la legitimidad, aun

[112] Cfr. Nino, C. S., *Fundamentos de Derecho Constitucional*, cit., pág. 70.

[113] Nino, C. S., *Derecho, Moral y Política*, cit., págs. 145-146.

imperfecta, de la presente Constitución, es posible pasar al segundo nivel en que se trata de aplicar esa Constitución para justificar acciones o decisiones concretas. De este modo, en el modelo de Nino, un principio que tiene impecables credenciales desde el punto de vista de los criterios de validación implícitos en nuestro discurso moral puede ser, sin embargo, descalificado o excepcionado si ello es necesario para preservar la vigencia de la Constitución como práctica necesaria para tomar decisiones moralmente legítimas y eficaces.

Nos advierte Nino, sin embargo, de que esto de ningún modo significa que los principios y procedimientos moralmente válidos no tengan relevancia en el discurso jurídico ni que éste tenga autonomía respecto del discurso moral. Y esto es así, en primer lugar, porque esos principios y procedimientos son el último tribunal de apelación en el primer nivel del razonamiento jurídico justificativo, y dada la prelación de este nivel sobre el segundo, tal jerarquía determina los resultados del razonamiento en su conjunto. Y, en segundo lugar, porque esos principios y procedimientos tienen relevancia decisiva en el segundo nivel del razonamiento justificativo en la medida en que no sean incompatibles con las conclusiones alcanzadas en el primer nivel (de lo contrario serían autofrustrantes, puesto que neutralizarían las conclusiones alcanzadas mediante su propio empleo)[114].

Sobre el razonamiento práctico escalonado en dos niveles volveremos en el siguiente apartado a propósito de la reconstrucción que hace Nino del razonamiento jurídico justificativo. Concluiré aquí señalando que, según esta concepción:

> «los principios valorativos básicos sirven para determinar qué prácticas sociales tienen legitimidad, pero una vez que ello queda determinado, son tales prácticas las que determinan qué principios se aplican para justificar acciones y decisiones. El tipo de razonamiento apropiado para acciones aisladas en las que éstas se justifican directamente sobre la base de principios universales aceptados autónomamente supondría un quebrantamiento de la práctica o convención para dar lugar, en el mejor de los casos a una convergencia de comportamientos. La estructura de razonamiento práctico escalonada en dos niveles, al mismo tiempo que se apoya en conductas y actitudes precedentes, permite avanzar sobre ellos. Por un lado, la necesidad de justificar la regularidad de conductas y actitudes sobre la base de principios autónomos y universales exige hacer, seguramente, recortes en tal regularidad, de modo de hacerla compatible con las exigencias de esos principios, sin romper —si se juzga apropiado desde el punto de vista moral— la generación de expectativas y

[114] Cfr. Nino, C. S., *Fundamentos de Derecho Constitucional*, cit., págs. 70-72.

actitudes que es lo que habilita la posibilidad de tomar decisiones eficaces. Por el otro lado, esos principios valorativos son aplicables para generar nuevas soluciones en los intersticios que deja abiertos la trama de la práctica social»[115].

Parece, pues, que una reconstrucción del razonamiento jurídico justificativo como la articulada por Nino permite salvar la amenaza de la aparente paradoja de la superfluidad del Derecho, aun manteniendo la conexión de éste con la moral.

2. Por otro lado, esta concepción que subraya la necesidad de ver el Derecho positivo como práctica colectiva extendida en el tiempo ofrece también una solución para superar la paradoja de la indeterminación radical del Derecho. Dado que dicha práctica social no procede sólo de ciertos textos sino que consiste también en convenciones interpretativas de esos textos, la necesidad de preservar una práctica jurídica moralmente justificada implicará también la necesidad de preservar sus convenciones interpretativas. Entonces, los jueces (así como otros sujetos institucionales) estarán limitados en la toma de sus decisiones por dichas convenciones interpretativas. Vistas así las cosas el Derecho deja de ser una caja negra de la que los sujetos institucionales puedan extraer a su antojo cualquier decisión.

Y de nuevo aquí puede reproducirse el argumento antes expuesto. Puede suceder que las convenciones interpretativas vigentes sean moralmente tan inadecuadas que conviertan en deficiente una práctica basada en textos que hubieran producido otra práctica mucho más plausible desde el punto de vista axiológico de haberse interpretado de acuerdo a convenciones diferentes. Ahora bien, si no es éste el caso, entonces el juez actúa de forma moralmente correcta cuando al tomar su decisión tiene en cuenta tales convenciones interpretativas[116].

2.2.2.3. Algunas consideraciones sobre los límites institucionales

Como señalé al comienzo de este apartado, Atienza y Ruiz Manero en su artículo «Sobre la relevancia justificativa de la dimensión institucional del Derecho» desarrollan algunas ideas acerca de este aspecto del fenómeno jurídico. Tratan ahí de articular instituciones como el estado de excepción y de sitio y la prisión provisional en el esquema de reconstrucción del Derecho que presentaron en su trabajo anterior *Las piezas del Derecho*[117].

---

[115] Nino, C. S., *Fundamentos de Derecho Constitucional*, cit., págs. 80-81.

[116] Cfr. Nino, C. S., *Derecho, Moral y Política*, cit., págs. 145-146.

[117] Cfr. Atienza, M. y Ruiz Manero, J., *Las piezas del Derecho. Teoría de los enunciados jurídicos*, ed. Ariel. Barcelona, 1996.

El argumento de estos autores parte de que «al calificar la realidad jurídica como una realidad "institucional", aludimos a que el Derecho no pertenece a la esfera de los hechos brutos, ni tampoco a la de los estados mentales, sino a la de aquellos hechos sociales cuya existencia y persistencia depende de la aceptación colectiva de ciertas reglas constitutivas»[118]. Tal aceptación colectiva de reglas constitutivas hace posible que a ciertos sujetos se les puedan imponer funciones, o puedan realizar finalidades, que, de otra forma, no podrían cumplir. Es el caso, por ejemplo, de la regla en virtud de la cual ciertos individuos cuentan como legisladores o como jueces: de este modo sus proferencias pueden contar como normas generalmente obligatorias o como resoluciones autoritativas de las disputas —algo que no ocurriría si se les viera como meros individuos— y cumplir así funciones sociales que de otro modo sería imposible que cumplieran. Señalan estos autores que hay una serie de exigencias regulativas que surgen de la dimensión institucional del Derecho: existen reglas sobre los plazos o sobre la distribución de competencias, causas tasadas de recusación y de recurso, reglas que establecen cosas tales como que una cierta demanda debe presentarse dentro de cierto plazo de forma que el juez competente tendría el deber de rechazarla si se presenta fuera de él o que el juez de familia del domicilio de los esposos tiene el deber de conocer de una eventual solicitud de divorcio que le sea presentada por alguno de ellos, etcétera. Lo peculiar de estas reglas no se halla en su estructura ni en la índole de las razones para la acción que proporcionan (razones perentorias). La especificidad de este tipo de reglas estriba, por un lado, en la clase de sus destinatarios —se trata de pautas dirigidas centralmente a los órganos y sólo de manera muy derivada a los ciudadanos— y, por otro, y sobre todo, en la clase de razones que constituyen su justificación subyacente: pues se trata de razones que aparecen centralmente como derivadas de exigencias del propio Derecho en tanto que aparato institucional y no de razones sustantivas. En este sentido, las reglas sobre plazos, por ejemplo, responden centralmente a la exigencia de que debe haber algún plazo (aunque no necesariamente uno concreto en particular) para que el sistema procesal pueda funcionar adecuadamente, y lo mismo ocurre con las reglas que estipulan qué órganos judiciales deben entender de qué clase de asuntos. Pero que el sistema procesal funcione adecuadamente es, a su vez, una condición necesaria para que el Derecho pueda realizar satisfactoriamente sus funciones sustantivas, esto es, externas[119].

[118] Atienza, M. y Ruiz Manero, J., «Sobre la relevancia justificativa de la dimensión institucional del Derecho», cit., pág. 10.

[119] Cfr. Atienza, M. y Ruiz Manero, J, «Sobre la relevancia justificativa de la dimensión institucional del Derecho», cit., pág. 12.

La dimensión específica del carácter institucional del Derecho que quiero ahora resaltar para retomar desde ella algunas ideas de Nino es la siguiente. Sucede que si bien las exigencias derivadas de la dimensión institucional del Derecho, globalmente consideradas, se orientan a satisfacer sus exigencias sustantivas, en determinados supuestos las primeras pueden entrar en conflicto con estas últimas. Los supuestos característicos aducidos por Atienza y Ruiz Manero como ilustración de esta tensión o conflicto y del eventual triunfo de los principios institucionales serían del tipo siguiente. Un primer caso es el de aquellas instituciones cuya justificación implica el sacrificio de principios sustantivos en aras de la preservación de la estabilidad del sistema jurídico como un todo, tal como sucede en los estados de excepción y de sitio. Un segundo supuesto es el de aquellas instituciones cuya justificación implica el sacrificio de principios sustantivos en aras de la efectividad de otra institución: la institución de la prisión provisional en relación con la efectividad del proceso penal es un ejemplo de este caso. Un tercer supuesto estaría integrado por aquellos casos individuales en los que se considera justificado el sacrificio de principios sustantivos porque su cumplimiento sólo sería posible invadiendo (por ejemplo por parte de un órgano jurisdiccional) el perímetro de permisiones en cuyo marco se desenvuelve el ejercicio legítimo de las competencias de otro órgano (por ejemplo, el del legislador). A este caso corresponderían todos los supuestos en los que el Tribunal Constitucional declara la inconstitucionalidad de preceptos legales no anulándolos, sino recomendando al legislador su sustitución. Otro supuesto estaría integrado por aquellos casos individuales en los que se considera justificado el sacrificio de principios sustantivos cuya vulneración se sospecha, pero no con el grado de certidumbre suficiente como para considerar destruida la presunción de regularidad de los actos de otro órgano, como es el caso, muy señaladamente, de la presunción de constitucionalidad de las leyes.

La tesis que los mencionados autores defienden no implica que los principios institucionales derroten siempre a los principios sustantivos. Esto sería lo propio de una concepción formalista del Derecho entendida como una concepción para la cual el elemento autoritativo del Derecho (presente sobre todo en las reglas y principios institucionales: estos últimos reflejarían algo así como la autoridad del Derecho tomado en su conjunto) debiera prevalecer siempre o en la mayor parte de las ocasiones sobre el elemento sustantivo, sobre los valores a realizar y los objetivos a lograr en el mundo no jurídico. La tesis que estos autores sostienen —y creo que sería suscrita por Nino— es una tesis más débil que afirma que el elemento autoritativo es esencial al Derecho y que, en ocasiones, los principios institucionales tienen fuerza suficiente como para derrotar a los de carácter sustantivo. De ahí que la vertiente institucional del Derecho haya de ser tenida en cuenta como un ingrediente necesario para poder reconstruir de forma acertada el razonamiento jurídico.

Habría elementos en la obra de Nino que quizá valdría la pena utilizar para examinar a su luz las peculiaridades de los distintos ejemplos ofrecidos por los autores citados para dar cuenta de aquellos casos en los que la vertiente institucional del Derecho «triunfa» al menos de forma instrumental, esto es, para posibilitar en última instancia la satisfacción de los valores sustantivos últimos. También sería posible a partir de ello intentar una reinterpretación adecuada del seguramente no demasiado afortunado concepto de la «racionalidad de la segunda mejor opción» acuñado por Nino para referirse al modelo de racionalidad que han de seguir los sujetos individuales en tanto que partícipes en empresas o prácticas colectivas institucionalizadas. Veamos.

a) En aquellos casos en los que las exigencias institucionales que determinan el sacrificio de principios sustantivos derivan de la separación de poderes en el marco de un Estado democrático de Derecho (p. ej., cuando hay una percepción de inconstitucionalidad por parte del órgano jurisdiccional, incluido el Tribunal Constitucional, en la interpretación que hace el legislador, pero ella no es suficiente como para derrotar la presunción de constitucionalidad que opera en favor de la ley democrática), sucede que no hablamos de límites institucionales en el mismo sentido en que lo son otras medidas sin las cuales el Derecho no sería operativo (tales como plazos, decisiones no revisables, etc.). En efecto, lo que amparamos mediante el primer tipo de limitaciones institucionales (es decir, el fundamento de éstas) es la legitimidad de las soluciones alcanzadas y —según el análisis de Nino— la presunción de legitimidad es más fuerte en el caso de los resultados de una deliberación democrática, aunque esté regimentada. Mientras que el fundamento del segundo tipo de limitaciones institucionales (como es el caso de la cualidad de *res iudicata* de las sentencias, la existencia de plazos, etc.) deriva de consideraciones de operatividad, esto es, de cómo el Derecho ha de operar para conseguir materializar valores últimos (en situaciones límite, el estado de excepción sería un medio para proteger la estabilidad del sistema jurídico democrático como un todo y esta estabilidad es, finalmente, necesaria para proteger los derechos humanos fundamentales; el carácter de cosa juzgada de las sentencias tras un determinado plazo permite cerrar los conflictos que el Derecho pretende, precisamente, solucionar; etc.).

b) La anterior precisión acerca del fundamento en el que descansaría el primer tipo de limitaciones institucionales permite tratar de arrojar algo de luz en el tipo de racionalidad que caracteriza a las obras colectivas como el Derecho, descrita por Nino como «racionalidad de la segunda mejor opción». En efecto, vimos que según éste el debate democrático tiene, en principio y por lo que se refiere a la articulación de soluciones en la esfera de la moral intersubjetiva un valor epistémico superior frente a cualquier otro sistema de toma de decisiones. Pero, en el contexto de las democracias reales en las que la calidad epistémica dista de la del modelo ideal, sostener lo anterior no implica negar valor epistémico a la deliberación individual ni negar el enriquecimiento que con ésta pueda darse al debate público al cuestionar las soluciones mayoritarias alcanzadas en el debate democrático parlamentario. De esto resulta —el propio Nino suscribiría, creo, esta opinión— que la denominada «racionalidad de la segunda mejor opción» no está negando la racionalidad óptima que puede alcanzarse mediante (y, en muchos casos sólo mediante) las prácticas colectivas, sino que ha de entenderse que el sujeto institucional (o no institucional) que participa en la práctica democrática disfruta de una suerte de distanciamiento crítico de la práctica colectiva, o mejor dicho, del resultado alcanzado mediante una mayoría más o menos cualificada. Este distanciamiento le evitará incurrir en una aceptación no crítica poco recomendable (aunque se trate de sistemas constitucionales en los que se respeta un amplio catálogo de derechos fundamentales) si tenemos en cuenta la exigencia moral de mejorar las prácticas colectivas en las que participamos, enriqueciendo el debate y tratando de acercar la práctica colectiva a su modelo más perfecto. Me parece, entonces que las connotaciones aparentemente individualistas que pudiera tener —seguramente a su pesar— el concepto de «racionalidad de la segunda mejor opción» referido a las prácticas colectivas queda salvado en la medida en que consideremos que este autor suscribiría que, si bien las opciones morales que tomamos en el seno de una institución moralmente perfecta (pensemos en un modelo moralmente perfecto de sistema democrático) son óptimas (aunque, seguramente, diferentes de las soluciones morales a las que llegaríamos en un caso particular al margen de una institución colectiva; algo, por lo demás, imposible de satisfacer por nuestra condición de seres que viven en comunidad y que precisan una cierta organización para poner fin a los conflictos y convivir pacíficamente), no lo son ya las que son tomadas en los modelos imperfectos de democracia. Aquí la práctica colectiva institucional real dista de ser moralmente perfecta como institución. Y lo que sucede es que cuando la práctica en su conjunto es justa, los esfuerzos por mejorarla han de proceder según los cauces por ella habilitados porque esta es la única forma de conservar la práctica y conseguir incluso su mejora en el futuro. De ahí que, en tales casos, el sujeto haya de conformarse con la segunda mejor opción, tomándose en serio, por ejemplo, el principio democrático y aplicando una ley democrática o una norma constitucional aunque considere que no articula la mejor solución a la luz de la Constitución ideal de derechos, porque hacerlo será la única forma de poder materializar en un futuro tal Constitución ideal, sin olvidar por otra parte que la práctica puede —y debe— ser mejorada incitando al debate público que lleve a reconsiderar por los canales institucionales adecuados la interpretación que de determinado artículo de la Constitución hayan hecho los órganos estatales con capacidad para tomar decisiones autoritativas.

Cierto es que si la moral es lo que debe hacerse dentro de lo —empíricamente— posible, una reconstrucción de la política y del Derecho como la que plantea Nino en su obra lleva de alguna forma a la disolución de la diferencia entre moral y política y, si esto es así, entonces el concepto de «la racionalidad de la segunda mejor opción» resulta de algún modo contradictorio con esa reconstrucción. En efecto, los actores individuales que participan en una práctica colectiva sólo tienen una «mejor opción» —sin que tenga sentido hablar de «la segunda mejor opción»—, a saber, aquella que parte de dilucidar qué debe hacerse teniendo en cuenta que la única forma de que las decisiones sean legítimas y eficaces pasa por articularlas en el seno de una institución colectiva en la que hay que lograr también el apoyo de grupos que, muchas veces movidos por intereses espurios, se oponen a la adopción de determinado tipo de medidas.

3. LA ESTRUCTURA DEL RAZONAMIENTO JURÍDICO

3.1. La reconstrucción de Nino de la estructura del razonamiento jurídico justificativo: la dimensión colectivo-institucional del Derecho y la tesis de la conexión justificativa del Derecho y la moral

Las acciones y decisiones jurídicas no son, como vemos, acciones y decisiones individuales y aisladas, sino contribuciones a una acción o práctica colectiva que tiene como fin la protección de valores fundamentales y la organización de la convivencia promoviendo, además, prácticas colectivas cooperativas para la consecución de fines valiosos. Esta dimensión colectivo-institucional de la práctica jurídica entraña importantes consecuencias que alumbran la relevancia en el razonamiento práctico de la práctica constitucional y, con ella, del Derecho.

Una concepción del Derecho como la que presenta Nino implica ver el razonamiento jurídico justificativo —siguiendo la terminología del propio autor— como una estructura escalonada en dos niveles[120]:

(1) Los principios autónomos de moralidad social, que constituyen las premisas últimas del razonamiento práctico, no se aplican directamente a las acciones y decisiones individuales, sino a la práctica colectiva. Así, en un primer nivel habrán de articularse las razones tanto sustantivas como procedimentales que nos permitan ubicar el Derecho vigente en un *continuum* de legitimidad. Dentro del Derecho vigente, la Constitución será uno de los factores más sustanciales. A tal efecto deberemos tener en cuenta en qué medida ésta es fruto de un consenso democrático y en qué medida reconoce derechos fundamentales que son prerrequisitos para la formación de un consenso democrático que tenga suficiente calidad epistémica[121]. Es importante también valorar si las limitaciones constitucionales al procedimiento democrático están o no justificadas. Según Nino, hay que tener presente que hablar de «gobierno de la mayoría» no quiere decir gobierno de un grupo específico de ciudadanos, sino gobierno por medio de (lo que no es más que una construcción conceptual) un mayor número de manos levantadas en favor de una cierta solución sobre una determinada cuestión que sobre otras, sin importar quienes son los dueños de esas manos y cómo ellas se combinan cuando se tratan de otras cuestiones o en otros momentos. Lo que debe tratarse de preservar es la posibilidad de que se dé cualquier combinación de mayorías y que no quede congelada una de ellas en especial. Muchas limitaciones constitucionales pueden estar al servicio de este objetivo valioso. Esto habrá de ser valorado en el caso de cada práctica constitucional[122].

Tendremos que tener aquí también presentes las alternativas más probables a la vigencia del presente orden jurídico. Si éstas son un régimen autoritario o una situación de anarquía o de disgregación del poder, deberemos tomar conciencia, dice Nino, de que quizá de esa forma van a satisfacerse todavía menos determinados fines básicos.

En definitiva, en este nivel se trataría de determinar en qué medida se acerca o se aleja una determinada práctica constitucional o jurídica a su modelo ideal para la consecución de los fines de justicia y organización de esa sociedad en particular. Si el resultado es positivo, entonces la práctica constitucional normativa pasa a ser punto de referencia relevante a la hora de considerar y valorar las acciones y decisiones individuales, especialmente (pero no sólo) las procedentes de los sujetos institucionales.

[120] Cfr. Nino, C. S., *Fundamentos de Derecho Constitucional*, cit., págs. 70-74; *Derecho, Moral y Política*, cit., págs. 140-141.

[121] Cfr. Nino, C. S., *Fundamentos de Derecho Constitucional*, cit., pág. 70.

[122] Cfr. Nino, C. S., *Fundamentos de Derecho Constitucional*, cit., pág. 71.

(2) Así, si tras el razonamiento del primer nivel llegamos a la conclusión de que el orden jurídico en cuestión, aunque de forma imperfecta, es moralmente legítimo, entonces es posible pasar al segundo nivel. En este segundo nivel se desarrolla un razonamiento acotado por la necesidad de respetar el resultado del razonamiento del primer nivel. Si el resultado de tal razonamiento arroja que una determinada práctica es más legítima que cualquier alternativa realista, entonces quedan excluidas las razones justificativas incompatibles con la preservación del Derecho positivo. Y, en tales casos —esto es, si resulta necesario para preservar la vigencia del sistema jurídico del que predicamos legitimidad en el primer nivel— pudiera ser que tengamos que descalificar o exceptuar un principio válido desde el punto de vista moral, es decir, pudiera darse el caso de que razones autoritativas hubieran de tener preferencia sobre razones sustantivas: que, por ejemplo, una ley democrática que se aproxime más a la constitución ideal haya de ser, sin embargo, rechazada por el Tribunal Constitucional si éste considera que atenta contra la Constitución vigente.

Nino se ocupa también de ver en qué medida esta distribución en niveles del razonamiento jurídico justificativo afecta a la relevancia de los principios y procedimientos moralmente válidos en el mismo. La distribución en niveles de ningún modo implica que los principios y procedimientos moralmente válidos carezcan de relevancia en el discurso jurídico ni que éste tenga autonomía respecto del discurso moral. Según Nino, tales principios y procedimientos son el último tribunal de apelación en el primer nivel del razonamiento jurídico justificativo y la prioridad de este nivel sobre el segundo determina los resultados del razonamiento en su conjunto. Pero, además, esos principios y procedimientos tienen todavía relevancia decisiva en el segundo nivel del razonamiento justificativo en la medida en que no sean incompatibles con las conclusiones alcanzadas en el primer nivel. Si en éste hemos concluido que el ordenamiento es legítimo, entonces, en la segunda etapa del razonamiento la acción o decisión que se tome debe justificarse tanto a la luz de la preservación de la práctica como en virtud del hecho de que trata de mejorarla acercándola a los principios de justicia: la preservación del Derecho positivo como convención o práctica social no implica congelar esa convención o práctica. Veamos las implicaciones de esta afirmación.

Podemos comprender mejor la posición de Nino si la observamos a partir de las observaciones críticas que dirige al modelo de la «articulación consistente» de Dworkin. En el modelo de Dworkin, concebido como una elucidación del contenido implícito en el Derecho vigente, los casos respecto de los cuales las normas positivas son indeterminadas deben resolverse según principios que puedan justificarse a la luz de la teoría normativa axiológicamente más adecuada capaz de justificar a su vez las normas institucionalmente reconocidas. En efecto, el juez Hércules dworkiniano es capaz de solucionar los casos difíciles recurriendo a la construcción de una teoría coherente que resulte la valorativamente más plausible de entre las que justifiquen y expliquen mejor que ninguna otra el Derecho vigente[123]. Así, en esta construcción, una teoría jurídica de la cual se infieran estándares para resolver los casos en que el Derecho positivo aparece inicialmente como indeterminado debe satisfacer dos exigencias: (1) permitir la justificación de las normas efectivamente reconocidas por las instituciones del sistema; esto permitirá a su vez presentar el sistema como ideológicamente consistente, algo que puede favorecer, hasta cierto punto, el ideal de certeza y predecibilidad; y (2) constituir la teoría valorativamente preferente frente a todas las que satisfacen el primer criterio.

En opinión de Nino, sin embargo, este modelo es innecesariamente conservador puesto que en ocasiones recomendará que el Derecho positivo se reformule y complete según principios que no son los más adecuados axiológicamente, a pesar de que el sistema podría completarse manteniendo su consistencia lógica de acuerdo con principios que se consideran valorativamente preferibles a los primeros. El modelo exige al intérprete, pues, expandir el alcance de las soluciones jurídicas establecidas aunque sean por él consideradas como poco plausibles[124].

Con esto Nino quiere indicar que la evolución compatible con la práctica no implica necesariamente, al contrario de lo que el modelo de «arti-

---

[123] Calsamiglia, A., «Ensayo sobre Dworkin», en Dworkin, R., *Los derechos en* serio, cit., pág. 7-27.

[124] En *Los límites de la responsabilidad penal*, Nino ilustra esto con el siguiente ejemplo: «Supongamos que consideraciones de filosofía moral nos lleven a adoptar una teoría retribucionista de la cual se infiere el principios de que la responsabilidad penal siempre debe presuponer ciertos estado mentales por parte del autor de un delito; supongamos también que nuestro Derecho positivo prevé claramente algunos casos de responsabilidad penal objetiva y otros casos respecto de los cuales el sistema es impreciso en cuanto a si deben requerirse o no actitudes subjetivas; en la reconstrucción del sistema para resolver estos últimos casos, el modelo de la *articulación consistente* no nos permitiría recurrir sin más a la teoría retribucionista que consideramos moralmente correcta (a pesar de que las soluciones que se infieren del principio de responsabilidad subjetiva para los casos no previstos no son lógicamente inconsistentes con las soluciones establecidas para los casos previstos), sino que nos obligaría a buscar otra teoría que nos permitiera justificar las normas que prevén responsabilidad objetiva (p.ej., si las normas que estipulan responsabilidad objetiva se refieren a delitos leves, tal vez podríamos pergeñar una teoría que justificara la pena según diferentes criterios de acuerdo con la mayor o menor entidad de ella: retribución para los delitos graves, prevención para los leves)», Nino, C. S., *Los límites de la responsabilidad penal*, cit., pág. 22.

culación consistente» de Dworkin sostiene, que las decisiones innovadoras —decisiones sobre cuestiones no resueltas por el Derecho, esto es, los casos de indeterminación— deban ser acordes con principios que permiten justificar coherentemente las otras acciones o decisiones que constituyen la práctica. Es posible proponer un principio incompatible con buena parte de las acciones o decisiones adoptadas hasta ahora apoyándonos en que tales acciones o decisiones no han captado cuál es la base justificativa de la práctica, si bien es cierto que sin algún respeto por conductas y decisiones precedentes constitutivas de la práctica, ésta puede resultar totalmente socavada. Va a ser precisamente la resolución de tales indeterminaciones lo que permita un enriquecimiento y evolución de la práctica jurídica hacia formas más aceptables de legitimidad, sin riesgo de ruptura. El modelo defendido por Nino se articula más bien como un modelo de estrategia en el que, asumiendo las reglas del juego, uno trata de aprovechar sus indeterminaciones para conseguir soluciones valorativamente más adecuadas. Aunque podríamos pensar que fortalece la práctica existente sobre cierto problema específico extender, como defiende el modelo de aplicación judicial de Dworkin, el peso gravitacional de decisiones pasadas para solucionar sobre la base del mismo estándar aplicado en ella, casos no explícitamente decididos, Nino afirma que podría acercar la práctica a formas más perfectas de legitimidad declarar que hay una laguna y resolverla de acuerdo con principios o procedimientos moralmente válidos. Esto podría, incluso, fortalecer la práctica constitucional en su conjunto si así se consiguiera eliminar una fuente de tensión con exigencias de justicia que podría llegar a minar la legitimidad de la práctica en cuestión[125].

[125] Cfr. Nino, C. S., *Fundamentos de Derecho Constitucional*, cit., pág. 73. Por lo demás, también en el modelo de actividad teórica respecto del Derecho que Nino propone se repite este esquema escalonado de razonamiento con las precisiones apuntadas en relación con el juego de los principios morales a la hora de iluminar soluciones a los casos no previstos por las normas positivas. Incluso, aunque esto no supone eximir de responsabilidad a los jueces en relación con su propio razonamiento, recuerda Nino la situación más propicia a la dilucidación intelectual que tienen los teóricos (entre otras cosas por no estar sometidos a la urgencia temporal a la que están sometidos los jueces) a la hora de articular las mejores reconstrucciones del sistema jurídico susceptibles de acercar a éste a formas más perfectas de legitimidad. Según el modelo propuesto por Nino, las normas que los jueces reconocen no son datos que es preciso incorporar a cualquier teoría normativa que se proponga para reconstruir el sistema, sino que simplemente constituyen el marco dentro del cual puede operar la teoría. Ese marco, sin embargo, puede ampliarse si la teoría resulta lo suficientemente convincente como para alterar el reconocimiento institucional de las normas y, además, no se dan razones axiológicas fuertes de previsibilidad y certeza que prevalezcan en relación con principios sustantivos acerca de la correcta solución de los casos. Si la teoría considerada como axiológicamente adecuada permite justificar las normas

Todas estas consideraciones han de contemplarse, por lo demás, unidas conceptualmente a las que ya hemos visto anteriormente en torno al valor epistémico del debate democrático parlamentario, así como acerca del modelo de control judicial. A la luz de todo ello, podemos concluir que la obligación moral de un juez (u otro funcionario) de obedecer el Derecho deriva de principios morales que prescriben promover derechos individuales básicos, lo que no significa que tan pronto como el juez juzgue que el ordenamiento jurídico se desvía del reconocimiento pleno de esos derechos está facultado para dejar de lado sus normas y actuar según su propio juicio, sino que el juez sólo esta facultado a apartarse del orden jurídico cuando éste constituya en su conjunto una práctica injusta (lo será si contiene disposiciones que violan derechos humanos fundamentales) y no meramente cuando el juez estime que éste es injusto. El juez, dice Nino, corre con el riesgo de sus propios errores de juicio[126].

Podemos concluir este apartado retomando la idea con la que lo comenzamos. La dimensión del Derecho como práctica colectiva institucional se revela como un factor fundamental que permite dar cuenta de la especificidad del razonamiento jurídico frente al razonamiento moral ordinario. Mientras que este último está abierto a todas las razones relevantes, en él no hay límites temporales y las soluciones se alcanzan por unanimidad entre los sujetos afectados pudiendo ser sometidas a constantes revisiones, en el caso del razonamiento jurídico justificativo a veces las razones autoritativas tienen un peso más fuerte que las razones de contenido (aunque, este balance esta apoyado, en ultima instancia en razones morales; esto es, en razones de contenido), las decisiones no se toman por unanimidad, sino por sistemas de mayorías y, transcurridos determinados plazos, algunas decisiones (como las sentencias judiciales que dirimen controversias entre las partes) no son ya revisables.

Los rasgos intrínsecos del discurso moral lo muestran necesariamente deficitario o insuficiente como método de resolución de los conflictos. El sistema jurídico, en cambio, en cuanto sistema regimentado para llegar a acuerdos acerca de problemas que se suscitan en esferas muy diversas de la vida en sociedad, esto es, en cuanto sistema de resolución de controversias y coordinador de prácticas intersubjetivas, se presenta como un método más eficaz para la protección y garantía de los derechos humanos

institucionalmente reconocidas, tanto mejor; pero si no ocurre así, la teoría operará como propuesta *de lege ferenda* respecto de tales normas y como estrategia *de sententia ferenda* en el ámbito de los casos no resueltos por ellas. Nino, C. S., *Los límites de la responsabilidad penal*, cit., pág. 19-20.

[126] Cfr. Nino, C. S., *Ética y derechos humanos*, cit., pág. 405.

y para la coordinación de las prácticas cooperativas precisas en nuestras sociedades para que los individuos puedan ver más o menos adecuadamente satisfechos sus intereses así como realizados sus planes de vida. Pero, en cuanto sistema que implica la afectación de intereses de otros, el Derecho precisa aparecer como legítimo o justificado a la luz de los principios morales, en los términos indicados. Como hemos tenido ocasión de comprobar, el carácter regimentado de la práctica político-jurídica, que se presenta como un rasgo necesario para que la práctica cumpla los fines valiosos que la legitiman, implica al tiempo ciertas exigencias que limitan el logro de los valores y fines sustantivos que el propio Derecho trata de realizar; algo que no sucede en el discurso moral ordinario, en el que no hay lugar para razones distintas de las sustantivas. Si consideramos, sin embargo, que la preservación de la vigencia del sistema jurídico y de cierta eficiencia de su «maquinaria» es condición de posibilidad de la implementación de tales valores y fines sustantivos, parecerá entonces razonable el cuidado de dicha preservación del mismo como sistema normativo eficaz y eficiente[127]. No otra cosa es lo que Nino expresa bajo su modelo de razonamiento en dos niveles. En el primero de ellos juzgamos la legitimidad de un determinado sistema jurídico en cuanto institución adecuada para lograr fines morales sustantivos. En el segundo, operarán las restricciones derivadas de la dimensión institucional del Derecho, tanto las referidas a plazos, competencias, etcétera, cuanto las que presentan a la democracia como la práctica discursiva cuyo resultado tiene un valor epistémico más próximo que cualquier otra al arrojado por el discurso moral (algo que, como vimos, lleva a la autorrestricción del poder judicial a favor del legislador democrático).

El mapa resultante es ciertamente complejo: junto con consideraciones derivadas de exigencias de operatividad (límites temporales, recursos, etc.), hallamos consideraciones articuladas en términos del diseño político institucional legítimamente superior (lo que apunta a su calidad epistémica), pero también nos encontramos junto a esto con dudas importantes acerca, precisamente, del valor epistémico de las democracias reales que nos llevan entonces a subrayar el compromiso por parte de los jueces (y especialmente, de los Tribunales Constitucionales) de aproximar la propia práctica jurídica, en la medida en que sea posible, a formas más perfectas de legitimidad[128]. Todas estas consideraciones no hacen sino su-

[127] Cfr. Atienza, M. y Ruiz Manero, J., «Sobre la relevancia justificativa de la dimensión institucional del Derecho», cit., págs. 129.

[128] «En un Estado constitucional democrático, los principios tienen, si bien no exclusivamente, en una buena parte, su ubicación jurídico-positiva en la Constitución. No se pier-

brayar la tensión que existe entre dos funciones importantes del Derecho: el reconocimiento y garantía de los derechos humanos, de un lado, y la articulación de la infraestructura institucional adecuada para implementar prácticas cooperativas en la sociedad que eviten conflictos entre los participantes y propicien su resolución cuando surjan tanto entre particulares como dentro del propio aparato institucional estatal, de otro. En definitiva, la consecución de la mayor operatividad o eficacia en la protección de los derechos humanos, objetivo que hace entrar en juego en el primer caso razones sustantivas y en el segundo también razones autoritativas.

3.2. El razonamiento jurídico justificativo a partir de un Derecho justo

A continuación, y antes de pasar a ver las críticas que han sido dirigidas a la tesis de la conexión Derecho-moral defendida por Nino, quiero retomar algunas cuestiones ya tratadas en el capítulo IV de este trabajo a propósito de las distintas acepciones de norma jurídica y el rol de cada una de ellas en el razonamiento jurídico justificativo. Se trata de presentar de una forma más clarificadora la impregnación que la moral tiene —debe tener— en todo razonamiento jurídico justificativo si éste quiere cumplir su fin pretendido, justificar un curso de acción.

Comenzaré con algunas precisiones previas. Cuando hable ahora de «Derecho justo» lo haré en un sentido de justicia mínima del Derecho. Esto es, como un Derecho que ha superado según la reconstrucción de Nino el primer test de legitimidad[129]. Esto significa que, pese a sus insuficiencias, la alternativa al mismo es o bien un régimen autoritario o bien

---

de por ello la independencia del derecho legislado ordinario [...]. Se convierte en un problema de la ponderación entre el principio formal de la competencia de decisión del legislador legitimado democráticamente y los principios materiales de la Constitución». Alexy, R., *El concepto y la validez del Derecho*, cit., pág. 176.

[129] La razón por la que dejo de lado el caso de un Derecho injusto, en el sentido de un Derecho que no supera el primer test o nivel del modelo de Nino es porque, en mi opinión, sería más bien el caso de un Derecho justo el que resulta de mayor interés cuando se trata de demostrar —como aquí me propongo—, por un lado, cómo afecta a la complejidad del razonamiento práctico (y a la idea de autonomía, cuando estamos ante un Derecho justo emanado de una autoridad democrática) la relevancia que moralmente tiene la existencia de una práctica jurídica y, por otro, cómo el razonamiento jurídico, aun a partir de un Derecho justo en su conjunto, está impregnado de juicios morales que son los que constituyen la vertiente valorativa de las normas jurídicas. Lo que se plantea aquí, una vez más, es el hecho de que no existen razones jurídicas justificativas independientes de juicios morales.

una situación de disgregación del poder tal que supondría un riesgo mayor de atentados contra los derechos humanos. Esto implica que habrá regímenes tan poco respetuosos con los derechos humanos más fundamentales, que (1) cualquier otra situación pueda presentarse como moralmente más plausible, aunque corramos el riesgo de que en ella no se puedan implementar a corto plazo los mecanismos para la protección de tales derechos, y (2) cuyas prescripciones no tengan ninguna relevancia práctica en el razonamiento justificativo ni de los sujetos institucionales ni de los particulares (sin perjuicio de que, especialmente en el caso de estos últimos, donde la complicidad con el régimen puede resultar más dudosa, puedan articularse excusas atenuantes cuando se haya actuado bajo la coacción o amenazas y en la medida en que así haya sido efectivamente). Pero lo anterior significa también que en aquellos casos en los que se registra una cierta protección básica de los derechos humanos fundamentales —aunque el poder ha sido tomado por la fuerza por parte de determinado sector de la sociedad— las normas procedentes de los órganos legislativos del gobierno en cuestión poseerán también cierta relevancia en el razonamiento práctico.

Pero es el Derecho procedente de un régimen democrático el que principalmente hemos de tener presente para seguir el análisis de Nino. En este supuesto, esto es, dentro de los Derechos justos por razón de su origen, será preciso individualizar también los casos de normas que sean extremadamente injustas por atentar directamente contra derechos humanos que protejan los prerrequisitos de la calidad epistémica del debate democrático (sería el caso de democracias reales muy debilitadas).

La reconstrucción que hace Nino del razonamiento jurídico justificativo comienza con una primera premisa que sería un principio normativo moral puro y acaba con un juicio normativo moral de un tipo particular al que, como sabemos, Nino denomina juicio de adhesión normativa. Entre ambos se intercala una serie de elementos relevantes relacionados con el dictado de ciertas prescripciones por parte de las autoridades legítimas que hacen que el razonamiento jurídico justificativo se distancie de un razonamiento moral puro. Se distancia, pero sigue inmerso en él, pues, como hemos tenido ocasión de ver, Nino defiende la tesis fuerte de que los principios morales son excluyentemente justificativos en su campo de aplicación y que sólo los derechos establecidos directa o indirectamente por tales principios, y que son, por consiguiente, derechos morales, pueden servir de razones para actuar[130].

[130] Cfr. Nino, C. S., «Sobre los derechos morales», cit., pág. 316.

A partir de las ideas expuestas[131] podemos establecer un esquema del razonamiento jurídico justificativo en Nino articulado en las siguientes notas:

1) Entre los principios morales puros, cabe distinguir aquellos que se refieren a derechos humanos (en el sentido de derechos morales) y aquellos que se refieren a la organización justa de una comunidad, como por ejemplo los que establecen el deber de obediencia a autoridades legítimas, el deber de implementar y cuidar de los mecanismos que posibiliten la organización justa de una sociedad, o el principio moral que aconseja adoptar aquellos procedimientos epistémicos que maximicen la probabilidad de actuar de forma moralmente correcta.
2) Los derechos humanos básicos son derechos morales que los individuos tienen frente a los otros individuos y también frente al Estado (esto es, frente a la decisión de la mayoría desempeñada a través de los cauces institucionales estatales)[132]. Los derechos humanos se derivan de los principios morales que se constituyen a partir de los rasgos estructurales del debate moral que serían aceptados en condiciones contrafácticas como justificación última y universal de acciones por cualquier persona que fuera plenamente racional, absolutamente imparcial y conocedora de todos los hechos relevantes. La discusión y deliberación intersubjetiva es el procedimiento más fiable para el conocimiento de tales principios morales de los que derivarían los derechos humanos. La práctica efectiva del discurso moral tendrá, pues, valor epistémico[133].
3) Cuando los derechos humanos son positivizados en una Constitución pasan a denominarse derechos fundamentales. Cuando tal positivización tiene lugar a partir de una deliberación democrática en la que se dan los presupuestos para confiar en su valor epistémico (concibiéndose ésta, según hemos visto, como un sucedáneo del discurso moral), entonces tales derechos fundamentales se constituyen en indicios epistémicos de la existencia de los derechos humanos a los que ellos se refieren y de los principios morales que son su fundamento. Lo

[131] Véase, entre otros, especialmente, *Ética y derechos humanos*, cit., «Sobre los derechos morales», y *Derecho, Moral y Política*, Me remito, por lo demás, a lo apuntado en el capítulo IV, punto 4 de este trabajo.

[132] Para un desarrollo de este ensayo de fundamentación de los derechos humanos, cfr. Nino, C. S., *Ética y derechos humanos*, Para una aplicación en el campo penal de esta fundamentación, cfr. Nino, C. S., «La derivación de los principios de responsabilidad penal de los fundamentos de los derechos humanos», *Doctrina Penal*, 12/1989, págs. 29-48.

[133] Cfr. Nino, C. S., *El constructivismo ético*, cit., págs. 104-105.

mismo sucede cuando en el seno de una democracia en la que se han respetado los prerrequisitos que garantizan su valor epistémico se dictan leyes democráticas en desarrollo de tales derechos fundamentales reconocidos en los textos constitucionales.

4) Desde el punto de vista lógico, esos derechos —en cuanto que derechos morales— justifican las decisiones tomadas en el plano jurídico en relación con su ámbito de aplicación. El razonamiento del juez ha de partir del valor epistémico de la norma jurídica democrática que los positiviza y aceptarla, no por su contenido, sino precisamente por el hecho de haber sido formulada por una autoridad legítima. Según esto, pues, lo distintivo en este ámbito en el que son relevantes los derechos humanos no es el contenido del juicio normativo en cuestión (en eso puede haber coincidencia más o menos plena entre el juicio moral puro y el jurídico), sino el origen de los juicios jurídicos.
5) Esto lleva al otro tipo de principios morales: aquellos que establecen el deber de obedecer a las autoridades legítimas. A la luz de éstos, las normas jurídicas vistas como prescripciones procedentes de la autoridad democrática constituyen razones auxiliares. Son normas morales jurídicas (también denominadas por Nino, juicios de adhesión normativa) y pueden dar lugar a los que nuestro autor —siguiendo a Dworkin— llama «derechos institucionales»[134].
6) Hay aún otro tipo de principios morales, ejemplificado por aquel que aconseja adoptar aquellos procedimientos epistémicos que maximicen la probabilidad de actuar de forma moralmente correcta. Este principio es el que junto con una prescripción democrática que pueda ser considerada de baja calidad epistémica y que, en consecuencia, actuará como razón auxiliar, llevará al juez a formular un juicio normativo de adhesión cuyo contenido sea el establecido por la prescripción democrática y su fuerza vinculante proceda del principio moral apuntado.
7) Puede haber conflictos entre las normas morales puras y las normas jurídico-morales, es decir, entre los derechos fundamentales derivados de las normas morales puras y los derechos y deberes jurídicos derivados de normas morales puras que otorgan legitimidad a una cierta autoridad o práctica social. Cuando se trata, sin embargo, de derechos humanos básicos, la cuestión es de tal importancia moral que difícilmente estará justificada, en opinión de Nino, una norma jurídica que negara o recortara ese reconocimiento, por más que su origen sea legítimo. Jueces y juristas,

[134] Cfr. Dworkin, R., *Los derechos en serio*, cit., págs. 171 y ss.; Nino, C. S., «Sobre los derechos morales», cit., pág. 323.

entonces, han de centrar su atención en determinar cuáles son los derechos humanos que derivan de principios morales válidos, estén o no consagrados en normas jurídicas, ya que si los derechos que derivan de esas normas (tales son las que afectan los prerrequisitos del debate democrático) no coinciden con aquéllos entonces —dice Nino— deberán hacerlos coincidir por vía interpretativa o se deberá ir más allá de tales normas positivas en tanto se pretenda alcanzar una decisión justificada[135].

3.3. Algunas críticas que han sido dirigidas a la tesis de la conexión del Derecho con la moral en la reconstrucción de Nino del razonamiento jurídico justificativo

Ya apunté en la introducción que la tesis defendida por Nino, consistente en que una teoría del razonamiento jurídico justificativo ha de admitir una conexión necesaria entre Derecho y moral, ha sido denominada la tesis de la inseparabilidad. Contra ella, tal y como ha sido formulada por Nino, han dirigido una serie de objeciones Moreso, Navarro y Redondo en un artículo conjunto titulado *Argumentación jurídica, lógica y decisión judicial*[136]. Me ocuparé en este apartado de presentar los argumentos esgrimidos por estos autores, la réplica de Nino y las aportaciones al debate de Atienza y, posteriormente, de este último con Ruiz Manero en contestación a las posiciones que, frente de la tesis de la unidad del razonamiento práctico, viene manteniendo C. Redondo en sus trabajos más recientes[137].

Hemos visto que la tesis de la inseparabilidad sostiene que la premisa principal de un razonamiento jurídico justificativo es una norma o principio moral y que, por consiguiente, la justificación de las decisiones judiciales implica el uso de normas y principios morales. Así, frente a las tesis del positivismo jurídico que sostiene que la justificación judicial es una justificación formal a partir de premisas jurídicas, se sostiene que (i) la justificación judicial no puede ser otra que una justificación sustantiva; y (ii) en virtud de la unidad del razonamiento práctico dicha justificación supone el apoyo en premisas morales[138].

---

[135] Cfr. Nino, C. S., *Ética y derechos humanos*, cit., pág. 24.

[136] Cfr. Moreso, J. J., Navarro, P. E., Redondo, M. C., «Argumentación jurídica, Lógica y decisión judicial», *Doxa. Cuadernos de Filosofía del Derecho*, nº 11, (1992), págs. 247-262.

[137] Cfr. Redondo, C., *La noción de razón para la acción en el análisis jurídico*, cit., y «Sulla rilevanza pratica del diritto», *Ragion Pratica*, nº 13 (1999).

[138] Cfr. Redondo, C., *La noción de razón para la acción en el análisis jurídico*, cit., pág. 239.

La tesis de la inseparabilidad se formularía desde el punto de vista interno. Conforme a ella, la pretensión de justificar decisiones normativas con independencia de la moral constituye una falacia, un error lógico (y no meramente axiológico)[139]. Y esto es así porque, como hemos visto, según Nino, el único sentido de norma jurídica que permite fundamentar o derivar la proposición justificativa de la acción o decisión es el de norma como juicio normativo, siendo así que, en su concepción, sólo tienen fuerza normativa los juicios normativos moralmente válidos. La única normatividad genuina es una normatividad justificada.

Lo que permite saber que un determinado juicio constituye una norma jurídica es su origen. Los juicios normativos jurídicos son aceptados en el razonamiento práctico que justifica una acción o decisión por el hecho de haber sido formulados por cierta autoridad que puede ser legislativa o convencional. Siguiendo el ejemplo propuesto por Nino[140], un juicio del tipo «el propietario que no cobra de su inquilino dos meses de alquiler tiene derecho a recuperar su inmueble locado» sólo es concebido como una norma jurídica cuando es aceptado en el razonamiento práctico de un juez por la razón de haber aceptado previamente un juicio del tipo «el legislador ha prescrito que el propietario que no cobra dos meses de alquiler tiene derecho a recuperar la tenencia de su inmueble». Sólo si se acepta el primer juicio porque se acepta este segundo tipo de juicio, el primero es concebido como una norma jurídica. El razonamiento, sin embargo, dice Nino, no puede acabar ahí, puesto que el segundo tipo de juicio consiste en la descripción de una norma jurídica entendida como una prescripción y ese tipo de juicio no tiene fuerza justificativa. Tal juicio sería pragmáticamente compatible con cualquier acción o decisión. Entonces, el anterior juicio «el legislador ha prescrito...» sólo puede ser parte de una razón para aceptar «el propietario tiene derecho a...», teniendo que ser la parte operativa de la razón un juicio con fuerza justificativa del tipo «el legislador L debe ser obedecido o tiene autoridad o derecho para emitir prescripciones». Este último tipo de juicio, sin embargo, no es ya aceptado por razón de su origen, sino por sus propios méritos y esto es, precisamente, lo que suele identificarse como juicio moral.

---

[139] Según esto, un juicio del tipo «la pena de muerte estaba justificada según el régimen franquista pese a ser moralmente injusta» sólo puede ser emitido por alguien que adopte un punto de vista externo respecto del sistema valorado y que, por lo tanto, no pretenda emitir a partir de él juicios de deber ser genuinos. Tal punto de vista no es, por cierto, neutro, sino que a su vez es interno en relación con el sistema normativo de referencia adoptado como criterio valorativo (crítico).

[140] Cfr. Nino, C. S., «Sobre los derechos morales», cit., págs. 319-322.

No todo principio o juicio moral es una norma jurídica, sino que —y esto nos hace ver que la tesis se objetiviza articulándose más allá de la mera actitud psicológica del juez que se compromete con determinadas premisas[141]— «toda norma jurídica que tiene un rol de razón operativa en el razonamiento práctico es un juicio moral especial que se distingue por derivar de un principio moral que legitima a cierta fuente de prescripciones y de una descripción de tales prescripciones»[142]. Sólo este sentido de norma jurídica —norma jurídico-moral o juicio de adhesión normativa— en tanto que norma conectada con principios morales puede justificar acciones y decisiones.

En opinión de Moreso, Navarro y Redondo, la caracterización de Nino nos llevaría a una conclusión como la siguiente: «Si la justificación de una decisión involucra razones morales, entonces, la exigencia de *justificación jurídica* de una decisión judicial —o, al menos, una justificación independiente de normas o principios morales— es imposible de satisfacer. Por consiguiente toda justificación es justificación moral y toda obligación jurídica sería una especie de obligación moral»[143]. Posición ésta que a juicio de los mencionados sería incorrecta.

Para mostrarlo, acuden a la reconstrucción que, siguiendo a Nino, hace J. R. de Páramo de un argumento justificativo y que reproduzco aquí por ser útil para clarificar la crítica en cuestión:

> «1) Se debe obedecer a X, siempre que X sea un legislador elegido mediante un procedimiento democrático.
> 2) el legislador X ha sido elegido democráticamente.
> 3) X ha dictado una norma jurídica que dice «si p, entonces debe ser q».
> 4) Si p, entonces debe ser q.
> 5) p.
> 6) q»[144].

Tras corregir un pequeño error lógico del esquema propuesto (es evidente que la conclusión 6) no se sigue de las premisas y tiene que ser sustituida por 6'): «debe ser q»), Moreso, Navarro y Redondo afirman que puesto que una razón completa es un conjunto de premisas no superfluas de un razonamiento práctico y que una premisa es superflua cuando no es necesaria

[141] Lo que iría contra la tesis que en este punto Redondo atribuye a Nino: Cfr. Redondo, C., *La noción de razón para la acción en el análisis jurídico*, cit., págs. 225-227.

[142] Nino, C. S. «Sobre los derechos morales», cit., pág. 319-322.

[143] Moreso, J. J., Navarro, P. E., Redondo, M. C., «Argumentación jurídica, Lógica y decisión judicial», cit., pág. 249.

[144] Cfr. de Páramo, J. R., «Razonamiento jurídico e interpretación constitucional», *Revista Española de Derecho Constitucional*, 22/1988, págs. 89-119.

ni suficiente para derivar la conclusión del argumento, entonces, en el esquema analizado, dado que 6' se infiere de 4 y 5 (es decir: las premisas 4 y 5 son necesarias y conjuntamente suficientes para la derivación de 6'), las restantes premisas de esta inferencia serán superfluas. Esto significaría, a juicio de estos autores, que la justificación normativa de 6' es meramente la norma jurídica 4, que el propio carácter de institución social del Derecho determina el carácter genuino de los deberes que surgen de él y que la reticencia a admitir esta conclusión se fundamenta al menos en tres argumentos que ellos consideran erróneos. Veamos cuáles son:

(i) Si la premisa mayor (razón operativa) es aceptada en virtud de su contenido, entonces funciona en el razonamiento práctico como una norma moral. Queda, por tanto, pendiente la tarea de identificación de una norma jurídica.

(ii) Si se acepta que el fundamento de una decisión judicial sólo puede ser una norma jurídica entendida como juicio normativo justificativo, entonces, es necesario identificar una norma jurídica en tal sentido. En esta identificación, y para impregnar de valor normativo genuino al enunciado en cuestión, es preciso presuponer en algún momento como premisa necesaria una norma o principio moral[145].

(iii) Defender la tesis de que caben tantas justificaciones como sistemas normativos existentes vacía tanto el contenido de la moral que hace que nuestro razonamiento práctico no sólo no sirva para dirimir conflictos prácticos, sino que en realidad no sirva para nada, produciéndose la desintegración del mismo por la pérdida de su función.

Veamos a continuación la contestación que a estos argumentos dirigen los autores citados.

(i) Por lo que se refiere al primer argumento, el hecho de que las normas jurídicas funcionen de manera similar a las normas morales en el razonamiento de los sujetos no prueba que no existan diferencias entre ambos tipo de normas. El hecho de que un enunciado funcione como norma moral porque la aceptación del mismo obedezca a razones morales no lleva a que tal enunciado se convierta él mismo en una norma moral. El carácter del enunciado no debe confundirse con el carácter de las razones en las que se apoya su aceptación.

Creo, sin embargo, que tiene razón M. Atienza[146] al indicar que éste no sería un argumento convincente ya que lo que sostiene Nino es que las razones jurídicas no son razones autónomas y esto es justamente lo que

[145] Cfr. Nino, C. S., «Sobre los derechos morales», cit., pág. 318.

[146] Cfr. Atienza, M., «Lógica y argumentación jurídica», en *Calculemos... Matemáticas y Libertad. Homenaje a Miguel Sánchez Mazas*, Trotta, Madrid, 1996, págs. 229-238, pág. 231.

los mencionados autores están reconociendo como correcto. Es decir, si una norma jurídica es aceptada por razones morales, entonces —como escribe Atienza— tiene pleno sentido decir que no es autónoma, y que la justificación es, en última instancia, moral.

(ii) Por lo que toca al segundo argumento, Moreso, Navarro y Redondo, citando a Bryce[147], señalan que no es preciso ningún razonamiento práctico como el propuesto por Nino para mostrar que un enunciado es una norma jurídica. Solamente sería preciso un razonamiento teórico apoyado en las siguientes definiciones:

> Dfa: Si N es una norma soberana entonces N es jurídica.
> Dfb: Si una norma jurídica N autoriza a un órgano O a dictar una norma N′ y O dicta N′, entonces N′ es una norma jurídica.

Así, «no puede sostenerse que el razonamiento justificativo del juez deba, por *razones lógicas*, utilizar una premisa moral. Un razonamiento como el anterior es *suficiente* para que el juez justifique su decisión en el Derecho y la pregunta acerca de por qué debo obedecer las normas jurídicas, o en el caso del juez, por qué deben mis sentencias justificarse en normas jurídicas es una cuestión distinta y no puede contestarse más que apelando a alguna cuestión extrajurídica»[148]. Según esto, uno de los posibles razonamientos de un juez acaba cuando muestra que de acuerdo al Derecho (de acuerdo a un código de normas) está obligado a dictar la sentencia S, y dicta S. Si S se deduce de una norma jurídica y de la descripción de los hechos relevantes, entonces S está justificada en el Derecho. Que el juez se pregunte acerca de si debe obedecer o no las normas jurídicas ya no es una cuestión referida a la obligatoriedad jurídica, sino de obligatoriedad de acuerdo a algún otro código normativo. Pero, frente a lo que Nino sostiene, esta pregunta no está referida siempre a la obligatoriedad moral sino que, dicen estos autores, puede ser relativa a la obligatoriedad religiosa o a cualquier otro tipo de códigos normativos.

Los autores mencionados dudan, pues, de que la pregunta acerca de por qué un juez debe —en sentido normativo— identificar una norma jurídica tenga que ser respondida alegando una razón última. Incluso cuestionan que deban aceptarse como últimas las razones morales[149]. Para ilus-

---

147 Cita tomada de J. Raz, *The Concept of Legal System. An Introduction to the Theory of Legal System,* Clarendon Press, Oxford, 1980, pág. 99.

148 Moreso, J. J., Navarro, P. E., Redondo, M. C., «Argumentación jurídica, lógica y decisión judicial», cit., pág. 252.

149 Cfr. Moreso, J. J., Navarro, P. E., Redondo, M. C., «Argumentación jurídica, lógica y decisión judicial», cit., pág. 254.

trar tal posición ponen el ejemplo hipotético de una sociedad en donde todos los órganos de aplicación y todas las autoridades pensaran que sus reglas jurídicas son inmorales, pero las impusieran por razones inicuas como, p. ej., conservar la dominación, y en donde los ciudadanos las aceptaran por convicción o por miedo. Decir que como esas razones son las últimas razones entonces son razones morales parece —concluyen— un criterio muy poco intuitivo para identificar normas morales.

Entiendo que de nuevo es acertada la argumentación de Atienza frente a este argumento que pretende negar la necesidad de recurrir a razones morales en la fundamentación de soluciones jurídicas. Atienza sostiene que para evaluar la postura mantenida aquí por estos autores hay que aclarar qué significado tienen las expresiones «razones lógicas» y «es suficiente» al que hacen referencia en el párrafo más arriba transcrito. Por lo que se refiere a la primera expresión, en el lenguaje ordinario ésta se usa en un sentido lo suficientemente amplio como para poder afirmar que el razonamiento justificativo del juez debe, «por razones lógicas», utilizar una premisa moral: cuando el juez justifica una decisión basándose en una norma del Derecho vigente, cabría formularle la pregunta de por qué procede de esa manera y en ese proceso de argumentación llegaríamos tarde o temprano a una respuesta de tipo moral[150]. En cuanto a la expresión «es suficiente», Atienza afirma que tanto en el esquema de Páramo como en el que los críticos proponen falta una premisa (que, en realidad, estaría implícita) que dijera: «se debe obedecer la norma...». El esquema que proponen los autores citados es *suficiente* como esquema de argumentación jurídica sólo si se acepta como necesario que se deben obedecer las normas jurídicas. Pero, si consideramos que esto no es necesariamente así, entonces, señala Atienza, sería arbitrario pretender, como se pretende, detener justo ahí la argumentación[151].

Moreso, Navarro y Redondo niegan que la aceptación de la regla de reconocimiento haya de llevar a algún tipo de razón última y también que

[150] No sucedería esto si por «razones lógicas» se entendiera sólo las razones que tienen que ver con el paso de ciertas premisas ya dadas a una conclusión. La competencia de la lógica se restringe a la comprobación de si las premisas establecidas —no importa cómo— llevan en efecto a la conclusión pretendida y, si se quiere, también a mostrar qué otras premisas, además de las explicitadas, se necesitan para llegar a la conclusión.

[151] Atienza considera que si lo que defienden Moreso, Navarro y Redondo es la tesis débil según la cual «la lógica no proporciona un argumento en favor de la relación necesaria entre Derecho y moral», entonces, tales autores tienen efectivamente razón. No la tendrían, sin embargo, si sostuvieran la tesis fuerte acerca de la separabilidad: la justificación jurídica es independiente de la justificación moral. Cfr. Atienza, M., «Lógica y argumentación», cit., pág. 234.

las razones últimas tengan que considerarse razones morales[152]. La respuesta que Atienza da a esto es la siguiente:

(1) En relación con la cuestión de por qué no detenerse en algún momento previo al moral en el proceso de inquirir razones para aceptar la regla de reconocimiento, la contestación sería que la apertura del discurso moral es una exigencia de racionalidad.

(2) La segunda cuestión también envuelve problemas básicos concernientes al concepto de razón moral y de racionalidad práctica. Sostener que el enunciado de que el juez debe obedecer las normas jurídicas no tiene que referirse, necesariamente, a una obligatoriedad moral sino que bien puede basarse en una obligatoriedad de tipo religioso, lo único que prueba es que, para algunos sujetos, las razones últimas —las razones morales— son de tipo religioso. Según Atienza, dejando al margen las razones que uno pueda tener para rechazar un código moral que apele en última instancia al Corán o a la Biblia, no cabe negar que ése es un tipo de moral. El ejemplo aducido de la sociedad imaginaria tampoco probaría lo que pretende probar. En efecto, decir que como esas razones son las últimas razones entonces son razones morales, resultaría —como ellos mismos señalan— un criterio muy poco intuitivo para identificar normas morales. Pero esto es así precisamente porque los autores están asumiendo que éstas no pueden ser las razones últimas y que las razones morales son razones últimas (aunque no últimas como una cuestión empírica, sino derivada de las exigencias de la racionalidad).

(iii) En relación con el tercer argumento —admitir las normas jurídicas como razones operativas autónomas supondría la desintegración del razonamiento práctico por la pérdida de su función—, Moreso, Navarro y Redondo señalan que la tesis de la fragmentación del discurso práctico, según la cual existen tantas justificaciones como sistemas normativos haya, puede interpretarse al menos en dos sentidos diferentes: (a) Normativamente, es decir, como una tesis que recomienda la existencia de múltiples perspectivas de justificación. Consecuentemente, la oposición a esta postura consistirá, también, en una tesis normativa: no debe fragmentarse el discurso práctico. Para este último punto de vista, la unidad del razonamiento práctico constituye una condición necesaria para que el mismo pueda cumplir con su función de resolución de conflictos prácticos. Según los mencionados autores, esta afirmación presupone un concepto di-

[152] Cfr. Moreso, J. J., Navarro, P. E., Redondo, M. C., «Argumentación jurídica, lógica y decisión judicial», cit., pág. 254.

ferente de razonamiento práctico. Mientras que el concepto considerado previamente no hace referencia a un procedimiento *para resolver conflictos*, independientemente de su unidad o fraccionamiento, en cambio, el concepto de razonamiento que alude al cotejo o comparación de razones sí puede entenderse como un modo de resolución de conflictos prácticos. En este sentido, el razonamiento práctico es un método para elegir una, de entre dos o más razones en conflicto, i. e., la razón más adecuada, conveniente, etc.

Esta precisión —señalan— es indispensable para advertir que, mientras hablemos de razonamiento práctico en el sentido clásico (es decir, como un marco de justificación), su función no queda en absoluto afectada por la existencia de una pluralidad de marcos normativos a partir de los cuales se puede ofrecer una justificación. Coherentemente —concluyen— deberá ser otra razón, diferente de la pérdida de función, el fundamento de una tesis normativa contraria a la fragmentación del razonamiento práctico.

(b) Pero una posición diferente, y con presupuestos más fuertes, es la que supone una interpretación descriptiva de la tesis en cuestión: el razonamiento práctico *es* unitario y sostener su fragmentación es incurrir en error. Y es, precisamente, esta postura la que sostiene Nino y aquella que estos autores convierten en blanco de sus críticas. Según escribe Nino en *La validez del Derecho*, tal error consistiría «en una profunda incomprensión acerca de las reglas formales a que está sometido nuestro razonamiento práctico en general que incluye una regla de prioridad que impide su desintegración; esa regla es que los principios morales son el último tribunal de apelación para justificar una acción que cae bajo su dominio; es decir, que las razones de índole moral excluyen cualquier otro tipo de razones en las situaciones en las que son aplicables»[153].

Para Moreso, Navarro y Redondo analizar esta interpretación requiere destacar, nuevamente, la existencia de un significado distinto de la noción de «razonamiento práctico» y su función de «justificación»: en un sentido estrictamente *lógico*, la justificación puede entenderse como una relación de deducción existente entre las premisas y la conclusión de un argumento, sea éste práctico o teórico. La justificación en sentido lógico es ajena a la corrección material del argumento. Así como en un razonamiento teórico la validez del mismo no supone la verdad de las premisas, en un razonamiento práctico, la validez del argumento no supone la corrección o bondad de las mismas. Pero sucede que la interpretación que

[153] Nino, C. S., *La validez del Derecho*, cit., pág. 65.

discuten estos autores —tal y como ellos mismos expresan— supone que hay razones mejores que otras y sólo las mejores razones podrían justificar. Esto es lo que comúnmente se distingue con expresiones tales como «justificaciones *prima facie*» o «justificaciones concluyentes». Esta tesis —que es, como hemos visto, la asumida por Nino— supone un concepto más comprensivo y no descriptivo de justificación y, además, supone la existencia de una respuesta única a la pregunta acerca de las razones adecuadas. En efecto, para que haya unidad es imprescindible que no existan dos razones igualmente correctas (concluyentes) que justifiquen acciones diferentes. Esta posición tiene que negar, en última instancia, un pluralismo valorativo porque de lo contrario dejaría abierta la posibilidad de dos marcos para la justificación igualmente plausibles y, con ello, reaparecería el fraccionamiento del razonamiento práctico que se pretendía impugnar, aun cuando esto ocurra dentro del ámbito de la moral ideal. Conforme a esta posición, pues, el razonamiento práctico justificativo no es solamente un razonamiento lógico, sino que requiere, además, la corrección material del mismo, i.e., la bondad de las premisas. Además, es necesario que para cada situación de justificación sólo haya una premisa que sea correcta[154].

En opinión de los autores citados, una tesis de este tipo debe afrontar un problema particularmente grave a la hora de identificar cuál, de entre todas las alternativas, es *la* premisa correcta. Las diferentes respuestas ofrecidas a este problema epistémico y la inexistencia de un método infalible de búsqueda parecen demostrar que, aun admitiendo los mencionados presupuestos de esta tesis, estamos irremediablemente limitados a esbozar diferentes marcos normativos que, por ser considerados los más plausibles, se proponen como puntos de partida de la justificación. Esto les lleva a concluir que, dadas nuestras limitaciones epistémicas, la fragmentación resulta inevitable.

A juicio de Atienza, sin embargo, pueden aducirse tres razones contra la corrección del anterior argumento: (1) la primera es que se está confundiendo de algún modo el relativismo moral en cuanto tesis descriptiva y en cuanto tesis metaética. La tesis de Nino supone el rechazo del relativismo metaético, pero es perfectamente compatible con el pluralismo axiológico entendido como la existencia *de facto* de códigos morales plurales. Por otro lado, continúa Atienza, de la existencia en el plano subjetivo de varias respuestas a un mismo problema que pretenden ser correc-

[154] Cfr. Moreso, J. J., Navarro, P. E. y Redondo, M. C., «Argumentación jurídica, lógica y decisión judicial», cit., pág. 255.

tas, no se sigue que en el plano objetivo existan diversas respuestas correctas (aunque tampoco lo contrario: que exista una sola respuesta correcta). Si las cosas son así, entonces no hay argumento que pueda sustentar la tesis del relativismo en un plano que no sea el puramente descriptivo;

(2) la segunda razón, estrechamente vinculada con la anterior, es que la existencia de «dos marcos justificativos igualmente plausibles» no lleva consigo el «fraccionamiento del razonamiento práctico» cuando se trata de dos sujetos distintos o de un mismo sujeto pero en momentos temporales distintos. Es decir, lo que excluye la tesis de la unidad del razonamiento práctico es que un mismo sujeto acepte como igualmente plausibles normas o principios morales incompatibles entre sí; es decir, lo que se excluye es, precisamente, el relativismo moral en cuanto tesis prescriptiva.

Finalmente, añade Atienza, (3) como tercera razón que la argumentación de Moreso, Navarro y Redondo —al menos la tesis fuerte que podría desprenderse de su argumentación[155]— presupone que la justificación jurídica se puede reducir a justificación lógica (es decir, justificación en el sentido de que la conclusión se sigue necesariamente de las premisas) y que, por tanto, no se necesita para nada lo que ellos llaman «el sentido valorativo de justificación» (es decir, justificación en el sentido de que las premisas de que se parte son correctas o adecuadas en algún sentido moral). Pero esta presuposición sería, concluye Atienza, infundada.

Y es justamente éste el punto donde Nino centra su réplica a las objeciones que le formulan Moreso, Navarro y Redondo. Escribe nuestro autor, en efecto, que lo que interesa para el tema en discusión no es el sentido «puramente lógico» de justificación como derivación del contenido de una decisión de algún enunciado, sino el sentido de justificación como derivación de un enunciado válido, correcto, plausible o verdadero. En este sentido el concepto de «validez» que resulta relevante para esa justificación no puede depender solamente ni de (a) otras normas jurídicas, ni de (b) hechos, ni de (c) normas extra-sistemáticas que sean meramente presupuestas como hipótesis, ni de (d) normas que se refieran solamente a los intereses del hablante. La justificación jurídica, o sea la justificación que recurre a una norma jurídica que se supone válida, debe depender en última instancia para fundamentar esa validez, de (a) normas, que sean (b) categóricamente aceptadas, (c) por su contenido, y que (d) pretendan to-

[155] Como ya señalé antes, según Atienza la tesis última articulada expresamente por los autores citados es una tesis débil con la que él estaría de acuerdo: «la lógica —como conjunto de reglas que permiten el paso de unas determinadas premisas a una conclusión— no proporciona un argumento a favor de la relación necesaria entre Derecho y Moral», Atienza, M., «Lógica y argumentación», cit., pág. 234.

mar en cuenta imparcialmente los intereses de todos los afectados. Esto es —concluye Nino— de normas morales[156].

En trabajos posteriores, Cristina Redondo[157] sigue manteniendo la misma postura y considera que frente a las objeciones al enfoque positivista y su supuesta imposibilidad de explicar la normatividad de las disposiciones jurídicas[158], es decir, de explicar «en qué modo, y en qué condiciones, el Derecho establece un "genuino" deber de actuar, el positivismo debe mostrar que es capaz de explicar esta propiedad en el interior de su propio esquema teórico, es decir, del esquema teórico que separa el Derecho de la moral»[159]. La autora sigue rechazando «la formulación habitual del llamado principio de unidad del razonamiento práctico». Esto es, de una tesis como la sostenida por Nino según la cual «existe un conjunto de principios últimos del razonamiento práctico» integrado por «los principios morales, que confieren homogeneidad y prevalecen sobre todos los demás discursos prácticos» y que implica que el Derecho sólo logra «constituir deberes genuinos» si es «conforme a los principios morales» o regula «situaciones que son indiferentes desde el punto de vista de tales principios»[160]. El fundamento de la conexión necesaria entre la justificación jurídica y la justificación moral se encuentra en un rasgo atribuido a todo razonamiento involucrado en una justificación: su carácter unitario. Y es precisamente esta peculiaridad la que se afirma que no es tenida en cuenta por el positivismo cuando admite que el argumento justificativo judicial puede finalizar correctamente en una premisa jurídica. Desde este punto de vista, la tesis positivista implica fragmentar el razonamiento, violando

---

[156] Cfr. Nino, C. S., «Respuesta a J. J. Moreso, P. E. Navarro y M. C. Redondo», *Doxa*, nº11, (1992), págs. 247-262.

[157] Cfr. Redondo, C., *La noción de razón para la acción*, cit., págs. 239-252; «Sulla rilevanza pratica del Diritto», cit., 1999; «Normativity in Legal Context. An Institutional analyses», *Analisi e diritto. Richerche di giurisprudenza analítica,* (1999), págs. 145-163. Las citas de estos dos últimos trabajos que aparecen a continuación las tomo del análisis que de la tesis de la fragmentación de la unidad del razonamiento práctico según C. Redondo hacen M. Atienza y J. Ruiz Manero en «Sobre la relevancia justificativa de la dimensión institucional del Derecho», cit.

[158] La insatisfacción que produce el positivismo cuando sostiene la existencia de deberes jurídicos como algo independiente de deberes morales puede verse reflejada también en este párrafo de F. Laporta: «Una obligación que por sí misma sea una razón para la imposición de un castigo es, sin duda, una obligación muy fuerte. Tan fuerte que es necesario que se nos diga en qué se diferencia de la obligación moral. Es decir, que se nos diga específicamente en qué se diferencia ese "debe" jurídico del "debe moral". Y eso es, justamente, lo que no se puede hacer con la teoría de Hart», Laporta, F., *Entre el Derecho y la Moral*, Fontamara, México, 1993, pág. 93.

[159] Redondo, C., *Sulla rilevanza pratica del diritto*, cit., pág. 206.

[160] Redondo, C., *Sulla rilevanza pratica del diritto*, cit., pág. 211.

una de las reglas fundamentales de la argumentación práctica que exige su unidad bajo un conjunto de pautas morales.

Antes de pasar a ver cuál es la tesis alternativa defendida por Redondo, según la cual el Derecho y la moral, así como otros ordenes normativos, aparecerían en el mismo plano generando deberes genuinos, sin que ello implique la negación de esa unidad del razonamiento, voy a dar cuenta de algunos elementos más de su análisis para tratar de ver qué cadena argumentativa le ha llevado a sostener tal postura. Quizá en presupuestos más profundos se halle el núcleo del debate entre esta autora y la tesis defendida, entre otros, por Nino.

En su trabajo sobre el concepto de razón para la acción[161], Redondo señalaba que la expresión «principio de unidad del razonamiento práctico» es ambigua y ha recibido distintas interpretaciones. En cualquier caso, dice, involucraría al menos dos elementos: (i) una concepción general de la racionalidad conforme a la cual existe una jerarquía entre las diversas pautas justificativas existentes y (ii) la aceptación de que existe un conjunto de normas morales, constitutiva del último peldaño en esa jerarquía de pautas de justificación. Conforme a la idea de unidad, si el argumento que fundamenta un deber es correcto, lo es en un único sentido. Aunque existen distintos tipos de discursos prácticos, por ejemplo, el discurso político, el jurídico, el moral, el religioso, etc., quienes sostienen la unidad del razonamiento práctico consideran que todos ellos están integrados por medio de un conjunto de pautas últimas, a las que se concede el rango de moral ideal o verdadera. Bajo esta hipótesis, la corrección del argumento del juez no puede considerarse como relativa al ámbito jurídico[162], puesto que esto significaría admitir un punto de vista parcial o insular y, con ello, reconocer el fraccionamiento del discurso práctico. La mayor parte de los

[161] Cfr. Redondo, C., *La noción de razón para la acción en el análisis jurídico*, cit., págs. 239 y ss.

[162] En este sentido escribe Nino: «Hay quienes se sienten tentados a hablar de una justificación moral, otra jurídica, otra prudencial, etc, como si se tratara de justificaciones independientes de las acciones. Esto implicaría una desintegración del razonamiento práctico que frustraría el objeto de la pregunta acerca de la justificación de las acciones: alguien podría saber que su conducta no está justificada moralmente pero que sí lo está jurídicamente o prudencialmente, y no saber aún cómo, en definitiva, debe actuar. El razonamiento práctico presupone una jerarquización de razones que evita esa situación: las razones prudenciales justifican acciones sólo cuando no son desplazadas por razones morales; no hay, en cambio, razones jurídicas autónomas sino que la existencia de ciertas normas jurídicas constituye una razón auxiliar que sólo justifica una decisión cuando se combina con razones morales o prudenciales adecuadas», Nino, C. S., *Ética y derechos humanos*, cit., pág. 112.

filósofos preocupados por el tema de la justificación judicial aceptaría explícitamente, reconoce Redondo, este principio de unidad[163].

Según esta autora, la propuesta de unidad del razonamiento práctico puede concebirse como una tesis de ética descriptiva o como una tesis de metaética. A su vez, puede entenderse en un sentido subjetivo o en un sentido objetivo. Además, a todas estas posibilidades hay que agregar la posibilidad de una tesis normativa. El principio de unidad puede defenderse bajo cualquiera de estas diferentes formas. Lo que interesa, nos dice, es identificar bajo cuál de ellas el fraccionamiento práctico constituye un error. Es decir, cuál de ellas muestra el carácter necesario de la unificación entre distintos órdenes de justificación y, en especial, la unificación de la justificación jurídica con la justificación moral.

Veamos esas distintas posibilidades:

(1) Como ejemplo de postura en favor de la unidad del razonamiento práctico bajo premisas morales sustentada como una tesis de ética descriptiva o sociológica referida a los diferentes tipos de discursos justificativos (argumentos prácticos) objetivamente válidos, Redondo cita el siguiente párrafo de Nino: «Lo que trato de defender es que el discurso moral de la modernidad tiene un carácter imperialista que impide la subsistencia de discursos justificativos insulares [...] Las cosas podrían ser diferentes de lo que son, y podríamos vivir bajo una cultura en la que hubiera discursos jurídicos insulares»[164].

Es cierto que este párrafo aislado de Nino podría hacernos pensar que defiende sólo una tesis de alcance puramente contingente acerca de la unidad. Si así fuera, Redondo tendría razón cuando sostiene que tal tesis, en cuanto que tesis descriptiva, podría ser verdadera o falsa respecto de una sociedad determinada, en un momento y en un lugar específicos. Más adelante me ocuparé de este supuesto relativismo implicado en la posición de Nino.

(2) Otra de las formas de entender el principio de la unidad es como tesis referida al razonamiento subjetivo de un agente. Ésta puede ser mantenida como tesis psicológica. Afirmar la unidad del razonamiento es afirmar la imposibilidad de que una misma persona pueda desdoblar la propia jerarquía de preferencias o pautas en las que apoya su argumentación en un momento *t* determinado[165]. Cuando la tesis de la unidad del razona-

[163] Este es el caso de D. Richards, J. Raz, C. S. Nino, P. Soper, M. Atienza, J. Ruiz Manero y J. C. Bayón Mohíno. Cfr. Redondo, C., *La noción de razón para la acción*, cit., pág. 240, n. 50.

[164] Nino, C. S., *Derecho, Moral y Política*, cit., pág. 79.

[165] Cfr. Redondo, C., *La noción de razón para la acción*, cit., pág. 242.

miento individual se considera válida sin la restricción temporal, pierde su carácter descriptivo. En esta hipótesis, el principio de unidad se defiende o bien como una definición o bien como una pauta normativa de racionalidad. En el primer caso, es decir, como definición, significa que para que un agente pueda ser calificado como agente racional ha de juzgar y justificar sus decisiones manteniendo una posición consistente con una escala de prioridades determinada[166]. Por su parte, la idea de unidad entendida como un principio normativo consistirá en un requerimiento tanto de jerarquización de las propias preferencias internas como de razonamiento y de actuación con arreglo a la jerarquía establecida. Esta versión subjetivista del principio tampoco muestra, según Redondo, que se cometa un error al no considerar a la moral como último parámetro unificador de toda justificación. Las pautas morales tendrán este *status* sólo si figuran como las preferencias de mayor jerarquía del individuo que razona. Para aquellos cuyas preferencias últimas no están constituidas por razones morales, el principio de unidad del razonamiento es válido, pero no guarda relación alguna con la moral. En todo caso, sólo habilita a afirmar que si un individuo emprende razonamientos prácticos (y actúa conforme a ellos) sin ser consistente con su propia escala de preferencias, o bien pone en duda su condición de ser humano racional (no cae dentro de tal definición), o bien atenta contra la pauta normativa de racionalidad (se hace acreedor de un reproche de irracionalidad).

Y, en opinión de la autora, en cualquiera de las interpretaciones señaladas hasta aquí, la única forma de llegar a sostener la moral como patrón unificador del razonamiento del individuo es vaciándola de contenido atribuyendo, para ello, calidad moral a cualquier principio que ocupe el rango más alto dentro de la escala de preferencias o de pautas aceptadas. Por lo demás, y al margen de estas posibilidades, la idea de unidad del razonamiento, interpretada como una pauta de racionalidad referida al razonamiento psicológico del individuo, es aceptada de manera general. Pero, así entendida, es perfectamente compatible con la admisión de diversos marcos objetivos de justificación y, por consiguiente, con la tesis positivista que afirma que el esquema de argumentación judicial puede terminar correctamente en una premisa jurídica sin necesidad de recurrir a una premisa moral[167]. Esta interpretación de la tesis de la unidad del razonamiento práctico sería la que Redondo propone como alternativa a la tesis de la unidad bajo el patrón de la moral cuando sostiene que «todo indivi-

[166] Cfr. Redondo, C., *La noción de razón para la acción*, cit., pág. 242.
[167] Cfr. Redondo, C., *La noción de razón para la acción*, cit., pág. 143.

duo puede, y si es racional debe, realizar una comparación entre todas las razones —de todos los tipos— aplicables a un caso individual, y a partir de tal valoración derivar un deber concluyente de actuar. Y esto es lo que significa actuar racionalmente»[168]. Lo que sucede es que tal comparación, que desemboca en la determinación del curso racional de acción, exige criterios últimos neutrales respecto de todos los ámbitos. Y esto en el sentido de que «no debería postularse que ellos mismos son, siempre y necesariamente, criterios de un determinado tipo» y de que tales criterios últimos «deben jerarquizar razones o deberes, y no sistemas normativos (p. ej., la moral por encima del Derecho o el Derecho por encima de la moral). Esto es, no deben dar prioridad necesaria a ninguno de los ámbitos prácticos»[169]. Sobre las dudas que suscitan estos denominados «criterios últimos» a los que apela la autora volveré más adelante.

(3) Otra manera de entender el principio de unidad es, según Redondo, como propuesta de nivel metaético. Es decir, como una condición que debe satisfacer toda concepción de ética normativa o de racionalidad normativa. Aquí la autora comienza explorando la idea de unidad en cuanto concepción sistemática (versión débil del principio de unidad del razonamiento práctico). En este caso, la pregunta por la corrección de un razonamiento práctico tendrá una respuesta unívoca, es decir, en última instancia debe haber una sola forma válida de juzgar un argumento práctico. Esta noción sistemática de unidad no excluye, sin embargo, la posibilidad de coexistencia de múltiples concepciones normativas. Algunas de ellas establecen que, en determinadas circunstancias, hay más de una perspectiva correcta para evaluar una situación: por ejemplo, cuando se admite la legitimidad de ciertas razones excluyentes. Una concepción normativa sistemáticamente unitaria puede admitir el fraccionamiento del razonamiento en el sentido de que, en una misma situación, está justificado hacer algo diferente de lo que estaría justificado hacer, consideradas todas las cosas[170]. Asimismo, aun cuando se niegue la posibilidad antes mencionada y se insista en que toda concepción normativa se asienta en última instancia en principios que unifican el juicio acerca de la corrección de un argumento, el fraccionamiento —dice Redondo— no queda descartado. Si dicho conjunto de principios es diferente en cada concepción, reaparece la pluralidad de los marcos de evaluación y con ella, el fraccionamien-

[168] Redondo, C., *Sulla rilevanza pratica del diritto*, cit., pág. 211. Ésta sería, pues, una tesis psicológica y normativa de la unidad.

[169] Redondo, C., *Sulla rilevanza pratica del diritto*, cit., pág. 211

[170] Cfr. Raz, J., *Postscriptum* a la segunda edición de *Razón práctica y normas*, cit., págs. 229-231.

to. Según la autora, entonces, los críticos del positivismo no pueden objetar la tesis de la suficiencia de la justificación jurídica sustentándose sólo en la idea de unidad sistemática de distintos tipos de discursos normativos bajo un conjunto de principios últimos, sino que para demostrar el error del fraccionamiento es necesario demostrar que también es un error admitir que existe una pluralidad de puntos de vista igualmente correctos. Y es que tal pluralidad de puntos de vista, aun cuando cada uno de ellos constituya una articulación unitaria de distintos tipos de discursos normativos, implica la fragmentación de los parámetros de evaluación de los argumentos prácticos en sentido objetivo.

Parece, pues, que los presupuestos metaéticos de la tesis de la unidad y de la tesis de la fragmentación son distintos. Como afirma Redondo, la forma de evitar la fragmentación sería defender una concepción fuerte de unidad exigiendo (i) que el conjunto de principios últimos sea también único y (ii) que dentro de ese conjunto único no haya pautas que, siendo incompatibles, tengan igual rango o sean incomparables. Es decir, es preciso postular, a nivel metaético, la existencia de una única forma válida de justificación[171]. Y ésta es precisamente la tesis metaética de Nino, quien, como tuve ocasión de señalar, enraíza su posición acerca de la moral en el proyecto universalista y objetivista kantiano (aunque, a diferencia de en Kant, en la reconstrucción de la moral de Nino, los principios se constituirían a partir de los presupuestos del dialogo o discurso moral y no en términos monológicos).

Tal requerimiento metaético de unidad se opone tanto al escepticismo respecto a las razones para la acción como a la posibilidad de que haya una pluralidad de propuestas admisibles de razones para la acción. Y una consecuencia inevitable de ello es también el compromiso con la existencia de razones independientes de toda construcción teórica; si se admitiera que las razones dependen de una teoría normativa entonces, como concluye Redondo, la pluralidad reaparecería. Sólo bajo la presuposición de que existe una única concepción normativa correcta, el fraccionamiento justificativo que defiende el positivismo jurídico constituiría un error[172].

Pero, ante esta conclusión, Redondo avanza otro argumento que, en su opinión, suscita nuevas dificultades a la misma. La defensa de un postulado de unidad en sentido fuerte no implica que el conjunto de pautas de justificación correctas ya haya sido identificado. Lo que sucede, dice esta autora, es que esta empresa de identificación de los principios mora-

[171] Cfr. Redondo, C., *La noción de razón para la acción*, cit., pág. 245.
[172] Cfr. Redondo, C., *La noción de razón para la acción*, cit., pág. 245.

les o pautas de justificación correctas tropieza con un obstáculo hasta ahora insalvable: satisfechas determinadas condiciones, cada intento de individualizar los principios morales correctos constituye una teoría moral diferente. Toda teoría moral es la propuesta de un conjunto de pautas (criterios) de corrección de acciones. Y esto hace necesario que, a nivel metaético, se cuente con algún criterio que permita establecer qué teoría moral propone las pautas realmente correctas. Sin embargo, tendríamos que afrontar aquí dos fuentes de dificultades epistémicas:

(1) La primera dificultad radica en la aplicación del criterio correspondentista de verdad. Preguntarse por la verdad de una teoría normativa es equivalente a preguntarse por cuáles son las razones existentes. La identificación de semejantes razones, que son el fundamento de verdad de una teoría normativa, no puede depender a su vez de una teoría normativa. Esto conduciría a un razonamiento circular. Ellas necesitan ser independientes de las teorías, puesto que son las que permiten identificar cuál es la teoría correcta. En opinión de Redondo, las tesis que —como la de Nino— adoptan una postura constructivista sobre la que apoyar la defensa de la unidad del razonamiento práctico son equivocadas. Si las razones objetivas son los datos que permiten verificar o falsar las teorías normativas y demás creencias morales vigentes, entonces dichas razones no pueden depender ni de las teorías ni de las creencias de los individuos. Y, en su opinión, la idea de unidad objetiva del razonamiento práctico, sumada a una concepción de la verdad como correspondencia, exigiría la aceptación del realismo moral[173].

(2) La segunda dificultad apuntada por Redondo estaría vinculada a la primera. Dados los inconvenientes que plantea el acceso al conocimiento de las razones morales, pueden sugerirse dos formas de solución: o bien se rechaza la interpretación del criterio de verdad como correspondencia, adoptándose, p. ej., una concepción coherentista de la verdad moral, o bien se estipulan las razones con las que los principios normativos deben corresponderse para considerarse correctos. La primera opción ha de desecharse si se pretende garantizar la unidad en sentido fuerte. Si lo único que se exigiese a nivel metaético fuese la verdad en el sentido de coherencia, debería admitirse la posibilidad de que una pluralidad de concepciones satisfagan esa condición. La segunda opción es la que se adopta cuando, p. ej., se define lo 'correcto' como aquello que provoca el incremento de la felicidad general. Dicha posición propone la felicidad general como la única razón justificativa, y sostiene que la verdad o correc-

[173] Cfr. Redondo, C., *La noción de razón para la acción*, cit., pág. 246.

ción de un principio moral consiste en su capacidad instrumental para promoverla.

Sucede, sin embargo, que resulta posible que concepciones metaéticas distintas, a pesar de sustentar el principio de unidad, propongan razones justificativas diferentes de la felicidad general, a la luz de las cuales serán distintos los conjuntos de principios que resulten moralmente correctos. Consecuentemente, a nivel metaético aparece el mismo problema que surge en el nivel de la ética normativa. Así como la existencia de múltiples teorías normativas exige contar con un criterio para decidir cuál de ellas es la correcta, también la existencia de diversas propuestas metaéticas exige algún parámetro que permita determinar cuál es la concepción metaética correcta. En definitiva, según la argumentación de Redondo, aun si se presupusiese la existencia de un único conjunto correcto de criterios de validez de los argumentos prácticos, las limitaciones epistémicas para identificar ese conjunto conducirían, inevitablemente, al fraccionamiento del razonamiento en sentido subjetivo, y tornarían inaplicable la idea de unidad en sentido objetivo[174].

Redondo parece, pues, cerrar su argumentación con la conclusión según la cual las dificultades epistémicas para determinar no sólo qué principios morales son válidos, sino incluso cómo hallar tales principios (esto es, la opción entre distintos proyectos metaéticos) nos han de llevar a sostener no la tesis de la unidad, sino la tesis de la fragmentación o bien una tesis alternativa de la unidad del razonamiento como la que ella misma sostiene: esto es, una tesis que sostuviera que la unidad sólo se puede predicar en relación con el esquema de razonamiento de cada individuo y que, por lo tanto (salvo que optáramos por un vaciamiento del concepto de moral) no necesariamente se apoyaría siempre en el patrón de la moral.

En opinión de la autora, entonces, lo que sucede es que quienes sostienen el principio de unidad a nivel metaético no demuestran que el fraccionamiento constituya un error, sino que lo postulan a través de los conceptos que proponen. La idea de unidad es un axioma y conforme a él hay un único concepto de corrección y de deber. Esto es lo que sucedería con la idea de unidad que defiende Nino, para quien la tesis de la unidad no se refiere sólo al razonamiento psicológico de los agentes que justifican una decisión, sino a los esquemas válidos de argumentación, que aparecerían respaldados en última instancia por un conjunto último de pautas morales que serían las únicas que proveerían razones justificativas genuinas. Para Nino, en efecto, un argumento práctico (y la justificación que por medio

[174] Cfr. Redondo, C., *La noción de razón para la acción*, cit., pág. 247.

de él se brinda) es válido o inválido (correcto o incorrecto) desde un sólo punto de vista: el de la moral objetiva. Y de esto se deduce que el principio de unidad impone una conexión justificativa y una subordinación entre Derecho y moral en favor de esta última. La fuerza normativa de los denominados deberes jurídicos viene dada en última instancia por su conexión más o menos directa con la moral.

Ahora bien, Redondo sostiene que la defensa coherente de este principio lleva a una posición esencialista respecto del significado de «deber». La unidad del razonamiento supondría, necesariamente, la unidad de la noción de deber. Sin embargo, continúa la autora, si se aceptase el carácter convencional del significado de «deber», habría que aceptar la posibilidad de diversos sentidos en que algo puede ser debido. Sería posible entonces contar con cuantos tipos de deberes se decidan deliberadamente, entrando esto en contradicción con el principio de unidad. Luego, suscribir la tesis de la unidad implica abandonar una postura convencionalista acerca del concepto de deber.

Independientemente de los argumentos a favor o en contra del esencialismo conceptual, lo que la autora crítica a Nino es finalmente su compromiso con una postura esencialista[175]. El problema de esta posición no residiría en la reapertura de la discusión esencialismo-convencionalismo, sino el retorno a la asimilación de conceptos del ámbito del «deber ser» a conceptos del ámbito del «ser» que, por lo demás, mostraría la conexión entre el iusnaturalismo actual y el iusnaturalismo clásico. El esencialismo conceptual está supuesto en la idea de unidad del deber a nivel metaético, del mismo modo que el convencionalismo conceptual está supuesto en la idea relativista del deber a nivel metaético. La interpretación objetiva del principio de unidad del razonamiento práctico torna necesario el esencialismo respecto de los conceptos de deber, de corrección y, sobre todo, de razón para la acción que, en esta concepción, es primario respecto del de deber[176].

En opinión de Redondo, la afirmación de que, en virtud del principio de unidad del razonamiento práctico, la justificación judicial es una especie de justificación sustantiva y moral tiene carácter retórico ya que (1) si la noción de unidad se interpreta en sentido débil la afirmación es vacua, puesto que sólo significa que la justificación jurídica presupone ciertas premisas últimas que por esa sola razón se llaman morales; y (2) si la unidad se entiende en sentido fuerte, entonces es impracticable, puesto que

[175] Cfr. Redondo, C., *La noción de razón para la acción*, cit., pág. 249.
[176] Cfr. Redondo, C., *La noción de razón para la acción*, cit., pág. 251.

aunque se postule la inadmisibilidad de otros parámetros de justificación que no sean los de la moral crítica o verdadera, los diversos intentos de identificar cuál es esa moral conducen al fraccionamiento. Por lo tanto, cabe concluir que si el análisis desarrollado es correcto, en ninguno de los sentidos propuestos el principio de unidad puede mostrar la necesidad de que, para dar una justificación sustantiva, el juez deba remontarse a una moral ideal. Aunque existiesen razones objetivas (y, conforme a ellas, un conjunto único de pautas de justificación sustantiva) es imposible exigir este tipo de justificación. Las dificultades epistémicas que se le presentarían al juez, al momento de cumplir con su obligación de dar la justificación correcta, son las mismas que se presentarían al momento de intentar evaluar si logró cumplir con su obligación[177]. El rechazo del esencialismo, y con él, el del principio de unidad, no cierra la posibilidad de diseñar teorías normativas, i.e., teorías sobre las razones sustantivas para la acción, que permitan resolver conflictos prácticos. Pero sólo el acuerdo respecto de una determinada teoría permitiría brindar o criticar «objetivamente» una justificación sustantiva y, en su caso, exigir su cumplimiento[178].

¿Es correcta la argumentación seguida por Redondo? Me ocuparé aquí de dos puntos de su razonamiento que no me parecen satisfactorios, uno de ellos ya apuntado anteriormente y el otro relativo a las consideraciones de la autora acerca del esencialismo y del convencionalismo.

(1) Respecto al primero, ya señalé que resulta por lo menos dudoso el paso que da la autora tratando de apoyar la tesis del fraccionamiento a partir de las dificultades epistémicas con las que nos enfrentaríamos a la hora de tratar de dilucidar cuáles son los principios morales válidos. Por supuesto, a esto se podría objetar que de la debilidad de este punto no se deriva la fuerza de la tesis de la unidad apoyada en la pretensión objetivista construida ésta, por ejemplo, al modo de teorías metaéticas del discurso tal como hace Nino[179]. Pero quizá algo de fuerza sí cabe encontrar en ellas si tenemos en cuenta el enraizamiento que estas teorías tienen en rasgos que caracterizarían al hombre como ser social, y que determinan la participación de éste en determinadas prácticas comunicativas y de discusión en las no

[177] Cfr. Redondo, C., *La noción de razón para la acción*, cit., pág. 252.

[178] Cfr. Redondo, C., *La noción de razón para la acción*, cit., pág. 252.

[179] Cfr. Alexy, R., *El concepto y la validez del Derecho*, cit., págs. 136 y ss. También el constructivismo de Nino hunde sus raíces en las teorías del discurso, en los presupuestos y rasgos del discurso moral a partir de los cuales pueden construirse los principios morales válidos. Como vimos, el debate y el resultado del discurso son fuertes indicios epistémicos acerca de cuáles son tales principios morales válidos. Cfr. Nino, C. S., *El constructivismo ético*, cit., págs. 93-110 y *Ética y derechos humanos*, cit., págs. 388-390.

puede dejar de incurrir en algún tipo de contradicción si niega la corrección de determinados principios que él mismo está afirmando al participar en tal práctica. En este sentido escribe, por ejemplo, Alexy que «la manifestación de una aseveración significa ingresar en el ámbito de la argumentación y [...] quien nunca en su vida efectúa una aseveración (como acto lingüístico con el que se formula una pretensión de verdad o corrección) y no ofrece ninguna fundamentación (mostrando razones por las que asevera) no participa en aquello que uno puede llamar la «forma de vida más universal de la persona» [...] La tesis sobre la forma de vida más universal de la persona es conciliable con el hecho de que existen diferentes formas de vida.[...] Puede suceder que debido a tabúes, tradiciones o terror estos universales tengan muy poca vigencia en la realidad. Pero sólo desaparecerían totalmente si los miembros de una forma de vida pierden, completa y definitivamente, su capacidad de formular la pregunta "¿por qué?"»[180].

En cualquier caso, y retomando en particular el punto acerca de las dificultades epistémicas en la identificación de principios morales objetivos, creo que puede volver a resultar pertinente la respuesta dada por el propio Nino: «Que "no existen dos razones igualmente correctas (concluyentes) que justifiquen acciones diferentes" es supuesto, por lo menos en muchos casos, por todos los seres humanos que actúan intencionalmente» y, además, especialmente en este caso —como en el también controvertido de si existe el mundo exterior, objetos físicos, u otras mentes, o las leyes de la naturaleza o los números— esto «puede ser motivo de perplejidad y de esfuerzos denodados de fundamentación, pero su negación lisa y llana difícilmente puede hacerse sin recurrir a presupuestos más débiles que él mismo. Los autores tienen derecho a no estar conformes con las respuestas que se ha intentado dar a este problema epistémico [...] sin embargo, tienen menos derecho a suponer que ninguna se va a poder nunca dar, y que, por lo tanto, hay que contentarse, en la filosofía del Derecho, con sentidos de "justificación" cuyas implicaciones pueden resumirse en el slogan: "todo vale, menos la contradicción"»[181].

(2) Esto nos lleva al segundo punto: la crítica al pretendido esencialismo subyacente a la postura de Nino y su concepto de justificación; crítica cuyos argumentos no resultan a mi juicio convincentes. Identificado el específico ámbito de la realidad que tratamos de reconstruir y a la vista

[180] Alexy, R., *El concepto y la validez del Derecho*, cit., págs. 146-147; En este sentido puede verse también, Nagel, T., *The Possibility of Altruism*, cit., págs. 99-115.

[181] Nino, C. S., «Respuesta a J. J. Moreso, P. E. Navarro y M. C. Redondo», cit., págs. 261-264.

de las funciones que él cumple en la vida de los seres humanos, me parece que no supone incurrir en un esencialismo conceptual ilegítimo el reconocimiento de que —al margen de innegables problemas epistémicos— el concepto de deber aquí pertinente aparezca unido a la idea de razones sustantivas morales válidas, menos aún tratándose como se trata de reconstruir el instrumental conceptual necesario para justificar acciones y decisiones que afectan a terceros.

Y creo que tampoco supone asumir un esencialismo ilegítimo reivindicar que la concepción de la moral que se deriva de los presupuestos más profundos de nuestro razonamiento implica una moral que se proyecta como discurso no sólo último, sino que impregna también —con las especificidades ya vistas— otros discursos prácticos. Que esto resulta difícil de eludir podría ser ilustrado con la propia propuesta de la autora en sus más recientes trabajos antes mencionados. Ya vimos que quedaba pendiente la cuestión de cuáles son los criterios últimos de resolución de conflictos entre distintos tipos de deberes (moral, jurídico, religioso) que deben ser neutros respecto de los «diversos ámbitos prácticos». Podemos suscribir las palabras de Atienza y Ruiz Manero cuando sostienen que «el propio intento de descubrir, o de construir, tales criterios últimos, neutrales respecto al Derecho y la moral, es un intento vano. Y ello porque un criterio último es un criterio que se acepta como tal no porque haya sido prescrito por alguien, o porque constituya una práctica social, sino, exclusivamente, por sus propios méritos. Y ello es, precisamente, lo característico de los criterios o principios morales»[182].

4. LA TESIS DE LA UNIDAD DEL RAZONAMIENTO PRÁCTICO: LA TESIS DEL CASO ESPECIAL

Los trabajos de Nino sobre el razonamiento práctico (moral y Derecho) se enmarcan en la tradición kantiana de la razón práctica[183], apoyada

[182] Atienza, M. y Ruiz Manero, J., «Sobre la relevancia justificativa de la dimensión institucional del Derecho», cit., pág. 6.

[183] La idea misma de la «razón práctica» no ha sido una idea libre de controversia. Escribe, por ejemplo, Alexy que «si se echa una mirada a la literatura iusfilosófica de nuestro siglo, es fácil comprobar que puede dudarse acerca de la posibilidad y, por lo tanto, de la existencia de la razón práctica. Nada menos que A. Ross y H. Kelsen consideraban que el concepto de razón práctica era un "concepto autocontradictorio". La razón se referiría sólo al conocimiento; el campo de lo práctico correspondería, en cambio, al querer. Pero, el conocimiento estaría justamente definido por el hecho de que no es un querer y sería consti-

en la idea de universalidad. Dentro de tal tradición, sus aportaciones pueden verse integradas dentro de la corriente filosófica de la «teoría del discurso», corriente a la que como es sabido pertenecen autores como Apel, Habermas o Alexy. Este movimiento se caracteriza por considerar que todo discurso práctico es un procedimiento de argumentación en el que se esgrime una pretensión de corrección[184]. También sostienen estos autores, como he apuntado a lo largo de las páginas anteriores, la que se viene denominando tesis de la unidad del razonamiento práctico en el plano metaético. Esto, como también hemos visto, les ha llevado a sentar la idea de que el razonamiento jurídico justificativo, esto es, el discurso jurídico práctico, constituye un caso especial del razonamiento práctico general. Aunque es cierto que Nino considera el razonamiento jurídico justificativo como un razonamiento inmerso en el discurso moral y no se refiere al discurso práctico general tal como viene caracterizado por los mencionados autores, puede afirmarse que los rasgos propios del Derecho que Nino identifica como derivados de su carácter de práctica colectiva y que, en definitiva, apuntan a la que hemos caracterizado como dimensión institucional del sistema jurídico, permiten sostener que nuestro autor coincide con Alexy y con Habermas acerca de la necesidad de hacer valer en el discurso jurídico justificativo como también relevantes las razones pragmáticas y ético-políticas[185].

---

tutivo del querer no tener el carácter del conocer. Por ello, el concepto de razón práctica sería un "concepto lógicamente insostenible"» en Alexy, R., *El concepto y la validez del Derecho*, cit., pág. 131.

[184] A diferencia de las teorías contractualistas que son también procedimentales pero que conciben el procedimiento como un procedimiento de negociación. Cfr. Buchanan, J. M., *The Limits of Liberty: Between Anarchy and Leviathan*, Liberty Fund, Inc., Indianapolis, 1999 [disponible en http://www.econlib.org/library/Buchanan/buchCv7c1.html; acceso 8 Noviembre 2004]; y «The Gauthier Enterprise», *Social Philosophy and Policy*, 5/1988, págs. 75-94.

[185] Como ya tuve ocasión de apuntar, A. R. Oquendo en su trabajo «Deliberative Democracy in Habermas and Nino» considera más acentuadas algunas diferencias entre Habermas y Nino en este punto en la medida en que el primero da cabida en la deliberación democrática a la negociación, por contraposición a Nino que reconstruye la deliberación democrática —en la medida en que ésta pretende superioridad moral como sistema de gobierno- siempre como sucedáneo del discurso moral general. Oquendo, A. R., «Deliberative Democracy in Habermas and Nino», cit. Aunque no profundizaré aquí en las complejidades de este tema, creo que como apunta Oquendo en el mencionado artículo, resulta de interés tratar de ver en qué medida una comprensión del sistema democrático en términos deliberativos deja de dar cuenta de aspectos importantes de esta práctica de gobierno y si de ser así esto hace que tal reconstrucción sea menos correcta, minando al tiempo su potencial normativo real.

De esta forma, la tesis del Derecho como caso especial en Nino se traduce en dos importantes consideraciones:

1. Su especialidad vendría implicada por una serie de rasgos que pueden resumirse, en efecto, en lo que llamamos su dimensión institucional. Tal institucionalización del Derecho es una exigencia de la propia racionalidad práctica. No serían posibles la vida en sociedad, la regulación de la interacción colectiva y la satisfacción de los derechos humanos como exigencias de la moral si el discurso moral no fuera completado con el Derecho como discurso en el que se combinan dos tipos de elementos: autoridad y valores últimos. La forma que Nino tiene de armonizar ambos elementos —sin por ello negar la existencia de una tensión permanente entre ambos— consiste en defender que el Derecho que se presenta como una exigencia de la propia moral no es cualquier tipo de Derecho, sino uno que tenga su fuente en la política democrática. Además, como vimos, en la concepción de Nino es también tal política democrática una suerte de exigencia de la moral, en el sentido de que el discurso moral por sí sólo no permite resolver los problemas de la vida en sociedad y de ahí que hayamos de acudir a lo que en su concepción es un sucedáneo del discurso moral: un sistema democrático de gobierno. Para ser más exactos, una concepción de la democracia como sucedáneo del discurso moral permite legitimar a ésta como sistema de gobierno y constituir al Derecho —teniendo en cuenta, además, su carácter de práctica colectiva— en un elemento relevante del razonamiento práctico, esto es, del razonamiento justificativo de nuestras acciones. Este fundamento de la democracia tiene también importantes consecuencias a la hora de establecer cómo habrá de estar organizada la maquinaria jurídica y sus instituciones características con el fin de aproximar lo más posible las democracias reales al modelo ideal de democracia. En definitiva, el debate democrático y su regimentación, así como todos las otras exigencias institucionales que garantizan, por un lado, la operatividad del Derecho en la persecución de los valores morales últimos y, por otro, la mayor legitimidad moral en la producción de normas jurídicas (el denominado principio democrático y la separación de poderes) habrán de articularse con el fin de conseguir la satisfacción más eficaz posible de los derechos humanos. Las exigencias derivadas del carácter institucional del Derecho entrarán en ocasiones en tensión con determinados principios sustantivos derrotándolos, pero el elemento relevante en esta reconstrucción es que las razones últimas que fundamentan la derrota de determinados principios sustantivos frente a ciertos principios institucionales son, precisamente, razones sustantivas.

Por lo demás, el elemento autoritativo viene construido en la concepción del Derecho de Nino a partir de la idea de autoridad epistémica y esto se traduce en una especial forma de entender el rasgo de la autoridad del Derecho. Hablar de autoridad epistémica en relación con el sistema de gobierno democrático implica que el resultado del discurso democrático nos da razones para creer en la existencia de tales razones morales. Y ello lo hace con mayor fiabilidad que cualquier otro sistema de toma de decisiones que vayan a afectar el ámbito de lo que se considera moral intersubjetiva. La mayor fiabilidad no significa que el discurso democrático arroje siempre el resultado correcto. Sucede, sin embargo, que cuando el valor epistémico pierda su fuerza operará el principio moral según el cual es preciso salvaguardar las instituciones que permiten implementar la toma de decisiones moralmente legítimas y de ahí que, en tales casos, opere el carácter autoritativo del Derecho (ahora ya en su dimensión de autoridad práctica) como sistema, en su conjunto, moralmente legítimo. El principio democrático exigirá que, especialmente, aquellos que toman decisiones como parte de esa maquinaria institucional acepten —apliquen autoritativamente— las decisiones democráticas aunque éstas no coincidan con su propio juicio. Y ello porque respetando ese principio ampliamos las posibilidades de que, en muchos otros casos, se tomen decisiones correctas.

2. Pero ser un caso especial implica también obviamente «ser un caso de». Y es aquí, como ya ha quedado parcialmente esbozado en el párrafo anterior, donde es preciso señalar que lo que caracteriza además a la tesis de la unidad del razonamiento práctico es la idea de que las normas jurídicas sólo pueden verse —en la terminología de Nino— como razones autónomas para la acción si se las concibe como juicios de adhesión normativa. Esto es, la norma jurídica aparece como un juicio complejo elaborado a partir de un juicio moral que legitima las normas dictadas por un órgano más el juicio fáctico —razón auxiliar— acerca de su dictado efectivo. Esto se hace aún más complejo si tenemos en cuenta que precisamente lo que concede legitimidad a un sistema de gobierno sobre otro es su mayor fiabilidad epistémica en relación con los principios morales válidos. Nos encontramos entonces con que las normas jurídicas procedentes de un sistema democrático constituyen razones para la acción en la medida en que —tenemos razones para creer que— en su vertiente valorativa están ejemplificando, o especificando, principios morales (es decir, se presentan como exigencias derivadas de la legitima protección de bienes). Y cuando esto no sea así, resultará preciso ver si, en última instancia, opera también el principio moral que exige implementar aquellos procedimientos epistémicos que maximicen la probabilidad de actuar de forma moralmente correcta: esto es, si el juicio del primer nivel del razonamiento acerca de la legitimidad de la institución en su conjunto es positivo. En tal caso,

esa legitimidad moral se proyectaría —aunque suponga una legitimidad más débil— sobre la norma jurídica que carece de valor epistémico y ésta operará como una razón auxiliar que, combinada con el mencionado principio moral, constituiría, en cuanto juicio de adhesión normativa, una razón completa para la acción.

Capítulo VI

Epílogo. Razón y autoridad. Un modelo de Teoría del Derecho inmerso en la Filosofía moral y política

En las páginas que siguen ofreceré al lector una exposición de lo que considero los aspectos y conclusiones principales a partir del análisis realizado en los capítulos precedentes. El orden expositivo, como se verá, no es el que he seguido cuando abordaba en este libro los distintos problemas tratados por Nino en su obra iusfilosófica. Entonces, las consideraciones acerca de cuestiones de filosofía moral y política han ido apareciendo conforme yo he ido necesitándolas. Ahora, sin embargo, quiero reconstruir mi objeto de estudio con el propósito de ofrecer al lector de la forma más clara y sistemática posible los fundamentos de la teoría del Derecho desarrollada por Nino, así como el intento de este autor por resolver —al menos en la dimensión justificativa— la tensión entre razón y autoridad; tensión recurrente en nuestras prácticas jurídicas. Como se verá, algunos de los parágrafos que ahora siguen atraviesan varios capítulos y otros, sin embargo, recogen aspectos más puntuales. Confío, en lo que sigue, poder sintetizar los rasgos centrales de la Teoría del Derecho de Nino. Mi deseo es presentarla como paradigma de una manera de entender y de hacer Teoría del Derecho que ofrece herramientas conceptuales que permiten no sólo reconstruir, sino también mejorar nuestras prácticas argumentativas jurídicas.

1. Las peculiaridades de la filosofía del Derecho de Nino sugieren que su estudio se vea, no tanto como un análisis de una parte de su obra intelectual, cuanto como un prisma privilegiado que nos permite estudiar a través de él elementos clave de su filosofía moral y de su filosofía política.

2. La filosofía del Derecho de Nino ofrece una rica y útil dilucidación conceptual, una concepción acerca del Derecho democrático trazada a partir de una concepción de la democracia y del constitucionalismo en cuyo fundamento último aparece una metaética constructivista (constructivismo epistémico), y un modelo de «ciencia» normativa del Derecho en el cual el jurista teórico debe llevar a cabo de forma abierta —facilitando así el debate acerca del fundamento de sus propuestas— una actividad normati-

va de propuesta de soluciones de problemas prácticos (el modelo de jurista práctico que Nino reconstruye es un jurista que, en un Derecho democrático, estará comprometido con la tarea de proyectar —a partir de consideraciones axiológicas— el Derecho bajo su mejor luz, tanto a los efectos de asistir al legislador en su desarrollo de las normas constitucionales, como, también, a los efectos de asistir a los jueces en su actividad de aplicación del Derecho).

3. Un problema que es especialmente ilustrativo para ver la proyección de la teoría del Derecho de Nino es la pregunta acerca del papel que en el razonamiento práctico —entendido como razonamiento dirigido a tomar una decisión para emprender determinado curso de acción o a la valoración *ex post* de una determinada acción— juega el Derecho; es, en definitiva, la pregunta acerca del papel justificativo del Derecho o la pregunta acerca del problema de la validez (o fuerza vinculante) del Derecho.

4. La teoría normativa que, según Nino, permite legitimar a la democracia como sistema de gobierno moralmente más plausible y trazar el diseño institucional adecuado para organizar nuestras sociedades conforme con las exigencias de la justicia se articula dentro del paradigma de organización político-social de una democracia constitucional. Nino analiza el papel del Derecho dentro del mencionado paradigma, presentando, además, a la luz de su constructivismo epistémico, el Derecho democrático en su mayor —y más rica— complejidad. Constructivismo metaético y constitucionalismo democrático serán las coordenadas no cuestionadas a partir de las cuales pueden entenderse las conclusiones de este trabajo acerca de la teoría del Derecho de Carlos S. Nino.

5. De acuerdo con Nino, la proyección en el ámbito del Derecho del convencionalismo conceptual nos lleva al reconocimiento de la necesidad de operar, según el contexto y finalidad de nuestro discurso, con distintos conceptos de Derecho tanto descriptivos como normativos. Los principales conceptos de Derecho individualizados por Nino serían: entre los conceptos descriptivos, a) concepto descriptivo realista de Derecho; b) concepto descriptivo sistemático de Derecho; c) concepto descriptivo institucional de Derecho; y entre los conceptos normativos: a) concepto de *lege ferenda*; b) concepto normativo judicial amplio; c) concepto normativo judicial restringido; d) concepto mixto de Derecho; e) concepto normativo hipotético de Derecho.

6. Lo anterior, que es conceptualmente correcto, no hace —en mi opinión— justicia al debate más importante que se encuentra tras la polémica iusnaturalismo *vs.* iuspositivismo. La crítica que Carrió dirige al intento conciliador de Nino muestra que, en realidad, el problema de fondo no es una mera cuestión conceptual, sino un problema más complejo en el

que están implicadas controvertidas cuestiones de filosofía moral. Cuando Carrió reivindica que los iuspositivistas utilizan un concepto de Derecho que, sin estar conceptualmente conectado con la moral, cumple funciones normativas, está apuntando al núcleo del debate que aun hoy sigue teniendo lugar, ahora entre positivista y postpositivistas: es la polémica en torno a si el Derecho puede crear deberes de forma autónoma. Es decir, si podemos hablar de deberes jurídicos como un tipo de deberes independientes de los deberes morales, y respecto de los cuales estos últimos se constituirían sólo en una instancia crítica.

7. La crítica que algunos autores dirigen a Nino —denunciando el deslizamiento que habría cometido este último desde una pretendida neutralidad valorativa propugnada con su tesis de la pluralidad de conceptos de Derecho a una teoría del Derecho *à la Dworkin*— se me presenta desatinada: no hay un deslizamiento, sino una opción entre las distintas perspectivas en relación con el fenómeno jurídico. A Nino, como teórico, le interesa una perspectiva argumentativa, práctica o justificativa acerca del Derecho.

8. Nino deja de lado una identificación con fines puramente descriptivos de las complejidades de la praxis jurídica. En cualquier caso, lo que si que pone de manifiesto es que cuando queremos saber cuál es el sistema jurídico de una determinada comunidad y lo que éste establece, no debemos tener en cuenta nuestras normas morales, sino que tal identificación ha de ser hecha sobre la base de datos puramente empíricos. Aunque Nino no se pronuncia expresamente en este sentido, en mi opinión y a la luz de los elementos de su obra, Nino suscribiría una tesis que, de alguna forma, puede articularse a partir de elementos que podemos entender que ya estaban presentes en la obra de Hart y que son puestos de manifiesto por Alexy en su trabajo sobre el concepto del Derecho: una de las pretensiones que caracterizan a los sistemas jurídicos y a las autoridades políticas es la pretensión de legitimidad. La pretensión de legitimidad se traduce en una pretensión de corrección moral del sistema jurídico, algo que, a su vez, de ser aceptado por los sujetos destinatarios (institucionales o ciudadanos), logra que el sistema no sea solamente eficaz (un régimen de pura dominación también pudiera serlo) sino, también, estable.

9. Según Nino, la praxis individual puede ser analizada desde una perspectiva interna o desde una perspectiva externa. Hablar del aspecto interno de la praxis individual implica dar cuenta de cómo se representa el propio sujeto los *item* que intervienen en tal praxis. La perspectiva interna viene constituida por los contenidos proposicionales de creencias y deseos, etc; desde esta perspectiva, además, podemos identificar relaciones lógicas entre los contenidos proposicionales de los mencionados elementos mentales.

Adoptar una perspectiva externa implica dar cuenta de lo que se presenta ante un observador (incluido el propio sujeto que reflexiona sobre su conducta pasada para valorarla). Desde esta perspectiva, lo observado es el hecho de aceptar una determinada creencia o tener un determinado deseo. Desde el punto de vista externo la relación entre los mencionados elementos es una relación causal.

10. De entre los elementos mentales relevantes en la deliberación previa a la acción podemos destacar: los motivos o razones explicativas y las razones justificativas u objetivas. En la caracterización de Nino, motivos o razones explicativas resultan de una combinación entre deseos y creencias del agente. Sin embargo, creo que es posible sostener que no era ajeno a Nino que ese concepto de deseos es ambiguo: puede ser entendido como deseo en sentido estricto (como «actitud práctica de primer nivel no dominada por otras de nivel superior» —intereses o valores—) o como deseo en sentido amplio (en el que junto con el anterior sentido de deseo, encontramos un sentido de deseo como disposición o actitud favorable a un determinado curso de acción). Además, hay un tipo especial de creencias que son especialmente relevantes en la deliberación previa a la acción: la creencia en la existencia de razones justificativas o razones objetivas para la acción. Las creencias de este tipo no precisan para determinar la acción, para constituir motivos para la acción, ir acompañadas de ningún deseo (en sentido estricto) correspondiente. Claro está que para que el individuo realice la acción, conforme a esta razón para actuar será preciso una disposición o actitud favorable en el sentido de una decisión —o deseo en sentido amplio— de actuar haciendo lo que cree que debe hacer. El tipo de motivos que interesa a Nino es el de motivo o razón explicativa como creencia en la existencia de una razón justificativa.

Esta dilucidación permite, además, ver el error en que incurren autores como Harman quienes suscriben el relativismo moral apoyándose en la premisa errónea de que uno sólo puede tener una razón para hacer algo si desea el fin que el acto tiende a satisfacer y concluyendo que, por lo tanto, sólo la gente que desea los fines de la moral tiene razones para ser moral. Este autor incurre en esta confusión al no identificar la existencia de un tipo de razones para la acción que son independientes de la existencia de deseos en sentido estricto; y que, además, constituyen razones justificativas que nos permiten valorar las acciones de los sujetos independientemente de que estos las acepten o no como tal tipo de razones.

11. Nino reconstruye la noción de razón para la acción a partir del concepto de razonamiento práctico —en el sentido antes indicado [*vid.* parágrafo nº 3]—. Las razones justificativas o razones para la acción que funcionan como premisas —junto con juicios empíricos— de tal razonamiento

práctico están constituidas por juicios o proposiciones entre los que se incluye, necesariamente, un juicio de deber ser. La normatividad que es relevante a los efectos del análisis de Nino es una normatividad justificada: cuando hablamos de premisas normativas de un razonamiento práctico no hablamos de premisas en un sentido formal, sino de premisas cuyo contenido es un «juicio de deber ser» válido; es decir, de premisas que constituyen razones sustantivas válidas, al margen de la consideración como tales por parte del propio sujeto.

Cuando hablamos de razón justificativa u objetiva estamos pensando en justificar o valorar una acción; es decir, estamos tratando de determinar si una acción es (o fue) buena o mala desde algún punto de vista (moral, prudencial, jurídico).

12. Aisladas conceptualmente las razones para la acción y diferenciadas de otros elementos que pueden formar parte de la deliberación de un sujeto es preciso dar respuesta a dos problemas: si existen —y en qué sentido— las razones para la acción y si las normas jurídicas son un tipo de razones para la acción independientes de las razones morales. El primer problema nos lleva al ámbito de la metaética [*vid.* parágrafos nº 17-20] y el segundo exige, además de tener en cuenta conclusiones extraídas a partir de consideraciones de filosofía moral y de filosofía política (el valor epistémico de las normas fruto de una deliberación democrática en la que se han respetado determinados prerrequisitos), distinguir varios sentidos de norma jurídica antes de poder ofrecer una respuesta plausible [*vid.* parágrafos nº 33 y ss.].

13. Una caracterización como la de Nino de las razones explicativas —en el sentido de adhesión a razones justificativas— proyecta un modelo de persona que cuando delibera y actúa lo hace siempre con la pretensión de actuar conforme a razones justificativas.

Las conclusiones a las que podemos llegar tras examinar el análisis de Nino del papel de las normas *de facto* injustas en el razonamiento práctico y su reflejo en términos de la responsabilidad moral de los individuos (1. el Derecho procedente de una autoridad *de facto* y contrario a los derechos humanos básicos que se presenta como Derecho aparentemente en vigor no tiene ningún valor justificativo; 2. las exigencias de trato digno a los seres humanos llevan a concebirlos no como autómatas que excluyen cualquier deliberación previa a la acción obedeciendo los mandatos de una determinada autoridad *de facto* dejando así de lado su responsabilidad moral y jurídica, sino como sujetos autónomos que, al margen de la aceptación —bajo ciertas condiciones— de determinadas autoridades epistémicas, no dejan por ello de ser autónomos en su deliberación y, por ello, son moralmente responsables), así como su fundamentación de la democracia a partir de la idea de una deliberación que va a permitir transformar las preferencias en relación con los intereses intersubjetivos de los sujetos participantes, proyectan un modelo de persona en el que junto con la mencionada disposición a actuar conforme a las razones consideradas válidas aparece un fuerte sentimiento de empatía o capacidad de ponerse en el lugar del otro y de llegar así a formular juicios cuya aceptación pretenda ser universal.

14. El fenómeno de la propagación de deseos (en el sentido de pro-actitudes o actitudes favorables a determinado curso de acción) en el ámbito intersubjetivo parte de la necesidad de los individuos de acciones coordinadas de otros sujetos para, de esta forma conseguir satisfacer en la medida de lo posible sus distintos planes de vida. Cuando el interlocutor no tiene razones referidas a nuestro beneficio o placer o bien cuando no podemos apelar a sus propios beneficios, lo único que nos queda es invocar razones que sean válidas en el marco de algún discurso intersubjetivo en el que el otro sujeto esté dispuesto a participar a partir de compromisos mutuos tales como el actuar conforme a los principios aceptados como resultado de una práctica discursiva. Entre tales prácticas, el discurso moral es el discurso jerárquicamente superior. Lo que caracteriza al discurso moral liberal es que vincula a las razones últimas que en él se invocan no con nuestros deseos o con los dictados de alguna autoridad o tradición, sino con la consideración imparcial de todas las personas.

15. Como sucedía en el caso de la acción individual, la *praxis* colectiva puede ser vista desde una perspectiva externa o desde una perspectiva interna. Desde Hart sabemos que el punto de vista interno en relación con fenómenos de la praxis colectiva como el Derecho y la moral consiste en un uso de las reglas como guías o estándares para criticar o para justificar acciones. Según Nino —y en esto se separa de la postura de Hart— lo que caracteriza al punto de vista interno jurídico es la aceptación por razones morales de las reglas [*vid.* parágrafo nº 16]. La diferencia entre el punto de vista interno en relación con el Derecho y el punto de vista interno en relación con la moral vendría dada porque en el primer caso el consenso no se da meramente por concurrencia como sucede con la moral social (que es el producto de la adhesión independiente de los distintos sujetos a pautas de conducta que se pretenden conformes con la moral crítica), sino que el punto de vista jurídico interno viene caracterizado de forma más compleja: a diferencia del caso de la moral, el punto de vista interno jurídico presenta un componente convencional junto a las razones morales; por así decirlo, la práctica convencional —el hecho de que los demás actúen según una determinada práctica— es moralmente relevante a los efectos del razonamiento práctico del sujeto. Así, en el caso del punto de vista inter-

no en relación con el Derecho, nos encontramos con juicios de deber que son dependientes de la existencia de reglas sociales jurídicas.

Por su parte, el punto de vista externo en relación con el Derecho nos presenta a éste como un complejo de hechos sociales que consisten, entre otras prácticas, en la utilización de una serie de reglas emanadas de determinados órganos para la guía —o posterior valoración— de las acciones llevadas a cabo por los sujetos que interactúan y cooperan para la satisfacción de sus planes de vida.

En el caso de la moral, mientras que el punto de vista interno viene caracterizado por la pretensión de actuar conforme a los enunciados de la moral crítica (de esta forma nos encontraremos con valores, criterios de validación —tales como la universalidad, imparcialidad, racionalidad— y procedimientos, etc.), desde el punto de vista externo, vemos el producto causal de ciertos desarrollos históricos (p.ej la progresiva extensión de los sujetos morales) y un mecanismo que ha venido cumpliendo funciones de resolución de conflictos conforme a las necesidades de la adaptación evolutiva. En este último caso, además, es importante advertir —frente al escepticismo— que los juicios morales no se formulan en el vacío, sino en el contexto de una práctica social a la que subyacen criterios procedimentales y sustantivos de validación, como la universalidad, generalidad y la aceptabilidad de los juicios en condiciones ideales de imparcialidad, racionalidad y conocimiento y —frente al comunitarismo— que, pese a ser el discurso de la moral liberal un producto histórico (punto de vista externo), no por ello ha de tomar en cuenta las tradiciones particulares y los bienes involucrados en cada sociedad pues, desde el punto de vista interno, el discurso de la moral liberal es universal y abstracto.

16. Sin un punto de vista interno acerca de las acciones individuales o de las prácticas colectivas, no hay acción o práctica que identificar y, además, sólo dando cuenta del punto de vista interno es posible entender desde una perspectiva externa su funcionamiento. La perspectiva interna en relación con el fenómeno jurídico está indisolublemente ligada a la perspectiva interna de la practica discursiva moral. La pretensión normativa o justificativa del Derecho sólo puede satisfacerse cuando el discurso jurídico se entiende como un discurso inmerso en el discurso moral. La pretensión normativa está pues conectada con la pretensión de corrección del Derecho.

17. Nino desarrolla su concepción metaética a partir de una reconstrucción de los elementos presentes en la práctica efectiva del discurso moral tal y como ha venido desarrollándose a partir de la Ilustración. Esta concesión al relativismo no ha de malinterpretarse. Es un relativismo de tipo conceptual: el significado, verdad y validez de los juicios morales son

relativos a las reglas y a la estructura que subyace a la práctica social o la institución del discurso moral; pero, lo que viene caracterizando a esta práctica desde la Ilustración es, precisamente, que sus criterios de validez son la universalidad o la imparcialidad (presupuesto éste también, por cierto, de nuestra concepción del mundo y de nosotros mismos, si aceptamos la negación del solipsismo) la generalidad y la superveniencia.

18. Nino defiende un constructivismo epistémico que le lleva a sostener que la práctica efectiva de la deliberación moral colectiva y su resultado -el consenso unánime de los afectados- constituye el método más fiable de acceso a la verdad moral. También es posible que el sujeto pueda alcanzar la verdad moral a partir de un discurso monológico, pero en su opinión es muy difícil pensar en la posibilidad de que un sujeto pueda llegar a tener todo el conocimiento necesario y la capacidad de representarse con la imparcialidad suficiente los intereses de todos los afectados. Es esta su tesis de la politización de la moral. La moral es una práctica colectiva.

19. La posición metaética de Nino, que evolucionó desde un constructivismo ontológico defendido en su primera versión de *Ética y derechos humanos* al constructivismo epistémico de sus trabajos posteriores, no ha de hacernos descuidar su posición acerca de la constitución de la verdad moral. Aunque los consensos reales fruto de la deliberación moral tienen un valor puramente epistémico, la práctica real del discurso moral sigue teniendo, aun en las últimas versiones del constructivismo de Nino, un cierto valor ontológico en el sentido de que la validez de los principios morales viene constituida por reglas o presupuestos de la práctica efectiva del discurso moral —como la aceptación en condiciones ideales de los principios en cuestión. Según esto pues, en la concepción de Nino, no hay un orden moral absolutamente independiente de cualquier práctica discursi7va moral real —de la que, por cierto, una parte importante se proyecta en la constitución, reconocimiento y ejercicio del gobierno.

20. Los principios morales —y los derechos humanos como derechos morales de ellos derivados— a cuyo conocimiento se accede mediante el debate intersubjetivo y los consensos efectivos fruto de la práctica dialógica constituyen razones justificativas y objetivas para la acción.

21. El constructivismo epistémico en la concepción de Nino se limita al ámbito de la moral intersubjetiva. Quedan fuera de este ámbito los ideales de excelencia y virtudes personales. En ese ámbito de la moral intersubjetiva, Nino concibe la autonomía como la libre participación en un diálogo colectivo lo más amplio posible — y en el que se respeten los prerrequisitos que contribuyen a su valor epistémico— con el fin de llegar a obtener un consenso acerca de los principios morales correctos.

Nótese, por lo demás, que aquí sólo trazo la distinción conceptual entre moral intersubjetiva y moral personal y el distinto valor que el diálogo tiene en uno y otro caso. Sin embargo, una cuestión abierta y que excede los límites de este trabajo es la siguiente: viviendo como vivimos los seres humanos en sociedad y teniendo como tienen nuestras acciones y omisiones consecuencias en los planes de vida de otros seres humanos ¿cuál es el ámbito en el que el sujeto puede desarrollar su plan de vida sin entrar en consideraciones acerca de la aceptación en condiciones de imparcialidad de sus juicios morales? ¿dónde está, en definitiva, el umbral que separa la moral personal de la moral intersubjetiva?

22. Nino defiende una concepción deliberativa de la democracia que, en su análisis, lleva a hacer de la democracia el único sistema de gobierno moralmente legítimo. Sólo este sistema de gobierno hace de la discusión o debate en las instituciones parte esencial de la organización del gobierno. Pero un sistema democrático de gobierno nace de una necesidad más: el acceso a los principios morales correctos de los que derivan los derechos humanos es un primer paso para conseguir el fin socialmente valioso que legitima la organización estatal: garantizar los derechos humanos y resolver los conflictos sociales de forma moralmente legítima.

Para la consecución de tales fines valiosos, el discurso moral general es insuficiente; de ahí que por la necesidad, entre otras, de alcanzar un consenso en un determinado plazo de tiempo permitiendo resolver los conflictos sociales, la unanimidad haya de ser sustituida por la regla de mayorías o principio democrático (ésta constituye una desviación legítima del discurso moral originario). La tesis defendida por Nino es que un proceso de deliberación y resolución por mayorías, siempre y cuando estén representados en la deliberación todos los sujetos que van a ser afectados por una decisión, tiende a alcanzar resultados más próximos a los que se alcanzarían en condiciones absolutas de imparcialidad que el resultado producido por cualquier otro sistema de gobierno. Las diferencias ideológicas (o de fundamentación) acerca de cuáles son los principios de la moral intersubjetiva válidos para armonizar los intereses de todos los implicados son, precisamente, el objeto del debate democrático. La transformación de preferencias interpersonales que resultaría de la práctica deliberativa de justificación contribuiría a que pudiera alcanzarse un resultado —la ley democrática— que reflejaría ese consenso alcanzado por mayorías acerca de cual es la forma legítima de regulación de una determinada esfera social en la que existe un conflicto de intereses. Cuanto más amplia haya sido la mayoría que haya votado a favor de una determinada decisión, más alto será, *ceteris paribus*, su valor epistémico. Sin embargo, el valor epistémico fundamental es el que se predica del procedimiento deliberativo o de la práctica en su conjunto: en este sentido, tendremos razones para guiar nuestra conducta por una ley democrática porque, en general, la deliberación democrática resulta más fiable que ningún otro tipo de procedimiento en relación con el conocimiento de las soluciones moralmente legítimas.

23. El intento por demostrar que el concepto normativo de validez jurídica es un concepto puente entre el discurso jurídico y el discurso moral lleva a Nino a analizar varios problemas que se presentan desde el punto de vista interno. Uno de esos problemas es el del fundamento de un control judicial de constitucionalidad. La tesis de Nino es que para dar una respuesta plausible a esta cuestión es preciso ir mas allá del propio sistema jurídico y de la existencia de una constitución como norma jurídica suprema, siendo preciso una inmersión en el ámbito de consideraciones de filosofía moral y política acerca del valor de la democracia.

El ámbito de legitimidad de la democracia deliberativa como conjunto institucional es el reconocimiento y protección de los derechos humanos, siendo un paso importante en este sentido el que tales derechos aparezcan positivizados en un texto constitucional bajo la forma de derechos fundamentales. La proyección jurídico-política del constructivismo epistémico que defiende Nino en el plano metaético es un sistema de gobierno democrático constitucional.

Aunque el debate ideológico acerca de los principios morales intersubjetivos o el balance acerca de las ponderaciones que entre valores constitucionales haya de llevarse a cabo (el ámbito que Nino denomina de los derechos *a posteriori*) es competencia de la deliberación democrática parlamentaria, en una serie de supuestos, una fundamentación deliberativa de la democracia legitima el control judicial de constitucionalidad. Tales supuestos o excepciones al principio de mayorías parlamentarias (que se refieren a una serie de desviaciones ilegítimas del procedimiento democrático en relación con el discurso moral general) son las siguientes: cuando se trate de garantizar la satisfacción de los prerrequisitos para la calidad epistémica del debate democrático o derechos *a priori*, cuando el legislador democrático se exceda de aquella esfera donde la deliberación democrática tiene un valor epistémico superior a cualquier otro procedimiento, o bien, por razones institucionales (cuando se trate de proteger una práctica constitucional valiosa en su conjunto que pudiera verse minada en el caso de una ley democrática cuya legitimidad a la luz de la constitución ideal de derechos es mucho mayor pero que, sin embargo, fuera en contra de algún elemento importante para la estabilidad de esa práctica y para que, en definitiva, en el futuro se pueda seguir tomando decisiones jurídicas moralmente legítimas y, además, efectivas).

24. En mi opinión, hay un fundamento que se articula en un nivel más profundo que las excepciones identificadas por Nino y que vendría a cons-

tituir el fundamento de todas ellas y, en definitiva, de la defensa de un organigrama institucional en el que aparezca, también, un Tribunal Constitucional. La relevancia de la institución —especialmente en aquellos casos en los que nos movemos en un terreno de dificultades epistémicas acerca de dónde se encuentra el umbral que separa el ámbito del debate parlamentario del ámbito que, por el contrario, ha de sustraerse a él— podría ser defendida a partir de estos dos argumentos que surgen si tiramos un poco de algunos hilos que de alguna forma aparecen ya en la argumentación de Nino: (1) El argumento del enriquecimiento deliberativo. La institución del tribunal constitucional puede contribuir a mejorar la calidad epistémica del debate democrático parlamentario estimulando el debate público y posibilitando así la toma de decisiones fruto de reflexiones más profundas; y (2) el argumento del control o mediación autoritativa. La institución del Tribunal Constitucional (tanto más legítima si, siguiendo el modelo de Nino, se trata de un Tribunal Constitucional con una amplia representación democrática distinta a las fuerzas políticas representadas en el parlamento) como órgano que tiene la última respuesta en materia de interpretación constitucional, se presenta como una institución necesaria en muchas de nuestras democracias para resolver de forma autoritativa (como órgano independiente mediador) los conflictos en relación con la protección de los derechos fundamentales de las minorías frente a las mayorías parlamentarias coyunturales.

25. El concepto de validez jurídica es ambiguo ya que, en la literatura iusfilosófica, ha sido utilizado para hacer referencia tanto a un sentido descriptivo de validez (validez como pertenencia o individualización de un sistema) como a un sentido normativo de validez. Para analizar los problemas que se presentan en torno a estos dos sentidos de validez y ensayar respuestas plausibles, Nino analiza una serie de controversias que, desde el punto de vista interno, tienen los juristas.

Una dilucidación del concepto descriptivo y del concepto normativo de validez llevan a Nino a abordar, además del debate acerca del control judicial de constitucionalidad del que me ocupé en las conclusiones previas, las siguientes cuestiones: (a) la individualización espacial de un sistema; (b) la competencia jurídica originaria; (c) la modificación de las normas básicas del sistema y la cuestión acerca de si un sistema jurídico puede generar su propia validez.

A continuación me ocuparé de las tres primeras. Las conclusiones acerca del análisis de las normas *de facto* vendrán después [*vid.* parágrafo nº 30].

26. Al abordar el sentido descriptivo de validez nos encontramos con un problema teórico recurrente: cómo evitar la circularidad a la hora de individualizar espacialmente un sistema. La conclusión a la que aquí llega-

mos es la siguiente: la circularidad sólo se le presenta al observador que trata de individualizar desde el punto de vista teórico o perspectiva externa un sistema jurídico y no al participante, que tiene una actitud práctica en relación con el sistema. Ahora bien, el supuesto problema de la circularidad a la que se vería abocada el observador que al tratar de individualizar un sistema jurídico necesita acudir a identificar quienes son o los órganos que cumplen la función de aplicación del Derecho o bien quienes son los órganos sancionadores, precisando para ello a su vez acudir a normas que establezcan quienes son los sujetos institucionales competentes, puede dejar de ser visto como tal problema si, sin grandes complejidades, lo que hacemos para identificar un sistema es tratar de identificar un órgano que sea socialmente reconocido como órgano aplicador del Derecho (identificamos p.ej. un tribunal supremo), a partir de eso vemos qué reglas de reconocimiento utiliza y buscamos otros órganos de aplicación también reconocidos así socialmente, para llegar a la conclusión de que si aplican la misma regla de reconocimiento forman parte del mismo sistema.

Al participante que trata de identificar el sistema jurídico con una actitud práctica o justificativa no se le presenta este problema de circularidad pues debe, necesariamente, ir más allá del propio sistema. Pero esta afirmación sólo puede entenderse a la luz del análisis de los otros problemas apuntados.

27. Según una noción descriptiva de competencia jurídica originaria, alguien tiene tal tipo de competencia cuando tiene el control del aparato coactivo estatal y sus facultades para dictar normas jurídicas no derivan de normas dictadas por otros órganos, sino de una norma dictada por él mismo a ese efecto o, en última instancia, de la regla de reconocimiento del sistema. Sin embargo, cuando se pretende reconstruir el concepto de competencia —originaria o derivada— tal cual él es empleado en enunciados que expresan razones para actuar, no es suficiente concluir que las aplicaciones de ese concepto presuponen juicios descriptivos acerca de la vigencia de normas jurídicas. En el análisis de Nino, cuando el concepto de competencia jurídica es empleado en contextos justificativos es un concepto moral, o sea, presupone la aplicabilidad de ciertos principios de justicia y moralidad social que establecen en qué condiciones cabe observar y reconocer las directivas de quienes detentan el monopolio de la coacción en una determinada comunidad. Si la adjudicación del poder constituyente originario involucra un compromiso moral, la legitimidad de tal poder vendrá dada en función de su éxito al hacer efectivos los derechos humanos derivados de los principios morales.

28. Como sucede con el anterior problema, la pregunta acerca de si un sistema jurídico puede generar su propia validez puede proyectarse en

dos niveles: uno descriptivo y otro normativo. El problema descriptivo consiste en ofrecer una respuesta a la pregunta acerca de si un sistema es o no autosuficiente para regular el dictado y derogación de sus normas básicas (la reforma regular de la Constitución). En este caso, en opinión de Nino, no hay ningún problema en afirmar que el sistema es autosuficiente puesto que incluye una norma originaria que no va ser a su vez modificada y que establece que —si no hay otra norma que diga lo contrario— el procedimiento para cambiar la norma de reforma constitucional será idéntico al que ella fija para las demás normas del sistema. Esta norma «de reforma de las normas de reforma» es más básica que las que plantean el problema y suele ser implícita.

El problema normativo es el de si es posible que la obligación de obedecer las normas del sistema jurídico provenga de lo establecido por una de ellas. La tesis de Nino es que la derivación de la validez (como fuerza vinculante) de las normas del sistema a partir de una norma del propio sistema debe ser, rechazada (el sistema jurídico no es autosuficiente por lo que se refiere a la generación de su propia fuerza vinculante). La validez en sentido normativo de la nueva norma de reforma constitucional no puede derivar de la norma de reforma anterior que ya no es válida, pero puede haber una norma que pertenece a un plano más profundo y, generalmente, no articulado en el que se desarrolla una práctica básica de reconocimiento de reglas que, a su vez, reconocen la validez de otras. Tal práctica no coincide con la Constitución, sino que se refiere a ella. Pese a la opinión de la mayoría de los juristas que han considerado, erróneamente, a esa norma como un juicio de adhesión normativa, es decir como un juicio valorativo que tiene como contrapartida una norma jurídica (exigencia por lo demás que exigiría una cadena infinita de normas jurídicas), se trata de un juicio normativo puro que, por regir en el ámbito en el que intereses de terceros están afectados, ha de ser, necesariamente, de carácter moral.

29. Cuando se transforma la base de un sistema jurídico se produce un cambio del sistema y, a tales efectos, da lo mismo que se convoque una asamblea constituyente o que el presidente del país tome la decisión de modificarla. Así, no todo cambio regular de la fuente suprema del sistema implica la continuidad de la misma regla de reconocimiento. Lo que permite marcar la diferencia, en términos de legitimidad, entre un cambio democrático y un cambio violento de las normas que constituyen la base del sistema es reivindicar que la validez de las normas jurídicas depende de presupuestos morales y no de meras normas jurídicas. A la luz de las anteriores consideraciones, una autoridad *de facto* que pretende legitimar su ejercicio del poder y sus actos subsiguientes mediante el dictado de una serie de normas o directivas verá frustrado su intento de cambio de orden

jurídico si las normas que dicta pretenden amparar violaciones de derechos humanos. Ese pretendido Derecho será nulo *ab initio* y el Derecho válido y vigente será el correspondiente al ordenamiento anterior. Así, en el caso de las normas jurídicas procedentes de una autoridad no democrática, no se presume su validez de origen y la pregunta acerca de si ha habido o no un cambio exitoso de orden jurídico sólo puede ser respondida a la luz de consideraciones morales acerca del contenido de las nuevas directivas.

30. En realidad la tesis de la conexión entre Derecho y moral en el análisis de Nino es más compleja de lo que parece desprenderse de la tesis del anclaje moral del sistema jurídico. El propio Nino, de alguna forma, rechazaba la tesis del mero anclaje del sistema jurídico en la moral señalando que ante la constatación de que los jueces no razonan sólo a partir de normas jurídicas resulta insuficiente e implausible presuponer sólo una norma extrajurídica en la cúspide del sistema.

Nino considera que el razonamiento jurídico justificativo de jueces y juristas nunca se basa en normas jurídicas, sino en juicios paralelos acerca de su validez. Para que el razonamiento jurídico justificativo consiga el fin que persigue: justificar acciones y decisiones que afecten los intereses de terceros, debe estar impregnado de juicios morales válidos. Es su tesis acerca de la inmersión del discurso jurídico justificativo en el discurso moral.

31. El examen que hace Nino del problema de la validez de las normas *de facto* o normas procedentes de regímenes no democráticos permite avanzar en la comprensión de la conexión justificativa entre Derecho y moral o su tesis acerca de la inmersión del discurso jurídico justificativo en el discurso moral.

El carácter democrático o no de un gobierno no incide en el tipo de justificación a que están sometidas sus normas para ser válidas puesto que tal justificación ha de ser siempre de índole moral. La cuestión en que sí incide el carácter del gobierno es en la respuesta a la pregunta acerca de si esa justificación moral se alcanza o no invocando meramente la norma jurídica en cuestión.

Las normas procedentes de un gobierno no democrático no gozan de ningún tipo de presunción acerca de su valor epistémico y de ahí que sea preciso entrar en consideraciones acerca de la corrección moral de su contenido. El problema teórico-práctico de mayor gravedad se nos presenta en el caso de normas procedentes de regímenes no democráticos que tratan de amparar violaciones a derechos humanos. Según el análisis de Nino los órganos del poder judicial de la democracia subsiguiente no enfrentan un problema de aplicación retroactiva de leyes penales sancionadoras puesto que los crímenes eran considerados como tales a la luz del Derecho válido en ese momento: Derecho que, por cierto, no coincidía con el que aparecía como el Derecho escrito positivizado y eficaz sino, si tenemos en cuenta la nulidad de las leyes que violan los derechos humanos, con el nivel previo de normas jurídicas positivas válidas.

32. Nino parece no darle ni siquiera un valor *prima facie* a las normas procedentes de autoridades *de facto* que aparecen como Derecho vigente. Ahora bien, si entendemos el principio de legalidad como la protección de la confianza en la ley que aparece en ese momento como ley positiva y eficaz (esto es, como reflejo del principio moral de la seguridad jurídica o seguridad depositada por el ciudadano y operadores jurídicos en el Derecho institucionalizado) nos damos cuenta de que si bien la conclusión de Nino es correcta es preciso invocar un argumento más: si el principio de legalidad protege la confianza en la ley que aparece en ese momento como positiva y eficaz, cuando excluímos de ese ámbito de protección las leyes o cláusulas penales extremadamente injustas estamos escogiendo entre: (1) dejar sin punición a quienes actuaron amparándose en prescripciones extremadamente injustas pero que, bajo el régimen, se presentaban como el Derecho positivo eficaz; o bien, (2) entender que el principio de legalidad para que sea moralmente legítimo ha de excluir de su ámbito de protección la supuesta confianza depositada en normas que aparecen como Derecho positivo y eficaz pero que son extremadamente injustas (tal confianza no sería pues merecedora de protección). A la luz de consideraciones morales es preciso condicionar en este último sentido la comprensión del principio de legalidad. Y ello al margen de que en determinado tipo de supuestos y en orden a otro tipo de consideraciones puedan articularse las excusas o atenuantes pertinentes.

33. El mapa que permite entender la complejidad de dimensiones de las normas jurídicas procedentes de una autoridad democrática en la concepción de Nino tiene dos puntos clave: (a) normas jurídicas como razones para creer (y reconocimiento de derechos); (b) normas jurídicas como razones para la acción; y aún en este caso podemos distinguir: normas jurídicas como razones operativas y normas jurídicas como razones auxiliares, según el sentido de norma jurídica que manejemos.

34. Las normas jurídicas pueden verse como derivadas directamente de principios morales o como reflejo de cuáles sean estos. Así, los derechos fundamentales que aparecen en las constituciones y su desarrollo mediante leyes democráticas serían indicios epistémicos para creer en la existencia de los correspondientes derechos humanos —como derechos morales derivados de los principios morales últimos—. Esto permite presentar una importante aportación de Nino en relación con una dimensión

del papel que en el razonamiento práctico cumplen las normas jurídicas procedentes de una autoridad democrática: las normas jurídicas procedentes de una autoridad democrática tienen un valor epistémico especial. Su origen democrático constituye una razón para creer que hay una buena razón para aceptar su contenido y actuar en conformidad con ellas. Este valor epistémico se predica con mayor fuerza de la práctica democrática en su conjunto, algo que llevó a Nino a sostener que, aunque en un determinado caso particular el sujeto dude legítimamente acerca de la calidad epistémica de la norma democrática en cuestión, aun así, ésta puede verse como una razón excluyente para actuar conforme a lo que establece si, en cuanto que razón auxiliar, la combinamos con el principio moral que establece el deber de implementar instituciones justas: el respeto del principio democrático, aun en aquellos casos en los que la mayoría se equivoque, permitirá conservar una práctica que en general garantiza con más intensidad que cualquier otro sistema la obtención de resultados justos.

35. Además, cuando reconstruimos el razonamiento jurídico justificativo, a partir de las categorías razianas de razones operativas y razones auxiliares y de los distintos sentidos de norma jurídica identificados por Nino (como hechos sociales, como prescripciones, como juicios deónticos o juicios de deber ser) podemos establecer estas relaciones entre los distintos sentidos de norma jurídica y las razones para la acción:

a) Normas jurídicas como directivas (o aspecto directivo de las normas jurídicas): las normas jurídicas se presentan como razones auxiliares cuando son concebidas como prácticas sociales o juicios constatativos de prescripciones procedentes de una autoridad. En este sentido de norma jurídica éstas se presentan como entidades diferentes a los principios morales o juicios de valor y no son razones autónomas para la acción.
b) Normas jurídicas como juicios de deber (o aspecto valorativo de las normas jurídicas): las normas jurídicas se presentan como razones operativas cuando el sentido de norma jurídica que manejamos es el de juicio normativo puro acerca de la organización de una sociedad, juicio normativo puro que establece derechos humanos o juicio de adhesión normativa. Estos últimos (los juicios de adhesión normativa o normas jurídico-morales) combinan: el sentido de norma como prescripción o directiva (esto constituye una razón auxiliar) junto con razones operativas morales (el principio moral que establece el deber de obedecer a las autoridades legítimas). Cuando con norma jurídica nos referimos al juicio de adhesión normativo apuntado estamos haciendo referencia con el término norma jurídica a un juicio de deber ser dependiente del dictado de una regla jurídica. En el análisis de Nino,

sólo las normas jurídicas entendidas en estos sentidos aquí recogidos son razones autónomas para la acción. Pero lo que está sucediendo aquí es que estos sentidos de norma jurídica ya incluyen el componente normativo moral.

En el fondo, por cierto, la postura de Raz y la de Nino en este punto no es, como parece pensar Nino, distinta, puesto que si mi lectura de Raz es correcta, cuando este autor habla de normas jurídicas como razones para la acción está pensando en las reglas jurídicas como juicios prácticos válidos.

36. La dimensión del Derecho como práctica colectiva institucional es un punto del análisis de Nino que permite ver su comprensión de la especificidad del discurso jurídico justificativo en relación con el razonamiento moral ordinario. Las anteriores tesis acerca de la conexión entre moral y política [*vid.* parágrafos 17 a 22] junto a ésta, que supone la conexión del Derecho con la política, permiten mantener la tesis de la conexión justificativa entre Derecho y moral, al tiempo que resolver las que se presentan finalmente sólo como paradojas aparentes (la de la irrelevancia del Derecho y la de su indeterminación radical).

La visión sobre la estructura del razonamiento práctico que conduce a concluir que el Derecho es superfluo para ese razonamiento concibe erróneamente a las acciones o decisiones jurídicas como si fueran acciones o decisiones aisladas, cuando, de hecho, son parte de un proceso de interacción colectiva institucionalizada para el reconocimiento y protección eficaz de los derechos humanos que se extiende en el tiempo y a cuya mejora han de contribuir todos los participes, si bien, especialmente los sujetos institucionales, han de tener en cuenta, a la hora de perseguir este objetivo, dos importantes dimensiones —fuertemente entrelazadas— del Derecho:

a) Su dimensión de práctica colectiva (o la vertiente colectiva de la dimensión institucional): los participes en esta práctica han de ser conscientes de que ellos son uno más entre los muchos participes en esa empresa colectiva que consiste en la implementación de una práctica justa (acercándola al modelo ideal) de ordenación de la sociedad. Cada uno de los participes contribuye a esa práctica pero no controla el resultado final.
b) Su dimensión institucional (o la vertiente regimentada de la dimensión institucional): (1) los participes en la práctica jurídica sólo pueden tomar decisiones que, además de moralmente válidas, sean eficaces, si lo hacen en el marco de esa empresa o práctica colectiva; (2) para preservar tal eficacia general es preciso limitar la consecución de los fines sustantivos últimos en beneficio de los fines institucionales que implican la conservación de la institución del Derecho como práctica colectiva para la ordenación de la convivencia y la protección de

los derechos humanos; (3) los cauces adecuados para los cambios están establecidos en un organigrama de instituciones que se considera, en su conjunto, como el más idóneo en términos de legitimidad de la práctica.

37. Los operadores jurídicos (jueces, legisladores y órganos de control de constitucionalidad) de acuerdo con el análisis de Nino deberán llevar a cabo un razonamiento escalonado en dos niveles: (1) en el primero deben juzgar la legitimidad de un determinado sistema jurídico como institución adecuada para lograr fines morales sustantivos; (2) en el segundo nivel operarán las restricciones derivadas de la dimensión institucional del Derecho, tanto las referidas a plazos, competencias, etc., como las que presentan a la democracia como la práctica discursiva cuyo resultado tiene un valor epistémico más próximo que cualquier otra al discurso moral.

El mapa que se presenta es, ciertamente, complejo: junto con consideraciones derivadas de exigencias prácticas (limite de tiempo, recursos etc), encontramos otras que vienen articuladas en términos del diseño político institucional superior por lo que se refiere a su calidad epistémica; pero, también, junto a esto, nos encontramos, precisamente, con dudas importantes acerca de la calidad epistémica de las democracias reales, que nos llevan a subrayar el compromiso por parte de los jueces (y, especialmente, del Tribunal Constitucional) de acercar la propia práctica, en la medida en que sea posible, a formas más perfectas de legitimidad.

38. Si superponemos la tesis de Nino acerca del carácter colectivo e institucionalizado de la práctica jurídica a los análisis de otros autores que tratan de dar cuenta de los límites derivados de la dimensión institucional del Derecho, podemos, en mi opinión, avanzar las siguientes consideraciones acerca de los límites derivados del carácter de práctica colectiva e institucional del Derecho:

a) en aquellos casos en los que las exigencias institucionales que determinan el sacrificio de principios sustantivos derivan de la separación de poderes en el marco de un Estado democrático de Derecho, los límites institucionales que identificamos no lo son en el mismo sentido en que lo son otras medidas sin las cuales el Derecho no podría conseguir eficazmente sus objetivos (como plazos, decisiones no revisables, etc). Mediante el primer tipo de limitaciones institucionales amparamos la legitimidad de las soluciones alcanzadas (si acordamos con Nino que la presunción de legitimidad es más fuerte en el caso de los resultados de una deliberación democrática aunque esté regimentada). El fundamento del segundo tipo de limitaciones institucionales deriva de consideraciones de operatividad o eficacia del sistema, es decir, de cómo el Derecho ha de operar para conseguir materializar valores últimos.

b) La anterior precisión acerca del fundamento en el que descansaría el primer tipo de limitaciones institucionales creo que permite arrojar algo de luz en lo que Nino denomina «racionalidad de la segunda mejor opción». Este tipo de racionalidad se pone de manifiesto cuando, como partícipes, estamos pensando en cómo mejorar prácticas institucionales reales acercándolas a modelos de instituciones ideales. Creo que es posible sostener que el término de «la segunda mejor opción» no apunta al carácter institucional —o, regimentado— de la práctica sin más, sino a lo siguiente: si bien las opciones morales que tomamos en el seno de una institución moralmente perfecta (pensemos en un modelo moralmente perfecto de sistema democrático) son óptimas (aunque, claro, diferentes de las soluciones morales a las que llegaríamos en un caso particular al margen de una institución; algo que, por lo demás, en nuestras sociedades no sería operativo), no lo son las tomadas en las democracias reales que vienen caracterizadas por una serie de desviaciones que afectan (de forma ilegítima) a la calidad epistémica de sus resultados. Lo que sucede es que cuando la práctica en su conjunto es justa, los esfuerzos por mejorarla han de proceder según los cauces por ella habilitados («el juez no puede dictar sentencia como si estuviera creando con su decisión todo el orden jurídico»). ¿Por qué racionalidad de la segunda mejor opción? Pues porque si bien el juez debe respetar autoritativamente el principio democrático, ya que tomarse en serio tal principio es la única forma de poder materializar en un futuro la constitución ideal (en Nino la deliberación colectiva es la forma más fiable para alcanzar el conocimiento moral), al tiempo no debe olvidar que la práctica puede —y debe— ser mejorada (incitando el debate público que lleve a reconsiderar por los canales institucionales adecuados determinados consensos autoritativos que considera erróneos). La idea de «racionalidad de la segunda mejor opción», que operaría en la participación del sujeto en prácticas regimentadas colectivas, estaría apuntando a este distanciamiento crítico de la deliberación del sujeto que participa en prácticas regimentadas colectivas no ideales sino reales y, por lo tanto, muchas veces imperfectas.

Cierto es que si la moral es lo que debe hacerse dentro de lo —empíricamente— posible, una reconstrucción de la política y del Derecho como la que plantea Nino en su obra lleva de alguna forma a la disolución de la diferencia entre moral y política y, si esto es así, entonces el concepto de «la racionalidad de la segunda mejor opción» resulta de algún modo contradictorio con esa reconstrucción. En efecto, los actores individuales que participan en una práctica colectiva sólo tienen una «mejor opción», a saber, aquella que parte de dilucidar qué debe hacerse teniendo en cuenta que la única forma de que las decisiones sean legítimas y eficaces pasa por articularlas en el seno de una institución colectiva en la que hay que lograr también el apoyo de grupos que, muchas veces movidos por intereses espurios, se oponen a la adopción de determinado tipo de medidas.

39. La tesis de la unidad del razonamiento práctico o la tesis del discurso jurídico como caso especial del discurso moral general significa lo siguiente:

1. Su especialidad viene implicada por una serie de rasgos que pueden resumirse en lo que se conoce como su dimensión institucional. Esta institucionalización es una exigencia de la propia racionalidad práctica. No sería posible la vida en sociedad, la regulación de la interacción colectiva y la satisfacción de los derechos humanos si el discurso moral no fuera completado con el Derecho como discurso en el que se combinan dos tipos de elementos: autoridad y valores últimos. La forma que Nino tiene de armonizar, en cierta manera, estos dos elementos —sin negar por ello la existencia de una tensión permanente— es sosteniendo que el tipo de Derecho que se presenta como una exigencia de la propia moral no es cualquier Derecho, sino uno que tenga su fuente en la política democrática. Una concepción de la democracia como sucedáneo del discurso moral permite legitimar a ésta como sistema de gobierno y constituir al Derecho —teniendo especialmente en cuenta, además, las implicaciones derivadas de su carácter de práctica colectiva— en un elemento relevante del razonamiento práctico (esto es, del razonamiento justificativo de nuestras acciones). Este fundamento de la democracia tiene también importantes consecuencias a la hora de establecer cómo habrá de estar organizada la maquinaria jurídica y las instituciones con el fin de aproximar lo más posible las democracias reales al modelo ideal de democracia. En definitiva, el debate democrático y su regimentación, así como todos las otras exigencias institucionales que garantizan, por una lado, la eficacia del Derecho en la persecución de los valores morales últimos y, por otro, la mayor legitimidad moral en la producción de normas jurídicas (el denominado principio democrático y la separación de poderes) habrán de articularse con el fin de conseguir la satisfacción más eficaz de los derechos humanos.

Por lo demás, el elemento autoritativo en la concepción del Derecho de Nino viene construido a partir de la idea de autoridad epistémica y esto se va a traducir en una especial forma de entender el rasgo de autoridad del Derecho. Hablar de autoridad epistémica en relación con el sistema de gobierno democrático implica que el resultado del discurso democrático nos da razones para creer en la existencia de tales razones morales. La mayor fiabilidad en el ámbito de la moral intersubjetiva no significa que el discurso democrático arroje siempre el resultado correcto. Sucede, sin embargo, que cuando pierde fuerza epistémica, opera el principio moral según el cual es preciso salvaguardar las instituciones que permiten implementar la toma de decisiones moralmente legítimas y de ahí que, en tales casos, opere el carácter autoritativo del Derecho; ahora ya, como sistema, en su conjunto, moralmente legítimo. El principio democrático exigirá que, especialmente, aquellos que toman decisiones como parte de esa maquinaria institucional acepten —apliquen autoritativamente— las decisiones democráticas aunque estas no coincidan con su propio juicio; y ello porque respetando ese principio ampliamos las posibilidades de que, en muchos otros casos, se tomen decisiones correctas.

2. Pero ser un caso especial implica obviamente también «ser un caso de». Y es aquí, aunque ya ha quedado parcialmente esbozado en el párrafo anterior, donde es preciso señalar que lo que caracteriza además a la tesis de la unidad del razonamiento práctico es, como vimos, el sostener —en la terminología de Nino— que las normas jurídicas sólo pueden verse como razones autónomas para la acción si se las concibe como juicios de adhesión normativa. Pero, además, esto resulta algo más complejo si tenemos en cuenta que, precisamente, lo que concede legitimidad a un sistema de gobierno sobre otro es la mayor fiabilidad epistémica en relación con los principios morales válidos. Entonces, nos encontramos con que las normas jurídicas procedentes de un sistema democrático constituyen razones para la acción en la medida en que —tenemos razones para creer que—, en su vertiente valorativa están ejemplificando, o especificando, principios morales (es decir, se presenten como exigencias derivadas de la legitima protección de bienes). Y cuando esto no es así, como señalé antes, es preciso ver si, en última instancia, opera también el principio moral que exige implementar aquellos procedimientos epistémicos que maximicen la probabilidad de actuar de forma moralmente correcta: esto es, si el juicio del primer nivel del razonamiento acerca de la legitimidad de la institución en su conjunto es positivo, entonces, esa legitimidad moral se proyectaría —aunque suponga una legitimidad más débil— sobre la norma jurídica que carece de valor epistémico y esa norma jurídica sería una razón auxiliar que combinada con el mencionado principio moral constituiría, en cuanto que juicio de adhesión normativa, una razón completa para la acción.

40. Pueden darse conflictos entre las normas provenientes de las autoridades legítimas y los derechos humanos derivados de los principios morales. En realidad este conflicto viene implicado por un conflicto que se da ya entre principios morales. En el sistema moral y a la luz de las exigencias de organización de nuestras sociedades (por razones epistémicas y de protección eficaz de derechos humanos), un principio moral establece el deber de implementación de sistemas justos de gobierno y derivado

de esta exigencia el deber moral de obediencia a las autoridades legítimas. Junto con estos principios hay otros principios morales de los que derivan los derechos humanos como derechos morales. Es fácil percibir que las exigencias derivadas de unos y otros pueden entrar en conflicto en las sociedades reales sobre las que se proyectan (Nino establece que cuando el conflicto afecta a los derechos humanos fundamentales, por muy legítima que sea la autoridad, el principio moral de los que estos derivan tiene prioridad, pues tales derechos son excluyentes en su ámbito de aplicación).

El anterior conflicto reaparece en la propia Constitución entre, por un lado, el deber de obediencia a las normas dictadas por las autoridades democráticas legítimamente constituidas y, por otro, el respeto a los derechos fundamentales.

De esta forma, puede haber conflictos entre las normas morales puras y las normas jurídico morales, es decir, entre los derechos fundamentales derivados de las normas morales y los derechos y deberes institucionales derivados de normas morales que otorgan legitimidad a una cierta autoridad o práctica social.

Es la tensión entre razón y voluntad, una tensión que si bien puede ser anulada en el seno de organigramas institucionales democráticos ideales, sin duda, permanece en el seno de nuestros sistemas democráticos reales.

Capítulo VII

Bibliografía

OBRAS DE NINO

LIBROS:

La dogmática jurídica. Sus aspectos científicos y acientíficos (con especial referencia al Derecho penal), trabajo de investigación inédito, Instituto de Filosofía del Derecho de la Facultad de Derecho y Ciencias Sociales de la Universidad de Buenos Aires, 1970.

El concurso en el Derecho Penal. Criterios para clasificar los casos de varios hechos o de varias normas en la clasificación penal de una conducta, ed. Astrea, Buenos Aires, 1972.

Notas de introducción al análisis del Derecho, ed. Astrea, Buenos Aires, 4 vols., 1973-1975.

Consideraciones sobre la Dogmática Jurídica, México, 1974.

Algunos Modelos Metodológicos de «Ciencia» Jurídica, Universidad de Carabobo, Venezuela, 1979; ed. Fontamara, México, 1993; ediciones mexicanas de la UNAM 1984 y 1989, y de la editorial Fontamara, 1993 y 1995, no introducen cambios.

Los límites de la responsabilidad penal. Una teoría liberal del delito, trad. esp. G. R. Navarro, ed. Astrea, Buenos Aires, 1980.

Introducción al Análisis del Derecho, ed. Astrea, Buenos Aires, 1980; edición española, ed. Ariel, Barcelona, 1983. Hay reimpresiones sucesivas. [Traducción al italiano *Introduzione all'analisi del diritto*, Torino, Giappichelli, 1996].

La legítima defensa. Fundamentación y régimen jurídico, ed. Astrea, Buenos Aires, 1982.

Ética y derechos humanos, 1ª edición, ed. Paidós, Buenos Aires, 1984.

Ética y derechos humanos, 2ª edición, ed. Astrea, Buenos Aires, 1989 y ed. Ariel, Barcelona, 1989. En esta edición hay algunos cambios importantes. El autor modifica los capítulos I, II, IV, VIII, IX, X, XI y altera el orden de los capítulos V (modificado) y VI de la primera edición.

Consideraciones sobre la dogmática jurídica, NAM, México, 1984. Reimpresión de 1989.

La validez del derecho, ed. Astrea, Buenos Aires, 1985.

Introducción a la Filosofía de la Acción Humana, ed. Eudeba, Buenos Aires, 1987.

El constructivismo ético, ed. Centro de Estudios Constitucionales, Madrid, 1989.

Fundamentos de Derecho Constitucional, ed. Astrea, Buenos Aires, 1992.

Un País al Margen de la Ley, Emecé editores, Buenos Aires, 1992.

The Ethics of Human Rights, Clarendon Press, Oxford, 1993. Edición en inglés del trabajo *Ética y derechos humanos*, 2ª edición. Introduce cambios (principalmente ampliaciones) respecto de la 2ª edición en castellano. Hay variaciones en los capítulos I, II, IV y V (éste último engloba los capítulos IV, V y VI de la 1ª edición de 1984). Además, incluye un nuevo capítulo VI que reemplaza el antiguo capítulo VII, el capítulo VII reemplaza al VIII, y el capítulo VIII incorpora la concepción general de Nino sobre la pena, y el capítulo IX y el X de la edición de 1984. Se incorporan además V apéndices (sobre paternalismo, causas y condiciones, recurso, intercambio e igualdad, la irrelevancia del Derecho y el anarquismo).

Derecho, Moral y Política, Una revisión de la teoría general del Derecho, ed. Ariel, Barcelona, 1994.

The Constitution of Deliberative Democracy, Yale University Press, New Haven, 1996. [*La constitución de la democracia deliberativa*, trad. esp. de Roberto P. Saba, ed. Gedisa, Barcelona, 1997].

Radical Evil on Trial, Yale University Press, New Haven, 1996. [*Juicio al mal absoluto. Los fundamentos y la historia del juicio a las Juntas del Proceso*, ed. Emecé, Buenos Aires, 1997].

TRABAJOS EDITADOS:

El lenguaje de derecho (junto con otros editores), ed. Abeledo-Perrot, Buenos Aires, 1983.

Rights, Darthmouth, Aldershot, G. B., 1992.

ARTÍCULOS:

«Efectos del ilícito civil», *Lecciones y Ensayos*, nº 32, pág. 157, (1966), págs. 157-168.

«Nota a N. Sponlanski, "Nullum crimen sine lege, error de prohibición y fallos plenarios"», *Lecciones y ensayos*, nº 35, (1966), págs. 157-158.

«El tema de la interpretación de la ley según Alf Ross ejemplificado en dos fallos argentinos», *Lecciones y ensayos*, nº 35, (1967), págs. 31-38.

«Lesiones y retórica», con J. A. Bacqué, *Revista Jurídica Argentina. La Ley*, (1967), págs. 966-975.

«El tema de la interpretación de la ley en Alf Ross ejemplificado en dos fallos argentinos», con J.A. Bacqué, *Lecciones y Ensayos*, pág. 3, (1967).

«Recensión a *Definition*, de R. Robinson», *Lecciones y Ensayos*, 38 (1968), págs. 187-188.

«La definición del "delito"», *Notas de Filosofía del Derecho*, nº 5, (1969), págs. 47-65.

«La pequeña historia del dolo y el tipo», *La Ley*, nº 148, (1972), págs. 1063-1076.

«El concepto de Validez y el Problema del Conflicto entre Normas de Diferente Jerarquía en la *Teoría pura del Derecho*», en VV.AA., *Derecho, Filosofía y Lenguaje. Homenaje a Ambrosio L. Gioja*, 1974. Este artículo en una versión bastante modificada y con el título «El concepto de validez en Kelsen aplicado al problema del conflicto de normas de diferente jerarquía» se incluye en *La validez del Derecho*, págs. 29-40.

«Las concepciones fundamentales del liberalismo», *Revista Latinoamericana de Filosofía*, nº 4, (1978), págs. 141-150.

«Some Confusions around Kelsen's Concept of Validity», *Archiv für Rechts und Sozialphilosophie*, LXIV, 3 (1978), págs. 357-377. Publicado con leves diferencias en *La validez del Derecho*, bajo el título «El concepto de validez jurídica en la teoría de Kelsen», [trad. al castellano de C. Rosenkrantz], págs. 7-27. Posteriormente publicado bajo el título «Some Confusions surrounding Kelsen´s concept of validity», en S. Paulson y B. Litchewski (eds.), *Normativity and Norms. Critical perspectives on Kelsenian Themes*, Clarendon Press, Oxford, 1988, págs. 253-261.

«¿Da lo mismo omitir que actuar?», *La Ley*, 1979-C-801, págs. 801-817.

Posteriormente incluido en J. J. E. Gracia, E. Rabossi, E. Villanueva y M. Dascal, Marcelo (eds.), *El análisis filosófico en América Latina*, Fondo de Cultura Económica, México, (1985), págs. 91-104.

«¿Es la tenencia de drogas con fines de consumo personal una de las acciones privadas de los hombres?», *La Ley*, 1979-D, sección doctrina, págs. 743-758.

«La fundamentación de la legítima defensa. Réplica al profesor Fletcher», en *Doctrina Penal*, nº 2, (1979), págs. 235-256.

«Dworkin and Legal Positivism», en *Mind*, nº 89, (1980), págs. 519-543.

«Dworkin y la disolución de la controversia "positivismo vs. iusnaturalismo», *Revista Latinoamericana de Filosofía*, vol. VI, nº 3, (1980), págs. 213-234. Reelaboración del trabajo publicado antes en *Mind* bajo el título «Dworkin and Legal positivism». Incluido con modificaciones en *La validez del Derecho*, bajo el título «La superación de la controversia "positivismo vs. iusnaturalismo" a partir de la ofensiva antipositivista de Dworkin», págs. 145-173.

«Libre Albedrío y Responsabilidad Penal», en *Archivos Latinoamericanos de Metodología y Filosofía del Derecho*, 79, (1980).

«Alf Ross: un maestro en el arte de disolver mitos», *Doctrina Penal*, nº 3 (1980), págs. 760-761.

«Nota a S. Hampshire (comp.), *Public and Private Morality*», *Análisis filosófico*, 1, (1981), págs. 76-77.

«Respuesta a Malamud Goti», *Doctrina Penal*, 4, (1981), págs. 767-773.

«Razones y prescripciones» en *Análisis Filosófico,* I, nº 2, (1981), págs. 37-48.

«Razones y prescripciones: Una respuesta a Alchourrón» en *Análisis Filosófico,* I, nº1, (1981), págs. 41-46. Incluido con ligeras modificaciones en *La validez del Derecho*, bajo el título «¿Son prescripciones los juicios de valor?», págs. 109-123.

«Pena de Muerte, Consentimiento y Protección Social», en *La Ley* (1981-A), págs. 708- 721.

«Los conceptos de derecho» en *Crítica. Revista Hispanoamericana de Filosofía*, nº 38, (1981), pág. 29-51. Incluido con ligeras modificaciones y bajo el título de «El enfoque esencialista del Derecho» en *La validez del Derecho*, págs. 175-195.

«Concurso y continuación de delitos de omisión. A propósito de los plenarios "Guersi" y "Pitchon"», en *Doctrina Penal*, nº 5, (1982), págs. 283-353.

«A Consensual Theory of Punishment», en *Philosophy Public Affairs*, nº 12, (1983), págs. 289- 306. Incluido posteriormente en J. Simons, M. Cohen, J. Cohen, y Ch. R. Beitz, (eds.), *Punishment*, Princeton University Press, Princeton (New Jersey), (1995), págs. 94-111.

«El concepto de poder constituyente originario y la justificación jurídica», en *El Lenguaje del Derecho*, E. Bulygin y otros eds., 1983, págs. 339-370. Incluido con modificaciones en *La validez del Derecho* bajo el título «La competencia del constituyente originario y el carácter moral de la justificación jurídica», págs. 41-68.

«Legal Ethics: Between Metaphysics and Futility», en VV.AA., *Essays in Legal Theory in honor of Krarie Makkonen, Oikeustiede Jurisprudentia*, nº 16, (1983), págs. 99-121.

«Una Nueva Estrategia para el Tratamiento de las Normas "de Facto"», en *La Ley*, sección doctrina, (1983), pág. 935-944. Incluido con modificaciones en *La validez del Derecho* bajo el título «La validez de las normas *de facto*», págs. 89-107.

«Un caso de conciencia. Sobre la obligación de reverenciar los símbolos patrios», *Doctrina Penal*, nº 6, (1983), págs. 315-333.

«La concepción de Alf Ross sobre los juicios de justicia», en *Anuario de Filosofía Jurídica y Social*, nº 3, (1983), págs. 159-174.

«The Limits of the Enforcement of Morality through the Criminal Law» en J.J.E. Gracia y otros (eds.) *Philosophical Analysis in Latin America*, Dordrecht, Reidel, (1984), pág. 93-113.

«Liberty, Equality, and Causality», en *Rechtstheorie*, nº 15, (1984), págs. 23-38.

«Legal Norms and Reasons for Action», en *Rechtstheorie*, nº 4, (1984), págs. 489-502. Incluido con ligeras modificaciones y bajo el título «Normas jurídicas y razones para actuar» en *La validez del Derecho*, págs. 125-143.

«Ross y la Reforma del Procedimiento de Reforma Constitucional», en *Revista de Ciencias Sociales*, nº 25, (1984), págs. 347-364. Incluido en *La validez del Derecho* con el título «¿Puede un sistema jurídico generar su propia validez?», págs 69-88.

«Problemas abiertos en la filosofía del Derecho», *Doxa. Cuadernos de Filosofía del Derecho*, nº 1, (1984), págs. 175-177.

«The Human Rights Policy of Argentine Constitutional Government: A Reply», en Yale Journal of International Law, nº 11, (1985), págs. 217-230.

«Las Limitaciones de la Teoría de Hart Sobre Las Normas Jurídicas», en *Anuario de Filosofía Jurídica y Social*, nº 5, (1985), págs. 75-93.

«Man and His Rights Before the Law», *ARSP*, Suplementum IV, *Human Beings and the* Cultural Values. *IVR 12th World Congress,* (1985), *Proceedings*. Editado por S. Parrow, G. Bozonis, D. Georgas y P. Trappe, part. 3, págs. 103-113.

(Con el Consejo para la Consolidación de la Democracia): «Dictamen sobre la reforma constitucional», *La nación*, 27 de Octubre de 1986, págs. 4-6.

«El Concepto de Derecho en Hart», en *H.L.A. Hart y el concepto de Derecho*, Revista de Ciencias Sociales, nº 28, Valparaíso, (1986), págs. 33-54. Se trata de una versión más completa de su trabajo «Las limitaciones de la teoría de Hart sobre las normas jurídicas» de 1985.

«Los hechos morales en una concepción constructivista», *Cuadernos de ética*, 1, (1986), págs. 67-79.

«La justificación de la democracia: entre la negación de la justificación y la restricción de la democracia. Replica a mis críticos», *Análisis filosófico*, VI (1986), págs. 103-114.

«La paradoja de la irrelevancia moral del gobierno y el valor epistemológico de la democracia», *Análisis Filosófico*, VI, (1986), págs. 65-82. Incluido en *El constructivismo ético*, págs. 11-133; también en AA.VV. *En torno a la democracia*, RubizanCulzoni, Buenos Aires, 1990 [Hay una versión en italiano «Il paradosso della irrelevanza morale del gobernó e il valore epistemologico della democracia (a cargo de Antonio A. Martino), Università de Genova, Genova, (1990), págs. 15-42].

«Does Consent Override Proportionality?», en *Philosophy Public Affairs*, nº 15, (1986), págs. 183-187.

«El racionalismo crítico y la fundamentación de la ética», *Manuscrito. Revista de Filosofía*, 9, (1986), págs. 39-52. Incluido en *El constructivismo ético*, págs. 73-89.

«La participación como remedio a la llamada "crisis de la democracia"», en VV.AA., *Alfonsín: Discursos sobre el discurso*, Eudeba-Fucade, Buenos Aires, 1986, págs. 123-137.

«Democracia y verdad moral», en el diario *La Nación*, Buenos Aires, 13 de Septiembre de 1986.

«Begriff und Rechtfertigung der ursprünglichen verfassungsgebenden Gewalt,» en *Argentinische Rechtstheorie und Rechtsphilosophie*

Heute 85, E. Bulygin y E. Garzón Valdéz eds., Duncker & Humblot,(1987), págs. 85-108.

«Prólogo», en *Raúl Alfonsín: El Poder de la Democracia*, Fundación Plural, Buenos Aires, (1987).

«The concept of moral person», en *Crítica. Revista Hispanoamericana de Filosofía*, nº 19, (1987), págs. 47-75.

«El Cuatrilema del Consecuencialismo», en *Doxa. Cuadernos de Filosofía del Derecho*, nº 4, (1987), págs. 365-366.

«El voto Obligatorio», en CONSEJO PARA LA CONSOLIDACIÓN DE LA DEMOCRACIA, *Reforma Constitucional: Segundo dictamen del Consejo para la Consolidación de la Democracia*, Eudeba, Buenos Aires, (1987), págs. 219-227.

«Sobre los sistemas electorales», en L. Aznar y M. Boschi, (comps.), *Los sistemas electorales. Sus consecuencias políticas y partidarias*, Fucade, Buenos Aires, 1987, págs. 93-99.

Memorandum, «La responsabilidad jurídica en la represión del terrorismo», con J. Malamud Goti, en H. Verbitski, *Civiles y militares: Memoria Secreta de la Transición*, Contrapunto, Buenos Aires, 1987, págs. 389-391.

«Constructivismo Epistemológico: Entre Rawls y Habermas», en *Doxa. Cuadernos de Filosofía del Derecho*, nº 5, (1988), págs. 87-105. Incluido en *El constructivismo ético*, págs. 91-110.

«Presidencialismo vs. Parlamentarismo», en *Presidencialismo vs. Parlamentarismo*, CONSEJO PARA LA CONSOLIDACIÓN DE LA DEMOCRACIA, *Presidencialismo vs. parlamentarismo. Materiales para el estudio de la reforma constitucional*, ed. Eudeba, Buenos Aires, 1988, págs. 115-124.

«Liberalismo "versus" comunitarismo», en *Revista del Centro de Estudios Constitucionales*, I, (1988), pág. 363-377.

«La política de los derechos humanos en la primera mitad del período del gobierno democrático», en E. Garzón Valdés, M. Mols, A. Spita, (comps.), *La nueva democracia argentina*, Sudamericana, Buenos Aires, 1988, págs. 201-212.

«Transition to Democracy, Corporatism, and Constitutional Reform in Latin America», en *University of Miami Law Review*, nº 44, (1989), págs. 129-164.

«Consolidating Democracy», en *Yale Law Report* nº 12, Spring, (1989).

«La derivación de los principios de responsabilidad penal de los fundamentos de los derechos humanos», en *Doctrina Penal*, nº 12, (1989), págs. 29-45.

«Justicia a la conciencia», en *La Ley*, (1989-C), págs. 1197-1207.

«La filosofía del control judicial de Constitucionalidad», *Revista del Centro de Estudios* Constitucionales, 4, (1989), págs. 79-88.

«Respuesta a Bayón», *Doxa. Cuadernos de Filosofía del Derecho*, nº 6, (1989), págs. 501-506.

«La justificación de la democracia *y la* obligación de obedecer el Derecho», en *Filosofía del Derecho y democracia en Iberoamérica*, monográfico de la *Revista de Ciencias Sociales*, 34, (1989), págs. 147-187. Extraído de *Ética y derechos humanos*, págs. 25-254.

«Moral Discourse and Liberal Rights», en N. MacCormick y Z. Bankowski (eds.), *Enlightenment, Rights, and Revolutions. Essays in Legal and Social Philosophy*, Aberdeen University Press, Aberdeen, 1989, págs. 155-174.

«La Conciencia de la Crisis», en *La Encrucijada Argentina*, S. Labourdette (comp.), Tesis, Buenos Aires, 1989, págs. 29-48.

«Democracy and Criminal Laws» en Ota Weinberger /ed.) *Aktualle Probleme der Demokratie*, Internationale Jahrbuch fur Rechtsphilosophie, Wien, 1989, págs. 54-76.

«Indultos y conciencia moral», *Relato*, I, (1989), págs. 25-35.

«Autonomía y necesidades básicas», en *Doxa. Cuadernos de Filosofía del Derecho*, nº 7, (1990), págs. 21-34.

«Sobre los derechos morales», en *Doxa. Cuadernos de Filosofía del Derecho*, n º 7, (1990), págs. 311-325.

«Entrevista a Genaro R. Carrió», en *Doxa. Cuadernos de Filosofía del Derecho*, nº 7, (1990), págs. 343-352.

«La democracia epistémica puesta a prueba. Respuesta a Rosenkrantz y Ródenas», *Doxa. Cuadernos de Filosofía del Derecho*, nº 7, (1990), págs. 295-305.

«La Constitución como convención», en *Revista del Centro de Estudios constitucionales*, nº 6, (1990), págs. 189-217.

«La práctica de los derechos fundamentales», *Propuesta y control*, 11, (1990), págs. 1051-1062.

«El discurso blando sobre la Universidad», *Propuesta y control*, 12, (1990), págs. 1205-1209.

«El presidencialismo y la justificación, estabilidad y eficiencia de la democracia», *Propuesta y control*, 13 (1990), págs. 1263-1283.

«The Epistemic Moral Relevance of Democracy», en *Ratio Juris*, nº 4, (1991), págs. 36-51. Versión con escasas modificaciones a partir de «La paradoja de la irrelevancia moral del gobierno y el valor epistemológico de la democracia», de 1986, incluido en *El constructivismo ético*, págs. 113-133 y en R. Vigo, (ed.), *En torno a la democracia*, Rubinzal-Culzoni, Santa Fe, (1990), págs. 97-114.

«Liberalismo conservador: ¿liberalismo o conservador?», *Sistema*, 101, (1991), págs. 63-85.

«The Duty to Punish Past Abuses of Human Rights Put into Context: The Case of Argentina», en *Yale Law Journal*, nº 100, (1991), págs. 1619-1640.

«Los fundamentos del control judicial de constitucionalidad», en *Cuadernos y Debates,* nº 29, (1991), págs. 91 y ss.; también en VV.AA, *Fundamentos y alcances del control judicial de constitucionalidad*, ed. Centro de Estudios Constitucionales, Madrid, 1991, págs. 97-137.

Participación en la mesa redonda «Consideraciones sobre alternativas semipresidenciales y parlamentarias de gobierno», publicada en *Estudios públicos*, 42, (1991), págs. 35-39.

«La huida frente a las penas», *No hay derecho*, 4, (1991), págs. 4-8.

«Se acabó el debate. Carlos S. Nino vs. Eugenio R. Zaffaroni», *No hay derecho*, 8, (1992), págs. 25-26.

«Consecuencialismo: debate ético y jurídico», en *Telos. Revista Iberoamericana de Estudios Utilitaristas*, 1, (1999), págs. 73-96.

«¿Qué reforma constitucional?», *Propuesta y control*, 21, (1992), págs. 2307-2335.

«Some Thoughts on the Legal Treatment of Abortion and Euthanasia», en Krawietz y Von Wright, G.H. (eds.), *Öfentliche oder Private Moral? Vom Geltungsgrunde und der Legitimität des Rechts. Festshrift für Ernesto Garzón Valdés*, Duncker & Humblot, Berlin, 1992, págs. 231-242.

«El hiper-presidencialismo argentino y las concepciones de la democracia», en VV.AA., *El presidencialismo puesto a prueba. Con especial referencia al sistema presidencialista latinoamericano*, ed. Centro de Estudios Constitucionales, Madrid, 1992.

«Réplica a M.ª Inés Pazos», *Doxa. Cuadernos de Filosofía del Derecho*, nº 12, (1992), págs. 371-373.

«La autonomía constitucional», en C. F. Rosenkrantz, G. Bouzat, C. S. Nino, A. D. Carrió y C. Balbín, *La autonomía personal*, ed. Centro de Estudios Constitucionales, Madrid, 1992, págs. 33-81.

«Ética analítica en la actualidad» en V. Camps, O. Guarigua y F. Salmerón, *Concepciones de la Ética*, ed. Trotta/C.S.I.C, Madrid, 1992, págs. 131-151.

«The comunitarian Challenge to Liberal Rights», en C. S. Nino (eds.), *Rights*, *op.cit.*, págs. 37-52.

«A Philosophical Reconstruction of Judicial Review», *Cardozo Law Review*, 14, (1993), págs. 799-846. También incluido en M. Rosenfeld (ed.), *Constitutionalism, Identity, Difference and Legitimacy,* Duke University Press, Durham, 1994, págs. 285-332. Versión sin apenas modificaciones de su trabajo «Los fundamentos del control judicial de constitucionalidad», de 1991.

«Contrasting Visions of Democracy», en *Turun yliopis*to. *Yhteiskuntatieteteellinen tiedunka (1967-1992). 25- vuotisjuhla perjantaina 18. Syyskuuta, (1992)*, Turku, (1993), págs. 4-9.

«The Debate over Constitutional Reform in Latin America», *Fordham International Law Journal*, 16, (1992-1993), págs. 635-651.

«Presidencialismo y reforma constitucional en América latina», *Contribuciones* 3, (1993), págs. 51-68.

«Breve nota sulla struttura del ragionamento giuridico», *Ragion Pratica*, 1 (1993), págs. 32-37.

«Respuesta a J. J. Moreso, P. E. Navarro y M. C. Redondo», en *Doxa. Cuadernos de Filosofía del Derecho*, nº 10, (1993), págs. 261-264.

«On Social Rights», en *Rechtsnorm und Rechtswirklichkeit Festshrift für W. Krawietz zum 60 Geburstag,* Duncker & Humblot, Berlín, (1993), págs. 295-299.

«Transition to Democracy, Corporativism and Presidentialism with Special Reference to Latin America», en D. Greenberg, S. N. Katz, M. B. Oliviero, y S. C. Wheatley, (eds.), *Constitutionalism and Democracy. Transitions in the Contemporary World*, Oxford University Press, 1993, págs. 46-64.

«Derecho, moral y política», *Doxa. Cuadernos de Filosofía del Derecho*, nº 14, (1993), págs. 35-46.

«Contexto social y régimen de gobierno», *Doxa. Cuadernos de Filosofía del Derecho*, nº 14, (1993), págs. 47-60.

«Justicia», *Doxa. Cuadernos de Filosofía del Derecho*, nº 14, (1993), págs. 61-71.

«Positivism and Communitarianism: Between Human Rights and Democracy», en *Ratio Juris*, nº 7, (1994), págs. 14-39.

«El concepto de responsabilidad», en A.A. Alterini y R. M. López Cabana (dirs.), *La responsabilidad. Homenaje al Prof. Dr. Isidoro H. Goddenberg,* Abeledo-Perrot, Buenos Aires, 1995, págs. 15-20.

«Ética y derechos humanos», en VV.AA., *Ética y conflicto,* Tercer Mundo editores, Bogotá, 1995.

«Kant versus Hegel, otra vez», *La política. Revista de estudios sobre el estado y la sociedad*, 1, (1996), págs. 123-135.

«Justicia» en F. Laporta y E. Garzón Valdés, *El Derecho y la justicia*, Trotta/CSIC/BOE, Madrid, 1996, págs. 467-480.

Tratamiento del caso CSJN, «Bahamondez, Marcelo», de 6 de Abril de 1993, en R. Rabí-Baldi, (coord.), *Los derechos individuales ante el interés general. Análisis de casos jurisprudenciales relevantes,* Abaco/Universidad Austral, Buenos Aires, 1998, págs. 183-189.

«Subjetivismo y objetivismo en el Derecho Penal», *Revista de Estudiantes de la Universidad Autónoma*, 1, (1999), págs. 47-82.

BIBLIOGRAFÍA CITADA:

ACKERMAN, B.: «Discovering the Constitution» en *Yale Law Journal*, nº 6, 93, (1984), págs. 1013-1072.

— «Constitutional Politics/Constitutional Law» en *Yale Law Journal*, nº 2, 99, (1989), págs. 453-547.

— «Why dialogue?», en *Journal of Philosophy*, nº 86, 5, (1989), págs. 5-22.

— *We the People*, Cambridge, Massachusetts, Harvard University Press, 1991.

— «Tres concepciones de la democracia constitucional», junto con C. Rosenkraft, en *Cuadernos y debate*, (1991), nº 13.

AGUILÓ, J.: «Buenos y malos. Sobre el valor epistémico de las actitudes morales y prudenciales», en *Doxa. Cuaderno de Filosofía del Derecho*, nº 15-16, (1994), págs. 791-804.

— «Sobre la Constitución del Estado Constitucional», *Doxa. Cuadernos de Filosofía del Derecho*, nº 24, (2001), págs. 429-457.

ALCHOURRÓN, C. E. y BULIGYN, E.: *Normative Systems*, Springer Verlag, Wien, 1971. [*Introducción a la metodología de las ciencias jurídicas y sociales*, trad. esp. de los propios autores, ed. Astrea, Buenos Aires, 1974].

— «Sobre la existencia de las normas jurídicas», en *Cuadernos de Metodología y filosofía del Derecho*, Universidad de Carabobo, (1980).

— «La concepción expresiva de las normas», en *Análisis lógico y Derecho*, Centro de Estudios Constitucionales, Madrid, 1991.

ALEXY, R.: *Theorie der Juristichen Argumentation*, Suhrkamp, Frankfurt a. M., 1978 [*Teoría de la Argumentación jurídica*, trad. esp. de M. Atienza e I. Espejo, ed. Centro de Estudios Constitucionales, Madrid, 1989]

— *Begriff und Geltung des Rechts*, Verlag Alber, Freiburg, München, 1992. [*El concepto y la validez del Derecho*, trad. esp. de J. Malem, ed. Gedisa, 1997].

— «La tesis del caso especial», *Isegoría*, nº 21, (1999), págs. 23-35.

— «Derecho injusto, retroactividad y principio de legalidad penal», en *Doxa. Cuadernos de Filosofía del Derecho*, nº 23, (2000), págs. 197-230.

— «La institución de los derechos humanos en el Estado Constitucional democrático», en *Derechos y Libertades. Revista del Instituto Bartolomé de las Casas*, (2001), págs. 21-41.

ÁLVAREZ, S., *La racionalidad de la moral. Un análisis crítico de los presupuestos morales del comunitarismo*, ed. Centro de Estudios Políticos y Constitucionales, Madrid, 2002.

ANSCOMBE, G. E. M.: *Intention*, Blackwell, Oxford, 1957.

ARENDT, H.: *The Human Condition*, University of Chicago Press, Chicago, 1958 [*La condición humana*, trad. esp. de R. Gil Novales, con introducción a cargo de M. Cruz, ed. Paidós, Barcelona, 1993].

— *Eichmann in Jerusalem. A Report on the Banality of Evil* [1963], ed. Penguin Books, USA, 1994 [*Eichmann en Jerusalén. Un estudio sobre la banalidad del mal*, ed. Lumen, España, 1967].

ARISTÓTELES: *Ética nicomáquea*, trad. J. Pallí Bonet, ed. Gredos, Madrid, 1988.

ATIENZA, M.: *Las razones del Derecho. Teorías de la argumentación jurídica*, ed. Centro de Estudios Constitucionales, Madrid, 1991.

— «Lógica y argumentación jurídica», en *Calculemos...Matemáticas y Libertad. Homenaje a Miguel Sánchez Mazas*, ed. Trotta, 1996, págs. 229-238.

— *Las piezas del Derecho*, con Ruiz Manero, J., ed. Ariel, Barcelona, 1996.

— «A propósito de la argumentación jurídica», en *Doxa. Cuadernos de Filosofía del Derecho*, nº 21, II, (1998), págs. 33-50.

— *El sentido del Derecho*, ed. Ariel, Barcelona, 2001.

— «La dimensión institucional del Derecho y la justificación jurídica», con Ruiz Manero, J., en *Doxa. Cuadernos de Filosofía del Derecho*, nº 24, (2001), págs. 115-130.

AUSTIN, J.: *The Province of Jurisprudence Determined*, Wilfrid E. Rumble ed., Cambridge University Press, 1995.

BAIER, K.: *The Moral Point of View*, Cornell University Press, Ithaca, 1958.

BAYÓN MOHINO, J. C.: *La normatividad del Derecho. Deber jurídico y razones para la acción*, Centro de Estudios Constitucionales, Madrid, 1991.

— «Razones y reglas: sobre el concepto de "razón excluyente" de Joseph Raz», en *Doxa. Cuadernos de Filosofía del Derecho*, nº 10, 1991, págs. 25-66.

— «Partecipanti, osservatori e identificazione del diritto» en *Struttura e dinamica dei sistemi giuridici*, P. Commanduci e R. Guastini, G. Giappichelli eds., Torino, 1996, pág. 47-63.

— «Derecho, convencionalismo y controversia», compilado por Navarro, P. E. y Redondo, M. C. en *La relevancia del Derecho. Ensayos de filosofía jurídica, moral y política*, ed. Gedisa, Barcelona, 2002, págs. 57-92.

BICKEL, A. M.: *The Least Dangerous Branch. The Supreme Court at the Bar of Politics* [1962], Yale University Press, 1986.

BLANCO MIGUÉLEZ, S.: *Positivismo metodológico y racionalidad práctica. Una interpretación de la teoría jurídica de Carlos S. Nino*, ed. Comares, Granada, 2002.

BOBBIO, N.: «Algunos argumentos contra el Derecho Natural» [1959], en Kelsen, H., Bobbio, N. y otros, *Crítica del Derecho Natural*, Biblioteca Pública Taurus., 1966.

BUCHANAN, A. E.: «The Gauthier Enterprise», en *Social Philosophy and Policy*, nº 5, (1988), págs. 75-94.

— *The Limits of Liberty: Between Anarchy and Leviathan*, Liberty Fund, Indianapolis,1999, en http://www.econlib.org/library/Buchanan/buchCv7c1.html [acceso 8 Noviembre 2004].

BULYGIN, E.: «Sobre la regla de reconocimiento», en AAVV, *Derecho, Filosofía y Lenguaje. Homenaje a Ambrosio L. Gioja*, ed. Astrea, Buenos Aires, 1976, págs. 31-39.

— «Time and Validity», en *Deontic Logic, Computational Linguistics and Legal Information Systems*, Amsterdan-New York-Oxford, 1982 [Trad. al castellano, «Tiempo y validez», en *Análisis lógico y Derecho*, Centro de Estudios Constitucionales, Madrid, (1991), págs. 195-214].

— «Algunas consideraciones sobre los sistemas jurídicos», en *Doxa. Cuadernos de Filosofía del Derecho*, nº 9, págs. 257-280.

— «Regla de reconocimiento: ¿Norma de obligación o criterio conceptual? Réplica a Juan Ruiz Manero», en *Doxa. Cuadernos de Filosofía del Derecho*, nº 9, (1991), págs. 311-320.

CALSAMIGLIA, A.: «Ensayo sobre Dworkin», en Dworkin, R., *Los derechos en serio*, Ed. Ariel, Barcelona, 1984, págs. 7-29.

— «Teoría del participante versus teoría general del Derecho: una aproximación», en *Anuario de Filosofía del Derecho* XIV, 1997, págs. 485-507.

— «Constitutionalism and Democracy», en Hongju Koh, H. y Slye, R.C. comps., *Deliverative Democracy and Human Rights*, Yale University Press, 1999, págs. 136-142.

CARACCIOLO, R. (1988), *El sistema jurídico. Problemas actuales*, Centro de Estudios Constitucionales, Madrid, 1988.

CARRIÓ,G. R.: *Sobre el concepto de deber jurídico*, ed. Abeledo-Perrot, Buenos Aires, 1962, incluida posteriormente en *Notas sobre el Derecho y el Lenguaje*, Abeledo-Perrot, 4ª ed. corregida y aumentada, 1990, págs. 177-193.

— *Principios jurídicos y positivismo jurídico*, Buenos Aires, 1970.

— *Sobre los límites del lenguaje normativo*, Ed. Astrea, Buenos Aires, 1973, incluido posteriormente en *Notas sobre Derecho y lenguaje*, Buenos Aires, Abeledo-Perrot, 4ªed. corregida y aumentada, 1990, págs. 237-259.

— «Un intento de superación de la controversia entre positivistas y iusnaturalistas. Réplica a Carlos S. Nino» [1983], en *Notas sobre Derecho y Lenguaje*, Ed. Abeledo-Perrot, Buenos Aires, 4ª ed. corregida y aumentada, 1990.

— *Análisis filosófico, jurídico y politológico de la práctica constitucional*, Ed. Astrea, Buenos Aires, 1992.

D'arcy, E.: *Human Acts: An Essay in Their Moral Evaluation*, Clarendon Press, Oxford, 1963.

DAVIDSON, D.: «Actions, reasons and causes» [1963], trabajo incluido en White, A.R. (comp.), *The Philosophy of action*, Oxford, (1968).

— *Actions and Events*, Clarendon Press, Oxford, 1982.

DAHL, R.: *Preface to Democratic Theory*, Chicago University Press, 1956.

— *Democracy and its Critics*, New Haven, Yale University Press, 1989.

DE JOUVENEL, B.: «La idea del Derecho Natural», en Kelsen, H., Bobbio, N. y otros, *Crítica del Derecho Natural*, Biblioteca Política Taurus, 1966, págs 201-219.

DE LORA, P.: «Sobre la justicia constitucional. Reflexiones a partir del libro de Roberto Gargarella, *La justicia frente al Gobierno. Sobre el carácter contramayoritario del Poder judicial*», en *Anuario de Filosofía del Derecho*, XIII, (1996), págs. 371-380.

DE PÁRAMO, J. R.: «Razonamiento jurídico e interpretación constitucional», en *Revista Española de Derecho Constitucional*, nº 22, (1988), págs. 89-119.

DIAZ, E.: *Ética contra política*, Fontamara, México, 1993.

DWORKIN, R.: «Philosophy, Morality and the Law-Observations prompted by Profesor Fuller's novel claim», *University of Pennsilvania Law Review*, (1965).

— «The model of Rules», en *University of Chicago Law Review XIV*, (1967), págs.14-46.
— «Social Rules and Legal Theory», en *The Yale Law Journal LXXXI*, (1972), págs. 855-890.
— «Hard Cases», en *Harvard Law Review*, vol. 88, nº 6, (1975), págs. 1.057-1.109.
— «No Right Answer?», en *Law, Morality and Society: Essays in Honour of H. L. Hart*, editado por P. M. S. Hacker y J. Raz, London, 1977.
— *Taking Rights Seriously*, Cambridge, 1977 [*Los derechos en serio*, trad. esp. de M. Guastavino, ed. Ariel, 2ªed.1989].
— *A matter of Principle*, Harvard University Press, 1985.
— *Law's empire*, Harvard University Press, Cambridge, Massachussets, 1986 [*El imperio de la justicia*, trad. esp. C. Ferrari, ed. Gedisa, Barcelona, 1988].
— «La complétude du droit», en P. Amselek y Ch. Grzegorczyk (eds.), *Controversies autour de l'ontologie du Droit*, París, Presses Universitaires de France, 1989, págs. 475-512.
— «Objectivity and Truth: You'd better believe it», en *Philosophy & Public Affairs*, nº 2, (1996), págs. 87-139.

ELY, J.: *Democracy and Distrust. A Theory of Judicial Review* (1980), Harvard University Press, Cambridge, Massachusetts, 1988.

FASSÓ, G.: *Historia de la Filosofía del Derecho* [1968], (tomo 3, siglos XIX), trad. esp. José F. Lorca Navarrete, ed. Pirámide, Madrid, 1985.
FERRERES COMELLA, V.: *Justicia Constitucional y Democracia*, ed. Centro de Estudios Políticos y Constitucionales, Madrid, 1997.
FINNIS, J.: *Natural Law and Natural Rights,* Oxford, 1980.
FISS, O.: «Groups and the Equal Protection Clause», en *Philosophy & Public Affairs*, vol. 5, nº 2, (1976), págs. 129-136.
— «The Supreme Court 1978 Term. Foreword: The Forms of Justice», *Harvard Law Review* 93/1, (1979), págs. 13-14.
— «The death of a Public Intellectual» en *Deliberative Democracy and human rights*, ed. por H. Hongju Koh y R.C. Slye, Yale University Press, New Haven, 1999, págs. 21-30.
FOOT, PH.: «Postscript to "Reasons for Action and Desires"» en *Virtues and Other Essays in Moral Philosophy*, 1978 [trad. al esp., *Las virtudes y los vicios*, ed. Instituto de Investigaciones Filosóficas, UNAM, 1994].

FRANKENA, W. K.: *Ethics*, Englewood Cliffs, Prentice-Hall, 1973.

FULLER, L.: «Human purpose and Natural Law», en *Journal of Philosophy*, nº 53, (1956), págs. 697-705.

— *The morality of Law (Storrs Lectures on Jurisprudence)*, Revised edition, Yale University Press, New Haven, 1964 [*La moral del Derecho*, trad. esp. de F. Navarro, ed. Trillas, México, 1967].

GARZÓN VALDÉS, E.: Contribución a «Problemas abiertos en la Filosofía del Derecho», en *Doxa. Cuadernos de Filosofía del Derecho*, nº 1, (1984), págs. 95-97.

— «Derecho Natural e ideología» [1968], en *Derecho, Ética y Política*, Centro de Estudios Constitucionales, Madrid, 1993, págs. 145-156.

— «La naturaleza de la cosa» [1970], en *Derecho, Moral y Política*, Centro de Estudios Constitucionales, Madrid, 1993, págs. 35- 72.

— «Derecho natural e ideología» [1968], en Garzón Valdés, E., *Derecho, Moral y Política*, Centro de Estudios Constitucionales, Madrid, 1993, págs. 145-156.

— «Acerca de la tesis de la separación entre moral y política» [1987], en *Derecho, Ética y Política*, Centro de Estudios Constitucionales, Madrid, 1993, págs. 561-570.

— «El concepto de estabilidad de los sistemas políticos» [1987], en *Derecho, Ética y Política*, Centro de Estudios Constitucionales, Madrid, 1993, págs. 573-609.

— «La democracia argentina actual: problemas ético-políticos de la transición» [1988], en *Derecho, Ética y Política*, Centro de Estudios Constitucionales, Madrid, 1993, págs. 873- 891.

— «Representación y democracia» [1989], en *Derecho, Ética y Política*, Centro de Estudios Constitucionales, Madrid, 1993, págs. 631-650.

— «Algo más acerca de la relación entre Derecho y moral» [1990], en *Derecho, Ética y Política*, Centro de Estudios Constitucionales, Madrid, 1993, págs. 317-335.

— «Ética, economía y criterios de legitimidad» [1992], en *Derecho, Ética y Política*, Centro de Estudios Constitucionales, Madrid, 1993, págs. 491-508.

— «El consenso democrático: fundamento y límites del papel de las minorías», *Isonomía*, nº 12, (2000), págs. 7-34.

— *El velo de la ilusión. Apuntes sobre una vida argentina y su realidad política*, ed. Sudamérica, Buenos Aires, (2000).

GOLDMAN, A.: *A theory of human action*, Englewood Cliffs, NJ: Prentice Hall, 1970.

GONZÁLEZ LAGIER, D.: *Acción y Norma en G. H. Von Wright*, Centro de Estudios Constitucionales, Madrid, 1995.

— *Las paradojas de la acción*, Ed. Publicaciones Universidad Alicante, 2001.

GONZÁLEZ VICÉN, F.: *De Kant a Marx (Estudios de Historia de las ideas)*, ed. Fernando Torres, Valencia, 1984.

GRABOWSKI, A.: «Sonderfallthese–Its critique and interpretation», *Rechtstheorie* 34, (2003), págs. 371-374.

GREENWALT, K.: «Too Thin and too Rich», en R.George (ed.), *The Autonomy of Law*. Essays on Legal Positivism, Oxford University Press, 1996.

GRICE, G. R.: «Motive and reason», en *Practical Reasoning,* Raz, J. (comp.), Clarendon Press, Oxford, 1978.

GUIBOURG, R. A.:»La autorreferencia normativa y la continuidad constitucional», en Bulygin, Farrell, Nino, Rabossi, (comps.), *El lenguaje del Derecho*, ed. Abeledo- Perrot, Buenos Aires, 1983, págs. 81-195.

— «Hart, Bulygin y Ruiz Manero: tres enfoques para un modelo», en *Doxa. Cuadernos de Filosofía del Derecho*, nº 14, (1993), págs. 429-434.

HABERMAS, J.: *Teoría de la acción comunicativa* [1981], trad. esp. de M. Jiménez, Madrid, Taurus, 1987.

— «¿Cómo es posible la legitimidad por vía de legalidad?» [1987] en *Escritos sobre moralidad y eticidad*, 1991, trad. esp. de Manuel Jiménez Redondo, Ediciones Paidós, Barcelona, págs. 131-172.

— *Aclaraciones a la ética del discurso* [1991], trad. esp.de J. Mardomingo, ed. Trotta, 2000.

HAMPSHIRE, S.: *Thought and Action* [1959], London: Chatto&Windus, 2ª ed, y ed. Americana, Notre Dame, Ind. University Press, 1983.

HARE, R. M.: *Freedom and Reason*, Oxford University Press, 1963.

— «Descriptivism», *The Is and Ought Question. A Collection of Papers on the Central Problem of in Moral Philosopy,* MacMillan, London, 1969, págs. 240-258.

— *The language of Morals*, Oxford, Clarendon Press, 1972 [*El lenguaje de la moral*, trad. al castellano de G.R. Carrió y E. Rabossi, UNAM, México, 1975].

HARMAN, G.: *The Nature of morality. An Introduction to Ethics,* Oxford University Press, New York, 1977.

HARRIS, J. W.: «When does the Grundnorm Change?», en *Cambridge Law Journal*, nº 29, (1971).

HART, H. L. A.: «Positivism and the Separation of Law and Morals», nº 71, *Harvard Law Review*, (1958), págs. 593-629; reproducido en sus *Essays in Jurisprudence and Philosophy*, Clarendon Press, Oxford, 1983 [«El positivismo y la separación entre el Derecho y la moral» recogido en *Derecho y Moral. Contribuciones a un análisis*, trad. esp. y nota preliminar de G. R.Carrió, ed. Depalma, Buenos Aires, 1962].

— *The concept of Law*, Oxford University Press, 1961 [*El concepto de Derecho*, trad. esp. G. R. Carrió, ed. Abeledo-Perrot, Buenos Aires, 1962, 2ª ed, reimpresión 1992].

— «Self-referring Laws», en *Festskrift Tillagnad Karl Olivecrona*, Estocolmo, 1964.

— «Kelsen visited, 10 UCLA, *Law Review*, 709, (1963) [«Una visita a Kelsen», trad. esp. de J. Esquivel, *Cuadernos de crítica*, nº 4, UNAM, 1977].

— *Essays on Bentham. Studies in Jurisprudence and Political Theory*, Clarendon Press, Oxford, 1982.

— *Essays in Jurisprudence and Philosophy*, Oxford, Clarendon Press, 1983.

— *Postscript*, eds. P. A. Bulloch y J. Raz, Oxford University Press, 1994 [*Post scriptum al concepto de Derecho*, trad. esp. de R. Tamayo y Salmorán, Universidad Nacional Autónoma de México, México, 2000].

HIERRO, J.: *Problemas del análisis del lenguaje moral*, ed. Tecnos, Madrid, 1970.

HORNSBY, J.: *Actions*, Routledge&Kegan Paul, Londres, 1980.

HOERSTER, N.: «On Alf Ross's Alleged Puzzle in Constitutional Law», *Mind*, (1972), págs. 422-426.

HOSPERS, J.: *La conducta humana*, ed. Tecnos, Madrid, 1979.

KANT, E.: *Crítica de la razón práctica* [1788], trad. esp. de E. Miñana y Villagrasa y M. García Morente, Espasa-Calpe, Madrid, 1975.

— *Fundamentación de la Metafísica de las costumbres* [1785], trad. esp. de L. Martínez de Velasco, ed. Austral, 10ª ed., 1994.

— *La religión dentro de los límites de la mera razón* [1793], trad. esp. de F. Martínez Marzoa, Alianza editorial, Madrid, 2001.

KELSEN, H.: *Teoría general del Derecho y del Estado* [1945], trad. esp. de García Maynez, UNAM, México, 1979.

— *Reine Rechtslehre*, Wien, 1960 [*Teoría pura del Derecho*, trad. esp. de R. J. Vernengo, Ed. Porrúa, México].

— «Justicia y Derecho Natural», en Kelsen, H., Bobbio, N. y otros, *Crítica del Derecho Natural*, Biblioteca Política Taurus, 1966, págs. 29-163.

LAPORTA, F.: «Derecho y Moral: Vindicación del observador crítico y aporía del iusnaturalista», en *Doxa. Cuadernos de Filosofía del Derecho*, nº 8, (1990), págs. 131-147.

— *Entre el Derecho y la Moral*, ed. Fontamara, México, 1993.

LIFANTE VIDAL, I.: «Dos conceptos de discrecionalidad», *Doxa. Cuadernos de Filosofía*, nº 25, (2002), págs. 413-439.

LOCKE, D.: «Beliefs, Desires and Reasons for Action», en *American Philosophical Quarterly*, nº 19, (1982), págs. 241-249.

MACCORMIC, N.: *Legal Reasoning and Legal Theory*, Oxford, Oxford University Press, 1978.

— *H. L. A. Hart*, Edward Arnold Publishers, 1981.

— «Comment» (a G. Postema «The normativity of Law»), en *Issues in Contemporary Legal Philosophy. The Influence of H. L. A.Hart*, 1987.

— «Constitucionalism and Democracy», en *Internationales Jahrbuch fur Rechtsphilosophie*, «Aktuelle Probleme der Demokratie», 1989.

— «Argumentation and Interpretation in Law», *Ratio Iuris*, 6/1, (1993), págs. 16-29.

MALAMUD GOTI, J.: *Game Without End, State Terror and the Politics of Justice*, University of Oklahoma Press, 1996.

MALEM SEÑA, J. F.: «Carlos Santiago Nino. Apuntes bio-bibliográficos», *Derechos y libertades*, nº 3, (1994). También publicado en inglés bajo el título «Carlos Santiago Nino: A bio-bibliographical sketch», en *University of Miami Inter-american Law Review,* vol. 27, nº 1, (1995).

MARIN, J. C.: *Los hechos armados. Argentina 1973-1976. La acumulación primitiva del genocidio*, ed. La Rosa Blindada, Buenos Aires.

MIGNONE, E. F., Estlund, C.l. E Issacharoff, S.: «Dictatorship on Trial: Prosecution of Human Rights Violations in Argentina», en *Yale Journal of International Law*, Vol. 11,1, (1984), págs. 118 y ss.

MILL, J. S.: «Considerations on Representative Government»[1861], en *Three Essays: On Liberty; Representative Government; The Subjection of* Women, Oxford, Oxford University Press.

MILLER, J. M. y otros: *Constitución y derechos humanos*, ed. Astrea, Buenos Aires, 1991.

MORESO, J. J.: «Disposiciones de reforma constitucional», en *Doxa. Cuadernos de Filosofía del Derecho*, nº 10, (1991), págs. 201-222.

— «Argumentación jurídica, lógica y decisión judicial», junto con P. Navarro y C. Redondo, en *Doxa. Cuadernos de Filosofía del Derecho*, nº 11, (1992), págs. 247-262.

— «Algunas consideraciones sobre la interpretación constitucional», en *Doxa. Cuadernos de Filosofía del Derecho,* nº 23, (2000), págs. 105-118.

— «En defensa del positivismo jurídico inclusivo», trabajo compilado por Navarro, P. E. y Redondo, M. C. en *La relevancia del Derecho. Ensayos de filosofía jurídica, moral y política*, Barcelona, ed. Gedisa, 2002, págs. 93-116.

MUGUERZA, J.: *La razón sin esperanza* [1977], ed. Taurus, Madrid, 2ª ed., 1986.

NAGEL E.: *The structure of science. Problems in the logic of scientific explanation*, Harcourt, Brace and World, New York, 1961 [*La estructura de la ciencia*, Ed. Paidós, Buenos Aires, 1981].

— *The Possibility of Altruism*, Princeton University Press, 1970.

NAVARRO, P. E: *La Eficacia del Derecho*, Centro de Estudios Constitucionales, Madrid, 1990.

NELSON, W.: *On Justifying Democracy*, London, 1980.

O'DONNELL, G.: *El Estado burocrático autoritario*, Belgrano, Buenos Aires, 1982.

OQUENDO, A. R.: «Deliberative Democracy in Habermas and Nino», *Oxford Journal of Legal Studies*, Vol. 22, nº 2, (2002), págs. 189-226.

PALACIO, E.: *Historia de la Argentina. 1515-1983*, ed. Perrot, México, 15ª ed., 1988.

PASSERIN D'ENTREVES, A.: «El Derecho Natural», en Kelsen, H., Bobbio, N. y otros, *Crítica del Derecho Natural*, Biblioteca Política Taurus, 1966, págs. 189-199.

PINTORE, A.: *Norme e Principi. Una critica a Dworkin*, Giuffrè, Milano, 1982.

POSTEMA, G.: «The normativity of Law», en R. Gavison (ed.), *Issues in Contemporary Legal Philosophy, The Influence of H. L. A. Hart,* Oxford; Clarendon Press, 1987, págs. 81-104.

RABOSSI, E.: *Estudios éticos. Cuestiones conceptuales y* metodológicas, Universidad de Carabobo, Valencia, Venezuela, 1979.

— Discurso homenaje a C. S. Nino en *Deliberative Democracy: A Conference in Remembrance of Carlos Santiago Nino*, Yale Law School, Septiembre 23-24, 1994.

RADBRUCH,G.: *Rechtsphilosophie*, Leipzig, 1932 [*Filosofía del Derecho*, trad.esp. Medina Echevarría, ed. Revista de Derecho privado, Madrid, 4ª ed.1959].

— «Gesetzlicher Unrecht und übergesetzliches Recht», *Juristenzeitung*, (1946) [*Arbitrariedad legal y Derecho supralegal*, trad. esp. de María Isabel Azareto de Vásquez, ed. Abeledo-Perrot, Buenos Aires, 1962].

— «Die Erneuerung des Rechts», en *Die Wandlung. Eine Monatsschrift*, 2, (1947), págs. 9 y ss.

— «Die Natur der Sache als juristiche Denkform» en *Festschrift für Rudolf Laun,* Hamburgo, (1948).

— *Vorschule der Rechtsphilosophie*, Scherer, Heidelberg, 1948 [*Introducción a la filosofía del Derecho*, trad. esp. de Wenceslao Roces, Breviarios, Fondo de Cultura Económica, México, 1ª ed. 1951, 4ª ed. 1974].

RAWLS, A.: *Theory of Justice*, Harvard University Press, 1971 [*Teoría de la Justicia*, trad. esp. de M. D. González Soler, F. C. E., Madrid, 1978].

— «Kantian constructivism in Moral Theory», *The Journal of Philosophy*, 77, (1980), págs.517-572, [«El constructivismo kantiano en la teoría moral» [1980], en *Justicia como equidad. Materiales para una teoría de la Justicia,* Selección, trad. y presentación a cargo de M. A. Rodilla, ed. Tecnos, Madrid, 1986, págs. 209-289].

RAZ, J.: *Practical Reason and Norms*, 1975 [Postscriptum, 1990], [*Razón práctica y normas*, trad. esp. de J. Ruiz Manero, Centro de Estudios Constitucionales, Madrid, 1991].

— «Introduction», en *Practical Reasoning*, Oxford University Press, 1978.

— «Legal Reasons, Sources and Gaps», en *The Authority of Law. Essays on Law and Morality,* Clarendon Press, Oxford, 1979 [*La autori-*

dad del Derecho. Ensayos sobre Derecho y Moral, trad. esp. de R. Tamayo y Salmorán, México, UNAM, 1985].

— «Legal Validity» en *The Authority of Law*, cit.

— *The Concept of a Legal System. A introduction to the Theory of Legal System*, Clarendon Press, Oxford, 1980 [*El concepto de sistema jurídico. Una introducción a la teoría del sistema jurídico*, trad. esp. de R. Tamayo, UNAM, México, 1986].

— «The Purity of the Pure Theory», en *Révue Internationale de Philosophie*, nº 35, (1981), págs. 441-459, [también en R. Tur y W. Twinning (eds.), *Essays on Kelsen*, Clarendon Press, Oxford, 1986, págs. 79-97]

— «Autoridad y consentimiento», en Bulygin, Farell, Nino, Rabossi, comps., *El lenguaje del Derecho. Homenaje a G. R. Carrió*, ed. Abeledo Perrot, 1983, págs. 391-424.

REDONDO, M. C.: *La noción de razón para la acción en el análisis jurídico*, Centro de Estudios constitucionales, Madrid, 1996.

— «Sulla rilevanza pratica del Diritto», *Ragion Pratica,* nº 13, (1999).

— «Normativity in Legal Context. An Institutional analyses», *Analisi e diritto. Richerche di giurisprudenza analítica*, (1999).

RICHARDS, D. A. J.: *A Theory of Reasons for Action*, Clarendon Press, Oxford, 1971.

ROCK, D.: *Argentina 1516-1987. Desde la colonización española hasta Raúl Alfonsín*, trad. esp. Néstor Miguez, ed. Alianza, Buenos Aires, 1988.

RÓDENAS CALATAYUD, A.: «Sobre la justificación de la democracia en la obra de C.S. Nino», en *Doxa.Cuadernos de Filosofía del Derecho*, nº 10, (1991), págs. 279-294.

— *Sobre la justificación de la autoridad*, Centro de Estudios Constitucionales, Madrid, 1996.

— *Razonamiento judicial y reglas,* Fontamara, México, 2000.

RODRÍGUEZ PANIAGUA, J. Mª.: *Historia del Pensamiento Jurídico*, ed. Universidad Complutense, Madrid, 1984.

ROSS, A.: *On Law and Justice*, Stevens and Sons Limited, London, 1958 [*Sobre el Derecho y la Justicia*, trad. esp. de G. Carrió, Buenos Aires, Eudeba, 1963.

— *El concepto de validez y otros ensayos*, trad. esp. G. R. Carrió y O. Paschero, Centro Editor de América Latina, Buenos Aires, (1969) y Fontamara, México, (1993).

RUIZ MANERO, J.: *Jurisdicción y normas,* Centro de Estudios Constitucionales, Madrid, 1990.

— «Normas independientes, criterios conceptuales y trucos verbales», en *Doxa. Cuadernos de Filosofía del Derecho*, nº 9, (1991), págs, 281-294.

— *Las piezas del Derecho*, con Atienza, M., ed. Ariel, Barcelona, 1996.

— «Sobre la relevancia justificativa de la dimensión institucional del Derecho», con Atienza, M., en *Doxa. Cuadernos de Filosofía del Derecho*, nº 24, (2001),

RUIZ MIGUEL, A.: «Derecho y punto de vista moral», en *Anuario de Filosofía del Derecho*, XIV, (1997), págs. 571-597.

RYLE, G.: *The concept of Mind*, The University of Chicago Press, 1949 [*El concepto de lo mental*, trad. esp. de E. Rabossi, ed. Paidos, Buenos Aires, 1967].

SAN AGUSTÍN, *De libero arbitrio*, en *Obras completas de San Agustín*, ed. BAC, Madrid, 1951, vol. III.

— *Epodos*, en *Obras completas de San Agustín*, cit.

SANTO TOMÁS, *Summa Theologiae*, ed. BAC, Madrid, 1956.

SARTORIOUS, R.: «Positivism and the Foundations of Legal Authority», en Gavison, R., (ed.), *Issues in Contemporary Legal Philosophy. The Influence of H. L. A. Hart*, Oxford, Clarendon Press, 1987, págs. 43-61.

SCHMILL, U.: «Una fundamentación de la democracia», *Doxa. Cuadernos de Filosofía del Derecho*, nº 23, (2000), págs. 393-425.

STONE, G. R., Seidman, L.M., Sunstein C.R.y otros: *Constitutional Law*, Little Brown and Company, Boston, 3ª edición, 1996.

STRAWSON, P. F.: «Analyse, Science et Metaphysique», en *La Philosophie Analitique*, París, 1962.

SINGER, M.: «Ética Institucional», en *Análisis filosófico*, X, (1990), págs. 123-138.

SUNSTEIN, C.: «Beyond the Republican Revival», en *Yale Law Journal*, nº 97, (1988), págs.1558-1564.

VILLORO, L.: «Sobre el principio de la injusticia: la exclusión», (Octavas Conferencias Aranguren, (1999), en *Isegoria*, nº 22, (2000), págs. 103-142.

VON WRIGHT, G. H.: *Norma y Acción. Una investigación* lógica [1963], trad. esp. de P. García Ferrero, ed. Tecnos, Madrid, 1979.

— *Explicación y comprensión*, trad. esp. de L. Vega, ed. Alianza Editorial, Madrid, 1987.

WALDRON, J.: *Law and Disagreement*, Clarendon Press, Oxford, 1999.

WELZEL, H.: *Introducción a la Filosofía del Derecho* [1951], ed. Biblioteca Jurídica Aguilar, 1979.

— *Die Naturreschtslehre Samuel Pufendorf*, Berlín, De Gruyter, 1958.

WILLIAMS, B.: «Internal and External Reasons» en R.Harrison (ed.) *Rational Action*, Cambridge University Press, 1980.

— *Moral Luck*, Cambridge University Press, 1981.

WOLF, R. P.: *In defense of Anarchism,* Harper Torchbooks, New York, 1970.

Este libro se terminó de imprimir
en los talleres de Gallego y Asociados
el día 6 de diciembre de 2005
vigésimo séptimo aniversario
de la ratificación en referéndum
de la Constitución española de 1978
por el pueblo español.